# 기업유형론

# 기업유형론

정 병 석 저

전남대학교출판부

# 감사의 글

대학에서 기업유형론이라는 과목으로 회사법 1부를 강의하면서 사용하였던 자료들을 정리해보았다. 민법이 규정하는 조합과 판례상 존재가 인정되는 내적조합, 상법의 익명조합과 새로운 기업 형태로 도입된 합자조합, 협동조합기본법의 협동조합까지 포괄하였다.

강의안으로 만들 때에는 복잡한 내용을 깔끔하게 정리하려고 했었지만, 이제 책으로 만들려하니 설명 없이 이해하기는 어려워 보인다. 조금씩 보완해가면서 제 모양을 만들어보고 싶다. 주식회사의 지배구조를 다루는 후속 편을 준비하여 회사법 전체를 정리할 예정이다. 은사이신 양승규 선생님과 고마운 많은 선배님들, 주변의 지인들께 내놓을만한 책은 아니다. 난삽한 자료를 훌륭하게 편집해주신 전남대학교출판부의 윤화정님께 깊이 감사드린다.

2014년 2월

저자 씀

# 목차

# 제1장 상법 개요

## 제1절 상법의 의의

### 1. 실질적 의의의 상법

#### 가. '商'의 개념 - 상법 대상론

(1) 역사적/발생학적 '商'의 개념

- 고유의 商: 생산자와 소비자 사이의 재화 유통을 매개하는 행위
- 고유의 商을 보조하는 '보조 商(창고업, 운송업, 금융업 등)'으로 확대되고, 경영방법의 유사성을 이유로 제조업, 광업의 일부까지도 '형식 商'으로 포함하였다.

(2) '商'의 본질에 관한 견해들

- '매개행위' 본질설, '집단거래' 본질설, 상적 색채설(집단성과 개성상실)

(3) 기업법설 (통설적 견해)

#### 나. 기업법설

- 기업(enterprise) or 영업: 영리를 목적으로 하는 반복적, 계속적인 활동
- 기업법설: '企業'의 개념을 영업활동의 주체로서 계속적으로 영리활동을 하는 사회경제적 생산단위로 파악하여 상법을 기업(의 조직과 활동)에 관한 법으로 파악한다.

※ 상인법설: 기업의 조직/활동의 주체로서 기업적 생활관계의 권리의무의 귀속 주체가 되는 상인에 적용되는 법

다. 상법의 적용범위 "商事"와 상인, 상행위

> **제1조 (상사적용법규)** 상사에 관하여 본법에 규정이 없으면 상관습법에 의하고 상관습법이 없으면 민법의 규정에 의한다.
>
> **제3조 (일방적상행위)** 당사자중 그 1인의 행위가 상행위인 때에는 전원에 대하여 본법을 적용한다.

## 2. 상법전(형식적 의의의 상법)의 체계

가. 총칙 및 상행위

- 총칙: 상인의 인적 조직(상업사용인 등), 물적 조직 (상호, 상업장부, 상업등기), 영업양도
- 상행위: 상행위 통칙(상행위, 상행위 특칙, 상호계산, 익명조합, 합자조합), 상행위 각론(대리상, 중개업, 위탁매매업, 운송주선업, 운송업, 공중접객업, 창고업, 금융리스업, 가맹업, 채권매입업)

나. 회사

- 합명회사, 합자회사, 유한책임회사, 주식회사, 유한회사

다. 보험

라. 해상

마. 항공운송 (2011년 제6편 신설)

# 제2절 상법의 연혁

## 1. 서구 제도의 도입

- 1911년 '조선에 시행할 법령에 관한 법률' 제정: 1912년 '조선민사령'에 의해 일본의 '商法', '手形法(어음법)'/'小切手法(수표법)' 등을 의용(依用)함

■ 1962년 '상법' '어음법' '수표법' 제정, 1963년부터 시행

## 2. 상법의 개정

### 가. 상법 각 부분의 개정 작업

■ 1984년: 회사 편을 중심으로 한 개정

■ 1991년: 보험 편, 해상 편의 개정

■ 1995년: 총칙, 회사 편 개정

### 나. 외환위기에 따른 개정 작업

■ 회사 지배구조의 개선: 1998년, 1999년, 2001년(7/12월)

### 다. 최근의 상법 정비 작업

(1) 총칙 부분

■ 2010. 5. 14. 총칙 편 개정 (시행 2010.11.15)

(2) 회사법 개정

■ 2009년 일부 개정: ① 증권거래법 폐지에 따른 상장회사 규정의 상법 편입 ② 회사설립절차 간소화 개정

■ 2011. 4. 14. 회사 편 개정 (시행 2012. 4. 15)

※ 2010. 6. 10. '동산 · 채권 등의 담보에 관한 법률' 제정에 따른 제468조(사용인의 우선변제권) 단서 개정 (시행 2012. 6.11)

(3) 해상법 등 개정

■ 2007년: 해상 편 개정

■ 2011. 5. 23. 항공운송편(제6편) 신설 (시행 2011.11.24)

(4) 기타

(가) 보험법: 개정작업 진행 중

(나) 어음법, 수표법 개정 (한글화, 법령 용어 순화): 2010. 3. 31.

# 제2장 기업법의 기초

## 제1절 기업의 본질에 관한 경제이론 (firm theory)

### 1. "거래비용"에 의한 설명 (transaction cost explanation)

- 개인기업이 공동기업화하는 현상을 거래비용의 절감이라는 측면에서 파악하여, 기업은 internal coordination을 통해 transaction costs를 감소시키는 수단이라고 설명한다 ("Firms is essentially seen as a method for coordinating production decisions.").
- Ronald Coase: the costs of internalizing production이 시장에서의 transaction cost에 달하기까지 기업의 규모와 활동이 팽창한다.[1)]

### 2. "대리인 비용 (agency cost)" 모델

- 공동기업을 경영자를 통한 투자자의 기업활동으로 파악하여 양자의 결합에서 발생하는 비용이 기업에 내재하는 본질적 비용이라고 설명한다.
- agency cost = ① bonding cost + ② monitoring cost + ③ residual loss
- 기업에 대한 법적 규제는 대리인 비용을 감소시키는 범위에서 정당화된다고 주장한다.

### 3. "contract (계약)" 모델

- 회사의 본질은 이해관계자(stakeholders; 경영자, 투자자, 종업원, 채권자 등)

---

1) 코즈는 1937년의 논문 "기업의 본질(The Nature of the Firm)"에서 기업 조직에 대한 이론을 거래 비용에 중점을 두어 설명하였다. 이 논문으로 코즈는 1991년 노벨 경제학상을 수상하였다.

들이 각자의 지위를 확보하기 위해 체결하는 일련의 계약이다. 이러한 계약을 위한 actual bargaining이 이루어지지 않는다고 할지라도 market price에 의해 효율적으로 반영된다.

- shareholder는 residual claimnants로서 의결권을 독점한다.
- 회사계약의 자유: 회사법은 "off the rack" legal rules (model form of contract)를 지향하여야 한다고 주장한다.

## 제2절 개인기업과 공동기업

### 1. 개인기업과 상인

#### 가. 상인의 개념

- 기업 활동에서 발생하는 권리의무의 귀속주체
- 당연상인과 의제상인 (§§4, 5), 상행위 (§46)

> **제4조 [상인-당연상인]** 자기명의로 상행위를 하는 자를 상인이라 한다.
>
> **제5조 [동전-의제상인]**
>
> ① 점포 기타 유사한 설비에 의하여 상인적 방법으로 영업을 하는 자는 상행위를 하지 아니하더라도 상인으로 본다.
>
> ② 회사는 상행위를 하지 아니하더라도 전항과 같다.
>
> **제46조 [기본적 상행위]** 영업으로 하는 다음의 행위를 상행위라 한다. (이하 생략)

#### 나. 자연인에 대한 상법의 적용: 상인자격의 취득

- 자연인의 상인자격 취득시기: 개업준비행위에 의하여 영업의사가 객관적으로 인식할 수 있게 된 때(다수설)
- [부동산임대업 목적의 건물 매수와 상법의 적용] 대법원 98다1584 판결: ① 영업의 목적인 기본적 상행위를 개시하기 전에 영업을 위한 준비행위를 하는 자는 영업으로 상행위를 할 의사를 실현하는 것이므로 그 준비행위를 한 때 상인자격을 취득함과 아울러 이 개업준비행위는 영업을 위한 행위로서 그의 최초의 보조적 상행위가 되는 것이고, 이와 같은 개업준비행위는 반

드시 상호등기 · 개업광고 · 간판부착 등에 의하여 영업의사를 일반적 · 대외적으로 표시할 필요는 없으나 점포구입 · 영업양수 · 상업사용인의 고용 등 그 준비행위의 성질로 보아 영업의사를 상대방이 객관적으로 인식할 수 있으면 당해 준비행위는 보조적 상행위로서 여기에 상행위에 관한 상법의 규정이 적용된다 할 것이다. ② 상법 제69조(매수인의 목적물의 검사와 하자통지의무)는 상거래의 신속한 처리와 매도인의 보호를 위한 규정인 점에 비추어 볼 때, 상인간의 매매에 있어서 매수인은 목적물을 수령한 때부터 지체 없이 이를 검사하여 하자 또는 수량의 부족을 발견한 경우에는 즉시 매도인에게 그 통지를 발송하여야만 그 하자로 인한 계약해제, 대금감액 또는 손해배상을 청구할 수 있고, 설령 매매의 목적물에 상인에게 통상 요구되는 객관적인 주의의무를 다하여도 즉시 발견할 수 없는 하자가 있는 경우에도 매수인은 6월 내에 그 하자를 발견하여 지체 없이 이를 통지하지 아니하면 매수인은 과실의 유무를 불문하고 매도인에게 하자담보책임을 물을 수 없다고 해석함이 상당하다.

■ [상가건물의 분양과 상가소유자의 책임] 대법원 94다41935,41942 판결: ① 상가건물소유자가 전문 분양업체와 건물 매매계약을 체결(형식적으로는 상가건물을 매도)하였으나 매매계약의 체결 동기와 경위, 목적과 의도, 내용 등에 비추어 볼 때 실질적으로는 상가건물 소유자가 전문 분양업체에게 건물 내 점포의 분양을 위임한 것으로서 그 분양업체는 그 건물에 관하여 매수인의 지위와 동시에 건물 소유자로부터 분양권을 위임받은 대리인으로서의 지위도 아울러 가지고 있다 (점포를 분양할 당시 원고측에서 분양사무실에 사람을 보내어 분양으로 인한 대금의 입출금을 감독하고, 분양대금을 분양 회사인 두룡유통측과 공동 명의로 관리한 사실, 원고가 수분양자들이 입금한 분양대금을 우선하여 매매대금에 충당하여 온 사실 등). ② 상가건물 분양업체에게 그 소유자를 대리할 권한이 있고, 그 점포의 분양행위가 그 규모, 횟수, 분양기간 등에 비추어 볼 때 상법 제46조 제1호 소정의 부동산의 매매로서 본인인 상가건물 소유자의 상행위가 되는 경우, 분양업체가 수분양자와 분양계약을 체결하면서 건물 소유자의 대리인임을 표시하지 않았다 하더라도 상법 제48조(대리의방식)에 의하여 유효한 대리행위로서 그 효과는 본인인 건물 소유자에게 귀속된다.

### 다. 개인기업의 독립성 문제

(1) 상인으로서의 독자적 법인격 부재

■ 기업의 영속성을 위해서는 기업 구성원으로부터 독립된 기업의 존재를 인정할 필요성이 있다.

■ 그러나 개인상인의 경우에는 자연인으로서의 권리능력과 기업[상인]으로서의 권리능력이 구분되지 않고, 따라서 상인으로서의 영업 활동과 여타 일상적인 비상인적 활동의 결과가 구분되지 못한다.

(2) 기업 재산의 독자성

(가) 회계처리상 영업활동의 구분: 상업장부(회계장부, 대차대조표) 작성의무 (§§29, 30)

(나) 영업양도시 영업재산의 동일성 유지: 영업목적을 위해 유기적으로 결합된 영업재산(적극/소극 재산, 재산적 가치있는 사실관계 등)을 동일성을 유지하며 일체로서 이전할 수 있도록 영업양도 제도를 두고 있다.

(다) 영업재산 담보 제도 신설: 동산 · 채권 등의 담보에 관한 법률 (2010. 6. 10. 제정, 2012. 6. 11. 시행)

■ 동산 또는 채권을 목적으로 하는 담보권의 설정 허용

■ 담보권설정자의 자격: 법인 또는 상업등기법에 따른 상호등기를 한 사람

■ 동산담보권의 경우 담보등기부에 등기를 하여야 효력이 발생하고, 동일한 동산에 설정된 동산담보권의 순위는 등기의 순위에 따르며, 동일한 동산에 관하여 담보등기부의 등기와 인도가 행하여진 경우 그에 따른 권리 사이의 순위는 법률에 다른 규정이 없으면 그 선후에 따르도록 함.

■ 채권담보권의 경우 담보등기부에 등기를 한 때에 담보로 제공된 채권의 채무자를 제외한 제3자에게 대항할 수 있도록 하며, 동일한 채권에 관하여 담보등기부의 등기와 민법 제349조 또는 제450조제2항에 따른 통지 또는 승낙이 있는 경우에는 제3채무자 외의 제3자에게 등기와 그 통지의 도달 또는 승낙의 선후에 따라 그 권리를 주장할 수 있도록 함.

## 2. 공동기업 형태

### 가. 조합

**민법 제703조 (조합의 의의)** ① 조합은 2인 이상이 상호출자하여 공동사업을 경영할 것을 약정함으로써 그 효력이 생긴다.

- 독자적 권리능력 부재
- 조합의 업무집행(민§706): 각 조합원의 업무집행권, 업무집행조합원의 선임
- 조합채무에 대한 책임 (합유적 귀속): 채권자는 조합재산에 대한 집행 또는 분담액에 관한 조합원 개인재산에 대한 집행이 가능하다 (민§§712,713).

### 나. 익명조합 (匿名組合, §78)

**第78조 (의의)** 익명조합은 당사자의 일방이 상대방의 영업을 위하여 출자하고 상대방은 그 영업으로 인한 이익을 분배할 것을 약정함으로써 그 효력이 생긴다.

- 영업자와 익명조합원 양 당사자의 계약: 영업을 위한 출자 ↔ 영업으로 인한 이익의 분배 약정
- 출자재산은 영업자의 재산으로 귀속되며, 익명조합원은 대외적 법률관계가 부정되어 영업자의 단독영업이 된다 (§80).
- 익명조합원의 감시권 (§§86,277,278)

### 다. 회사: 독립적인 법인격 부여

- 합명회사, 합자회사, 주식회사, 유한회사, 유한책임회사
- 경영기관의 구성방식, 사원의 책임형태 등의 차이
- 등기된 회사의 수(2014년 1월 현재): 주식회사(754,948개, 91.77%), 유한회사(50,415개, 6.13%), 합자회사(14,746개, 1.79%), 합명회사(2,441개, 0.30%), 유한책임회사(135개, 0.02%)[2)]

### 라. 개정상법의 신종 기업형태

- 합자조합 (LP)

---

2) 이철송, 회사법강의 제22판, 86면.

■ 유한책임회사 (LLC, 일본의 合同會社)

# 제3절 회사법의 기초

## 1. 회사법의 의의

■ 형식적 의미의 회사법: '회사법'이라는 명칭을 가진 성문법규 (상법 제3편)
■ 실질적 의미의 회사법: 회사의 조직과 활동에 관한 법규의 총체

## 2. 회사법의 역사

### 가. 회사제도의 발달 [도서 추천]

■ 강남규 역, 금융투기의 역사, 국일증권경제연구소, 2001 (Edward Chancellor, Devil Take the Hindmost, 1999)
■ 강남규 역, 월스트리트 제국, 참솔, 2002 (John Steel Gordon, The Great Game, 1999)
■ 유경찬 옮김, 기업, 인류 최고의 발명품, 을유문화사, 2011 (John Micklethwait & Adrian Wooldridge, The Company – A Short History of a Revolutionary Idea, 2004)

### 나. 주요국의 회사법

(1) 프랑스: 1807 나폴레옹 상법전 – 1966 상사회사법 (code des sociètès commerciales)

(2) 독일

■ Aktiengesetz (AG): 주식회사, 주식합자회사
■ Handelsgesetzbuch (HGB): OHG, KG
■ Gesetz betreffend die Gesellschaft mit beschränkter Haftung (GmbHG): 유한회사

(3) EU: 회사법 지침, 유럽회사법(Societas Europaea; SE – 각국 회사법을 보충)

(4) 일본: 1890 구상법(프랑스법계) – 1899 신상법(독일법계) 제정 – 2005년 회사법 단행법화

(5) 중국: 1993년 중화인민공화국공사법 제정, 2005년 전면개정

(6) 영국: Companies Act 2006

(7) 미국

- 州法: Delaware, New York, California 주법 등
- ABA의 Revised Model Business Corporation Act (RMBCA)

## 3. 회사법의 특성

### 가. 단체법적 성질

- 조직법의 획일적, 통일적 원리: 사원평등의 원칙, 다수결 원리, 법률관계의 획일적 확정

### 나. 거래법적 성질

- 거래안전의 보호

## 4. 회사의 종류

### 가. 인적회사, 물적회사

### 나. 합명회사, 합자회사, 주식회사, 유한회사, 유한책임회사

### 다. 기타

(1) 민사회사, 상사회사

(2) 내국회사, 외국회사, 합작회사

(3) 공개회사, 폐쇄회사 (publicly/closely held corporation; public/private company)

(4) 상장회사/상장법인(listed corp.), 코스닥상장법인
  - 유가증권시장(stock exchange), 코스닥(KOSDAQ)시장, 장외주식호가중개시장(제3시장, free board), 장외시장

(5) 기업집단, 계열회사, 지주회사 (독점규제법 §2)

(6) 모자회사(§342의 2), 지배/종속회사

# 제3장 기업유형으로서의 회사

## 제1절 회사의 의의

**제169조 (회사의 의의)** 이 법에서 "회사"란 상행위나 그 밖의 영리를 목적으로 하여 설립한 법인을 말한다.

### 1. 법인성

#### 가. 법인격 부여의 의미

(1) 독자적인 권리의무의 주체

- 회사 자체가 구성원과는 별개로 독자적인 권리의무의 귀속 주체가 될 수 있도록 하여, 기업 활동에서 생기는 법률관계를 간명하게 처리할 수 있도록 한다.

(2) 존속의 독립성

- 사원과 회사를 분리하여, 사원의 채권자에 의한 회사의 청산을 방지하는 효과(liquidation protection)를 갖는다.[3)]
- 채권자를 해할 목적으로 채무자가 전 재산을 출연하여 회사를 설립하는 경우, ① 재산의 출연행위에 대해 사해행위 취소권을 행사하거나, ② 사원 개인의 지분에 대해 채권자로서의 권리를 행사하는 것, ③ 경우에 따라 법인격 부인의 법리를 적용하는 것은 가능할 것이나, ④ 회사 재산에 대해 직접 권리를 행사하거나 ⑤ 회사의 설립행위 자체를 무효/취소로 돌릴 수는 없다 (다만, 합명회사/합자회사의 경우에는 사원 개인에게 존재하는 사

3) 영국의 Saloman Case (1897): Saloman이 영업용 재산을 모두 출연하여 주식회사를 설립하자 Saloman의 채권자가 회사 재산에 대하여 권리를 행사하려고 하였지만, 법원은 회사 법인격의 독립성을 이유로 허용하지 않았다.

유에 의한 회사 설립의 무효/취소가 인정됨).

### 나. 기업에 대한 법인격의 부여 여부: 입법정책적 문제

- 구성원의 개성이 강한 공동기업 형태인 조합, 익명조합, 합자조합은 사원이 업무집행권을 갖고 책임도 부담한다. 따라서 개인기업과 마찬가지로 독자적인 법인격이 주어지지 않는다. 이와는 달리 주식회사, 유한회사는 사원과는 별도의 업무집행기관을 두고 회사채권자에 대해서는 회사의 재산만으로 책임을 진다는 점에서 사원으로부터의 독자성이 강하고, 따라서 일반적으로 법인격이 주어진다.
- 합명회사, 합자회사는 사원이 업무를 집행하고 사원에게 책임을 지운다는 점에서 조합적인 성격을 가진다.[4] 그러나 상법은 이들 회사에도 독립된 법인격을 부여하여 모든 회사에 법인격을 인정한다(프랑스, 일본의 예). 독일과 미국의 경우에는 조합적 성격의 인적회사에 법인격을 인정하지 않는다.

## 2. 영리성

### 가. 영리성의 개념

- 이익추구(영리사업)를 목적으로 할 뿐만 아니라 영리사업에서 얻어진 이익을 사원에게 분배(이익배당 또는 잔여재산분배의 형태)하여야 한다(통설). 공법인, 공익법인, 중간법인(구성원의 공동이익을 추구하는 협동조합 등)은 영리행위를 하는 경우라도 이익을 분배하지 않으므로, 영리성 요건을 충족하지 못한다.

### 나. 상사회사와 민사회사

- 상행위를 목적으로 하는 회사를 상사회사, 그 밖의 영리를 목적으로 하는 회사를 민사회사라고도 부른다. 각각 당연상인과 의제상인이 될 것이나, 법적인 차이는 없다.

---

4) 따라서 상법은 이들 회사의 내부관계에 관하여는 조합에 관한 민법의 규정을 준용하고 있다(§§195, 269, 287의 18).

### 3. '사단성(구법 §169)' 관념의 폐기

#### 가. '사단성'의 개념

- 구 상법은 회사 존립의 인적 기초(사원)와 물적 기초(자본) 중 인적인 측면을 '사단(社團)'으로 파악하여 회사를 '사단'으로 규정하였다.
- 사단: 공동의 목적을 위한 복수인의 결합체로서, '조합'에 비해 구성원의 개성보다는 단체로서의 성격이 강한 조직 형태
- 인적회사는 사단이 아닌 조합의 실체를 가진다는 점, 사원이 1인 밖에 없는 회사도 존재한다는 점 등에서 '사단' 개념을 회사의 필수적인 개념 요소로 유지할 필요성이 없고, 따라서 개정 상법은 회사의 정의 규정에서 사단 개념을 폐지하였다.

#### 나. 사단성 폐기의 근거

(1) 人的會社의 조합성

- 인적회사는 '조합적'인 실체를 갖는다.
- 인적회사의 내부관계에 관하여는 조합 규정을 준용하고 있다 (§§195, 269, 287의 18).

(2) 1인회사의 존재

- 사원이 1인으로 된 때에도 회사를 존속시킬 필요가 있으며, 1인에 의한 회사 설립도 허용할 필요성이 있다.

(3) 주식회사의 목적재산화(재단화)

- 주식회사는 주주의 결합이라기보다는 자본단체적 성격이 강하다.

## 제2절 회사의 능력

### 1. 권리능력

#### 가. 성질에 의한 제한

(1) 非自然人性에 따른 제약

- 자연인에게만 인정할 수 있는 권리(친족권, 상속권, 생명권, 신체적 자유

권)의 부인

cf. 명예권, 상호권, 사원권, 유증을 받을 권리

- 지배인 기타 상업사용인이 될 수 있는가: 통설은 부정 (영업주의 신뢰를 바탕으로 선임되므로 인적 개성이 필요하며, 육체적 노무를 제공해야 하기 때문)

(2) 법인 이사/감사의 허용 문제

(가) 법인이사의 허용 여부에 대한 견해의 대립

- ① 부정설(자연인으로서의 개성과 경험에 바탕한 의사결정 능력이 중시된다), ② 일부긍정설(업무집행을 담당하지 않는 이사라면 가능하다), ③ 긍정설

※ 주식회사의 외부감사에 관한 법률상의 감사인(§3): 회계법인

(나) 입법례: 영국/프랑스 허용 ↔ 독일, 일본, MBCA 제한

(다) 법인이사 제도의 도입: '자본시장과 금융투자업에 관한 법률'의 투자회사

- 투자회사의 이사 구성: 법인이사(대표권/업무집행권) 1인 + 감독이사 2인 이상
- 법인이사의 직무수행자 선임 가능: 직무수행자의 직무범위 내의 행위가 법인이사의 행위가 됨

**참고 집합투자기구(CIS; collective investment schemes)**

- 금융투자업의 유형(§6): 투자매매업, 투자중개업, 집합투자업, 투자자문업, 투자일임업, 신탁업
- 집합투자의 업무수행(§184): 자산운용(집합투자업자: 투자신탁, 투자익명조합, 투자회사), 재산보관/관리(신탁업자), 판매회사(투자매매/중개업자), 사무업무(일반사무관리회사)
- 집합투자기구의 구성 유형: ① 투자신탁 ② 회사 형태(투자회사, 투자유한회사, 투자합자회사 ③ 조합 형태(투자조합, 투자익명조합)
- 집합투자기구의 종류(투자대상): 증권, 부동산, 특별자산, 혼합자산, 단기금융(상품)
- 사모집합투자기구: 사원 49인 이하 (1인당 최소출자금액: 법인 20억 개인 10억)

(라) 참고: 개정상법의 신종 기업

- 유한책임회사의 업무집행자에 법인도 가능 (§§287의3, 287의 15)
- 합자조합의 업무집행조합원에 법인도 가능 (§86의3)

## 나. 법률에 의한 제한

**제173조 (권리능력의 제한)** 회사는 다른 회사의 무한책임사원이 되지 못한다.

(1) 무한책임사원의 금지 (§173)

(2) 권리능력의 범위 축소

- 청산중의 회사(§245), 파산회사(채무자 회생 및 파산에 관한 법률 §328)

**제245조 (청산중의 회사)** 회사는 해산된 후에도 청산의 목적 범위 내에서 존속하는 것으로 본다.

(3) 특별법에 의한 행위제한 문제

(가) 단속규정과 효력규정

- 행위제한규정이 행정규제 목적의 단속규정(cf. 사법적 효력을 부인하는 효력규정)이라면, 회사의 권리능력 문제와는 무관하다.
- 행위제한 규정이 효력규정이라면 권리능력이 제한된다(다수설). 따라서 제한 규정에 위반한 행위는 권리능력이 없는 자의 행위가 되어 무효이다.

(나) 단속규정으로 본 사례

- [금융기관의 동일인 대출한도 제한규정 (자본시장과 금융투자업에 관한 법률 §342, 361 - 종합금융회사/단기금융회사 자기자본의 25%; 새마을금고법 §29 - 20% or 총자산 1%] 대법원 86다카1230 판결 : (P가 A에게 20억원을 대출하면서 발행한 담보 어음에 D투자금융이 배서함) ① 동일인에 대한 일정한도를 넘는 자금의 운용을 원칙적으로 금하는 규정을 둔 뜻은 원래 영리법인인 단기금융회사의 자금운용업무 등은 그 회사의 자율에 맡기는 것이 옳겠지만 그가 갖는 자금중개기능에 따른 공공성 때문에 특정인에 대한 과다한 자금의 편중운용을 규제함으로써 보다 많은 사람에게 여신의 기회를 주고자 함에 있다 할 것이므로 이 규정은 이른바 단속규정으로 볼 것이고 따라서 이를 위반하여 자금의 운용이 이루어졌다 하더라도 사법상의 효력에는 아무런 영향이 없다고 새겨야 할 것이다. 만일 위 규정을 위와 같이 보지 아니하고 이른바 효력규정으로 보아 이에 위반되는 자금의 운용행위를 무효라고 한다면 자금의 운용을

받을 사람은 그때마다 그 규제한도를 일일이 확인하여야 할 뿐만 아니라 그 회사가 자기의 내부적인 사정으로 그 규제한도가 장부상 정리되지 아니하였는데도 스스로 그 자금의 규제한도를 넘었음을 이유로 그 무효를 주장할 수 있게 되어 거래당사자간의 신의와 공평에도 크게 어긋나게 된다 ② 회사의 권리능력은 회사의 설립근거가 된 법률과 회사의 정관상의 목적에 의하여 제한되나 그 목적범위내의 행위라 함은 정관에 명시된 목적자체에 국한되는 것이 아니라 그 목적을 수행하는데 있어 직접 또는 간접적으로 필요한 행위는 모두 포함되고 목적수행에 필요한지의 여부도 행위의 객관적 성실에 따라 판단할 것이지 행위자의 주관적, 구체적 의사에 따라 판단할 것이 아니며(당원 1987.9.8 선고86다카1349 판결 참조) 또 위 규정을 효력규정으로 새겨지지 아니하는 바에야 원심이 같은 취지에서 피고대표자의 이 사건 어음보증행위가 피고회사의 목적범위에 포함되는 것으로 본 것도 정당하다 (※최준선, 상법사례연습(상), 169면 해설)

(다) 효력규정으로 본 사례

■ [상호저축은행의 자기자본 초과 차입의 제한, 자금 차입(일체의 채무부담행위)시 이사회 결의 및 장부 등에의 계상 절차 (구 상호저축은행법 §17)] 대법원 85다카122 전원합의체 판결 (P가 A에게 1,500만원을 대여하면서 담보 목적으로 D상호신용금고의 배서를 받음. P의 어음금청구에 대해 D는 이사회 결의 등 절차 위반을 들어 배서가 무효임을 주장함): 채무부담제한규정은 자본구조 부실화로 서민거래자의 이익을 침해하는 사태의 발생을 방지하기 위한 것으로 단순한 단속법규가 아니라 효력법규

※ [판결의 반대의견] …위와 같은 절차위반에 대하여는 금고 임원에 대한 민사상의 책임과 벌칙에 의한 제재로서 그 실효를 거두어야 할 것이고 그 차입행위 자체를 무효로 볼 수는 없는 것임은 거래의 안전성 보호를 위하여도 당연한 해석이라 생각한다. 이 점에서 정책적, 행정적 통제가 강하게 요청되는 농업협동조합 등(농업협동조합법 제57조 제2항에 의하여 지역 조합은 중앙회(국가/공공단체/농협은행)로부터의 자금차입만 허용되고 있다) 비영리법인의 경우와는 해석을 달리할 필요가 있는 것이다.

※ 현행법상 절차규정은 삭제되었지만, 자기자본초과차입 제한규정은 여전히 효력규정으로 유지되고 있음.

### 다. 목적에 의한 제한 (§1, 민법 §34)

**민법 제34조 (법인의 권리능력)** 법인은 법률의 규정에 좇아 정관으로 정한 목적의 범위내에서 권리와 의무의 주체가 된다.

(1) 민법 §34가 회사에 적용되는가?

(가) 긍정설 (판례)

- 상법에 규정이 없으므로 일반법인 민법의 규정이 적용되어야 한다.
- 회사의 행위 범위에 대한 회사 구성원의 예측가능성을 확보한다.

(나) 부정설 (상법학자들의 다수설)

- 회사는 영리법인으로서 비영리법인과는 구분되므로 민법의 적용을 배제해야 한다.
- 회사의 사업 목적을 알지 못한 제3자의 불측의 손해를 방지하여 거래의 안전을 보호하게 된다 (정관상의 목적 범위를 벗어난 행위임을 알고 거래한 악의의 상대방에 대해서는 권리남용 주장을 허용하여 회사의 이익을 보호할 수 있다).

(다) 정리

- 회사의 목적은 정관기재사항이며 등기사항으로 공시되기는 하지만, (상업)등기의 공시력의 한계와 상사거래의 신속성 요청을 감안한다면, 부정설을 취하여 거래의 안전을 도모할 필요성이 크다.

(2) 비교법

(가) 영미: 'ultra vires' 이론의 폐기

- 영국회사법: 선의의 상대방은 능력 외 행위의 유효를 주장할 수 있다.[5)]
- MBCA, Delaware, California: 원칙적으로 회사목적을 이유로 한 무효주장 불허 (doctrine of implied powers)

(나) 유럽

- 독일: §34와 같은 규정이 민법에 없으며, 이사는 정관상의 제한을 준수

5) Companies Act 2006, s.39

할 의무를 부담할 뿐이다. 대외적인 대표권은 제한할 수 없다.

- EU 회사법 제1지침: 제한 부인 (유보사항: 상대방의 악의/과실을 증명하여 무효를 주장할 수 있도록 할 것인지는 각 회원국이 정하도록 유보사항으로 함)

(3) 판례

- [목적사업 범위 밖의 보증행위] 대법원 75다1479 판결: 원판결이유에 의하면 원심은 증거에 의하여 피고회사 대표이사 서봉수가 피고회사를 대표하여 원판시 소외 김규환(1심공동피고)의 원고로부터의 극장위탁경영으로 인한 손해배상의무를 연대보증한 사실을 인정하고 이는 피고회사의 사업목적범위에 속하지 아니하는 행위로서 피고회사를 위하여 효력이 있는 적법한 보증으로 되지 아니한다고 하였는바 기록에 대조하여 살펴보면 정당하고 채증법칙을 어겨 판단을 그릇한 잘못 있다고 볼 수 없다.
- [대주주인 대표이사의 개인 채무에 대한 회사의 보증행위] 대법원 2005다480 판결: (P회사의 지배주주/대표이사이던 A의 사망, 그 아들인 B가 대표이사직 승계, A 사망으로 인하여 P회사의 주식 등 상속재산에 부과된 상속세납부의무의 연부연납허가를 받기 위하여 B는 D보증보험과 납세보증보험계약을 체결하였고, P회사가 대표이사 B를 위해 D보증보험에 연대보증함. 이후 연대보증채무를 이행한 P회사가 D보증보험에 대해 연대보증의 무효를 주장하며 부당이득금의 반환을 청구함. P의 주장: 연대보증채무를 부담한 행위는 원고 회사의 정관상의 목적범위를 벗어난 권리능력범위 밖의 행위로서 무효이다) 회사의 권리능력은 회사의 설립 근거가 된 법률과 회사의 정관상의 목적에 의하여 제한되나 그 목적범위 내의 행위라 함은 정관에 명시된 목적 자체에 국한되는 것이 아니라 그 목적을 수행하는 데 있어 직접, 간접으로 필요한 행위는 모두 포함되고 목적수행에 필요한지의 여부는 행위자의 주관적, 구체적 의사가 아닌 행위 자체의 객관적 성질에 따라 판단하여야 할 것인데, 그 판단에 있어서는 거래행위를 업으로 하는 영리법인으로서 회사의 속성과 신속성 및 정형성을 요체로 하는 거래의 안전을 충분히 고려하여야 할 것인바, 회사가 거래관계 또는 자본관계에 있는 주채무자를 위하여 보증하는 등의 행위는 그것이 상법상의 대표권 남용에 해

당하여 무효로 될 수 있음은 별론으로 하더라도 그 행위의 객관적 성질에 비추어 특별한 사정이 없는 한 회사의 목적범위 내의 행위라고 봄이 상당하다 할 것이다. (※ 다른 논점: 이사의 자기거래에 관한 이사회 승인 부재의 문제)

(4) 관련 문제

(가) 대표권의 범위로서 '영업' 관련성 (§209 Ⅰ)

> **제209조 (대표사원의 권한)**
> ① 회사를 대표하는 사원은 회사의 영업에 관하여 재판상 또는 재판외의 모든 행위를 할 권한이 있다.
> ② 전항의 권한에 대한 제한은 선의의 제삼자에게 대항하지 못한다.

- 권리능력 제한 긍정설의 경우: '영업에 관하여'는 곧 정관의 목적과의 관련성을 의미하는 것이고, 회사의 권리능력은 정관의 목적에 의해 제한되므로, §209 Ⅰ의 영업 관련성 규정은 특별한 의미가 없는 주의적 규정이다.
- 제한 부정설의 경우 회사의 목적(정관기재사항/등기사항)은 어떤 의미가 있는가?
  ① 제1설 (영업 관련성이 정관목적 관련성이 되어 대표권의 범위를 제한한다는 견해): 사실상 권리능력을 제한하는 결과가 되어 제한 부정설의 입장과 모순된다.
  ② 제2설 (대표권에 대한 내부적 제한으로서 선의자에게 대항하지 못한다는 견해): 회사가 정관의 목적을 등기하게 되면 상업등기의 적극적 효력 규정(§37) 때문에 선의자에게도 대항할 수 있게 된다고 해석하게 되면 거래의 안전을 해칠 우려가 생긴다.
  ③ 제3설 (대표기관의 행동 범위에 관한 대내적 의무를 정한 것으로, 위반시 내부적 책임문제만 발생한다는 견해): §209 Ⅰ 규정의 취지에 반한다.

(나) 대표권 남용의 문제

- 대표권 남용의 요건: 행위의 외형을 객관적으로 판단할 때 대표권의 범위에 속하는 행위이지만, 실질은 자기 또는 제3자의 이익을 위한 행위로

서, 회사에 손해를 발생시키는 행위 (예: 개인 채무를 변제하기 위해 회사 명의의 어음을 발행하는 행위)

- 남용행위의 효력에 관한 학설
  ① 비진의표시설: 상대방이 진의 아님을 알았거나 알 수 있었다면 무효이다(민§107).
  ② 권리남용설: 악의의 상대방이 유효를 주장하는 것은 권리남용이다.
  ③ 이익교량설(상대적무효설): 무효이지만, 선의의 상대방에 대해서는 무효를 주장하지 못한다.
  ④ 내부적권한제한설: 대표권에 대한 내부적 제한으로 보아 선의의 상대방에 대해서는 무효를 주장하지 못한다.
- [대표권의 남용과 비진의표시] 대법원 2003다34045 판결: (P공제조합 이사장 A가 영리목적과 무관하게 순전히 개인의 이익을 도모할 목적으로 대표권한을 남용하여 P조합 명의로 예금담보대출을 받는 것임을 알 수 있었음에도 은행의 여·수신 실적 등에 큰 도움이 된다는 이유 등으로 은행 지점장이 그 대출을 승인한 사례) ① 대표이사의 대표권한 범위를 벗어난 행위라 하더라도 그것이 회사의 권리능력의 범위 내에 속한 행위이기만 하면 대표권의 제한을 알지 못하는 제3자가 그 행위를 회사의 대표행위라고 믿은 신뢰는 보호되어야 하고, 대표이사가 대표권의 범위 내에서 한 행위는 설사 대표이사가 회사의 영리목적과 관계없이 자기 또는 제3자의 이익을 도모할 목적으로 그 권한을 남용한 것이라 할지라도 일단 회사의 행위로서 유효하고, 다만 그 행위의 상대방이 대표이사의 진의를 알았거나 알 수 있었을 때에는 회사에 대하여 무효가 되는 것이며, 이는 민법상 법인의 대표자가 대표권한을 남용한 경우에도 마찬가지이다 ② 법인의 대표자의 행위가 직무에 관한 행위에 해당하지 아니함을 피해자 자신이 알았거나 또는 중대한 과실로 인하여 알지 못한 경우에는 법인에게 손해배상책임을 물을 수 없다고 할 것이고, 여기서 중대한 과실이라 함은 거래의 상대방이 조금만 주의를 기울였더라면 대표자의 행위가 그 직무권한 내에서 적법하게 행하여진 것이 아니라는 사정을 알 수 있었음에도 만연히 이를 직무권한 내의 행위라고 믿음으로써 일반인에게 요구되는 주의의무에 현저히 위반하는 것으로 거의 고

의에 가까운 정도의 주의를 결여하고, 공평의 관점에서 상대방을 구태여 보호할 필요가 없다고 봄이 상당하다고 인정되는 상태를 말한다 (피고들의 대출책임자인 지점장 내지 상무이사 등은… 원고의 정관상 목적과 대출금 사용용도 등을 원고측에 정확히 확인하여 이 사건과 같은 대표권 남용에 의한 부당한 대출이 발생하지 않도록 주의를 하여야 함에도 불구하고, 그 주의를 다하지 못하여… 부당대출의 한 원인이 되었다고 할 것이어서 원고가 배상할 손해배상액을 정함에 있어서 이를 참작하기로 하되, 그 비율은 이 사건 사고의 발생 경위, 소외 1의 대표권 남용에 대한 인식 가능성 등 그 사실관계에 비추어 각 20% 정도로 봄이 상당하다..)

※ 권리남용설을 채택했던 판례: 대법원 86다카1522 판결

## 2. 의사능력, 행위능력

■ 회사의 의사능력/행위능력은 기관을 구성하는 자연인의 의사와 행위를 기초로 한다.

■ 무능력자 제도 부재: 법인의 대표에 관하여는 대리규정을 준용하며(민법 §59 Ⅱ), 대리인은 행위능력자임을 요하지 않는다 (민법 §117).

## 3. 불법행위능력, 범죄능력

### 가. 불법행위능력

(1) 회사의 손해배상책임

**제210조 [손해배상책임]** 회사를 대표하는 사원이 그 업무집행으로 인하여 타인에게 손해를 가한 때에는 회사는 그 사원과 연대하여 배상할 책임이 있다.

■ 대표기관의 연대책임(부진정연대책임)의 법적 성격: 불법행위책임이라는 견해 ↔ 대표기관의 불법행위는 곧 법인의 불법행위가 되므로, 대표기관 개인의 책임은 피해자 보호를 위한 법정책임이라는 견해 (대표기관 개인의 책임은 민법 §750의 책임인가, 상법 §§389Ⅲ, 210 책임인가)

■ [공동불법행위 책임으로 본 사례] 대법원 2005다55473 판결: (회사의 굴토작업상 과실로 피해 발생, 서울시가 피해자에게 배상한 후 공동대표이사인 A,

B 중 A에게 회사의 책임부분 전액을 구상함, 원심은 A, B 간에 분할채무 원칙을 적용하여 1/2만 허용) 주식회사의 대표이사가 업무집행을 하면서 고의 또는 과실에 의한 위법행위로 타인에게 손해를 가한 경우 주식회사는 상법 제389조 제3항, 제210조에 의하여 제3자에게 손해배상책임을 부담하게 되고, 그 대표이사도 민법 제750조 또는 상법 제389조 제3항, 제210조에 의하여 주식회사와 공동불법행위책임을 부담하게 된다. 그리고 주식회사 및 대표이사 이외의 다른 공동불법행위자 중 한 사람이 자신의 부담부분 이상을 변제하여 공동의 면책을 얻게 한 후 구상권을 행사하는 경우에 그 주식회사 및 대표이사는 구상권자에 대한 관계에서는 하나의 책임주체로 평가되어 각자 구상금액의 전부에 대하여 책임을 부담하여야 하고, 이는 위 대표이사가 공동대표이사인 경우에도 마찬가지이다. 따라서 공동면책을 얻은 다른 공동불법행위자가 공동대표이사 중 한 사람을 상대로 구상권을 행사하는 경우 그 공동대표이사는 주식회사가 원래 부담하는 책임부분 전체에 관하여 구상에 응하여야 하고, 주식회사와 공동대표이사들 사이 또는 각 공동대표이사 사이의 내부적인 부담비율을 내세워 구상권자에게 대항할 수는 없다.

(2) 사용자책임 (§1, 민§756)

■ 대표기관 이외의 임원 또는 사용인의 불법행위에 대한 회사의 책임

## 나. 범죄능력

■ 일반적 범죄능력 부정, 벌금형의 주체(양벌규정)인 경우에만 예외적으로 인정

■ [법인/대표기관의 배임죄 주체성 여부] 대법원 82도2595 전원합의체 판결: (자금난으로 잠적한 대표이사의 상가분양사실을 알고 있으면서도 이를 이중분양하고 소유권을 이전해 준 경우 새 대표이사의 배임죄 주체성) (1) 다수의견: 형법 제355조 제2항의 배임죄에 있어서 타인의 사무를 처리할 의무의 주체가 법인이 되는 경우라도 법인은 다만 사법상의 의무 주체가 될 뿐 범죄능력이 없는 것이며 그 타인의 사무는 법인을 대표하는 자연인인 대표기관의 의사결정에 따른 대표행위에 의하여 실현될 수밖에 없어 그 대표기관은 마땅히 법인이 타인에 대하여 부담하고 있는 의무 내용

대로 사무를 처리할 임무가 있다 할 것이므로 법인이 처리할 의무를 지는 타인의 사무에 관하여는 법인이 배임죄의 주체가 될 수 없고 그 법인을 대표하여 사무를 처리하는 자연인인 대표기관이 바로 타인의 사무를 처리하는 자 즉 배임죄의 주체가 된다. (2) 소수의견: 법인은 사법상의 의무주체가 될 뿐 범죄능력이 없다고 하나 바로 이 사법상의 의무 주체가 배임죄의 주체가 되는 것이므로 이것을 떠나서 배임죄는 성립할 수 없다할 것이고 법인의 대표기관은 법인이 타인에 대하여 부담하고 있는 의무 내용대로 사무를 처리할 임무가 있다는 그 임무는 법인에 대하여 부담하는 임무이지 법인의 대표기관이 직접 타인에 대하여 지고 있는 임무는 아니므로 그 임무에 위배하였다 하여 이를 타인에 대한 배임죄가 성립한다고 할 수 없다.

# 제4장 조합 형태의 기업유형

## 제1절 개 설

### 1. 조합 형태의 기업

■ 소수인 간의 공동사업을 위해 조합과 익명조합 형태를 활용할 수 있으며, 개정상법은 합자조합이라는 새로운 기업형태를 신설하였다. 조합, 익명조합, 합자조합은 구성원으로부터 독립된 독자적인 법인격이 없는 점에서 회사와 구별된다.

### 2. 기업의 구성, 업무집행과 구성원의 책임

| 구 분 | 근거법규 | 구성원 | 업무 집행 | 구성원의 책임 |
|---|---|---|---|---|
| 조합 | 민법 §703- | 조합원 | 조합원 전원<br>(업무집행조합원) | ▪ 조합채무의 합유적 귀속 |
| 익명조합 | 상법 §78- | 영업자<br>익명조합원 | 영업자 | 영업자의 단독책임 |
| 합자조합 | 개정상법<br>§§86의2-9 | 업무집행조합원<br>유한책임조합원 | 업무집행조합원 | ▪ 무한책임<br>▪ 출자가액 한도의 유한책임 |

# 제2절 조합

## 1. 의의

### 가. 조합의 개념

**제703조 (조합의 의의)** ① 조합은 2인 이상이 상호출자하여 공동사업을 경영할 것을 약정함으로써 그 효력이 생긴다.
② 전항의 출자는 금전 기타 재산 또는 노무로 할 수 있다.

(1) 공동기업 형태로서의 조합

- 조합의 '공동사업'에는 영리/비영리 사업이 모두 포함되므로, 공동기업 형태로 조합을 이용할 수 있다.
- [조합의 공동사업성] 대법원 2005다5140 판결: 민법상 조합계약은 2인 이상이 상호 출자하여 공동으로 사업을 경영할 것을 약정하는 계약으로서, 특정한 사업을 공동경영하는 약정에 한하여 이를 조합계약이라 할 수 있고, 공동의 목적 달성이라는 정도만으로는 조합의 성립요건을 갖추었다고 할 수 없다. 한편, 수인이 부동산을 공동으로 매수한 경우, 매수인들 사이의 법률관계는 공유관계로서 단순한 공동매수인에 불과할 수도 있고, 그 수인을 조합원으로 하는 동업체에서 매수한 것일 수도 있는바, 공동매수의 목적이 전매차익의 획득에 있을 경우 그것이 공동사업을 위해 동업체에서 매수한 것이 되려면, 적어도 공동매수인들 사이에서 그 매수한 토지를 공유가 아닌 동업체의 재산으로 귀속시키고 공동매수인 전원의 의사에 기해 전원의 계산으로 처분한 후 그 이익을 분배하기로 하는 명시적 또는 묵시적 의사의 합치가 있어야만 할 것이고, 이와 달리 공동매수 후 매수인별로 토지에 관하여 공유에 기한 지분권을 가지고 각자 자유롭게 그 지분권을 처분하여 대가를 취득할 수 있도록 한 것이라면 이를 동업체에서 매수한 것으로 볼 수는 없다 할 것이다.

(2) 조합원의 출자

- 조합원의 출자는 조합의 개념 요소이지만, 조합원이 조합채무에 대해 직접 책임을 부담하게 되므로 출자의 목적으로 재산 출자만이 아니라 노무/신

용 등의 출자도 허용된다.

### 나. 법인격의 부인

- 조합은 법인격이 없으므로 조합 자체가 아닌 조합원 전원이 권리의무의 주체가 된다. 조합에는 합유(合有)의 법리가 적용된다.

**第271条 (물건의 합유)**
① 법률의 규정 또는 계약에 의하여 수인의 조합체로서 물건을 소유하는 때에는 합유로 한다. 합유자의 권리는 합유물 전부에 미친다.
② 합유에 관하여는 전항의 규정 또는 계약에 의하는 외에 다음 3조의 규정에 의한다.
**第272条 (합유물의 처분, 변경과 보존)** 합유물을 처분 또는 변경함에는 합유자 전원의 동의가 있어야 한다. 그러나 보존행위는 각자가 할 수 있다.
**第273条 (합유지분의 처분과 합유물의 분할금지)**
① 합유자는 전원의 동의없이 합유물에 대한 지분을 처분하지 못한다.
② 합유자는 합유물의 분할을 청구하지 못한다.
**第274条 (합유의 종료)**
① 합유는 조합체의 해산 또는 합유물의 양도로 인하여 종료한다.
② 전항의 경우에 합유물의 분할에 관하여는 공유물의 분할에 관한 규정을 준용한다.
**第278条 (준공동소유)** 본절의 규정은 소유권이외의 재산권에 준용한다. 그러나 다른 법률에 특별한 규정이 있으면 그에 의한다.

## 2. 조합의 업무집행과 외부관계

### 가. 업무집행

(1) 업무집행자의 선임 (§706)

- 조합계약 or 조합원의 2/3 이상의 찬성으로 선임하며, 업무집행자를 선임하면 각 조합원의 업무집행권이 배제된다 (통상사무도 집행하지 못함).
- 업무집행자를 선임하지 않으면, 각 조합원의 업무집행권이 인정된다. 업무집행의 의사결정은 조합원의 과반수(수인의 업무집행자가 있으면 그들의 과반수)로 정하지만, 통상사무는 각 조합원(각 업무집행자)이 전행할 수 있다. 다만, 다른 조합원(업무집행자)의 이의가 있으면 중지해야 한다.

(2) 내부관계 규정의 임의규정성

- 업무집행자의 선임방법이나 업무집행방법은 조합원의 약정으로 달리 정할 수 있다 (예: 출자가액 비율에 의한 결정권, 특정 조합원에 대한 위임)

- 합유물의 처분에 합유자 전원의 동의를 요하는 규정(§272)과 과반수에 위한 업무집행의 의사결정(§706) 규정의 상충문제: §271 Ⅱ에 따라 조합계약이 적용되어야 하고, 조합재산의 처분/변경에 관한 행위는 조합의 업무집행에 해당하며, §706가 적용된다 (다수설, 판례).

(3) 업무집행에 대한 감시

- 각 조합원의 업무/재산상태 검사권 (§710)

### 나. 외부관계

(1) 대리의 법리 (cf. 대표)

- 조합의 대외적 거래행위는 전 조합원에 의해 행해져야 하지만, 대리의 법리에 따라 특정인이 전 조합원을 대리할 수 있다.

(2) 대리의 방식

- [조합의 대리방식: 조합원 전원의 명칭 대신 조합의 명칭을 표시하면 충분하며, 상행위인 경우 비현명주의가 적용된다] 대법원 2008다79340 판결 (기초사실: A와 D가 동업계약을 체결하여 D는 5,000만 원을 투자하고 A가 골재현장에서 골재를 생산하여 그 이익금을 50:50으로 나누어 분배하기로 약정함. A는 골재현장에서 필요한 유류를 주유소를 운영하던 P로부터 외상 공급받았음. P는 유류대금채무가 조합채무임을 전제로 나머지 조합원인 D를 상대로 채무의 이행을 구함): 〈원심판결〉 A가 민법상 조합의 업무집행조합원이라고 하더라도, 조합의 대외적인 법률행위는 모든 조합원 전원의 이름으로 하거나 조합대리의 방식으로 하여야 하고, 조합대리의 경우 업무집행의 대리권이 있는 것으로 추정되는 업무집행조합원도 조합채무의 원인이 되는 법률행위를 함에 있어서는 본인에 해당하는 조합원 전원의 성명을 제시하거나 적어도 상대방이 알 수 있을 정도로 조합을 표시하여야 하는 것인데, 소외인이 원고로부터 유류를 공급받음에 있어 조합대리의 방식을 따랐다고 볼 증거가 없다. 〈대법원〉 ① 민법 제114조 제1항은 "대리인이 그 권한 내에서 본인을 위한 것임을 표시한 의사표시는 직접 본인에게 대하여 효력이 생긴다."라고 규정하고 있으므로, 원칙적으로 대리행위는 본인을 위한 것임을 표시하여야 직접 본인에 대하여 효력이 생기는 것이고, 한

편 민법상 조합의 경우 법인격이 없어 조합 자체가 본인이 될 수 없으므로, 이른바 조합대리에 있어서는 본인에 해당하는 모든 조합원을 위한 것임을 표시하여야 하나, 반드시 조합원 전원의 성명을 제시할 필요는 없고, 상대방이 알 수 있을 정도로 조합을 표시하는 것으로 충분하다고 할 것이다. ② 그리고 상법 제48조는 "상행위의 대리인이 본인을 위한 것임을 표시하지 아니하여도 그 행위는 본인에 대하여 효력이 있다. 그러나 상대방이 본인을 위한 것임을 알지 못한 때에는 대리인에 대하여도 이행의 청구를 할 수 있다."고 규정하고 있으므로, 조합대리에 있어서도 그 법률행위가 조합에게 상행위가 되는 경우에는 조합을 위한 것임을 표시하지 않았다고 하더라도 그 법률행위의 효력은 본인인 조합원 전원에게 미친다고 보아야 할 것이다. ③ A가 골재현장에 필요한 유류를 공급받은 행위는 골재생산업을 영위하는 상인인 D와 A를 조합원으로 한 조합이 그 영업을 위하여 하는 행위로서 상법 제47조 제1항 소정의 보조적 상행위에 해당한다고 볼 여지가 충분히 있다고 할 것이고, 그렇다면 A가 P로부터 유류를 공급받음에 있어 P에 대하여 조합을 위한 것임을 표시하지 아니하였다고 하더라도 상법 제48조에 따라 그 유류공급계약의 효력은 본인인 조합원 전원에게 미친다고 할 것이므로, D는 조합원 중 1인으로서 P와 A 사이의 유류공급계약에 따른 채무를 부담한다고 보아야 할 것이다. 그럼에도 불구하고, 원심은 A가 P로부터 유류를 공급받은 행위가 조합에 대한 상행위에 해당하는지 여부에 관하여 나아가 심리하지 아니한 채, A가 P와 유류공급계약을 체결함에 있어 조합을 위한 행위임을 표시하지 않았다는 이유만으로 그 유류공급계약의 효력이 다른 조합원인 D에게 미치지 않는다고 판단하고 말았으니, 이러한 원심판결에는 상사대리에 관한 법리를 오해하거나 심리를 다하지 아니한 위법이 있다.

(3) 대리권의 추정

- 업무를 집행하는 조합원은 업무집행의 대리권이 있는 것으로 추정된다(§709).
- [조합의 업무집행조합원의 대리권에 관한 증명책임] 대법원 99다62838 판결 (기초사실: A의 '갑 종합건설'은 인천항 수림대 조경공사의 하도급을 받기 위

해 인천지역에서 '을 조경'을 경영하는 D 등과 공동수급체를 건설하고 그 명칭을 '갑 종합건설'로 하기로 약정함. 실제로 D는 지역 업체로서 공동수급체의 자격조건을 충족시키기 위해 이름만 빌려주고 그 지분으로 된 공사 지분의 25%를 받기로 한 것이며, 실제 조경 식재 부분은 A와 하도급계약을 체결한 P가 시공하였음. P의 D에 대한 공사대금청구): ① 원심은… 공동수급체가 수급한 조경공사를 제3자에게 하도급 주는 경우 다른 구성원의 동의를 받기로 한 사실은 인정되나 A가 P에게 이 사건 공사를 하도급 줌에 있어 D가 동의하지 아니하였다는 점을 인정할 증거가 없다는 이유로 D의 주장을 배척하였다. ② 민법 제709조에 의하면, 조합계약으로 업무집행자를 정하였거나 또는 선임한 때에는 그 업무집행조합원은 조합의 목적을 달성하는 데 필요한 범위에서 조합을 위하여 모든 행위를 할 대리권이 있는 것으로 추정되지만, 위 규정은 임의규정이라고 할 것이므로 당사자 사이의 약정에 의하여 조합의 업무집행에 관하여 조합원 전원의 동의를 요하도록 하는 등 그 내용을 달리 정할 수 있고, 그와 같은 약정이 있는 경우에는 조합의 업무집행은 조합원 전원의 동의가 있는 때에만 유효하다 할 것이어서, 조합의 구성원이 위와 같은 약정의 존재를 주장·입증하면 조합의 업무집행자가 조합원을 대리할 권한이 있다는 추정은 깨어지고 업무집행자와 사이에 법률행위를 한 상대방이 나머지 조합원에게 그 법률행위의 효력을 주장하기 위하여는 그와 같은 약정에 따른 조합원 전원의 동의가 있었다는 점을 주장·입증할 필요가 있다 할 것이다. 이 사건에 돌아와 보건대 원심은, 이 사건 공동수급체 결성 당시 D와 A 사이에 D 주장과 같은 약정이 있은 사실을 인정하면서도 A가 P에게 이 사건 공사를 하도급 줌에 있어 D의 동의가 없었다는 점에 대한 입증책임을 D에게 부담시키고 있는바, 위 법리에 비추어 보면 이러한 원심판결에는 입증책임의 부담에 관한 법리오해의 위법이 있음이 명백하다. ③ 그러나 D는 이름만 빌려주는 대가만 받기로 하고 A가 모든 공사를 관장하기로 약정한 사실, 그리하여 D는 A가 이 사건 하도급을 누구에게 주는가에 대하여는 별다른 이해관계를 가지지 아니하였고 A가 공동수급체의 대표로서 그 업무집행을 한 사실, D는 P가 조경식재공사를 시행하고 있음을 알고 있었음에도 이에 대하여 아무런 이의를 제기하지 아니하였던 사실을 알 수 있고,

이러한 사실에다가 앞서 본 바와 같이 공동수급체를 결성할 당시 그 대표자로서 A를 선임한 후 공동수급체의 명칭까지도 A가 경영하던 개인사업체의 명칭을 그대로 사용하기로 하였고, 특히 D와 A 사이에서는 실제적인 공사의 시행이 D의 간여 없이 전적으로 A에 의하여 이루어진 점을 보태어 보면, D는 A와 공동수급체를 결성하여 수림대 조성공사를 수급 받을 때부터 공사에는 관여함이 없이 일정한 수익금만 받을 목적으로 공사에 관한 일체의 권리를 포괄적으로 A에게 위임하였던 것으로 보여지고, 이러한 포괄적 위임 속에는 위 하도급계약체결에 관한 대리권도 포함되어 있다고 보아야 할 것이다. 그렇다면 이 사건 하도급계약은 피고의 동의에 따라 박민식의 적법한 대리행위에 기하여 체결된 것이므로 본인인 피고에게 그 계약의 효력이 미친다 할 것이고, 따라서 원심판결에는 앞에서 본 바와 같이 입증책임의 부담에 관한 법리오해의 위법이 있다고 하더라도 그 결론에 있어서는 정당하다.

## 3. 조합의 재산과 책임

### 가. 조합 재산의 합유적 귀속 (합유/준합유; 민법 §§704, 271-274)

- 조합 재산은 조합원 개인재산과 구별되는 독립성을 갖는다. 조합원의 지분에 대한 압류는 그 조합원의 장래의 이익배당 및 지분의 반환을 받을 권리에 대하여 효력이 미칠 뿐이며(§714; 이 경우 채권자대위권에 의해 채무자의 조합 탈퇴의 의사표시를 대위행사 할 수 있다), 조합의 채무자는 그 채무와 조합원에 대한 채권으로 상계하지 못한다 (§715).
- 대법원 2000도3013 판결 (기초사실: 피고인 A는 피해자 V와 함께 H로부터 주택신축공사를 도급받아 V는 공사비를 투자하고 A는 위 공사를 시행하되 이익금을 절반씩 나누자는 동업계약을 체결하였음. A는 H로부터 받은 금원을 다른 용도로 임의사용하였음. 원심은 H로부터 받은 금원 중 V에게 지급할 이익금 또는 투자금의 상환액에 대한 횡령죄를 인정함): 동업자 사이에 손익분배의 정산이 되지 아니하였다면 동업자의 한 사람이 임의로 동업자들의 합유에 속하는 동업재산을 처분할 권한이 없는 것이므로, 동업자의 한 사람이 동업재산을 보관 중 임의로 횡령하였다면 지분비율에

관계없이 임의로 횡령한 금액 전부에 대하여 횡령죄의 죄책을 부담한다(손익분배에 관한 정산이 이루어지지 않았다면, 이익금 또는 투자금의 상환으로써 지급하여야 할 금원을 보관하는 지위에 있었다고 할 수 없고, 오히려 합유에 속하는 동업재산을 보관하는 지위에 있었다고 보아야 할 것).

## 나. 조합채무에 대한 책임

### (1) 조합 채무의 합유적 귀속

**제712조 [조합원에 대한 채권자의 권리행사]** 조합채권자는 그 채권발생당시에 조합원의 손실부담의 비율을 알지 못한 때에는 각 조합원에게 균분하여 그 권리를 행사할 수 있다.

**제713조 [무자력조합원의 채무와 타조합원의 변제책임]** 조합원 중에 변제할 자력없는 자가 있는 때에는 그 변제할 수 없는 부분은 다른 조합원이 균분하여 변제할 책임이 있다.

- 조합재산에 의한 책임 & 분담비율에 따른 조합원 개인의 책임: 조합의 채권자는 채권 전액에 관하여 전 조합원을 상대로 조합재산에 대해 권리를 행사할 수 있고, 각 조합원이 분담하는 금액에 관하여 각 조합원의 개인재산에 대해 권리를 행사할 수도 있다.

### (2) 연대책임이 인정되는 경우

- [상행위로 인하여 부담한 조합채무에 대한 조합원의 연대책임] 대법원 92다30405 판결: 조합의 채무는 조합원의 채무로서 특별한 사정이 없는 한 조합채권자는 각 조합원에 대하여 지분의 비율에 따라 또는 균일적으로 변제의 청구를 할 수 있을 뿐이나, 조합채무가 특히 조합원 전원을 위하여 상행위가 되는 행위로 인하여 부담하게 된 것이라면 그 채무에 관하여 조합원들에 대하여 상법 제57조 제1항을 적용하여 연대책임을 인정함이 상당하다고 할 것인바, 원심이 인정한 바와 같이 피고들은 광산을 경영하기 위한 공동광업권자로서의 지위에 있고, 이에 따라 소외 이교충과 조광권설정계약을 체결하였다가 사정에 의하여 이를 합의해지하면서 그 원상회복으로 수령하였던 보증금을 반환하기로 한 것이라면, 위 보증금반환채무는 본래 상행위로 인하여 발생한 것이어서 피고들은 연대하여 이를 지급할 의무가 있다고 할 것.
- [조합원의 명의대여자 책임] 대법원 2006다21330 판결: ① 명의자가 타인과

동업계약을 체결하고 공동 명의로 사업자등록을 한 후 타인으로 하여금 사업을 운영하도록 허락하였고, 거래 상대방도 명의자를 위 사업의 공동사업주로 오인하여 거래를 하여온 경우에는, 그 후 명의자가 동업관계에서 탈퇴하고 사업자등록을 타인 단독 명의로 변경하였다 하더라도 이를 거래 상대방에게 알리는 등의 조치를 취하지 아니하여 여전히 공동사업주인 것으로 오인하게 하였다면 명의자는 탈퇴 이후에 타인과 거래 상대방 사이에 이루어진 거래에 대하여도 상법 제24조에 의한 명의대여자로서의 책임을 부담한다. ② 원심은, 피고와 소외인은 신라원을 동업으로 운영하기로 하는 동업계약을 체결하고, 피고와 소외인을 신라원의 공동사업자로 하여 사업자등록을 하였던 점, 위 동업계약이 해지된 이후에도 소외인은 종전과 같은 장소에서 종전에 사용하던 '신라원'이라는 상호를 계속 사용하면서 영업을 하였던 점, 원고는 신라원의 사업자등록이 피고와 소외인 공동 명의로 되어 있는 사실을 알고 있었고 위 동업계약이 해지되고 피고의 공동사업자 탈퇴신고가 된 이후에도 계속 신라원의 사업자등록이 피고와 소외인 공동 명의로 되어 있는 것으로 알고 있었던 점, 위 동업계약이 해지된 이후에 소외인이 종전에 사용하던 '신라원'이라는 상호를 계속 사용하는 것에 대하여 피고가 이의를 하였다는 등의 사정이 엿보이지 않는 점 등을 종합하여 보면, 위 동업계약이 해지되고 피고의 공동사업자 탈퇴신고가 있기 이전에는 비록 피고가 신라원의 경영에 실제로 관여한 바가 전혀 없다고 하더라도 피고는 소외인이 피고의 명의를 사용하여 신라원을 운영하는 것을 허락하였다고 볼 것이고, 위 동업계약이 해지되고 피고의 공동사업자 탈퇴신고가 있은 이후에는 피고는 소외인이 종전과 같은 장소에서 종전에 사용하던 '신라원'이라는 상호를 계속 사용하면서 영업을 하는 것을 허락하였거나 묵인함으로써 원고에 대하여 종전과 같이 신라원이 피고와 소외인의 동업으로 계속 운영되고 있는 것과 같은 영업상의 외관을 유지시켰으며, 원고로서는 피고도 신라원의 공동 영업주인 것으로 오인하여 거래를 하였다고 봄이 상당하다는 이유로 피고에게 상법 제24조의 명의대여자 책임이 인정된다고 판단하였는바, 앞서 본 법리와 기록에 비추어 살펴보면 원심의 위와 같은 사실인정과 판단은 정당하다.

## 4. 손익의 분배, 출자의 회수

### 가. 손익 분배

**제711조 (손익분배의 비율)** ① 당사자가 손익분배의 비율을 정하지 아니한 때에는 각 조합원의 출자가액에 비례하여 이를 정한다.
② 이익 또는 손실에 대하여 분배의 비율을 정한 때에는 그 비율은 이익과 손실에 공통된 것으로 추정한다.

### 나. 조합원의 탈퇴: 임의탈퇴와 비임의탈퇴(사망, 파산, 성년후견의 개시, 제명)

■ 제명에 의한 탈퇴

**제716조 (임의탈퇴)**
① 조합계약으로 조합의 존속기간을 정하지 아니하거나 조합원의 종신까지 존속할 것을 정한 때에는 각 조합원은 언제든지 탈퇴할 수 있다. 그러나 부득이한 사유없이 조합의 불리한 시기에 탈퇴하지 못한다.
② 조합의 존속기간을 정한 때에도 조합원은 부득이한 사유가 있으면 탈퇴할 수 있다.

**제717조 (비임의 탈퇴)** 제716조의 경우 외에 조합원은 다음 각 호의 어느 하나에 해당하는 사유가 있으면 탈퇴된다.
1. 사망 2. 파산 3. 성년후견의 개시 4. 제명(除名)

**제719조 (탈퇴조합원의 지분의 계산)**
① 탈퇴한 조합원과 다른 조합원간의 계산은 탈퇴당시의 조합재산상태에 의하여 한다.
② 탈퇴한 조합원의 지분은 그 출자의 종류여하에 불구하고 금전으로 반환할 수 있다.
③ 탈퇴당시에 완결되지 아니한 사항에 대하여는 완결후에 계산할 수 있다.

■ 제명에 의한 탈퇴

**제718조 (제명)** ① 조합원의 제명은 정당한 사유있는 때에 한하여 다른 조합원의 일치로써 이를 결정한다.
② 전항의 제명결정은 제명된 조합원에게 통지하지 아니하면 그 조합원에게 대항하지 못한다.

### 다. 조합원 지위의 양도

■ 조합 지분은 조합원 전원의 동의로 양도할 수 있다 (§273 I; 통설/판례)

■ [조합원 지분의 일부양도 문제] 대법원 2008다4247 판결: 조합계약에 '동업지분은 제3자에게 양도할 수 있다'는 약정을 두고 있는 것과 같이 조합계약에서 개괄적으로 조합원 지분의 양도를 인정하고 있는 경우 조합원은 다른 조합원 전원의 동의가 없더라도 자신의 지분 전부를 일체로써 제3자에

게 양도할 수 있으나, 그 지분의 일부를 제3자에게 양도하는 경우까지 당연히 허용되는 것은 아니다. 왜냐하면, 민법 제706조에 따라 조합원 수의 다수결로 업무집행자를 선임하고 업무집행방법을 결정하게 되어 있는 조합에 있어서는 조합원 지분의 일부가 제3자에게 양도되면 조합원 수가 증가하게 되어 당초의 조합원 수를 전제로 한 조합의 의사결정구조에 변경이 생기고, 나아가 소수의 조합원이 그 지분을 다수의 제3자들에게 분할·양도함으로써 의도적으로 그 의사결정구조에 왜곡을 가져올 가능성도 있으므로, 조합원 지분의 일부 양도를 명시적으로 허용한 것이 아니라 단지 조합원 지분의 양도가능성을 개괄적으로 인정하고 있을 뿐인 위 약정만으로 조합계약 당시 조합원들이 위와 같은 의사결정구조의 변경 또는 왜곡의 가능성을 충분히 인식하고 이를 용인할 의사로써 그 지분 일부의 양도까지 허용하였다고 볼 수는 없기 때문이다. 따라서 그러한 조합의 조합원은 다른 조합원 전원의 동의가 있는 등 특별한 사정이 있어야만 그 지분의 일부를 제3자에게 유효하게 양도할 수 있고, 이와 같이 조합원 지분의 일부가 적법하게 양도된 경우에 한하여 양수인은 그 양도비율에 따른 자익권(이익분배청구권, 잔여재산분배청구권 등) 외에 양도인이 보유하는 공익권과 별개의 완전한 공익권(업무집행자선임권, 업무집행방법결정권, 통상사무전행권, 업무·재산상태검사권 등)도 취득하게 된다.

### 라. 조합의 해산과 청산

(1) 해산사유: 공동사업의 종료, 조합계약의 해산사유, 조합원 전원의 동의

(2) 부득이한 사유에 의한 해산청구(§720): 일방적 의사표시에 의한 해산

- [조합원의 불화와 부득이한 사유] 대법원 2007다48370,48387 판결: ① 민법 제716조에 의하면 조합원은 조합의 존속기간이 정하여져 있지 아니한 때에는 조합원은 원칙적으로 언제든지 탈퇴할 수 있고, 존속기간의 정함이 있는 때에도 부득이한 사유가 있을 경우에 탈퇴할 수 있도록 되어 있는바, 여기서 조합의 탈퇴라 함은 특정 조합원이 장래에 향하여 조합원으로서의 지위를 벗어나는 것으로서, 이 경우 조합 그 자체는 나머지 조합원에 의해 동일성을 유지하며 존속하는 것이므로 결국 탈퇴는 잔존 조합원이 동업사업을 계속 유지·존속함을 전제로 하는 것이라 할 것이다. ② 민법 제720

조는 부득이한 사유가 있는 때에는 각 조합원은 조합의 해산을 청구할 수 있다고 규정하고 있는바, 조합의 해산청구는 조합이 소멸하기 위하여 그의 목적인 사업을 수행하기 위한 적극적인 활동을 중지하고, 조합재산을 정리하는 단계에 들어가는 것이고, 여기서 '부득이한 사유'라 함은 경제계의 사정변경에 따른 조합 재산상태의 악화나 영업부진 등으로 조합의 목적달성이 매우 곤란하다고 인정되는 객관적인 사정이 있거나 조합 당사자 간의 불화·대립으로 인하여 신뢰관계가 파괴됨으로써 조합업무의 원활한 운영을 기대할 수 없는 경우를 말한다. ③ 조합이 해산된 경우 당사자 사이에 별도의 약정이 없는 이상 청산절차를 밟는 것이 통례이나, 조합의 잔무로서 처리할 일이 없고, 다만 잔여재산의 분배만이 남아 있을 때에는 따로 청산절차를 밟을 필요가 없으며, 잔여재산은 조합원 사이에 별도의 특약이 없는 이상 각 조합원의 출자가액에 비례하여 분배하게 되어 있으므로, 비록 조합채무의 변제 사무가 완료되지 아니한 사정이 있더라도 그 채권자가 조합원인 경우에는 동업체 자산을 보유하는 자가 동업체 자산에서 채권자 조합원에 대한 조합채무를 공제하여 분배대상 잔여재산액을 산출한 다음, 다른 조합원들에게 잔여재산 중 각 조합원의 출자가액에 비례한 몫을 반환함과 아울러 채권자 조합원에게 조합채무를 이행함으로써 별도의 청산절차를 거침이 없이 간이한 방법으로 공평한 잔여재산의 분배가 가능하다고 할 것이다.

- [청산절차가 없는 예외적인 조합관계 종료] 대법원 2008도11804 판결: ① 두 사람으로 된 동업관계 즉, 조합관계에 있어 그 중 1인이 탈퇴하면 조합관계는 해산됨이 없이 종료되어 청산이 뒤따르지 아니하며 조합원의 합유에 속한 조합재산은 남은 조합원의 단독소유에 속하고, 탈퇴자와 남은 자 사이에 탈퇴로 인한 계산을 하여야 한다. ② 원심은, 2007. 4.경 함께 생강종자를 심고 생강농사를 시작하였는데, 불화가 생겨 2007. 6.경부터 1인이 생강 밭에 나오지 않았으며, 그때부터 피고인 혼자 생강 밭을 경작하고 수확까지 한 사실을 인정한 다음, 공소외인이 2007. 6.경 묵시적으로 동업탈퇴의 의사표시를 한 것이라고 보아, 피고인이 2007. 11. 17.경 및 같은 달 20.경 이 사건 생강 밭에서 생강을 반출하여 이를 절취하였다는 이 사건 공소사실을 무죄라고 판단한 것은 정당하다.

## 5. 비전형 계약으로서 내적 조합

### 가. 내적조합의 개념

A와 B가 상호출자하여 사업할 것을 약정하였지만, 그 경영을 조합의 방식에 의하지 않고 마치 A의 개인사업인 것처럼 A만이 대외적으로 영업활동을 하면서 그 채무를 부담하였다면 조합으로 볼 수 없다. 따라서 A의 영업에서 발생한 채무에 대해 B가 책임을 지는지 문제된다.

- ① 업무의 집행이나 감사를 통해 업무에 관여하고 영업상의 채무에 대해 책임을 부담하는 형태의 공동사업이 존재하지 않는다면 민법상 조합으로 인정할 수 없고, B에게 민법상 조합의 조합원 책임을 추궁하지 못한다. ② B가 A에게 재산을 출자하고 영업은 A가 전담하되 그 이익을 B에게 분배하기로 하였다면, 상법상의 익명조합이 되며, 익명조합원 B는 대외적인 책임을 부담하지 않는다.
- 이러한 조직은 공동의 목적을 위한 복수인의 결합으로서 '조합'에 해당하지만, '민법상의 조합'이나 '상법상의 익명조합'이 아닌 '특수한 조합' 형태가 된다. 이를 '내적 조합'이라고 부르며, 내부적으로는 A와 B의 조합이지만, 외부관계에서는 A의 단독 사업으로 다루어진다.
- 한편, ① B가 A에게 출자한 것이 단순히 금전을 대여한 것이라면 B의 책임은 없다. ② A의 영업행위의 결과가 실질적으로 A에게 귀속하여 A가 B의 대리인 또는 상업사용인이라고 인정할 수 있다면 B가 본인 또는 영업주로서 책임을 부담하게 될 수도 있다.

### 나. 관련 판례

- [중국음식점 동업을 내적조합으로 판단한 사례] 대법원 81다650 판결 (기초사실: D와 A가 중국음식점을 동업하기로 하고 영업장 및 그 시설물, 운영경비는 D가 제공하되, 영업의 운영은 A에게 맡겨 인건비와 재료비를 부담하도록 하는 동업계약을 체결함. 영업의 운영에 있어서는 A가 대표하여 경영에 필요한 제3자와의 거래 및 영업명의 기타 영업에 부수되는 행위를 하고 그 권리의무를 A가 부담하기로 하며, 이익분배에 관하여는 D가 매일 매상금액 중 50퍼센트에 해당하는 금액을 A로부터 받아 그중 30퍼센트에 해당하는 금액은 임대료와 사용료로 충당하고 20퍼센트에 해당하는 금액은 제세금, 예치금으로 보관하여 납부하되 과부족이 있을 때에는 정산하기로 약정

하였음. A에게 식품 등을 외상으로 공급한 P가 A에게 부도가 발생하자 D에게 외상대금을 청구함): ① 원심은 위 동업계약은 상법상의 익명조합과 다르고, 또 민법상의 통상의 조합과 구별되는 일종의 특수한 조합이라고 할 것이고, 위와 같은 특수조합에 있어서 보통의 경우라면 대외관계에 있어서는 그 이름으로 업무를 집행하는 자가 채권자에 대한 관계에서 개인적으로 무한책임을 지도록 하고 그의 손실부담은 조합원상호간의 약정에 맡길 것이지만, 위 단독으로 업무를 집행하는 자가 변제할 자력이 없거나 부족하는 등의 특별한 사정이 있는 때에는 그 채무가 실질상으로 조합채무인 이상 민법 제712조, 제713조를 유추 적용하여 자력있는 조합원이 수인인 때에는 균분하여, 1인 때에는 단독으로 책임을 짐으로써 실질상의 조합채권자를 보호하는 것이 상당하다고 하여 원고의 피고에 대한 이 사건 물품대금청구를 인용하였다. ② 그러나 사실이 위 동업관계는 중국음식점의 경영을 공동사업으로 하고, 또 이익이 난 여부를 묻지 아니하고 매일 매상액 중 일정한 금액의 지급을 약정한 점 등에서 상법상의 익명조합이라고는 할 수 없고, 한편 합유인 조합재산이 없고 A가 영업을 위한 재료의 구입등 위 조합의 대외적인 법률행위를 함에 있어서는 조합원인 D를 대리할 필요없이 자기 명의로 단독으로 하고 이를 위한 권리의무가 A에게 귀속되는 점에서 조합원들의 합유인 조합재산이 있고, 외부관계에서 법률행위를 함에 있어서 업무집행자가 조합원을 대리하여 그 법률효과가 조합원 전체에 귀속되는 민법상의 통상의 조합과 구별되는 일종의 특수한 조합이라고 할 것이고, 이러한 특수한 조합에 있어서는 대외적으로는 오로지 영업을 경영하는 위 소외인만이 권리를 취득하고 채무를 부담하는 것이어서 민법 제713조가 적용될 여지가 없다 할 것이다. 그렇다면 원심이 위 소외인이 변제할 자력이 없거나 부족하는 등의 특별한 사정이 있을 때에는 민법 제713조가 유추 적용된다는 원심의 판단에는 위와 같은 특수한 형태의 조합에 관한 법리를 오해한 위법이 있다.

■ [직원들의 임금에 대한 내적조합 동업자의 책임을 부인한 사례] 대법원 96다14838,14845 판결 (기초사실: A가 사업체의 운영자금 1억 원을 P로부터 차용하였다가 각 1억 원씩 출자하여 동업하기로 하는 계약을 체결하면서 사업기간을 1년으로 하여 연 1회 결산하되, 손익은 출자 비율에 따라 분배

하기로 약정하였음. 이후 P는 전무로서 외상대금의 수금 독려, 입금 감독 등의 자금 관리 업무만을 맡아왔고, A는 여전히 사장이라는 직함으로 대내외적인 사업 전반을 직접 또는 영업관리담당 전무를 통하여 관장하였음. A는 사업자등록증상의 대표자 명의를 그대로 유지하고, 자신의 개인사업체로 처리하여 소득세 등 세금 신고를 하고, 대외적으로 어음 거래를 함에 있어서도 자신의 명의로 된 약속어음을 발행하여 왔음. 직원들의 임금 및 퇴직금에 대한 P의 책임 여부): 원심은, P와 A 간의 동업조합은 민법상의 조합과 구별되는 일종의 특수한 조합으로서 대외적으로는 오로지 사업을 경영하는 A만이 권리를 취득하고 의무를 부담하는 것이어서 민법 제711조 내지 제713조가 적용될 여지가 없고, 또한 P는 대외적으로 위 사업을 A와 공동으로 경영한 바 없다는 이유로 P는 위 사업의 동업자 내지 피고들의 사용자로서 임금 및 퇴직금 지급의무를 부담한다는 피고의 반소청구를 배척하였다. 원심의 위 사실인정 및 판단은 정당하다.

- [나이트클럽 바지사장(?)과 실질 경영주 간의 조합 관계를 부인한 사례] 대법원 98다44666 판결 (기초사실: 나이트클럽을 D가 임차하여 운영에 소요되는 모든 자금을 부담하면서도 그 운영에 필요한 대외적인 행위를 모두 A에게 위임하고 내부적으로만 동인의 행위를 감독하고 있음. P는 나이트클럽의 관련한 공사대금을 D에게 청구함): ① 채무를 부담하는가): 이른바 '내적조합'이라는 일종의 특수한 조합으로 보기 위하여는 당사자의 내부관계에서는 조합관계가 있어야 할 것이고, 내부적인 조합관계가 있다고 하려면 서로 출자하여 공동사업을 경영할 것을 약정하여야 하며, 영리사업을 목적으로 하면서 당사자 중의 일부만이 이익을 분배받고 다른 자는 전혀 이익분배를 받지 않는 경우에는 조합관계(동업관계)라고 할 수 없다. ② 원심은 D와 A는 내적조합관계로 A를 D의 대리인 또는 사자라고는 할 수 없고, 나아가 이러한 내적조합에서는 대외적으로 행위를 위임받은 사람만이 대외적인 책임을 부담한다고 할 것이니 원고 P의 주장은 더 나아가 살필 것도 없이 이유 없다고 판단하였다. ③ 그러나 원심과 같이 D와 A의 관계를 원심이 말하는 이른바 '내적조합'이라는 일종의 특수한 조합으로 보기 위하여는 피고와 마석원의 내부관계에서는 조합관계가 있어야 할 것이고, 내부적인 조합관계가 있다고 하려면 서로 출자하여 공동사업을 경영할 것을

약정하여야 하며, 영리사업을 목적으로 하면서 당사자 중의 일부만이 이익을 분배받고 다른 자는 전혀 이익분배를 받지 않는 경우에는 조합관계(동업관계)라고 할 수 없는바, 원심판단의 전제로 삼은 원고주장 사실만으로는 내부적으로 손익분배를 전제로 하여 공동사업을 경영할 것을 약정한 조합관계(동업관계)로 단정할 수는 없다. 오히려 기록에 의하니, 원고는 D와 A가 동업관계가 아닌 상업사용인과 고용주관계라고 주장하고 피고도 단순한 금전차용관계라고 하거나 내부적인 공동사업이 없는 상법상의 익명조합관계라고 주장하고 있는 사실을 알 수 있을 뿐이다. 사정이 그와 같으니, 원심이 원고주장 자체에 의하더라도 이른바 내적조합관계가 인정된다고 판단한 데에는 변론주의에 반하거나 조합(동업)에 관한 법리를 오해한 위법이 있다.

# 제5장 기업유형으로서의 익명조합, 합자조합

## 제1절 익명조합(匿名組合)

### 1. 의의

#### 가. 익명조합의 의의 (§78)

**제78조 (의의)** 익명조합은 당사자의 일방이 상대방의 영업을 위하여 출자하고 상대방은 그 영업으로 인한 이익을 분배할 것을 약정함으로써 그 효력이 생긴다.
**제79조 (익명조합원의 출자)** 익명조합원이 출자한 금전 기타의 재산은 영업자의 재산으로 본다.
**제80조 (익명조합원의 대외관계)** 익명조합원은 영업자의 행위에 관하여서는 제3자에 대하여 권리나 의무가 없다.

- 영업자와 익명조합원 양 당사자의 계약이며, 복수의 익명조합 관계가 병존할 수 있다.
- 이익분배는 익명조합이 되기 위한 필수적인 개념 요소로서, 일정액 또는 매출액의 일정비율을 지급하기로 약정하는 경우에는 익명조합성을 인정할 수 없다. 손실 분담은 개념요소가 되지 않는다.
- 출자재산은 영업자의 재산이 되며, 익명조합원은 제3자에 대한 책임이 없다. 따라서 익명조합은 내부적으로만 경영능력과 자본력이 결합되는 공동기업일 뿐, 대외적으로는 영업자의 단독기업이 된다 (내부관계에서 '내적조합'의 성질을 인정하여 조합 규정을 유추적용한다: 통설).

### 나. 연원

- 10C 경 지중해 연안의 commenda 계약에서 기원하였다 (익명조합, 합자조합/합자회사의 기원)
- 합자회사 규정의 일부 준용(§86): 유한책임사원의 노무/신용 출자 금지(§272), 유한책임사원의 감시권, 유한책임사원의 업무집행/대표 금지(§§277, 278)

## 2. 영업의 수행과 채무의 부담: 영업자의 단독 영업

### 가. 영업의 수행

- 영업자는 영업수행의무를 지며, 익명조합원은 감시권을 갖는다.
- 익명조합원은 업무집행을 하지 못한다 (§§86, 278). 내부관계에 관한 규정으로서 임의규정이므로 다른 약정을 할 수 있다는 견해도 있지만, 영업에 관한 책임이 없다는 점에서 강행규정으로 보아야 한다.

### 나. 채무의 부담

- 익명조합원은 영업자의 행위에 관하여서는 제3자에 대하여 권리나 의무가 없다 (§80).
- 익명조합원의 명의대여자 책임: 익명조합원이 자기의 성명을 영업자의 상호중에 사용하게 하거나 자기의 상호를 영업자의 상호로 사용할 것을 허락한 때에는 그 사용이후의 채무에 대하여 영업자와 연대하여 변제할 책임이 있다 (§81).

## 3. 손익의 분배

### 가. 영업재산의 귀속

- 출자재산은 영업자의 재산으로 본다 (§79).
- 대법원 71도 2032 판결: 피고인과 피해자 공소외인과 간의 카프테리아 영업의 동업관계는 익명조합의 관계에 있다고 한 것으로 보겠는데(그 익명조합원은 피해자 공소외인이라고 본 취지) 이렇다면 이 카프테리아 영업

에 대한 익명 조합원이 상대방의 영업을 위하여 출자한 금전 기타의 재산은 상대방인 영업자의 재산으로 되는 것이어서 영업자는 타인의 재물을 보관하는 자의 입장에 있는 것이 아닌즉, 그 영업의 이익금을 함부로 자기 용도에 소비하였다 하여도 타인의 재물을 횡령하는 범죄로 될 수는 없는 것인데도 불구하고 원심은 앞에서 본 바와 같이 이 사건 카프테리아의 동업관계를 익명조합 관계라고 전제해 놓고서 상대방 영업자인 피고인을 횡령죄로 처단하였음은 이유 모순 아니면 법리오해의 잘못이 있다 할 것이다.

### 나. 이익의 분배

- 분배비율: 익명조합계약으로 정하지 않았다면 조합 규정을 준용하여 출자가액에 비례할 것(민§711)
- 손실분담은 개념요소가 아니다. 그러나 손실분담은 공동기업의 보편적 원칙이라는 점에서 반대의 특약이 없으면 묵시적인 손실분담의 특약이 있는 것으로 추정한다 (통설)

## 4. 익명조합의 종료

**제83조 (계약의 해지)**

① 조합계약으로 조합의 존속기간을 정하지 아니하거나 어느 당사자의 종신까지 존속할 것을 약정한 때에는 각당사자는 영업연도말에 계약을 해지할 수 있다. 그러나 이 해지는 6월전에 상대방에게 예고하여야 한다.

② 조합의 존속기간의 약정의 유무에 불구하고 부득이한 사정이 있는 때에는 각 당사자는 언제든지 계약을 해지할 수 있다.

**제84조 (계약의 종료)** 조합계약은 다음의 사유로 인하여 종료한다.

1. 영업의 폐지 또는 양도
2. 영업자의 사망 또는 금치산
3. 영업자 또는 익명조합원의 파산

**제85조 (계약종료의 효과)** 조합계약이 종료한 때에는 영업자는 익명조합원에게 그 출자의 가액을 반환하여야 한다. 그러나 출자가 손실로 인하여 감소된 때에는 그 잔액을 반환하면 된다.

# 제2절 합자조합(合資組合)

## 1. 서론

### 가. 새로운 기업 유형의 필요성

(1) 기존 회사제도의 약점

(가) 인적회사의 약점

- 사원이 무한책임을 지는 부담이 크다.
- 회사의 법인세와 사원의 소득세라는 이중과세 문제가 해결되어야 한다. 이 점은 2009년 동업기업(파트너쉽) 과세특례 제도가 도입되어 대부분 해결되었다.

※ 동업기업(파트너쉽) 과세특례제도

- 동업기업에 대해 형식상의 법인격 유무에 관계없이 실질에 맞게 법인격을 부인하여 법인세를 면제하는 과세특례제도
- 동업기업의 개념: 2명 이상이 금전 기타의 재산 또는 노무 등을 출자하여 공동사업을 경영하면서 발생한 이익 또는 손실을 배분받기 위해 설립한 단체로서, 조합 또는 인적회사적 성격을 가질 것

(나) 주식회사의 약점

- 대규모 기업의 조직으로 유연성이 부족하여 기업조직/기업지배구조 등과 관련한 사원의 사적자치가 허용되는 범위가 좁다.
- 엄격한 자본 규제로 인하여 지식기반형 기업에 있어 인적 능력(신기술, 전문지식, 아이디어 등)에 대한 평가/보상 방안을 확보하기 어렵다.
- 기업경영의 투명성/공개성이 요구되므로, 중소기업에 필요한 비공개적/탄력적 경영활동이 곤란하다.

(다) 유한회사의 약점

- 낮은 인지도와 신용평가 상의 상대적 불이익 때문에 잘 활용되지 않는다.
- 회사와 사원에 대한 이중과세 문제가 존재한다. 특별법에 따른 유한회사로 전문적 인적용역을 제공하는 법무법인(유한), 회계법인, 세무법인, 관세법인 등 일부 유한회사에 대해서만 동업기업(파트너쉽) 과세특례가 허용된다.

- 지분 양도가 제한된다.

(2) 새로운 기업형태의 요구
- 이중과세를 지양하고 (2009년 조합과세제도 도입),
- 경영권 참여가 가능하면서도 유한책임을 인정받는 형태로서,
- 다양한 형태의 출자(금전/현물 출자 이외의 신용/노무/신기술 등)가 가능하고, 출자를 쉽게 회수할 수 있도록 하며,
- 기업의 조직/운영에 있어 사적자치의 폭을 확대한다.

### 나. 미국의 관련 입법례

(1) Limited Partnership (LP; 합자조합) cf. General Partnership(합명조합, 일반조합)
- 2종류의 구성원: 업무집행권을 보유하면서 무한책임을 부담하는 무한책임조합원(general partner)과 출자가액 한도의 유한책임을 지며 지분의 자유양도가 가능한 유한책임조합원(limited partner)으로 구성된다.
- 모델법: Uniform Limited Partnership Act (1976년 제정, 1985년, 2001년 개정)

※ 현대형 합자조합 허용
  ① publicly held limited partnership: 회사가 무한책임조합원이 되고, 다수의 유한책임조합원이 참여하는 형태
  cf. 독일의 GmbH&Co KG: 유한회사가 합자회사의 무한책임사원이 됨
  ② 유한책임합자조합(LLLP): 합자조합이지만, 무한책임조합원도 조합재산의 범위 내에서만 책임을 지는 형태

(2) Limited Liability Partnership (LLP; 유한책임조합)
- 조합이 유한책임조합으로 등록하면, 위법행위가 없는 선의의 조합원에 대해서 유한책임의 혜택을 부여하는 형태
- 1991년 Texas 주 도입 이래 1999년까지 대부분 주가 채택하였으며, 1997년 Uniform Partnership Act에 조합의 한 형태로 규정되었다.

(3) Limited Liability Company (유한책임회사)
- 사원은 출자가액을 한도로 하는 유한책임을 진다. 다만, 업무집행사원의

경우 주의의무 위반이나 이익상반 거래에 따른 책임에 대하여는 무한책임을 진다.

- 회사의 업무집행을 위해 사원이 아닌 전문경영인을 선임하는 것도 가능하다.
- 노무/신용의 출자도 허용된다.
- 지분 양도의 자유가 인정되며, 퇴사의 자유도 인정된다.
- 1977년 Wyoming 주가 처음 도입하였으며, 1988년 IRS의 pass-through tax treatment 결정 이후 급속히 확대되어 모든 주에서 도입하였다 (1997년 check-the-box regulation 채택: 조합과세/법인과세 선택). 사원의 유한책임, 조합 과세, 조직 구성/운영의 자율성 보장 등의 장점으로 선호도가 높은 회사 형태이다.
- Uniform Limited Liability Company Act (1996년 제정, 2006년 개정)

## 다. 일본의 미국제도 수용

### (1) 유한책임사업조합

- 2005년, 미국식 Limited Liability Partnership(유한책임조합)을 도입하였다.
- 모든 조합원이 업무집행권을 가지며, 중요한 결정에 총조합원의 동의를 요구하는 등 조합적 색채가 강하다.
- 모든 조합원이 유한책임의 혜택을 누린다. 노무의 출자는 인정되지 않는다.

### (2) 합동회사

- 2005년 미국식 Limited Liability Company를 도입하였다. 종전의 유한회사 제도는 폐지하면서, 유한회사형 주식회사(이사회 비설치 회사)로 유도한다.
- 모든 사원이 유한책임만을 부담한다. 출자는 전액납입하여야 하며, 노무출자는 허용되지 않는다.
- 업무집행: 합명회사적 기초 위에서 사원의 업무집행권을 인정하며, 업무집행사원을 선임할 수 있는 등 사적자치를 존중한다.
- 지분 양도는 다른 사원의 동의가 있어야 하며, 퇴사제도가 인정된다.

## 2. 합자조합의 의의

**제86조의2 (의의)** 합자조합은 조합의 업무집행자로서 조합의 채무에 대하여 무한책임을 지는 조합원과 출자가액을 한도로 하여 유한책임을 지는 조합원이 상호출자하여 공동사업을 경영할 것을 약정함으로써 그 효력이 생긴다.

- 무한책임을 지는 업무집행조합원과 유한책임의 유한책임조합원으로 구성되는 공동기업
- 법인격이 없으므로 권리능력/행위능력이 없고, 조합 재산은 합유에 속한다. 합자조합에 관하여는 상법 또는 조합계약에 다른 규정이 없으면 민법 중 조합에 관한 규정을 준용한다 (§86의8Ⅳ).
- 합자조합의 거래상대방을 보호하기 위하여 조합원의 성명이나 출자 등을 등기하도록 한다 (§86의4).
- 조합과 같은 인적 성격을 보유하면서, 일부 구성원은 유한책임만을 부담하는 공동기업 형태로서, 2011년 개정상법에서 미국의 LP(Limited Partnership)를 모델로 하여 도입되었다. 그러나 법인격이 없다는 점만 제외하면 합자회사와 유사하기 때문에 특별한 장점을 찾기 어렵고, 오히려 미국의 LLP(Limited Liability Partnership; 일본이 2005년 도입한 '有限責任事業組合') 형태가 더 바람직하다는 비판이 있다.

## 3. 업무의 집행과 조합의 대리

### 가. 업무 집행

**제86조의5 (업무집행조합원)**

① 업무집행조합원은 조합계약에 다른 규정이 없으면 각자가 합자조합의 업무를 집행하고 대리할 권리와 의무가 있다.

② 업무집행조합원은 선량한 관리자의 주의로써 제1항에 따른 업무를 집행하여야 한다.

③ 둘 이상의 업무집행조합원이 있는 경우에 조합계약에 다른 정함이 없으면 그 각 업무집행조합원의 업무집행에 관한 행위에 대하여 다른 업무집행조합원의 이의가 있는 경우에는 그 행위를 중지하고 업무집행조합원 과반수의 결의에 따라야 한다.

- 유한책임조합원의 업무집행 허용 (86의4Ⅰ): 유한책임사원의 업무집행은 원칙적으로 금지되지만(§§86의8Ⅲ, 278), 조합계약에 의해 허용할 수 있다 (§§86의4Ⅰ, 86의8Ⅲ). 유한책임조합원이 업무를 집행하면 업무집행조합

원으로서 책임을 지도록 해석해야 한다는 견해가 있다.

- 업무집행에 대한 감시권: 합자회사 유한책임사원의 감시권 조항 준용(§§86의8, 277)
- 업무집행조합원의 경업이 금지되며, 자기거래는 업무집행조합원과 유한책임조합원 양자 모두 제한된다(다른 사원 과반수의 결의). 다만 조합계약으로 달리 정할 수 있다 (§§86의8, 198, 199).

### 나. 조합 대리

- 업무집행조합원의 대리권, 각자대리(§86의5 Ⅰ), 공동업무집행조합원(§86의3 ix)
- 유한책임조합원의 대리권 허용 문제: 조합계약에 의해 '업무를 집행(cf. 대리)'할 수 있다는 점(§§86의4 Ⅰ), 거래 상대방을 보호할 필요가 있다는 점에서 조합계약이 정하는 경우 허용해야 할 것이라는 견해가 있다.

## 4. 조합원의 책임

### 가. 업무집행조합원

- 합명회사 사원의 책임 규정 준용(§§86의8 Ⅱ, 212): 직접/연대/무한 책임이며, 합자조합 재산으로 채무를 완제할 수 없거나 합자조합 재산에 대한 강제집행이 주효하지 못한 경우에 책임을 지는 보충적 책임이다.
- 탈퇴한 업무집행조합원의 책임: 탈퇴 시점에 현존하는 채무에 대한 책임은 탈퇴로 소멸하지 않는다. 지분 계산에 의해 잔존 조합원이 탈퇴 조합원의 책임을 인수한 것으로 볼 수 있지만, 채무인수를 채권자에게 대항하려면 채권자의 승낙을 받아야 한다 (민§§453, 454).

  ※ 합명회사 사원과 합자회사 무한책임사원이 퇴사하면 퇴사 전에 생긴 채무에 관해 2년간 다른 사원과 동일한 사원이 있다는 규정(§225)은 준용되지 않는다.

### 나. 유한책임조합원

> **제86조의6 (유한책임조합원의 책임)** ① 유한책임조합원은 조합계약에서 정한 출자가액에서 이미 이행한 부분을 뺀 가액을 한도로 하여 조합채무를 변제할 책임이 있다.

② 제1항의 경우 합자조합에 이익이 없음에도 불구하고 배당을 받은 금액은 변제책임을 정할 때에 변제책임의 한도액에 더한다.

■ 탈퇴한 유한책임조합원이 책임 부분을 차감하고 지분을 환급받았다면 책임이 소멸한 것으로 보아야 한다는 견해가 있다.

## 5. 출자, 손익 분배, 출자의 회수

### 가. 출자

■ 조합원의 출자에 관한 사항을 조합계약으로 정하여야 한다 (§86의3).

■ 합자회사 유한책임사원의 노무/신용 출자 금지 조항(§272)을 준용하면서도, 조합계약으로 달리 정할 수 있도록 하고 있다 (§86의8Ⅲ).

### 나. 손익의 분배

■ 손익분배에 관한 사항, 해산시의 잔여재산 분배에 관한 사항을 조합계약으로 정하여야 한다 (§86의3).

### 다. 조합원 지분의 양도

**제86조의7 (조합원의 지분의 양도)** ① 업무집행조합원은 다른 조합원 전원의 동의를 받지 아니하면 그 지분의 전부 또는 일부를 타인에게 양도(讓渡)하지 못한다.
② 유한책임조합원의 지분은 조합계약에서 정하는 바에 따라 양도할 수 있다.
③ 유한책임조합원의 지분을 양수(讓受)한 자는 양도인의 조합에 대한 권리 · 의무를 승계한다.

(1) 지분 양도의 채권적 효과

■ 합자조합 지분의 양도는 법인의 지분 양도와는 달리 합자조합의 개개 재산에 대한 지분적 권리를 양도하는 것이므로 등기/등록을 요하는 재산이면 그 권리이전 절차가 필요하다.

(2) 조합채무에 대한 책임의 승계 문제

(가) 유한책임조합원: 출자미필액 등을 한도로 하는 유한책임이므로 양도인의 채무가 승계된다고 규정한다.

(나) 업무집행조합원의 책임

■ 채무의 승계 여부는 당사자 간의 합의로 정하며, 조합원 전원이 양도에

동의하였더라도 채무인수를 채권자에게 대항하려면 채권자의 승낙을 받아야 한다 (민§§453, 454).

### 라. 탈퇴

- 유한책임조합원이 사망하면 지분이 상속된다 (§§86의8Ⅲ, 283). cf. 업무집행조합원의 사망은 탈퇴사유가 된다 (§§86의8Ⅳ, 민§717).
- 조합 규정의 준용

### 마. 해산과 청산

- 조합계약에서 조합의 존속기간이나 그 밖의 해산사유에 관한 사항과 조합의 해산 시 잔여재산 분배에 관한 사항을 정하도록 하였다 (§86의3)
- 무한/유한 책임사원 전원의 퇴사에 의한 해산과 신입사원 가입에 의한 회사의 계속에 관한 합자회사 규정이 준용된다 (§§86의8, 285).

## 6. 조합 규정의 준용

- 기타 합자조합에 관하여는 상법 또는 조합계약에 다른 규정이 없으면 민법 중 조합에 관한 규정을 준용한다 (§86의8Ⅳ).

# 제6장 합명회사

## 제1절 합명회사(合名會社)의 의의

- 개념: 사원이 직접 회사의 업무를 집행하고, 회사 채무에 대해 직접·연대·무한 책임을 부담하는 회사
- 조합적 성격: 소수의 사원간의 신뢰관계에 기초한 조합적 성격의 기업으로서, 조합 규정을 준용한다(§195). 따라서 내부적 법률관계에 관하여는 정관에 의한 자치가 허용된다(cf. 외부관계 규정의 강행규정성).
- 연혁: 중세 도시에서 부(父)의 사업을 공동상속한 가족공동체로 발달하였다. 1807년 프랑스 상법전이 상호진실주의에 따라 사원 전원의 이름을 회사의 상호로 하도록 하였다.

## 제2절 합명회사의 설립

### 1. 회사설립 일반론

#### 가. 입법주의

(1) 근대 이전

- 로마의 퍼블리카니(publicani): 임원의 몫(socii)과 소액주주의 몫(particulae)을 통해 소유권이 다수에게 분산된 법인체로서 조세 징수나 신전 건립 등 국가의 아웃소싱 업무를 수행하였다.
- 14C 이탈리아 도시국가의 징세업무를 수임한 회사(monti): 주식(loughi)을 발행하여 필요한 자본을 조달하였다.

(2) 특허(의회의 인가)에 의해 설립된 회사(chartered company)와 주식투기 (Bubble)

- 근대적 회사의 출현: 17C 동인도회사 등 의회의 인가를 받은 회사
- 1610년 암스테르담의 증권거래소(동인도회사의 주식, 도시국가 채권, 대출채권, 환어음 등의 금융상품을 거래함) 설립을 계기로 17C 후반 주식회사 설립이 붐을 이루었다.
- 미시시피 버블: 식민지 개발권을 가진 미시시피社(프랑스의 동인도회사)가 1719년 프랑스 정부의 부채를 모두 인수하면서 주가가 상승하기 시작하였고, 주식담보 대출금으로 재차 주식을 인수하도록 유도하여 주가가 폭등(40배)하였지만, 1720년 대폭락 사태가 발생하였다.
- South Sea Company Act of 1720: 영국의 사우스시 사는 남미와의 무역독점권을 대가로 영국정부의 채권을 주식으로 전환해주기로 하고, 주식 전환을 유인하기 위해 주가 조작으로 주가를 상승시켜 투기열풍을 유도하였다. 주가 붕괴 후 금융시장이 마비되자 뇌물을 수수한 의원/장관을 처벌하고, 임원들의 이익을 몰수하였다. 이 사건은 주식 거래를 엄격히 규제하는 계기가 되었다.

※ 특허주의는 오늘날에도 특수한 공적 기능을 담당하는 회사(예: 한국은행)에 적용되고 있다.

(3) 면허(허가)주의

- 프랑스 상법전(1807), 독일 ADHGB(1861)의 행정적 심사와 규제

(4) 준칙주의 도입

- 산업혁명과 자본주의 사상에 따른 변화
- 영국의 Joint Stock Companies Act of 1844, 독일의 신주식법(Aktienrechts novelle von 1870)

### 나. "設立行爲"의 논의

(1) 설립행위의 의의

- 회사의 설립과정(정관작성 → 인적/물적 실체의 형성 → 기관의 구성 → 설립등기)에서 회사 설립을 목적으로 이루어지는 다수인의 행위

■ 인적회사는 사원이 회사 채권자에 대해 직접 채무를 부담하며 사원 각자가 업무를 집행하기 때문에 설립절차가 간단하다. 즉 사원과 그 출자에 관한 사항을 기재한 정관을 작성하면 별도의 출자절차나 기관구성절차가 필요하지 않다.
■ 물적회사의 경우에는 회사의 재산만이 책임재산이 되고 사원자격과 기관자격이 분화되기 때문에 정관 작성 이후에 회사의 물적 실체를 구성하고 기관을 구성하는 과정을 거쳐야 한다. 따라서 정관 작성뿐만 아니라 주식인수도 설립행위가 된다 (cf. 다만 발기인의 주식인수가 아닌 모집주주의 주식인수는 입사계약으로 이해한다).

(2) 설립행위의 법적 성격
■ 합동행위설(다수설) ↔ 단체적 효과의 발생을 목적으로 하는 특수계약설
■ 어떤 견해이든지, 일부의 무능력, 통정허위표시, 자기계약/쌍방대리와 같은 흠은 사단법인의 성립에 영향을 미치지 않는다고 해석한다.
※ 독일 주식법(§2)은 정관(Satzung)을 '회사계약(Gesellschaftsvertrag)'이라고 한다.

(3) 설립행위에 존재하는 흠
■ 합명회사, 합자회사, 유한회사의 경우: 각 사원의 의사무능력, 비진의표시, 통정허위표시 등과 같은 주관적 흠은 합명회사의 설립무효 원인이 되며 (다수설), 행위무능력, 사기/강박/착오, 채권자 사해행위 등은 설립취소의 원인이 된다(§§184, 190): 합자회사에 준용하며(§269), 유한회사에 같은 규정을 둔다(§552).
※ 합동행위에는 거래 상대방과 관련한 민법규정(비진의표시, 통정허위표시, 자기계약: 민§§107, 108, 124)이 적용되지 않는다고 본다 (민법의 다수설). 이에 대하여 의사 합치가 필요하면 적용되어야 한다는 반대의 견해도 있다.
■ 주식회사의 경우: ① 주식인수의 경우 비진의표시는 항상 유효하다(민107 Ⅰ단서 배제; §302Ⅲ). ② 회사성립후 또는 창립총회에 출석하여 그 권리를 행사하였다면 주식청약서의 요건의 흠결을 이유로 하여 그 인수의 무효를 주장하거나 사기, 강박 또는 착오를 이유로 하여 그 인수를 취소하지

못한다 (§320). ③ 설립취소 제도가 없고, 설립무효의 경우 주관적 무효원인이 인정되지 않으며 객관적 사유만 인정된다 (주관적 사유로 인한 취소/무효는 해당 사원의 인수행위의 효력에만 영향을 미친다).

## 2. 합명회사의 설립절차: 정관작성(§178) + 설립등기(§172)

### 가. 개설

- 설립절차의 단순함: 사원이 무한책임을 지므로 자본에 관한 엄격한 규제가 필요하지 않으며, 사원에게 업무집행권을 부여하므로 기관을 구성하는 절차가 불필요하다.
- 사원이 회사 존속의 기초가 되므로, 정관에 의해 사원을 특정한다.
- 설립과정에서 사원 개개인에게 존재하는 주관적 흠을 이유로 하는 설립 무효/취소의 소가 인정된다.

### 나. 정관(定款)의 작성

(1) 정관의 의의

- 정관의 개념: 단체의 조직과 운영에 관한 근본규칙
- 합명회사의 설립에는 2인 이상의 사원이 공동으로 정관을 작성하여야 한다(§178).
  - 공증인의 인증은 불필요하다
  
  cf. 주식회사를 설립할 때에는 인증이 정관의 효력요건이 된다(§292; 유한회사에 준용 §543Ⅱ). 다만, 자본금 10억 원 미만의 주식회사를 발기설립할 때에는 인증 불요.
- 절대적 기재사항(§179), 상대적 기재사항(예: §§200, 207, 208, 247)

(2) 정관의 효력

(가) 정관의 법적 성질: 자치법설 (cf. 계약설)

- 자치법설: 정관은 다수결로 변경할 수 있으며, 그 변경에 반대한 사원에게도 효력을 미치고, 사원이 변동되더라도 효력이 존속하다는 점 등에서 법규범적 특성을 지닌다는 견해 (다수설; 소수설로는, 정관의 효력근거를 정관에 따르겠다는 사원들의 의사에서 찾는 계약설이 있다).

- 정관의 규범성을 인정하면, 정관의 해석은 법률문제로 상고사유가 된다(민소§423)
- [회장 중임을 제한하는 정관 규정이 보선회장에게는 적용되지 않는다는 다수결에 의한 해석을 부정한 사례] 대법원 99다12437 판결: 사단법인의 정관은 이를 작성한 사원뿐만 아니라 그 후에 가입한 사원이나 사단법인의 기관 등도 구속하는 점에 비추어 보면 그 법적 성질은 계약이 아니라 자치법규로 보는 것이 타당하므로, 이는 어디까지나 객관적인 기준에 따라 그 규범적인 의미 내용을 확정하는 법규해석의 방법으로 해석되어야 하는 것이지, 작성자의 주관이나 해석 당시의 사원의 다수결에 의한 방법으로 자의적으로 해석될 수는 없다 할 것이어서, 어느 시점의 사단법인의 사원들이 정관의 규범적인 의미 내용과 다른 해석을 사원총회의 결의라는 방법으로 표명하였다 하더라도 그 결의에 의한 해석은 그 사단법인의 구성원인 사원들이나 법원을 구속하는 효력이 없다. 피고 법인의 정관은 제12조 제1항 단서에서 "회장은 중임할 수 없다."고만 규정하고 있을 뿐, 전임자의 궐위로 인하여 선임된 이른바 보선회장을 특별히 중임제한 대상에서 제외한다는 규정을 따로 두고 있지 아니함을 알 수 있는바, 위와 같은 정관 규정의 문언 내용에다가 보선회장의 지위를 통상의 회장과 달리 볼 이유나 정관 상의 근거가 전혀 없는 점, 회무의 경직과 정체 및 회원 상호간의 분열과 반목의 방지라는 중임제한규정의 규정 취지 등을 보태어 보면, 위 정관 제12조 제1항 단서에서 말하는 회장에는 보선회장도 당연히 포함된다고 해석함이 상당하다 할 것이다.

(나) 구속력의 범위

- 회사와 사원에 대해 적용됨 (제3자에 대한 구속력은 없음)
- 정관에 위반한 업무집행행위: 자치법규 위반으로 무효가 된다. 다만 제3자 보호를 위해 무효 주장이 제한될 수 있다 (예: 대표사원의 권한에 대한 제한은 선의의 제3자에게 대항하지 못한다는 §209Ⅱ 규정).

### 다. 설립등기 (§§172, 180, 181, 183)

**제172조 [회사의 성립]** 회사는 본점소재지에서 설립등기를 함으로써 성립한다.

## 다. 설립의 취소와 무효

### (1) 설립의 취소

#### (가) 취소원인

- 취소에 관한 민법의 기본 법리 적용
- 민법상 취소사유(무능력, 착오/사기/강박), 사해행위 취소 (§185)

#### (나) 특칙

- 주장방법/제소기간(§184) 전속관할(§186), 공고/병합(§§187, 188), 재량기각(§189), 판결의 효력(§190, 사실상의 회사), 패소원고의 책임(§191), 등기(§192)

**제184조 (설립무효, 취소의 소)**
① 회사의 설립의 무효는 그 사원에 한하여, 설립의 취소는 그 취소권있는 자에 한하여 회사성립의 날로부터 2년내에 소만으로 이를 주장할 수 있다.
② 민법 제140조(법률행위의 취소권자)의 규정은 전항의 설립의 취소에 준용한다.

**제185조 (채권자에 의한 설립취소의 소)** 사원이 그 채권자를 해할 것을 알고 회사를 설립한 때에는 채권자는 그 사원과 회사에 대한 소로 회사의 설립취소를 청구할 수 있다.

**제186조 (전속관할)** 전2조의 소는 본점소재지의 지방법원의 관할에 전속한다.

**제187조 (소제기의 공고)** 설립무효의 소 또는 설립취소의 소가 제기된 때에는 회사는 지체없이 공고하여야 한다.

**제188조 (소의 병합심리)** 수개의 설립무효의 소 또는 설립취소의 소가 제기된 때에는 법원은 이를 병합심리하여야 한다.

**제189조 (하자의 보완등과 청구의 기각)** 설립무효의 소 또는 설립취소의 소가 그 심리중에 원인이 된 하자가 보완되고 회사의 현황과 제반사정을 참작하여 설립을 무효 또는 취소하는 것이 부적당하다고 인정한 때에는 법원은 그 청구를 기각할 수 있다.

**제190조 (판결의 효력)** 설립무효의 판결 또는 설립취소의 판결은 제3자에 대하여도 그 효력이 있다. 그러나 판결 확정 전에 생긴 회사와 사원 및 제3자간의 권리의무에 영향을 미치지 아니한다.

**제191조 (패소원고의 책임)** 설립무효의 소 또는 설립취소의 소를 제기한 자가 패소한 경우에 악의 또는 중대한 과실이 있는 때에는 회사에 대하여 연대하여 손해를 배상할 책임이 있다.

**제192조 (설립무효, 취소의 등기)** 설립무효의 판결 또는 설립취소의 판결이 확정된 때에는 본점과 지점의 소재지에서 등기하여야 한다.

**제193조 (설립무효, 취소판결의 효과)**
① 설립무효의 판결 또는 설립취소의 판결이 확정된 때에는 해산의 경우에 준하여 청산하여야 한다.

② 전항의 경우에는 법원은 사원 기타의 이해관계인의 청구에 의하여 청산인을 선임할 수 있다.

**제194조 (설립무효, 취소와 회사계속)**

① 설립무효의 판결 또는 설립취소의 판결이 확정된 경우에 그 무효나 취소의 원인이 특정한 사원에 한한 것인 때에는 다른 사원전원의 동의로써 회사를 계속할 수 있다.

② 전항의 경우에는 그 무효 또는 취소의 원인이 있는 사원은 퇴사한 것으로 본다.

③ 제229조(회사의 계속) 제2항과 제3항의 규정은 전2항의 경우에 준용한다.

■ [사후 보완될 수 없는 성질의 하자와 재량기각] 대법원 2003다29616 판결 (재량기각): 피고 회사(대우전자)가 강행규정인 상법 제368조 제3항을 위배하여 주주총회에 앞서 다른 일부 소액주주들을 위한 원고 등의 대리권 증명에 신분증의 사본 등을 요구하면서 그 접수를 거부하여 원고 등의 의결권의 대리권 행사를 부당하게 제한하여 이루어진 위 주주총회의 감자결의에는 결의방법상의 하자가 있고 이는 감자무효의 소의 원인이 된다고 할 것인바, 상법 제446조는 감자무효의 소에 관하여 상법 제189조를 준용하고 있고, … 따라서 법원이 감자무효의 소를 재량 기각하기 위해서는 원칙적으로 그 소제기 전이나 그 심리중에 원인이 된 하자가 보완되어야 한다고 할 수 있을 것이지만, 이 사건의 하자와 같이 추후 보완될 수 없는 성질의 것으로서 자본감소 결의의 효력에는 아무런 영향을 미치지 않는 것인 경우 등에는 그 하자가 보완되지 아니하였다 하더라도 회사의 현황 등 제반 사정을 참작하여 자본감소를 무효로 하는 것이 부적당하다고 인정한 때에는 법원은 그 청구를 기각할 수 있다고 하여야 할 것이다. 기록에 의하여 살펴보면, 원심이 위와 같이 피고 회사가 신분증의 사본 등이 첨부되지 아니한 위임장(단 팩스로 출력된 위임장 제외)에 대하여 그 접수를 거부한 하자는 이 사건 결의의 결과에 아무런 영향을 미치지 않았다고 본 것은 정당하고, 또한 피고 회사는 이 사건 자본감소 후 이를 기초로 하여 채권은행 등에 대하여 부채의 출자전환 형식으로 신주발행을 하였고 수차례에 걸쳐 제3자에게 영업을 양도하였음을 엿볼 수 있어, 이 사건 자본감소를 무효로 할 경우 부채의 출자전환 형식으로 발행된 신주를 인수한 채권은행 등의 이익이나 거래의 안전을 해할 염려가 있는 등 이 사건 자본감소를 무효로 하는 것이 부적당하다고 볼 사정이 있음을 알 수 있다. 그렇다면 원심의 이유 설시에는 다소 미흡한 점이 있으나 원고들의 이 사건 청구를 기

각한 결론에 있어서는 정당하고 거기에 주장과 같은 법리오해 등의 위법이 없다.

(2) 설립의 무효

(가) 무효원인

■ 객관적 하자: 정관의 무효, 설립등기의 무효 등

■ 주관적 하자 (사원 개개인에게 존재하는 흠): 사원의 의사무능력, 비진의표시, 허위표시 (비진의표시, 통정허위표시는 합동행위에 적용이 없다는 견해도 있다)

(나) 특칙

■ 원고는 사원에 한정되며, 설립취소와 동일한 특칙이 적용된다.

## 제3절 합명회사의 내부관계

**제195조 (준용법규)** 합명회사의 내부관계에 관하여는 정관 또는 본법에 다른 규정이 없으면 조합에 관한 민법의 규정을 준용한다.

### 1. 합명회사의 업무집행

#### 가. 업무집행기관

■ 각 사원이 업무집행권을 갖지만(§200), 정관으로 업무집행사원을 정하거나(§201), 공동업무집행사원을 정할 수 있다(§202).

■ 합명회사의 자기기관성: 사원이 아닌 자에게 업무집행권을 부여하지 못한다(소유와 경영의 일치, 기관의 미분화). 다만, 총사원 과반수의 결의로 지배인을 선임할 수 있으며(§203), 청산인으로 업무집행사원이 아닌 자도 선임할 수 있다(§251).

#### 나. 업무집행의 의사결정

(1) 개설

■ 사원총회는 임의기관: 의사결정에 특별한 회의 절차가 필요하지 않으며,

각 사원의 의사를 확인하는 것으로 충분하다.

- 頭數主義: 1인 1의결권 (§195, 민법§706Ⅱ: 조합원[업무집행자]의 과반수)
- [업무집행방법 규정의 임의규정성] 대법원 2008다4247 판결: 민법 제706조에서는 조합원 3분의 2 이상의 찬성으로 조합의 업무집행자를 선임하고 조합원 과반수의 찬성으로 조합의 업무집행방법을 결정하도록 규정하고 있는바, 여기서 말하는 조합원은 조합원의 출자가액이나 지분이 아닌 조합원의 인원수를 뜻한다. 다만, 위와 같은 민법의 규정은 임의규정이므로, 당사자 사이의 약정으로 업무집행자의 선임이나 업무집행방법의 결정을 조합원의 인원수가 아닌 그 출자가액 내지 지분의 비율에 의하도록 하는 등 그 내용을 달리 정할 수 있고, 그와 같은 약정이 있는 경우에는 그 정한 바에 따라 업무집행자를 선임하거나 업무집행방법을 결정하여야만 유효하다.

(2) 의사결정 방법

- 총사원의 동의 사항: 지분 양도(§197), 정관 변경(§204)[6], 총사원 동의에 의한 해산(§227)
- 총사원[업무집행사원] 과반수의 결의가 필요한 경우: 지배인의 선임/해임(§203), 업무집행에 대한 이의 제출시(§§200, 201)
- 일상적인 업무: 각 사원이 업무를 집행하지만, 업무집행사원을 두면 각 사원의 업무집행권은 배제된다(§§200, 201). 업무집행사원을 두면서 공동업무집행사원으로 정한 때에는 그 전원의 동의가 없으면 업무집행에 관한 행위를 하지 못하며, 다만 지체할 염려가 있는 때에는 그러하지 아니하다(§202).

(3) 업무집행에 대한 이의권

- 업무집행권을 가진 사원은 다른 사원의 업무집행에 대한 이의권을 갖는다(§200Ⅱ, 201Ⅱ).

---

6) 정관변경에 총사원의 동의를 요구하는 규정은 회사의 내부관계에 관한 임의규정이므로, 정관규정으로 완화할 수 있다고 본다(통설). 지분양도에 관한 동의 요건도 완화할 수 있다는 견해가 다수설이지만(정찬형, 169면 등), 사원의 변동에 관한 상법 규정은 강행규정으로 보는 견해도 유력하다(이철송, 156면, 158면).

(4) 사원총회 결의에 대한 무효확인소송

- 합명회사의 사원총회 결의의 무효는 일반 무효확인소송으로도 다툴 수 있다 (cf. 주주총회 결의의 흠은 상법이 정하는 소만으로 다툴 수 있다).
- [확인소송의 피고는 회사] 대법원 90다14058 판결: 확인소송은 즉시확정의 이익이 있는 경우, 즉 원고의 권리 또는 법률상 지위에 대한 위험 또는 불안을 제거하기 위하여 확인판결을 얻는 것이 법률상 유효적절한 경우에 한하여 허용되는 것인바, 합명회사나 합자회사의 사원총회결의는 회사의 의사결정으로서 그로 인한 법률관계의 주체는 회사이므로 회사를 상대로 하여 사원총회결의의 존부나 효력유무의 확인판결을 받음으로써만 그 결의로 인한 원고의 권리 또는 법률상 지위에 대한 위험이나 불안을 유효적절하게 제거할 수 있는 것이고, 회사가 아닌 사원 등 개인을 상대로 한 확인판결은 회사에 그 효력이 미치지 아니하여 즉시확정의 이익이 없으므로 그러한 확인판결을 구하는 소송은 부적법하다.

다. 업무감시권(§195, 민법§710): 사원의 이익을 보호하는 측면에서 정관으로도 배제할 수 없는 일종의 고유권으로 보는 견해도 있다.

> **제710조 (조합원의 업무, 재산상태검사권)** 각 조합원은 언제든지 조합의 업무 및 재산상태를 검사할 수 있다.

라. 업무집행권한의 상실

(1) 권한상실선고(§205): 다른 사원 전원이 청구해야 하는 필수적공동소송이 된다는 견해, 다른 사원 과반수의 결의로 청구할 수 있다는 견해, 각 사원이 청구할 수 있다는 견해

> **제205조 (업무집행사원의 권한상실선고)** ① 사원이 업무를 집행함에 현저하게 부적임하거나 중대한 의무에 위반한 행위가 있는 때에는 법원은 사원의 청구에 의하여 업무집행권한의 상실을 선고할 수 있다.
> ② 전항의 판결이 확정된 때에는 본점과 지점의 소재지에서 등기하여야 한다.

(2) 업무집행정지 가처분, 직무대행자선임 가처분: §183의2, 200의2

> **제183조의2 (업무집행정지가처분 등의 등기)** 사원의 업무집행을 정지하거나 직무대행자를 선임하는 가처분을 하거나 그 가처분을 변경 · 취소하는 경우에는 본점 및 지점이 있는 곳의 등기소

에서 이를 등기하여야 한다.

**제200조의2 (직무대행자의 권한)**

① 제183조의2의 직무대행자는 가처분명령에 다른 정함이 있는 경우 외에는 법인의 통상업무에 속하지 아니한 행위를 하지 못한다. 다만, 법원의 허가를 얻은 경우에는 그러하지 아니하다.

② 직무대행자가 제1항의 규정에 위반한 행위를 한 경우에도 회사는 선의의 제3자에 대하여 책임을 진다.

## 2. 사원의 의무와 지분

### 가. 사원의 출자 의무

(1) 출자의 목적물

- 금전 기타의 재산에 한정되지 않고, 노무나 신용의 출자도 가능하다 (§222).
- 채권을 출자한 사원은 채권이 변제기에 변제되지 아니한 때에는 그 채권액을 변제할 책임을 진다 (§196).

(2) 출자의무의 이행기

- 출자의 시기나 방법에 관한 상법의 특별한 제한이 없다.
- 청산의 경우, 회사의 현존재산이 채무 변제에 부족하면 청산인은 변제기에 불구하고 각사원에 대하여 출자를 청구할 수 있으며, 그 출자액은 각사원의 출자의 비율로 이를 정한다 (§258).

### 나. 회사와 사원의 이익충돌 방지

(1) 경업금지, 겸직금지 (§198) cf. 상업사용인(§17), 주식회사의 이사(§397)

**제198조 (사원의 경업의 금지)** ① 사원은 다른 사원의 동의가 없으면 자기 또는 제3자의 계산으로 회사의 영업부류에 속하는 거래를 하지 못하며 동종영업을 목적으로 하는 다른 회사의 무한책임사원 또는 이사가 되지 못한다.

② 사원이 전항의 규정에 위반하여 거래를 한 경우에 그 거래가 자기의 계산으로 한 것인 때에는 회사는 이를 회사의 계산으로 인한 것으로 볼 수 있고 제3자의 계산으로 한것인 때에는 그 사원에 대하여 회사는 이로 인한 이득의 양도를 청구할 수 있다.

③ 전항의 규정은 회사의 그 사원에 대한 손해배상의 청구에 영향을 미치지 아니한다.

④ 제2항의 권리는 다른 사원과반수의 결의에 의하여 행사하여야 하며 다른 사원의 1인이 그 거래를 안 날로부터 2주간을 경과하거나 그 거래가 있은 날로부터 1년을 경과하면 소멸한다.

(2) 자기거래의 제한 (§199) cf. 주식회사의 이사 (§398)

> **제199조 (사원의 자기거래)** 사원은 다른 사원과반수의 결의가 있는 때에 한하여 자기 또는 제삼자의 계산으로 회사와 거래를 할 수 있다. 이 경우에는 민법 제124조의 규정을 적용하지 아니한다.

다. 사원의 지분(持分)

(1) 의의

(가) 개념

- 사원권: 회사에 대한 사원의 법률상의 지위 내지 자격
- 회사의 재산이나 채무에 대한 몫(재산상의 수액)

(나) 지분 단일주의

- 각 사원은 모두 1개의 지분을 갖는다 (cf. 주식회사/유한회사의 지분은 균등한 비례적 단위로 되어 있다: 지분복수주의).
- 다만, 지분은 출자액에 따라 크기가 다를 수 있으며(출자가액에 비례한 손익분배; §§195, 민711), 지분의 일부 양도도 가능하다 (§197).

(2) 사원 자격의 취득

- 지분의 취득: 회사의 설립, 입사, 지분의 양수/상속, 합병
- 입사: 총사원의 동의 (사원 성명은 정관의 기재사항이므로 정관변경 절차가 필요하다. 다만 입사에 관한 총사원의 동의가 있으면, 이로써 정관이 변경된다고 본다.)
- 신입사원의 책임: 가입 전의 회사 채무에 대해 다른 사원과 동일한 책임을 진다 (§213).

(3) 지분의 양도 (§197)

> **제197조 (지분의 양도)** 사원은 다른 사원의 동의를 얻지 아니하면 그 지분의 전부 또는 일부를 타인에게 양도하지 못한다.

(가) 총사원 동의 요건의 완화

- 내부관계 규정은 임의규정이므로 완화할 수 있다는 견해(다수설) ↔ 지분에 본질적인 영향을 미치는 사항으로, 각 사원의 동의 권한이 보장될 필요가 있다는 견해

(나) 지분양도와 변경등기

■ 지분의 양도와 총사원의 동의가 있으면 지분양도는 효력을 발생한다. 별도의 정관변경 절차는 필요하지 않다. 다만 사원의 성명은 등기사항이므로, 변경등기가 필요하다.[7)]

(다) 지분양도인의 책임

■ 지분 양도인에 대해 퇴사원의 책임 규정이 준용되므로, 본점소재지에서 퇴사등기를 하기 전에 생긴 회사 채무에 대하여는 등기 후 2년 내에는 다른 사원과 동일한 책임이 있다 (§225Ⅱ).

(4) 지분의 상속

■ 합명회사는 인적 신뢰관계를 바탕으로 하므로, 원칙적으로 지분의 상속은 인정되지 않고 사망은 퇴사의 원인이 된다(§218). 다만, 정관으로 승계를 허용할 수 있다(§219).

**제219조 (사원 사망시 권리승계의 통지)** ① 정관으로 사원이 사망한 경우에 그 상속인이 회사에 대한 피상속인의 권리의무를 승계하여 사원이 될 수 있음을 정한 때에는 상속인은 상속의 개시를 안 날로부터 3월내에 회사에 대하여 승계 또는 포기의 통지를 발송하여야 한다.
② 상속인이 전항의 통지 없이 3월을 경과한 때에는 사원이 될 권리를 포기한 것으로 본다.

(5) 지분의 압류 (§§223, 224, 247Ⅳ)

**제223조 (지분의 압류)** 사원의 지분의 압류는 사원이 장래이익의 배당과 지분의 환급을 청구하는 권리에 대하여도 그 효력이 있다.

**제224조 (지분압류채권자에 의한 퇴사청구)**
① 사원의 지분을 압류한 채권자는 영업년도말에 그 사원을 퇴사시킬 수 있다. 그러나 회사와 그 사원에 대하여 6월전에 그 예고를 하여야 한다.
② 전항 단서의 예고는 사원이 변제를 하거나 상당한 담보를 제공한 때에는 그 효력을 잃는다.

---

7) A가 B에게 지분을 양도한 후, 변경등기를 하지 않은 상태에서 재차 C에게 지분을 이중양도한 경우에 누가 사원이 되는가? 상법 §37Ⅰ에 따라 등기사항을 등기하지 않은 B는 선의의 C에게 대항하지 못하므로 C가 지분을 취득한다는 판례가 있지만(대법원 96다19321 판결), C에 대한 양도는 무권리자에 의한 양도이므로 무효라는 견해도 있다(A의 퇴사와 B의 입사를 등기하지 않아 A를 사원으로 믿은 회사채권자에 대해서는 §37Ⅰ에 따라 A가 무한책임을 진다고 한다; 이철송, 158면).

**제247조 (임의청산)**
① 해산된 회사의 재산처분방법은 정관 또는 총사원의 동의로 이를 정할 수 있다.…
④ 제1항의 경우에 사원의 지분을 압류한 자가 있는 때에는 그 동의를 얻어야 한다.

(6) 질권의 설정

- 질권을 실행하면 사원의 변동이 발생하므로, 질권 설정시 총사원의 동의가 필요하다는 견해가 있으며,8) 반대의 주장으로, 금융의 편의를 위해 다른 사원의 동의 없이도 질권을 설정할 수 있도록 하되, 질권의 효력 중 경매권을 제외하고 이익배당/지분환급청구권/잔여재산분배청구권에 효력을 미치도록 하자는 견해가 있다.9)

## 3. 손익 분배

### 가. 자본적 규제의 부재

- 인적회사로서 사원의 무한책임에 의존하므로, 회사의 계산에 관한 특별한 규제가 없다.
- 손익의 산정: 순자산액과 출자총액의 차이(주식회사에서와 같은 자본금 개념이 없다).

### 나. 분배의 비율

- 분배의 비율: 사원은 무한책임을 지므로 위험부담이 대등하고, 따라서 반드시 출자 비율에 따를 필요가 없다. 정관으로 그 비율을 정할 수 있으며, 정함이 없으면 민법의 조합 규정에 따른다(조합원이 정한 비율이 없으면 출자가액에 비례한다; §195, 민§711).

## 4. 사원자격의 상실: 퇴사

### 가. 의의

- 개념: 회사 존속 중의 사원 자격의 절대적 상실
- 퇴사 제도의 기능: 사원간의 신뢰를 바탕으로 하는 합명회사에서는 지분의

8) 정찬형, 172면; 최준선 751면 등.
9) 이철송, 165면; 송옥렬, 1141면 등.

양도가 제한되므로, 회사의 존속 중에 지분을 환급받는 유일한 방법이 된다(cf. 조합의 탈퇴).

## 나. 퇴사원인

**제217조 (사원의 퇴사권)** ① 정관으로 회사의 존립기간을 정하지 아니하거나 어느 사원의 종신까지 존속할 것을 정한 때에는 사원은 영업년도말에 한하여 퇴사할 수 있다. 그러나 6월전에 이를 예고하여야 한다.
② 사원이 부득이한 사유가 있을 때에는 언제든지 퇴사할 수 있다.

(1) 임의퇴사: 투하자본의 회수방법으로서 사원의 퇴사권을 보장함.

(2) 당연퇴사

(가) 당연퇴사의 원인 (§218)

■ 정관에 정한 사유의 발생, 총사원의 동의, 사망, 금치산, 파산, 제명

(나) 제명 제도

**제220조 (제명의 선고)** ① 사원에게 다음의 사유가 있는 때에는 회사는 다른 사원 과반수의 결의에 의하여 그 사원의 제명의 선고를 법원에 청구할 수 있다.
1. 출자의 의무를 이행하지 아니한 때
2. 제198조제1항(경업금지)의 규정에 위반한 행위가 있는 때
3. 회사의 업무집행 또는 대표에 관하여 부정한 행위가 있는 때, 권한없이 업무를 집행하거나 회사를 대표한 때
4. 기타 중요한 사유가 있는 때
② 제205조제2항(등기)과 제206조(전속관할)의 규정은 전항의 경우에 준용한다.

■ 제도적 의의: 신뢰할 수 없는 사원을 회사에서 배제하여 회사가 존속할 수 있도록 하는 제도로서, 주식회사와 같은 물적회사에서는 인정되지 않는 인적 조직(조합, 인적회사)의 특징이 된다.

■ 해산청구 제도와의 구분: 회사 존속이라는 제도의 목적에 어긋나므로, 제명의 결과 사원이 1인이 되어 해산사유가 발생한다면 제명은 허용되지 않으며, 해산청구 제도를 이용하여야 한다.

■ 제명사유를 정관으로 확대할 수 있는가: 사원의 재산권을 제한하는 제도이므로 제명사유를 강행법규로 보는 견해(다수설)

(3) 지분압류채권자에 의한 퇴사: §224

(4) 퇴사 간주

- 설립의 무효/취소 또는 회사의 해산 시에 회사를 계속하는 경우, 무효/취소 원인이 있는 사원이나 회사 계속에 동의하지 않은 사원은 퇴사한 것으로 본다 (§§194Ⅱ, 229Ⅰ).

다. 퇴사의 효과

(1) 사원자격의 소멸: 지분의 계산/환급(§221, 222, 민§719Ⅱ), 상호변경청구권(§226)

(2) 퇴사원의 책임 (§225)

- 퇴사등기 전에 발생한 회사 채무에 대해 등기 후 2년 내에는 다른 사원과 동일한 책임을 진다(지분을 양도한 사원도 동일하다).

## 제4절　합명회사의 외부관계

### 1. 회사의 대표

가. 대표기관의 구성: 각 사원, 각 업무집행사원, 대표사원, 공동대표사원

**제207조 [회사대표]** 정관으로 업무집행사원을 정하지 아니한 때에는 각사원은 회사를 대표한다. 수인의 업무집행사원을 정한 경우에 각 업무집행사원은 회사를 대표한다. 그러나 정관 또는 총사원의 동의로 업무집행사원 중 특히 회사를 대표할 자를 정할 수 있다.

**제208조 [공동대표]**

① 회사는 정관 또는 총사원의 동의로 수인의 사원이 공동으로 회사를 대표할 것을 정할 수 있다.

② 전항의 경우에도 제삼자의 회사에 대한 의사표시는 공동대표의 권한이 있는 사원 1인에 대하여 이를 함으로써 그 효력이 생긴다.

나. 대표 권한의 범위와 제한 (§209), 대표권한의 상실선고 (§§216, 205)

**제209조 [대표사원의 권한]**

① 회사를 대표하는 사원은 회사의 영업에 관하여 재판상 또는 재판외의 모든 행위를 할 권한이 있다.

② 전항의 권한에 대한 제한은 선의의 제삼자에게 대항하지 못한다.

**제211조 (회사와 사원간의 소에 관한 대표권)** 회사가 사원에 대하여 또는 사원이 회사에 대하여 소를 제기하는 경우에 회사를 대표할 사원이 없을 때에는 다른 사원 과반수의 결의로 선정하여야 한다.

**제216조 (준용규정)** 제205조와 제206조의 규정(권한상실선고, 전속관할)은 회사의 대표사원에 준용한다.

다. 대표사원의 불법행위와 회사의 연대책임 (§210)

**제210조 (손해배상책임)** 회사를 대표하는 사원이 그 업무집행으로 인하여 타인에게 손해를 가한 때에는 회사는 그 사원과 연대하여 배상할 책임이 있다.

## 2. 사원의 책임

### 가. 책임의 성질

**제212조 (사원의 책임)**

① 회사의 재산으로 회사의 채무를 완제할 수 없는 때에는 각 사원은 연대하여 변제할 책임이 있다.

② 회사재산에 대한 강제집행이 주효하지 못한 때에도 전항과 같다.

③ 전항의 규정은 사원이 회사에 변제의 자력이 있으며 집행이 용이한 것을 증명한 때에는 적용하지 아니한다.

**제214조 (사원의 항변)**

① 사원이 회사채무에 관하여 변제의 청구를 받은 때에는 회사가 주장할 수 있는 항변으로 그 채권자에게 대항할 수 있다.

② 회사가 그 채권자에 대하여 상계, 취소 또는 해제할 권리가 있는 경우에는 사원은 전항의 청구에 대하여 변제를 거부할 수 있다.

(1) 직접/연대/무한 책임 (§212)

- 사원들이 연대하여 채권자에 대하여 직접 채무를 부담하는 무한책임이다.
- 독자적인 권리의무 주체인 회사의 채무를 회사와 구분되는 권리주체인 사원에게 부담시킨다는 점에서 법인성의 예외라고도 할 수 있지만, 합명회사 사원에게 원칙적인 업무집행권을 인정하면서 업무집행자로서의 자기책임 원리를 적용한 법정책임으로 이해할 수 있다.

(2) 책임의 보충성 (§212)

- 책임의 이행 요건: 회사의 재산으로 회사의 채무를 완제할 수 없을 때의 책임

- 사원 책임의 성립 시기: 회사 채무의 성립과 동시에 사원의 책임도 성립한다(대법원 2006다65903 판결).

(3) 항변권의 원용 (§214)

### 나. 책임의 범위: 회사의 사원에 대해 부담하는 채무에도 적용되는가?

- 부정설: §212는 회사채권자를 보호하기 위한 규정으로서, 내부관계의 채무에도 적용한다면 구상권이 순환적으로 발생하게 된다.
- 긍정설(다수설): ① 구상권의 순환적 발생 문제는 사원들에게 손실분담비율에 따른 책임만을 인정함으로써 해결되며, ② 특히 사원의 지위에 기하지 않은 채권(예: 대여금채권, 지분환급청구권 cf. 보수청구권)이라면 일반채권자의 경우와 구분할 이유가 없다.

### 다. 책임자

- 신입사원: 회사성립후에 가입한 사원은 그 가입전에 생긴 회사채무에 대하여 다른 사원과 동일한 책임을 진다 (§213).
- 퇴사원/지분양도사원: 본점소재지에서 퇴사등기를 하기 전에 생긴 회사 채무에 대하여는 등기 후 2년 내에는 다른 사원과 동일한 책임이 있다 (§225).
- 자칭사원의 외관책임: 사원이 아닌 자가 타인에게 자기를 사원이라고 오인시키는 행위를 하였을 때에는 오인으로 인하여 회사와 거래한 자에 대하여 사원과 동일한 책임을 진다 (§215).

### 라. 변제자의 지위: 구상권(민§425), 변제자대위(민법§481)

- 구상 청구를 받은 사원이 회사의 자력 있음을 항변할 수 있는가: 부정한다면, 회사의 자력에 관한 항변권을 포기시키는 결과가 된다는 견해가 있다.[10]

### 마. 사원의 책임의 소멸 시기: 해산등기 후 5년

> **제267조 (사원의 책임의 소멸시기)** ① 제212조의 규정에 의한 사원의 책임은 본점소재지에서 해산등기를 한 후 5년을 경과하면 소멸한다.

10) 이철송, 168면.

② 전항의 기간경과 후에도 분배하지 아니한 잔여재산이 있는 때에는 회사채권자는 이에 대하여 변제를 청구할 수 있다.

- 제척기간이며, 합명회사에 대한 채권의 시효기간을 연장하기 위한 규정이라고 볼 수 없다.
- 합명회사 사원의 책임은 보충적이므로, 회사에 대한 채권이 시효로 소멸하였다면 주주에 대한 권리 행사도 불가능하다고 보아야 할 것이다.

### 바. 기타

- 무한책임사원의 제2차 납세의무 (국세기본법 §39)
- 무한책임사원의 조세채무에 대한 법인의 제2차 납세의무: 출자지분의 양도가 제한되거나 출자지분의 매수희망자가 없는 경우, 순자산에 출자지분 비율을 곱한 금액을 한도로 제2차 납세의무를 진다 (국세기본법 §40).

# 제5절 합명회사의 해산 기타

## 1. 해산

### 가. 해산사유

- 존립기간의 만료 기타 정관으로 정한 사유의 발생, 총사원의 동의, 사원이 1인으로 된 때, 합병, 파산, 법원의 명령 또는 판결 (§227)
- 합명회사의 파산원인: 지급불능 (지급을 정지하면 지급을 할 수 없는 것으로 추정함)
  - 인적회사의 경우 사원이 무한책임을 지므로, 법인의 파산원인이 되는 '채무초과' 만으로는 파산선고를 하지 못한다(채무자 회생 및 파산에 관한 법률 §§305, 306).

### 나. 청산 절차의 개시 등

- 권리능력의 축소: 해산한 회사는 청산중의 회사가 되어 청산 종결시까지

청산의 목적범위 내에서 존속한다 (§245). 다만, 합병의 경우에는 청산 절차 없이 소멸하며, 파산의 경우에는 회생/파산 절차를 거치게 된다.

- 회사의 계속(§229): 사원의 자발적 노력으로 해산 전 상태의 회사로 복귀하는 제도

## 2. 청산

### 가. 임의청산 방법의 허용 (§247)

(1) 청산방법: 임의청산의 원칙

- 인적회사의 경우 무한책임을 부담하는 사원이 존재하므로, 해산한 회사의 재산 처분방법을 정관 또는 총사원의 동의로 정하는 임의청산이 원칙이 된다. 다만 청산절차의 공정성을 확보하기 위해, 사원이 1인으로 되어 또는 법원의 해산명령/해산판결에 의해 해산하는 경우에는 법정청산에 의하여야 한다.

(2) 일반채권자 보호

- 재산목록과 대차대조표의 작성(§§247Ⅰ), 채권자 이의절차(§§247Ⅲ, 232; 1월 이상의 기간을 정해 이의를 제출할 것을 회사채권자에게 공고/최고하고, 이의를 제출한 채권자에 대해서는 변제하거나 상당한 담보를 제공하거나 상당한 재산을 신탁회사에 신탁하여야 한다)
- 절차 위반의 효과(민법의 채권자취소권 준용): 회사채권자는 그 처분의 취소를 법원에 청구할 수 있다 (§248).

(3) 지분압류채권자 보호

- 재산처분방법에 압류채권자의 동의를 얻어야 한다 (§247Ⅳ).
- 위반시 압류채권자는 재산처분의 취소를 구하거나 회사에 대해 지분 상당액을 청구할 수 있다 (§249).

### 나. 법정청산 (§250)

(1) 청산인: 청산중의 회사의 업무집행 및 대표 기관

- 선임 (§§251,252): 총사원 과반수의 결의에 의해 선임하며, 선임하지 않으

면 업무집행사원으로 한다. 1인 사원, 해산명령/판결에 의한 해산의 경우에는 법원이 선임한다.

- 해임 (§§261,262)

(2) 청산사무의 집행

- 청산인의 직무권한 (§254 I)
- 청산 사무의 집행 (§§254,255)
- 계산서의 작성/승인과 청산종결의 등기 (§§263, 264): 청산인은 임무 종료시 계산서를 작성하여 각 사원의 승인을 얻어야 한다. 총사원의 계산서 승인이 있으면 청산종결의 등기를 한다.

## 3. 합병, 조직변경

### 가. 합병

**제230조 (합병의 결의)** 회사가 합병을 함에는 총사원의 동의가 있어야 한다.

**제232조 (채권자의 이의)**

① 회사는 합병의 결의가 있은 날부터 2주내에 회사채권자에 대하여 합병에 이의가 있으면 일정한 기간 내에 이를 제출할 것을 공고하고 알고 있는 채권자에 대하여는 따로따로 이를 최고하여야 한다. 이 경우 그 기간은 1월 이상이어야 한다.

② 채권자가 제1항의 기간 내에 이의를 제출하지 아니한 때에는 합병을 승인한 것으로 본다.

③ 이의를 제출한 채권자가 있는 때에는 회사는 그 채권자에 대하여 변제 또는 상당한 담보를 제공하거나 이를 목적으로 하여 상당한 재산을 신탁회사에 신탁하여야 한다.

**제233조 (합병의 등기)** 회사가 합병을 한때에는 본점소재지에서는 2주간내, 지점소재지에서는 3주간 내에 합병 후 존속하는 회사의 변경등기, 합병으로 인하여 소멸하는 회사의 해산등기, 합병으로 인하여 설립되는 회사의 설립등기를 하여야 한다.

**제234조 (합병의 효력발생)** 회사의 합병은 합병 후 존속하는 회사 또는 합병으로 인하여 설립되는 회사가 그 본점소재지에서 전조의 등기를 함으로써 그 효력이 생긴다.

**제235조 (합병의 효과)** 합병 후 존속한 회사 또는 합병으로 인하여 설립된 회사는 합병으로 인하여 소멸된 회사의 권리의무를 승계한다.

**제236조 (합병무효의 소의 제기)**

① 회사의 합병의 무효는 각 회사의 사원, 청산인, 파산관재인 또는 합병을 승인하지 아니한 회사채권자에 한하여 소만으로 이를 주장할 수 있다.

② 전항의 소는 제233조의 등기가 있은 날로부터 6월내에 제기하여야 한다.

**제237조 (준용규정)** 제176조 제3항과 제4항의 규정(악의의 청구인에 대한 담보제공 청구)은 회사채권자가 전조의 소를 제기한 때에 준용한다.

**제238조 [합병무효의 등기]** 합병을 무효로 한 판결이 확정된 때에는 본점과 지점의 소재지에서 합병 후 존속한 회사의 변경등기, 합병으로 인하여 소멸된 회사의 회복등기, 합병으로 인하여 설립된 회사의 해산등기를 하여야 한다.

**제239조 [무효판결확정과 회사의 권리의무의 귀속]**

① 합병을 무효로 한 판결이 확정된 때에는 합병을 한 회사는 합병후 존속한 회사 또는 합병으로 인하여 설립된 회사의 합병후 부담한 채무에 대하여 연대하여 변제할 책임이 있다.

② 합병후 존속한 회사 또는 합병으로 인하여 설립한 회사의 합병후 취득한 재산은 합병을 한 회사의 공유로 한다.

③ 전2항의 경우에 각 회사의 협의로 그 부담부분 또는 지분을 정하지 못한 때에는 법원은 그 청구에 의하여 합병당시의 각 회사의 재산상태 기타의 사정을 참작하여 이를 정한다.

**제240조 [준용규정]** 제186조 내지 제191조의 규정(전속관할, 소 제기의 공고, 병합, 재량기각, 판결의 효력, 악의/중과실 패소원고의 손해배상책임)은 합병무효의 소에 준용한다.

### 나. 조직변경

**제242조 [조직변경]**

① 합명회사는 총사원의 동의로 일부사원을 유한책임사원으로 하거나 유한책임사원을 새로 가입시켜서 합자회사로 변경할 수 있다.

② 전항의 규정은 제229조제2항의 규정에 의하여 회사를 계속하는 경우에 준용한다.

**제243조 [조직변경의 등기]** 합명회사를 합자회사로 변경한 때에는 본점소재지에서는 2주간내, 지점소재지에서는 3주간 내에 합명회사에 있어서는 해산등기, 합자회사에 있어서는 설립등기를 하여야 한다.

**제244조 [조직변경에 의하여 유한책임사원이 된 자의 책임]** 합명회사사원으로서 제242조제1항의 규정에 의하여 유한책임사원이 된 자는 전조의 규정에 의한 본점등기를 하기 전에 생긴 회사 채무에 대하여는 등기 후 2년 내에는 무한책임사원의 책임을 면하지 못한다.

## 4. 해산명령과 해산판결

### 가. 회사의 해산명령 (§176)

**제176조 [회사의 해산명령]** ① 법원은 다음의 사유가 있는 경우에는 이해관계인이나 검사의 청구에 의하여 또는 직권으로 회사의 해산을 명할 수 있다.

1. 회사의 설립목적이 불법한 것인 때
2. 회사가 정당한 사유없이 설립 후 1년 내에 영업을 개시하지 아니하거나 1년 이상 영업을 휴지하는 때
3. 이사 또는 회사의 업무를 집행하는 사원이 법령 또는 정관에 위반하여 회사의 존속을 허용할 수 없는 행위를 한때

② 전항의 청구가 있는 때에는 법원은 해산을 명하기 전일지라도 이해관계인이나 검사의 청

구에 의하여 또는 직권으로 관리인의 선임 기타 회사재산의 보전에 필요한 처분을 할 수 있다.

③ 이해관계인이 제1항의 청구를 한 때에는 법원은 회사의 청구에 의하여 상당한 담보를 제공할 것을 명할 수 있다.

④ 회사가 전항의 청구를 함에는 이해관계인의 청구가 악의임을 소명하여야 한다.

(1) 제도적 의의: 공익적 목적에 의한 강제적인 회사 해산

(2) 해산명령의 사유

- [소송으로 인한 영업 휴지와 해산명령 사유의 부정] 대법원 자 78마106 결정 (기초사실: 시장 운영을 목적으로 설립된 주식회사가 새로운 시장건물을 신축하다가 골조 부분만 완성된 상태에서 대표이사가 상인들이 낸 돈을 횡령하고 도주하였음. 상인들과 사이에 신축중인 건물의 소유권을 둘러싸고 소송이 발생하였고, 확정 판결이 있을 때까지 회사는 사실상 기능을 상실하였음. 확정판결 후 회사가 정상적인 업무수행을 할 수 있는 위치로 복귀하게 되었음): 과거 수년 동안 위와 같은 특별한 사정 때문에 그 정상적인 업무수행을 하지 못한 것을 가리켜 상법 제176조 1항 2호 후단 소정의 회사해산명령사유인 회사가 정당한 사유없이 1년 이상 영업을 휴지하는 때에 해당한다고 볼 수는 없다.
- [출자가 부진하여 영업을 개시하지 못하고, 자본조달 과정에서 이사가 사기행위를 한 경우] 대법원 87마1 결정 (기초사실: 관광호텔업/부동산임대업을 목적으로 1980. 1. 설립된 주식회사가 미완성의 호텔용 건축물을 양수하였으나, 가장납입 등으로 예정했던 투자가 이루어지지 않아 공사를 제대로 진척시키지 못하였음. 1981. 7. 세무서장으로부터 영업실적이 없다고 세적이 제적되었고, 그 후에도 대표이사로 있던 자들이 자본 유치 과정에서 사기행위로 처벌받는 등 공사를 중단하기도 하고 영업을 옳게 하지 못하였음. 1984. 8. 유일한 재산이던 건축물 중 대지는 강제경매에 의하여 제3자에게 경락되어 버리고, 건물도 1986. 8. 제3자에게 양도되었음): 회사가 소론과 같이 위 호텔 건축물을 준공예정기일까지 준공하지 못하고 영업개시를 못한 이유가 호텔의 내부구조 변경과 위 호텔공정이 교통부 관광진흥자금 융자조건을 충족할 수 있는 정도에 이르지 아니하여 관광진흥자금이 배정되지 아니한 때문이었다 하더라도 이러한 사유는 회사가 영업을 개시하지

아니한 정당한 사유가 된다고는 할 수 없다. 위에서 본 사실관계에 비추어 회사의 이사가 법령 또는 정관에 위반하여 회사의 존속을 허용할 수 없는 행위를 한 때에 해당한다는 원심판단도 수긍되고, 비송사건절차법에 의하여 회사의 해산을 명하는 재판의 항고심절차에 반드시 필요적 변론을 거쳐야 하는 것은 아니므로 항고인에게 변론의 기회가 부여되지 아니하였다 하여 원심결정이 위법하다고 할 수 없다.

(3) 절차

(가) 이해관계인/검사의 청구 or 법원의 직권

■ [직접적인 법률상 이익과 상호등기에 장애가 된다는 사실] 대법원 자 95마686 결정: ① 원심결정 이유에 의하면 원심은, 상법 제176조 제1항에 의하여 법원에 회사의 해산명령을 청구할 수 있는 이해관계인이란 회사 존립에 직접 법률상 이해관계가 있는 자라고 보아야 할 것이므로 재항고인이 해산명령을 구한 소외 "전자랜드판매주식회사"의 명칭과 동일한 "전자랜드"라는 명칭의 빌딩을 소유하고, 같은 명칭의 서비스표 등록 및 상표 등록을 하였으며, 재항고인의 상호를 "전자랜드주식회사"로 변경하려고 하는데 휴면회사인 위 소외 회사로 인하여 상호변경 등기를 할 수 없다는 사실만으로는 재항고인을 위 법조 소정의 이해관계인이라 보기 어렵다고 판단하였는바, 원심의 이러한 판단은 정당한 것으로 수긍이 가고, 거기에 소론과 같은 이해관계인에 관한 법리를 오해한 위법이 없다. ② 직권발동을 촉구하는 의미의 신청에 대한 재판에 관하여는 항고를 제기할 수 없다는 것이 당원의 확립된 견해이므로 이와 동일한 원심의 판단은 정당하고 거기에 소론과 같은 위법이 없다.

(나) 재판 절차: 비송사건절차법 §§72, 90 등

## 나. 합명회사의 해산판결 (§241)

**제241조 (사원에 의한 해산청구)** ① 부득이한 사유가 있는 때에는 각사원은 회사의 해산을 법원에 청구할 수 있다.
② 제186조(전속관할)와 제191조(악의/중과실 패소원고의 손해배상책임)의 규정은 전항의 경우에 준용한다.

(1) 의의

- 사원의 청구에 의해 법원이 회사의 해산을 명하는 판결로서, 사원의 이익을 보호하는 제도이다.
- 합자회사에 준용 (§269)

  cf. 주식회사의 경우는 10% 소수주주권이며(§520), 유한회사에 준용된다(§613).

(2) 해산판결의 청구 사유: '부득이한 사유' (§§241, 269)

- 사원 간의 불화 등을 해결할 수 없으면서도, 퇴사, 제명, 지분 양도, 해산 등으로 처리하기 어려운 경우

  ※ 물적회사의 해산판결의 사유 (§§520, 613): ① 회사의 업무가 현저한 정돈상태를 계속하여 회복할 수 없는 손해가 생긴 때 또는 생길 염려가 있는 때, ② 회사재산의 관리 또는 처분의 현저한 실당으로 인하여 회사의 존립을 위태롭게 한 때

# 제7장 합자회사

## 제1절 합자회사(合資會社)의 의의

- 개념: 무한책임을 지는 사원이 경영하는 합명회사 조직에 자본적으로만 참여하는 유한책임사원을 추가한 회사형태이다. 여전히 인적회사적 성격이 강하고, 따라서 합명회사 규정을 준용한다 (§269).
- 연혁: 10C 이후 지중해 해상무역에서 활용된 commenda 계약이 기원이 되며, 자본가가 유한책임사원으로 외부에 나타난다는 점에서 자본가가 익명조합원이 되는 익명조합과 다르다.

## 제2절 유한책임사원

### 1. 유한책임사원의 책임

**제279조 (유한책임사원의 책임)**

① 유한책임사원은 그 출자가액에서 이미 이행한 부분을 공제한 가액을 한도로 하여 회사채무를 변제할 책임이 있다.

② 회사에 이익이 없음에도 불구하고 배당을 받은 금액은 변제책임을 정함에 있어서 이를 가산한다.

**제280조 (출자감소의 경우의 책임)** 유한책임사원은 그 출자를 감소한 후에도 본점소재지에서 등기를 하기 전에 생긴 회사채무에 대하여는 등기후 2년내에는 전조의 책임을 면하지 못한다.

**제281조 (자칭무한책임사원의 책임)**

① 유한책임사원이 타인에게 자기를 무한책임사원이라고 오인시키는 행위를 한 때에는 오인으로 인하여 회사와 거래를 한 자에 대하여 무한책임사원과 동일한 책임이 있다.

② 전항의 규정은 유한책임사원이 그 책임의 한도를 오인시키는 행위를 한 경우에 준용한다.

**제282조 (책임을 변경한 사원의 책임)** 제213조(신입사원의 책임)의 규정은 유한책임사원이 무한책임사원으로 된 경우에, 제225조(퇴사원의 책임)의 규정은 무한책임사원이 유한책임사원으로 된 경우에 준용한다.

- [사원 책임의 변경과 총 사원의 동의] 대법원 2010다21337 판결 (기초사실: 합자회사인 甲 택시회사는 무한책임사원 2인과 유한책임사원 9인으로 구성되어 있다. 甲 회사는 무한책임사원 1인과 유한책임사원 P 등 5인이 출석한 상태에서 사원총회를 개최하여 유한책임사원 5인의 찬성으로 P를 피고 회사의 대표자 상무로 선출하는 결의를 하였다. P가 자신을 무한책임사원으로 변경하는 사원변경등기의 이행을 구하자 회사는 P를 유한책임사원으로서 상무대행으로 선출하였을 뿐이라고 주장함): ① 상법 제270조는 합자회사 정관에는 각 사원이 무한책임사원인지 또는 유한책임사원인지를 기재하도록 규정하고 있으므로, 정관에 기재된 합자회사 사원의 책임 변경은 정관변경의 절차에 의하여야 하고, 이를 위해서는 정관에 그 의결정족수 내지 동의정족수 등에 관하여 별도로 정하고 있다는 등의 특별한 사정이 없는 한 상법 제269조에 의하여 준용되는 상법 제204조에 따라 총 사원의 동의가 필요하다. (② P가 불참 사원들의 지분을 양수하였다는 주장은 지분 양도에 무한책임사원 전원의 동의가 없었다는 이유로 기각되었고, P가 불참 사원들의 의결권을 위임받아 행사하였다는 주장은 서면의 위임장 제출 등 정관에서 정한 의결권 대리행사의 요건을 갖추지 않았다는 이유로 기각됨)

## 2. 업무집행/대표의 금지 (§278)

**제278조 (유한책임사원의 업무집행, 회사대표의 금지)** 유한책임사원은 회사의 업무집행이나 대표행위를 하지 못한다.

### 가. 유한책임사원에게 업무집행권을 부여할 수 있는가?

- 다수설: 내부관계인 업무집행에 관한 규정은 임의규정이므로, 정관이나 총 사원의 동의로 업무집행권을 부여할 수 있다. 다만, 대표권은 부여하지 못한다.
- 반대설[11]: ① 업무집행과 대표는 표리관계를 이루므로 업무집행권도 부여

하지 못한다. ② 근대법의 자기책임의 원리에 비추어, 업무를 직접 집행하는 사원이 유한책임의 혜택을 누리는 것은 부적절하다.

- [유한책임사원은 대표권을 갖지 못한다] 대법원 65다2128 판결: 합자회사에 있어서는 정관 또는 총사원의 동의로써 회사 대표자로 될 수 있는 자는 무한책임사원에 한 할 것이고 유한책임사원은 설사 정관 또는 총사원의 동의로써 회사 대표자로 지정되어 그와 같은 등기까지 경유되었다 하더라도 회사 대표권을 가질 수 없을 것이다. 그러므로 위와 같은 경우는 회사대표에 관한 정관의 규정은 없는 것과 같은 결과가 될 것이며 무한책임사원이 각자 합자회사를 대표할 권리와 의무를 가진다고 봄이 정당하다.

나. 유한책임사원의 감시권: 회계장부열람권 및 업무/재산상태 검사권

**제277조 (유한책임사원의 감시권)** ① 유한책임사원은 영업년도 말에 있어서 영업시간 내에 한하여 회사의 회계장부 · 대차대조표 기타의 서류를 열람할 수 있고 회사의 업무와 재산상태를 검사할 수 있다.
② 중요한 사유가 있는 때에는 유한책임사원은 언제든지 법원의 허가를 얻어 제1항의 열람과 검사를 할 수 있다.

## 3. 유한책임사원에 관한 기타의 특칙

가. 정관/등기 (§§270, 271): 각 사원의 무한/유한 책임의 구분

나. 출자 (§272): 유한책임사원은 신용/노무를 출자의 목적으로 하지 못한다.

다. 경업의 자유 허용 (§275): 다만, 자기거래는 제한된다.

라. 사망과 상속인의 지분승계 (§283) cf. 합명회사 §§218, 219

- [지분의 상속 관련 사례] 대법원 96다19321 판결: 〈기초사실〉 A 택시 합자회사는 무한책임사원 甲과 유한책임사원인 甲의 아들 C, D로 구성됨. 甲이 사망하자, D는 甲이 사망 전에 자신과 지분을 맞교환하여 자신이 무한책임사원인 것처럼 허위등기를 하였지만, 또 다른 아들들인 A, B가 D를 사문서 위조로 고소하는 등 분쟁이 발생하자 甲의 무한책임사원 지분을 협의분할하기로 하여 D, A, B가 이를 상속하고 A, B가 새로운 무한책임사원

11) 반대의 견해로는, 이철송, 179면; 최준선, 776면.

이 되는 것으로 상속인 전원이 합의하였음. 그러나 회사에 대해 甲 지분의 승계를 통지하지 않았음 (§219 Ⅰ). A, B가 회사등기절차의 이행을 구하는 중에 D는 C의 동의를 받아 제3자인 乙에게 D, C의 지분 전부를 양도하고 변경등기를 경료하였고, 이에 A가 乙에 대한 직무집행정지가처분을 신청함. 〈검토사항〉 ① 父 甲의 사망으로 회사는 해산하는가? (§§269, 218, §285), ② 아들들인 A, B, C, D는 사망한 甲의 지분을 상속하여 사원이 되었는가? (§§269, 219), ③ A, B는 무한책임사원이 되었는가? (§285), ④ C, D와 제3자인 乙 간의 지분양도계약은 유효한가? (§§276, 37): A, B의 지분도 양도되었는가? 지분 양도에 사원 전원의 동의가 있었는가? ⑤ 상업등기의 효력 (§37 Ⅰ) 〈판결요지〉 ① 합자회사의 성립 후에 신입사원이 입사하여 사원으로서의 지위를 취득하기 위하여는 정관변경을 요하고 따라서 총사원의 동의를 얻어야 하지만, 정관변경은 회사의 내부관계에서는 총사원의 동의만으로 그 효력을 발생하는 것이므로 신입사원은 총사원의 동의가 있으면 정관인 서면의 경정이나 등기부에의 기재를 기다리지 않고 그 동의가 있는 시점에 곧바로 사원으로서의 지위를 취득한다. ② 회사등기에는 공신력이 인정되지 아니하므로, 합자회사의 사원 지분등기가 불실등기인 경우 그 불실등기를 믿고 합자회사 사원의 지분을 양수하였다 하여 회사 사원들의 지분을 전부 양수한 것으로는 될 수 없다. ③ 원심은, 乙이 C로부터 D의 동의를 얻어 무한책임사원의 지분을 양도받기는 하였으나, 그에 관하여 나머지 무한책임사원인 A, B의 동의를 받은 바가 없으므로 그 지분양수는 효력이 없고, 따라서 乙은 회사의 무한책임사원으로서의 지위를 취득하였다고 볼 수 없다는 이유로, 신청인의 乙에 대한 이 사건 직무집행정지신청을 받아들였다. 그러나, 등기할 사항은 등기와 공고 후가 아니면 선의의 제3자에게 대항하지 못하는 것이므로(구 상법 제37조 제1항), A, B가 무한책임사원으로서의 지위를 취득하였다고 하더라도 그에 관한 등기가 마쳐지기 전에는 등기 당사자인 회사나 A, B로서는 선의의 제3자에게 무한책임사원이라는 사실을 주장할 수 없는 것이므로, 만약 乙이 D만이 유일한 무한책임사원이라고 믿은 데 대하여 선의라면, 회사나 A 등으로서는 乙이 A 등의 동의를 받지 아니하였음을 주장하여 위 지분양도계약이 효력이 없다고 주장할 수 없다고 할 것이다. (파기환송)

# 제3절 해산과 회사계속, 조직변경

## 1. 합자회사의 해산과 계속

**제285조 (해산, 계속)** ① 합자회사는 무한책임사원 또는 유한책임사원의 전원이 퇴사한 때에는 해산된다.

② 전항의 경우에 잔존한 무한책임사원 또는 유한책임사원은 전원의 동의로 새로 유한책임사원 또는 무한책임사원을 가입시켜서 회사를 계속할 수 있다.

③ 제213조와 제229조제3항의 규정(신입사원의 책임)은 전항의 경우에 준용한다.

## 2. 합자회사의 조직변경

**제286조 (조직변경)** ① 합자회사는 사원전원의 동의로 그 조직을 합명회사로 변경하여 계속할 수 있다.

② 유한책임사원전원이 퇴사한 경우에도 무한책임사원은 그 전원의 동의로 합명회사로 변경하여 계속할 수 있다.

③ 전2항의 경우에는 본점소재지에서는 2주간내, 지점소재지에서는 3주간내에 합자회사에 있어서는 해산등기를, 합명회사에 있어서는 설립등기를 하여야 한다.

# 제4절 주요 판례

## 1. 무한책임사원의 책임

### 가. 책임의 발생 시기

■ [회사 채무가 발생하는 시점에 무한책임사원의 책임도 발생한다] 대법원 2006다65903 판결 (기초사실: 무한책임사원 A가 甲 합자회사의 부도 직전에 개인 소유 부동산을 사돈 D에게 대물변제로 등기 이전, 회사의 어음채권자 P가 D를 피고로 사해행위취소소송 제기, 어음채권의 만기가 도래하지 않았다면, 피보전채권이 존재하는가?): 합명회사는 실질적으로 조합적 공동기업체여서 회사의 채무는 실질적으로 각 사원의 공동채무이므로, 합명회사 사원의 책임은 회사가 채무를 부담하면 법률의 규정에 기해 당연히 발

생하는 것이고, '회사의 재산으로 회사의 채무를 완제할 수 없는 때' 또는 '회사재산에 대한 강제집행이 주효하지 못한 때'에 비로소 발생하는 것은 아니며, 이는 회사 채권자가 그와 같은 경우에 해당함을 증명하여 합명회사의 사원에게 보충적으로 책임의 이행을 청구할 수 있다는 책임이행의 요건을 정한 것으로 봄이 타당하다. 그리고 합자회사의 장에 다른 규정이 없는 사항은 합명회사에 관한 규정을 준용하므로(상법 제269조), 합자회사의 무한책임사원의 회사 채권자에 대한 책임은 합명회사의 사원의 책임과 동일하다.… 甲회사가 원고 P에게 위 약속어음들을 발행함과 동시에 P는 甲회사의 무한책임사원 A에 대하여도 甲에 대한 약속어음금 채권과 동일한 내용의 채권을 가지는 것이므로, 이 사건 대물변제계약 체결 이전에 P의 A에 대한 위 채권이 성립되어 있었다고 할 것이고… 그럼에도 불구하고 원심은, 원심 변론종결일 무렵 甲회사의 P에 대한 채무 이행기가 도래하지 않은 상태이므로 甲회사의 재산으로 채무를 완제할 수 없거나 甲의 재산에 대한 강제집행이 주효하지 못한 경우에 해당한다고 할 수 없고, 그 결과 A에게 P에 대한 채무를 변제할 책임이 발생하였다고 할 수 없으므로 사해행위취소소송의 피보전채권이 성립되지 않은 경우에 해당한다고 판단하였는바, 이러한 원심판결에는 합자회사 무한책임사원의 책임의 발생시기 및 채권자취소권의 피보전채권에 관한 법리를 오해하여 판결에 영향을 미친 위법이 있다.

### 나. 임금채권에 대한 무한책임사원의 책임

**근로기준법 제38조 (임금채권의 우선변제)**

① 임금, 재해보상금, 그 밖에 근로관계로 인한 채권은 사용자의 총재산에 대하여 질권(質權)·저당권 또는 「동산·채권 등의 담보에 관한 법률」에 따른 담보권에 따라 담보된 채권 외에는 조세·공과금 및 다른 채권에 우선하여 변제되어야 한다. 다만, 질권·저당권 또는 「동산·채권 등의 담보에 관한 법률」에 따른 담보권에 우선하는 조세·공과금에 대하여는 그러하지 아니하다.

② 제1항에도 불구하고 다음 각 호의 어느 하나에 해당하는 채권은 사용자의 총재산에 대하여 질권·저당권 또는 「동산·채권 등의 담보에 관한 법률」에 따른 담보권에 따라 담보된 채권, 조세·공과금 및 다른 채권에 우선하여 변제되어야 한다.

1. 최종 3개월분의 임금
2. 재해보상금

**제468조 (사용인의 우선변제권)** 신원보증금의 반환을 받을 채권 기타 회사와 사용인간의 고용관계로 인한 채권이 있는 자는 회사의 총재산에 대하여 우선변제를 받을 권리가 있다. 그러나 질권 · 저당권이나 「동산 · 채권 등의 담보에 관한 법률」에 따른 담보권에 우선하지 못한다.

- [근로자가 임금채권을 회사의 무한책임사원의 개인 재산에 행사하는 경우 우선변제권은 인정되지 않는다] 대법원 95다719 판결 (기초사실: 甲합자회사의 퇴직근로자들이 회사의 무한책임사원 소유 부동산에 권리를 행사하게 되자, 이 부동산에 근저당권을 설정해 둔 금융기관과의 순위가 문제됨): ① 근로기준법의 임금채권의 우선변제 규정은 근로자의 최저생활을 보장하고자 하는 공익적 요청에서 예외적으로 일반 담보물권의 효력을 일부 제한하고 임금채권의 우선변제권을 규정한 것으로서, 그 입법취지에 비추어 보면 여기서 임금 우선변제권의 적용 대상이 되는 '사용자의 총재산'이라 함은 근로계약의 당사자로서 임금채무를 1차적으로 부담하는 사업주인 사용자의 총재산을 의미하고, 따라서 사용자가 법인인 경우에는 법인 자체의 재산만을 가리키며 법인의 대표자 등 사업경영 담당자의 개인 재산은 이에 포함되지 않는다고 봄이 상당하다 ② 합자회사가 회사 재산으로 채무를 완제할 수 없거나 또는 회사 재산에 대한 강제집행이 주효하지 못하여 결국 합자회사의 무한책임사원이 근로자들에 대한 회사의 임금채무를 변제할 책임을 지게 되었다 하더라도, 보충적인 위 책임의 성질이나 일반 담보권자의 신뢰보호 및 거래질서에 미치는 영향 등을 고려할 때 이를 회사가 사업주로서 임금채무를 부담하는 경우와 동일하다고 보아 무한책임사원 개인 소유의 재산까지 임금 우선변제권의 대상이 되는 '사용자의 총재산'에 포함된다고 해석할 수는 없다.

### 다. 법무법인의 채무에 대한 구성원 변호사의 책임

**변호사법 제58조 (다른 법률의 준용)** ① 법무법인에 관하여 이 법에 정한 것 외에는 상법 중 합명회사에 관한 규정을 준용한다.
cf. 법무법인(유한), 법무조합 §58의 17, 31

- ['강제집행이 주효하지 못한 때'가 되려면 채권자가 회사 재산에 강제집행을 하여야 한다] 대법원 2011.3.24. 선고 2010다99453 판결 (기초사실: 甲 법무법인이 A로부터 근저당권 설정 등기를 위임받으면서 필요한 서류를 받고 근저당

권자가 될 P에게 연락하여 필요한 서류를 다 받았으니 수수료 등을 입금하라고 연락하였고, P는 수수료 400만 원을 甲에게 송금하고 A에게 2.5억 원을 송금하였다. 그러나 등기공무원이 인감증명의 위조를 발견하여 등기신청을 각하하였고, 甲 법무법인의 1억 5,240만원의 책임(60%)을 인정하는 판결이 확정되었다. P는 甲 법무법인의 손해배상채무를 구성원들에게 주장함): 〈원고의 주장〉 甲 법무법인은 사무소 건물에 관하여 전세금 및 임대차보증금반환청구권을 보유하고 있기는 하나, 그 전세기간 및 임대차기간이 남아있을 뿐 아니라, 그 기간이 만료된다 하더라도 전세권설정자 및 임대인의 전세금 및 보증금의 반환은 법무법인의 건물명도와 동시에 이행되어야 할 것인데, 법무법인이 순순히 건물을 명도할 것을 기대하기는 어려운바, 이는 법무법인의 재산에 대한 강제집행이 주효하지 못하거나 또는 법무법인의 재산으로 그 채무를 완제할 수 없는 때에 해당하므로 법무법인 구성원변호사들인 피고들은 연대하여 원고에게 손해배상금을 지급하여야 한다. 〈피고들의 주장〉 甲 법무법인은 채무 변제에 충분한 전세금 및 임대차보증금반환청구권을 보유하고 있는바, 원고로서는 위 각 채권에 대하여 강제집행을 할 수 있으므로 이 사건은 법무법인의 재산에 대한 강제집행이 주효하지 못한 경우에 해당하지 않는다. 〈1심판결〉 ① 전세금반환청구권이나 임대차보증금반환청구권과 같은 조건부채권, 기한부채권 또는 반대의무의 이행과 관련된 채권은 추심명령이나 전부명령에 의하여 현금화하는 것이 곤란하지만 대신 민사집행법 제241조 제1항에서 규정하고 있는 양도명령(피압류채권을 법원이 정한 값으로 지급함에 갈음하여 압류채권자에게 양도하는 명령)이나 매각명령(추심에 갈음하여 법원이 정한 방법으로 그 채권을 매각하도록 집행관에게 명하는 명령)과 같은 특별현금화명령에 의하여 현금화할 수 있다. 물론 특별현금화명령이 실행되는 과정에서 조건이나 기한 또는 반대의무의 이행 등과 관련하여 대상채권이 저평가될 가능성이 있으나, 전세금 및 각 임대차보증금이 원고의 손해배상채권액을 (크게) 상회한다는 점에서 가사 피고가 차임 및 관리비를 연체하거나 또는 경우에 따라 기한이 지나도록 사무실을 명도하지 아니하여 임대차보증금이 상당 부분 공제된다고 하더라도 위 차액을 감안하여 보면 그와 같은 사정만으로 법무법인의 재산으로 그 채무를 완제하지 못한다거나 법무법인의 재산에 대한 강제집행이 주효하지 못할 것이라고 단정할 수는 없다. ② 더구나 강제집행이 '주효하지 못한 경우'라 함은 문언의 해석상 강제집행의 개시를 그 전제로 하는 것인데, 원고는 그 동안 전세금 및 임대차보증금반환청구권에 대하여 아무런 환가시도도 하지 않았다는 점에서 장래에 있을지도 모를 차임이나 관리비의 연체 또는 명도 지체 등과 같은 사정만으로는 법무법인의 재산에 대한 강제집행이 주효하지 못하다고 볼 수도 없다. (청구 기각) 〈대법원〉 ① 상법 제212조 제2항은 회사채권자가 제1항에서 규정한 '회사의 재산으로 회사의 채무를 완제할 수 없는 때'를 증명하는 것이 현실적으로 용이하지 않다는 점을 고려하여, 회사재산에 대한 강제집행이 주효하지 못한 때에 해당한다는 객관적 사실을 증명하는 것만으로도 각 사원에게 직접 변제책임을 물을 수 있도록 함으로써 회사 채권자를 보다 폭넓게 보호하려는 데 그 취지가 있다. 위와 같은 법 규정의 취지 및 그 문언적 의미 등을 종합하여 보면, 상법 제212조 제2항에서 규정한 '강제집행이 주효하지 못한 때'라 함은 회사 채권자가 회사 재산에 대하여 강제집행을 하였음에도 결국 그 채권의 만족을 얻지 못한 경우를 뜻한다.

## 2. 유일한 무한책임사원의 권한상실선고 불허

■ [① 유일한 무한책임사원의 권한상실선고는 인정되지 않는다 ② 정관 또는 내부규정으로 유한책임사원에게 업무집행권을 부여할 수는 있지만, 대표권까지 부여할 수는 없다] 대법원 75다1341 판결: ① 합자회사에 있어서의 업무집행사원의 권한상실선고제도는 현저하게 부적임 하거나 중대한 의무위반행위가 있는 업무집행사원의 권한을 박탈함으로써 그 회사의 운영에 있어 장애사유를 제거하자는 데 목적이 있고 결코 그 회사를 파탄 내지는 해산상태로 몰아가자는 데에 그 목적이 있는 것은 아니라 할 것… 무한책임사원이 피고 한사람뿐인 경우 피고에게 권한상실이 선고된다면 위 회사는 업무집행사원이 없는 상태에 들어가게 되고 무한책임사원의 업무집행권의 박탈은 당연히 그 대표권의 박탈까지를 수반하게 되는 것이므로 이 회사는 대표사원도 없는 상태에 도달하여 회사의 운영을 기할 수 없는 지경에 이르게 되고 이는 권한상실선고제도를 규정한 취지에 어긋나는 결과가 된다 할 것이다. ② 원심은 본건에서 합자회사는 사

원 전원동의로써 무한책임사원을 가입시켜서 업무집행권을 부여할 수가 있고 또 합자회사에 있어서 유한책임사원의 업무집행권과 대표권은 상법이 이를 인정하지 않고 있는 바이지만 정관이나 내부규정으로 유한책임사원에게 업무집행권과 대표권을 부여하는 방법까지를 금하고 있는 것은 아니라는 이유를 들어 본건의 경우 피고의 권한상실을 선고 할 수 있다는 취지를 설시하고 있다. 그러나 새로운 유한책임 또는 무한책임을 가입시켜 회사를 계속할 수 있다는 상법 제285조는 무한책임사원 또는 유한책임사원 전원이 퇴사한 경우를 규정한 것이므로 이러한 회사의 결과를 가져오지 않는 본건의 경우에는 이 규정이 적용될 수가 없고 본건에서 사원전원의 동의로써 새로운 무한책임사원을 가입시킨다는 것은 정관의 변경을 의미한다할 것인바 이는 결국 사원전원의 동의로 인한 정관의 변경이 없는 한 회사를 계속할 수 없다는 결과가 되어 이러한 정관의 변경을 강요하면서까지 권한상실을 선고할 수는 없다 할 것이고 또 유한책임 사원의 업무집행이나 대표행위를 인정하지 않고 있는 상법 제278조에 불구하고 정관 또는 내부규정으로서 유한책임사원에게 업무집행권을 부여할 수는 있는 것이라고 하더라도 유한책임사원에게 대표권까지를 부여할 수는 없는 것이므로 (본원 1966.1.25. 선고 65다2128 판결참조) 원심의 위 설시이유는 본원에서 권한상실을 선고할 수 있다는 근거가 되지 못한다 할 것이다.

## 3. 제명

### 가. 무한/유한 책임사원이 각 1인인 경우 제명 불가

- [무한책임사원과 유한책임사원 각 1인만으로 된 합자회사에 있어서는 한 사원의 의사에 의하여 다른 사원의 제명을 할 수는 없다] 대법원 90다19206 판결: ① 상법 제220조 제1항, 제269조는 합자회사에 있어서 사원에게 같은 법조 소정의 제명사유가 있는 경우에는 다른 사원 과반수의 결의에 의하여 그 사원의 제명선고를 법원에 청구할 수 있다고 규정하고 있는 바, 다른 사원 과반수의 결의란 그 문언상 명백한 바와 같이 제명대상인 사원 이외에 다른 사원 2인 이상의 존재를 전제로 하고 있으므로, 무한책임사원과 유한책임사원 각 1인만으로 된 합자회사에 있어서는 한 사원의 의사에 의하여 다른 사원

의 제명을 할 수는 없다고 보아야 할 것이다. ② 그리고 유한책임사원과 무한책임사원의 2인만으로 된 경우에 그 1인의 제명은 상법 제285조 제1항에 의하여 회사가 해산되는 결과가 되는데, 상법 제220조 제1항에서 사원의 제명을 인정하는 이유가 회사를 해산상태로 몰고 가자는 것이 아니고 회사의 존속을 도모하여 회사의 해산 및 신설의 불이익을 면하도록 하는데 있음을 감안하여 볼 때, 한 사람의 의사에 의하여 다른 사원을 제명하는 것을 인정하는 것은 위 취지에 어긋나고 또 제명이란 사원자격을 박탈하는 비상수단이므로 신중한 절차를 요하여야 할 것이라는 제도 자체의 성질에도 합치되며, 그와 같이 해석하지 않으면 소수자에 의하여 회사내분이 야기될 위험성이 있게 될 것이다.

### 나. 수인에 대한 일괄 제명결의 불가

- [제명사유가 공통되더라도 각각의 사원에 대한 제명 결의가 필요하며, 일괄제명은 허용되지 않는다] 대법원 75다1503 판결: 제명은 원래 개인적인 것이고, 제명사유에 해당한다 하여 당연히 제명이 되는 것이 아니고 당해 사원의 개인적 특질을 고려한 다음 결정되는 것이므로 같은 취지에서 피제명 각인에 대하여 타의 사원의 동의 여부의 기회를 주어 개별적으로 그 제명의 당부를 나머지 다른 사원의 과반수의 의결로 결의하여야 하는 것 (사원 중 수명이 제명대상인 경우에는 가사 그 제명원인 사유가 피제명사원 전원에 공통되는 경우라 할지라도 그 전원을 일괄제명하는 방법으로 이를 제외한 나머지 사원의 의결로 결의할 것이 아니고, 피제명대상인 사원 각인에 대하여 타의 사원의 동의를 요하는 것)

### 다. 제명요건의 판단

- [형식적인 제명 요건이 존재하더라도 회사를 위해 불가피한 경우에만 제명할 수 있다] 부산지법 동부지원 90가합3057: ① 사원의 제명은 특정사원의 사원자격을 그 의사에 반하여 박탈하는 행위로서 합병회사 및 합자회사와 같은 소외 인적 회사에서만 인정될 뿐 주식회사 등과 같은 소위 물적 회사에서는 인정되지 않는 제도이다. 이는 인적 회사에 있어서는 사원 상호간의 신뢰관계가 회사존립의 기초가 되기 때문에 그 인적 요소를 중시하여 사원의 입

·퇴사, 사원지위의 양도에 관하여 물적 회사에 비하여 엄격한 규정을 두고 있는 반면, 그 신뢰관계가 사라지면 신뢰를 상실한 사원을 자신의 의사에 반하더라도 강제적으로 배제할 필요가 있기 때문이다. ② 이러한 사원의 제명은 그 요건과 절차가 상법에 엄격히 규정되어 있지만 사원의 제명이 당해 사원의 의사에 반하여 사원자격을 박탈하는 것이어서 사원의 이익에 미치는 영향이 매우 크므로 형식적으로는 제명의 요건에 해당된다 하더라도 당해 사원의 개인적 특질을 고려하여 그와 같이 회사를 존속하는 것이 경제상이나 신용상 곤란하리라고 보이는 사정이 있고, 회사내부조직을 공고히 하고 사업수행을 용이하게 하기 위하여 불가피한 경우에 한하여 제명할 수 있다고 보아야 하고, 이를 판단함에 있어서는 그 제명으로 인하여 상실케 될 당해 사원의 이익과 그를 제명함으로써 얻게 될 회사의 이익을 비교하는 등 그 결과도 합리적으로 고려하여야 한다. ③ 피고가 원고 회사의 돈을 횡령한 것이 상법 제269조, 제220조 제1항 제3호 소정의 "회사의 업무집행 또는 대표에 관하여 부정한 행위가 있는 때"에 해당되기는 하나, 원고 회사는 그 설립초창기부터… 거의 피고 혼자만의 힘으로 유지 성장되어 왔고… 원고 회사의 경영규모에 비해 피고의 횡령액수가 그리 크지 않을뿐더러… 일부는 강제집행으로 회수되었고 나머지도 그 회수에 별 어려움이 없을 것으로 예상되는 점 등에 비추어 본다면 이와 같은 피고의 횡령행위 자체만으로 피고와 같이 회사를 존속하는 것이 경제상 신용상 곤란하다거나, 피고의 제명이 원고 회사의 내부조직을 공고히 하고 사업수행을 용이하게 하기 위한 불가피한 조치라 보기 어렵다 할 것이고… 경위와 그 후의 정황 등에 비추어, 제명으로 인하여 피고가 잃게 될 이익이 제명함으로써 원고 회사가 얻을 이익에 비하여 현저히 크다고 보여지므로 원고 회사의 피고에 대한 제명청구는 이유없다.

# 제8장 유한책임회사

## 제1절 개설

### 1. 의의

가. 개념

- 회사의 조직과 운영에 사원들의 사적자치를 폭넓게 허용하여 내부적으로는 조합의 실질을 가지면서도 모든 사원이 유한책임만을 지는 회사
- 사원의 유한책임을 인정하고 지본금과 잉여금 분배를 규제하는 물적회사의 특성을 갖지만, 회사의 기관이 단순하고, 지분 양도에 원칙적으로 사원의 동의가 필요하며, 퇴사제도가 인정되는 등 인적회사의 특성도 동시에 가지는 혼합형 회사 형태이다.

나. 연혁: 2011년 개정상법에서 미국의 LLC 제도를 참고하여 도입하였다.

다. 특성

- 유한책임의 혜택을 누리면서도 개인기업처럼 자유롭게 운영할 수 있는 장점을 가진다(내부관계에는 합명회사 규정을 준용한다; §287의 18).
- 유한회사와의 차별성이 미약하다(일본의 경우 '합동회사'를 도입하면서 유한회사제도를 폐지하였다).

### 2. 입법례

가. 미국의 Limited Liability Company (유한책임회사)

- 사원은 출자가액을 한도로 하는 유한책임을 진다. 다만, 업무집행사원의

경우 주의의무 위반이나 이익상반 거래에 따른 책임에 대하여는 무한책임을 진다.

- 회사의 업무집행을 위해 사원이 아닌 전문경영인을 선임하는 것도 가능하다.
- 노무/신용의 출자도 허용된다.
- 지분 양도의 자유가 인정되며, 퇴사의 자유도 인정된다.
- 1977년 Wyoming 주가 처음 도입하였으며, 1988년 IRS의 pass-through tax treatment 결정 이후 급속히 확대되어 모든 주에서 도입하였다 (1997년 check-the-box regulation 채택: 조합과세/법인과세 선택). 사원의 유한책임, 조합 과세, 조직 구성/운영의 자율성 보장 등의 장점 때문에 선호도가 높은 회사 형태이다.

### 나. 일본의 합동회사

- 2005년 미국식 Limited Liability Company를 도입하였다. 종전의 유한회사 제도는 폐지하면서, 유한회사형 주식회사(이사회 비설치 회사)로 유도한다.
- 모든 사원이 유한책임만을 부담한다. 출자는 전액납입하여야 하며, 노무출자는 허용되지 않는다.
- 업무집행: 합명회사적 기초 위에서 사원의 업무집행권을 인정하며, 업무집행사원을 선임할 수 있는 등 사적자치를 존중한다.
- 지분 양도는 다른 사원의 동의가 있어야 하며, 퇴사제도가 인정된다.

# 제2절 설립

## 1. 설립 절차

### 가. 정관의 작성 (§287의2, 3)

- 기재사항: 사원의 출자의 목적 및 가액, 자본금의 액, 업무집행자의 성명(법인인 경우에는 명칭) 및 주소 등

- 경영기관의 구성: 업무집행자는 정관의 기재사항이며(§287의3), 대표할 자를 정한 경우 그 성명 등은 설립등기사항이다(§287의5).

### 나. 실체의 형성: 사원의 출자

- 모든 사원이 유한책임만을 지므로, 회사의 설립시부터 자본적 실체를 갖추어야 한다: 출자전액의 납입, 노무/신용의 출자 금지 (§287의 4).

### 다. 설립등기 (§549)

## 2. 설립의 무효와 취소

- 유한회사와 같다: 합명회사의 설립 무효/취소 규정을 준용한다(§552).

# 제3절 회사의 기관

## 1. 업무의 집행: 업무집행자

**제287조의12(업무의 집행)** ① 유한책임회사는 정관으로 사원 또는 사원이 아닌 자를 업무집행자로 정하여야 한다.
② 1명 또는 둘 이상의 업무집행자를 정한 경우에는 업무집행자 각자가 회사의 업무를 집행할 권리와 의무가 있다. 이 경우에는 제201조제2항(업무집행사원의 이의)을 준용한다.
③ 정관으로 둘 이상을 공동업무집행자로 정한 경우에는 그 전원의 동의가 없으면 업무집행에 관한 행위를 하지 못한다.

### 가. 사원 자격과 기관 자격의 분리: 유한책임만을 지는 사원의 업무집행 허용 (§287의12 Ⅰ)

### 나. 법인 업무집행자의 허용

- 법인이 업무집행자인 경우에는 그 법인은 해당 업무집행자의 직무를 행할 자(직무수행자)를 선임하고, 그 자의 성명과 주소를 다른 사원에게 통지하여야 한다 (§287의15).

### 다. 업무집행의 의사결정

- 사원의 유한책임은 출자액에 비례한 자본적 다수결이 아닌 두수주의 원칙을 채택 (§287의 11, 18)
- 업무집행방법은 내부관계에 관한 규정이므로, 임의규정이다.

### 라. 사원의 감시권

- 사원의 감시권: 업무집행자가 아닌 사원에게 감시권이 인정된다 (§§287의 14, 277).

### 마. 업무집행자에 대한 규제

- 업무집행자의 경업/겸직 금지: 다른 사원 전원의 동의 (§287의10)
- 업무집행자의 자기거래: 다른 사원 과반수의 결의 (§287의11)
- 업무집행자에 대한 업무집행권한상실선고 제도 (§§287의17, 205)

## 2. 회사의 대표: 업무집행자 또는 대표 업무집행자

**제287조의19(유한책임회사의 대표)** ① 업무집행자는 유한책임회사를 대표한다.
② 업무집행자가 둘 이상인 경우 정관 또는 총사원의 동의로 유한책임회사를 대표할 업무집행자를 정할 수 있다.
③ 유한책임회사는 정관 또는 총사원의 동의로 둘 이상의 업무집행자가 공동으로 회사를 대표할 것을 정할 수 있다.
④ 제3항의 경우에 제3자의 유한책임회사에 대한 의사표시는 공동대표의 권한이 있는 자 1인에 대하여 함으로써 그 효력이 생긴다.
⑤ 유한책임회사를 대표하는 업무집행자에 대하여는 제209조를 준용한다.

## 3. 기타

- 사원총회가 없는 점은 인적회사와 같다.
- 유한회사의 임의기구인 '감사'와 같은 특별한 감독기관은 없다. 임의로 두는 것은 무방하다.
- 정관 변경: 총사원의 동의, but 정관으로 달리 정할 수 있다 (§287의 16).

# 제4절 사원의 책임, 지분, 입사/퇴사

## 1. 사원의 책임: 간접적 유한책임

- 출자금액을 한도로 하는 유한책임 (§287의7)
- 간접적 책임: 회사에 대한 출자의무만을 부담한다. 전액납입주의에 따라 설립시에 이행을 완료하게 된다.

  cf. 합자회사의 유한책임사원: 출자가액에서 이미 이행한 부분을 공제한 가액을 한도로 하여 회사채무를 변제해야 할 직접적 유한책임 (§279 Ⅰ)

## 2. 사원 지분(持分)의 양도와 자기 지분의 양수 금지

**제287조의8 (지분의 양도)**

① 사원은 다른 사원의 동의를 받지 아니하면 그 지분의 전부 또는 일부를 타인에게 양도하지 못한다.

② 제1항에도 불구하고 업무를 집행하지 아니한 사원은 업무를 집행하는 사원 전원의 동의가 있으면 지분의 전부 또는 일부를 타인에게 양도할 수 있다. 다만, 업무를 집행하는 사원이 없는 경우에는 사원 전원의 동의를 받아야 한다.

③ 제1항과 제2항에도 불구하고 정관으로 그에 관한 사항을 달리 정할 수 있다.

**제287조의9 (유한책임회사에 의한 지분양수의 금지)**

① 유한책임회사는 그 지분의 전부 또는 일부를 양수할 수 없다.

② 유한책임회사가 지분을 취득하는 경우에 그 지분은 취득한 때에 소멸한다.

- 지분양도 제한의 필요성: 사원이 유한책임을 지며 업무집행자가 따로 정해지는 회사에서는 사원의 변동이 회사에 큰 영향을 미치는 것은 아니다. 그러나 상법은 회사를 폐쇄적으로 운영할 수 있도록 하기 위하여 원칙적으로 지분 변동을 엄격히 규제하며, 정관에 의한 변경을 허용한다.

## 3. 입사와 퇴사

### 가. 입사

- 정관변경에 의한 신입사원의 가입 (§287의23)
- 정관 변경시에 사원자격을 취득하지만, 출자를 이행하지 않은 경우에는 출

자 완료시 사원자격을 취득한다.

나. 퇴사

- 사원의 퇴사의 자유를 인정하지만, 영업년도 말의 퇴사만 인정한다 (§§287의24, 217 Ⅰ).
- 퇴사원인(사망, 제명 등), 지분압류 채권자에 의한 강제퇴사: 합명회사의 규정을 준용한다 (§§287의25, 218; §§287의29, 224)
- 퇴사원의 지분 환급과 잉여금을 초과한 지분 환급에 대한 채권자의 이의 (§§287의 28, 30)

# 제5절 회사의 계산

## 1. 자본금

가. 자본금의 개념: 사원이 출자한 금전이나 그 밖의 재산의 가액 (§287의35)

나. 자본금의 증감

- 정관 변경에 의한 자본금의 증감 허용
- 자본금 감소와 채권자 보호절차[12]: 이의제출의 공고/최고, 변제/담보제공; §§287의36, 232

## 2. 잉여금 분배의 규제

**제287조의37 (잉여금의 분배)** ① 유한책임회사는 대차대조표상의 순자산액으로부터 자본금의 액을 뺀 액(이하 이 조에서 "잉여금"이라 한다)을 한도로 하여 잉여금을 분배할 수 있다.
② 제1항을 위반하여 잉여금을 분배한 경우에는 유한책임회사의 채권자는 그 잉여금을 분배받은 자에 대하여 회사에 반환할 것을 청구할 수 있다.
③ 제2항의 청구에 관한 소는 본점소재지의 지방법원의 관할에 전속한다.
④ 잉여금은 정관에 다른 규정이 없으면 각 사원이 출자한 가액에 비례하여 분배한다.

---

12) 다만, 순자산액이 감소 후의 자본금의 액 이상인 경우에는 채권자보호절차기 면제된다. §287의36Ⅱ 단서의 문언은 오류이다; 이철송, 198면.

⑤ 잉여금의 분배를 청구하는 방법이나 그 밖에 잉여금의 분배에 관한 사항은 정관으로 정할 수 있다.
⑥ 사원의 지분의 압류는 잉여금의 배당을 청구하는 권리에 대하여도 그 효력이 있다.

- 배당가능이익: 잉여금 = 순자산액 - 자본금의 액

### 3. 재무제표의 작성과 공시 의무

- 재무제표의 작성 및 보존: 업무집행자는 결산기마다 대차대조표, 손익계산서, 그 밖에 유한책임회사의 재무상태와 경영성과를 표시하는 것으로서 대통령령으로 정하는 서류[13]를 작성하여야 한다 (§287의 33).
- 재무제표의 본점/지점 비치 · 공시와 사원/채권자의 열람 · 등사 청구권 (§287의34)

## 제6절 합병, 조직변경, 해산과 청산

### 1. 합병, 해산, 청산

- 합명회사의 관련 규정을 준용한다.
- 해산사유: 유한책임회사는 1인에 의한 설립도 가능하므로 사원이 1인이 되더라도 해산하지 않으며, 사원이 없게 된 경우에 해산한다 (§287의38).
- 임의청산이 허용되지 않는다 (§287의45).

### 2. 조직변경

- 주식회사와 유한책임회사 상호 간의 조직변경을 허용한다.

---

13) 상법시행령 제5조(유한책임회사 재무제표의 범위) 법 제287조의33에서 "대통령령으로 정하는 서류"란 다음 각 호의 어느 하나에 해당하는 서류를 말한다.
1. 자본변동표
2. 이익잉여금 처분계산서 또는 결손금 처리계산서

## 제7절 협동조합

### 1. 협동조합의 개념(협동조합기본법 §2)

가. 협동조합: 재화 또는 용역의 구매 · 생산 · 판매 · 제공 등을 협동으로 영위함으로써 조합원의 권익을 향상하고 지역 사회에 공헌하고자 하는 사업조직

나. 사회적 협동조합: 협동조합 중 지역주민들의 권익 · 복리 증진과 관련된 사업을 수행하거나 취약계층에게 사회서비스 또는 일자리를 제공하는 등 영리를 목적으로 하지 아니하는 협동조합을 말한다.

### 2. 협동조합의 특성

가. 협동조합

- 법인성: 협동조합은 법인으로 한다 (§4 Ⅰ).
- 상인성: 상법 총칙, 상행위, 유한책임회사에 관한 규정을 준용한다 (§14 Ⅰ).
- 공공성: 구성원의 복리 증진과 상부상조를 목적으로 하지만(§5), 조합원의 자격을 갖추고 있는 자에 대하여 정당한 사유 없이 가입을 거절하거나 가입에 있어 다른 조합원보다 불리한 조건을 붙일 수 없다(§21).

나. 사회적 협동조합

- 법인성: 사회적 협동조합은 비영리법인으로 하며(§4 Ⅱ), 민법의 법인에 관한 규정을 준용한다(§14 Ⅱ).
- 비영리성, 비상인성: 지역주민들의 권익 · 복리 증진과 관련된 사업을 수행하거나 취약계층에게 사회서비스 또는 일자리를 제공하는 등 영리를 목적으로 하지 아니한다(§2).[14)]

---

14) 제93조(사업) ① 사회적협동조합은 다음 각 호의 사업 중 하나 이상을 주 사업으로 하여야 한다.

1. 지역(시 · 도의 관할 구역을 말하되, 실제 생활권이 둘 이상인 시 · 도에 걸쳐 있는 경우에는 그 생활권 전체를 말한다. 이하 이 호에서 같다) 사회의 재생, 지역 경제의 활성화, 지역 주민들의 권익 · 복리 증진 및 그 밖에 지역 사회가 당면한 문제 해결에 기여하는 사업
2. 대통령령으로 정하는 취약계층에 복지 · 의료 · 환경 등의 분야에서 사회서비스를 제공하

## 3. 협동조합의 조직

### 가. 설립사무의 집행

- 발기인: 5인 이상이며, 정관을 작성하고, 창립총회를 개최한 후, 설립신고한다 (§15 I).
- 창립총회: 창립총회 개의 전까지 발기인에게 설립동의서를 제출한 자 과반수의 출석과 출석자 3분의 2 이상의 찬성으로 의결한다 (§15 II).
- 이사장: 발기인은 시도지사의 신고확인증을 발급받으면 지체 없이 그 사무를 이사장에게 인계하여야 하며, 이사장은 기일을 정하여 조합원이 되려는 자에게 출자금을 납입하게 하여야 한다 (§18 I, II).
- 설립등기: 협동조합은 협동조합등기부(§69)에 설립등기를 함으로써 성립한다 (§§19 I, 61 I).

### 나. 총회

(1) 구성(§28 II): 총회는 이사장과 조합원으로 구성한다.

(2) 권한(§29)

(가) 특별결의사항: 총조합원 과반수의 출석과 출석자 3분의 2 이상의 찬성으로 의결

- 정관의 변경, 합병 · 분할 · 해산 또는 휴업, 조합원의 제명, 탈퇴조합원의 출자금 환급

(나) 보통결의사항: 총조합원 과반수의 출석과 출석자 과반수의 찬성으로 의결

- 규약의 제정 · 변경 또는 폐지
- 임원의 선출과 해임
- 사업계획 및 예산의 승인, 결산보고서의 승인, 감사보고서의 승인
- 총회의 의결을 받도록 정관으로 정하는 사항

---

사업
3. 대통령령으로 정하는 취약계층에 일자리를 제공하는 사업
4. 국가 · 지방자치단체로부터 위탁받은 사업
5. 그 밖에 공익증진에 이바지 하는 사업

② 제1항 각 호에 따른 주 사업은 협동조합 전체 사업량의 100분의 40 이상이어야 한다.
③④ 생략

- 그 밖에 이사장 또는 이사회가 필요하다고 인정하는 사항

(3) 소집 (§28Ⅲ,Ⅴ)

- 이사장은 총회를 소집하며, 총회의 의장이 된다.
- 이사장은 총회 개최 7일 전까지 회의목적 · 안건 · 일시 및 장소를 정하여 정관으로 정한 방법에 따라 총회소집을 통지하여야 한다.

(4) 대의원총회 (§31)

- 임의기관: 조합원 수가 200명을 초과하는 경우(시행령§7) 총회를 갈음하는 대의원총회를 둘 수 있다.
- 구성: 조합원 중에서 선출된 대의원으로 구성한다. 대의원 정수는 대의원 선출 당시 조합원 총수의 100분의 10 이상이어야 한다. 다만, 그 대의원 총수가 100명을 초과하는 경우에는 100명으로 할 수 있다.
- 대의원의 임기 등: 대의원의 임기, 선출방법 및 자격 등 대의원총회의 운영에 필요한 사항은 정관으로 정한다.

### 다. 이사회

(1) 구성 (§32)

- 필요적 기관. 다만, 조합원 수가 10인 미만인 협동조합은 총회의 의결을 받아 이사회를 두지 아니할 수 있다.
- 이사회는 이사장 및 이사로 구성한다.
- 이사장은 이사회를 소집하고 그 의장이 된다.
- 이사회는 구성원 과반수의 출석과 출석원 과반수의 찬성으로 의결하며, 그 밖에 이사회의 개의 및 의결방법 등 이사회의 운영에 관하여 필요한 사항은 정관으로 정한다.

(2) 이사회의 의결사항 (§33)

- 협동조합의 재산 및 업무집행에 관한 사항
- 총회의 소집과 총회에 상정할 의안
- 규정의 제정 · 변경 및 폐지
- 사업계획 및 예산안 작성
- 법령 또는 정관으로 이사회의 의결을 받도록 정하는 사항

■ 그 밖에 협동조합의 운영에 중요한 사항 또는 이사장이 부의하는 사항

## 라. 임원

(1) 임원의 종류와 수, 선출, 해임, 의무와 책임

(가) 종류와 수

■ 이사장 1명, 이사 3명 이상(이사장 1명 포함), 감사 1명 이상[15)]

■ 이사의 정수 및 이사·감사의 선출방법 등은 정관으로 정한다.

■ 법인 임원: 조합원인 법인이 임원이 되면 임원의 직무를 수행할 사람을 정하여야 한다 (§34Ⅳ).

(나) 임원의 선출

■ 임기: 4년의 범위에서 정관으로 정하며, 연임할 수 있다(이사장의 연임은 2차에 한함).

■ 선거운동의 제한: 임원 및 대의원 선거에서 일정한 기부행위 등을 금지하며 허용되는 선거운동을 열거하고(§37), 위반자에 대한 형사처벌 규정을 둠(§117Ⅲ)

■ 겸직금지 (§44)

- 이사장은 다른 협동조합의 이사장을 겸직할 수 없다.
- 감사는 이사장을 포함한 이사와 직원을 겸직할 수 없다.
- 임원은 직원을 겸직할 수 없다.[16)]

협동조합의 임직원은 국회의원 또는 지방의회의원을 겸직할 수 없다.

(다) 임원의 해임 (§40)

■ 조합원의 해임요구권: 조합원 1/5 이상의 동의로 총회에 해임요구하고, 총회는 보통결의로 해임한다.

■ 해당 임원에게 해임의 이유를 알리고, 총회에서 의견을 진술할 기회를 주어야 한다.

---

15) 일정한 경우 이사회나 감사를 두지 않을 수 있다(§§32, 34).

16) 다만, 조합원 수가 10인 이하인 경우, 조합원의 3분의 2 이상이 직원이고, 조합원인 직원이 전체 직원의 3분의 2 이상인 경우 등에는 임원이 직원을 겸직할 수 있다(시행령§8). 사회적 협동조합은 직원을 겸직하는 임원 수가 임원 총수의 3분의 1을 초과하지 아니하는 범위에서 임원이 직원을 겸직할 수 있다. 다만, 위의 시행령 제8조에 해당하는 경우에는 임원 총수의 3분의 1을 초과하여 임원이 직원을 겸직할 수 있다(§시행령13).

(라) 임원의 책임 (§39)

- 협동조합에 대한 손해배상책임: 임원이 법령 또는 정관을 위반하거나 그 임무를 게을리하여 협동조합에 손해를 가한 때에는 연대하여 그 손해를 배상하여야 한다.
- 제3자에 대한 손해배상책임: 임원이 고의 또는 중대한 과실로 그 임무를 게을리하여 제3자에게 손해를 끼친 때에는 제3자에게 연대하여 그 손해를 배상하여야 한다.
- 의결에 찬성한 이사의 책임: 임원의 행위가 이사회의 의결에 의한 것일 때에는 그 의결에 찬성한 이사도 책임이 있다. 의결에 참가한 이사로서 명백한 반대의사를 표시하지 아니한 자는 그 의결에 찬성한 것으로 본다.

(2) 이사장

(가) 선출방법: 이사 중에서 정관으로 정하는 바에 따라 총회에서 선출한다.

(나) 직무: 협동조합을 대표하고 정관으로 정하는 바에 따라 협동조합의 업무를 집행한다.

(3) 이사

- 직무: 정관으로 정하는 바에 따라 협동조합의 업무를 집행한다.

(4) 감사

- 필요적 기관. 다만, 일정한 협동조합은 총회의 의결을 받아 감사를 두지 아니할 수 있고 (§34Ⅳ). 총회가 감사의 직무를 수행한다 (§42Ⅴ).
- 직무 (§42Ⅰ): 업무, 재산, 장부를 감사하여 총회에 보고하여야 한다.
- 권한 (§42Ⅱ,Ⅲ,Ⅳ): 총회 또는 이사회에 출석하여 의견을 진술할 수 있고, 예고 없이 협동조합의 장부나 서류를 대조·확인할 수 있으며, 이사장 및 이사의 업무 집행에 대해 이사회에 그 시정을 요구하여야 한다.

## 4. 협동조합의 조합원

### 가. 조합 가입

- 조합원의 자격: 정관의 필요적 기재사항 (§16ⅲ)

■ 조합원의 가입: 가입, 탈퇴, 제명에 관한 사항은 정관으로 정한다 (§16iii).

## 나. 조합원의 책임

■ 출자액을 한도로 하는 유한책임 (§22Ⅴ)

## 다. 조합원의 권리

### (1) 의결권과 선거권

■ 조합원은 출자좌수에 관계없이 각각 1개의 의결권과 선거권을 가진다 (§23Ⅰ).

### (2) 사업의 이용권 (§46)

■ 협동조합은 조합원이 아닌 자에게 협동조합의 사업을 이용하게 하여서는 아니 된다. 다만, 조합원이 이용하는 데에 지장이 없는 범위에서 일정한 경우[17] 조합원이 아닌 자에게 그 사업을 이용하게 할 수 있다.

---

17) 제9조(협동조합 등의 조합원 등이 아닌 자의 사업 이용) ① 법 제46조제2항에 따라 협동조합이 조합원이 아닌 자에게 그 사업을 이용하게 할 수 있는 경우는 다음 각 호의 어느 하나에 해당하는 경우로 한다.

1. 협동조합이 재고로 보유하고 있는 물품으로서 부패 또는 변질의 우려가 있어 즉시 유통되지 아니하면 제품의 품질을 유지하기 어려운 물품을 처리하기 위한 경우
2. 조합원으로 가입하도록 홍보하기 위하여 견본품을 유상 또는 무상으로 공급하는 경우. 다만, 협동조합이 「사회서비스 이용 및 이용권 관리에 관한 법률」 제2조제4호에 따른 사회서비스 제공자인 경우는 제외한다.
3. 공공기관 · 사회단체 등이 공익을 목적으로 주최하는 행사에 참여하는 경우
4. 협동조합이 정부, 지방자치단체 및 「공공기관의 운영에 관한 법률」 제4조에 따른 공공기관과 공동으로 추진하는 사업에서 일반 국민이 해당 사업의 목적에 따라 사업을 이용하는 경우
5. 다른 법령에서 조합원이 아닌 자에게 의무적으로 물품을 공급하게 하거나 용역을 제공하도록 규정하는 경우
6. 천재지변이나 그 밖에 이와 유사한 긴급한 상황일 때 공중(公衆)에게 생활필수품 또는 용역을 공급하는 경우
7. 학교를 사업구역으로 하는 협동조합이 그 사업구역에 속하는 학생 · 교직원 및 학교 방문자를 대상으로 물품을 공급하거나 용역을 제공하는 경우
8. 협동조합(「사회서비스 이용 및 이용권 관리에 관한 법률」 제2조제4호에 따른 사회서비스 제공자에 해당하는 협동조합은 제외한다)이 가입을 홍보하기 위하여 시 · 도지사에게 신고하는 기간(이하 이 호에서 "홍보기간"이라 하며, 그 기간은 1년에 3개월을 넘지 못한다) 동안 전년도 총공급고(總供給高)의 100분의 5 범위에서 물품을 유상 또는 무상으로 공급하는 경우. 다만, 협동조합이 설립신고필증을 받은 날부터 1년(단위매장의 경우에는 매장 개장일부터 1년) 동안은 홍보기간이 6개월을 넘지 아니하는 범위에서 총공급고에 대한 제한 없이 물품을 유상 또는 무상으로 공급할 수 있다.

### 라. 조합원의 출자의무

(1) 정관의 기재사항: 출자 1좌의 금액과 납입 방법 및 시기, 조합원의 출자좌수 한도(§16 v), 출자금의 양도에 관한 사항(§16 x iii)을 기재하여야 하며, 현물출자는 정관으로 정한다(§22 I). 출자 1좌의 금액은 균일하게 정하여야 한다 (§16 II).

(2) 설립시의 출자: 설립신고 후 발기인으로부터 사무를 인수한 이사장은 기일을 정하여 조합원이 되려는 자에게 출자금을 납입하게 하여야 한다 (§18).

(3) 출자 한도: 조합원 1인의 출자좌수는 총 출자좌수의 100분의 30을 넘을 수 없다 (§22 II).

(4) 출자금의 보호 (§22 III, IV).: 조합원은 납입할 출자금을 협동조합에 대한 채권과 상계하지 못한다. 조합원이 납입한 출자금은 질권의 목적이 될 수 없다.

### 마. 조합원 권리의 양도

- 조합원 지위의 양도 또는 조합원 지분의 양도는 총회의 의결을 받아야 한다 (§24 III).

### 바. 조합원의 탈퇴

- 임의탈퇴의 허용: 조합원은 정관으로 정하는 바에 따라 탈퇴할 수 있다 (§24 I).
- 당연탈퇴: 조합원의 자격이 없는 경우, 조합원의 사망, 파산, 금치산선고,

---

9. 조합원과 같은 가구에 속하는 자가 협동조합의 사업을 이용하는 경우
10. 조합원의 3분의 2 이상이 직원이고 조합원인 직원이 전체 직원의 3분의 2 이상인 협동조합이 전체 직원의 3분의 1을 넘지 아니하는 범위에서 비조합원을 고용하는 형태로 조합의 사업을 이용하게 하는 경우
11. 그 밖에 협동조합의 사업 성격 · 유형 등을 고려하여 기획재정부장관이 정하여 고시하는 경우

② 법 제81조제1항 단서에 따른 협동조합연합회의 회원이 아닌 자의 사업의 이용에 관하여는 제1항을 준용한다. 이 경우 제1항 중 "협동조합"은 "협동조합연합회"로, 제1항 각 호 외의 부분 및 제2호 · 제5호의 "조합원"은 "회원"으로, 제8호 본문의 "시 · 도지사"는 "기획재정부장관"으로, 제9호 및 제10호의 "조합원"은 "전체 회원 조합에 속하는 총조합원"으로 본다.

조합의 해산 등 (§24Ⅱ).

### 사. 조합원의 제명(§25)

(1) 제명사유: 출자의무 등 조합원 의무의 불이행, 협동조합 사업의 불이용, 기타 정관으로 정하는 사유

(2) 총회의 결의

- 특별결의사항 (§29)
- 의견진술권 보장: 총회 개최 10일 전까지 제명사유를 알리고, 총회에서 의견을 진술할 기회를 주어야 한다. 의견진술의 기회를 배제한 총회의 제명의결은 해당 조합원에게 대항하지 못한다.

### 아. 탈퇴 및 제명 조합원의 권리의무

(1) 지분환급청구권 (§26)

- 지분은 탈퇴한 회계연도 말의 협동조합의 자산과 부채에 따라 정함

(2) 손실액의 부담 (§27)

- 협동조합의 채무초과시 지분의 환급분을 계산할 때 정관으로 정하는 바에 따라 탈퇴 조합원이 부담하여야 할 손실액의 납입을 청구할 수 있다.

## 5. 협동조합의 회계

### 가. 자본금

- 협동조합의 자본금은 조합원이 납입한 출자금의 총액으로 한다 (§18Ⅳ).

### 나. 법정적립금 및 임의적립금 (§50)

(1) 법정적립금

- 협동조합은 매 회계연도 결산의 결과 잉여금이 있는 때에는 해당 회계연도 말 출자금 납입총액의 3배가 될 때까지 잉여금의 100분의 10 이상을 적립하여야 한다.
- 법정적립금은 손실의 보전에 충당하거나 해산하는 경우 외에는 사용하여서는 아니 된다.

(2) 임의적립금

- 협동조합은 정관으로 정하는 바에 따라 사업준비금 등을 적립할 수 있다.

다. 손실금의 보전과 잉여금의 배당 (§51)

(1) 손실금의 보전

- 협동조합은 매 회계연도의 결산 결과 손실금(당기손실금을 말한다)이 발생하면 미처분이월금, 임의적립금, 법정적립금의 순으로 이를 보전하고, 보전 후에도 부족이 있을 때에는 이를 다음 회계연도에 이월한다.

(2) 잉여금의 배당

- 협동조합은 손실금을 보전하고 법정적립금 및 임의적립금 등을 적립한 이후에는 정관으로 정하는 바에 따라 조합원에게 잉여금을 배당할 수 있다.
- 잉여금 배당의 경우 협동조합사업 이용실적에 대한 배당은 전체 배당액의 100분의 50 이상이어야 하고, 납입출자액에 대한 배당은 납입출자금의 100분의 10을 초과하여서는 아니 된다.

## 6. 협동조합 육성을 위한 특례

- 독점규제 및 공정거래에 관한 법률의 제한적 적용 (§13Ⅲ)
- 협동조합연합회, 사회적협동조합연합회의 공제사업에 관한 보험업법 적용 배제 (§13Ⅳ)

# 제9장 유한회사

## 제1절 개설

### 1. 의의

#### 가. 개념

- 사원은 회사에 대한 출자의무만을 부담하고 회사채권자에 대해서는 회사의 재산만으로 물적 책임을 부담하는 자본단체적인 특성을 가지면서도 주식회사에 비해 회사의 조직과 운영, 이익분배 등에 있어서 사원들의 사적 자치를 폭넓게 허용하고 있는 회사 형태

#### 나. 연혁

- 독일 유한회사법(GmbHG)에 의해 창안되어 보급된 회사 형태로서, 주식회사처럼 사원이 유한책임을 지는 물적회사의 성격을 갖지만, 지분의 증권화를 금지하고 자본금 규제를 완화하여 소규모적이고 폐쇄적으로 운영할 수 있도록 하였다.
- 2011년 개정상법에 새로 도입된 유한책임회사와 유사하다(일본에서는 '합동회사'를 도입하면서 유한회사제도를 폐지하였다).

#### 다. 2011년 개정상법의 내용

- 최소자본금(종전 1,000 만원) 폐지, 지분 금액 조정(종전 5천원 이상에서 100원 이상으로)
- 사원 총수(종전 50인 이하)의 제한 폐지
- 지분양도: 지분양도를 원칙적으로 허용하면서, 정관에 의한 제한을 허용하였다(종래 사원총회의 특별결의).

## 2. 유한회사의 특성

### 가. 물적회사적 측면

(1) 자본단체적 성격

- 사원의 출자는 출자좌수로 분할되어 좌수에 따른 지분을 인정한다(지분 복수주의).
- 유한회사의 계산: 주식회사 회계규정 대부분을 준용한다.
- 총사원/총주주 동의에 의한 물적회사 간 조직변경이 가능하며 (§§604, 607), 합병을 하는 회사의 일방 또는 쌍방이 주식회사, 유한회사 또는 유한책임회사인 경우에는 합병 후 존속하는 회사나 합병으로 설립되는 회사는 주식회사, 유한회사 또는 유한책임회사이어야 한다(§174Ⅱ).
- 퇴사제도가 없다.
- 해산사유에 사원이 1인으로 된 때가 제외되어 있다(§609).

(2) 기관 자격과 사원 지위의 분리

- 이사에 의한 회사의 업무 집행 및 회사 대표

(3) 회사의 채무에 대한 사원의 유한책임

- 출자금액 한도의 유한책임(§553)
- 다만, 설립경과조사 제도가 없으므로, 출자 미필액과 현물출자/재산인수의 현저하게 과다평가된 금액에 대해서는 회사 성립 당시 사원들이 연대책임을 지도록 한다(§§550, 551).

### 나. 인적회사적 측면

(1) 지분양도의 제한

- 정관에 의한 지분양도 제한 허용(§556; 구법은 지분양도에 사원총회의 특별결의 요구)

(2) 의결권 수나 이익배당 기준에 관한 정관자치 허용

- 출자좌수에 따른 의결권/이익배당을 정관으로 달리 정할 수 있다(§§575, 580).

(3) 특별결의요건에 두수주의 가미 (§585)

- 의결권의 3/4 이상 + 총사원의 과반수

### 다. 소규모성 · 폐쇄성

(1) 회사 조직의 간편성

- 필요적 기관은 사원총회와 이사이며, 감사는 임의 기관이다.
- 이사회 제도가 없으므로, 사원총회는 결의사항에 제한이 없는 최고기구이다 (cf. §361).
- 감사는 임의 기관이다 (§568).
- 이사/감사의 임기에 제한이 없으며,[18] 초대 이사/감사는 정관으로 정할 수 있다 (§§547, 568). 감사에게 임시총회의 소집권이 인정된다 (§571).

(2) 회사의 소규모성

- 지분의 증권화 금지 (§555)

※ 사원의 총수를 50인 이하로 제한하는 규정(구법 §545)은 개정상법에서 삭제됨

(3) 회사의 폐쇄성

- 정관에 의한 지분양도 제한을 허용 (§556)
- 서면결의의 허용 (§577)[19]
- 대차대조표 공고 불요 (§§583, 449)

---

18) 이사의 임기는 3년을 초과하지 못하며, 정관으로 그 임기중의 최종의 결산기에 관한 정기주주총회의 종결에 이르기까지 연장할 수 있다(§383). 감사의 임기는 감사의 임기는 취임후 3년내의 최종의 결산기에 관한 정기총회의 종결시까지로 한다(§410). 집행임원의 임기는 정관 규정 없으면 2년을 초과하지 못한다(§408의3).

19) 개정상법은 자본금 총액 10억원 미만인 주식회사의 경우에 서면결의를 허용하였다(§363).

## 제2절 유한회사의 설립

### 1. 정관의 작성 (§543)

- 자본금, 사원 및 출자액 등의 확정

### 2. 실체의 형성

가. 사원의 출자: 출자전액을 납입하여야 한다 (§548). 노무/신용은 출자할 수 없다.

나. 이사/감사 선임: 회사 성립 전의 사원총회에서 선임하지만, 정관으로 초대 이사[감사]를 정할 수 있다 (§547).

### 3. 설립등기 (§549)

### 4. 설립의 무효와 취소

- 합명회사의 설립 무효/취소 규정을 준용한다 (§552). 따라서 객관적 무효사유뿐만 아니라 사원 개개인의 주관적인 무효/취소 사유가 모두 설립에 영향을 미친다.

## 제3절 회사의 기관

### 1. 의사결정기관: 사원총회

가. 최고기관성

- 법률/정관이 정하는 사항에 제한되지 않고 모든 사항에 대해 결정할 수 있다 (cf. 주주총회).

- 주주총회에 관한 규정이 준용된다.

나. 특징

- 소집절차: 회일 1주간 전의 서면통지, 정관에 의한 기간 단축, 총사원의 동의로 소집절차를 생략할 수 있다.
- 의결권: 출좌 1좌당 1 의결권이 인정되지만, 정관으로 달리 정할 수 있다 (§575). 다만 사원의 의결권을 완전히 박탈하거나 원시정관이나 총사원 동의에 의해 변경된 정관이 아닌, 다수결에 의해 변경된 정관으로는 달리 정할 수 없다는 견해도 있다.
- 정족수 · 결의방법(§§574, 585): 특별결의요건에 두수주의를 가미하여 총사원의 반수이상이며 총사원의 의결권의 4분의 3이상을 가지는 자의 동의로 한다 (§585).
- 총사원의 동의가 있거나 결의의 목적사항에 대하여 총사원이 서면으로 동의를 한 때에는 서면에 의한 결의를 할 수 있다 (§577).

## 2. 업무집행기관과 대표기관: 이사

가. 이사의 선임: 사원총회에서 선임한다 (§562). 초대이사는 정관으로도 정할 수 있다 (§547).

나. 이사의 수, 임기

- 이사의 수와 임기는 제한이 없다.
- 복수의 이사와 대표이사의 선정: 이사가 수인인 경우에 정관에 다른 정함이 없으면 사원총회에서 회사를 대표할 이사를 선정하여야 하며, 정관 또는 사원총회는 수인의 이사가 공동으로 회사를 대표할 것을 정할 수 있다 (562§).

다. 이사의 자격: 이사는 정관으로 정하지 않는 한 사원에 한하지 않으므로, 전문경영인을 선임할 수 있다.

라. 이사의 권한: 업무집행권과 대표권

### 마. 준용규정

- 대표사원의 권한과 회사와의 연대책임(§209), 보수(§388), 표현대표이사(§395), 회사 및 제3자에 대한 책임손해배상책임(§§399, 401) 등
- 이사의 자기거래에 대한 승인기관은 감사 또는 감사가 없으면 사원총회가 된다 (§564Ⅲ).

## 3. 감독기관

### 가. 감사: 임의기관

- 감사를 둘 수 있다 (§568). 수와 임기에 제한이 없으며, 권한 등에 관하여 주식회사의 감사에 관한 규정이 준용된다.
- 임시사원총회의 소집권이 인정된다 (§571).
- 설립/증자시 자본전보책임을 진다 (§§551, 594).

### 나. 검사인: 수시적, 임시적 기관

(1) 사원총회의 선임: 이사가 제출한 서류와 감사의 보고서를 조사하는 검사인을 선임할 수 있다 (§§578, 367).

(2) 3/100 이상의 출자좌수를 가진 사원의 업무/재산상태 조사를 위한 검사인 선임청구권 (§582)

### 다. 기타 감시제도

(1) 사원총회: 경업/자기거래의 승인, 이사 선임/해임, 재무제표 승인, 검사인 선임 등

(2) 3% 소수사원: 이사해임의 소, 대표소송, 유지청구권, 총회소집청구권(정관으로 달리 정할 수 있다; §572Ⅱ), 회계장부열람권, 검사인선임청구권 등

(3) 각 사원: 재무제표 열람권, 각종 제소권(사원총회 결의의 취소 및 무효확인의 소 등)

## 제4절 사원의 책임, 지분

### 1. 개설

- 사원 총수의 제한(50인 이하) 규정: 개정상법에서 삭제되었다.
- 사원자격의 제한이 없다 (법인 사원도 가능함).

### 2. 사원의 책임

- 회사에 대한 출자의무만을 부담한다 (출자금액을 한도로 하는 간접적 유한책임; §553)
- 예외적 자본전보 책임: 현물출자 조사 등 설립경과에 대한 조사절차가 없으므로, 출자 미필액과 현물출자/재산인수의 현저하게 과다평가된 금액에 대해서는 회사성립/자본증가/조직변경 당시 사원들이 연대책임을 지도록 한다 (§§550, 551, 593, 607Ⅳ).

### 3. 사원의 지분(持分)

#### 가. 개설

- 지분 복수주의: 사원은 출자좌수에 따라 지분을 가지며 (§554), 출자 1좌의 금액은 100원 이상으로 균일하게 하여야 한다 (§546).
- 지분의 증권화 금지 (§555): 예외적으로 자산유동화에 관한 법률에 의한 자산유동화전문회사는 유한회사지만 출자증권을 발행할 수 있다.

#### 나. 지분의 양도 등

(1) 지분의 양도

**제556조 (지분의 양도)** 사원은 그 지분의 전부 또는 일부를 양도하거나 상속할 수 있다. 다만, 정관으로 지분의 양도를 제한할 수 있다.

**제557조 (지분이전의 대항요건)** 지분의 이전은 취득자의 성명, 주소와 그 목적이 되는 출자좌수를 사원명부에 기재하지 아니하면 이로써 회사와 제삼자에게 대항하지 못한다.

- 사원총회의 특별결의를 요구하는 조항은 개정상법에서 삭제되었다.

■ 지분의 양도와 정관변경: 지분 양도를 제한하는 정관규정이 없다면, 정관 변경 절차를 밟지 않고도 지분을 양도할 수 있고, 정관은 지분 양도로 자동적으로 변경된다고 보는 것이 합리적이다.[20]

(2) 자기지분의 취득 제한

■ 자기지분의 취득은 특정 목적의 경우로 제한된다 (§§560, 341의2). 자기주식의 취득을 원칙적으로 허용하는 §341은 준용조항에서 삭제되었다.

(3) 지분의 입질

■ 지분의 입질: 지분의 증권화가 불가능하므로, 약식질도 가능한 주식과는 달리, 등록질만 가능하다 (§§559, 557).

## 제5절 회사의 계산

### 1. 자본에 대한 규제

■ 소규모 회사이지만, 회사재산의 합리적 관리를 위해 주식회사 규정을 다수 준용한다 (§583).

### 2. 특징

가. 이익배당에 관한 정관자치 허용

■ 이익의 배당은 각사원의 출자좌수에 따르지만, 정관으로 달리 정할 수 있다(§580). 다만 원시정관이나 총사원 동의에 의해 변경된 정관에 제한된다는 견해가 있다(다수설).

나. 기타

(1) 자본증가시의 출자인수권

■ 자본증가시 사원에게 그 지분에 비례하는 출자인수권이 인정되지만, 정관

20) 이철송, 1157면.

이나 증자 결의에 의하여 지정인에게 출자인수권을 인정할 수 있으며, 사원총회의 특별결의로 특정인에게 출자의 인수권을 부여할 것을 약속할 수 있다 (§§586, 587, 588). 인수인의 공모는 금지된다 (§589).

(2) 회계장부열람권

- 소수사원권(3/100)인 회계장부열람권을 정관으로 모든 사원에게 부여할 수 있으며, 이 경우 재무제표의 부속명세서 작성의무가 면제된다 (§581).

(3) 재무제표 등의 지점 비치의무 부존재 (§579의3)

- 주식회사의 경우 본점 5년간, 지점 3년간 (§448)

(4) 재무제표 등의 제출과 감사보고서의 제출 기한의 차이

- 감사가 있는 경우 정기총회일로부터 4주간 전에 이사는 감사에게 제출하고, 감사는 받은 날로부터 3주간 내에 감사보고서를 이사에게 제출(§579; cf. 주식회사의 경우 6주간, 4주간; §§447의 3,4)

# 제10장 주식회사 기초

## 제1절 주식회사의 의의

### 1. 개설

#### 가. 주식회사의 개념

- 회사에 필요한 자본금을 주식을 발행하여 형성하고 주식의 소유자인 주주가 사원이 되어 회사 채무에 대해 간접의 유한책임(주식의 인수가액을 한도로 하는 출자의무)을 부담하는 회사 형태

#### 나. 특징

- 주식제도를 통해 다수인 사이의 '자본의 집중'과 '위험의 분산'을 가능하게 함으로써 대규모의 회사를 가능하게 하는 기업 유형
- 주주가 아닌 자로 경영기관을 구성할 수 있어, 소유와 지배[경영]의 분리가 가능하다.
- 회사 채권자에 대한 책임재산은 주주의 유한책임으로 회사 재산에 한정된다. 따라서 회사의 계산 제도 등 회사재산에 대한 엄격한 법적 규제가 존재한다.

#### 다. 개념 요소: 자본금, 주식, 주주의 유한책임

## 2. 주식회사의 개념 요소

### 가. 자본금

(1) 의의

(가) 개념

- 회사 존속 중 유지해야 할 純財産(순재산)의 규범적 기준
- 계산상의 추상적 액수로서, 실제의 보유 재산과는 구분된다.

(나) 자본금의 산정 (§451)

- 액면주식을 발행하는 경우: '발행주식의 액면총액' (= 1주의 금액 × 발행주식 총수)
  ※ 예외: 이익으로 주식을 소각하는 경우에는 주식 수는 감소하나 자본금은 감소되지 않는다 (상환주식의 상환, 회사가 보유한 자기주식의 소각: §§345, 343, 343의2).
- 무액면주식을 발행한 경우: 주식 발행가액의 2분의 1 이상의 금액으로서 이사회(주식발행사항을 주주총회가 정하는 경우에는 주주총회)에서 자본금으로 계상하기로 한 금액의 총액
  ※ 주식 발행가액 중 자본금으로 계상하지 아니하는 금액은 자본준비금으로 계상한다.

(다) 자본금의 기능

- 주주의 출자액으로서 회사 성립의 물적 기초가 된다.
- 주주유한책임제도에서 채권자를 보호하는 책임재산(equity cushion)이 된다.
- 자본금 제도를 통해 주식회사가 일정액 이상의 재산을 유지하도록 규제하는 것은, 경제적 측면에서 보면, 채권자의 위험부담에 의한 주주의 투기를 제한하는 의미를 가진다.[21]

(2) 자본금에 관한 원칙

(가) 자본금 확정의 원칙

- 개념: 회사 순재산의 기준이 될 자본금의 규모는 확정되어 있어야 한다

---

21) 차입금 등 타인 자본을 지렛대로 삼아 자기자본이익률을 높이는 것을 leverage 효과(지렛대 효과)라고 한다.

는 원칙

- 자본금의 액은 설립등기사항으로(§317), 등기를 통해 공시된다.

  ※ 최저자본금 제도(5,000만원)는 폐지되었음(2009.5.28. 개정)

- 수권자본제도의 채택과 자본금 확정 원칙의 완화: 회사가 발행할 주식의 총수를 정관에 기재하도록 하고 그 범위 안에서 신주를 발행하여 자본금을 손쉽게 증가시킬 수 있는 권한을 이사회에 부여하고 있다(§§289, 416).
- 2011년 개정상법은 설립시 발행예정주식 총수의 1/4 이상을 발행하도록 하는 종전의 규제를 폐지하여 수권자본제도(창립주의)[22]를 강화하였다.

(나) 자본금 유지(충실)의 원칙

- 개념: 계산상의 수액인 자본금에 상당하는 재산이 실질적으로 유지되어야 한다는 원칙

  cf. 자본금 충분의 원칙: 사업의 규모에 맞는 적정한 자본금을 가져야 한다는 원칙

- 영업활동에 의한 순재산의 변동은 불가피하므로, 손익거래가 아닌 자본거래를 통한 재산의 부당유출(특히 주주에 대한 환급)을 제한한다는 의미를 갖는다.[23]
- 관련 제도: 인수금액의 전액납입(§295), 변태설립사항(현물출자 등) 규제(§290), 인수/납입 담보책임(§§321, 428), 액면미달발행의 제한(§§330, 417), 이익배당의 요건(§462), 준비금 제도(§§458-461) 등

  ※ 채권의 출자전환을 가능하도록 하기 위해 2011년 개정상법은 주금납입에 관한 주주의 상계를 금지하는 규정(§334)을 삭제하였다.

(다) 자본금 불변의 원칙

- 개념: 자본금은 회사가 유지할 순재산의 기준이 되므로 쉽게 변동되지 않아야 한다는 원칙

---

22) 이와는 달리, 설립시에 자본금 총액에 해당하는 주식을 발행하여 인수하도록 하는 입법주의를 '총액인수주의'라고 한다.

23) '손익거래'란 순자산을 변동시키는 거래로서 거래의 상대방이 주주 이외의 자인 거래를 뜻하며, '자본거래'란 순자산을 변동시키는 거래의 상대방이 기업의 현재주주 또는 잠재적 주주인 거래를 뜻한다.

- 수권자본제도에 따라 탄력적인 자본금 증가가 가능하므로, 자본금 감소를 제한하는 의미를 가진다.
- 자본금 감소의 규제(§§438, 439): 주주총회의 특별결의와 채권자보호절차를 요구함 (다만, 결손 보전을 위한 자본감소는 주주총회의 보통결의로 하며, 채권자보호절차가 불필요하다; 2011년 개정상법).

(3) 2011년 개정상법의 자본금 제도 개정

(가) 개정의 배경: 자본제도의 경제적 기능 퇴색

- 회계제도의 불완전성으로 장부상 재산과 현실의 재산이 불일치할 가능성이 상존하여 자본금에 대한 형식적 규제가 큰 의미를 갖지 못한다.
- 자본금을 규제하는 규정은 비탄력적인 강행규정이므로 기업의 구체적 사정을 고려할 수 없다. 채권회수의 가능성을 평가하는 척도로서는 자본금 규모보다는 오히려 회사의 수익력 등이 더욱 중요하다.

(나) 입법례

- 규제주의적 접근방식 (독일, EU) ↔ 자유주의적 접근방식 (미국)
- 일본의 2005년 회사법: 미국식 자본제도 채택

(다) 주요 개정 방향

① 주식회사 설립 규제의 완화

- 회계 규범에 따라 "자본" 용어를 폐기하고 "자본금"을 사용함
- 수권자본 개념은 유지하면서 설립시의 1/4 발행요건은 폐지함
- 무액면주식 제도가 도입되어 표시자본(stated capital)[24] 관념이 활용됨

② 자본금 납입과 관련한 규제 완화

- 현물출자에 대한 검사제도 완화: 자본금의 20% 이내 & 5,000만원 이내인 경우, 거래소의 시세있는 유가증권을 정관의 효력발생일(§292)부터 소급하여 1개월/1주일/전일 종가의 산술평균가와 효력발생 전일의 종가 중 낮은 금액으로 출자하는 경우(§299, 시행령§7)

24) 미국의 경우 stated capital(표시자본)이라 함은, 액면주식의 액면총액, 무액면주식의 발행가액 중 이사회가 자본금으로 계상하기로 한 금액, 주식배당과 같이 표시자본으로 전입된 금액을 합한 금액이다. 무액면주식의 발행과 관련하여 사용되는 경우, stated capital 또는 legal capital이라는 용어는 회사에 유보되어야 할 순재산의 최저한도를 의미한다.

■ 주금납입의 상계금지 규정 폐지 (다만, 신주발행시에 신주인수인이 상계를 하려면 회사의 동의를 얻도록 함: §§334, 421Ⅱ)

※ 회생절차에서 채권의 출자전환(DES; debt-equity swap) 허용

③ 자본 반환의 규제 완화: 배당 재원의 확대

■ 자본금의 1.5배를 초과하는 준비금의 감소절차(주주총회 결의)를 도입하여 배당 재원을 확충하였다(§461의2).

cf. 미국의 배당 제한과 지급불능 기준(insolvency test)

## 나. 주식

### (1) 형식적 의의

■ 형식적으로 보면, 주식은 주식회사의 자본금을 구성하는 균등한 요소(§§329, 451)를 의미한다. 액면주식만 허용되던 종전에는 "자본의 균등한 비례적 단위"로 정의하였다.

■ 액면주식을 발행하는 경우는 원칙적으로 발행주식의 액면총액이 자본금이 된다. 액면가액이 기재되지 않는 무액면주식을 발행한다면 그 발행가액의 일정한 부분(발행가액의 1/2 이상)을 합산한 금액이 자본금이 된다(§451).

### (2) 실질적 의의

■ 주식의 실질적 의미는 '주식회사의 사원권'이다.

■ 사원권의 개념: 사원권은 물권/채권과는 구분되는 권리로서, 회사에 대한 사원의 법률상의 지위 내지 자격을 뜻한다. 이로부터 사원의 회사에 대한 각종 권리/의무가 생겨난다.

■ 주식회사의 자본단체성: 주식회사는 사원이 출자한다는 관념보다는 출자지분인 주식을 취득하는 자가 사원이 된다는 구조를 가지므로, 사원 보다는 자본 관념이 앞서는 자본단체라는 특성을 갖게 된다.

### (3) 주식 제도의 기능

■ 기업이 필요로 하는 자본금을 세분화하여 자본집중과 위험분산을 가능하게 하고, 나아가 그 출자지분을 유가증권화(주권)하여 유통시킴으로써 투하자본의 회수 방법을 제공한다.

### 다. 주주의 유한책임

(1) 의의

- 회사에 대한 주식 인수가액의 출자책임: 유한의 간접책임이라는 점에서 유한회사/유한책임회사의 경우와 같다.[25)]
- "Utopia limited": 주주의 책임은 주식인수인으로서의 책임이며 이미 이행하고 있으므로(전액납입주의) 사실상 아무런 책임도 지지 않고 기업을 경영할 수 있게 된다는 의미

(2) 추가적인 책임을 부담하는 경우

- 발기인이 된 주주의 인수/납입 담보책임 (§321)
- 국세기본법 §39: 과점주주(50% 초과 주주)의 주식보유비율에 따른 제2차 납세의무
- 채무자회생 및 파산에 관한 법률 §205Ⅳ: 회생절차에서 부채총액이 자산총액을 초과하는 회사는 1/2 이상의 자본을 감소시켜야 하고, 이 경우 회사의 이사 등에게 중대한 책임이 있는 행위가 회생절차개시의 원인이 되었다면 그 행위에 상당한 영향력을 행사한 주주 등이 가진 주식은 2/3 이상 감소시켜야 한다.
- 상호저축은행법 §37의3: 상호저축은행의 경영에 영향력을 행사하여 부실을 초래한 상호저축은행 과점주주: 예금채무 등에 대한 연대책임
- [회사 채무를 주주가 분담한다는 약정의 유효성] 대법원 89다카890 판결 (기초사실: D 상호신용금고가 지점장의 장부외 거래로 33억 원의 피해를 입게 되자 P 등의 대주주들이 사태를 수습하기로 합의하여 P가 3.6억 원을 부담하기로 함): ① P가 위 금원을 D 금고에 내놓기로 한 약정은 담당수사관과 D 등의 협박 또는 강박에 의한 것이라는 원고의 주장은 이를 인정할 아무런 증거가 없다. ② 원심이 부가적으로 판단한 상호신용금고법 제37조의3에서 정한 임원 등의 연대책임규정에 관한 판시부분은 판결결과에 영향이 없다. ③ 상법 제331조의 주주유한책임원칙은 주주의 의사에 반하여 주식의 인수가액을 초과하는 새로운 부담을 시킬 수 없다는 취지에 불과

---

25) 합자회사의 유한책임사원인 경우에는 유한책임이지만 채권자에게 직접 채무를 부담하는 직접책임이다.

하고 주주들의 동의 아래 회사 채무를 주주들이 분담하는 것까지 금하는 취지는 아니라 할 것이므로 반대의 견해에서 주장하는 논지는 받아들일 수 없다.

(3) 유한책임 제도의 기능

(가) 경제적 기능: 기업 위험을 다수인 사이에 분산하면서, 채권자 등에게 위험을 전가(轉嫁)시킨다.

(나) 근대법상 自己責任原理에 대한 예외적 법리인가?

- 사원자격과 기관자격이 분리되는(제3자 기관성) 주식회사에서 업무집행권을 갖지 못하는 주주가 회사의 행위에 대해 책임을 부담하지 않는 것은 당연한 귀결이라는 견해도 있다.
- 주주가 회사를 지배하는 경우 법인격을 부인하는 판례이론이나 (사실상) 이사의 책임(§§401, 401의2) 등의 법리를 통해 유한책임이 배제된다.

## 제2절 회사의 영리성 관념의 변화: 주식회사의 사회적 책임

### 1. 개설

- 사회적 책임론(CSR; Corporate Social Responsibility)의 관념: 주식회사는 주주들로부터 독립된 존재로서 주주만의 이익을 추구하는 조직은 아니며, 국민경제에 막대한 영향을 미치는 거대한 기업은 그 활동에 사회적 타당성도 요구된다.
- 비판론: ① 개념 자체의 모호성으로 법 규범에 미치지 못하는 윤리적 선언에 그친다. ② 공익을 명분으로 주주의 이익을 침해할 우려가 있다. ③ 경영자의 재량권을 통제할 수 없게 된다.

## 2. 독일의 企業 自體(Unternehmen an sich) 사상

### 가. 1920년대 국가사회주의의 전체주의적 기업 관념

- 주식회사 제도의 특징인 익명의 자본과 주주유한책임을 비판하면서, 주식회사는 주주로부터 독립된 국민경제적 가치를 지닌 존재여야 한다는 전체주의적 관념이 대두되었다.

### 나. 1937년 주식법 개정

- 경영자(이사회)의 권한 강화: 주주총회의 지배적 지위를 제한하고 대주주가 포진한 감사회를 약화시킴
- 이사의 책임 조항 신설: "이사는 기업과 종업원의 복지, 국가와 국민의 공동이익이 요구하는 바에 따라 회사를 경영하여야 한다"
  ※ 이 조항은 파시즘의 전체국가적 지도자 원리라는 비판을 받아 1965년 개정에서 다시 삭제되었다.

### 다. 참고: 공동결정제도의 도입

- 1947년 산업계와 노동조합, 점령군 간의 협정으로 철강 산업에서 감사회를 노사 동수로 구성하게 됨 → 연합국 지배가 종료되고 독일법이 다시 적용되게 되자 기업가들이 공동결정에 반발하였고 정부는 대기업의 감사회에 1/3의 근로자 참여 입법을 추진함 → 노동조합의 2년간의 쟁의 끝에 광산/철강 기업에 노사 동수(및 중립감사)의 공동결정을 보장한 1951년 몬탄 공동결정법을 제정하는데 성공함.
- 1952년 경영조직법: 몬탄 공동결정법이 적용되지 않는 일정한 주식회사 등에 1/3의 근로자 참여를 규정함
- 1976년 공동결정법: 종업원 2,000명 이상의 대기업에 감사회를 노사 동수로 구성하도록 하면서 주주 측 감사회대표의 결정투표권을 인정함

## 3. 미국에서의 논의: 주주 지상주의 모형과 이해관계자 모형

### 가. shareholder primacy theory

- Berle 교수: Harvard Law Review의 Dodd와의 논쟁을 통해 경영진은 회

사의 수탁자로서 주주의 이익만을 고려해야 한다고 주장하였다.[26]

- 1970년대 Friedman 교수: 시카고 학파의 신자유주의 경제학을 주도한 Milton Friedman은 기업의 사회적 책임은 자유시장경제의 속성에 대한 근본적인 오해에서 비롯된 것이며 기업의 유일한 사회적 책임은 오로지 수익의 극대화에 있다고 강조하였다.

나. stakeholder theory

- 이사들은 종업원이나 채권자 등 기업에 이해관계를 갖는 주주 이외의 집단들의 이익도 배려하여야 한다는 주장
- 이를 명문화한 주법 조항(corporate constituency statute), 경영판단의 원칙(business judgment rule), 기부행위를 허용하는 법조항 등을 논거로 할 수 있다.

다. 쟁점: 이사는 누구를 위한 수탁자인가 (충실의무의 대상)

- 주주 이익의 극대화 주장, 즉 주주는 모든 계산이 끝나고 남는 최종적인 잉여금이 귀속되는 주체(residual claimant)이므로 주주의 이익을 극대화하면 다른 이해관계자의 이익도 보장된다는 주장은 경제학적으로 여전히 유력하다. 그렇지만 이해관계자들을 배려해야 한다는 주장도 타당성을 얻고 있다.
- 주주의 이익이 곧 회사의 이익인가: 상충 가능성을 설명하는 법경제학의 예
  - 주주/채권자로부터 각각 100원씩 조달한 회사가 수익률이 60%와 －40%인 투자안 A와 70%와 －70%인 투자안 B 가운데 어느 쪽을 선택할 것인가? (성공과 실패의 확률은 반반이며, 이자율은 10%): 기대수익률이 낮은 투자안을 선택함으로써 채권자의 부를 주주에게 이전시키면서

26) Berle, "Corporate Powers as Powers in Trust," 44 Harvard Law Review 1049(1931); Dodd, "For Whom are Corporate Managers Trustees?," 45 Harvard Law Review 1145(1932); Berle, "For Whom are Corporate Managers Trustees?: A Note," 45 Harvard Law Review 1365 (1932). Berle의 당시의 주장은 경영진의 강력한 지배력으로부터 주주를 보호하려는 취지였으며, 이후 1950년대에는 사회공동체의 이익을 강조하는 쪽으로 변화되었다. 한편 The Modern Corporation and Private Property (Berle/Means, 1932)라는 저서에서는 소유와 지배의 분리에 따른 경영자 지배현상을 설명하고 경영자의 중립성을 강조하기도 하였다.

사회 전체의 파이의 크기를 감소시킬 가능성 상존한다. 그렇지만 채권자가 이자율을 결정할 수 있다면 이러한 주주의 비효율적인 선택을 제어할 수 있게 된다.[27]

| | 투자안 A | | | 투자안 B | | |
|---|---|---|---|---|---|---|
| | 회사 | 채권자 | 주주 | 회사 | 채권자 | 주주 |
| 50% 성공 | 320원 | 110원 | 210원 | 340원 | 110원 | 230원 |
| 50% 실패 | 120원 | 110원 | 10원 | 60원 | 60원 | 0원 |
| 기대값 | 220원 | 110원 | 110원 | 200원 | 85원 | 115원 |

- Shlensky v. Wrigley (Ill. 1968): (Chicago Cubs 야구팀의 수입이 밤 경기를 하는 팀에 비해 너무 적으므로 홈구장인 Wrigley Field에 라이트 시설을 설치해 달라는 주주의 청구에 대해, 이사들은 수입 증가보다는 밤 경기로 인한 인근 주민의 생활환경 악화 우려가 더 크다고 항변함) 이사에게 사기나 위법행위 또는 이해충돌이 있다는 것을 증명하지 못하면 이사의 경영판단에 법원은 개입하지 않는다. (※ 1988.8.8. 첫 야간경기)

라. 〈참고〉 OECD의 기업지배구조원칙에 반영된 이해관계자의 이익

- 'Principles of Corporate Governance (1999, 2004)': 기업의 지배구조는 종업원, 채권자 기타 법률상 또는 계약상 인정되는 이해관계자의 권리를 존중하고 권리침해에 대한 적절한 구제책과 정보에 관한 접근권을 보장하는 것이어야 한다.

**Ⅳ. The Role of Stakeholders in Corporate Governance**

**The corporate governance framework should recognise the rights of stakeholders established by law or through mutual agreements and encourage active co-operation between corporations and stakeholders in creating wealth, jobs, and the sustainability of financially sound enterprises.**

**A.** The rights of stakeholders that are established by law or through mutual agreements are to be respected.

27) 김건식 등, 회사법, 제4판, 341-345면 참조. 회사의 불법행위책임을 같은 맥락에서 설명하고 있다.

**B.** Where stakeholder interests are protected by law, stakeholders should have the opportunity to obtain effective redress for violation of their rights.

**C.** Performance-enhancing mechanisms for employee participation should be permitted to develop.

**D.** Where stakeholders participate in the corporate governance process, they should have access to relevant, sufficient and reliable information on a timely and regular basis.

**E.** Stakeholders, including individual employees and their representative bodies, should be able to freely communicate their concerns about illegal or unethical practices to the board and their rights should not be compromised for doing this.

**F.** The corporate governance framework should be complemented by an effective, efficient insolvency framework and by effective enforcement of creditor rights.

## 4. 사회적 기업의 지원

### 가. 사회적 기업의 개념

- 취약계층[28]에게 사회서비스[29] 또는 일자리를 제공하거나 지역사회에 공헌함으로써 지역주민의 삶의 질을 높이는 등의 사회적 목적을 추구하면서 재화 및 서비스의 생산·판매 등 영업활동을 하는 기업[30]

### 나. 사회적 기업에 대한 지원

- 사회적기업 육성법 제정 (2007년)
- 시회적 기업의 육성: 경영지원, 재정 지원, 시설비 지원, 공공기관의 사회적기업 제품 우선구매, 조세 감면, 사회보험료 지원, 사회적 기업을 지원하는 연계기업의 조세감면, 사회적기업진흥원 설립 등

---

28) 가구 월평균 소득이 전국 가구 월평균 소득의 100분의 60 이하인 사람, 고령자, 장애인, 성매매피해자, 북한이탈주민, 가정폭력피해자, 결혼이민자, 갱생보호 대상자 등이다(사회적기업육성법 시행령§2).

29) 사회서비스란 교육, 보건, 사회복지, 환경 및 문화 분야 등의 서비스로서(법§2iii), 보육 서비스, 예술·관광 및 운동 서비스, 산림 보전 및 관리 서비스, 간병 및 가사 지원 서비스, 문화재 보존 또는 활용 관련 서비스, 청소 등 사업시설 관리 서비스 등이다(시행령§3).

30) 사회적기업은 일정한 인증 요건을 갖추어 고용노동부장관의 인증을 받아야 한다(§7).

## 5. 관련 문제

### 가. 회사의 권리능력과 기부금 제공

- 미국 A. P. Smith mfg. Co. v. Barlow, 98 A. 2d 581 (1953): (뉴저지 주에서 설립되어 소화전을 제조 판매하는 원고 회사의 이사회가 프린스턴 대학에 1,500 달러를 기부하기로 결의하였고, 일부 주주가 이의를 제기하자 기부행위가 이사회 권한에 속한다는 확인 소송을 제기하였다) ① 사회의 부가 회사에 집중되어 개인의 부의 축적이 어려워진 현대적 상황에서 개인은 이미 기부의 원천으로 적당하지 못하므로 회사도 사회의 구성원으로서 사회적 책임을 다해야 한다. ② 보통법의 원칙에서 보더라도 본 건의 기부는 회사에 이익을 가져오므로 정당하다.
- [회사의 기부행위와 배임죄의 성립] 대법원 85도480 판결: 주식회사가 그 재산을 대가없이 타에 기부. 증여하는 것은 주주에 대한 배당의 감소를 가져오게 되어 결과적으로 주주에게 어느 정도의 손해를 가하는 것이 되지만 그것이 배임행위가 되려면 그 회사의 설립목적, 기부금의 성격, 그 기부금이 사회에 끼치는 이익, 그로 인한 주주의 불이익 등을 합목적적으로 판단하여, 그 기부행위가 실질적으로 주주권을 침해한 것이라고 인정되는 정도에 이를 것을 요한다 할 것인바, 원심판결 이유에 의하면 원심은 공소외 3 주식회사의 경영자인 피고인 1이 그 주주인 공소외 1 학교법인에 대하여 그 주식비율보다 적은 비율로 기부금을 배분한 사실은 인정되지만 공소외 1 학교법인이 거의 전재산을 출연하여 공소외 2 학교법인을 설립, 육성하여 왔고 당시 공소외 2 학교법인은 학교신설등으로 재정이 몹시 궁핍하였음에 반하여 공소외 1 학교법인은 재정상태가 양호하였으며, 그 기부금액이 회사의 이익금에 대비하여 과다한 금액이라고 할 수 없는 점등에 비추어 위와 같이 주식비율에 비하여 다소 적게 기부금을 배분한 행위가 배임행위에 해당한다고 할 수는 없으므로 이 부분 공소사실은 죄가 되지 아니한다고 판단하고 있다. 기록에 비추어 살펴보면 원심의 위와 같은 조치는 정당하고 거기에 소론과 같은 법리오해의 위법이 있다 할 수 없으므로 이점 논지도 이유 없다.

### 나. 회사의 정치헌금과 정치적 활동

(1) 정치자금 기부: 일본 야하다(八幡) 제철주식회사의 자민당 헌금 사건 (1970년)

- 사실의 개요: 1960년 3월 야하다 제철 대표이사의 자민당에 대한 350만엔의 정치자금 기부에 대하여, 정치헌금은 정관에 기재된 목적의 범위 외의 행위이므로 이사의 충실의무에 위반한 것이라는 이유를 들어 주주 1인이 회사의 손해(기부금 및 이자)를 배상할 것을 구하는 대표소송을 제기하였다.
- 동경지방재판소의 1심 판결(1963년): ① 비영리행위인 비거래행위는 회사의 영리성에 반하므로 목적 범위 외의 행위이다. ② 예외적으로, 일반사회인의 합리적 의사에 따르면 모든 주주가 당연히 동의할 것으로 기대되는 행위(예: 천재의연금 기부)는 합리적인 한도 안에서 이루어지는 한 이사의 책임이 발생하지 않는다 (특정정당에 대한  정치헌금은 모든 사람이 사회적 의무라고 생각할 리 없다) ※ 상식과 관행에 반한다는 정재계의 반발, 학계의 비판이 있었다.
- 동경고등재판소 항소심 판결(1966년): ① 회사도 사회의 독립적 존재로서 개인과 마찬가지로 사회의 구성단위를 이루는 것이므로 사회에 유용한 행위는 정관에 기재된 사업목적의 여하 및 그 목적을 위하여 필요한지 여부를 묻지 않고 당연히 그 목적의 범위에 속한다. ② 주주의 이해와의 균형상 기부의 목적, 회사의 규모, 경영실적, 사회적 지위 등으로 보아 합리적 한도를 넘어서는 안된다.
- 최고재판소 판결(1970년): ① 회사는 사회적 존재로서의 사회적 작용을 부담하지 않을 수 없으므로… 회사에 사회통념상 기대되는 것인 한 그에 응하는 것은 당연히 회사가 할 수 있다. 그러한 행위는 간접적으로나마 목적 수행에 필요한 행위이다. ② 회사도 자연인과 마찬가지로 국가나 정당의 특정 정책을 지지/추진/반대하는 등의 정치적 행위를 할 자유를 갖는다 ③ 회사의 규모, 경영실적, 기타 사회적 지위 및 기부의 상대방 등 제반의 사정을 고려하여 합리적인 범위 내에서 그 금액을 결정하여야 한다.

(2) 회사의 정치적 활동

(가) 영국의 Simmonds v. Heffer 판결 (1983): (비영리회사인 The League Against Cruel Sports가 1979년 총선에서 토끼/사슴 사냥을 금지하겠다는 공약을 한 노동당에 총선기금을 헌금한 사례) 조건 없는 기부는 능력 외의 행위, 그러나 동물복지 공약을 홍보할 것을 조건으로 한 헌금 부분은 연맹의 목적을 추진하기 위한 것으로 능력 내의 행위이다.

(나) 미국 연방대법원의 First National Bank v. Bellotti 판결 (1978): (Mass. 주가 소득세를 누진세로 하는 헌법 개정을 주민투표에 부치자 FNB 등 몇몇 회사가 반대운동을 위한 비용을 지출하려고 하였다. 주 법무장관은 회사가 사업에 중대한 영향을 주지 않는 문제에 대한 주민투표에 영향을 주기 위해 헌금을 하거나 비용을 지출하지 못하도록 금지하는 주법을 적용하겠다고 통지하였고, 이에 대해 FNB는 동법의 위헌을 구하는 소송을 제기함) FNB가 계획한 정치적 의사의 표현은 공익상의 문제에 관한 것이므로 민주사회의 의사결정에 필수적인 것으로 헌법상의 보호를 받는다 (정치적 영역이 회사에 의해 지배되어 정부에 대한 주민의 신뢰에 위협이 된다는 증거는 없다).

(3) 정치자금법의 규제

**제31조 (기부의 제한)** ① 외국인, 국내 · 외의 법인 또는 단체는 정치자금을 기부할 수 없다.
② 누구든지 국내 · 외의 법인 또는 단체와 관련된 자금으로 정치자금을 기부할 수 없다.

- 부정론의 논거: ① 정치적 의사결정에 기업이 과도한 영향력을 갖게 될 우려가 있다. ② 특정정당에 대한 헌금은 지지하지 않는 주주들의 이익에 반할 수 있다. ③ 회사에 유리한 조치를 받기 위해 정치헌금을 악용할 수 있다.

다. 이익배당청구권의 문제: Dodge v. Ford Motors Co (Michigan, 1919)

- 사실관계: Ford 자동차회사는 자본금 200만 불의 주식회사로, Ford가 58%의 주식을 보유하였고, 원고인 Dodge 형제는 10%의 주식을 보유하였다. 1911-1915년 동안 회사는 매년 60%의 정기배당을 하였고, 5년간의 특별배당액도 4,000만 불에 이르렀다. 1916년 당시 회사의 잉여금은 1억 1,200만 불에 달하였고, 그 중 약 50%가 현금이었다. 이러한 상황에서 Ford가

주주에 대한 의무는 다하였다고 판단하고, 향후에는 특별배당을 중지하고 오직 기업 확장과 고용 증진에 투자하며 차 가격을 인하하여 많은 소비자들에게 차를 공급하겠다고 공표하였다. 이에 대해 Dodge 형제는 보유현금의 3/4 이상을 배당해 줄 것을 구하는 소송을 제기하였다 (하급심에서는 2,000만 불의 배당을 명함).

- 판결요지: 회사는 다른 이익을 추구하기 위하여 주주의 이익을 부수적인 것으로 하지 못한다. 주식회사는 기본적으로 주주의 이익을 위해 설립 운영된다. 이사의 권한도 이 목적을 달성하기 위한 수단을 선택하는 재량이며, 목적 자체를 변경할 수 없다. 다른 목적을 위해 주주의 이익을 줄이거나 배당을 중지할 수는 없다.

## 제3절 주주의 이익 vs. 회사의 이익

### 1. 생명보험회사 상장 문제

- 회사에 발생한 거대한 이익을 주주에게만 귀속시킬 것인가?
- 생명보험사를 주식시장에 상장하기 위해 자산재평가를 할 경우에 발생할 재평가 차액을 어떻게 처리할 것인지가 1980년대 후반부터 문제되기 시작하였다. 보험사들은 주식회사의 이익은 주주의 것이라는 기본 원리에 따라 재평가 차익을 처리하고자 하였지만, 주식/부동산 활황에 힘입어 평가액이 크게 증가한 생명보험사의 자산이 보험계약자들의 보험료를 운용한 결과라는 점에서 과거의 계약자들에게 직접 배분하자는 주장 등이 제기되었다.
- 2007. 4. 계약자 배분 없이 공익기금(20년간 1.5조원)을 출연하는 방향으로 정리되었다.

### 2. 회사의 이익 vs. 주주의 이익, 이사의 주의의무와 배임죄

가. 개요: 주식이나 주가연계증권(Equity-Linked Securities; 전환사채, 신주인수권부사채 등)을 특정인에게 공정한 가액보다 낮은 저가로 발행하는 경

우의 법적 쟁점

① 이사가 주식을 공정한 가액 미만으로 발행하면 회사에 손해가 발생하는가

■ 주식발행에 의한 자금 조달은 회사의 손익에 영향을 미치지 않는 자본거래라는 견해 ↔ 회사가 조달할 수 있었던 자본금에 미달하게 되는 손해가 발생한다는 견해

② 주주에게 신주를 저가로 발행하면 주주에게 이익이 생기는가

■ 저가발행에 따른 주주의 이익은 정확히 주식 가치의 희석에 의해 상쇄된다.

■ 상법은 액면미달 발행만을 규제한다.[31)]

③ 신주를 제3자에게 저가로 발행하면 주주에게 귀속될 이익이 제3자에게 이전되어 주주가 손해를 입게 되는데, 이사는 이러한 손해가 발생하지 않도록 할 의무를 지는 것인가

■ 주주의 이익을 배려할 의무를 진다는 견해, 회사에 손해가 발생한다는 견해 ↔ 주주 이익과 회사 이익은 구별되며 이사는 회사에 대한 의무를 질뿐이라는 견해, 회사로서는 구 주주와 신 주주를 달리 구분할 이유가 없다는 견해

④ 주주가 인수하지 않은 실권주(失權株)의 제3자 배정: 주주배정시의 조건과 달라야 하는가

### 나. 쟁점 사건: 삼성에버랜드 전환사채 저가발행 사건[32)]

(대법원 2009.5.29. 선고 2007도4949 전원합의체 판결)

(1) 기초사실: 1996년 10월 삼성 에버랜드 주식회사가 전환사채를 발행함(사채

---

31) 회사가 성립한 날로부터 2년을 경과한 후에 주식을 발행하는 경우에는 주주총회의 특별결의와 법원의 인가를 얻어서 주식을 액면미달의 가액으로 발행할 수 있다(§417).

32) 전환사채 등을 이용한 변칙증여를 규제하기 위하여 증여의제 과세 제도를 마련하는 상속세법 개정안이 1996.10.2. 국회에 제출된 상황에서 에버랜드가 1996.10.30. 전환사채를 저가에 발행하여 주주가 실권하는 방법으로 이재용 등에게 인수시킴으로써 이재용이 31.37%의 최대주주가 되어 경영권이 상속되는 결과가 발생하였다. 2000.6.30. 곽노현 등 대학교수 43인이 이건희, 홍석현(중앙일보 대표이사) 등을 배임으로 고발하였고, 중앙지검은 대표이사 허태학 등만을 불구속기소하였다. 그러나 2007년 말 김용철 변호사와 정의구현사제단이 기자회견을 통

총액 99.5억 원, 전환가액 7,700원). 법인주주인 삼성계열사 등 8개 회사와 1개 재단법인 및 개인주주인 이건희 등 계열사 전현 임원 17명 중 제일제당을 제외한 나머지 주주들(97.06%)의 실권으로 이재용 등 제3자에게 배정함. 특별검사는 1주당 85,000원으로 평가하여 특정경제범죄가중처벌등에관한법률위반(배임)으로 기소함. 원심은 1주당 14,825원으로 평가했음.

(2) 판결요지

① [다수의견] 주주는 회사에 대하여 주식의 인수가액에 대한 납입의무를 부담할 뿐 인수가액 전액을 납입하여 주식을 취득한 후에는 주주 유한책임의 원칙에 따라 회사에 대하여 추가 출자의무를 부담하지 않는 점, 회사가 준비금을 자본으로 전입하거나 이익을 주식으로 배당할 경우에는 주주들에게 지분비율에 따라 무상으로 신주를 발행할 수 있는 점 등에 비추어 볼 때, 회사가 주주 배정의 방법, 즉 주주가 가진 주식 수에 따라 신주, 전환사채나 신주인수권부사채(이하 '신주 등'이라 한다)의 배정을 하는 방법으로 신주 등을 발행하는 경우에는 발행가액 등을 반드시 시가에 의하여야 하는 것은 아니다. 따라서, 회사의 이사로서는 주주 배정의 방법으로 신주를 발행하는 경우 원칙적으로 액면가를 하회하여서는 아니 된다는 제약 외에는 주주 전체의 이익, 회사의 자금조달의 필요성, 급박성 등을 감안하여 경영판단에 따라 자유로이 그 발행조건을 정할 수 있다고 보아야 하므로, 시가보다 낮게 발행가액 등을 정함으로써 주주들로부터 가능한 최대한의 자금을 유치하지 못하였다고 하여 배임죄의 구성요건인 임무위배, 즉 회사의 재산보호의무를 위반하였다고 볼 것은 아니다. 그러나 주주배정의 방법이 아니라 제3자에게 인수권을 부여하는 제3자 배정방법의 경우, 제3자는 신주 등을 인수함으로써 회사의 지분을 새로 취득하게 되므로 그 제3자와 회사와의 관계를 주주의 경우와 동일하게 볼 수는 없다. 제3자에게 시가보다 현저하게 낮은 가액으로 신주 등을 발행하는 경우에는 시가를 적정하게 반영하여 발행조건을 정하거나 또는 주식의 실질가액을 고려한 적정한 가격에 의하여 발행하는 경우와 비교하여 그 차이에 상당한 만큼 회사의 자산을 증가시키지 못하게 되는 결과가 발생하는데, 이 경우에는 회사법상 공정한

---

해 삼성그룹 비자금 의혹 등을 폭로하고 참여연대 등의 고발이 잇따르자 검찰이 수사에 착수하였고 국회는 특별검사법을 제정하였다. 특별검사는 에버랜드 전환사채 저가발행 사건 및 삼성SDS 신주인수권부사채 제3자 배정 사건과 관련하여 이건희, 이학수, 김인주 등을 불구속 기소하였다.

발행가액과 실제 발행가액과의 차액에 발행주식수를 곱하여 산출된 액수만큼 회사가 손해를 입은 것으로 보아야 한다. 이와 같이 현저하게 불공정한 가액으로 제3자 배정방식에 의하여 신주 등을 발행하는 행위는 이사의 임무위배행위에 해당하는 것으로서 그로 인하여 회사에 공정한 발행가액과의 차액에 상당하는 자금을 취득하지 못하게 되는 손해를 입힌 이상 이사에 대하여 배임죄의 죄책을 물을 수 있다. 다만, 회사가 제3자 배정의 방법으로 신주 등을 발행하는 경우에는 회사의 재무구조, 영업전망과 그에 대한 시장의 평가, 주식의 실질가액, 금융시장의 상황, 신주의 인수가능성 등 여러 사정을 종합적으로 고려하여, 이사가 그 임무에 위배하여 신주의 발행가액 등을 공정한 가액보다 현저히 낮추어 발행한 경우에 해당하는지를 살펴 이사의 업무상배임죄의 성립 여부를 판단하여야 한다. ※ [대법관 양승태의 별개의견] 회사에 자금이 필요한 때에는 이사는 가능한 방법을 동원하여 그 자금을 형성할 의무가 있다 할 것이나, 이사는 회사에 필요한 만큼의 자금을 형성하면 될 뿐 그 이상 가능한 한 많은 자금을 형성하여야 할 의무를 지는 것은 아니고, 또 회사에 어느 정도 규모의 자금이 필요한지, 어떠한 방법으로 이를 형성할 것인지는 원칙적으로 이사의 경영판단에 속하는 사항이다. 그런데 신주발행에 의한 자금형성의 과정에서 신주를 저가 발행하여 제3자에게 배정하게 되면 기존 주주의 지분율이 떨어지고 주식가치의 희석화로 말미암아 구 주식의 가치도 하락하게 되어 기존 주주의 회사에 대한 지배력이 그만큼 약화되므로 기존 주주에게 손해가 발생하나, 신주발행을 통하여 회사에 필요한 자금을 형성하였다면 회사에 대한 관계에서는 임무를 위배하였다고 할 수 없고, 신주발행으로 인해 종전 주식의 가격이 하락한다 하여 회사에 손해가 있다고 볼 수도 없으며, 주주의 이익과 회사의 이익을 분리하여 평가하는 배임죄의 원칙상 이를 회사에 대한 임무위배로 볼 수 없어, 배임죄가 성립한다고 볼 수 없다. (※ 〈참고〉 항소심: 전환사채의 저가발행은 자본거래일 뿐으로 회사의 손해는 없다)

② [다수의견] 신주 등의 발행에서 주주 배정방식과 제3자 배정방식을 구별하는 기준은 회사가 신주 등을 발행하는 때에 주주들에게 그들의 지분비율에 따라 신주 등을 우선적으로 인수할 기회를 부여하였는지 여부에 따라 객관적으로 결정되어야 할 성질의 것이지, 신주 등의 인수권을 부여받은 주주들이 실제로 인수권을 행사함으로써 신주 등을 배정받았는지 여부에 좌우되는 것은 아니다. 회사가 기존 주주들에게 지분비율대로 신주 등을 인수할 기회를 부여하였는데도 주주들이 그

인수를 포기함에 따라 발생한 실권주 등을 제3자에게 배정한 결과 회사 지분비율에 변화가 생기고, 이 경우 신주 등의 발행가액이 시가보다 현저하게 낮아 그 인수권을 행사하지 아니한 주주들이 보유한 주식의 가치가 희석되어 기존 주주들의 부(富)가 새로이 주주가 된 사람들에게 이전되는 효과가 발생하더라도, 그로 인한 불이익은 기존 주주들 자신의 선택에 의한 것일 뿐이다. 또한, 회사의 입장에서 보더라도 기존 주주들이 신주 등을 인수하여 이를 제3자에게 양도한 경우와 이사회가 기존 주주들이 인수하지 아니한 신주 등을 제3자에게 배정한 경우를 비교하여 보면 회사에 유입되는 자금의 규모에 아무런 차이가 없을 것이므로, 이사가 회사에 대한 관계에서 어떠한 임무에 위배하여 손해를 끼쳤다고 볼 수는 없다. ※ [대법관 김영란, 대법관 박시환, 대법관 이홍훈, 대법관 김능환, 대법관 전수안의 반대의견] 신주 등의 발행이 주주 배정방식인지 여부는, 발행되는 모든 신주 등을 모든 주주가 그 가진 주식 수에 따라서 배정받아 이를 인수할 기회가 부여되었는지 여부에 따라 결정되어야 하고, 주주에게 배정된 신주 등을 주주가 인수하지 아니함으로써 생기는 실권주의 처리에 관하여는 상법에 특별한 규정이 없으므로 이사는 그 부분에 해당하는 신주 등의 발행을 중단하거나 동일한 발행가액으로 제3자에게 배정할 수 있다. 그러나 주주 배정방식으로 발행되는 것을 전제로 하여 신주 등의 발행가액을 시가보다 현저히 저가로 발행한 경우에, 그 신주 등의 상당 부분이 주주에 의하여 인수되지 아니하고 실권되는 것과 같은 특별한 사정이 있는 때에는, 그와 달리 보아야 한다. 주주 배정방식인지 제3자 배정방식인지에 따라 회사의 이해관계 및 이사의 임무 내용이 달라지는 것이므로, 회사에 대한 관계에서 위임의 본지에 따른 선관의무상 제3자 배정방식의 신주 등 발행에 있어 시가발행의무를 지는 이사로서는, 위와 같이 대량으로 발생한 실권주에 대하여 발행을 중단하고 추후에 그 부분에 관하여 새로이 제3자 배정방식에 의한 발행을 모색할 의무가 있고, 그렇게 하지 아니하고 그 실권주를 제3자에게 배정하여 발행을 계속할 경우에는 그 실권주를 처음부터 제3자 배정방식으로 발행하였을 경우와 마찬가지로 취급하여 발행가액을 시가로 변경할 의무가 있다고 봄이 상당하다. 이와 같이 대량으로 발생한 실권주를 제3자에게 배정하는 것은, 비록 그것이 주주 배정방식으로 발행한 결과라고 하더라도, 그 실질에 있어 당초부터 제3자 배정방식으로 발행하는 것과 다를 바 없고, 이를 구별할 이유도 없기 때문이다. 그러므로 신주 등을 주주 배정방식으로 발행하였다고 하더라도, 상당 부분이 실권되었음에도, 이사가 그 실권된 부분에 관한 신주 등의 발행을 중단하지도 아니하고 그 발행가액 등의 발행조건을 제3자 배정방식으로 발행하는 경우와 마찬가지로 취급하여 시가로 변경하지도 아니한 채 발행을 계속하여 그 실권주 해당부분을 제3자에게 배정하고 인수되도록 하였다면, 이는 이사가 회사에 대한 관계에서 선관의무를 다하지 아니한 것에 해당하고, 그로 인하여 회사에 자금이 덜 유입되는 손해가 발행하였다면 업무상배임죄가 성립한다.

③ 이사가 주식회사의 지배권을 기존 주주의 의사에 반하여 제3자에게 이전하는 것은 기존 주주의 이익을 침해하는 행위일 뿐 지배권의 객체인 주식회사의 이익을 침해하는 것으로 볼 수는 없는데, 주식회사의 이사는 주식회사의 사무를 처리하는 자의 지위에 있다고 할 수 있지만 주식회사와 별개인 주주들에 대한 관계에서 직접 그들의 사무를 처리하는 자의 지위에 있는 것은 아니고, 더욱이 경영권의 이전은 지배주식을 확보하는 데 따르는 부수적인 효과에 불과한 것이어서, 회사 지분비율의 변화가 기존 주주 자신의 선택에 기인한 것이라면 지배권 이전과 관련하여 이사에게 임무위배가 있다고 할 수 없다.

### 다. 참고: 삼성SDS 신주인수권부사채 저가발행 사건[33)]

(대법원 2009.5.29. 선고 2008도9436 판결)

- 기초사실: 삼성SDS 주식회사가 1999. 2. 신주인수권부사채를 발행하기로 하고 신주인수권의 행사가격을 사채 전액에 대하여 기명식 보통주식 1주당 7,150원으로 정하였다. SK증권은 발행된 권면액 합계 230억 원의 신주인수권부사채를 총액 인수한 후 사채권과 신주인수권증권을 분리하여 양도하였다. 신주인수권증권을 양수한 이재용 등은 신주인수권을 행사하여 삼성SDS의 주식 총 3,216,780주를 주당 7,150원에 취득하여 총 발행 주식 중 18.1%를 취득하게 되었고, 종래 2 남매가 가지고 있던 주식 지분 14.8%와 합하여 32.9%의 주식지분을 보유하는 제1대 주주가 되었다.
- 판결요지: 대법원이 2007도4949 전원합의체 판결로 채택한 견해에 의하면, 회사가 주주 배정의 방법이 아니라 제3자에게 인수권을 부여하는 제3자 배정의 방법으로 신주 등을 발행하는 경우에는 제3자는 신주인수권을

33) 삼성SDS는 1999.2.25. 신주인수권부사채를 이재용 등에게 저가발행하여 경영권을 이전시켰다. 주주 등의 고소가 뒤이었지만, 검찰은 비상장주식에 대한 마땅한 평가방법이 없다는 이유로 불기소처분하였고, 헌법소원도 기각되었다(2003.6.26.). 이 사건은 에버랜드 사건과 함께 2008.4.17. 특별검사에 의해 기소되었다.

행사하여 신주 등을 인수함으로써 회사의 지분을 새로 취득하게 되는바, 그 제3자와 회사와의 관계를 주주의 경우와 동일하게 볼 수는 없는 것이므로, 만약 회사의 이사가 시가보다 현저하게 낮은 가액으로 신주 등을 발행하는 경우에는 시가를 적정하게 반영하여 발행조건을 정하거나 또는 주식의 실질가액을 고려한 적정한 가격에 의하여 발행하는 경우와 비교하여 그 차이에 상당한 만큼 회사의 자산을 증가시키지 못하게 되는 결과가 발생하는데, 이는 회사법상 공정한 발행가액과 실제 발행가액과의 차액에 발행주식수를 곱하여 산출된 액수만큼 회사가 손해를 입은 것으로 보아야 한다. 따라서 이와 같이 현저하게 불공정한 가액으로 제3자에게 신주 등을 발행하는 행위는 이사의 임무위배행위에 해당하는 것으로서 그로 인하여 회사에 공정한 발행가액과의 차액에 상당하는 자금을 취득하지 못하게 되는 손해를 입힌 이상 이사에 대하여 배임죄의 죄책을 물을 수 있다고 할 것이다.

### 라. 참고 판례

(1) [1인 회사와 배임죄의 성립] 대법원 2004도7027 판결: 주식회사 상호간 및 주식회사와 주주는 별개의 법인격을 가진 존재로서 동일인이라 할 수 없으므로 1인 주주나 대주주라 하여도 그 본인인 주식회사에 손해를 주는 임무위배행위가 있는 경우에는 배임죄가 성립하고, 회사의 임원이 그 임무에 위배되는 행위로 재산상 이익을 취득하거나 제3자로 하여금 이를 취득하게 하여 회사에 손해를 가한 때에는 이로써 배임죄가 성립하며, 위와 같은 임무위배행위에 대하여 사실상 주주의 양해를 얻었다고 하여 본인인 회사에게 손해가 없었다거나 또는 배임의 범의가 없었다고 볼 수 없다. (참고: 대법원 83도2330 전원합의체 판결)

(2) [가장납입과 배임죄의 불성립] 대법원 2002도7340 판결 (공소사실: 대표이사가 주식 25만 주를 1주당 1만 원씩으로 하여 25억 원을 유상증자 하면서 그 임무에 위배하여 주금 25억 원을 성명 불상자로부터 차용하여 회사의 통장에 입금하였다가 곧바로 인출하여 반환하는 방법으로 주금이 납입된 것처럼 가장하면서 신주 25만 주를 모두 피고인에게 배정하여 동액 상당의 재산상 이익을 취득하고 위 주식을 배정받지 못한 다른 주주들에게 동액 상당의 재산상 손해를 가하였다) ① 원심은… 일반적으로 볼 때 회사의 대표이사는 주주가 아닌 회사에 대해서만 타인의 사무를

처리하는 자의 지위에 있다고 할 수 있으나, 신주발행이라는 구체적인 업무에 있어서는 일반 주주들에 대해서도 그들의 신주인수권 또는 기존 주식의 가치를 해하여서는 아니 될 업무상 임무가 있다고 전제한 후, 회사의 대표이사가 신주발행에 있어서 일반 주주들의 주식 가치를 감소시키는 행위를 하였다면 업무상 임무에 위배되는 행위를 한 것으로 볼 수 있다고 판단하고, 한편 피고인들의 공소사실 기재와 같은 가장납입의 업무상 배임행위로 인한 다른 주주들의 손해는 가장납입에 의한 유상증자에 따라 각각의 소유주식 비율이 감소된 가치 및 침탈당한 신주인수권의 가치에 한정되어야 할 것이므로 다른 주주들의 손해를 각 신주발행 가액의 합계인 25억 원 혹은 40억 원이라고 평가할 수는 없고, 각 침해된 주주들 각자에 대하여 개별적인 배임죄가 성립될 뿐이지 각각의 주주들 손해를 모두 합산하여 포괄하여 일죄가 된다고 볼 수는 없으며, 위와 같은 각 주주들의 재산상 손해는 구체적으로 산정할 수 없는 경우에 해당하므로 재산상 이득액을 기준으로 가중 처벌하는 특정경제범죄가중처벌등에관한법률 위반(배임)죄로 의율할 수는 없다고 하여, 위 공소사실에 대하여 특경법위반(배임)죄로 의율한 제1심판결을 직권파기하고 업무상배임죄의 유죄를 인정하였다. ② 그러나 위와 같은 원심의 판단은 수긍할 수 없다. 신주발행은 주식회사의 자본조달을 목적으로 하는 것으로서 신주발행과 관련한 대표이사의 업무는 회사의 사무일 뿐이므로 신주발행에 있어서 대표이사가 납입된 주금을 회사를 위하여 사용하도록 관리·보관하는 업무 역시 회사에 대한 선관주의의무 내지 충실의무에 기한 것으로서 회사의 사무에 속하는 것이다. 신주발행에 있어서 대표이사가 일반 주주들에 대하여 그들의 신주인수권과 기존 주식의 가치를 보존하는 임무를 대행한다거나 주주의 재산보전 행위에 협력하는 자로서 타인의 사무를 처리하는 자의 지위에 있다고는 볼 수 없을 뿐만 아니라, 납입을 가장하는 방법에 의하여 주금이 납입된 경우 회사의 재산에 대한 지분가치로서의 기존 주식의 가치가 감소하게 될 수는 있으나, 이는 가장납입에 의하여 회사의 실질적 자본의 감소가 초래됨에 따른 것으로서 업무상배임죄에서의 재산상 손해에 해당된다고 보기도 어렵다. 따라서 신주발행에 있어서 대표이사가 납입의 이행을 가장한 경우에는 상법 제628조 제1항에 의한 가장납입죄가 성립하는 이외에 따로 기존 주주에 대한 업무상배임죄를 구성한다고 할 수 없다.

# 제4절 1인 회사

## 1. 주식회사와 유한회사의 1인회사 허용

### 가. 1인회사 존립의 형식적 근거

- 성립요건: 회사 설립시 2인 이상 사원이 정관을 작성하도록 하는 합명회사와는 달리 주식회사/유한회사/유한책임회사에서는 사원 수의 요건을 두지 않는다(§§288, 543, 287의2 cf. §§178, 268).
- 존속요건: 해산사유에서 인적회사와는 달리 '사원이 1인으로 된 때'가 제외되고 있다(§§517, 609, 287의38 cf. §§227, 269).

### 나. 회사의 사단성 개념의 폐지

- 문제점: 종전에는 회사가 '사단(社團)'으로 정의되었으나, 2011년 개정에서 이를 삭제하여 1인회사의 사단성 문제는 해결되었다. 그러나 사원이 1인뿐인 회사는 사실상 개인상인이면서도 별개의 법인격을 통해 유한책임을 향유하는 결과가 된다는 점이 문제로 지적될 수 있다.
- 1인회사 허용의 논리: ① 주식회사의 사원 자격을 표창하는 주식은 양도성이 보장되고 있으므로 손쉽게 복수의 사원이 확보될 수 있다. ② 기업 유지의 상법 이념에 비추어볼 때 언제든지 사원이 복수가 될 수 있는 1인회사를 해체할 이유가 없다.

## 2. 1인회사의 법률관계

### 가. 주주총회의 소집과 운영

#### (1) 주요 판례

- [적법한 소집절차 없이 이루어진 전원출석총회의 유효성] 대법원 92다48727 판결: 임시주주총회가 법령 및 정관상 요구되는 이사회의 결의 없이 또한 그 소집절차를 생략하고 이루어졌다고 하더라도, 주주의 의결권을 적법하게 위임받은 수임인과 다른 주주 전원이 참석하여 총회를 개최하는 데 동의하

고 아무런 이의 없이 만장일치로 결의가 이루어졌다면 이는 다른 특별한 사정이 없는 한 유효한 것이다.

■ [1인회사에서 주주총회 결의 없이 작성된 의사록의 유효성] 대법원 93다8702 판결(기초사실: 피고 D주식회사는 A와 대표이사 P가 주주로 되어있지만 실질적으로는 A가 모든 주식을 소유하고 P는 명의대여자임. 이사 전원과 B가 참석한 자리에서 P가 사임하고 B를 새로운 이사로, A를 대표이사로 선임하기로 구두 합의함. 같은 내용의 이사회 회의록과 주주총회 회의록을 작성하여 대표이사 변경등기를 마침. P의 주주총회결의무효확인의 소 제기): ① 원심판결의 판시이유를 기록에 의하여 살펴본바, 원심이 피고 회사는 실질적으로 소외 A가 그 주식 전부를 소유하고 있는 이른바 1인회사이고, 원고는 단지 그 주주명의의 수탁자에 불과하다고 인정한 원심의 조치를 수긍할 수 있다. ② 주식회사에 있어서 회사 발행의 총 주식을 한사람이 소유하고 있는 1인회사의 경우에는 그 주주가 유일한 주주로서 주주총회에 출석하면 전원총회로서 성립하고, 그 주주의 의사대로 결의될 것임이 명백하므로 따로이 총회소집절차가 필요 없다 할 것이고, 실제로 총회를 개최한 사실이 없다 하더라도 그 1인주주에 의하여 의결이 있었던 것으로 주주총회 의사록이 작성되었다면 특별한 사정이 없는 한 그 내용의 결의가 있었던 것으로 볼 수 있어 형식적인 사유에 의하여 결의가 없었던 것으로 다툴 수는 없다 할 것이다. 원심이 이와 같은 취지에서 피고 회사는 실질적인 1인회사로서 그 단독주주인 A의 의사가 바로 주주총회의 결의라고 할 것이므로, 실제로 주주총회가 적법한 소집절차를 거쳐 개최된 바 없다 하더라도, A의 의사에 기하여 소외 B를 피고 회사의 이사로 선임하기로 결의하였다는 내용의 주주총회 의사록이 작성된 이상 위 결의 자체가 존재하지 않는 경우에 해당한다고 볼 수 없다고 판단한 조치도 역시 옳다. ③ 또한 피고 회사의 이사회가 실제로 적법한 소집절차를 거쳐 개최된 바 없음은 소론과 같으나, 그 전날 원고를 포함한 피고 회사의 이사들 전원과 B가 함께 참석한 자리에서 원고가 대표이사 겸 이사직을 사임하고 위 B를 후임이사로 선임하며 A를 후임 대표이사로 선임하기로 하는 내용의 구두 합의가 이루어지고, 이에 따라 위 A를 대표이사로 선임결의하였다는 취지의 위 이사회 회의록을 작성하여 이로써 법인변경등기를 마쳤다는 것인바,

사실이 그러하다면, 비록 피고 회사의 이사회가 법령이나 정관의 정한 바에 따라 소집절차를 거쳐 개최되지는 아니하였다 하더라도 위 합의사항은 다른 특별한 사정이 없는 한 피고 회사의 이사회의 결의로 유효하게 성립된 것으로 보아야 마땅할 것이다.

■ [실질적인 1인회사의 경우 의사록도 작성되지 않았지만 실질적 1인주주의 업무 관행에 의해 결의가 성립한 것으로 본 사례] 대법원 2004다25123 판결 (기초사실: Y주식회사는 Z주식회사가 98%의 주식을, 미국의 법인주주 1인이 2%의 주식을 소유하고 있으며, Z회사는 A와 그 자녀들이 경영하는 가족회사임. Y회사는 정관의 규정에 따른 주주총회의 소집 · 의결은 하지 아니하여 왔고, 다만 주주총회의 결의가 필요한 중요 업무사항에 대하여는 그 의안에 관한 품의서 등 서면을 작성하여 A의 결재를 받는 방식으로 주주총회의 결의에 갈음하여 왔음. A의 자녀와 처 등으로 구성된 Y회사의 이사회는 대표이사 X를 임기 3년이 지나기 전에 대표직에서 해임하고 비상근이사로 하기로 결의함. 정관에 의하면 이사의 퇴직금은 별도로 정하는 '임원퇴직금지급규정'에 의한다고 규정되어 있었지만 X가 작성한 '퇴직금규정'은 A가 결재 · 승인하지 않았음. 다만 상근 임원이 비상근 임원으로 변경되었을 때 위 퇴직금규정에 따른 퇴직금을 A의 결재를 받아 4명에게 지급한 바가 있음. X의 퇴직금 및 손해배상 청구): ① 이사에 대한 퇴직위로금은 그 직에서 퇴임한 자에 대하여 그 재직 중 직무집행의 대가로 지급되는 보수의 일종으로서 상법 제388조("이사의 보수는 정관에 그 액을 정하지 아니한 때에는 주주총회의 결의로 이를 정한다")에 규정된 보수에 포함되고… 그 금액 · 지급방법 · 지급시기 등에 관한 주주총회의 결의가 있었음을 인정할 증거가 없는 한 이사의 보수나 퇴직금청구권을 행사할 수 없다. ② 이른바 1인회사의 경우에는 그 주주가 유일한 주주로서 주주총회에 출석하면 전원 총회로서 성립하고 그 주주의 의사대로 결의가 될 것임이 명백하므로 따로 총회소집절차가 필요 없고, 실제로 총회를 개최한 사실이 없었다 하더라도 그 1인 주주에 의하여 의결이 있었던 것으로 주주총회의사록이 작성되었다면 특별한 사정이 없는 한 그 내용의 결의가 있었던 것으로 볼 수 있고, ③ 이는 실질적으로 1인회사인 주식회사의 주주총회의 경우도 마찬가지이며, ④ 그 주주총회의사록이 작성되지 아니한 경우라도 증거에 의하

여 주주총회 결의가 있었던 것으로 볼 수 있다. ⑤ 임원퇴직금지급규정에 관하여 주주총회 결의가 있거나 주주총회의사록이 작성된 적은 없으나 위 규정에 따른 퇴직금이 사실상 1인회사의 실질적 1인 주주의 결재·승인을 거쳐 관행적으로 지급되었다면 위 규정에 대하여 주주총회의 결의가 있었던 것으로 볼 수 있다. ⑥ 주식회사의 이사는 주주총회가 선임·해임하고 회사의 의사결정기관의 하나인 이사회의 구성원으로서 3년을 초과하지 아니하는 임기를 정할 수 있지만, 대표이사는 이사회가 이사 중에서 선정·해임하는 것이 원칙이고 회사의 업무를 집행하고 회사를 대표하는 기관으로서 통상 별도의 임기를 정하지 아니하는 점에서 이사와 대표이사는 그 지위와 성질, 권한이 다르다고 할 것이고, 더구나 대표이사는 이사회의 경영판단 등에 따라 언제든지 해임할 수 있다고 할 것이므로 주주총회의 이사 해임과 이사회의 대표이사 해임이 유사한 사실이라고 할 수 없다. 그리고 상법 제385조 제1항은 주주총회의 특별결의에 의하여 언제든지 이사를 해임할 수 있게 하는 한편, 임기가 정하여진 이사가 그 임기 전에 정당한 이유 없이 해임당한 경우에는 회사에 대하여 손해배상을 청구할 수 있게 함으로써 주주의 회사에 대한 지배권 확보와 경영자 지위의 안정이라는 주주와 이사의 이익을 조화시키려는 규정이고, 이사의 보수청구권을 보장하는 것을 주된 목적으로 하는 규정이라 할 수 없으므로, 이를 이사회가 대표이사를 해임한 경우에도 유추 적용할 것은 아니고, 원고가 대표이사 지위의 해임으로 무보수, 비상근의 이사로 되었다고 하여 달리 볼 것도 아니다.

■ [2%의 주식이 분산된 경우 1인회사임이 증명되지 않았다는 사례] 대법원 2005다73020 판결 (기초사실: D1 주식회사는 자회사인 D2 회사의 주식 98%를 소유하고, 나머지는 소외 3인이 각각 1%, 0.8%, 0.2%를 보유함. D1 회사가 부도 위기에 처하자 구속중이던 지배주주이자 대표이사였던 A는 처인 P 등 특수관계인과 협의하여 보유한 D1 회사의 주식을 매각하여 경영자금으로 사용하되 그 형식은 매각대금을 D2 회사에 대여하고 D2 회사가 다시 D1에 대여하는 방식을 취하였음. P의 몫 1억 원에 대해서는 D2 회사가 자기 회사의 주식으로 그 액면가 5,000원을 기준으로 전환할 수 있는 권리를 부여하기로 약정하였음. 당시 D2 회사의 정관에는 전환사채의 제3

자 발행에 관한 규정이 없었으며, 이후 P가 전환을 청구하자 회사는 거절하였음. 그러던 중 D1 회사는 D 회사로 상호를 변경한 뒤 D2 회사를 흡수합병하였고, 합병기준가로 D2 회사의 주식 1주를 234,788원으로 정하였음. P는 전환거절에 따른 손해배상을 청구하였고, D는 1억 원 및 이자만을 공탁하였음): ① 주식의 소유가 실질적으로 분산되어 있는 경우에는 상법상의 원칙으로 돌아가 실제의 소집절차와 결의절차를 거치지 아니한 채 주주총회의 결의가 있었던 것처럼 주주총회 의사록을 허위로 작성한 것이라면 설사 1인이 총 주식의 대다수를 가지고 있고 그 지배주주에 의하여 의결이 있었던 것으로 주주총회 의사록이 작성되어 있다 하더라도 도저히 그 결의가 존재한다고 볼 수 없을 정도로 중대한 하자가 있는 때에 해당하여 그 주주총회의 결의는 부존재하다고 보아야 한다. D1 주식회사가 D2 회사 주식의 98%를 소유하고 있다고 하여도 D1 회사는 1인 회사가 아니라고 보고, 나아가 이 사건 정관변경 결의 당시 실제의 소집절차와 결의절차를 거치지 아니한 채 주주총회의 결의가 있었던 것처럼 주주총회 의사록을 허위로 작성한 것인 이상 그 결의가 존재한다고 볼 수 없을 정도로 중대한 하자가 있는 때에 해당하여 그 주주총회의 결의는 무효 내지 부존재하다고 한 원심의 판단은 정당하고, 거기에 상고이유의 주장과 같은 1인 회사에 있어서 주주총회결의의 방법 및 효력에 관한 법리오해 등의 위법이 없다(기록에 비추어 살펴보더라도, 이 사건 정관변경결의 당시 소외 D2 회사의 나머지 200주의 실질 주주가 D2 회사이었다는 점을 알아볼 수 있는 자료는 없다). ② 주식회사가 타인으로부터 돈을 빌리는 소비대차계약을 체결하면서 "채권자는 만기까지 대여금액의 일부 또는 전부를 회사 주식으로 액면가에 따라 언제든지 전환할 수 있는 권한을 갖는다"는 내용의 계약조항을 둔 경우, 달리 특별한 사정이 없는 한 이는 전환의 청구를 한 때에 그 효력이 생기는 형성권으로서의 전환권을 부여하는 조항이라고 보아야 하는바, 신주의 발행과 관련하여 특별법에서 달리 정한 경우를 제외하고 신주의 발행은 상법이 정하는 방법 및 절차에 의하여만 가능하다는 점에 비추어 볼 때, 위와 같은 전환권 부여조항은 상법이 정한 방법과 절차에 의하지 아니한 신주발행 내지는 주식으로의 전환을 예정하는 것이어서 효력이 없다.

(2) 참고

■ 이사회의 주주총회 소집결정권 침해에 대한 비판적 견해: 주주에 대한 통지절차는 주주의 이익을 보장하기 위한 것이지만, 이사회의 소집결정권은 기관의 분화 원리에 따른 것이므로, 1인회사라고 하여도 이를 침해하는 경우에는 흠이 치유되지 않는다고 해야 한다(주주의 이해와 이사회가 대표하는 회사의 이해는 일치하지 않는다).[34]

■ 2009년 개정상법은 자본금이 10억원 미만인 주식회사의 서면결의를 허용하였다(§363).

cf. 유한회사: 총사원의 동의에 의한 사원총회 소집절차의 생략 허용 (§573)

**제363조 (소집의 통지, 공고)**

⑤ 자본금 총액이 10억원 미만인 회사는 주주 전원의 동의가 있을 경우에는 소집절차 없이 주주총회를 개최할 수 있고, 서면에 의한 결의로써 주주총회의 결의를 갈음할 수 있다. 결의의 목적사항에 대하여 주주 전원이 서면으로 동의를 한 때에는 서면에 의한 결의가 있는 것으로 본다.

⑥ 제5항의 서면에 의한 결의는 주주총회의 결의와 같은 효력이 있다.

### 나. 자기거래에 대한 이사회 승인 (§398)

**제398조(이사 등과 회사 간의 거래)** 다음 각 호의 어느 하나에 해당하는 자가 자기 또는 제3자의 계산으로 회사와 거래를 하기 위하여는 미리 이사회에서 해당 거래에 관한 중요사실을 밝히고 이사회의 승인을 받아야 한다. 이 경우 이사회의 승인은 이사 3분의 2 이상의 수로써 하여야 하고, 그 거래의 내용과 절차는 공정하여야 한다.

1. 이사 또는 제542조의8제2항제6호에 따른 주요주주 (※ 누구의 명의로 하든지 자기의 계산으로 의결권 없는 주식을 제외한 발행주식총수의 100분의 10 이상의 주식을 소유하거나 이사 · 집행임원 · 감사의 선임과 해임 등 상장회사의 주요 경영사항에 대하여 사실상의 영향력을 행사하는 주주)
2. 제1호의 자의 배우자 및 직계존비속
3. 제1호의 자의 배우자의 직계존비속
4. 제1호부터 제3호까지의 자가 단독 또는 공동으로 의결권 있는 발행주식 총수의 100분의 50 이상을 가진 회사 및 그 자회사
5. 제1호부터 제3호까지의 자가 제4호의 회사와 합하여 의결권 있는 발행주식총수의 100분의 50 이상을 가진 회사

(1) 1인 주주인 이사의 자기거래와 이사회 승인의 요부

■ 승인 필요설[35]: 회사 재산은 채권자에 대한 책임재산이므로, 채권자와 주

34) 이철송, 501-503면.

주 간에 이해가 상충된다.

- 승인 불요설[36]: 이사는 결국 주주의 대리인이다.

(2) 판례

- [이사회 승인 없는 1인 주주인 이사의 자기거래의 유효성] 대법원 2002다20544 판결 (기초사실: Y 주식회사가 회사 주식 전부를 소유하고 있는 대표이사 A의 X에 대한 채무를 인수함. X의 Y 회사에 대한 대여금 청구): 회사의 채무부담행위가 상법 제398조 소정의 이사의 자기거래에 해당하여 이사회의 승인을 요한다고 할지라도, 위 규정의 취지가 회사 및 주주에게 예기치 못한 손해를 끼치는 것을 방지함에 있다고 할 것이므로, 그 채무부담행위에 대하여 사전에 주주 전원의 동의가 있었다면 회사는 이사회의 승인이 없었음을 이유로 그 책임을 회피할 수 없다 (대법원 1992. 3. 31. 선고 91다16310 판결 참조). 원심판결 이유에 의하면, 원심은 피고 회사의 대표이사인 A가 자신의 개인채무를 Y 회사로 하여금 인수하도록 하였더라도 이는 이사의 자기거래에 해당하는데 이사회의 승인이 없어서 무효라는 Y의 주장에 대하여 그 판시 증거들에 의하여 Y 회사의 주식이 설립자로서 회사의 경영을 전적으로 책임지고 있는 대표이사이자 주주인 A 1인에게 사실상 전부 귀속되어 있다고 인정한 다음 A 1인이 동의한 것으로 주주 전원의 동의가 있었다고 볼 수 있으므로 Y 회사가 이사회의 승인이 없었음을 이유로 그 책임을 회피할 수 없다고 하여 Y의 위 주장을 배척하고 있다. 위와 같은 법리와 기록에 비추어 살펴보면, 원심의 위와 같은 인정 및 판단은 수긍이 되고, 거기에 상고이유에서 주장하는 바와 같이 사실을 오인하거나 1인회사에 관한 법리를 오해한 위법이 있다 할 수 없다.

다. 기타

- [1인회사와 배임죄] 대법원 83도2330 전원합의체 판결: ① 원심판결 이유 기재에 의하면, 이 사건 공소사실 중 업무상 배임부분에 관하여 원심은 1인 주주회사의 경우에 있어서 주식회사의 재산권은 실질적인 의미에 있어서는 결국 주주의 소유인만큼 주식회사의 손해는 바로 그 주주의 손해라 할

---

35) 이철송, 745면; 정찬형, 622면.

36) 최준선, 473면.

것이므로 그가 회사의 돈을 소비하였다고 하더라도 그 회사에 손해를 가하려는 의사 즉 범의가 없다고 할 것인바 공소외 1주식회사는 피고인과 공소외 2가 그 주식을 실질적으로 소유하고 있고 피고인과 공소외 2가 합의하여 위 회사소유의 돈을 개인채무의 변제에 사용한 사실이 여러 증거에 의하여 인정되므로 제1심이 이와 같은 취지에서 피고인에 대하여 무죄를 선고한 것은 정당한 것이라고 판시하였다. ② 배임의 죄는 타인의 사무를 처리하는 사람이 그 임무에 위배하는 행위로써 재산상의 이익을 취득하거나 제3자로 하여금 취득하게 하여 본인에게 손해를 가함으로써 성립하여 그 행위의 주체는 타인을 위하여 사무를 처리하는 자이며 그의 임무위반 행위로써 그 타인인 본인에게 재산상의 손해를 발생케 하였을 때 이 죄가 성립되는 것인 즉 주식회사의 주식이 사실상 1인 주주에 귀속하는 소위 1인 회사에 있어서도 행위의 주체와 그 본인은 분명히 별개의 인격이며 그 본인인 주식회사에 재산상 손해가 발생하였을 때 배임의 죄는 기수가 되는 것이므로 궁극적으로 그 손해가 주주의 손해가 된다고 하더라도(또 주식회사의 손해가 항시 주주의 손해와 일치한다고 할 수도 없다) 이미 성립한 죄에는 아무 소장이 없다고 할 것이며 한편 우리 형법은 배임죄에 있어 자기 또는 제3자의 이익을 도모하고 또 본인에게 손해를 가하려는 목적을 그 구성요건으로 규정하고 있지 않으므로 배임죄의 범의는 자기의 행위가 그 임무에 위배한다는 인식으로 족하고 본인에게 손해를 가하려는 의사는 이를 필요로 하지 않는다고 풀이할 것이다. 이와 그 견해를 달리하는 당원의 1974.4.23. 선고 73도2611 판결; 1976.5.11. 선고 75도823 판결 등의 판례는 이를 폐기하는 바이다. ③ 따라서 1인 회사의 경우 그 회사의 손해는 바로 그 1인 주주의 손해에 돌아간다는 전제아래 임무위반행위로써 회사에 손해를 가하였다고 하더라도 손해를 가하려는 의사 즉 범의가 없다고 무죄를 선고한 원심조치는 필경 행위의 주체와 본인을 혼동하였을 뿐만 아니라 법률상 권리, 의무의 주체로써의 법인격을 갖춘 주식회사와 이윤귀속 주체로써의 주주와를 동일시하고 업무상배임죄의 기수시기와 그 구성요건을 그릇 파악함으로써 업무상 배임죄의 법리를 오해한 잘못을 저질렀다고 할 것이다.

■ [1인사원의 양해와 배임죄의 성립] 대법원 2008도6335 판결: 유한회사와 그 사

원은 별개의 법인격을 가진 존재로서 동일인이라 할 수 없고 유한회사의 손해가 항상 사원의 손해와 일치한다고 할 수도 없으므로, 1인 사원이나 대지분을 가진 사원도 본인인 유한회사에 손해를 가하는 임무위배행위를 한 경우에는 배임죄의 죄책을 진다. 따라서 회사의 임원이 임무에 위배되는 행위로 재산상 이익을 취득하거나 제3자로 하여금 이를 취득하게 하여 회사에 손해를 가한 경우, 임무위배행위에 대하여 사실상 1인 사원이나 대지분을 가진 사원의 양해를 얻었다고 하더라도 배임죄의 성립에는 지장이 없다.

# 제5절 회사의 법인성과 법인격부인론

## 1. 비교법적 검토

가. 의의: 미국의 Piercing the Corporate Veil; Disregard of the Corporate Entity

- 주식회사가 주주와는 별개의 독립된 법인격을 갖는다는 점을 남용하여 "공익을 해하거나, 위법을 정당화하거나, 사기/범죄를 비호하는 경우(to defect public convenience, justify wrong, protect fraud or defend crime: Sanborn. J. in United States v. Milaukee Refrigerator Transit Co. (1905) 142 F. 247)", 당해 법률관계에서 회사의 법인격을 부인하여 배후의 실체인 주주 개인의 책임을 추궁함으로써 사기를 방지하고 형평법상의 구제를 도모하는 법리
- 이론적 근거: 회사가 주주의 대리인이나 도구로 이용되었다(agency theory: 대리이론, instrumentality theory: 도구이론), 회사가 주주의 분신이 되었다(alter ego theory: 분신이론)
- 19C 후반부터 판례이론으로 발전하였다.
  - First Natl. Bank of Chicago v. F. C. Trebin Co. (1898), 59 Ohio St. 316: 거액의 채무를 진 Trebin이 전 재산을 출연하여 가족회사를 설립한 사례에서 회사의 책임을 인정함

※ 박동선 사건: 박동선 개인의 450만불 탈세 혐의로 박이 설립한 로비회사인 Pacific Development, Inc.의 자산을 IRS가 압류한 사례(629 F.2d 162)

- 계약책임뿐만 아니라 불법행위책임에도 적용되며, 주주의 개인 책임을 회사가 부담하도록 하는 역적용 사례도 있다.

### 나. 주요 요건

- complete domination: 집중적 주식소유, 회사 운영의 완전한 지배
- commingling: 개인 업무와 회사 업무, 개인 재산과 회사 재산의 혼융
- 기타: under-capitalization, fraud and wrongdoing

### 다. 기타

(1) enterprise liability doctrine

- 하나의 사업을 수행하는 인위적으로 독립된 복수 회사들의 독립성을 부인하는 이론
- 뉴욕의 택시회사 사례 (Walkovszky v. Carlton, Court of Appeals of New York, 223 N.E. 2d 6 (NY 1966): 1-2대의 택시를 지닌 다수의 회사로 분할하고 각 회사는 책임보험을 법정 최소한도액(1만 불)만 가입한 채로 영업함. 법인격을 부인한 하급심 판결을 파기하였다.

(2) 불법행위 책임에 적용된 사례

- Minton v. Cavaney, 56 Cal. 2d 576 (1961): 원고의 딸이 풀장에서 익사하였고, 기록 보관 및 우편물 수령장소로 사무실을 제공한 고문변호사이자 임원/이사인 피고를 상대로 한 손해배상청구소송에서 피고의 배상책임을 인정함. "The equitable owners of a corporation are personally liable when they provide inadequate capitalization and actively participate in the conduct of corporate affairs."

### 라. 독일 및 일본의 경우

(1) 독일의 Durchgriffslehre

- Tivoli 극장사건 (RG 22. 10. 1934): 유한회사의 지분을 단독 소유한 사원이 개인 소유 건물을 회사에 임대하였고, 회사가 이 건물을 극장으로 운영

하던 중 화재가 발생함. 회사의 불법행위에 대하여 단독 사원인 이사 개인의 손해배상책임을 인정하였음

(2) 일본

- 최고재판소, 1969. 2. 27. 판결: 회사가 임차한 점포 건물을 소유주에게 명도하기로 하는 재판상 화해가 대표이사인 1인주주의 개인 명의로 성립하였지만, 1인주주 개인 명의의 행위를 회사의 행위로 해석하여 소유주는 점포의 명도를 거절하는 회사에 대해 이 화해에 근거하여 명도 청구를 할 수 있다고 한 사례 ("법인격이 완전히 형해에 불과한 경우, 또는 법률의 적용을 회피하기 위해 법인격이 남용되는 경우"에 법인격을 부인할 필요가 있다)

## 2. 우리나라 판례의 법인격부인론 수용

### 가. 하급심 선례: 서울고법 72나2582 판결(1974년)의 법인격 형해론

- 법률사무소 사무실을 이용한 저자본 가족회사의 어음 부도에 대한 주주의 책임을 인정함.
- 상고심의 파기환송 (대법원 74다954 판결): ① 원심은 피고가 그 대표이사로 된 소외 태원주식회사에 관하여 원심이 증거에 의하여 인정한 원판시와 같은 여러 가지 사실을 종합한 끝에 위 소외 회사는 회사의 운영이나 기본재산의 처분에 있어서 주식회사 운영에 관한 법적절차 예컨대 주주총회 이사회의 결의 감사권의 발동 기타 절차는 거의 무시되고 대표이사인 피고의 단독재산 단독기업의 운영과 같이 운영되고 다만 외형상 회사형태를 유지하기 위하여 최소한의 극히 불실한 회사 명목을 유지하였음에 불과하였다고 판시하고 이러한 소외 회사는 형해(형해)에 불과한 법인이고 그 배후에 실존하는 기업주는 피고자신이므로 위 회사는 법인격을 부인받아야 할 것이며 따라서 본건 회사의 채무는 피고가 단독으로 부담하거나 또는 위 회사와 공동으로 부담하거나 하는 것이 타당하다고 설시하고 있다 ② 살피건대 이는 원심이 강학상 이른바 "법인형해론(법인형해론)"을 채용하여 입론한 것인 바 그 형해론을 채용함이 가한가 여부의 문제에 들어가기 전에 우선 본건 소외 태원주식회사의 실태가 원심의 이른바 형해

(형해)에 불과한 지경에 이르렀는가 여부를 기록에 의하여 살펴보기로 한다.… 회사의 발기 설립총회와 주주총회 및 임시주주총회의 개최와 때로는 가족회의형식으로 주주전원의 합의결의가 성립되어 회사운영을 하여 왔다는 각 진술기재부분… 회사의 운영권을 원고와 소외 박을상 양학에게 일시 위임하였다가 해제한 점(원심은 이점을 위 회사의 형해성을 뒷받침하는 한 자료로 들고 있으나 당원은 이점을 피고가 위 회사의 운영을 혼자서만 자의로 한 것이 아님을 보여주는 자료로 본다)을 아울러보면 피고가 위 회사의 대표이사로서 원판시와 같이 위법부당한 절차에 의하여 회사 운영상 필요로 하는 주주총회 등의 절차를 무시하고 등한히 하였다고 인정하기 어렵고 더구나 1인주주인 소위 1인회사도 해산사유로 보지 않고 존속한다는 것이 당원판례의 태도이고 보면 원심이 위 소외회사를 "형해"에 불과하다고 인정한 것은 잘못이고 판결에 영향을 미친 것이라 아니할 수 없다. (파기환송)

### 나. 편의치적(flag of convenience) 사례와 복수의 회사 간의 독립성 부인 (제3자 이의의 소)

- 대법원 87다카1671 판결(1988) (기초사실: 홍콩인 두 형제가 리베리아에 paper company A, B 회사를 설립하고 홍콩에 C 회사를 설립하였지만, 3개의 회사는 대표자/주소/전화번호 등이 사실상 동일함. A 명의로 선박을 취득한 후 A → B → C로 선박 운행을 위임하는 선박관리계약 및 선박관리복대리계약을 체결하여 C가 선박을 운행하였고, 현대미포조선(D)에서 C 명의로 선박을 수리함. D가 선박수리비를 확보하기 위해 선박에 권리를 행사하자 A가 제3자이의의 소를 제기함): ① 국제외항해운에 종사하는 선박소유자나 기업은 자신이 소속된 국가 또는 실제로 선박의 운항에 관하여 기업의 중추가 되는 회사가 소지하는 국가와는 별도의 국가인 파나마, 리베리아 등에 해운기업상 편의를 위하여 형식적으로 개인명의 또는 회사를 설립하여 그 명의로 선박의 적을 두고(이른바 편의치적.) 그 나라의 국기를 게양하여 항해하며 실제소유자는 이와는 별도의 명의로 위 이름뿐인 회사 등과 관리계약을 체결하여 마치 선박관리만을 담당하는 기업인 것처럼 행세함으로써 선박소유자가 자국과 선적국과의 사이에 발생하

는 재무·노무·금융 등 각 부문의 수준차를 이용하고 기타 사회제조건의 차이 및 행정상의 법령·규칙·단속감독의 정도차를 이용하여 자유롭게 해운기업을 경영하는 방편으로 이용하는 경우가 많으며 피고 회사들 뿐 아니라 다른 수리조선소나 기타 선박관련 사업자들도 편의치적선의 경우 형식상의 소유자를 따지지 않고 실제의 소유자인 관리회사와 모든 계약을 체결하고 대금을 받는 것이 통례로 되어 있는 사실을 인정하고 있는바 원심이 위 사실을 인정함에 있어 거친 증거의 취사과정을 기록에 비추어 살펴보아도 정당하고 거기에 소론이 지적하는 채증법칙이나 이유모순의 위법이 있다 할 수 없다. 사실관계가 원심이 확정한 바와 같다면 A, B, C는 외형상 별개의 회사로 되어 있으나 A, B는 이건 선박의 실제상 소유자인 C가 편의치적을 위하여 설립한 회사들로서 실제로는 사무실과 경영진 등이 동일하므로 이러한 지위에 있는 A가 법률의 적용을 회피하기 위하여 별개의 법인격을 가지는 회사라는 주장을 내세우는 것은 신의성실의 원칙에 위반하거나 법인격을 남용하는 것으로서 허용되어서는 아니된다 할 것이다. ② 원심이 위와 같은 취지에서 편의치적을 위하여 설립된 회사에 불과한 A가 이 건 선박의 소유자라고 주장하여 이 건 가압류집행의 불허를 구하는 것은 선박의 편의치적이라는 일종의 편법행위가 용인되는 한계를 넘어서 채무면탈이라는 불법목적을 달성하려고 함에 지나지 아니하여 신의칙상 허용될 수 없다고 판단하였음은 정당하고 거기에 소론과 같은 판단유탈의 위법이 있음을 찾아볼 수 없다.

- 편의치적과 관련한 동일한 취지의 판결: 대법원 89다카678 판결(1989)

### 다. 본안소송의 법인격부인론 적용

- 대법원 97다21604 판결(2001): (기초사실: 주주 A가 지배하는 Y 주식회사가 오피스텔을 신축 분양한 후 공사대금을 지급하지 못하여 공사가 중단되자 수분양자가 계약을 해제하고 A와 Y회사를 공동피고로 하여 분양대금의 반환을 구함) ① 회사는 그 구성원인 사원과는 별개의 법인격을 가지는 것이고, 이는 이른바 1인 회사라 하여도 마찬가지이다. 그러나 회사가 외형상으로는 법인의 형식을 갖추고 있으나 이는 법인의 형태를 빌리고 있는 것에 지나지 아니하고 그 실질에 있어서는 완전히 그 법인격의 배후

에 있는 타인의 개인기업에 불과하거나 그것이 배후자에 대한 법률적용을 회피하기 위한 수단으로 함부로 쓰여지는 경우에는 비록 외견상으로는 회사의 행위라 할지라도 회사와 그 배후자가 별개의 인격체임을 내세워 회사에게만 그로 인한 법적 효과가 귀속됨을 주장하면서 배후자의 책임을 부정하는 것은 신의성실의 원칙에 위반되는 법인격의 남용으로서 심히 정의와 형평에 반하여 허용될 수 없다 할 것이고, 따라서 회사는 물론 그 배후자인 타인에 대하여도 회사의 행위에 관한 책임을 물을 수 있다고 보아야 할 것이다. ② 기록에 의하면, 피고 A는 종전부터 욱일팔래스유통 주식회사, 전일산업 주식회사 등 여러 회사를 사실상 지배하면서 이들 회사를 내세워 그 회사 명의로 또는 자신의 개인 명의로 빌딩 또는 오피스텔 등의 분양사업을 하여 왔고, 이러한 사업의 일환으로 이 사건 건물의 분양 및 관리를 위하여 1991. 5. 3. 피고 Y회사 전 대표이사인 소외1로부터 피고 회사의 주식을 양수한 다음 자신이 Y회사의 대표이사로 취임한 사실, Y회사 주식은 모두 5,000주인데 현재 외형상 A 등 4인 명의로 분산되어 있으나 실질적으로는 A가 위 주식의 대부분을 소유하고 있고, 주주총회나 이사회의 결의 역시 외관상 회사로서의 명목을 갖추기 위한 것일 뿐 실질적으로는 이러한 법적 절차가 지켜지지 아니한 채 A 개인의 의사대로 회사 운영에 관한 일체의 결정이 이루어져 온 사실, Y회사 사무실은 현재 폐쇄되어 그 곳에 근무하는 직원은 없고, Y회사가 수분양자들로부터 지급받은 분양대금 약 78억 원 중 30억 원 가량은 A가 임의로 자신의 명의로 위 소외1로부터 이 사건 건물의 부지인 이 사건 대지를 매입하는 자금으로 사용하였고 회사채권자들에 의한 강제집행에 대비하여 위 대지에 관하여 제3자 명의로 가등기를 경료하였다가 이를 말소하는 등 피고 Y회사의 재산과 피고 A 개인 재산이 제대로 구분되어 있지도 아니한 사실, Y회사가 시행하는 이 사건 공사는 공사 발주금액만도 166억 원 가량에 이르는 대규모 공사이고 이 사건 건물의 분양대금도 수백억 원에 이르는 데에 반하여 Y회사의 자본금은 5,000만 원에 불과할 뿐만 아니라 이마저도 명목상의 것에 불과하고 위 분양대금으로 매수한 이 사건 대지는 A 개인 명의로 소유권이전등기가 경료되어 있고 나머지 분양대금 역시 그 용도가 명확히 밝혀지지 아니한 채 모두 사용되어 버려 Y회사의 실제 자산은 사실상 전혀 없다시피 한 사실을 인정할 수 있다. ③ 이와 같은 A의 Y회사 주식양수 경위, A의 Y회사에 대한 지배의 형태와 정도, A와 Y회사의 업무와 재산에 있어서의 혼융 정도, Y회사의 업무실태와 지급받은 분양대금의 용도, Y회사의 오피스텔 신축 및 분양사업의 규모와 그 자산 및 지급능력에 관한 상황 등 제반 사정에 비추어 보면 Y회사는 형식상은 주식회사의 형태를 갖추고 있으나 이는 회사의 형식을 빌리고 있는 것에 지나지 아니하고 그 실질은 배후에 있는 A의 개인기업이라 할 것이고 따라서 Y회사가 분양사업자로 내세워져 수분양자들에게 이 사건 건물을 분양하는 형식을 취하였다 할지라도 이는 외형에 불과할 뿐이고 실질적으로는 위 분양사업이 완전히 A의 개인사업과 마찬가지라고 할 것이다. 그런데 A는 아무런 자력이 없는 Y회사가 자기와는 별개의 독립한 법인격을 가지고 있음을 내세워 이 사건 분양사업과 관련한 모든 책임을 Y회사에게만 돌리고 비교적 자력이 있는 자신의 책임을 부정하고 있음이 기록상 명백한 바, 이는 신의성실의 원칙에 위반되는 법인격의 남용으로서 심히 정의와 형평에 반하여 허용될 수 없다 할 것이고, 따라서 피고 Y회사로부터 이 사건 오피스텔을 분양받은 원고로서는 Y회사는 물론 Y회사의 실질적 지배자로서 그 배후에 있는 피고 A에 대하여도 위 분양계약의 해제로 인한 매매대금의 반환을 구할 수 있다 할 것이다.

## 3. 주요 판례

### 가. 채무를 면탈하기 위해 회사를 신설하고 면허를 이전하여 영업을 계속한 사례

- 대법원 2002다66892 판결 (2004): (실내건축공사업자가 채무를 면탈하기 위해 회사를 신설하고 면허를 이전하여 영업을 계속한 사례) ① 원심은 피고 Y회사가 '토탈미디어안건사'로서 소외 W회사인 '안건사'와 상호, 상징, 영업목적, 주소, 해외제휴업체 등이 동일하거나 비슷한 점, W회사와 일부 다른 Y회사의 주요 이사진이나 주주 대부분이 W사의 지배주주로서 대표이사였던 A의 친 · 인척이거나 W사에서 A의 직원이었던 점, Y회사는 대외적으로 영업 등을 하면서 W사와 동일한 회사인 양 홍보하였으며, 위 A와 Y회사의 대표이사인 B도 W사에서의 직책대로 활동한 점, 그에 따라

Y회사가 외부에서 W사와 동일한 회사로 인식된 채로 공사 등을 수주한 점, Y회사 내부적으로도 여전히 A가 회장으로서 역할을 수행하고 있는 것으로 보이는 점, 이 사건 제1심판결로 Y회사가 W사의 채무를 부담하게 되는 상황이 되자 이번에는 A의 아들 등이 주식회사 '뮤텍코리아'를 설립하여 Y회사와 관련된 공사를 수주한 점 등 제반 사정에 비추어 보면, Y회사는 W사에 비해 직원 수 등 그 규모는 줄어들었으나 W사와 실질적으로 동일한 회사로서 W사의 채무를 면탈할 목적으로 W사와 별개의 새로운 회사를 설립하는 형식만 갖춘 것이라 할 것이어서 Y회사가 원고들에 대하여 W사와 별개의 법인격임을 내세워 그 책임을 부정하는 것은 신의성실의 원칙에 반하거나 법인격을 남용하는 것으로서 허용될 수 없다 할 것이므로, 원고들은 W사뿐만 아니라 Y회사에 대하여도 임대차보증금의 지급을 청구할 수 있다고 판단하였다. ② 기존회사가 채무를 면탈할 목적으로 기업의 형태 · 내용이 실질적으로 동일한 신설회사를 설립하였다면, 신설회사의 설립은 기존회사의 채무면탈이라는 위법한 목적달성을 위하여 회사제도를 남용한 것이므로, 기존회사의 채권자에 대하여 위 두 회사가 별개의 법인격을 갖고 있음을 주장하는 것은 신의성실의 원칙상 허용될 수 없다 할 것이어서 기존회사의 채권자는 위 두 회사 어느 쪽에 대하여서도 채무의 이행을 청구할 수 있다.

## 나. 회사 부도 후 부도회사의 자산을 낙찰받아 동일한 영업을 계속한 사례

- 대법원 2006다24438 판결 (2008): (회사 부도 후 영업목적/주소지가 동일한 회사를 설립하고 부도회사의 자산을 낙찰받아 동일한 영업을 계속함) ① 기존회사가 채무를 면탈하기 위하여 기업의 형태 · 내용이 실질적으로 동일한 신설회사를 설립하였다면, 신설회사의 설립은 기존회사의 채무면탈이라는 위법한 목적 달성을 위하여 회사제도를 남용한 것에 해당한다. 이러한 경우에 기존회사의 채권자에 대하여 위 두 회사가 별개의 법인격을 갖고 있음을 주장하는 것은 신의성실의 원칙상 허용될 수 없으므로, 기존회사의 채권자는 위 두 회사 어느 쪽에 대하여서도 채무의 이행을 청구할 수 있다고 할 것인바, 여기에서 기존회사의 채무를 면탈할 의도로 신설회사를 설립한 것인지 여부는 기존회사의 폐업 당시 경영상태나 자산상황,

신설회사의 설립시점, 기존회사에서 신설회사로 유용된 자산의 유무와 그 정도, 기존회사에서 신설회사로 이전된 자산이 있는 경우 그 정당한 대가가 지급되었는지 여부 등 제반 사정을 종합적으로 고려하여 판단하여야 한다. ② 원심판결 이유 및 기록에 의하면, 소외 W 주식회사는 그 대표이사인 소외 A가 사주인 의약품 제조업체로서 이 사건 대출금을 포함하여 다수의 채무를 부담하고 있는 상태에서 1997. 6.경 부도가 난 사실, 피고 Y 주식회사는 2000. 5. 9. W회사와 같은 주소지에서 설립된 회사로서 W회사의 주소지와 영업 목적이 동일하고 임원진과 주주 등이 W회사의 대표이사이던 A의 처 또는 자녀이거나 그의 부하직원인 관계에 있는 사실, Y회사는 위 주소지상에 있는 W사의 부동산과 기계류 등에 관한 수원지방법원 평택지원의 부동산 임의경매절차에서 2000. 12. 8. 위 부동산과 기계류 등을 10억 4,500만 원에 낙찰받아 2001. 11. 20. 그 대금을 완납함으로써 소유권을 취득하였는데 위 낙찰대금 중 579,374,450원은 Y회사가 서울저축은행으로부터 대출받은 금원으로, 258,445,600원은 위 부동산 등에 관하여 근저당권을 설정해 주고 소외 3으로부터 차용한 금원으로 지급한 사실, 또한 Y회사는 2001. 12. 17. W회사와 사이에 W사의 제조시설 및 품질관리시설과 제조에 관한 모든 제법 등 일체, 의약품 제조업 허가증 및 의약품 제조품목허가(신고)증 일체, 등록 및 인·허가 등에 관한 일체의 자료, 권리와 의무를 대금 1억 5천만 원에 양수하기로 하는 양도·양수계약을 체결하고, 위 양도·양수계약을 기초로 식품의약품안전청장으로부터 의약품 제조업 변경허가를 받았는데, 위 대금 중 7,500만 원만을 W사가 의약품제조와 관련하여 부과받았던 과징금을 W사 대신 납부하는 방식으로 지급하고, 나머지 대금은 면제받은 사실, Y회사는 W사의 근로자들을 대부분 그대로 승계하고, 특히 약사 자격이 있는 A를 품질관리자(나중에 제조관리자로 변경등록하였다)로 하여 W회사가 생산하던 것과 동일한 다수의 의약품을 생산하고 있는 사실, 한편 W사의 경리과장으로서 A의 부하직원이었던 소외 4는 별다른 자금력이 없는데도 주도적으로 Y회사를 설립하여 앞서 본 바와 같이 W사 등의 재산을 낙찰받고 그 경영권을 공익근무중인 A의 아들 소외 5에게 모두 넘겨주었는데, 위 부동산 등에 대한 위 낙찰대금 중 은행 대출금을 제외한 나머지 경매비용이나 Y

회사의 법인 설립비용 등 일련의 과정에서 소요된 자금과 관련하여 소외 4의 자금출처가 분명하지 아니하며, 소외 4를 제외한 나머지 주주들은 모두 A의 처 또는 자녀로서 당시 별다른 수입원이 있었다고 보이지 않는 사실을 알 수 있다. ③ 위 사실에 의하면, 이 사건에서 Y회사는 소외 W사와 기업의 형태 · 내용이 같고 모두 소외 A에 의하여 지배되고 있는 회사라고 할 것이지만, 앞서 본 바와 같이 W사의 부동산 등에 대한 낙찰대금 10억 4,500만 원 중 837,820,050원이 Y회사 명의로 대출받거나 차용한 금원으로 지급되었고, 또한 Y회사가 이 사건 의약품 제조 허가권 등과 관련하여 W사에게 7,500만 원을 대금으로 지급한 사실을 알 수 있으므로, 이에 불구하고 Y회사가 W사의 채무를 면탈하기 위하여 신설된 것이라고 인정하려면, 이 사건 의약품 제조 허가권 등에 대한 가액 평가나 대금의 일부 면제가 부당하게 이루어졌거나, 거래처를 비롯한 영업권이 아무런 대가 없이 이전되었거나, 그 밖에 W사의 자산이 Y회사의 설립비용 등의 자금으로 유용되었다는 사실 등 W사의 채권자에게 불리한 결과를 초래하는 채무면탈에 관한 사정이 인정될 수 있어야 한다. ④ 그런데도 원심은 이와 같은 채무면탈에 관한 사정을 충분히 고려하지 아니한 채 원심 판시와 같이 Y회사의 설립비용 등의 자금이 실질적으로 A로부터 나왔다고 보인다는 점 등을 주된 논거로 삼아, W사를 지배하고 있던 A가 다시 그가 지배하는 Y회사를 설립하였다는 사정에 기초하여 A가 W사의 채무를 면탈할 목적으로 Y회사를 설립하였다고 판단하고 말았으니, 이러한 원심판결에는 채무를 면탈할 목적으로 새로운 회사를 설립하는 경우의 법인격 남용에 관한 법리를 오해하여 판결 결과에 영향을 미친 위법이 있다고 할 것이다.

### 다. 모자회사(100% 출자)에서 '법인격 남용'을 요구한 사례: 대법원 2004다26119 판결(2006)

#### (1) 기초사실

- 피고 KT가 필리핀에 100% 자회사인 코리아텔레콤필리핀 주식회사("KTPI")를 설립하고, KTPI가 투자재원을 조달하기 위해 The Chase Manhattan Bank와 체결한 500억 원을 한도로 하는 여신거래약정(Credit Agreement)

에 따른 Chase loan을 보증하는 보증계약(Guarantee Agreement)을 체결함.

- KTPI는 필리핀 통신회사 필리핀텔레그라프앤드텔레폰 주식회사("PT&T")와 마닐라 인근의 통신망확장사업의 공사계약("OSP계약")을 체결한 후, 공사계약 중 통신선로공사 등을 원고인 한국의 X회사 등에 발주함. 이 하도급계약에서 KTPI는 KT의 100% 자회사라는 사실 및 KT로부터 OSP계약과 관련한 권한을 부여받았다는 확인서(다만 KT 측의 일종의 'Letter of Comfort'는 부재)와 Chase loan에 대한 KT의 지급보증 의결서를 제시하였음.

  Letter of Comfort: 발급자의 명예나 신용에 기초한 보증서로, 법적 구속력이 없다. cf. letter of guarantee(보증 효력이 약화된 보증서)
- 1997년경 동남아시아 경제위기로 PT&T가 지불유예를 선언하자 KT는 KTPI에 대해 Chase loan 인출하지 못하도록 하였고, 이 후 KTPI는 원고에 대한 대금지급을 중단함 (이후 미지급대금을 2,100만 달러로 확정하고 200만 달러만 지급함). 원고 X사의 피고 KT에 대한 대금청구
- KTPI의 자본금 규모는 16억 원, OSP계약의 규모는 1,000억 원 이상임.

(2) 주요 판시사항

① KTPI가 KT를 대리하여 계약한 것인가?

- 신용제공을 수반한 국제거래계약에서 계약 당사자인 자회사가 신용도가 높은 모회사의 지분 비율 및 모회사의 계약 체결 승인 사실을 진술하는 조항을 두거나 그러한 내용의 확인서를 작성하여 상대방에게 교부하였더라도 그 자체만으로는 모회사에게 어떠한 의무를 발생시킨다고 볼 수 없고, 별도의 수권서류가 작성·교부되지 아니한 이상 이러한 진술 조항만으로 자회사의 의사가 모회사를 대리하여 계약을 체결하려는 것이었다고 해석할 수 없다.

② KT가 KTPI의 채무를 보증한 것인가?

- 자회사가 금전을 대출받거나 그 밖에 금전지급의무를 부담하는 국제금융거래에 있어, 모회사가 대주(대주)에게 보증의 의사를 추단할 문구가 전혀 없이 단지 모회사가 자회사의 지분을 보유하고 있다는 사실의 확인과 자회사의 계약 체결을 인식 또는 승인하였다는 등의 내용을 담은

서면을 작성·교부한 데 그친 경우, 자회사가 모회사를 대리하여 계약을 체결하였다거나 자회사가 체결한 계약상 채무를 모회사가 보증하였다고 해석할 수 없다.

③ KT는 KTPI에 대한 업무집행지시에 대해 상법 §401 II(업무집행지시자 등의 책임)의 책임을 지는가?

■ 상법 제401조의2 제1항 제1호 소정의 '회사에 대한 자신의 영향력을 이용하여 이사에게 업무집행을 지시한 자'(이하 '업무지시자'라고 한다)에는 자연인뿐만 아니라 법인인 지배회사도 포함되나, 나아가 그에 의하여 부담하는 상법 제401조 소정의 제3자에 대한 책임에서 요구되는 '고의 또는 중대한 과실로 인한 임무해태행위'라 함은 회사의 기관으로서 인정되는 직무상 충실 및 선관의무 위반의 행위로서(예를 들면, 회사의 경영상태로 보아 계약상 채무의 이행기에 이행이 불가능하거나 불가능할 것을 예견할 수 있었음에도 이를 감추고 상대방과 계약을 체결하고 일정한 급부를 미리 받았으나 그 이행불능이 된 경우와 같이) 위법한 사정이 있어야 하고 통상의 거래행위로 인하여 부담하는 회사의 채무를 이행할 능력이 있었음에도 단순히 그 이행을 지체하고 있는 사실로 인하여 상대방에게 손해를 끼치는 사실만으로는 이를 임무를 해태한 위법한 경우라고 할 수는 없다. 기록에 비추어 살펴보면, 피고가 외환위기로 말미암은 PT&T의 지불유예선언 등을 미리 예견하였다는 등의 사정을 인정할 아무런 근거도 찾아볼 수 없는 이 사건에서, 원심이 피고가 KTPI에게 체이스론 인출금지 지시를 한 것이 위법한 업무집행지시라고 볼 수 없다고 판단하여 원고의 주장을 배척한 것은 위와 같은 법리에 따른 것으로서 정당하다.

④ KT는 Chase loan 인출금지 지시를 할 수 있다는 사실을 고지하지 않은 채 지급보증 의결서를 교부하였는데, 이는 지급보증이 있는 것처럼 X를 기망한 불법행위가 되는가? Chase loan 인출금지의 지시로 제3자의 채권침해가 성립하는가?

■ '지급보증 의결서'의 의미가, 그 내용 그대로 '체이스론에 대한 지급보증'일 뿐이며, 그 '교부'의 의미 역시, 단순히 KTPI가 이 사건 통신망확장사업 추진과 관련된 피고 KT의 동의 및 KTPI 자신의 현지 자금조달 능력

을 원고 X에게 확인시켜 주는 의미일 뿐, 원고 주장과 같이 그로써 KT가 이 사건 계약의 당사자나 보증인으로 편입되었다거나, KT가 원고에게 이 사건 계약책임을 지겠다는 의사표시를 한 것으로는 해석되지 아니한다.

- 피고 KT가 KTPI에 대하여 위 체이스론의 인출금지를 지시한 것은, KTPI가 위 체이스론을 인출하여 X에 대하여 이 사건 계약상의 대금을 변제하는 경우, 사후적으로 PT&T로부터 그 대출원리금 상당을 상환받아 위 체이스론을 상환하여야 하나, PT&T의 지불유예선언으로 그 상환이 사실상 어렵게 되어, 결국 위 체이스론의 지급보증인인 KT가 그 책임을 부담할 수밖에 없는 상황으로 귀결되기 때문에, 지급보증인 KT의 입장으로서는 구상권자로서의 이익을 보호하기 위한 자구책으로서 부득이한 선택이었고, 따라서 그와 같은 인출금지 지시행위가 위법하다고 볼 수도 없다.
- KTPI가 X에 대한 채무의 이행을 하지 못한 이유가 여신거래약정에 따른 체이스론을 인출하지 못한 데 있고, 그것은 주로 위 여신거래약정에 관하여 KTPI를 위하여 지급보증을 한 KT가 피보증인인 KTPI에게 추가 인출 중단 요구 내지 지시를 함에 기인한 것이며, KT가 인출 중단을 요구한 이유는 KTPI의 주된 거래처이자 자금원이라 할 수 있는 PT&T의 예기치 못한 지불유예선언으로 말미암아 체이스론을 추가로 인출(대출규모를 확대)할 경우 그 변제 책임이 고스란히 KT에게 귀속될 수밖에 없었던 데에 있다 할 것인바, KTPI가 체이스론을 인출하여 변제할 경우 그 경제적 효과는 대출에 관한 KT의 채무부담으로 피보증인인 KTPI의 계약상 채무를 변제하는 것과 다를 바가 없다 할 것인데, X와 KT 사이에는 아무런 약정이나 교섭도 없었던 이상, KT가 KTPI에 대하여 체이스론의 추가 인출을 중단하라고 요구하였다 하여도, 그로 말미암아 X의 대금채권이 침해되었다고 볼 수는 없을 것이고, 가사 침해되었다 보더라도, 제3자에 의하여 채권이 침해되었다는 사실만으로 바로 불법행위로 되지는 않고, 제3자가 채권자를 해한다는 사정을 알면서도 법규에 위반하거나 선량한 풍속 또는 사회질서에 위반하는 등 위법한 행위를 하였다는 등의 특별한 사정이 있는 경우에 한하여 불법행위가 성립한다

고 할 수 있으며, 채권침해의 위법성은 침해되는 채권의 내용, 침해행위의 태양, 침해자의 고의 내지 해의의 유무 등을 참작하여 구체적, 개별적으로 판단하되, 거래자유 보장의 필요성, 경제·사회정책적 요인을 포함한 공공의 이익, 당사자 사이의 이익균형 등을 종합적으로 고려하여 판단하여야 할 것인바(대법원 2003. 3. 14. 선고 2000다32437 판결 참조), 사정이 위와 같다면 KT가 KTPI에 대하여 인출중단 요구를 한 것이 불법행위에 해당한다고는 볼 수 없을 것이다.

⑤ KT는 채무를 면탈하기 위해 자회사인 KTPI의 법인격을 내세우고 있으므로 법인격 부인의 법리를 적용해야 하는가?

■ 상고이유의 요지는, 다음과 같은 사정들, 즉 피고 KT가 해외법인운영지침에 따라, 해외법인들의 예산편성지침을 작성·통보하는 등 KTPI를 비롯한 해외현지법인의 예산편성에 관여하고, 현지에 파견되는 피고의 직원들은 '재적전출직원'이라 하여 피고의 사규와 복무상의 명령 준수의무를 부과하고 현지에서 사직하는 행위도 금하고 있으며, 실제로 이 사건 계약 당시 KTPI의 이사들 중 다수가 피고의 직원 신분을 유지하고 있었던 점, 그 밖에 원고 등에게 지불하여야 할 금액은 미화 8,700만 불에 이르는 반면, KTPI의 자본금은 약 16억 원에 불과한 점 등에 비추어, KTPI가 그 독자적인 의사 또는 존재의의를 상실할 정도로 KT가 KTPI에 대하여 완전한 지배를 하고 있었다고 보아야 하며, 원고 X에 대한 계약상 채무의 지급보증의 의사로 지급보증 의결서를 교부하고서도 PT&T가 지불유예를 선언하자 KTPI에 대하여 체이스론의 인출을 사실상 금지하였고 KTPI가 그 지시에 따른 결과 KTPI의 원고에 대한 이 사건 계약상 채무가 이행될 수 없도록 하여 사후에 그 책임을 부인하는 점 등에 비추어 보면, KT는 채무를 면탈하기 위한 부정한 목적으로 자회사인 KTPI의 법인격을 내세우는 것으로 보아야 할 것이라는 것이다.

■ 회사가 외형상으로는 법인의 형식을 갖추고 있으나 실제로는 법인의 형태를 빌리고 있는 것에 지나지 아니하고 그 실질에 있어서는 완전히 그 법인격의 배후에 있는 타인의 개인기업에 불과하거나, 그것이 배후자에 대한 법률적용을 회피하기 위한 수단으로 함부로 쓰여지는 경우에는, 비록 외견상으로는 회사의 행위라 할지라도 회사와 그 배후자가 별개의

인격체임을 내세워 회사에게만 그로 인한 법적 효과가 귀속됨을 주장하면서 배후자의 책임을 부정하는 것은 신의성실의 원칙에 위반되는 법인격의 남용으로서 심히 정의와 형평에 반하여 허용될 수 없고, 따라서 회사는 물론, 그 배후자인 타인에 대하여도 회사의 행위에 관한 책임을 물을 수 있다고 보아야 함은 소론과 같다.

■ 그러나 이 사건과 같은 친자회사 사이에 있어서는 상호간에 상당 정도의 인적·자본적 결합관계가 존재하는 것이 당연하므로, 자회사의 임·직원이 모회사의 임·직원 신분을 겸유하고 있었다는 사정이나, 모회사가 자회사의 전 주식을 소유하여 그에 따른 주주권의 행사로서 이사 및 임원 선임권을 지닌 결과 자회사에 대해 강한 지배력을 가진 사정, 그 밖에 자회사의 사업 규모가 확장되었으나 자본금의 규모가 그에 상응하여 증가되지 아니한 사정 등만으로는 모회사가 자회사의 독자적인 법인격을 주장하는 것이 자회사의 채권자에 대한 관계에서 법인격의 남용에 해당한다고 보기에 부족하고, 적어도 자회사가 그 자체의 독자적인 의사 또는 존재를 상실하고 모회사가 자신의 사업의 일부로서 자회사를 운영한다고 할 수 있을 정도로 완전한 지배력을 행사하고 있을 것이 요구되며, 구체적으로는 모회사와 자회사 간의 재산과 업무 및 대외적인 기업거래활동 등이 명확히 구분되어 있지 않고 양자가 서로 혼용되어 있다는 등의 객관적 징표가 있어야 할 것이며, 무엇보다 여기에 더하여 자회사의 법인격이 모회사에 대한 법률 적용을 회피하기 위한 수단으로 함부로 사용되거나 채무면탈이라는 위법한 목적 달성을 위하여 회사제도를 남용하는 등의 주관적 의도 또는 목적이 인정되어야 할 것이다.

■ 그러므로 위 객관적 징표에 관한 원심 판단의 당부에 관하여 우선 살피건대, ① 이 사건 계약 체결 당시 피고는 공법인이었고, KTPI는 필리핀 법령에 따라 설립되어 필리핀 통신사업분야에서 활동을 하고 있었으며, 정기적으로 외부 감사인의 감사를 받아 왔던 점 등 기록에 나타난 사정들과, ② 해외법인운영지침에 의하면, KT가 매 회계연도마다 현지법인에 대한 경영목표설정을 위한 지침 및 현지법인 예산편성에 공통적으로 적용되는 사항에 관한 지침을 작성하여 현지법인에 통보하고, 해외 현지법인은 그 지침에 따라 다음 회계연도의 경영목표를 설정하고 예산

및 사업계획을 이사회에서 확정하여 피고에게 통보하며, 피고의 해외사업관리부서에서는 현지법인의 경영목표를 회계연도 개시 1개월 전까지 확정·통보하도록 되어 있고, 나아가 현지법인의 실적 보고, 피고 해외사업관리부서의 실적 평가 및 성과보상 방침 등이 규정되어 있음을 알 수 있으나, 위 지침은 오히려 해외 현지법인들의 독자적인 경영목표의 설정 및 그에 따른 예산편성 능력, 그리고 경영목표의 현실적 수행을 전제로 한 것(결국, KTPI를 비롯한 해외 현지법인들이 KT와는 별개의 조직과 법인격을 갖춘 존재임을 전제로 모회사의 해외 자회사에 대한 통제 및 지배관계의 전형적인 요소를 조문화한 것에 불과하다)이어서, 위 지침을 근거로 KT와 KTPI의 재산과 업무 및 대외적인 기업거래활동 등이 명확히 구분되어 있지 않다고 볼 수는 없는 점, ③ 그 밖에 이 사건 사업의 추진과 이 사건 계약을 KTPI가 독자적으로 결정하여 진행하였을 뿐 아니라 KT에게 현지은행으로부터 신용을 제공받는 데 관하여 지급보증을 요구하기까지 한 점 등 원심이 그 거시 증거를 종합하여 적법하게 인정한 사정들에 비추어 보면, 원심이 KT와 KTPI가 그 조직, 재산, 회계 및 업무 내용에 있어 확연히 구분되어 있다고 판단하여, 결국 법인격 부인에 요구되는 객관적 징표에 해당하지 아니한다고 본 것은 정당하다고 할 것이다.

- 나아가 그 밖에 원심이 그 거시 증거를 종합하여 적법하게 인정한 사정들, 즉 X가 이 사건 계약 체결 당시 KTPI에게 KT의 지급보증을 요구하는 등 KTPI와 KT를 명확하게 구분하고 KTPI와의 사이에서 이 사건 계약을 체결한다는 인식을 분명히 가지고 있었던 점, X는 이 사건 계약상 채무에 관하여 KT의 지급보증을 요구하였으나 교섭 상대방인 KTPI로부터 거절당하였고, 그럼에도 불구하고 KT에 대한 구속력을 인정하기에는 그 효력이 충분치 못한 확인서 및 일부 계약 내용만으로 KTPI와 이 사건 계약을 체결하기에 이른 점 등에 비추어 보면, X와 KTPI 사이의 이 사건 계약에 있어서 KT가 불법 또는 부정한 목적을 위하여 현지법인인 KTPI를 이용한 경우라고 볼 수는 없다고 할 것이다.
- 결국, KTPI의 독자적 법인격을 주장하여 KT 자신의 계약상 책임을 부정하는 것이 신의성실의 원칙에 위반되는 법인격의 남용에 해당한다고

는 볼 수 없다는 원심의 판단은 정당하고, 거기에 법인격 부인에 관한 법리오해나 이유모순, 채증법칙 위반 등의 위법이 없다.

## 4. 법인격 부인론의 쟁점

### 가. 법적 근거

- 신의칙에 위반한 권리남용 (민법 §2)
- 회사에 법인격을 부여하는 취지에 반하는 법인격의 남용 (§169)

### 나. 적용 요건 일반론

(1) 객관적 요건

① 지배요건: 주식 보유 및 업무 지배의 완전성 (complete domination)

② 재산과 업무의 혼융

③ 과소자본 요건도 필요할 것인가: 추가적인 판단 요소로 작용할 수 있다.

(2) 주관적 요건

- 법률적용의 회피 기타 채무면탈이라는 위법한 목적을 달성하려는 법인격 남용의 의사가 필요한가?
- 주관적 요건이라면 증명하기 어렵다는 점에서 법인격부인론의 효용이 감소될 것이라는 비판론이 유력하다.
- 판례: 법인격 부인의 유형을 '법인격 형해화'와 '법인격 남용'으로 구분하여, 후자의 경우법률 적용을 회피하기 위한 수단으로 함부로 사용되거나 채무면탈이라는 위법한 목적 달성을 위하여 회사제도를 남용하는 등의 주관적 의도 또는 목적이 인정되어야 한다고 판시한다.

(3) 법인격 부인의 두 가지 유형의 구분: 법인격 형해화 vs. 법인격 남용

(가) [법인격 형해화] 회사가 그 법인격의 배후에 있는 타인의 개인기업에 불과하다고 보려면, 원칙적으로 문제가 되고 있는 법률행위나 사실행위를 한 시점을 기준으로 하여, 회사와 배후자 사이에 재산과 업무가 구분이 어려울 정도로 혼용되었는지 여부, 주주총회나 이사회를 개최하지 않는 등 법률이나 정관에 규정된 의사결정절차를 밟지 않았는지 여부, 회사 자본의 부실 정도, 영업의 규모 및 직원의 수 등에 비추어 볼 때, 회사

가 이름뿐이고 실질적으로는 개인 영업에 지나지 않는 상태로 될 정도로 형해화 되어야 한다.

(나) [법인격 남용] 또한, 위와 같이 법인격이 형해화될 정도에 이르지 않더라도 회사의 배후에 있는 자가 회사의 법인격을 남용한 경우, 회사는 물론 그 배후자인 타인에 대하여도 회사의 행위에 관한 책임을 물을 수 있으나, 이 경우 채무면탈 등의 남용행위를 한 시점을 기준으로 하여, 회사의 배후에 있는 자가 회사를 자기 마음대로 이용할 수 있는 지배적 지위에 있고, 그와 같은 지위를 이용하여 법인 제도를 남용하는 행위를 할 것이 요구되며, 위와 같이 배후자가 법인 제도를 남용하였는지 여부는 앞서 본 법인격 형해화의 정도 및 거래상대방의 인식이나 신뢰 등 제반 사정을 종합적으로 고려하여 개별적으로 판단하여야 한다.

다. 적용 요건의 예 - 대법원 2007다90982 판결 (2008)

(1) 원심판결 (기초사실: Y는 A회사 → B회사 → C회사 순으로 회사를 폐업하고 설립하는 방식으로 기존 채무의 20-30%만을 변제하면서 동일한 영업을 계속함. B회사의 채권자 X가 Y에게 매매대금을 청구함): 원심은 ① 피고 Y가 실질적으로 지배하고 있던 A 주식회사가 폐업됨과 거의 동시에 B 주식회사가 설립된 점, ② B회사의 사업장 및 본점 소재지, 사업의 종류가 A회사와 동일하고, A회사의 경리 직원이었던 갑이 그대로 B회사에서 근무한 점(갑은 두 회사 모두에 10% 지분의 주주로 등록되어 있기도 하다), ③ A회사의 원단대금채무 44,874,749원을 B회사가 전부 인수하였고, 그 이후에도 B회사가 A회사의 거래처이던 원고 X와 계속하여 연평균 3억 원 상당의 거래관계를 동일하게 유지해 온 점, ④ Y가 2001. 12. 11. 소외 을의 주식을 모두 양수하고 단독이사로 취임하기 이전에도 B회사의 원단반품대금을 Y 개인의 계좌로 송금받았고, B회사의 계좌와 Y 개인의 계좌 사이에 자금이동이 빈번하게 이루어진 점, ⑤ Y가 B회사 설립 직후인 1999. 1. 20.부터 B회사의 직원으로 건강보험공단에 등록되어 있는 점 등을 종합하여, Y는 A회사가 부도날 위기에 처하자 A회사를 폐업하는 대신 A회사의 거래처, 직원 등을 그대로 인수한 B회사를 설립하고 이를 실질적으로 운영하여 온 사실을 인정한 다음, (1)이와 같은 B회사의 설립경위에 관한 사정과 아울러 (2)주주명부상으로는 Y가 B회사 주식의 40%를 갖고 있으나, Y 이외의 나머지 주주들도 대부분 Y의 인척 내지 직원으로

실질적으로는 Y가 B회사 주식의 거의 전부를 소유하고 있는 점, (3)최초 선임된 B회사 임원의 대부분이 Y의 처 내지 인척들이고, 그 임원들마저 2001. 12. 11. 모두 퇴임하고 Y가 단독이사로 선임되어 B회사를 전적으로 Y 개인의 결정에 따라 운영한 점, (4) B회사의 원단반품대금이 Y 개인의 계좌에 입금되는 등 B회사의 계좌와 Y 개인의 계좌가 혼용되어 사용되어 온 점, (5) Y가 B회사를 폐업할 무렵 병명의로 다시 C 주식회사를 설립하여 운영하고 있는 점, (6) Y가 A회사와 B회사를 폐업하면서 거래처의 물품대금을 20 내지 30%만 지급하고 나머지를 면제받으면서도 계속하여 다른 법인을 설립하여 사업을 계속 운영하여 온 점 등의 제반 사정을 종합하면, B회사는 형식상으로는 주식회사의 형태를 갖추고 있으나 이는 회사의 형식을 빌리고 있는 것에 지나지 아니하고 그 실질은 배후에 있는 피고 Y의 개인기업이라 할 것이므로, Y가 B회사와 별개의 인격체임을 내세워 X에 대한 원단대금채무의 지급책임을 부정하는 것은 신의성실의 원칙에 위반되는 법인격의 남용으로서 심히 정의와 형평에 반하여 허용될 수 없다고 판단하였다.

(2) 대법원의 판단

① 회사가 외형상으로는 법인의 형식을 갖추고 있으나 법인의 형태를 빌리고 있는 것에 지나지 아니하고 실질적으로는 완전히 그 법인격의 배후에 있는 타인의 개인기업에 불과하거나, 그것이 배후자에 대한 법률적용을 회피하기 위한 수단으로 함부로 이용되는 경우에는, 비록 외견상으로는 회사의 행위라 할지라도 회사와 그 배후자가 별개의 인격체임을 내세워 회사에게만 그로 인한 법적 효과가 귀속됨을 주장하면서 배후자의 책임을 부정하는 것은 신의성실의 원칙에 위반되는 법인격의 남용으로서 심히 정의와 형평에 반하여 허용될 수 없고, 따라서 회사는 물론 그 배후자인 타인에 대하여도 회사의 행위에 관한 책임을 물을 수 있다고 보아야 한다.

② 여기서 회사가 그 법인격의 배후에 있는 타인의 개인기업에 불과하다고 보려면, 원칙적으로 문제가 되고 있는 법률행위나 사실행위를 한 시점을 기준으로 하여, 회사와 배후자 사이에 재산과 업무가 구분이 어려울 정도로 혼용되었는지 여부, 주주총회나 이사회를 개최하지 않는 등 법률이나 정관에 규정된 의사결정절차를 밟지 않았는지 여부, 회사 자본의 부실 정도, 영업의 규모 및 직원의 수 등에 비추어 볼 때, 회사가 이름뿐이고 실질적으로는 개인 영업에 지나지 않는 상태로

될 정도로 형해화 되어야 한다.

③ 또한, 위와 같이 법인격이 형해화될 정도에 이르지 않더라도 회사의 배후에 있는 자가 회사의 법인격을 남용한 경우, 회사는 물론 그 배후자인 타인에 대하여도 회사의 행위에 관한 책임을 물을 수 있으나, 이 경우 채무면탈 등의 남용행위를 한 시점을 기준으로 하여, 회사의 배후에 있는 자가 회사를 자기 마음대로 이용할 수 있는 지배적 지위에 있고, 그와 같은 지위를 이용하여 법인 제도를 남용하는 행위를 할 것이 요구되며, 위와 같이 배후자가 법인 제도를 남용하였는지 여부는 앞서 본 법인격 형해화의 정도 및 거래상대방의 인식이나 신뢰 등 제반 사정을 종합적으로 고려하여 개별적으로 판단하여야 한다.

④ 그런데 법인격 형해화에 관한 앞서 본 법리에 비추어 볼 때, 이 사건에서 위의 (2), (3)과 같이 Y가 B회사의 지배주주로서 2001. 12. 11.부터 단독이사로 선임되어 회사의 경영에 관한 전권을 행사하여 지배하고 있었다고 하더라도, B회사의 계좌와 피고 개인의 계좌가 혼용된 정도가 위의 ④ 및 (4)와 같이 일부 혼용된 정도에 불과하다면 그러한 사정만으로는 법인이 형해화 되어 그 법인격을 부인할 정도로 B회사와 Y 사이에 심각한 재산의 혼용이 이루어졌다고 할 수 없고, 그 밖에 A회사와 관련하여 원심이 들고 있는 사정들은 B회사의 형해화에 관한 사유로 삼기에 적절하거나 충분한 사유가 되지 못하므로, 결국 원심이 들고 있는 사정들을 모두 참작하여도 물품대금 채무의 발생 당시 Y 개인이 B회사라는 법인의 형태를 빌려 개인사업을 하고 있는 것에 지나지 아니하여 B회사가 완전히 그 법인격의 배후에 있는 Y 개인의 개인기업에 불과하다고 보기 어렵다.

⑤ 또한, 원심이 들고 있는 위 1항의 (1)에 해당하는 사항 중 ① 내지 ③ 및 ⑤ 부분은 모두 Y가 A회사를 폐업하고 그 거래처 및 직원 등을 실질적으로 인수하여 B회사를 설립하였다는 것으로서 A회사와 B회사 사이의 동일성을 문제삼을 수 있는 사정에 불과하고, 그 밖에 (2) 내지 (3) 및 (5)에 있는 사항은 Y가 A회사나 B회사 및 C회사를 실질적으로 지배하고 있다는 사정에 관한 것이다. 그러나 앞서 본 법리와 같이 법인격 남용을 이유로 B회사의 법인격을 부정하려면 그와 같은 사정들만으로는 부족하고 Y가 자신에 대한 법률적용을 회피하기 위한 수단으로 B회사의 법인 형식을 이용함으로써 그에 대한 법적 효과의 귀속을 부당하게 벗어나려고 하는 법인격 남용행위가 인정되어야 할 것인바, 주식회사의 물적·유한 책임성에 비추어 채권자를 해하는 경우가 아니라면 영업이 부진한 주식회사를 폐업하고

채권·채무를 청산한 다음 신규자본을 투입하여 새로운 회사를 설립하고 운영하는 것 자체를 위법하다고는 할 수 없으므로 위의 (6)과 같이 Y가 A회사나 B회사를 폐업하면서 거래처의 물품대금을 20 내지 30%만 지급하고 나머지를 면제받아 B회사나 C회사를 설립하여 운영하였다는 것 자체가 법인격을 부정할 만한 남용행위에 관한 사정이라고 단정하기 어렵고, 앞서 본 바와 같은 Y의 B회사에 대한 지배의 정도 등을 참작한다고 하더라도 B회사와 Y 사이의 재산혼용 정도에 비추어 볼 때, Y가 그에 대한 법적 책임을 회피하기 위한 수단으로 법인제도를 남용하였다고 보기 부족하다.

⑥ 따라서 이와 달리 X가 B회사의 배후자인 Y에 대하여도 B회사의 거래행위로 인한 원단대금채무에 관한 책임을 물을 수 있다고 판단한 원심판결에는 법인격 형해화와 법인격 남용에 관하여 법리를 오해한 위법이 있고, 이러한 위법은 판결에 영향을 미쳤음이 분명하다.

(3) '법인격 남용'을 부인한 다른 사례: [회사 채무를 개인 재산으로 처리해 온 소규모 회사의 예] 대법원 2008다82490 판결 (2010)

■ 원심이 인정한 사실: ① D회사는 이사 3인, 감사 1인으로 구성된 자본금 1억 원의 소규모회사인데, D1이 대표이사로 등기된 외에도 그의 가족으로 보이는 A가 이사로, 처인 B가 감사로 등기되어 있는 점, ② D회사는 2003년 설립된 후 원고 P와 사이에 이 사건 각 공사에 관한 도급계약을 체결하게 된 것인데, 공장건물이 설립된 이 사건 토지는 D1의 소유이고, D1은 공장건축 자금 등을 마련하기 위하여 2004년 이 사건 토지에 대하여 소외 오포농업협동조합에게 채권최고액을 7억 원으로 정한 근저당권설정등기를 경료하여 주고 금원을 대여받은 점, ③ D회사의 자본금은 1억 원에 불과한데, D회사의 P에 대한 미지급 공사대금채무도 3억 원을 넘는 것을 비롯하여, P가 이 사건 공사를 중단한 후 D1회사로부터 나머지 공사를 도급받아 완공한 원다건설도 청구금액을 6억 9,000만 원으로 하여 D1 소유의 이 사건 토지 및 D회사 명의의 이 사건 공장건물을 가압류하는 등 D회사의 실제 자산은 거의 없는 것으로 보이는 점, ④ 이에 D1은 공장건축 등을 원만하게 수행하기 위하여 이 사건 공사현장의 노무비를 지급하겠다는 내용의 지불각서에 서명날인하고 지불이행서를 개인 자격으로 작성하여 준 점 등

■ 원심 판결: D1의 D회사 설립경위, D1의 D회사에 대한 지배의 형태와 정도, D1과 D회사의 업무와 재산에 있어서의 혼용 정도, D회사의 업무실태와 그 자산 및 지급능력에 관한 상황 등의 사정을 종합하여 보면, D회사는 형식상 주식회사의 형태를 갖추고 있으나 이는 회사의 형식을 빌리고 있는 것에 지나지 아니하고, 그 실질은 배후에 있는 D1의 개인기업이라 할 것이어서, D회사가 이 사건 각 건축공사의 계약당사자로 내세워져 P와 사이에 공사계약을 체결하는 형식을 취하였다 할지라도, 이는 외형에 불과할 뿐 실질적으로 D회사의 사업은 D1의 개인사업과 마찬가지라고 할 것인데, D1은 별다른 자력이 없는 D회사가 자기와는 별개의 독립한 법인격을 가지고 있음을 내세워 이 사건 공사계약과 관련한 모든 책임을 D회사에게만 돌리고 상대적으로 자력이 있는 자신의 책임을 부정하고 있으므로, 이는 신의성실의 원칙에 위반되는 법인격의 남용으로서 정의와 형평에 반하여 허용될 수 없으므로, P는 D회사뿐만 아니라 D회사의 실질적 지배자로서 그 배후에 있는 D1에 대하여도 공사대금을 청구할 수 있다.

■ 대법원의 판단: (1) 법인격 형해화에 관한 앞서 본 법리에 비추어 볼 때, 이 사건에서 ①항과 같이 D1 및 그 가족이 D회사의 임원으로 등기되어 경영에 관한 전권을 행사하여 지배하고 있었다고 하더라도, 위 ② 내지 ④항과 같은 사정만으로는 법인이 형해화되어 그 법인격을 부인할 정도로 D회사와 D1 사이에 심각한 재산의 혼용이 이루어졌다고 할 수 없으므로, 결국 원심이 들고 있는 사정들을 모두 참작하여도 이 사건 공사대금채무의 발생 당시 D1이 D회사라는 법인의 형태를 빌려 개인사업을 하고 있는 것에 지나지 아니하여 D회사가 완전히 그 법인격의 배후에 있는 D1의 개인기업에 불과하다고 보기는 어렵다. (2) 또한, 앞서 본 법리와 같이 법인격 남용을 이유로 D회사의 법인격을 부정하려면 원심이 들고 있는 위 사정들만으로는 부족하고 D1이 자신에 대한 법률적용을 회피하기 위한 수단으로 D회사의 법인 형식을 이용함으로써 그에 대한 법적 효과의 귀속을 부당하게 벗어나려고 하는 법인격 남용행위가 인정되어야 할 것인바, 주식회사의 물적 · 유한 책임성에 비추어 채권자를 해하는 경우가 아니라면 주식회사를 설립하여 그 회사 명의로 공사도급계약을 체결하는 것 자체를 위법하다고는 할 수 없으므로 원심이 이 사건에서 법인격이 남용되었다는

근거로 들고 있는 위 사정들이 법인격을 부정할 만한 남용행위에 관한 사정이라고 단정하기 어렵고, 앞서 본 바와 같은 D1의 D회사에 대한 지배의 정도 등을 참작한다고 하더라도 D1이 그에 대한 법적 책임을 회피하기 위한 수단으로 법인제도를 남용하였다고 보기 부족하다. (파기환송)

라. 법인격부인론의 적용 범위

(1) 불법행위책임의 추궁 문제

- 법인격 부인의 근거가 신의칙이라면 불법행위의 경우 상대방의 신뢰가 존재하지 않는다는 논리도 가능하지만, 과소자본의 회사를 통해 위험성이 큰 사업을 수행한다면 일반인의 신뢰에 어긋난다고 할 수도 있다.

(2) 역적용(주주 책임의 회사 부담): [채무자가 재산을 출연하여 재단법인을 설립한 경우 채무자가 발행한 어음에 대해 재단법인이 책임을 지게 되는가] 대법원 2009다73400 판결 (2010)

- 원심이 부부인 A, B가 피고인 D재단에 대한 지배적 지위를 이용하여 법인제도를 남용하는 행위를 하였음이 인정된다고 판단하여 B가 발행한 어음에 대한 D재단의 책임을 인정한 근거 사실: ① 1993년경 A, B에 의해 설립된 D재단이 사실상 A, B에 의해 운영되어 온 점, ② D재단은 1997년 이전에는 몇몇 부동산만을 소유하고 있었던 점, ③ A, B는 1997년경 채무를 보증하거나 약속어음을 발행하여 채무를 부담하게 되자 1998-2000년에 걸쳐 집중적으로 자신들 소유의 부동산들을 D재단으로 이전한 점, ④ 그 중 미술관 건립 명목으로 이전된 방배동 소재의 토지는 재단 고유의 목적에 사용하지 아니하다가 결국 제3자와 매매계약을 체결하기에 이르렀으나 건축허가 등의 문제로 계약이 파기된 점, ⑤ 위와 같은 재산 이전 과정에서 피담보채무의 인수절차가 별도로 이루어지지 않았음에도 D재단 명의로 대출받은 금원으로 방배동 소재 토지에 설정되어 있던 근저당권의 피담보채무를 변제한 것은, D재단이 자신의 재산으로 A 등의 개인채무를 대신 변제한 것으로 보이는 점, ⑥ D재단으로 재산이 이전되고 D재단이 A 등의 개인채무를 변제하면서도 이에 대한 이사회의 결의가 있었다고 볼 만한 자료가 없고, 주무관청에게 제출하는 D재단의 운영에 관한 문서들에도 이러한 내용이 적시되지 않은 점, ⑦ A, B의 채무를 담보할 재산들이

모두 D재단에 이전됨으로써 위 부부의 일반채권자들이 채권을 실행하기 위한 책임재산의 확보가 사실상 불가능하게 된 점 등

- 대법원의 판단: 그러나 원심의 이러한 판단은 다음과 같은 이유에서 수긍하기 어렵다. 기록에 비추어 살펴보면, 원심이 들고 있는 위 ① 사항은 B가 D재단을 실질적으로 지배하고 있다는 사정에 관한 것이고, 위 ②, ③, ⑦ 사항은 B의 채무 면탈의 목적, 즉 사해의사에 관한 사정에 불과하고, 위 ④, ⑤ 사항은 A가 D재단에 증여한 재산과 관련하여 B의 재산 이전행위 후에 발생한 사정에 관한 것임을 알 수 있고, 그 밖에 B의 재산 이전행위 당시 B와 D재단 사이의 재산과 업무가 상당히 혼용되어 있었다거나 B가 약속어음을 발행하지만 그 법률 효과는 배후자인 D재단에게 실질적으로 귀속된다는 점에 관하여 원고가 인식하거나 신뢰하고 있었다고는 인정되지 않는다. 앞서 본 법리에 비추어 볼 때, B가 이미 설립되어 있던 D재단에게 채무를 면탈할 목적으로 자신의 재산을 이전하였다는 것 자체가 법인격을 부정할 만한 남용행위라고 단정할 수 없고(그것이 사해행위가 되느냐는 별개의 문제이다), B의 피고 재단에 대한 지배의 정도 등을 참작한다고 하더라도 B와 D재단 사이의 업무 및 재산 혼용의 정도, 법인격 형해화에 대한 거래상대방인 원고의 인식이나 신뢰 유무 등을 고려하면 원심이 들고 있는 사정들만으로는 B가 자신에 대한 법적 책임을 회피하기 위한 수단으로 법인 제도를 남용하였다고 보기 어렵다. 그럼에도 이와 달리 D재단을 B의 배후자로 보아 원고가 D재단에 대하여도 B의 어음금채무에 관한 책임을 물을 수 있다고 판단한 원심판결에는 법인격 부인 내지 남용에 관한 법리를 오해한 잘못이 있고, 이러한 잘못은 판결 결과에 영향을 미쳤음이 분명하다. (파기환송)

(3) 소송법상의 문제

(가) 당사자 확정의 문제

① 회사나 주주 어느 한 쪽 또는 쌍방(피고들 사이에 합일확정의 필요가 없으므로 통상의 공동소송)을 피고로 할 수 있다.[37]

---

37) 양자는 부진정연대채무를 진다고 보는 견해로는, 임재연, 회사법Ⅰ, 63면; 주관적 공동관계 유무에 따라 연대채무 또는 부진정연대채무가 된다는 견해로는, 김홍엽, 민사소송법 제3판, 122면.

② 피고를 회사에서 주주로 바꾸는 경우

- 당사자변경설: 법인격을 부인한다고 하여 회사의 존재 자체를 부인하는 것이 아니므로 당사자 변경이 되는 것이 원칙이다. 다만, 신구회사가 인적구성이나 영업목적이 실질적으로 동일하다면 당사자표시정정이 가능하다.
- 단일체설(실질적당사자설): 당사자표시정정이 가능하다.
- 소송승계설: 형식적으로 별개이지만, 권리주체와 배후자의 실질적 일체성, 절차의 안정성과 명확성을 고려하여 소송승계에 준하여 처리하는 것이 타당하다.

③ 법인격의 독립성이 부인된 기존회사와 신설회사에 대한 청구

- 대법원 2010다94472 판결: 기존회사가 채무를 면탈할 목적으로 기업의 형태·내용이 실질적으로 동일한 신설회사를 설립하였다면, 신설회사 설립은 기존회사의 채무면탈이라는 위법한 목적달성을 위하여 회사제도를 남용한 것이므로, 기존회사의 채권자에게 위 두 회사가 별개의 법인격을 갖고 있음을 주장하는 것은 신의성실 원칙상 허용될 수 없다 할 것이어서 기존회사의 채권자는 위 두 회사 어느 쪽에 대하여서도 채무 이행을 청구할 수 있고, 이와 같은 법리는 어느 회사가 채무를 면탈할 목적으로 기업의 형태·내용이 실질적으로 동일한 이미 설립되어 있는 다른 회사를 이용한 경우에도 적용된다.… 기존회사의 채무를 면탈할 의도로 다른 회사 법인격을 이용하였는지는 기존회사의 폐업 당시 경영상태나 자산상황, 기존회사에서 다른 회사로 유용된 자산의 유무와 정도, 기존회사에서 다른 회사로 이전된 자산이 있는 경우 정당한 대가가 지급되었는지 등 제반 사정을 종합적으로 고려하여 판단하여야 한다.… 아파트 신축사업을 추진하던 갑 회사와 을 회사가 사업부지인 토지의 공유지분을 소유하고 있던 병과, 그에게서 공유지분을 이전받는 대신 신축 아파트 1세대를 분양해 주기로 하는 내용의 약정을 체결하면서 담보로 당좌수표를 발행해 주고, 그 약정에 따라 을 회사와 병이 분양계약을 체결하여 갑 회사가 공유지분을 이전받았는데, 아파트 공사 진행 중 갑, 을 회사가 위 토지와 사업권을 정 회사와 무 회사를 거쳐 기 회사에 매도한 사안에서, 위 회사들은 모두 영업

목적이 동일하고 법인 소재지도 상당 부분 일치하는 점, 위 회사들은 을 회사의 대표이사였던 자가 사실상 지배하는 회사인 점, 위 토지 외에 별다른 자산이 없었던 갑, 을 회사가 부도가 이미 발생하였거나 임박하여 위 토지와 사업권을 정당한 대가를 지급받지 않고 정 회사에 양도한 것으로 보이고, 정 회사에서 무 회사를 거쳐 기 회사에게 위 토지와 사업권이 이전되는 과정에서도 정당한 대가가 지급되었다고 볼 만한 자료가 없는 점, 갑, 을 회사가 병에게서 이전받은 공유지분이 포함된 위 토지와 사업권을 정 회사에 양도하면서 위 약정 등에 따른 병에 대한 채무를 부도난 갑, 을 회사에 남겨둔 점 등을 종합할 때, 위 회사들은 을 회사의 대표이사였던 자가 사실상 지배하는 동일한 회사로서 갑, 을 회사가 병에 대한 채무를 면탈할 목적으로 다른 회사의 법인격을 내세운 것으로 볼 여지가 충분하므로, 갑, 을 회사의 채권자인 병은 갑, 을 회사뿐만 아니라 기 회사에 대해서도 위 약정에 기한 채무의 이행을 청구할 수 있다.

(나) 기판력/집행력의 확장 문제

- 대법원 93다44531 판결: 채무를 면탈할 목적으로 설립된 것으로서 별개의 법인격을 가지는 회사라는 주장을 하는 것이 신의성실의 원칙에 반하거나 법인격을 남용하는 것으로 인정되는 경우에도, 권리관계의 공권적인 확정 및 그 신속·확실한 실현을 도모하기 위하여 절차의 명확·안정을 중시하는 소송절차 및 강제집행절차에 있어서는 그 절차의 성격상 A 회사에 대한 판결의 기판력 및 집행력의 범위를 B 회사에까지 확장하는 것은 허용되지 아니한다.
- 당사자표시정정이 가능하다면, 회사 명의의 판결이 확정된 경우 배후자에 대해서도 승계집행문을 받아 강제집행을 할 수 있다는 견해도 유력하다.

## 마. 법리의 보충성 문제

(1) 의의

- 일반조항인 신의칙을 근거로 회사 제도의 기본질서를 부정하는 제도이므로 사원 책임을 추궁하는 기존의 법리로 해결할 수 없는 경우에만 적용되

어야 한다는 주장

- 이사/업무집행지시자의 책임 규정(§§401, 401의2), 해산명령 제도(§176), 인적회사의 경우에는 지분압류채권자에 의한 퇴사(§224), 설립취소 제도 등을 활용할 수 있다.

(2) 상호를 속용하는 영업양수인의 책임 규정(§42)을 유추적용한 사례

- 대법원 88다카12100 판결 (기초사실: '남성사' 라는 상호로 볼트, 넛트 등의 제조판매업을 하다가 '남성정밀공업주식회사'를 설립하여 스스로 대표이사가 되고, 같은 장소에서 같은 공장 기계설비와 같은 종업원을 데리고 그대로 종전의 영업을 계속하였으며, 종전 공장의 건물 및 대지에 대하여 회사 명의로 소유권이전등기를 경료한 사례. 원고는 남성사 옥상의 창고 증축작업 중의 고압선 감전 사망사고와 관련하여 남성정밀공업주식회사에게 손해배상을 청구함): ① 첫째, 영업을 출자하여 주식회사를 설립하고 그 상호를 계속 사용하는 경우에는 영업의 양도는 아니지만 출자의 목적이 된 영업의 개념이 동일하고 법률행위에 의한 영업의 이전이란 점에서 영업의 양도와 유사하며 채권자의 입장에서 볼 때는 외형상 양도와 출자를 구분하기가 어려우므로 새로 설립된 법인은 출자자의 채무를 변제할 책임이 있다 할 것이고, ② 둘째, 양수인이 계속 사용하는 상호는 형식상 양도인의 상호와 전혀 동일한 것임을 요하지 않고, 양도인의 상호 중 그 기업주채를 상징하는 부분을 양수한 영업의 기업주체를 상징하는 것으로 상호 중에 사용하는 경우는 이에 포함된다고 할 것이고, 그 동일여부는 명칭, 영업목적, 영업장소이사의 구성이 동일한지 등을 참작하여 결정하여야 할 것인 바, 원심이 인정한 사실에 비추어 피고 남성정밀공업주식회사는 남성사란 상호를 계속 사용한다고 보아야 할 것이며, ③ 셋째, 영업으로 인하여 발생한 채무란 영업상의 활동에 관하여 발생한 모든 채무를 말한다고 하여야 할 것이므로 불법행위로 인한 손해배상채무도 이에 포함된다고 보아야 할 것이다.

# 제11장 주식회사의 설립

## 제1절 개 설

### 1. 주요 설립과정

#### 가. 발기인의 정관작성과 설립등기

- 주식회사의 설립 과정도 회사 조직의 근본규칙인 정관을 작성하면서 시작하여 설립등기를 함으로써 완료된다.
- 인적회사의 설립과 다른 점으로, 회사채권자에 대하여 회사재산만으로 책임을 지는 주식회사의 특성상 회사의 물적 토대를 설립 전에 갖추어야 하며, 사원 자격과 기관 자격이 일치하지 않으므로 회사의 기관을 구성하는 과정이 필요하게 된다. 또한, 발기인만으로 회사를 설립하는 절차 이외에도, 발기인 이외의 주주를 모집할 수 있는 모집설립 절차가 인정된다.

#### 나. 회사의 물적/인적 실체의 형성

(1) 발기설립과 모집설립

- 발기설립: 발기인의 주식인수와 주금납입 → 발기인의 임원선임
- 모집설립: 발기인의 주식인수와 주금납입 → 주주 모집 (청약/배정/납입) → 창립총회 (임원선임)

(2) 설립경과의 조사

- 이사와 감사에 의한 설립경과조사
- 설립될 회사의 재산적 기초를 해칠 위험성 높은 사항('변태설립사항')에 대한 별도의 조사절차

## 2. 발기설립과 모집설립

### 가. 개념

- 발기설립(§295 I): 설립시 발행하는 주식 총수를 발기인이 모두 인수하는 설립 방식
- 모집설립(§301): 발기인이 설립시 발행하는 주식의 일부만을 인수하고 나머지는 주주를 모집하는 설립 방식

### 나. 차이점

(1) 주주의 구성 방법: 발기인 이외의 주주의 모집 여부

(2) 이사/감사의 선임 방법: 발기인이 선임(발기설립: §296) ↔ 창립총회에서 선임(모집설립: §312)

(3) 출자 불이행의 처리방법: 일반 채무불이행 절차(발기설립) ↔ 실권절차(모집설립: §307)

(4) 설립경과 조사 절차

- 이사와 감사가 설립경과를 조사하여 각각 발기인과 창립총회에 보고한다(§§298, 313).
- 변태설립사항(§290)에 대한 조사: 법원이 선임하는 검사인이 조사하여 각각 법원과 창립총회에 보고하며, 법원/창립총회는 부당한 사항을 변경할 수 있다 (§§299, 310; 300, 314).

(5) 모집설립 창립총회의 원시정관 변경

- 모집설립시에 창립총회는 정관을 변경할 수 있다 (§316).

## 3. 설립경과에 대한 조사 제도

### 가. 설립경과의 조사: 이사와 감사의 조사 → 각각 발기인과 창립총회에 보고 (§§298, 313)

- 1995년 개정 상법 이전에는 발기설립시 모집설립과는 달리 설립경과 조사를 법원이 선임하는 검사인이 하도록 하였다. 1995년 개정상법은 여기에

서 발생하는 시간과 비용 때문에 발기설립 절차를 이용하지 않게 되는 문제점을 해결하고자 모집설립시와 동일하게 이사/감사가 조사하는 것으로 변경하여 법원의 관여를 배제할 수 있도록 하였다.

■ [모집설립을 가장한 발기설립의 무효] 대법원 91다31494 판결(1992): 원심은, 거시증거에 의하여 1984.12.경 A와 B 사이에 B가 금 1억 원을 출자하고 A가 이 사건 3개 광업권을 출자하여 주식회사를 설립하기로 하고 B측은 소외 B1, B2를, A측은 소외 A1-A5를 각 발기인으로 내세우고 B측에서 회사설립사무를 주관하면서 실질적으로는 발기설립을 하면서도 이에 의하면 법원의 통제를 받아야 하는 등의 불편한 점을 고려하여 모집설립의 방법을 택하기로 하고 발기인들이 판시와 같이 주식을 인수하는 것으로 하는 한편 발기인이 아닌 공모주주로 소외 C의 명의를 모용하여 동인이 500주의 주식을 인수한 양 서류를 작성한 사실 및 1985.2.7. 피고회사의 창립총회가 소집된 바 없었음에도 B측은 창립총회를 개최하여 이사, 감사를 선임한 것으로 의사록을 작성하고 회사설립등기를 마친 사실을 각 인정하고, 위 설립은 발기설립에 해당하는 바 정관의 작성, 검사인의 조사보고 등 발기설립의 절차를 전혀 밟지 아니하여 무효라고 판단하고 있는바 기록에 비추어 보면 원심의 위와 같은 사실인정은 수긍이 가고 회사를 설립함에 있어 모집설립의 절차를 갖추어 발기인이 주식모집 전에 주식의 대부분을 인수하고 형식상 일반공중으로부터 주식을 모집함에 있어 발기인이 타인의 명의를 모용하여 주식을 인수 하더라도 명의모용자가 주식인수인이라 할 것이어서 결국 주식 전부를 발기인이 인수한 결과가 된다할 것이므로 피고 회사의 설립을 발기설립(일건 기록상 피고 회사의 창립총회가 개최되었음을 인정할 증거가 없을 뿐만 아니라 피고 회사의 설립이 발기설립에 해당하므로 그 개최 여부가 판결에 영향이 없다)으로 보고 판시와 같은 절차의 하자를 이유로 그 설립이 무효라고 한 원심의 판단도 정당하다. 따라서 원심판결에 채증법칙 위배, 법리오해 등의 위법이 있다는 논지는 이유 없다.

※ 상법개정으로 발기설립과 모집설립의 차이가 크게 줄었다는 점에서 무효로 볼 필요가 없다는 견해가 유력하다.

### 나. 변태설립사항(§290)에 대한 조사/보고

(1) 조사 절차

- 발기설립: 이사의 검사인 선임청구 → 검사인의 조사 → 법원에 보고 → 법원의 변경처분 (§§298, 299, 300)
- 모집설립: 발기인의 검사인 선임청구 → 검사인의 조사 → 창립총회에 보고 → 창립총회의 변경처분 (§§310, 314)

(2) 변태설립사항에 대한 검사인 조사를 대체하는 방법의 도입 (1995년 개정법: §§299의2, 310)

- 발기인의 특별이익, 설립비용과 발기인의 보수: 공증인의 조사, 법원에 보고
- 현물출자, 재산인수, 현물출자의 이행: 공인된 감정인의 감정결과를 법원에 보고

(3) 현물출자/재산인수에 대한 검사제도의 면제 제도 신설 (2011년 개정상법 §299Ⅱ)

- 현물출자와 재산인수의 재산총액이 자본금의 5분의 1을 초과하지 아니하고 대통령령으로 정한 금액(5,000만 원)을 초과하지 아니하는 경우
- 현물출자와 재산인수의 재산이 거래소에서 시세가 있는 유가증권인 경우로서 정관에 적힌 가격이 대통령령으로 정한 방법으로 산정된 시세를 초과하지 아니하는 경우 (1개월/1주일/전일 종가의 산술평균가와 효력발생 전일의 종가 중 낮은 금액)
- 그 밖에 위에 준하는 경우로서 대통령령으로 정하는 경우

## 제2절 설립과정에서 발생하는 권리의무의 귀속

### 1. 개설

- 회사를 설립하는 과정에서 발생하는 법률관계는 성립 후의 회사에 귀속되어야 하겠지만, 회사가 아직 존재하지 않으므로 회사의 설립등기 이전에 발생

하는 법률관계를 처리하는 기술적 방법이 필요하다.

- 발기인들이 행위의 형식에 따라 조합('발기인조합')으로서 또는 개인으로서 권리의무를 부담하였다가 이후 회사가 설립되면 별개의 이전행위를 거쳐 회사에 이전하도록 할 수 있다.
- 또한, 설립등기 이전이라도 회사가 어느 정도 실체를 갖추었다면 권리능력 없는 사단 법리를 원용하여 이 미완성의 회사('설립중의 회사')에 권리의무를 귀속시켰다가 이후 회사가 성립하면 권리의무가 성립된 회사로 당연히 승계되는 것(양자는 동일하므로; '동일성설')으로 처리할 수 있다.

## 2. 發起人(incorporator, promoter), 發起人組合

### 가. 발기인의 의의

(1) 실질적 의의: 주식회사의 설립을 기획하고 필요한 설립사무를 담당하는 자

- 정관의 작성/기명날인(§§288, 289), 주식인수(§293)
- 발기인의 수: 1인의 발기인 허용 (§288)

  cf. 합명/합자회사: 2인 이상 사원의 정관 작성(§§178, 269), 유한회사: 사원의 정관작성(§543)

(2) 형식적 의의: 자본충실책임 및 제3자에 대한 손해배상책임의 귀속주체를 정하는 형식적 기준이 필요함

- 정관에 발기인으로 기재된 자(§289 I viii)
- 유사발기인: 주식청약서 기타 주식모집에 관한 서면에 성명과 회사의 설립에 찬조하는 뜻을 기재할 것을 승낙한 자(§327)

### 나. 발기인의 책임 (§§321-326)

(1) 회사가 성립한 경우: 인수/납입 담보책임(§321), 손해배상책임(§322)

(2) 회사 불성립의 경우(§326): 설립에 관한 행위에 대한 연대책임, 설립비용의 부담

### 다. 복수의 발기인과 발기인조합

(1) 의의

- 복수의 발기인의 법률관계: 회사 설립을 목적으로 하는 민법상의 組合

■ 의사결정 방법: 민법의 조합의 의사결정 방법에 따른다. 다만, 주식발행사항의 결정은 발기인 전원의 동의로 하며(§291), 발기설립시의 이사/감사 선임은 발기인이 인수주식 수에 따라 가지는 의결권의 과반수로 한다(§296).

(2) 발기인조합의 권리의무 귀속

■ 회사설립을 위한 발기인의 행위는 발기인조합의 업무집행에 해당하므로, 그 효과는 발기인조합에 귀속된다. 합유/준합유에 관한 민법 규정이 적용되며(민§§704, 271-274, 278), 조합 채권자는 조합재산에 대해 권리를 행사하거나 조합원 개인재산에 대해 손실분담비율에 따라 권리를 행사할 수 있다(민§§712, 713).

■ [발기인이 부담하는 채무의 발기인조합 귀속 요건] 대법원 2005다18740 판결(2007): (기초사실: 甲주식회사를 설립하기 위해 발기인 D가 자신의 명의로 은행대출을 받고 다른 발기인 P가 연대보증함. 보증채무를 이행한 P의 D에 대한 구상권 행사) ① 설립중의 회사로서의 실체가 갖추어지기 이전에 발기인이 취득한 권리 · 의무는 구체적 사정에 따라 발기인 개인 또는 발기인 조합에 귀속되는 것인바, 발기인이 개인 명의로 금원을 차용한 경우 이는 그 발기인 개인에게 귀속됨이 원칙이고, 위 채무가 발기인 조합에게 귀속되려면 위 금원의 차용행위가 조합원들의 의사에 기해 발기인 조합을 대리하여 이루어져야 한다. ② 이 사건 대출금은 D가 개인적으로 대출받은 것일 뿐 甲회사를 설립하기 위한 발기인 조합을 대리하여 대출받은 것이 아니라고 할 것이므로, 원고 P로서는 D를 상대로 구상권을 행사해야 할 것이지 발기인 조합에게 구상할 수는 없다고 할 것이다.

(3) 설립된 회사로의 권리의무 이전

■ [특별한 이전행위가 필요하다] 대법원 93다50215 판결 (기초사실: P주식회사의 설립준비위원 A가 친형인 B의 명의로 D로부터 토지를 구입함. 이후 P회사가 설립등기를 마치자 매매계약서를 재작성하여 매수인을 B에서 P로 변경하였고, D의 서류에도 미지급잔금의 채무자가 P회사로 기재됨. P의 D에 대한 이전등기 청구): ① 발기인 개인 또는 발기인조합에 귀속된 권리의무를 설립 후의 회사에 귀속시키기 위하여는 양수나 채무인수 등의 특

별한 이전행위가 있어야 한다. ② 원고 P는 D의 동의아래 계약자 명의를 원고로 변경하여 매매계약서를 새로이 작성하였다고 주장하고 있는 바, 위와 같이 매수계약자 명의를 변경하였다는 주장의 취지는 매수자의 지위를 인수하였다는 취지로 보여지고, 또한 D의 사무인계서류 토지대미수금난에 'P회사 6,825,000원'으로 기재되어 있는 점 등을 종합하면, 원고주장과 같이 매수인명의를 원고로 변경한 사실을 인정할 수 있으므로, 결국 원고는 이 사건 토지에 관한 D와의 매매계약에서의 매수인의 지위를 인수하였다고 하겠다.

- [성립될 회사를 위한 '제3자를 위한 계약'으로 해석한 사례] 청주지법 2004가합1735 판결(2006): (기초사실: A가 P주식회사의 설립과정에서 자신의 명의로 D로부터 토지를 매수하면서 매매계약서 특약사항 제2항으로 "매수인은 법인전환시 상호에 따라 결정되므로, 매수인이 지정되는 대로 매도인 인감발급 및 등기서류를 제출한다"고 약정함. 이후 甲회사가 설립등기를 마치고 이전등기를 청구함) ① 제3자를 위한 계약에 있어서 제3자가 계약 당시에 아직 성립되지 않은 법인이라 할지라도 장래에 법인의 성립이 예기된 경우에는 제3자로 할 수 있다고 할 것이고, 어떤 계약이 제3자를 위한 계약에 해당하는지 여부는 당사자의 의사가 그 계약에 의하여 제3자에게 직접 권리를 취득하게 하려는 것인지에 관한 의사 해석의 문제로서, 이는 계약 체결의 목적, 계약에 있어서의 당사자의 행위의 성질, 계약으로 인하여 당사자 사이 또는 당사자와 제3자 사이에 생기는 이해득실, 거래 관행, 제3자를 위한 계약 제도가 갖는 사회적 기능 등 제반 사정을 종합하여 계약 당사자의 합리적 의사를 해석함으로써 판별할 수 있다. ② 제3자에게 부동산소유권을 이전하기로 약정하는 경우, 민법 제539조의 규정이 준용되어 제3자는 낙약자에 대하여 수익의 의사표시를 함으로써 부동산에 관한 소유권이전등기청구권을 취득한다. P회사는 이 사건 2006. 3. 7.자 청구취지 및 청구원인 변경신청서부본의 송달로써 D에게 수익의 의사표시를 하였으므로 D에 대하여 이 사건 부동산에 관한 소유권이전등기청구권을 취득하였다고 할 것이다.

## 3. 設立中의 會社

### 가. 의의

(1) 개념: 설립등기가 이루어지기까지 회사의 실체를 갖추어가고 있는 사회적 존재

- 설립과정 중에 발생하는 권리의무를 특별한 승계절차 없이 설립 이후의 회사에 귀속시키기 위한 개념
- 설립등기로 성립하게 될 회사와 '동일성'을 갖는 설립과정에 있는 미완성의 회사 (통설: 동일성설)

(2) 법적 성격

- 권리능력 없는 사단(통설): 소송당사자 능력(민소§52), 등기능력 긍정(부동산등기법§26)

※ 독일: 회사 설립의 전 단계에서 부분적 권리능력을 갖는 '성립중의 법인'으로서 회사에 적용되는 법규를 가능한 범위 안에서 일부 적용할 수 있다 (통설/판례)

### 나. 설립중의 회사의 성립시기

(1) 논의의 필요성

- 성립 이전의 법률행위의 효과는 일단 발기인 개인이나 발기인조합에 귀속하며, 이후 성립된 회사로 이전하는 특별한 이전행위(양도/채무인수 등)가 필요하다. 그러나 설립중의 회사가 성립된 이후에는 법률행위의 효과가 설립중의 회사에 귀속하였다가 이후 설립등기로 회사가 성립하면 특별한 이전행위 없이 당연히 성립된 회사로 이전된다.
- 따라서 설립중의 회사의 성립시기는 설립과정의 법률행위의 효과가 설립 이후의 회사에 당연히 귀속하게 되는 기준시점이 된다.

(2) 학설

① 정관 작성시설: 발기인이 확정되면 그 행위의 효과를 회사에 귀속시킬 수 있다.

② 발행주식 총수의 인수시설: 인적/물적인 실체가 확정된다.

③ 발행주식 일부의 인수시설(다수설, 판례): 주식 인수가 시작되어야 인적/물적인 실체가 형성되기 시작한다.

(3) 판례

■ [설립중의 회사의 성립시기] 대법원 90누2734 판결 (기초사실: 1984.3.13. 설립된 원고 P주식회사의 실질적 소유주인 A는 회사 설립 후의 목적사업 수행을 위해 설립시부터 B를 내세워 1983.12. 중순경 토지를 매수하여 B 앞으로 이전등기하게 한 뒤 1984.5.4. 일괄하여 P회사 앞으로 소유권이전등기를 되돌려 받았음. 국세청은 P회사가 토지를 증여받았음을 전제로 그 시가상당액을 P의 1984년도 익금으로 산입하여 법인세를 부과함. 법인세부과처분 취소청구): ① 원심은, 원고가 위 토지를 증여받았다고 할 수 없는데도 증여받았음을 전제로 한 이 사건 법인세 등 부과처분은 위법하다고 판단하였다. ② 그러나 원고가 회사 설립단계에서 위 토지를 매수하였다고 하려면 매수 당시 적어도 정관을 작성하고 발기인이 1주 이상의 주식을 인수하는 등 설립중의 회사로서의 실제를 갖추었어야 할 것인데(당원 1985.7.23. 선고 84누678 판결), 전 기록을 살펴보아도 원고가 회사설립등기일인 1984.3.13. 이전에 설립중의 회사로서의 실체를 갖추었다고 볼 아무런 자료가 없고, 다만 원고 회사의 실질적인 소유주인 A가 원고 회사의 설립을 준비하면서 이 사건 토지를 매수하여 소외 B에게 명의신탁하였다가 회사설립 후 회사 명의로 소유권이전등기를 한 사정이 엿보일 뿐이다. 따라서 원심으로서는 위 토지를 매수할 당시 원고가 설립중의 회사로서의 실체를 갖추었고 위 A가 설립중의 회사의 기관으로서 이를 매수한 것인지 아니면 그 개인이 매수한 것인지, 개인이 매수한 것이라면 위 토지를 원고 회사에 현물출자하였다거나 기타 유상양도하였는지의 여부를 심리 확정하지 아니하고서는 그 판시와 같은 사유로 원고가 이 사건 토지를 증여받은 것이 아니라고 단정할 수는 없다고 할 것이다. 따라서 원심판결은 설립중의 회사의 성립시기에 관한 심리를 미진하고, 증거없이 사실을 인정한 허물이 있다고 할 것이니 이점을 지적하는 논지는 이유있다.

## 다. 발기인의 권한

### (1) 논의의 필요성

- 발기인은 발기인조합의 조합원이지만, 동시에 설립중의 회사의 기관이 된다(통설).
- 발기인이 [① 설립중의 회사의 명의로, ② 발기인의 권한 범위 내에서] 한 행위의 효과만이 설립중의 회사에 귀속하며, 설립등기 이후의 성립 후의 회사에 당연히 이전됨

### (2) 발기인의 권한 범위

#### (가) 학설

① 회사설립을 직접 목적으로 하는 행위(정관작성, 주식청약서 인쇄 등)에 한정되며, 예외적으로 법이 허용하는 개업준비행위(재산인수: §290 iii)를 할 수 있다는 견해

② 회사설립에 법률상/경제상 필요한 행위(설립사무실 임차, 설립사무원의 고용, 주주모집 광고의 위탁 등)를 할 수 있다는 견해

③ 개업준비행위(회사 성립 후의 영업을 위한 준비행위. 예: 회사를 위한 토지/건물 매입, 종업원 채용, 원료 구입 등)까지도 할 수 있다는 견해. 재산인수는 위험성이 커서 법이 정관기재와 조사절차 등의 특별한 정함을 두었다고 설명한다.

#### (나) 판례

- [발기인의 개업준비행위에 따른 채무가 성립 후의 회사에 귀속된다고 본 사례] 대법원 70다1357 판결 (기초사실: 여객운송업을 목적으로 하는 D주식회사를 설립하는 과정에서 발기인대표 A가 자동차 5대의 조립계약을 B와 체결하였고, B로부터 조립대금 잔액을 양도받은 P가 조립된 자동차를 인수받아 운행하는 D회사에 대해 양수금을 청구함) ① 주식회사의 설립과정에 있어서의 소위 설립중의 회사라 함은 상법규정에 명시된 개념이 아니고 발기인이 회사의 설립을 위하여 필요한 행위로 인하여 취득 또는 부담하였던 권리의무가 회사의 설립과 동시에 그 설립된 회사에 귀속되는 관계(실질적으로는 회사불성립의 확정을 정지조건으로 하여 발기인에게 귀속됨과 동시 같은 사실을 해제조건으로 하여 설립될 회사에

귀속되는 것이고 형식적으로는 회사성립을 해제조건으로 발기인에게 귀속됨과 동시 같은 사실을 정지조건으로 설립될 회사에 귀속되는 것이다)를 사회학적 및 법률적으로 포착하여 설명하기 위한 강학상의 개념이다. ② 1965.7.19. 그 설립이 발기되어 1967.12.27.에 설립등기를 마치게 되었던 피고회사의 설립에 관한 사무들이 추진 중이던 1967.5.13 당시의 발기인 대표가 소외인과 자동차 조립계약을 체결하였던 것이고 그 계약에 의하여 조립된 자동차는 피고회사가 1968.3.22 직접 인수하여 운행하게 되었던 것이라면 발기인대표로서 회사설립사무의 집행을 위하여 위 계약을 체결하게 되었던 것.

(다) 정리

- 발기인의 권한 범위를 넓힐수록 성립될 회사의 재산적 기초를 위태롭게 할 위험성이 증가한다.
- 그러나, 회사의 손해는 발기인의 손해배상책임(§322)으로 전보될 수 있다는 점, 권한 범위를 좁히면 회사가 거래행위의 효력을 부인할 수 있게 되어 거래의 안전을 침해할 우려가 있다는 점, 권한범위의 축소가 발기인들의 사적자치를 제한할 만큼 필수적이고 유력한 수단이겠는가 하는 점 등을 감안하면 ③설이 유력할 것

(3) 권한 밖의 행위

(가) 효과의 귀속

- 발기인 개인 또는 발기인 조합에 귀속하며, 성립 후의 회사에 귀속시키려면 별개의 이전행위기 필요하다.

(나) 추인이 가능한가

- 발기인의 권한을 넘는 행위는 무권대리행위가 되어 추인 법리가 적용될 수 있다(긍정설). 그러나, 발기인의 권한 범위 문제는 회사의 자본충실을 위한 문제가 된다는 점에서 주주들의 다수결에 의한 추인만으로 처리할 수 없으며, 요건을 갖추지 못한 재산인수를 추인한다고 하더라도 설립경과 조사에서 제외되어 버린 흠을 치유할 수 없다고 볼 수 있다(부정설).
- [정관에 기재되지 않은 재산인수계약의 경우 사후설립(§375)에 필요한 요건인 주주

총회의 특별결의에 의한 추인 허용] 대법원 91다33087 판결: (기초사실: A와 B가 축산업을 목적으로 하는 P주식회사를 설립하기로 하고, 각각 500만원을 출자하되 현물출자 규제를 피하기 위해 B가 1,000만원을 출자한 후 P회사가 A의 토지를 500만원에 매수하고 매매대금을 B가 찾아가기로 약정함. 1969.3.5. 주식인수, 3.7. 창립총회 및 설립등기, 3.11. 토지매매계약 체결, 3.17. 이전등기 경료. 3.18. 임시주주총회에서 주주 전원의 찬성으로 매수승인, 소송 제기 이후인 1989.3.9. 60% 주주가 출석한 임시주주총회에서 전원 찬성으로 승인결의) ① 원심이, 원고 회사가 그 설립 직후인 1969.3. 11. 자본금의 2분의 1에 해당하는 금 5백만 원에 매수한 것은 상법상의 사후설립에 해당된다고 하고, 위 매매계약 이전에 주주총회의 특별결의가 없었음은 원고가 자인하고 있으나 위 매매계약 이후 위 계약을 추인하는 주주총회의 특별결의가 있었다고 판단하였다.… 가사 위 1969. 3. 18. 자 특별결의가 없었다 하더라도 이 사건 소제기 이후인 1989. 3. 9. 총주식 1만 주 중 과반수가 넘는 6천 주가 출석한 임시주주총회에서 출석주주 전원의 찬성으로 이 사건 매매계약을 승인한다는 결의를 한 사실이 인정되므로 위 매매계약은 유효하다고 판시하였다. ② 상법 제290조 제3호는 변태설립사항의 하나로서 회사성립 후에 양수할 것을 약정한 재산의 종류, 수량, 가격과 그 양도인의 성명은 정관에 기재함으로써 그 효력이 있다고 규정하고 있고, 이 때에 회사의 성립 후에 양수할 것을 약정한다 함은 이른바 재산인수로서 발기인이 회사의 성립을 조건으로 다른 발기인이나 주식인수인 또는 제3자로부터 일정한 재산을 매매의 형식으로 양수할 것을 약정하는 계약을 의미한다고 할 것이고, 아직 원시정관의 작성 전이어서 발기인의 자격이 없는 자가 장래 성립할 회사를 위하여 위와 같은 계약을 체결하고 그 후 그 회사의 설립을 위한 발기인이 되었다면 위 계약은 재산인수에 해당하고 정관에 기재가 없는 한 무효라고 할 것이다. ③ 이 사건에 있어서… 현물출자에 따른 번잡함을 피하기 위하여 원고 회사의 성립 후 원고 P회사와 위 A 간의 매매계약에 의한 소유권이전등기의 방법에 의하여 위 현물출자를 완성하기로 약정하고 그 후 회사설립을 위한 소정의 절차를 거쳐 위 약정에 따른 현물출자가 이루어진 것이라면, 위 현물출자를 위한 약정은 그대로 상법 제290조 제3호가 규정하는 재산인수에 해당한다고 할 것이어서 정관에 기재되지 아니하는 한 무효라고 하지 않을 수 없고, 원심의 이와 다른 판시는 찬동할 수 없으나 한편 위와 같은 방법에 의한 현물출자가 동시에 상법 제375조가 규정하는 사후설립에 해당하고 이에 대하여 주주총회의 특별결의에 의한 추인이 있었다면 원고 회사는 유효하게 위 현물출자로 인한 부동산의 소유권을 취득한다고 할 것이다. 원심은 1969. 3. 18. 원고 회사의 임시주주총회에서 위 매매계약을 추인하는 결의가 있었을 뿐만 아니라 1989. 3. 9. 에 이르러서도 위와 같은 주주총회의 특별결의가 있었다고 인정하였는바, 그렇다면 원고 회사의 이 사건 토지들에 관한 소유권이전등기는 사후설립으로서 유효하다고 할 것이므로 원심의 결론은 정당하다.

(4) 발기인 권한과 관련한 회사법 규정의 유추적용 문제

(가) 대표발기인 권한의 내부적 제한: §209Ⅱ(대표사원의 권한)

(나) 대표권이 없는 발기인의 행위: §395(표현대표이사)

### 라. 법리의 유추적용 문제

(1) 유한회사의 설립과 설립중의 회사

■ 부산고법 95구10136 판결 (마산세무서장의 주류도매면허신청서반려처분취소 청구): 이른바 '설립중의 회사'라고 함은 회사의 설립등기 이전에 어느 정도 실체가 형성된 미완성의 회사를 지칭하는 것으로서 당사자능력이 있다 할 것이나, 이러한 설립중의 회사는 정관이 작성되고 각 발기인 또는 사원이 적어도 1주 이상의 주식을 인수하거나 출자금액의 일부를 납입하였을 때 비로소 성립하는 것이고, 이러한 실체가 갖추어지기 이전에 발기인 또는 사원들의 회사설립을 위한 단순한 인적 결합체에는 당사자능력을 인정할 수 없다 할 것인바, 기록에 의하면, 소외 A, B, C는 1995. 1. 25. 1좌의 금액을 금 10,000원으로 하여 A는 3,500좌, B, C는 각 2,000좌를 출자하여 주류판매업 등을 목적으로 한 원고 유한회사를 설립하기로 하고 정관을 작성한 사실은 인정되나 위 A 등이 출자하기로 한 구좌를 1좌라도 인수하였다고 볼 아무런 증거자료 없다. 그렇다면 A 등이 원고 유한회사를 설립하기로 하였다 하여도 아직 설립중의 회사로서의 실체가 형성되었

다고는 볼 수 없고 이는 단지 회사설립을 위한 인적 결합체에 불과하여 원고는 아직 당사자능력을 가지지 못하였다고 할 것이니, 소외 A가 원고의 대표자로서 제기하는 이 사건 소는 결국 부적법하므로 이를 각하하고, 소송비용은 A의 부담으로 하여 주문과 같이(각하) 판결한다.

(2) 교회의 설립과 설립중의 회사의 법리

■ 대법원 2007다37394,37400 판결 (기초사실: A목사가 P교회를 설립하기 위해 D로부터 상가 건물을 분양받음. 교회 설립 후 P교회가 등기이전을 구할 수 있는가): 교회는 주무관청의 허가를 받아 설립등기를 마치면 민법상 비영리법인으로서 성립하나, 교회가 법인격을 취득하지 않더라도 기독교교리를 신봉하는 다수인이 공동의 종교활동을 목적으로 집합체를 형성하고 규약 기타 규범을 제정하여 의사결정기관과 대표자 등 집행기관을 구성하고 예배를 드리는 등 신앙단체로서 활동하는 경우에는 법인 아닌 사단으로서 성립 · 존속하게 되는바(대법원 2006. 4. 20. 선고 2004다37775 전원합의체 판결 등 참조), 교회가 이와 같이 그 실체를 갖추어 법인 아닌 사단으로서 성립한 경우에 교회의 대표자가 교회를 위하여 취득한 권리의무는 교회에 귀속된다고 할 것이나, 교회가 아직 실체를 갖추지 못하여 법인 아닌 사단으로서 성립되기 이전에 설립의 주체인 개인이 취득한 권리의무는 그것이 앞으로 성립될 교회를 위한 것이라 하더라도 바로 법인 아닌 사단인 교회에 귀속될 수는 없다고 할 것이며, 또한 앞서 본 설립중의 회사의 개념과 법적 성격에 비추어, 법인 아닌 사단인 교회가 성립되기 전의 단계에서 설립중의 회사의 법리를 유추적용할 수는 없다 할 것이다.

# 제3절 정관의 작성과 변태설립사항의 규제

## 1. 개설

### 가. 정관의 작성

■ 정관의 효력발생 시기: 공증인의 인증(§292)

※ 자본금 총액 10억 원 미만인 회사를 발기설립하는 경우 정관은 각 발기인의 기명날인[서명]만으로 발효함 (2009. 5. 28. 개정)

### 나. 정관의 절대적 기재사항 (§289)

- 전자적 방법(인터넷 홈페이지 게재)에 의한 공고 관련 사항 신설 (2009. 5. 28. 개정)
- 인터넷 홈페이지 주소의 등기 (시행령§6Ⅱ)

## 2. 변태설립사항 (§290)

**제290조 (변태설립사항)** 다음의 사항은 정관에 기재함으로써 그 효력이 있다.
1. 발기인이 받을 특별이익과 이를 받을 자의 성명
2. 현물출자를 하는 자의 성명과 그 목적인 재산의 종류, 수량, 가격과 이에 대하여 부여할 주식의 종류와 수
3. 회사성립후에 양수할 것을 약정한 재산의 종류, 수량, 가격과 그 양도인의 성명
4. 회사가 부담할 설립비용과 발기인이 받을 보수액

### 가. 의의

- 개념: 설립되는 회사의 재산적 기초를 위태롭게 할 수 있는 사항
- 정관의 상대적 기재사항으로서, 정관에 기재하지 않으면 효력이 없다.
- 주식청약서에 기재하여야 하고(§302Ⅱ), 설립경과 조사의 대상이 된다(변태설립사항의 조사, 보고, 변경처분).

### 나. 발기인의 특별이익

(1) 개념: 회사설립의 공로에 대한 대가

(2) 특별이익의 예

- 신주인수권, 총판권/원료공급권 등 거래상의 우선적 지위 부여 기타

  cf. 무상주 부여, 우선적인 이익배당, 이사의 직위 보장 등은 주식회사의 자본충실, 주주평등의 원칙, 단체법적 질서에 반하므로 허용되지 않을 것.

(3) 특별이익의 법적 성격

(가) 정관의 규정만으로 제3자가 권리를 취득하는가?

- 정관의 효력이 당연히 제3자에게 미치는 것은 아니라는 견해(통설)에 의한다면, 특별이익은 개인적인 채권적 권리로서 정관의 규정에 따라 회사와 발기인 간의 별도의 계약이 있어야 성립하는 계약상의 권리이다. 그러나, 발기인/이사 등의 회사법적 지위와 연계된 정관 규정은 직접 효력을 갖는다는 견해에 의하면 정관 규정만으로 발기인의 권리가 발생한다.

(나) 양도/상속이 가능한가?

- 회사설립의 공로에 대하여 발기인에게 주어지는 개인적인 재산적 권리라면 원칙적으로 양도/상속이 가능하다고 할 것 (다수설)
- 회사와의 특별한 인적관계에 기초한 권리로 보아 부정하는 견해

### 다. 현물출자

(1) 개념

- 금전 이외의 재산 출자 (대차대조표상 자산으로 계상할 수 있어야 할 것): 영업비결이나 재산적 가치 있는 사실관계의 출자도 가능하다. 그러나 자본단체의 특성상 곧바로 현실화될 수 없는 노무/신용의 출자는 허용되지 않는다 (통설).
- 숨은 현물출자: 금전 출자 → 회사의 대여금 제공 → 현물 양도 → 대금채권과 상계
- 1995년 상법개정 이전에는 발기인만이 현물출자를 할 수 있었음 (§295 II 은 수정하지 못한 입법의 오류).

(2) 현물출자의 이행

- 납입기일까지 이행하도록 함 (§295)
- 현물출자의 불이행과 발기인의 납입담보책임(§321) 적용문제: 다수설은 현물출자의 목적물은 대체성이 없으므로 발기인의 책임으로 해결되지 못하고, 따라서 설립무효사유가 된다고 본다. 다만, 사업목적에 불가결한 것이 아닌 경우에는 발기인의 금전대체납입의무를 인정하자는 견해도 유력하다.

## 라. 재산인수

(1) 의의

- 개념: 회사성립 후에 특정의 재산을 회사가 양수하기로 하는 약정
- 성격: 개업준비행위에 속함 (발기인의 권한과 관련하여, 예외적으로 허용한 것인가? 위험성에 비추어 특별한 요건을 부과한 것인가?)

(2) 기재되지 않은 재산인수(현물출자)에 대한 추인의 가능성

- 정관에 기재되지 않은 재산인수계약의 경우 사후설립의 요건을 갖춘 추인을 허용한 사례: 앞의 대법원 91다33087 판결 참고

(3) 사후설립 (§375)

- 개념: 회사 성립 후 2년 내에 그 성립 전부터 존재하는 재산으로서 영업을 위하여 계속하여 사용하여야 할 것을 자본금의 100분의 5 이상에 해당하는 대가로 취득하는 계약
- 현물출자/재산인수에 대한 조사절차를 회피하는 수단이 될 수 있으므로, 주주총회의 특별결의를 요구함.

## 마. 설립비용과 발기인의 보수

(1) 설립비용의 개념

- 회사 설립을 위해 지출한 소모성 비용: 설립사무실 임차료, 통신비, 주주모집 광고비 등

  cf. 공장/집기 등의 구입비용은 개업준비비로 설립비용이 아닐 것

(2) 설립비용의 부담

- 학설: 발기인 부담설, 회사 부담설, 중첩 부담설
- 거래의 안전과 회사의 자본충실 요청이 상충관계에 있지만, 발기인이 권한범위 안에서 설립중의 회사의 명의로 거래한 경우 그 권리의무가 회사에 귀속하게 된다는 점에서 회사부담설이 타당할 것: 회사가 전액 부담한 후 발기인에게 초과부분을 구상하게 된다.
- 발기인이 체당지급한 설립비용은 회사 성립 후 정관에 기재된 범위 안에서 회사에게 구상할 수 있다. 정관에 기재되지 않은 설립비용 또는 기재된 금

액을 초과하는 금액은 구상할 수 없으며, 사무관리/부당이득 주장도 인정되지 않는다.

(3) 발기인의 보수

- 발기인이 제공한 노무의 대가
- 설립비용이나 발기인의 특별이익과 구분

# 제4절 회사의 물적 · 인적 실체의 형성

## 1. 주식발행사항의 결정(§291) 및 발기인의 주식인수(§293)

**제291조 (설립 당시의 주식발행사항의 결정)** 회사설립 시에 발행하는 주식에 관하여 다음의 사항은 정관으로 달리 정하지 아니하면 발기인 전원의 동의로 이를 정한다.

1. 주식의 종류와 수
2. 액면주식의 경우에 액면 이상의 주식을 발행할 때에는 그 수와 금액
3. 무액면주식을 발행하는 경우에는 주식의 발행가액과 주식의 발행가액 중 자본금으로 계상하는 금액

**제293조 (발기인의 주식인수)** 각발기인은 서면에 의하여 주식을 인수하여야 한다.

## 2. 발기설립의 경우

### 가. 출자의 이행 (§295): 전액납입주의

(1) 납입의 확실성 확보 (§§295, 318)

**제295조 (발기설립의 경우의 납입과 현물출자의 이행)**

① 발기인이 회사의 설립시에 발행하는 주식의 총수를 인수한 때에는 지체없이 각주식에 대하여 그 인수가액의 전액을 납입하여야 한다. 이 경우 발기인은 납입을 맡을 은행 기타 금융기관과 납입장소를 지정하여야 한다.

② 현물출자를 하는 발기인은 납입기일에 지체없이 출자의 목적인 재산을 인도하고 등기, 등록 기타 권리의 설정 또는 이전을 요할 경우에는 이에 관한 서류를 완비하여 교부하여야 한다.

**제318조 (납입금 보관자의 증명과 책임)**

① 납입금을 보관한 은행이나 그 밖의 금융기관은 발기인 또는 이사의 청구를 받으면 그 보관금액에 관하여 증명서를 발급하여야 한다.

> ② 제1항의 은행이나 그 밖의 금융기관은 증명한 보관금액에 대하여는 납입이 부실하거나 그 금액의 반환에 제한이 있다는 것을 이유로 회사에 대항하지 못한다.
> ③ 자본금 총액이 10억원 미만인 회사를 제295조제1항에 따라 발기설립하는 경우에는 제1항의 증명서를 은행이나 그 밖의 금융기관의 잔고증명서로 대체할 수 있다.

- 납입금보관증명서: 설립등기시의 첨부서류
- 소규모 회사(자본금 10억 원 미만 회사)의 발기설립시 잔고증명서로 대체 가능
  - 잔고증명서에 대해서도 절대적 반환책임을 진다는 견해

(2) 납입의무 불이행시: 실권절차 없음

나. 기관의 구성: 이사/감사 선임 (§§296, 409Ⅳ)

- 인수주식의 수에 따른 발기인의 의결권의 과반수로 선임한다.
- 소규모 회사: 감사의 임의기관화 (§409Ⅳ)

다. 설립경과의 조사

- §298
- 변태설립사항에 관한 조사(§§299-300)

## 3. 모집설립의 경우

가. 주주의 모집 (§301)

(1) 모집 방법

- 공모, 연고모집
- 50인 이상 투자자에 대한 모집/매출의 경우(公募)에는 금융위원회 신고 등 투자자 보호를 위한 공시 규제를 받게 된다 (자본시장과 금융투자업에 관한 법률 §119)
  cf. 사모, 소규모공모(10억 원 기준)

(2) 모집주주 보호

- 주식청약서주의 (§302)
- 주식청약서의 요건 흠결 (§320Ⅰ)

제320조 (주식인수의 무효주장, 취소의 제한) ① 회사성립후에는 주식을 인수한 자는 주식청약서의 요건의 흠결을 이유로 하여 그 인수의 무효를 주장하거나 사기, 강박 또는 착오를 이유로 하여 그 인수를 취소하지 못한다.
② 창립총회에 출석하여 그 권리를 행사한 자는 회사의 성립전에도 전항과 같다.

(3) 청약과 배정

(가) 개설

- 법적 성격: 설립중의 회사에의 입사계약
- 청약에 대한 배정자유의 원칙: 주식인수단계에서는 주주평등의 원칙이 없음
- 주식인수인/청약인에 대한 통지와 도달 간주: §304

(나) 의사표시의 특례: 비진의표시(§302Ⅲ, 민법§107), 사기/강박/착오 주장의 제한(§320)

제302조 (주식인수의 청약, 주식청약서의 기재사항) ③ 민법 제107조(진의 아닌 의사표시) 제1항 단서의 규정은 주식인수의 청약에는 적용하지 아니한다.

※ 무능력, 채권자취소권(민법§406) 규정은 적용되어야 할 것
※ 통정허위표시(민법§108) 적용문제: 설립행위 성질론(합동행위 문제)과 연계

## 나. 출자의 이행 (§305)

(1) 개설

- 주금 납입은 청약증거금에 의하여 선납 처리하는 것이 보통이다.
- 납입장소의 제한(§§302,305,306) 및 납입금취급은행의 책임(§318)
- 상계금지 규정(§334: "주주는 납입에 관하여 상계로써 회사에 대항하지 못한다")의 삭제: 채권의 출자전환을 허용하여 구조조정의 편의를 도모함(2011년 개정상법).

(2) 가설인/타인 명의의 주식인수 (§332)

제332조 (가설인, 타인의 명의에 의한 인수인의 책임)
① 가설인의 명의로 주식을 인수하거나 타인의 승락없이 그 명의로 주식을 인수한 자는 주식인수인으로서의 책임이 있다.
② 타인의 승락을 얻어 그 명의로 주식을 인수한 자는 그 타인과 연대하여 납입할 책임이 있다.

(3) 실권절차 (§307)

**제307조 (주식인수인의 실권절차)**

① 주식인수인이 제305조의 규정에 의한 납입을 하지 아니한 때에는 발기인은 일정한 기일을 정하여 그 기일내에 납입을 하지 아니하면 그 권리를 잃는다는 뜻을 기일의 2주간전에 그 주식인수인에게 통지하여야 한다.

② 전항의 통지를 받은 주식인수인이 그 기일내에 납입의 이행을 하지 아니한 때에는 그 권리를 잃는다. 이 경우에는 발기인은 다시 그 주식에 대한 주주를 모집할 수 있다.

③ 전2항의 규정은 그 주식인수인에 대한 손해배상의 청구에 영향을 미치지 아니한다.

■ 현물출자의 불이행에 대해서는 일반 채무불이행 원칙이 적용된다.

※ 신주발행시 §423Ⅱ: "신주의 인수인이 납입기일에 납입 또는 현물출자의 이행을 하지 아니한 때에는 그 권리를 잃는다."

다. 설립경과의 조사: §§310, 313

라. 창립총회 (§308)

(1) 법적 지위: 설립중의 회사의 최고 의사결정기관

(2) 권한: 발기인의 설립사항 보고(§311), 임원 선임(§312), 설립경과조사 보고(§313), 변태설립사항 보고/변경(§§310, 314), 정관변경/설립폐지(§316)

(3) 결의요건(§309): 출석한 주식인수인의 의결권의 3분의 2이상이며 인수된 주식의 총수의 과반수 (무의결권주 규정의 준용 배제: §§308, 371Ⅰ)

(4) 창립총회의 절차, 결의의 하자: 주주총회 규정을 준용함 (§308)

## 제5절 설립등기

### 1. 등기사항

■ §317

■ 첨부서류: 상업등기법 §80 (정관, 주식청약서, 납입금보관증명서 등)

## 2. 설립등기의 효력

### 가. 창설적 효력 (§172)

**제172조 [회사의 성립]** 회사는 본점소재지에서 설립등기를 함으로써 성립한다.

### 나. 부수적 효력

- 주식인수의 하자 주장 제한: 보완적 효력
- 주권발행 금지(§355Ⅱ), 권리주 양도 제한 해제(§319): 해제적 효력
- 설립중의 회사의 권리의무 승계

## 3. 조세

- 설립등기의 등록세, 발행주권의 인지세
- 현물출자의 양도소득세, 목적재산의 취득세

# 제6절 가장납입(假裝納入)

## 1. 납입가장행위의 유형

### 가. 통모가장납입(예합; 預合)

- 개념: 주금납입은행과 공모하여 납입금이 없거나 부족한데도 불구하고 납입이 완료된 것처럼 가장하는 행위
- "납입금보관증명서로 증명한 보관금액에 대하여는 납입이 부실하거나 그 금액의 반환에 제한이 있다는 것을 이유로 회사에 대항하지 못한다"는 납입금보관증명 규정(§318) 때문에 실제로 행해지기 어렵다.

### 나. 차입금(見金)에 의한 가장납입

- 타인으로부터 자금을 차입하여 납입하고 설립등기를 마친 후 납입금을 인출하여 변제하는 방식의 가장납입

### 다. 참고: 신주발행과 회사의 자금에 의한 주금 납입

- 신주발행시에 임직원들이 신주를 인수하도록 하고 그 납입자금을 회사가 대여하되 실질적으로는 대여금을 회수하지 않는 형태
- 가장납입으로 무효라는 견해가 있으며(다수설), 자기주식취득이 문제될 수도 있다.

## 2. 차입금(見金)에 의한 가장납입

### 가. 납입의 효력

#### (1) 학설

- 무효설(다수설): 실질적인 납입이 없어 물적회사에 절대적으로 요구되는 자본충실의 원칙에 반하므로 허용될 수 없다 (가장납입자의 주주 지위가 부정되며, 발기인 등의 납입담보책임이 발생할 수 있고, 설립무효사유가 된다).
- 유효설: 외형적으로 금전의 이동에 의한 납입이 있었고, 설령 납입의 가장 수단이었다고 하더라도 행위자의 주관적 의도에 의해 회사 설립의 효력을 좌우시킬 수 없다.

#### (2) 판례

- [견금에 의한 가장납입의 유효성 - 부당행위계산 부인: 법인세법 § 52] 대법원 82누522 판결(1983) (기초사실: P주식회사가 신주를 발행하면서 대표이사 A가 7,000만 원을 차용하여 증자대금으로 납입한 후 증자등기 3일 후에 납입금을 반환받아 차용금을 변제함으로써 회계장부에는 증자대금이 입금되었지만 실제 자금은 없게 되었다. 국세청은 P회사가 출자자인 A에게 해당 금액을 무상으로 대여한 것으로 보고 그 이자 상당액을 익금에 산입한 금액을 과세표준금액으로 하여 법인세를 부과하였고, P회사는 가장납입이 주금 납입으로 무효라고 주장하며 법인세부과처분의 취소를 구하였다): 회사의 설립이나 증자의 경우에 당초부터 진정한 주금의 납입으로서 회사자금을 확보할 의도 없이 일시적인 차입금으로 단지 주금납입의 외형을 갖추고 회사설립이나 증자절차 후 곧바로 그 납입금을 인출하여 차입금을 변제하는 주금의 가장납입 소위 견금의 경우에도 금원의 이동에 따른 현실

의 불입이 있는 것이고 설령 그것이 실제로는 납입의 가장수단으로 이용된 것이라 할지라도 이는 당해 납입을 하는 발기인 또는 이사들의 주관적 의도의 문제에 불과하고 회사가 관지할 바 아니므로 이러한 발기인 내지 이사들의 내심적 사정에 의하여 회사의 설립이나 증자와 같은 집단적 절차의 일환을 이루는 주금납입의 효력을 좌우함은 타당하지 않다.

나. 가장납입자에 대한 회사의 권리: 대여금 반환청구권 or 체당납입 주금의 상환청구권 (1999년 이전의 증여추정 과세)

- 대법원 2005두5574 판결(2007) (기초사실: A가 자본금 1억 원인 甲(갑)건설회사의 주식을 인수하여 실질적인 1인주주가 되면서 매형인 P를 대표이사로 하고 주식명의인도 P로 하였다. 이후 토목건설공사업 면허를 받기 위해 자본금을 30억 원으로 증자하면서 신주인수대금 29억 원을 차용금으로 납입하고 증자를 마친 후 곧바로 납입금을 인출하여 변제하였다. 이후 A는 법인체양도계약을 체결하여 건설업 면허와 회사 주식 전부를 4억 원에 양도하였다. 국세청이 회사의 주식변동에 대한 세무조사를 실시하여 A가 P에게 주식을 명의신탁한 것을 밝혀냈고, 명의신탁재산의 증여의제 규정에 따라 그 주식이 4억 원에 양도되었지만 이는 현저한 저가이므로 회사의 자산 등을 기준으로 증여재산의 가액을 30억 원으로 평가하여 4.6억 원의 증여세를 부과하였다. P는 가장납입은 무효이고 명의신탁 주식의 가액이 잘못 평가되었다고 주장하며 증여세 부과처분의 취소를 구하였다): ① 주식회사의 이사이자 주주인 자가 제3자로부터 금원을 차용하여 주금을 가장납입한 후 납입은행으로부터 납입금액을 반환받아 제3자에게 변제한 경우, 회사가 주주나 이사에게 그 가장납입금을 무상으로 대여한 것이거나, 일시 차입금을 가지고 주주의 주금을 체당 납입한 것과 같이 볼 수 있다. 갑 회사 양도계약의 거래가액은 A가 가장납입으로 인하여 회사에 대하여 부담하는 채무를 포함한 증여일 당시의 갑 회사 자산에 비하여 현저하게 저가로 책정되었으므로 그 가장납입 관련 채권이 갑 회사의 자산이 아니라고 볼 만한 합리적인 사정을 찾아볼 수 없는 이 사건에서는 그 거래가액은 이를 증여일 당시 갑 회사 주식에 대한 객관적 교환가격으로서의 시가라고 볼 수 없을 뿐만 아니라, 갑 회사 주식 평가액의 당부를 판단할 기준

으로 삼을 수도 없다. ② 증여재산인 비상장주식의 가액을 평가함에 있어 그 산정요소의 하나인 증여일 당시 당해 법인의 순자산가액에는 증여일 당시 회수불능인 채권은 포함시킬 수 없을 것이나, 채권의 회수불능은 증여세과세가액 결정에 있어 예외적인 사유에 속하는 것이므로 이러한 특별한 사유에 대한 입증책임은 이를 다투는 납세의무자에게 있다. A가 타인으로부터 금원을 차용하여 주금을 가장납입한 후 가장납입금을 인출하여 차용한 금원을 변제한 이 사건 사실관계에 앞서 본 법리를 적용해 보면, 갑 회사는 A에 대하여 가장납입금을 대여하였거나 A를 위하여 주금을 체당 납입한 것으로 볼 수 있는바, 명의신탁에 의한 증여추정 당시 명의차용자인 A가 무자력이어서 그 채권을 회수할 수 없게 되었다는 점에 대한 P의 입증이 없는 이 사건에서는 갑 회사의 A에 대한 대여금채권이나 체당납입금반환채권은 갑 회사의 순자산가액에 포함된다고 봄이 상당하므로, 같은 취지의 원심 판단은 정당하고, 비상장주식의 보충적 평가방법에 관한 법리를 오해하거나 실질과세 원칙을 위반한 잘못이 없다. (상고기각)

**참고 상속세 및 증여세법 제45조의2 (명의신탁재산의 증여 의제)**

① 권리의 이전이나 그 행사에 등기 등이 필요한 재산(토지와 건물은 제외한다. 이하 이 조에서 같다)의 실제소유자와 명의자가 다른 경우에는 「국세기본법」 제14조에도 불구하고 그 명의자로 등기 등을 한 날(그 재산이 명의개서를 하여야 하는 재산인 경우에는 소유권취득일이 속하는 해의 다음 해 말일의 다음 날을 말한다)에 그 재산의 가액을 명의자가 실제소유자로부터 증여받은 것으로 본다. 다만, 다음 각 호의 어느 하나에 해당하는 경우에는 그러하지 아니하다.

1. 조세 회피의 목적 없이 타인의 명의로 재산의 등기 등을 하거나 소유권을 취득한 실제소유자 명의로 명의개서를 하지 아니한 경우
2. 주식 또는 출자지분(이하 이 조에서 "주식등"이라 한다) 중 1997년 1월 1일 전에 신탁이나 약정에 의하여 타인 명의로 주주명부 또는 사원명부에 기록되어 있거나 명의개서되어 있는 주식 등에 대하여 1998년 12월 31일까지의 기간(이하 이 조에서 "유예기간"이라 한다)에 실제소유자 명의로 전환한 경우. 다만, 그 주식 등을 발행한 법인의 주주 또는 출자자(이하 이 조에서 "주주등"이라 한다)와 특수관계에 있는 자 및 1997년 1월 1일 현재 미성년자인 사람의 명의로 전환한 경우에는 그러하지 아니하다.

② 타인의 명의로 재산의 등기 등을 한 경우, 실제소유자 명의로 명의개서를 하지 아니한 경우 및 유예기간에 주식 등의 명의를 실제소유자 명의로 전환하지 아니하는 경우에는 조세 회피

목적이 있는 것으로 추정한다. 다만, 양도자가 「소득세법」 제105조 및 제110조에 따른 양도소득 과세표준신고 또는 「증권거래세법」 제10조에 따른 신고와 함께 소유권 변경 내용을 신고하는 경우에는 그러하지 아니하다.

③ 제1항을 적용할 때 주주명부 또는 사원명부가 작성되지 아니한 경우에는 「법인세법」 제109조제1항 및 제119조에 따라 납세지 관할세무서장에게 제출한 주주 등에 관한 서류 및 주식등변동상황명세서에 의하여 명의개서 여부를 판정한다.

④ 제1항제2호는 주식 등을 유예기간에 실제소유자 명의로 전환하는 자가 그 주식을 발행한 법인이나 그 주식이 출자된 법인의 본점 또는 주된 사무소의 관할세무서장에게 그 전환 내용을 대통령령으로 정하는 바에 따라 제출하는 경우에만 적용한다.

⑤ 「자본시장과 금융투자업에 관한 법률」에 따른 신탁재산인 사실의 등기 등을 하는 경우와 비거주자가 법정대리인 또는 재산관리인의 명의로 등기 등을 하는 경우에는 제1항을 적용하지 아니한다.

⑥ 제1항제1호 및 제2항에서 "조세"란 「국세기본법」 제2조제1호 및 제7호에 규정된 국세 및 지방세와 「관세법」에 규정된 관세를 말한다.

⑦ 제1항제2호 단서에 따른 특수관계에 있는 자의 범위는 대통령령으로 정한다.조세 회피의 목적 없이 타인의 명의로 재산의 등기 등을 하거나 소유권을 취득한 실제소유자 명의로 명의개서를 하지 아니한 경우

### 다. 발기인/이사의 손해배상책임

- §322(발기인), §§399, 401(이사)

**제322조 (발기인의 손해배상책임)** ① 발기인이 회사의 설립에 관하여 그 임무를 해태한 때에는 그 발기인은 회사에 대하여 연대하여 손해를 배상할 책임이 있다.
② 발기인이 악의 또는 중대한 과실로 인하여 그 임무를 해태한 때에는 그 발기인은 제삼자에 대하여도 연대하여 손해를 배상할 책임이 있다.

- 대법원 89누916 판결 (기초사실: A, B는 甲(갑)건설주식회사를 설립하면서 사채업자로부터 3억 원을 차용하여 금융기관에 주식인수대금으로 가장납입하였다가 회사설립등기를 마친 직후 인출하여 변제하였다. 이후 갑 회사가 폐업을 하며 P에게 주식을 처분하였고, 국세청은 1주당 5,000원으로 평가하여 증여세를 부과하였다. P는 갑 회사가 B에 대하여 주식인수대금 상당의 체당금상환청구권을 회수할 가능성이 전혀 없으므로 회사의 주식가액을 평가함에 있어서 B에 대한 채권상당액은 회사의 순자산가액에 포함시킬 수 없게 되었고 그렇게 되면 이 사건 주식의 1주당가액이 금 5,000원에 훨씬 미달한다는 이유로 증여세 부과처분의 취소를 구하였다): 발기

인 A, B가 처음부터 주식인수대금을 가장납입하는 방법으로 회사를 설립하기로 공모하였고, 회사설립과 동시에 납입하였던 주식인수대금을 인출하여 채권자에게 변제하여 버렸다면 위 A, B는 회사의 설립에 관하여 자본충실의무 등 선량한 관리자로서의 임무를 다하지 못한 발기인들로서 또는 회사의 소유재산인 주식인수납입금을 함부로 인출하여 주식인수인의 채권자에게 변제함으로써 회사에 대하여 손해를 입힌 공동불법행위자로서의 책임을 면할 수 없다 할 것이므로 그들은 회사에게 위 인수대금 상당액의 손해를 연대하여 배상할 책임이 있다 할 것이고 따라서 연대채무자 중의 1인인 B가 무자력이라 하더라도 다른 연대채무자인 A에게 있어 위 손해배상채권의 회수가 가능하다면 위 채권을 이 사건 주식가액을 산출하기 위한 회사의 순자산가액을 산입할 수 있다고 할 것이다.

### 라. 주주의 지위

■ [가장납입의 경우 주식을 실질적으로 인수한 사람이 주주] 대법원 93마1916 결정(1994) (기초사실: P는 A, B와 함께 부도회사의 공장 등을 공동으로 인수하고, 이 공장을 운영하는 甲주식회사를 설립하면서 발행주식 5,000주 중 750주를 인수하되 인수주식 대금은 설립 실무를 맡았던 사법서사로부터 차용하여 납입하고 설립등기 후 곧바로 반환받아 변제하는 방법으로 가장납입하였다. P가 甲회사의 주주총회 소집을 청구하자 회사는 P가 차명주주일 뿐 실질적인 주주로 볼 수 없어 주주총회 소집을 청구할 소수주주의 지위에 있지 않다고 거부하였고, P는 법원에 임시주주총회소집허가를 신청하였다): ① 회사를 설립함에 있어 일시적인 차입금을 가지고 주금납입의 형식을 취하여 회사설립절차를 마친 후 곧 그 납입금을 인출하여 차입금을 변제하는 이른 바 주금의 가장납입의 경우에도 주금납입의 효력을 부인할 수는 없는 것이므로, 설사 주주가 주금을 가장납입하였다 하더라도 그 주주를 실질상의 주식인수인에게 명의만을 빌려 준 차명주주와 동일시할 수는 없다 할 것이다. ② 원심으로서는 상대방 회사의 설립시 그 기초가 된 실질재산은 무엇이고 그 주식을 실질적으로 인수한 사람은 누구인지를 좀 더 심리하여 차명주주라는 문구가 과연 그 표현 그대로 진정한 의미의 차명주주임을 뜻하는 것인지 아니면 주금을 납입하지 아니하였다 하

여 이와 같이 표현하게 된 것인지를 가린 다음 P가 차명주주인지의 여부를 판단하였어야 할 것 (파기환송)

- [가장납입을 한 인수인이 주주라고 본 사례] 대법원 97다20649 판결(1998) (기초사실: 청과물 시장 중매인들이 청과물 도매업을 목적으로 하는 D주식회사를 설립하면서, 신협 차용금으로 주금을 대납하였다. D회사가 지정도매인 승인을 받는 과정에서 지정도매인[의 주주]은 중매인을 겸하지 못한다는 조례의 제한규정에 따라 D회사의 주주가 된 중매인들은 추후 원상회복하기로 하고 주주권 포기 각서를 제출하였다. 중매업 허가 이후 D회사가 중매인들에게 주권 발행을 거절하자 분쟁이 발생하였고, 중매인들은 회사의 주금 상당액 납입 요구에 불응하였다. D회사는 주주들이 포기한 주식을 다른 중매인들에게 인수시켜 임시주주총회를 개최하여 새로운 이사를 선임하였고, 이들로 구성된 이사회가 증자를 결의하자 중매인들이 주주총회 결의무효확인의 소를 제기하였다): ① [주식포기 각서는 비진의 의사표시로 무효] 주식포기각서를 작성한 주주들은 D회사의 주식을 포기할 의사 없이 다만 대구광역시와 시설물사용계약을 체결하기 위한 방편으로 D회사에 주식포기각서를 작성 · 제출하였을 뿐이고, D회사로서도 이러한 사정을 잘 알고 있었으므로, 이는 비진의 의사표시로서 그 효력이 없다.… 원래 주주들이 주식포기각서를 작성한 목적과 경위나 그 후의 여러 정황, 특히 당초 D회사 대표이사가 대구광역시와 시설물사용계약을 체결한 후 그들에게 주권을 발행하여 주기로 약속까지 한 점 등에 비추어 볼 때, 원래 주주들이 D회사의 주식을 포기한 것은 농수산물 도매시장에서 중매인으로 계속하여 영업하면서 한편으로는 D회사의 주주로 남아 있기 위한 방편으로 대구광역시에 대하여 마치 그들이 D회사의 주식을 포기함으로써 주주와 중매인이 분리된 것처럼 가장하기 위한 행위라고 보아야 할 것이므로, 주식포기각서 작성 당시 그 표시행위에 대응하는 내심의 효과의사가 있었다고는 볼 수 없다. ② [가장납입과 주주의 지위] 주식회사를 설립하면서 일시적인 차입금으로 주금납입의 외형을 갖추고 회사 설립절차를 마친 다음 바로 그 납입금을 인출하여 차입금을 변제하는 이른바 가장납입의 경우에도 주금납입의 효력을 부인할 수는 없는 것이므로, D회사 설립 당시 원래 주주들이 주식인수인으로서 주식을 인수하고 가장납입의 형태로

주금을 납입한 이상 그들은 바로 D회사의 주주이고, 그 후 그들이 회사가 청구한 주금 상당액을 납입하지 아니하였다고 하더라도 이는 회사 또는 정호문에 대한 채무불이행에 불과할 뿐 그러한 사유만으로 주주로서의 지위를 상실하게 된다고는 할 수 없다. 또한 원고들이 D회사가 정한 납입일까지 주금 상당액을 납입하지 아니한 채 그로부터 상당 기간이 지난 후 비로소 D회사의 주주임을 주장하였다고 하여 신의성실의 원칙에 반한다고도 할 수 없다. ③ [비진의표시와 선의의 제3자 보호] D회사의 임원들이 주식포기각서를 제출한 주주들의 주식을 인수한 경위 등에 비추어, 그들이 주식을 인수할 당시 원래 주주들이 주식을 포기한 것은 진의에 의한 것이 아니라는 사실을 잘 알고 있었으므로, 그들을 선의의 제3자라고 볼 수 없다고 판단하였다. ④ [주주총회 결의와 이사회 결의의 부존재] 원심은, D회사 설립 당시의 주주들이 D회사의 적법한 주주임을 전제로, D회사는 이 사건 임시주주총회를 개최하면서 원고들을 비롯한 D회사 주주들에게 적법한 소집통지를 하지 아니함은 물론, 총회 당시 D회사의 주주도 아닌 자들이 주주로 참석하여 이사들을 해임하고… 위와 같이 임시주주총회에서 이사로 선임된 자들로 구성된 이사회에서 대표이사로 선임함과 아울러 신주 발행을 결의한 사실을 인정한 다음, 임시주주총회 결의는 소집절차 및 결의방법에 중대한 하자가 있어 주주총회 결의로서 존재하지 아니한다고 보아야 하고, 이사회 결의 역시 적법한 이사가 아닌 자들에 의한 결의에 불과하여 이사회 결의로서 존재하지 아니한다고 판단하였다. 기록에 비추어 살펴보면, 원심의 이러한 사실인정과 판단은 정당하고, 거기에 상고이유에서 주장하는 바와 같이 채증법칙에 위배하여 사실을 잘못 인정하는 등의 위법이 있다고 할 수 없다.

### 마. 형사책임

#### (1) 납입가장죄 (상법§628 Ⅰ)

**제628조 (납입가장죄 등)** ① 제622조제1항에 게기한 자(발기인, 이사, 감사, 집행임원 등)가 납입 또는 현물출자의 이행을 가장하는 행위를 한 때에는 5년 이하의 징역 또는 1천500만원 이하의 벌금에 처한다.
② 제1항의 행위에 응하거나 이를 중개한 자도 제1항과 같다.

■ [납입가장죄의 공동정범] 대법원 2011도3180 판결: 상법 제628조 제1항 소정의 납입가장죄는 상법 제622조 소정의 지위에 있는 자만이 주체가 될 수 있는 신분범이다(대법원 2006. 6. 2. 선고 2005도3431 판결 등 참조). 한편 신분이 없는 자도 신분이 있는 자의 범행에 가공한 경우에 공범이 될 수 있으나, 그 경우에도 공동가공의 의사와 그 공동의사에 기한 기능적 행위지배를 통한 범죄의 실행이라는 주관적·객관적 요건이 충족되어야 공동정범으로 처벌할 수 있다(대법원 2010. 7. 15. 선고 2010도3544 판결 등 참조). 원심은, 피고인 3이 상법 제622조 소정의 지위에 있지 아니할 뿐만 아니라 그와 같은 지위에 있는 자들이 가장납입을 하도록 범의를 유발한 것도 아니고 이미 가장납입을 하기로 마음먹고 있는 회사의 임원 등에게 그 대금을 대여해 준 것에 불과하므로, 피고인 3이 회사의 임원 등이 납입가장을 하기 위해 돈을 빌린다는 것을 알고 돈을 빌려주었다는 사정만으로 피고인 3에게 납입가장죄에 대한 공동정범으로서의 죄책을 물을 수 없고, 나아가 납입가장 후의 증자 등기 신청으로 인한 공전자기록불실기재 및 행사죄에 대하여도 공동정범으로서의 기능적 행위지배가 있었다고 볼 수 없다는 이유로, 피고인 3에 대하여 무죄를 선고하였다. 관계 증거를 앞서 본 법리 및 기록에 비추어 살펴보면, 원심의 위와 같은 판단은 정당한 것으로 수긍할 수 있고, 거기에 상고이유에서 주장하는 바와 같이 납입가장죄 등의 공동정범에 관한 법리를 오해하거나 논리와 경험칙에 위배하여 자유심증주의의 한계를 벗어난 위법이 없다.

(2) 응납입가장죄

■ 대법원 2003도3963 판결: 상법 제628조 제1항은 발기인이나 이사 등 회사 측 행위자의 납입가장행위를 처벌하는 조항이고 같은 조 제2항에서 규정하는 '제1항의 행위에 응한다'라는 것은 주금납입취급기관으로 지정된 금융기관의 임직원이 발기인이나 이사 등 회사 측 행위자의 부탁을 받고 주금의 입출금 및 주금납입증명서 발급업무를 해주는 것을 의미하는 것인바, 주금납입취급기관의 임직원이 회사 측 행위자의 부탁을 받고 실제 처음부터 주금이 입금된 사실조차 없는데도 허위로 납입증명서를 발급해 주거나 주금 자체를 대출해주는 경우뿐만 아니라 제3자로부터 차용한 돈으로 주

금을 납입하여 주금납입증명서를 발급받은 다음 즉시 주금을 인출하여 차용금의 변제에 사용하는 방식으로 납입을 가장한다는 사정을 알면서 그 주금의 입출금 및 주금납입증명서 발급업무를 해주기로 회사 측 행위자와 통모한 경우에도 같은 조 제2항의 응납입가장죄가 성립한다.

(3) 공정증서원본불실기재죄, 동행사죄(형법 §§228 Ⅰ, 229): 대법원 2003도7645 전원합의체 판결(2004)

① 다수의견

- [납입가장죄, 공정증서원본불실기재죄와 동행사죄의 성립] 회사의 자금을 확보할 의사 없이 형식상 또는 일시적으로 주금을 납입하고 이 돈을 은행에 예치하여 납입의 외형을 갖추고 주금납입증명서를 교부받아 설립등기나 증자등기의 절차를 마친 다음 바로 그 납입한 돈을 인출한 경우에는, 이를 회사를 위하여 사용하였다는 특별한 사정이 없는 한 실질적으로 회사의 자본이 늘어난 것이 아니어서 납입가장죄 및 공정증서원본불실기재죄와 불실기재공정증서원본행사죄가 성립하고, 다만 납입한 돈을 곧바로 인출하였다고 하더라도 그 인출한 돈을 회사를 위하여 사용한 것이라면 자본충실을 해친다고 할 수 없으므로 주금납입의 의사 없이 납입한 것으로 볼 수는 없다.
- [업무상횡령죄(cf. 특별배임죄: 상법§ 622)의 불성립] 위와 같은 행위는 실질적으로 회사의 자본을 증가시키는 것이 아니고 등기를 위하여 납입을 가장하는 편법에 불과하여 주금의 납입 및 인출의 전과정에서 회사의 자본금에는 실제 아무런 변동이 없다고 보아야 할 것이므로, 그들에게 회사의 돈을 임의로 유용한다는 불법영득의 의사가 있다고 보기 어렵다 할 것이고, 이러한 관점에서 상법상 납입가장죄의 성립을 인정하는 이상 회사 자본이 실질적으로 증가됨을 전제로 한 업무상횡령죄가 성립한다고 할 수는 없다.… 위와 같은 방식으로 납입을 가장한 경우에도 상법상 주금납입으로서의 효력을 인정하는 것은, 단체법 질서의 안정을 위하여, 주금의 가장납입을 회사의 설립 내지 증자의 효력을 다투는 사유로 삼을 수 없게 하고, 그로 인하여 발행된 주식의 효력이나 그 주권을 소지한 주주의 지위에 영향이 미치지 않게 하려는 배려에서 나온 것이

므로 가장 납입의 경우에 상법상 주금납입으로서의 효력이 인정된다 하여 이를 들어 업무상횡령죄와 같은 개인의 형사책임을 인정하는 근거로 삼을 수는 없다.

② 반대의견

- 이른바, 견금 방식의 가장납입에 있어서 발기인 또는 이사의 '차입 · 납입행위'와 '인출 · 변제행위'가 서로 관련 없이 이루어진 것이 아니라 처음부터 계획된 일련의 행위를 구성하고 있고, 주식회사와 같은 물적 회사에 있어서 절대적으로 요구되는 자본충실의 원칙에 반하므로 허용될 수 없다는 견해도 있을 수 있지만, 대법원은 종래 납입금보관은행 이외의 제3자로부터 차입한 금전으로 주금납입을 하였다 하더라도 일응 금원의 이동에 따른 현실의 불입이 있는 것이며, 설령 그것이 실제로는 납입의 가장수단으로 이용된 것이라 하더라도 이는 당해 납입을 하는 발기인 또는 이사들의 주관적인 의도의 문제에 불과하고 회사가 관여할 바가 아니므로 이러한 발기인 또는 이사들의 내심적 사정에 의하여 회사의 설립이나 증자 같은 집단적 절차의 일환을 이루는 주금납입의 효력을 좌우함은 타당하지 않다는 견지에서 납입으로서의 효력을 인정하는 입장을 확고하게 유지하여 왔다.
- 이와 같이 납입으로서의 효력을 인정하는 견해를 따르는 한 납입이 완료된 것은 진실이고, 따라서 등기공무원에 대하여 설립 또는 증자를 한 취지의 등기신청을 함으로써 상업등기부원본에 발행주식의 총수, 자본의 총액에 관한 기재가 이루어졌다 할지라도 이를 두고 '허위신고'를 하여 '불실의 사실의 기재'를 하게 한 경우에 해당한다고 할 수 없어 공정증서원본불실기재 · 동행사죄가 성립할 여지가 없으며, 또한 주금납입과 동시에 그 납입금은 회사의 자본금이 되는 것이기 때문에 회사의 기관이 이를 인출하여 자신의 개인 채무의 변제에 사용하는 것은 회사에 손해를 가하는 것이 될 뿐만 아니라 불법영득의사의 발현으로서 업무상횡령죄가 성립한다고 볼 수밖에 없다.
- 유효설은 납입금의 차입에 의한 납입행위와 반환행위를 분리하여 전자에 대하여는 합법성을 인정하고 후자는 위법행위로 보아 이사의 손해배상책임, 형법상의 업무상횡령죄 등에 의하여 문제를 해결하려는 입

장이라고 볼 수 있는데, 차입·납입행위와 인출·변제행위는 시차를 두고 행하여지는 별개의 행위임이 분명하고 납입행위 이후 반환행위 이전에 회사의 채권자가 주금 납입금에 관한 회사의 예금채권에 대하여 압류를 하는 것도 가능하다는 점을 생각해 보면 양자를 구분하여 파악한 다음 납입의 사법적 효력을 인정하되 그와 별도로 납입금을 인출하여 제3자에게 변제하는 행위를 횡령행위로 보는 것이 가장납입을 전후한 당사자 간의 법률관계를 정확히 파악하는 것이 된다고 할 것이다. 요컨대 가장납입에 의하여 종국적으로 회사의 자본충실을 해하는 결과가 발생하는 것은 그 이후 납입금에 대한 횡령행위가 있었기 때문이라고 보아야 할 것이므로, 결국 견금 방식에 의한 가장납입에 있어서 상법상의 납입가장죄와 함께 업무상횡령죄의 성립이 가능하고, 오히려 공정증서원본불실기재 및 동행사죄는 별도로 성립할 여지가 없다고 봄이 옳다.

### 바. 회사자금에 의한 신주의 가장납입과 자기주식 취득의 제한(§ 341)

■ [회사 자금에 의한 가장납입의 무효] 대법원 2001다44109 판결(2003) (기초사실: D회사(대한종금)의 제안에 따라 P(주식회사 동원)는 D회사의 유상증자에 참여하기로 하되, 100억 원을 D회사로부터 대출받아 신주인수의 청약대금으로 납입하고, 인수한 주식 전부를 D회사에 담보로 제공하며, D회사가 영업정지를 받는 등의 사유가 발생하는 경우에는 그 전 일자로 D회사에 대하여 P가 위 주식의 매수(환매)를 청구할 수 있는 권리가 발생한 것으로 간주하고 그 매수가격을 발행가액으로 하여 원고의 위 대출금채무와 상계된 것으로 보고 이자 등 일체의 채권에 대하여 D회사의 권리가 상실되는 것으로 계약을 체결하였다. 이후 D회사가 파산하자, D회사 파산관재인은 위 환매 및 상계 약정이 주금환급에 해당하여 주주평등의 원칙에 반하여 무효이고 파산채권자를 해치는 행위로 부인권을 행사한다고 주장하였고, P는 D회사 파산관재인을 피고로 채무부존재확인의 소를 제기하였다): ① [회사 자금에 의한 가장납입] 회사가 제3자에게 주식인수대금 상당의 대여를 하고 제3자는 그 대여금으로 주식인수대금을 납입한 경우에, 회사가 처음부터 제3자에 대하여 대여금 채권을 행사하지 아니하기로 약정

되어 있는 등으로 대여금을 실질적으로 회수할 의사가 없었고 제3자도 그러한 회사의 의사를 전제로 하여 주식인수청약을 한 때에는, 그 제3자가 인수한 주식의 액면금액에 상당하는 회사의 자본이 증가되었다고 할 수 없으므로 위와 같은 주식인수대금의 납입은 단순히 납입을 가장한 것에 지나지 아니하여 무효라고 할 것이다. ② [자기주식 취득] 비록 회사 아닌 제3자의 명의로 회사의 주식을 취득하더라도, 그 주식취득을 위한 자금이 회사의 출연에 의한 것이고 그 주식취득에 따른 손익이 회사에 귀속되는 경우라면, 자기주식의 취득에 해당한다고 할 것이다. 원심이 적법하게 인정한 사실에 의하면, 위 약정은 P가 청약하는 신주인수대금을 D회사가 대출의 형식으로 제공하여 납입하게 하지만 P에게는 그 대여금 상환의 책임을 지우지 아니하고 그 주식인수에 따른 손익을 D회사에 귀속시키기로 하는 내용의 계약이라고 할 것이고, 따라서 이 계약의 실질은 D회사의 계산 아래 D회사가 P의 명의로 스스로 발행하는 신주를 인수하여 취득하는 것을 목적으로 하는 것으로서, 자기주식의 취득에 해당한다고 할 것이므로… 위 계약은 대출약정을 포함한 그 전부가 무효라고 할 것이고, 그 계약에 따라 P가 D회사의 대여금으로 신주대금을 납입한 것 역시 무효라고 할 것이다. 그렇다면 위 대출약정에 따른 원고의 채무는 존재하지 아니한다고 할 것이고, 그 계약에 따라 대출금으로 P에게 입금되었던 금원은 신주인수대금 명목으로 다시 D회사에 입금되었으므로 P가 대출금 상당의 부당이득을 한 것으로 볼 수도 없다고 할 것이다.

## 제7절 설립관여자의 책임

**제321조 [발기인의 인수, 납입담보책임]**

① 회사설립시에 발행한 주식으로서 회사성립후에 아직 인수되지 아니한 주식이 있거나 주식인수의 청약이 취소된 때에는 발기인이 이를 공동으로 인수한 것으로 본다.
② 회사성립후 제295조제1항 또는 제305조제1항의 규정에 의한 납입을 완료하지 아니한 주식이 있는 때에는 발기인은 연대하여 그 납입을 하여야 한다.
③ 제315조의 규정(발기인에 대한 손해배상청구에 영향을 미치지 아니한다)은 전2항의 경우에 준용한다.

**제322조 (발기인의 손해배상책임)**

① 발기인이 회사의 설립에 관하여 그 임무를 해태한 때에는 그 발기인은 회사에 대하여 연대하여 손해를 배상할 책임이 있다.

② 발기인이 악의 또는 중대한 과실로 인하여 그 임무를 해태한 때에는 그 발기인은 제삼자에 대하여도 연대하여 손해를 배상할 책임이 있다.

**제323조 (발기인, 임원의 연대책임)** 이사 또는 감사가 제313조제1항의 규정(설립경과 조사)에 의한 임무를 해태하여 회사 또는 제삼자에 대하여 손해를 배상할 책임을 지는 경우에 발기인도 책임을 질 때에는 그 이사, 감사와 발기인은 연대하여 손해를 배상할 책임이 있다.

**제324조 (발기인의 책임면제, 주주의 대표소송)** 제400조(주주 전원의 동의에 의한 책임면제, 정관에 의한 책임 제한)와 제403조 내지 제406조의 규정(대표소송)은 발기인에 준용한다.

**제325조 (검사인의 손해배상책임)** 법원이 선임한 검사인이 악의 또는 중대한 과실로 인하여 그 임무를 해태한 때에는 회사 또는 제삼자에 대하여 손해를 배상할 책임이 있다.

**제326조 (회사불성립의 경우의 발기인의 책임)**

① 회사가 성립하지 못한 경우에는 발기인은 그 설립에 관한 행위에 대하여 연대하여 책임을 진다.

② 전항의 경우에 회사의 설립에 관하여 지급한 비용은 발기인이 부담한다.

**제327조 (유사발기인의 책임)** 주식청약서 기타 주식모집에 관한 서면에 성명과 회사의 설립에 찬조하는 뜻을 기재할 것을 승낙한 자는 발기인과 동일한 책임이 있다.

## 1. 발기인의 책임

### 가. 회사가 성립한 경우

(1) 자본충실책임(§321): 인수/납입 담보책임

(가) 무과실책임

- 인수담보책임 이행시 주식을 공유한다(§333).
- 납입담보책임의 이행: 주주는 여전히 주식인수인이며, 변제자의 법정대위(민§481)가 가능할 것.

(나) 현물출자의 불이행에 적용되는가

- 다수설: 현물출자의 불이행은 담보책임으로 해결되지 않으므로 설립무효사유가 된다.
- 현물출자 목적물이 대체성을 갖거나 사업목적 수행에 반드시 필요한 것이 아니라면 담보책임으로 보완할 수 있다는 견해도 유력하다.

cf. 유한회사 사원 등의 출자미필액 전보책임(§551): 납입되지 아니한 금액 또는 이행되지 아니한 현물의 가액을 연대하여 지급할 책임이 있다

(다) 경미한 흠결에만 적용되는가

- 흠결이 중대하여 발기인 책임으로 처리하는 것이 사실상 불가능하다면 설립무효사유가 된다(통설).
- 설립무효인 경우에도 사실상의 회사가 존재하므로, 자본충실책임은 소멸하지 않는다는 견해도 있다.

(2) 기타: 손해배상책임, 책임면제, 대표소송 등 (§§322-324)

나. 회사 불성립의 경우: 설립행위에 대한 연대책임, 설립비용의 부담 (§326)

- 불성립: 설립절차에 착수하였으나 설립등기에 이르지 못할 것임이 사실상 확정된 경우
- 책임근거: 정책적 책임 (설립중 회사가 부담할 책임을 발기인에게 지운 것)

## 2. 기타 설립관여자의 책임

가. 이사/감사의 책임 (§323)

나. 검사인 (§325)

다. 유사발기인 (§327)

라. 공증인과 감정인: §323 유추적용의 필요성

# 제8절 회사설립의 무효

## 1. 설립무효의 소 (§328)

**제328조 (설립무효의 소)** ① 회사설립의 무효는 주주 · 이사 또는 감사에 한하여 회사성립의 날로부터 2년내에 소만으로 이를 주장할 수 있다.

② 제186조 내지 제193조의 규정은 제1항의 소에 준용한다.

## 가. 개설

- 단체법적 법률관계를 획일적으로 확정하기 위하여 무효 주장을 제한한다.
- 합명회사의 설립 무효/취소에 관한 규정의 준용(§§328,186-193): 전속관할, 소제기의 공고, 병합심리, 재량기각, 판결의 효력, 패소원고의 책임, 설립무효의 등기 (cf. 회사의 계속 규정(§194)은 준용되지 않음)

## 나. 주식회사 설립무효 제도의 특색

- 취소 사유는 사원 개개인에게 존재하는 주관적 하자이므로, 자본단체인 주식회사에는 설립취소 제도가 없다.
- 주관적 무효원인의 부인: 사원 개개인에게 존재하는 주관적인 무효/취소 사유가 객관적 사유에 이르지 못하면 회사의 설립무효 사유가 되지 못한다.

## 다. 무효 원인

(1) 객관적 하자

- 예: 설립경과조사 해태 등의 강행법규 위반, 발기인 등의 인수/납입담보책임으로 보완되지 못하는 인수/납입의 부존재 등

(2) 사원 개개인에게 존재하는 하자(주관적 하자)의 처리

- 하자 주장의 제한: ① 주식인수의 청약에 비진의표시 규정의 적용 배제(§302Ⅲ), ② 주식청약서 요건 흠결을 이유로 하는 인수의 무효 주장, 사기/강박/착오를 이유로 하는 인수의 취소 주장 제한(§320)
- 개개인에게 존재하는 무효/취소사유(예: 무능력, 사해행위 등)는 주장할 수 있지만, 객관적 사유에 이르지 못하면(예: 유일한 발기인의 무능력, 출자 전체의 무효/취소 등) 당해 행위의 효력에만 영향을 미치며, 회사설립을 무효로 하는 사유가 되지는 못한다.
- 사원의 사해행위를 설립취소의 사유로 인정하는 합명회사의 채권자에 의한 사해행위 취소 규정(§185)은 준용되지 않는다.

## 라. 설립무효와 사실상의 회사 (de facto corporation)

- 원고승소판결은 소급효가 제한되어 판결 확정 전에 생긴 권리의무에 영향

을 미치지 않으므로(§190), 마치 회사가 유효하게 존재했던 것과 같은 효과가 생긴다.

### 2. 회사의 부존재 문제

■ 설립절차가 전혀 없이 설립등기만 있는 경우와 같이 하자가 중대한 경우라면, 설립무효의 소에 적용되는 제한(원고적격, 제소기간, 소의 형식)을 받지 않고 회사의 부존재를 주장할 수 있다고 할 것이다.

# 제12장 주 식

## 제1절 주식의 의의

### 1. 개념

#### 가. 형식적 의의: 주식회사의 자본금을 구성하는 균등한 요소

**第451조(자본금)** ① 회사의 자본금은 이 법에서 달리 규정한 경우 외에는 발행주식의 액면총액으로 한다.
② 회사가 무액면주식을 발행하는 경우 회사의 자본금은 주식 발행가액의 2분의 1 이상의 금액으로서 이사회(제416조 단서에서 정한 주식발행의 경우에는 주주총회를 말한다)에서 자본금으로 계상하기로 한 금액의 총액으로 한다. 이 경우 주식의 발행가액 중 자본금으로 계상하지 아니하는 금액은 자본준비금으로 계상하여야 한다.
③ 회사의 자본금은 액면주식을 무액면주식으로 전환하거나 무액면주식을 액면주식으로 전환함으로써 변경할 수 없다.

- 형식적으로 보면, 주식은 주식회사의 자본금을 구성하는 균등한 요소(§§329, 451)를 의미한다. 액면주식만 허용되던 종전에는 "자본의 균등한 비례적 단위"로 정의하였다.
- 액면주식을 발행하는 경우는 원칙적으로 발행주식의 액면총액이 자본금이 된다. 액면가액이 기재되지 않는 무액면주식을 발행한다면 그 발행가액의 일정한 부분(발행가액의 1/2 이상)을 합산한 금액이 자본금이 된다(§451).

#### 나. 실질적 의의: 주식회사의 사원권

- 주식의 실질적 의미는 '주식회사의 사원권'이다.
- 사원권의 개념: 사원권은 물권/채권과는 구분되는 권리로서, 회사에 대한 사원의 법률상의 지위 내지 자격을 뜻한다. 이로부터 사원의 회사에 대한 구체적인 각종 권리/의무가 생겨난다.

- 주식회사의 자본단체성: 주식회사는 사원이 출자한다는 관념보다는 균등한 출자단위인 주식을 취득하는 자가 사원이 된다는 구조를 가지므로, 사원 보다는 자본 관념이 앞서는 자본단체라는 특성을 갖게 된다.
- RMBCA §1.40: "Shares" means the units into which the proprietary interests in a corporation are divided. (주식회사의 소유자로서의 이익이 분할된 단위)

### 다. 주식 제도의 기능

- 기업이 필요로 하는 자본금을 균등한 출자단위로 분할하여 다수인에게 인수시킴으로써 자본의 집중과 위험의 분산을 가능하게 하고, 나아가 그 출자지분을 유가증권화(주권)하여 유통시킴으로써 투하자본의 회수 방법을 제공한다.

## 2. 주식의 자금조달 기능

### 가. 상장기업 수 및 주가지수 추이

| 구분 | | 2009년 | 2010년 | 2011년 | 2012년 | 2013년 |
|---|---|---|---|---|---|---|
| 상장기업 수 | 유가증권시장 | 770 | 777 | 791 | 784 | 777 |
| | 코스닥증권시장 | 1,028 | 1,029 | 1,031 | 1,005 | 1,009 |
| KOSPI 지수(연말) | | 1,683 | 2,051 | 1,826 | 1,997 | 2,011 |

(자료: 한국은행 경제통계시스템 ECOS)

### 나. 증시자금조달현황 (유가증권신고서 제출기준, 단위: 억원, %)

| 구 분 | 2011년 | 비중 | 2012년 | 비중 | 2013년 | 비중 |
|---|---|---|---|---|---|---|
| 조달총액 | 1,145,593 | 100 | 1,065,581 | 100 | 1,007,309 | 100 |
| 주 식 | 129,018 | 11.3 | 23,637 | 2.2 | 52,020 | 5.2 |
| (공 모) | 24,386 | 2.1 | 4,664 | 0.4 | 10,964 | 1.1 |
| (유상증자) | 104,632 | 9.1 | 18,973 | 1.8 | 41,056 | 4.1 |
| 회사채 | 1,016,577 | 88.7 | 1,018,307 | 95.6 | 903,269 | 89.7 |

※ 주식 수치는 유가증권시장과 코스닥증권시장 합계
(자료: 한국은행 경제통계시스템 ECOS 자료를 편집하였음)

## 3. 사원권의 성질

■ [주주권 보전을 위한 회사재산 처분금지가처분의 불허] 대법원 96다44136 판결 (1998) (기초사실: D주식회사의 대표이사인 A로부터 주식을 매수한 P가 주주로서의 권리를 보전하기 위하여 D회사를 상대로 부동산처분금지가처분을 신청하였다): ① 원심은, 피신청인이 영업의 중요한 부분을 이루고 있는 피신청인 소유의 이 사건 부동산을 처분하는 경우에는 신청인을 주주총회에 출석시켜 신청인의 찬성을 얻어야 함에도 피신청인이 이를 함부로 제3자에게 매도하려고 하므로, 신청인의 주주로서의 권리를 보전하기 위하여 피신청인을 상대로 이 사건 부동산에 관하여 부산지방법원 94카합3249호로 부동산처분금지가처분 신청을 하고, 같은 법원이 이를 받아들여 1994. 8. 11. 피신청인은 이 사건 부동산에 관하여 매매, 양도 등 일체의 처분행위를 하여서는 아니 된다는 내용의 가처분결정을 한 사실을 확정한 다음, P가 A로부터 이 사건 주식을 매수하였다는 주장을 그 증거가 없다는 이유로 배척하고서, 이 사건 가처분신청은 그 피보전권리에 관한 소명이 없다고 하여 이를 기각하였다. ② 계쟁물에 관한 가처분은 특정물의 인도 또는 특정의 급여를 목적으로 하는 청구권을 보전하기 위한 경우에 허용되는 것인바, 신청인의 주장과 같이, 신청인이 A로부터 이 사건 주식을 매수하여 주주로서의 권리를 가진다는 것만으로 피신청인 소유의 이 사건 부동산에 관하여 어떠한 청구권을 가진다고 할 수는 없으므로, 신청인의 주주로서의 권리를 보전하기 위하여 이 사건 부동산에 대한 처분금지가처분을 구하는 것은 허용되지 아니한다. 따라서 신청인의 이 사건 가처분신청은, 상고이유에서 주장하는 바와 같이 신청인이 이 사건 주식을 매수하였는지 여부에 관하여 따져 볼 필요 없이 그 피보전권리가 없어 이를 기각하여야 할 것인바, 원심판결은 이 사건 가처분신청을 기각한 결론에서는 정당하므로, 판결 결과에는 영향을 미치는 바 없다. (상고기각)

# 제2절 주식의 분류

## 1. 액면주식과 무액면주식

### 가. 액면주식

- 개념: 1주 금액이 특정된 주식 (정관과 주권의 기재사항, 등기사항: §§289, 356; §317)
- 100원 이상 (§329Ⅲ)
- 발행가액이 액면가액과 반드시 일치하지는 않음: 액면초과발행과 액면미달발행(할인발행)

**제330조 (액면미달발행의 제한)** 주식은 액면미달의 가액으로 발행하지 못한다. 그러나 제417조의 경우에는 그러하지 아니하다.

**제417조 (액면미달의 발행)**

① 회사가 성립한 날로부터 2년을 경과한 후에 주식을 발행하는 경우에는 회사는 제434조의 규정에 의한 주주총회의 결의와 법원의 인가를 얻어서 주식을 액면미달의 가액으로 발행할 수 있다.

② 전항의 주주총회의 결의에서는 주식의 최저발행가액을 정하여야 한다.

③ 법원은 회사의 현황과 제반사정을 참작하여 최저발행가액을 변경하여 인가할 수 있다. 이 경우에 법원은 회사의 재산상태 기타 필요한 사항을 조사하게 하기 위하여 검사인을 선임할 수 있다.

④ 제1항의 주식은 법원의 인가를 얻은 날로부터 1월내에 발행하여야 한다. 법원은 이 기간을 연장하여 인가할 수 있다.

**제459조 (자본준비금)** ① 회사는 자본거래에서 발생한 잉여금을 대통령령으로 정하는 바에 따라 자본준비금으로 적립하여야 한다.

### 나. 무액면주식

#### (1) 의의

- 개념: 1주의 금액이 특정되지 않고 발행주식 총수에 대한 비율적 지위가 인정되는 주식
- 정관에는 회사가 발행할 주식의 총수와 설립시 발행하는 주식의 총수가 필요적 기재사항으로 기재되며(§289), 자본금, 발행주식 총수, 발행할 주식의 총수는 등기사항이고(§317), 주권에는 회사가 발행할 주식의 총수가 기

재된다(§356).

- 액면주식에 비하여, 자본금 규제가 이완되는 효과가 있지만, 할인발행에 대한 규제를 받지 않게 되어 주가가 하락한 경우에도 신주발행이 용이하게 된다.

(2) 무액면주식의 발행 허용: 2011년 개정상법[38]

- 무액면주식 제도를 도입하면서, 회사는 선택적으로 어느 한 쪽의 주식만을 발행할 수 있도록 하였다.
- 액면주식과 무액면주식 간의 주식병합 절차에 따른 전환을 허용하면서(§329), 자본금의 액은 변경하지 못하도록 하였다(§451Ⅲ).

(3) 무액면주식과 자본금의 산정

**제451조 (자본금)** ② 회사가 무액면주식을 발행하는 경우 회사의 자본금은 주식 발행가액의 2분의 1 이상의 금액으로서 이사회(제416조 단서에서 정한 주식발행의 경우에는 주주총회를 말한다)에서 자본금으로 계상하기로 한 금액의 총액으로 한다. 이 경우 주식의 발행가액 중 자본금으로 계상하지 아니하는 금액은 자본준비금으로 계상하여야 한다.

**제291조 (설립 당시의 주식발행사항의 결정)** 회사설립 시에 발행하는 주식에 관하여 다음의 사항은 정관으로 달리 정하지 아니하면 발기인 전원의 동의로 이를 정한다.

1. 주식의 종류와 수
2. 액면주식의 경우에 액면 이상의 주식을 발행할 때에는 그 수와 금액
3. 무액면주식을 발행하는 경우에는 주식의 발행가액과 주식의 발행가액 중 자본금으로 계상하는 금액

## 2. 기명주식과 무기명주식(§357, 부칙§4)

**제357조 (무기명식의 주권의 발행)** ① 무기명식의 주권은 정관에 정한 경우에 한하여 이를 발행할 수 있다.

② 주주는 언제든지 무기명식의 주권을 기명식으로 할 것을 회사에 청구할 수 있다.

- 주식의 보유자가 특정되는지 여부에 따른 구분: 주권 기재(§357), 주주명부 기재(§352Ⅰ)
- 주식 양도방법에서 양자는 동일하다: 양도의 합의 + 주권의 교부(§336)

---

38) 상법 개정 이전에도 자본시장법상 투자회사의 주식은 무액면 기명식으로 하였다(동법 §196Ⅰ). 미국에서는 무액면주식이 널리 활용되지만, 유럽에서는 액면주식이 선호된다. 일본은 2001년 개정을 통해 무액면주로 통일하였다.

■ 회사가 주식의 변동 상황을 파악하기 곤란하여 경영권의 불안정을 초래할 수 있다.

■ 차이점

① 권리행사 방법: 무기명 주주는 주주명부로 확인할 수 없으므로 주권을 회사에 공탁해야 함(§358)

② 주식양도의 대항요건: 기명주식 이전은 주주명부의 명의개서가 있어야 회사에 대항할 수 있음(§337)

③ 회사의 통지방법: 무기명주주에 대한 통지는 공고로 함(§363)

## 3. 종류주식

**제344조 (종류주식)** ① 회사는 이익의 배당, 잔여재산의 분배, 주주총회에서의 의결권의 행사, 상환 및 전환 등에 관하여 내용이 다른 종류의 주식(이하 "종류주식"이라 한다)을 발행할 수 있다.

② 제1항의 경우에는 정관으로 각 종류주식의 내용과 수를 정하여야 한다.

③ 회사가 종류주식을 발행하는 때에는 정관에 다른 정함이 없는 경우에도 주식의 종류에 따라 신주의 인수, 주식의 병합 · 분할 · 소각 또는 회사의 합병 · 분할로 인한 주식의 배정에 관하여 특수하게 정할 수 있다.

④ 종류주식 주주의 종류주주총회의 결의에 관하여는 제435조제2항[39]을 준용한다.

# 제3절 종류주식 - 개설

## 1. 의의 (§344)

■ 종류주식의 개념: 재산적 내용(이익배당, 잔여재산분배), 의결권, 주식의 상환/전환 등에 관하여 내용이 서로 다른 주식

■ 주주평등원칙의 예외로서, 주식의 종류에 따른 차별적 대우를 허용한다.

■ 투자자의 출자를 유도하는 다양한 종류의 주식을 정관의 규정에 근거하여 발행할 수 있도록 주식의 종류에 대한 정관자치를 허용하면서, 동시에 그 내용

---

39) 출석한 주주의 의결권의 3분의 2 이상의 수와 그 종류의 발행주식총수의 3분의 1 이상의 수로써 결의하여야 한다는 조항. 그러나 결의요건을 정하는 조항(§435Ⅱ)이 따로 있으므로 불필요한 규정이다.

을 공시(정관의 기재, 등기, 주식청약서/주권/주주명부 기재: §344Ⅱ, §317, §§302, 420, §356, §352)하도록 하여 투자자를 보호한다.

## 2. 2011년 개정상법과 주식 종류의 다양화

### 가. 개설

- 개정 취지: 다양한 종류의 주식 발행을 허용하여 자금조달의 유연성을 도모하고, 경영권 방어수단을 제공한다.

### 나. 주요 내용

- 구법에 의하면 '數種의 株式'으로 재산적 내용이 다른 주식(보통주, 우선주, 후배주)을 발행할 수 있었다. 또한 이익배당 우선주에 대해서는, 상환주식과 무의결권주식, 이들 주식간 전환이 가능한 전환주식을 허용하고 있었다.
- 개정상법은 '수종의 주식'이라는 용어를 폐기하고 '종류주식'이라는 명칭을 도입하였다. 재산적 내용이 다른 주식(보통주, 우선주, 후배주)뿐만 아니라 의결권 행사의 내용이 다른 종류주식(무의결권주식, 의결권제한주식)도 허용하면서, 상환주식과 전환주식도 '종류주식'에 포섭하였다.

### 다. 검토되었지만 도입이 유보된 종류주식

- 복수의결권주
- 거부권부 종류주식: 특정한 사항에 거부권이 인정되는 종류주식
- 임원임면권부 종류주식: 이사/감사의 선임/해임에 관한 의결권을 독점하는 종류주식
- 주식양도에 관한 종류주식: 양도가 제한되는 종류주식

## 3. 종류주식의 분류

① 재산적 내용(이익배당/잔여재산분배)이 다른 종류주식

② 의결권의 내용이 다른 종류주식

③ 주식의 상환에 관한 종류주식: 상환주식(redeemable share)

④ 주식의 전환에 관한 종류주식: 전환주식(convertible share)

## 4. 종류주주총회

**제435조 (종류주주총회)**
① 회사가 종류주식을 발행한 경우에 정관을 변경함으로써 어느 종류주식의 주주에게 손해를 미치게 될 때에는 주주총회의 결의 외에 그 종류주식의 주주의 총회의 결의가 있어야 한다.
② 제1항의 결의는 출석한 주주의 의결권의 3분의 2 이상의 수와 그 종류의 발행주식총수의 3분의 1 이상의 수로써 하여야 한다.[40)]
③ 주주총회에 관한 규정은 의결권 없는 종류의 주식에 관한 것을 제외하고 제1항의 총회에 준용한다.

**제436조 (준용규정)** 제344조제3항에 따라 주식의 종류에 따라 특수하게 정하는 경우와 회사의 분할 또는 분할합병, 주식교환, 주식이전 및 회사의 합병으로 인하여 어느 종류의 주주에게 손해를 미치게 될 경우에는 제435조를 준용한다.

### 가. 종류주주총회 결의의 흠을 독립적으로 다툴 수 있는가

- 긍정설(다수설): 주주총회에 관한 규정이 준용된다(§435Ⅲ).
- 부정설: 종류주주총회의 결의는 주주총회 결의의 효력발생요건이므로, 주주총회 결의의 흠으로 다투거나 후속행위의 효력을 다투는 소(예: 신주발행무효의 소)로 다투면 충분하다.

### 나. 종류주주총회를 거치지 않은 주주총회 결의의 효력

(1) 학설

① 결의불발효로 민사소송법의 확인의 소(결의불발효 확인의 소)로 다툴 수 있다는 견해[41)]

② 결의 절차의 흠으로 보아 결의취소의 소(§376)로 다툴 수 있다는 견해[42)]

③ 무효사유로서 결의무효확인의 소(§380)로 다툴 수 있다는 견해

(2) 판례

- [종류주주총회 결의의 흠결] 대법원 2004다44575,44582 판결 (기초사실: 1995

---

40) 정관의 규정으로도 결의요건을 가중하거나 감경하지 못한다고 본다(통설).

41) 다수설이다(정찬형, 307면; 최준선, 515면 등).

42) 이철송, 625면.

년 개정상법이 우선주의 최저배당률을 정하도록 하여 1% 무의결권우선주 제도를 폐지하자 피고 삼성전자(D회사)가 기존의 비누적적 1% 무의결권 우선주 발행의 근거가 된 정관규정을 두 차례 변경하였다. 1997년의 제1 정관변경은, i) 연 9% 이상의 우선배당률을 이사회가 정하되 참가적 우선주로 하고, ii) 우선주의 존속기간을 10년으로 하여 기간만료시 보통주로 전환하고, iii) 기존의 우선주는 종전과 똑같이 유지하되 무상증자시에는 새로운 내용의 우선주를 발행한다고 하였다. 2002년의 제2 정관변경은, 우선주의 존속기간과 보통주 전환에 관한 정관조항을 삭제하였다. Elliott Associates, L.P.의 자회사인 원고 Manchester Securities Corp.(P)는 D회사의 제2 정관변경에 관한 결의가 자신에게 불리하다고 판단하여 우선주 종류주주총회의 소집을 요구하였으나 D회사는 불응하였다. 원고 P는, i) 제2 정관변경을 위한 주주총회 결의의 불발효 확인, ii) 주주총회 결의의 무효확인, iii) 정관변경의 무효확인, iv) 무상증자 등의 경우에 새로운 내용의 우선주를 받을 권리의 확인을 선택적으로 청구하였다. 피고 D회사는 P가 주주총회결의 취소의 소로 다투어야 하나 2개월이 경과하였다는 본안전 항변과 함께, 반소로서, i) 제1 정관변경을 위한 주주총회결의의 불발효 또는 ii) 무효확인, iii) 제1 정관변경의 무효확인을 선택적으로 청구하였다): ① 상법 제435조 제1항은… '어느 종류의 주주에게 손해를 미치게 될 때'라 함에는, 어느 종류의 주주에게 직접적으로 불이익을 가져오는 경우는 물론이고, 외견상 형식적으로는 평등한 것이라고 하더라도 실질적으로는 불이익한 결과를 가져오는 경우도 포함되며, 나아가 어느 종류의 주주의 지위가 정관의 변경에 따라 유리한 면이 있으면서 불이익한 면을 수반하는 경우도 이에 해당된다. 원심은, 이와 같은 취지에서, 이 사건 정관의 두 차례에 걸친 변경 내용을 비교하여 보면, 원심 판시 제2 정관변경으로 인하여, 기존의 우선주주들이 무상증자 등에 의하여 향후 새로 배정받게 될 우선주의 내용에만 차이가 생기는 것일 뿐이고 그 외에는 아무런 차이가 없는데, 차이가 생기는 부분인 향후 배정받게 될 우선주의 내용은 구 우선주와 달리 10년 후에도 보통주로 전환할 수 없는 것이므로, 보통주로의 전환에 의한 의결권의 취득을 바라고 있던 우선주주의 지위에서는 제2 정관변경이 불리한 반면, 의결권의 취득에는 관심이 적고 그보다는 이익배당에 더 관심이 있던 우선주주의 지위에서는 특정 비율 이상의 우선배당권이 10년의 제한을 받지 아니하고 언제까지나 보장되는 것이어서 유리하다고 한 다음, 정관을 변경함으로써 우선주주 각자의 입장에 따라 유리한 점과 불리한 점이 공존하고 있을 경우에는 우선주주들로 구성된 종류주주총회의 결의가 필요하다고 판단하였는바, 원심의 이러한 판단은 정당한 것으로 수긍할 수 있고, 거기에 상고이유 제2점에서 주장하는 상법 제435조 소정의 '어느 종류의 주주에게 손해를 미치게 될 때'에 관한 법리를 오해한 위법이 없다. ② 어느 종류 주주에게 손해를 미치는 내용으로 정관을 변경함에 있어서 그 정관변경에 관한 주주총회의 결의 외에 추가로 요구되는 종류주주총회의 결의는 정관변경이라는 법률효과가 발생하기 위한 하나의 특별요건이라고 할 것이므로, 그와 같은 내용의 정관변경에 관하여 종류주주총회의 결의가 아직 이루어지지 않았다면 그러한 정관변경의 효력이 아직 발생하지 않는 데에 그칠 뿐이고, 그러한 정관변경을 결의한 주주총회 결의 자체의 효력에는 아무런 하자가 없다. 정관의 변경결의의 내용이 어느 종류의 주주에게 손해를 미치게 될 때에 해당하는지 여부에 관하여 다툼이 있는 관계로 회사가 종류주주총회의 개최를 명시적으로 거부하고 있는 경우에, 그 종류의 주주가 회사를 상대로 일반 민사소송상의 확인의 소를 제기함에 있어서는, 정관변경에 필요한 특별요건이 구비되지 않았음을 이유로 하여 정면으로 그 정관변경이 무효라는 확인을 구하면 족한 것이지, 그 정관변경을 내용으로 하는 주주총회결의 자체가 아직 효력을 발생하지 않고 있는 상태(이른바 불발효 상태)라는 관념을 애써 만들어서 그 주주총회결의가 그러한 '불발효 상태'에 있다는 것의 확인을 구할 필요는 없다. ③ [반소청구에 관한 판단] 피고는 제1 정관변경이 유효함을 전제로, 제1 정관변경에 의하여 변경된 정관 중 그 일부를 삭제하는 내용으로 제2 정관변경을 함으로써 우선주주들로 하여금 제1 정관변경이 유효하다는 신뢰를 갖게 하였을 뿐만 아니라, 제1 정관변경에 관하여도 종류주주총회의 결의가 있어야 한다고 본다면 스스로 우선주주들로 구성된 종류주주총회를 소집하여 제1 정관변경의 효력을 확정지음으로써 그에 관한 법적 지위의 불안이나 위험을 해소할 수 있는 지위에 있다고 할 것인데, 이러한 지위에 있는 피고가 종류주주총회의 결의가 없었음을 내세워 뒤늦게 제1 정관변경의 무효 확인을 구하는 것은, 회사의 법률관계에서 요구되는 신의성실의 원칙에 반하는 것일 뿐만 아니라, 제1 정관변경과 관련된 피고의 법률적 지위에 현존하는 위험과 불안을 제거하는 방법으로서 유효하고 적절한 수단이라고 할 수도 없으므로 확인의 이익이 없다고 하여야 한다. (※ 참고: 반소청구의 당사자적격에 관한 원심법원의 판단: ① 일반적으로 주주총회결의무효 혹은 부존재 확인의 소는 그 제소권자의 제한이 없으므로 누구든지 소의 이익이 있는 한 소를 제기할 수 있다. 따라서 주주, 이사, 감사는 물론 제3자도 자신의 권리 또는 지위에 현실적으로 직접 어떤 구체적인 영향을 받는 경우에는 원고적격이 있다 할 것이다. 다만 원고적격과는 달리 주주총회결의무효 혹은 부존재 확인의 소의 피고는 그 성질상 회사로 한정된다. 위와 같이 주주총회결의무효 혹은 부존재 확인의 소의 피고적격이 회사로 한정되는 이상, 그 당연한 귀결로 회사에게는 위와 같은 확인의 소를 제기할 원고적격이 없다 할 것이다(이를 인정하게 되면 원고와 피고가 동일하게 된다). ② 그런데 이러한 법리는 i) 주주총회결의불발효확인의 소의 경우 민사소송법상 인정되는 제도이기는 하지만 일반 확인의 소와는 달리 회사관계 소송이므로 단체에 관한 법률관계를 획일적으로 확정할 필요가 있는 점, ii) 위와 같은 회사관계 소송의 특성상 피고를 회사로 한정하지 않으면 법률관계를 유효·적절하게 획일적으로 확정할 방법이 없는 점, iii) 위와 같이 주주총회결의불발효확인의 소의 피고를 회사로 한정하는 한 회사에게 원고적격이 있다고 보면 회사가 자신을 상대로 하여 확인의 소를 제기하는 기이한 결과가 발생하는 점 등에 비추어 주주총회결의불발효확인의 소에 그대로 적용된다고 봄이 상당하다.)

## 제4절 종류주식(1): 재산적 내용이 다른 종류주식

**제344조의2 (이익배당, 잔여재산분배에 관한 종류주식)** ① 회사가 이익의 배당에 관하여 내용이 다른 종류주식을 발행하는 경우에는 정관에 그 종류주식의 주주에게 교부하는 배당재산의 종류, 배당재산의 가액의 결정방법, 이익을 배당하는 조건 등 이익배당에 관한 내용을 정하여야 한다.

② 회사가 잔여재산의 분배에 관하여 내용이 다른 종류주식을 발행하는 경우에는 정관에 잔여재산의 종류, 잔여재산의 가액의 결정방법, 그 밖에 잔여재산분배에 관한 내용을 정하여야 한다.

### 1. 개설

■ 구법의 '數種(수종)의 주식'에 해당한다.

※ tracking stock 도입 유보: 배당재원을 차별화하여 특정 사업부문의 이익이나 특정의 자회사에서 발생하는 이익 등을 따로 구분하여(사업부문 연동형, 자회사 업적 연동형) 배당재원으로 하는 주식. 현행법상 이러한 형태의 주식을 종류주식으로 발행한다면, 다른 사업부문에서 결손이 발생할 경우 그 결손을 매운 후에야 배당이 가능하게 될 것이다.

### 2. 유형

① 보통주(common share), 우선주(preference share)[43]/후배주(deferred share), 혼합주

② 누적적(cumulative), 참가적(participating) 우선주

③ 해제조건부/기한부 우선주: 일정기간 보통주와 동률의 배당을 받을 경우 보통주로 전환되거나 우선주의 존속기간을 약정하여 자동적으로 보통주로 전환되도록 한 우선주

## 제5절 종류주식(2): 의결권의 내용이 다른 종류주식

**제344조의3 (의결권의 배제 · 제한에 관한 종류주식)** ① 회사가 의결권이 없는 종류주식이나 의결권이 제한되는 종류주식을 발행하는 경우에는 정관에 의결권을 행사할 수 없는 사항과, 의결권행사 또는 부활의 조건을 정한 경우에는 그 조건 등을 정하여야 한다.

---

43) 우선주란 이익배당이나 잔여재산분배에 있어 우선적인 지위가 인정되는 주식이다. 보통주보다 많은 배당을 받는 종류주식(예: 보통주보다 1% 높은 배당률을 정한 주식)도 발행할 수 있지만, 이러한 주식은 우선주와는 구별된다.

② 제1항에 따른 종류주식의 총수는 발행주식총수의 4분의 1을 초과하지 못한다. 이 경우 의결권이 없거나 제한되는 종류주식이 발행주식총수의 4분의 1을 초과하여 발행된 경우에는 회사는 지체 없이 그 제한을 초과하지 아니하도록 하기 위하여 필요한 조치를 하여야 한다.

## 1. 무의결권 주식 (non-voting share)

### 가. 발행

- 효용: 지배주주의 지배력을 감소시키지 않는 자본조달방법
- 발행의 한도: 경영권 보장의 필요성을 인정하지만 지배권이 지나치게 왜곡되지 않도록 발행주식 총수의 1/4로 제한한다. (주권상장법인의 경우는 의결권 없는 주식의 특례 규정에 따라 1/2로 확대됨: 자본시장과 금융투자업에 관한 법률 §165의 15)
  ※ 이익배당우선주에 한하여 무의결권주로 발행할 수 있다는 구법 규정은 폐지되었다.

### 나. 부인되는 권리: 의결권, 의결권을 전제로 하는 권리

- 주주총회 소집통지 규정의 배제(§363Ⅷ)[44], 정족수 계산에서 제외(§371Ⅰ).
- 주주총회 출석은 허용된다(통설). 다만, 의견진술권은 없다는 견해도 있다.

### 다. 의결권 행사가 인정되는 경우

- 종류주주총회(§§435, 436), 창립총회(준용조항에 불포함: §308)에서의 의결권 행사
- 총주주의 동의가 필요한 사항: 이사/감사의 책임면제(§§400, 415), 조직변경(§604)
- 분할/분할합병 승인결의(§530의3Ⅲ)

### 라. 의결권의 부활: 정관에서 정한 부활 조건의 충족시 (cf. 구 상법: 우선적배당의 중지시)

---

44) 다만 주권상장법인에서 결의반대주주에게 주식매수청구권이 인정되는 합병 등의 결의사항에 관한 주주총회인 경우에는 통지하여야 한다(자본시장법 §165의5).

### 2. 의결권 제한 주식

■ 정관이 정하는 사항(예: 이사의 선임 결의 등)에 관하여는 의결권이 없는 주식으로, 해당 사항에 관하여는 무의결권 주식처럼 다루어진다.

## 第6절 종류주식(3): 주식의 상환에 관한 종류주식 – 상환주식

**第345조 [주식의 상환에 관한 종류주식]** ① 회사는 정관으로 정하는 바에 따라 회사의 이익으로써 소각할 수 있는 종류주식을 발행할 수 있다. 이 경우 회사는 정관에 상환가액, 상환기간, 상환의 방법과 상환할 주식의 수를 정하여야 한다.

② 제1항의 경우 회사는 상환대상인 주식의 취득일부터 2주 전에 그 사실을 그 주식의 주주 및 주주명부에 적힌 권리자에게 따로 통지하여야 한다. 다만, 통지는 공고로 갈음할 수 있다.

③ 회사는 정관으로 정하는 바에 따라 주주가 회사에 대하여 상환을 청구할 수 있는 종류주식을 발행할 수 있다. 이 경우 회사는 정관에 주주가 회사에 대하여 상환을 청구할 수 있다는 뜻, 상환가액, 상환청구기간, 상환의 방법을 정하여야 한다.

④ 제1항 및 제3항의 경우 회사는 주식의 취득의 대가로 현금 외에 유가증권(다른 종류주식은 제외한다)이나 그 밖의 자산을 교부할 수 있다.[45] 다만, 이 경우에는 그 자산의 장부가액이 제462조에 따른 배당가능이익을 초과하여서는 아니 된다.

⑤ 제1항과 제3항에서 규정한 주식은 종류주식(상환과 전환에 관한 것은 제외한다)에 한정하여 발행할 수 있다.[46]

### 1. 개설

■ 상환주식(redeemable share)의 개념: 이익으로써 소각할 수 있는 종류주식

■ 기능: 일시적으로 자기자본을 조달하는 재무관리 목적으로 발행함[47]

---

45) 통상 발행회사의 사채를 교부하거나, 모회사나 자회사, 계열회사의 주식이나 사채를 교부하게 된다. 신주발행 방식으로 발행회사의 보통주식을 발행하여 상환하려면, 전환주식의 요건도 갖추어야 한다; 이철송, 292면.

46) 보통주는 상환주식으로 하지 못한다. 사실상의 poison pill로 남용하는 것을 방지하기 위한 것이라고 설명하기도 한다(권종호). 전환주식을 상환주식으로 하지 못하는 것은 전환권이 무의미해지기 때문이라고 한다; 이철송, 295면 각주 1).

47) 상법상으로는 회사의 자본금이 되지만, 미국회계기준(US GAAP)이나 국제회계기준(IFRS; International Financial Reporting Standards)은 상환해야 한다는 점에서 부채로 처리한다.

■ 2011년 개정상법의 내용

① 구법은 이익배당우선주에 한해 상환주식으로 발행할 수 있었지만, 개정 상법은 상환주식/전환주식 외의 종류주식으로 대상 주식을 확대하였다.

② 현금 외에 유가증권 기타 자산에 의한 현물상환을 허용하였다.

### 2. 상환주식의 유형

① 회사가 상환권을 갖는 상환주식(§345 Ⅰ, Ⅱ), 주주가 상환청구권을 갖는 상환주식(§345 Ⅲ)

② 회사가 상환주식을 취득하여 소각하는 임의상환[48], 주주의 의사와 무관하게 회사가 일률적으로 소각하는 강제상환

### 3. 상환의 효과

■ 자본금: 이익에 의해 소각하기 때문에,[49] 자본금은 감소되지 않는다.

■ 수권자본과의 관계: 상환한 주식 수만큼 재발행할 수 있다면 2중의 수권이 되는 셈이므로, 상환에 의해 수권주식수가 부활하는 것은 아니다.[50]

## 제7절 종류주식(4): 주식의 전환에 관한 종류주식 – 전환주식

**제346조 [주식의 전환에 관한 종류주식]**

① 회사가 종류주식을 발행하는 경우에는 정관으로 정하는 바에 따라 주주는 인수한 주식을 다른 종류주식으로 전환할 것을 청구할 수 있다. 이 경우 전환의 조건, 전환의 청구기간, 전환

---

48) 임의상환의 경우 주주평등원칙을 준수하여야 한다는 견해도 있다. “주식의 상환에 관한 종류주식의 경우 외에 각 주주가 가진 주식 수에 따라 균등한 조건으로 취득하는 것으로서 대통령령으로 정하는 방법”에 의한 자기주식 취득을 허용하는 §341 Ⅰ을 유추적용한다.

49) 상환재원이 되는 이익은 직전결산기의 대차대조표상의 배당가능이익 중 미처분이익잉여금을 뜻한다; 이철송, 291면.

50) 다수설이다. 자본조달의 기동성, 원활성을 위해 재발행할 수 있다고 보는 견해로, 이철송, 428-430면.

으로 인하여 발행할 주식의 수와 내용을 정하여야 한다.

② 회사가 종류주식을 발행하는 경우에는 정관에 일정한 사유가 발생할 때 회사가 주주의 인수주식을 다른 종류주식으로 전환할 수 있음을 정할 수 있다. 이 경우 회사는 전환의 사유, 전환의 조건, 전환의 기간, 전환으로 인하여 발행할 주식의 수와 내용을 정하여야 한다.

③ 제2항의 경우에[51] 이사회는 다음 각 호의 사항을 그 주식의 주주 및 주주명부에 적힌 권리자에게 따로 통지하여야 한다. 다만, 통지는 공고로 갈음할 수 있다.

1. 전환할 주식
2. 2주 이상의 일정한 기간 내에 그 주권을 회사에 제출하여야 한다는 뜻
3. 그 기간 내에 주권을 제출하지 아니할 때에는 그 주권이 무효로 된다는 뜻

④ 제344조제2항에 따른 종류주식의 수 중 새로 발행할 주식의 수는 전환청구기간 또는 전환의 기간 내에는 그 발행을 유보(留保)하여야 한다.

**제347조 [전환주식발행의 절차]** 제346조의 경우에는 주식청약서 또는 신주인수권증서에 다음의 사항을 적어야 한다.

1. 주식을 다른 종류의 주식으로 전환할 수 있다는 뜻
2. 전환의 조건
3. 전환으로 인하여 발행할 주식의 내용
4. 전환청구기간 또는 전환의 기간

**제348조 [전환으로 인하여 발행하는 주식의 발행가액]** 전환으로 인하여 신주식을 발행하는 경우에는 전환전의 주식의 발행가액을 신주식의 발행가액으로 한다.

**제349조 [전환의 청구]**

① 주식의 전환을 청구하는 자는 청구서 2통에 주권을 첨부하여 회사에 제출하여야 한다.

② 제1항의 청구서에는 전환하고자 하는 주식의 종류, 수와 청구년월일을 기재하고 기명날인 또는 서명하여야 한다.

**제350조 [전환의 효력발생]**

① 주식의 전환은 주주가 전환을 청구한 경우에는 그 청구한 때에, 회사가 전환을 한 경우에는 제346조제3항제2호(주권제출기간)의 기간이 끝난 때에 그 효력이 발생한다.

② 제354조제1항(주주명부폐쇄)의 기간중에 전환된 주식의 주주는 그 기간중의 총회의 결의에 관하여는 의결권을 행사할 수 없다.

③ 전환에 의하여 발행된 주식의 이익배당에 관하여는 주주가 전환을 청구한 때 또는 제346조제3항제2호의 기간이 끝난 때가 속하는 영업연도 말에 전환된 것으로 본다. 이 경우 신주에 대한 이익배당에 관하여는 정관으로 정하는 바에 따라 그 청구를 한 때 또는 제346조제3항제2호의 기간이 끝난 때가 속하는 영업연도의 직전 영업연도 말에 전환된 것으로 할 수 있다.

**제351조 [전환의 등기]** 주식의 전환으로 인한 변경등기는 전환을 청구한 날 또는 제346조제3항제2호의 기간이 끝난 날이 속하는 달의 마지막 날부터 2주 내에 본점소재지에서 하여야 한다.

---

51) 정관에서 정한 전환사유가 발생하여 이사회가 전환하기로 결정한 경우로 해석한다; 이철송, 298면.

## 1. 개설

- 전환주식(convertible share)의 개념: 다른 종류주식[52]으로의 전환권이 부여된 주식

  cf. 구법의 전환: 수종의 주식(우선주, 보통주, 후배주) 간의 전환
- 주주가 전환청구권을 갖는 전환주식 외에 회사가 전환권을 갖는 회사 전환주식 제도 신설
- 기능: 투자자에게 투자동기를 제공하고(주주 전환주식), 탄력적인 재무관리나 경영권 방어수단으로 활용한다(회사 전환주식).

## 2. 전환

### 가. 전환의 효력발생 시기

- 주주의 전환청구권: 형성권 (전환청구 시점에서 전환의 효력 발생: §350 I)
- 회사의 전환권: 회사가 통지[공고]한 주권제출기간의 종료시에 효력을 발생함
- 다만, 주주명부 폐쇄기간 중에 전환하면 그 기간 중의 총회 결의에 의결권(전환된 신주로서의 의결권)을 행사할 수 없으며, 당해 연도의 이익배당에 관하여 전환 전의 구주로 처리한다(다만, 정관규정으로 신주 처리할 수 있다).

### 나. 전환 조건의 제한: 총발행가액의 동액 요건 (§348)

(1) 액면미달발행(§417)의 제한

- 액면가액 5,000원의 우선주를 전환주식으로 하고 발행가액 6,000원으로 30,000주 발행한 경우(자본금 1.5억원, 자본준비금 3,000만원), 보통주로의 전환조건이 1:1.2(하향 전환; downstream conversion)라면 보통주 36,000주를 발행하게 되어 발행가액은 5,000원이어야 한다(자본금이 1.8억원으로 증가하므로, 자본준비금을 자본전입한다). 만일, 전환조건이 1:1.2를 초과한다면 발행가액이 5,000원 미만이 되어 액면미달발행이 되므로 이러한 전환조건은 허용되지 않는다.

---

52) 여기의 '종류주식'에는 보통주가 포함되는 것으로 해석한다.

(2) 자본감소(§438)의 제한

- 위 사례에서 전환조건이 1.5:1(상향 전환; upstream conversion)이면 보통주 20,000주를 발행하게 되어 발행가액은 9,000원이 된다. 그러나 이러한 전환조건은 주식 수 감소로 자본금이 감소되므로(자본금 1억원, 자본준비금 8,000만원) 허용되지 않는다(다수설).
- ① 채권자보호절차를 밟으면 상향전환도 가능하다는 소수설이 있으며,[53) ] ② 주식 수가 감소되어도 자본금은 그대로 유지된다고 해석하는 것도 가능할 것이다('자본금 → 자본준비금'으로 처리하지 않고 그대로 둔다).

### 다. 수권자본과의 관계

- 전환에 의해 다른 종류의 주식으로 교체된 것이므로 전환 전과 같은 주식으로 재발행할 수 있다. 다만 같은 종류의 전환권이 없는 주식으로 발행할 수 있으며, 전환주식으로 발행하지는 못한다(다수설).

---

53) 이철송, 300면; 권기범, 398면; 임재연, 382면.

# 제13장 주주

## 제1절 주주(株主)의 의의

### 1. 의의

가. 개념: 주식의 귀속주체, 주식회사의 사원

나. 주식의 공유와 공유주주 (§333)

- 주주의 권리를 행사할 자는 주주권의 행사와 관련하여 포괄적 대리권을 갖지만, 주식 자체의 처분행위에는 별도의 수권이 필요하다고 해석한다.

> **제333조 (주식의 공유)** ① 수인이 공동으로 주식을 인수한 자는 연대하여 납입할 책임이 있다.
> ② 주식이 수인의 공유에 속하는 때에는 공유자는 주주의 권리를 행사할 자 1인을 정하여야 한다.
> ③ 주주의 권리를 행사할 자가 없는 때에는 공유자에 대한 통지나 최고는 그 1인에 대하여 하면 된다.

### 2. 실질주주

가. 증권의 예탁(預託) 제도 (자본시장과 금융투자업에 관한 법률 §§294-)

(1) 제도의 필요성

- 상장주식을 거래할 때 주권 인도(교부)를 계좌간 대체로 갈음하여 실물거래를 장부거래로 편리하게 처리한다.
- 증권회사를 통해 주식을 거래할 때마다 주주명부의 명의개서를 하도록 하는 것은 비현실적이므로 명의개서를 하지 않은 주주에게 주주권을 행사할 수 있는 방법을 제공한다.

(2) 증권예탁제도의 구조

- 투자가가 보유하는 증권(주권/국공채/회사채 등)을 집중예탁(혼합보관)하는 한국예탁결제원을 설립하여 증권의 집중예탁, 계좌간 대체, 매매거래 결제 등을 담당하도록 한다.
- 증권회사 등은 투자자계좌부를 작성하여 계좌간 대체로 증권을 거래를 하도록 한다.
- 증권회사 등 기관투자자는 예탁결제원에 자신의 이름으로 증권을 예탁하고(street name securities), 예탁결제원은 예탁증권에 관하여 예탁자계좌부를 작성하여 증권의 *受渡決濟*에 이용한다.
- 예탁결제원은 예탁주권에 대하여 발행회사의 주주명부에 자신의 이름으로 명의개서하며, 株券과 관련된 권리(주권불소지신고, 주권의 수령/교체 등)를 행사한다.

(3) 증권예탁의 법적 성질

- 혼합계약: 증권의 혼장임치 + 증권 관리의 위임
- 혼장임치(混藏任置): 예탁자의 투자자와 예탁자는 각각 투자자계좌부와 예탁자계좌부에 기재된 증권 등의 종류 · 종목 및 수량에 따라 예탁결제원에 혼합보관된 예탁증권 등에 대한 공유지분을 가지는 것으로 추정한다.

## 나. 실질주주(real/beneficial owner)의 권리행사

(1) 대체결제: 예탁에 의한 관념적 점유매개관계 구성

- 투자자계좌부/예탁자계좌부의 기재: 증권의 점유 간주 (§311 Ⅰ)
- 계좌간 대체의 기재: 증권의 교부 간주 (§311 Ⅱ)

**자본시장과 금융투자업에 관한 법률 제311조 [계좌부 기재의 효력]** ① 투자자계좌부와 예탁자계좌부에 기재된 자는 각각 그 증권 등을 점유하는 것으로 본다.

② 투자자계좌부 또는 예탁자계좌부에 증권등의 양도를 목적으로 계좌 간 대체의 기재를 하거나 질권설정을 목적으로 질물(質物)인 뜻과 질권자를 기재한 경우에는 증권 등의 교부가 있었던 것으로 본다.

③ 예탁증권 등의 신탁은 예탁자계좌부 또는 투자자계좌부에 신탁재산인 뜻을 기재함으로써 제삼자에게 대항할 수 있다.

④ 주권 발행 전에 증권시장에서의 매매거래를 투자자계좌부 또는 예탁자계좌부상 계좌 간 대체의 방법으로 결제하는 경우에는 상법 제335조제3항(주권발행 전 주식양도의 무효)에 불구하고 발행인에 대하여 그 효력이 있다.

(2) 실질주주의 권리행사

- 주권 발행회사의 주주명부에는 예탁결재원이 주주로 등재된다.
- 실질주주명부의 작성: 회사가 주주명부폐쇄/기준일을 정하면 지체없이 예탁결제원에 통지하고, 예탁결제원은 증권회사 등의 예탁자로부터 실질주주를 통보받아 발행회사에 통지한다. 통지받은 회사는 실질주주명부를 작성한다. 실질주주명부에의 기재는 주주명부에의 기재와 같은 효력을 가진다(§316).
- 실질주주증명서(§318): 증권의 예탁을 증명하는 문서로, 투자자의 신청으로 예탁결제원이 발행한다. 실질주주증명서를 제출하는 주주는 명의개서가 없어도 회사 대항할 수 있다.

# 제2절 주주 평등의 원칙

## 1. 의의

- 개념: 회사와 주주 간 법률관계에 있어서 주주를 평등하게 취급하여야 하고, 따라서 각 주주의 회사에 대한 권리의무가 그 보유주식의 내용 및 수에 비례하여 정해져야 한다는 원칙
- 주식의 종류와 수에 따른 평등(주식 평등의 원칙)으로, 자본적/비례적 평등을 뜻한다. 1주 1의결권 규정(§369 I), 이익배당, 잔여재산분배, 신주인수권에 있어 주식 수에 따라 배정하도록 하는 규정 등이 그 예가 된다.
- 기능: 업무집행권의 남용이나 다수결의 남용으로부터 소수파 주주의 권익을 보호한다.

## 2. 내용

### 가. 적용 범위: 회사와 주주 간

- 주주간 또는 주주와 제삼자간에는 적용되지 않는다.

나. 위반행위의 효력: 무효 (강행법규성)

- 손해를 입은 주주 스스로의 동의가 있으면 하자가 치유된다.
  ※ 독일의 경우 주주평등원칙에 위반하는 주주총회 결의는 결의취소사유가 됨

## 3. 관련 판례

가. 서울고법 79나3882 판결(1980)

- 기초사실: D 주식회사가 정기주주총회에서 발행주식의 1% 이상을 가진 대주주에게는 30%, 1% 미만을 가진 소액주주에게는 33%의 이익배당을 하기로 결의하였다. 원고 P의 주주총회결의 무효확인의 소 제기
- 판결요지: 위 주주총회는 적법한 소집절차를 거쳐 발행주식 총 6,780,000주, 총주주 577명중 64프로를 넘는 총 4,368,990주, 117명이 참석하여 출석주주 전원일치에 의하여 위 의안이 가결된 사실, 위 결의에 의하여 불이익을 받는 발행주식의 1프로 이상을 가진 대주주는 개인 13명, 법인(위탁주포함) 9명으로서 위 총회에 전원 출석하여 결의에 찬성한 사실, 위 결의안의 제안동기는 소액주주보호와 증권거래의 활성화를 위하여 정부당국과 증권감독원의 권유로 대주주측에서 발의한 것이고, 법인세법 제22조 제3항 제2호의 규정(소액주주 300명 이상인 공개법인에 대한 세율 인하를 정한 구 규정)을 참작하여 발행주식의 1프로를 기준으로 대주주, 소액주주로 구분한 사실 등을 인정할 수 있고 다른 반증이 없는바, 상법 제464조의 취지는 정관상 같은 종류의 주식을 가진 주주는 이익이나 이자 배당에 있어서 주식수에 따라 이를 배당 받을 권리가 있고, 누구든지 자기의 의사에 의하지 아니하고 위 평등의 원칙에 반하는 내용을 강요당하지 아니한다는 것일 뿐 자기의 배당받을 권리를 포기하거나 양도하는 것을 절대로 금지한다는 취지는 아니라고 할 것이므로 모든 대주주가 참석하여 당해 사업년도 잉여이익중 자기들이 배당받을 몫의 일부를 스스로 떼내어 소액주주들에게 고루 나눠주기로 한 것이니 그 결의내용이 위 규정에 반하는 것이라고 할 수 없다.

### 나. 제주지법 2007가합1636 판결

- 기초사실: 주식회사 제주국제컨벤션센터(D회사)는 컨벤션센터를 개관한 2003년 이후 2007년까지, 한국관광공사가 현물출자한 호텔부지를 매각한 2006년을 제외하고, 매년 60억 원 정도의 당기순손실이 발생하였다. D회사는 자본감소를 하기로 하고, 전체 주주 4,120인 중 87인(발행주식 32,320,244주 중 25,506,421주 출석: 78%)이 참석한 임시주주총회에서 출석의결권수의 2/3 이상과 발행주식 총수의 1/3 이상의 찬성으로 주로 제주도 주민인 개인주주들이 보유한 회사의 주식을 액면가로 매입하여 소각하기로 하였다. 원고인 대우조선해양주식회사(P회사)는 법인주주인 자신에 대하여도 개인주주와 동등한 권리를 부여하여 줄 것을 요청하였지만 거절되자, 주주총회결의무효확인의 소를 제기하였다.
- 판결요지: 무릇 주주평등의 원칙은 주주의 법률상의 지위가 균등한 주식으로 단위화되어 있으므로 주주를 그 보유주식의 수에 따라 평등하게 취급하여야 한다는 것으로, 형식적으로는 회사와 주주 간 법률관계에 있어서 주주를 그 지위에 따라 평등하게 취급하여야 한다는 것이고, 실질적으로는 각 주주의 회사에 대한 권리의무가 그 보유주식의 수에 비례하여 정해져야 한다는 것이다. 비록 상법은 주주평등의 원칙에 관한 일반적·원칙적 규정을 두고 있지는 아니하나, 주주의 가장 중요한 권리인 의결권(상법 제369조 제1항)을 비롯하여 이익배당청구권(상법 제464조), 신주인수권(상법 제418조) 등에서 이와 같은 주주평등의 원칙을 구체적으로 구현하고 있다. 이러한 주주평등의 원칙은 주식회사의 기본원칙인 동시에 주주의 권리로서 재산권인 주주권의 내용을 이루는 것으로서 그에 대한 예외는 헌법 제37조 제2항에 의하여 법률이 정한 경우에 한하여 인정될 뿐이므로, 이 원칙에 반하는 정관의 규정 또는 주주총회나 이사회의 결의는, 불평등한 취급을 당한 주주가 동의한 경우 등의 특별한 사정이 없는 한 무효이다 (소액투자자인 제주도민의 보호, 공공적 성격이 강한 피고회사의 경영정상화, 원고의 대주주로서의 사회적 책임 등 공익에 부합한다는 피고회사의 주장을 배척함).

### 다. 서울중앙지방법원 2008가합49481 판결

■ 기초사실: D주식회사는 발행주식의 총수가 10,534,427주이고, 원고 P는 428,584주(4%)를 소유한 주주이다. D회사는 2008년 정기주주총회에서 A를 감사로 선임하는 의안에 대하여, 최대주주 S1(4,481,748주 보유: 42%) 및 그 특수관계인 S2(3,474,738주 보유: 32%), S3(155,000주 보유)와 93,933주를 보유한 소수주주들이 찬성하였고, P(428,584주 보유) 및 그 특수관계인에 해당하는 P1(622,950주 보유), 재단법인 P2(60,648주 보유), 학교법인 P3(153,260주 보유), P4(14,198주 보유), P5(14,247주 보유), P6(21,988주 보유), P7(17,449주 보유), P8(10주 보유)는 반대하였다. D회사는 감사 선임에 관한 정관조항을 적용하여 S1 및 그 특수관계인 등의 소유주식 8,111,486주(76%)뿐만 아니라, P 및 그 특수관계인 등의 소유주식 1,333,334주(12%)에 대하여도 의결권 있는 발행주식 총수인 10,079,660주의 3%에 해당하는 각 302,389주로 한정하여 의결권 행사를 허용하였고, 그 결과 우호주식 93,933주를 확보한 S1의 의사대로 찬성 396,322주, 반대 302,389주로써 A를 감사로 선임하는 결의가 성립되었다. P의 주주총회 결의 취소의 소 제기.

■ 정관 및 관련 법규

① D회사의 정관: “감사의 선임에는 의결권을 행사할 주주의 본인과 그 특수관계인, 본인 또는 그 특수관계인의 재산으로 주식을 보유하는 자, 본인 또는 그 특수관계인에게 의결권을 위임한 자가 소유하는 의결권 있는 주식의 합계가 의결권 있는 발행주식 총수의 100분의 3을 초과하는 경우, 그 주주는 초과하는 주식에 관하여는 의결권을 행사하지 못한다”고 규정하고 있다.

② 상법 제409조

**제409조 (선임)** ① 감사는 주주총회에서 선임한다.
② 의결권없는 주식을 제외한 발행주식의 총수의 100분의 3을 초과하는 수의 주식을 가진 주주는 그 초과하는 주식에 관하여 제1항의 감사의 선임에 있어서는 의결권을 행사하지 못한다.
③ 회사는 정관으로 제2항의 비율보다 낮은 비율을 정할 수 있다. (4,5,6항 생략)

③ 상법 §542의12

**제542조의12 (감사위원회의 구성 등)** ③ 최대주주, 최대주주의 특수관계인, 그 밖에 대통령령으로 정하는 자가 소유하는 상장회사의 의결권 있는 주식의 합계가 그 회사의 의결권 없는 주식을 제외한 발행주식총수의 100분의 3을 초과하는 경우 그 주주는 그 초과하는 주식에 관하여 감사 또는 사외이사가 아닌 감사위원회위원을 선임하거나 해임할 때에는 의결권을 행사하지 못한다. 다만, 정관에서 이보다 낮은 주식 보유비율을 정할 수 있다.

④ 대통령령으로 정하는 상장회사의 의결권 없는 주식을 제외한 발행주식총수의 100분의 3을 초과하는 수의 주식을 가진 주주는 그 초과하는 주식에 관하여 사외이사인 감사위원회위원을 선임할 때에 의결권을 행사하지 못한다. 다만, 정관에서 이보다 낮은 주식 보유비율을 정할 수 있다.

**제38조 (감사 등 선임 · 해임 시의 의결권 제한)** ① 법 제542조의12제3항 본문에서 "대통령령으로 정하는 자"란 다음 각 호의 어느 하나에 해당하는 자를 말한다.

1. 최대주주 또는 그 특수관계인의 계산으로 주식을 보유하는 자
2. 최대주주 또는 그 특수관계인에게 의결권(의결권의 행사를 지시할 수 있는 권한을 포함한다)을 위임한 자(해당 위임분만 해당한다)

② 법 제542조의12제4항 본문에서 "대통령령으로 정하는 상장회사"란 최근 사업연도 말 현재의 자산총액이 2조원 이상인 상장회사를 말한다.

※ 제34조 (상장회사의 사외이사 등) ④ 법 제542조의8제2항제5호에서 "대통령령으로 정하는 특수한 관계에 있는 자"란 다음 각 호의 어느 하나에 해당하는 자(이하 "특수관계인"이라 한다)를 말한다.

1. 본인이 개인인 경우에는 다음 각 목의 어느 하나에 해당하는 사람
   가. 배우자(사실상의 혼인관계에 있는 사람을 포함한다)
   나. 6촌 이내의 혈족
   다. 4촌 이내의 인척
   라. 본인이 단독으로 또는 본인과 가목부터 다목까지의 관계에 있는 사람과 합하여 100분의 30 이상을 출자하거나 그 밖에 이사 · 집행임원 · 감사의 임면 등 법인 또는 단체의 주요 경영사항에 대하여 사실상 영향력을 행사하고 있는 경우에는 해당 법인 또는 단체와 그 이사 · 집행임원 · 감사
   마. 본인이 단독으로 또는 본인과 가목부터 라목까지의 관계에 있는 자와 합하여 100분의 30 이상을 출자하거나 그 밖에 이사 · 집행임원 · 감사의 임면 등 법인 또는 단체의 주요 경영사항에 대하여 사실상 영향력을 행사하고 있는 경우에는 해당 법인 또는 단체와 그 이사 · 집행임원 · 감사
2. 본인이 법인 또는 단체인 경우에는 다음 각 목의 어느 하나에 해당하는 자
   가. 이사 · 집행임원 · 감사
   나. 계열회사 및 그 이사 · 집행임원 · 감사
   다. 단독으로 또는 제1호 각 목의 관계에 있는 자와 합하여 본인에게 100분의 30 이상을 출자하거나 그 밖에 이사 · 집행임원 · 감사의 임면 등 본인의 주요 경영사

항에 대하여 사실상 영향력을 행사하고 있는 개인 및 그와 제1호 각 목의 관계에 있는 자 또는 단체(계열회사는 제외한다. 이하 이 호에서 같다)와 그 이사 · 집행임원 · 감사

라. 본인이 단독으로 또는 본인과 가목부터 다목까지의 관계에 있는 자와 합하여 100분의 30 이상을 출자하거나 그 밖에 이사 · 집행임원 · 감사의 임면 등 단체의 주요 경영사항에 대하여 사실상 영향력을 행사하고 있는 경우 해당 단체와 그 이사 · 집행임원 · 감사

■ 원고의 주장: ① 의결권은 주주의 가장 기본적이고 중요한 권리로 법령에서 허용하지 않는 한 제한할 수 없다고 할 것인데, 상법 제409조에서는 제한의 대상을 '주주'로, 제한 방법과 관련하여 '회사의 정관으로 3/100보다 낮은 비율을 정할 수 있다'고 명시적으로 규정하고 있고, 상법 제542조의 12에서는 제한의 대상을 개정 전 '본인과 그 특수관계인 기타 대통령령이 정하는 자'로 규정한 것과 달리 '최대주주와 그 특수관계인 기타 대통령령이 정하는 자'로, 제한 방법과 관련하여 정관으로 비율을 낮게 정할 수 있음을 명시하고 있으므로, 위 규정의 성질 및 취지상 그 규정이 정한 대상, 방법의 한도 내에서만 의결권 제한을 할 수 있다. ② 상법 제369조 제1항에서 정한 1주 1의결권 원칙은 주주평등원칙에서 비롯된 것으로, 법이 특별히 예외를 인정한 경우를 제외하고 정관으로 달리 정할 수 없다. ③ 그런데 이 사건 정관조항은 상법 제409조 및 상법 제542조의 12에서 예정하고 있는 의결권 제한의 대상 및 방법과는 전혀 다른 내용과 형식으로 주주의 의결권을 제한하고 있을 뿐만 아니라 오히려 법 개정으로 제외한 조항을 근거로 최대주주가 아닌 주주들에 대하여 아무런 법률의 근거 없이 의결권을 제한하고 있다. 이 사건 정관조항이 법령의 근거 없이 위와 같은 방법으로 주주의 의결권을 제한하는 것은 주주평등의 원칙 및 1주 1의결권 원칙에 반하고, 정관자치의 원칙에 한계를 넘은 것으로 무효이다. ④ 의결권 제한의 대상을 최대주주와 그 특수관계인 등으로 축소한 2000. 1. 21. 개정법은 [해당] 규정을 공포 당일부터 시행하는 것으로 명시함으로써 법 개정 이전에 제정 또는 개정된 정관에 의하여 개정 이후에까지 적용되는 것을 허용하지 않으려 하였음을 보여준다. 따라서 기존 법령에 따른 이 사건 정관조항은 무효이다. ⑤ 상법 제542조의 12는 모든 주주와 그 특수관계인 등의 의결권을 제한함으로써 지배주주의 뜻대로 감사가 선임되는

결과가 초래되므로 최대주주에 한하여 의결권을 제한하고자 함이고, 감사 선임은 지배주주로부터의 독립이 핵심이므로, 최대주주가 다른 주주에 비해 차별된다고 하더라도 목적의 타당성, 수단의 적합성, 침해의 최소성, 법익의 균형성을 갖춘 것이므로, 헌법에 위반되는 것이 아니다. ⑥ 따라서, 상법 제409조 제2항에 따라 의결권 있는 주식의 합계가 의결권 있는 발행주식 총수의 3%인 302,389주를 초과하는 P 및 P1에 한하여만 의결권이 각 302,389주로 제한되어야 하므로, 이 사건 결의에 반대한 의결권의 수는 총 886,578주로 찬성한 주식 수가 출석 주식 수의 과반수에 미달되므로 이 사건 결의는 부결되었어야 함에도 가결되었다. 그러므로, 이 사건 결의는 결의방법에 법령에 위반한 하자가 있는 경우에 해당하므로 취소되어야 한다.

■ 피고의 주장: ① 상법 제409조, 상법 제542조의 12의 입법취지 및 3%보다 더 낮은 비율을 정관으로 정할 수 있도록 한 규정형식에 비추어 보면, 위 의결권제한 규정은 정관으로 그 제한을 완화하는 것은 금지하나 강화하는 것은 허용하는 이른바 편면적 강행규정이다. 상법 제409조 제3항은 정관으로 제한을 강화하는 것은 허용한다는 취지를 선언한 것으로 비율 이외의 기타 방법으로 제한하는 것을 허용하지 않겠다는 규정은 아니고, 다만 그 제한 강화의 방법에 있어서도 제한비율의 강화만을 규정한 것일 뿐이다. 상법 제542조의 12는 상법의 감사선임권 제한을 일층 심화하여 '비율' 뿐만 아니라 '주식보유 계산의 방식'에 대하여도 특례를 인정한 것인바, 여기에 있어서도 제한을 완화할 수는 없으나 강화할 수는 있다는 취지는 상법에 있어서와 마찬가지이다. 법률로써 감사 선임에 있어 대주주의 의결권을 제한하면서 정관에 의하여 법률보다 대주주에게 더 불리한 내용을 규정하는 것을 불허할 이유가 없는 것이므로, 이 사건 정관조항은 상법과 증권거래법상 감사 선임의 의결권 제한을 더욱 강화하는 내용으로서 편면적 강행규정의 강행성에 위반하지 않는다. ② 상법 제542조의 12는 합리적 근거 없이 1대주주와 2대주주를 차별하여 그 자체로 주주평등의 원칙상 문제점을 가지고 있는 규정이므로, 자치법규인 정관으로 다른 대주주의 의결권에 대하여 동일하게 제한할 수 없다고 한다면, 헌법상 평등원칙을 침해할 위헌법률로 해석될 수밖에 없다.

■ 판결요지

가. 주주평등의 원칙과 1주 1의결권 원칙

(1) 주주평등의 원칙은 형식적으로는 회사와 주주 간 법률관계에 있어서 주주를 그 지위에 따라 평등하게 취급하여야 한다는 것이고, 실질적으로는 각 주주의 회사에 대한 권리의무가 그 보유주식의 수에 비례하여 정해져야 한다는 것이다.… 주식회사의 주주는 주식을 통하여 자본적으로만 회사에 관여할 뿐 주주 상호간에 인적 신뢰관계가 없고, 주주총회 결의는 다수결의 원리에 의하기 때문에 그 남용에 의한 폐해가 생기기 쉬우며, 또한 근래에 이르러 주주총회의 권한이 이사회에 집중되고 기업의 소유와 경영이 분리되는 추세에 있어 이사의 자의적인 업무집행으로 인한 폐해가 생길 수 있으므로, 주주평등의 원칙은 다수결의 남용에 대하여 소수자를 보호함과 아울러 경영자의 전횡으로부터 일반주주를 보호하는 데도 그 목적이 있다. 따라서 주주평등의 원칙에 대한 예외는 법률이 특별히 인정하는 경우에만 가능하며 정관, 주주총회 또는 이사회의 결의로는 그 예외적인 취급이 인정되지 않는다. 주주평등의 원칙은 강행법규적 성격을 가진 주식회사법의 기본원칙이므로 이에 위반되는 정관의 규정은 무효이다.

(2) 의결권은 주주의 가장 중요한 고유권 중 하나로 주주의 동의 없이는 정관의 규정이나 주주총회 또는 이사회 결의로 박탈할 수 없다. 그리고 상법 제369조 제1항에서 정한 1주 1의결권 원칙은 주주평등의 원칙에 기한 것으로서 주주들의 위험부담과 회사에 대한 영향력 행사 간에 비례적 균등을 실현하고자 하는 배려에서 나온 강행법규이므로 법률이 특별히 인정한 예외의 경우를 제외하고는 정관 또는 주주총회 등의 결의로 달리 정할 수 없고, 법률에 근거 없는 1주 1의결권 원칙에 반하는 정관의 규정은 무효이다.

나. 주식회사법의 강행법규성과 정관자치의 한계

(1) 일반적으로 주식회사법의 규정은 고도의 강행성을 갖고 있어 외부관계에 관한 규정뿐만 아니라 내부관계에 관한 대부분의 규정도 강행법규로 본다. 이는 주주들 사이에 서로 인적 신뢰관계 없이 자본적으로만 결합되어 있고 각자 추구하는 경제적 목적이 다르기 때문에 상호간 이해관계의 대립이 생기기 쉬운 주식회사의 경우에, 외부적으로는 회사채권자와 공공의 이익을 보호하고 내부적으로는 이사의

전횡이나 대주주의 권한남용 등으로부터 회사와 일반주주의 이익을 보호하기 위하여 법의 후견적 작용이 필요하다는 점에 근거를 두고 있다.

(2) 일반적으로 그 성격을 자치법규로 보고 있는 정관은 발기인, 주주, 회사기관 등에게 모두 구속력이 미치나, 자치법규도 강행법규의 테두리 안에서만 효력이 인정되는 것이므로 강행법규에 위배된 정관의 규정은 구속력이 없다.

### 다. 상법상 감사제도 및 감사 선임시 의결권 제한규정의 취지

(1) 감사제도는 출자자인 일반주주들이 경영자와 공간적으로 떨어져 있고, 기업경영에 대한 무지 내지는 무경험 등으로 인하여 경영자를 적절하게 감독할 수 없기 때문에 이를 극복하기 위하여 주주들을 대신하여 경영자를 감독할 기구를 설치할 필요에서 발전된 것이다. 상법상 감사제도의 운영에 있어 가장 중요한 문제는 업무집행기관으로부터의 감사의 신분보장 내지 독립성의 확보라고 할 것이다.

(2) 그런데 우리 상법은 주주총회로 하여금 감독기관과 업무집행기관의 구성원에 대한 인사권을 모두 행사하도록 하여 결과적으로 대주주의 영향력이 이사와 감사 모두에게 미치도록 하고 있다. 그래서 감사 선임에 있어 의결권을 제한하는 상법 제409조 제2항, 제3항이 1962년 상법 제정 당시 도입된 것으로 이는 다른 입법례에 있어서는 유례를 찾을 수 없는 독창적인 제도이다. 위 규정의 입법취지는 감사 선임을 주주총회의 일반결의에 의할 경우 감사가 대주주 및 그가 신임하는 이사의 뜻을 거역할 수 없게 되어 감사제도가 유명무실해지는 것을 방지하기 위해 대주주의 뜻에 좌우되지 않는 공정한 감사를 선출하기 위함이다. 그런데 대주주가 주식을 분산함으로써 위 규정의 적용을 회피하는 문제가 발생하자 1997년 증권거래법 개정시 제191조의11 제1항이 신설되면서 이후 주권상장법인과 코스닥상장법인에 있어서는 특수관계인 등의 주식을 합산하여 의결권을 제한하게 되었다.

### 라. 이 사건 정관조항의 효력

(1) 감사선임에 있어 주주의 의결권을 제한하는 것도 다른 의결권 제한의 경우와 같이 주주평등의 원칙 또는 1주 1의결권 원칙의 예외에 해당하므로, 법률에 명시적으로 유보되어 있지 않은 경우에는 정관에 의하여 이를 제한할 수 없고, 이를 제한하는 정관은 무효가 된다. 그리고 법률에 의결권 제한에 관한 규정이 있더라도

의결권은 주주의 가장 중요한 고유권으로 주주의 동의 없이 함부로 박탈, 제한할 수 없다는 점에서 그 규정은 엄격하게 해석되어야 한다.

(2) 상법 제409조 제2항은 개별 주주를 기준으로 3%의 비율을 초과하는 주식의 의결권 행사를 제한하면서 제3항에서 정관에 의하여 위 비율보다 낮은 비율을 정할 수 있다고 규정하고 있는바, 위 조항이 정관으로 제한을 완화하는 것은 금지하나 제한을 강화하는 것은 허용하는 편면적 강행규정임은 피고가 주장하는 바와 같다. 그러나 위 제3항 문언의 해석상 제한을 강화하는 방식에 있어 단순히 비율뿐만이 아니라 이 사건 정관조항과 같이 주주와 일정한 관계에 있는 자의 주식을 합산하여 의결권을 제한하는 방식까지도 법이 허용한 취지라고는 볼 수 없다. 그런데, 이 사건 정관조항은 특수관계에 있는 사람들이 보유하고 있는 주식을 더하고, 더 나아가 단지 의결권을 위임한 주주의 주식까지 합하여 3%가 넘으면 의결권의 제한을 받도록 하는 것이므로, 상법 제409조 제2항, 제3항에서 정하지 않은 방식으로 의결권을 제한한 것이다.

(3) 상법 제542조의 12는 상법 제409조에서는 예정하지 않은 의결권 제한방식인 최대주주와 특수관계인 등의 주식을 합산하여 의결권을 3%로 제한하는 방식을 채택하면서 역시 정관으로 위 비율보다 낮은 비율을 정할 수 있다고 규정하고 있을 뿐이고, 특수관계인 등의 주식과 합산하여 의결권을 제한하여야 할 '주주의 범위'를 정관으로 달리 정할 수 있다는 유보조항은 두고 있지 않다. 그렇다면, 상법 제542조의 12는 그 문언의 해석상 특수관계인 등의 주식과 합산하여 의결권을 제한받는 주주는 '최대주주'에 한하는 것을 전제로 의결권이 제한되는 비율만을 정관으로 낮게 정할 수 있음을 규정한 것이고, 특수관계인 등의 주식과 합산하여 의결권을 제한받게 되는 주주의 범위를 정관으로 확대하는 것은 상법 제542조의 12에 의하여 허용되는 편면성의 범위에 속하지 않는다고 보인다. 그리고 개정 전의 법이 모든 주주에 대하여 특수관계인 등의 주식과 합산하여 의결권을 제한했던 바가 있더라도, 위 규정이 최대주주를 제외한 나머지 주주를 제한의 대상에서 제외하는 방향으로 개정되었다는 점에서 현행 규정이 구 증권거래법 규정과 동일한 방식으로 의결권을 제한하는 것을 당연히 허용하고 있다고 볼 근거가 되지도 않는다. 따라서 이 사건 정관조항은 명시적인 법률의 근거 없이 상법 제542조의 12에 반하여 의결권 제한의 대상을 확대한 것이다.

(4) 앞서 본 바와 같이 주주평등의 원칙과 1주 1의결권 원칙의 목적, 주식회사법을 강행법규로 한 이유, 우리 상법상 감사제도 및 감사 선임시 의결권제한규정을 둔 취지 는 모두 대주주 및 대주주의 지배를 받는 이사 등 경영자의 권한남용이나 자의적 업무집행으로부터 일반주주를 보호하거나 대주주 및 경영자를 감독하기 위한 것이므로, 감사 선임에 있어 의결권 제한에 관한 규정은 결국 이사 등 경영진을 통하여 회사경영을 지배하는 대주주를 감사로 하여금 효율적으로 견제할 수 있도록 해석되어야 할 것이다. 만일 피고가 주장하는 바와 같이 정관으로 모든 주주에 대하여 특수관계인 등과 합산하여 의결권을 제한할 수 있도록 허용한다면, 극단적인 경우 정관변경의 의결정족수를 확보하고 있는 최대주주가 위 합산 방식과 증권거래법에서 명시적으로 허용하고 있는 비율 축소방식을 묶어 정관을 변경함으로써 모든 주주의 의결권을 자신과 같은 수준으로 제한할 수 있게 되어 감사선임에 있어 의결권을 제한하는 규정을 둔 입법취지를 완전히 없애버릴 수 있기 때문이다. 따라서 이 사건 정관조항은 일반주주가 감사를 통해 회사경영을 지배하는 대주주를 견제하고자 하는 것을 곤란하게 할 수 있다는 점에서 일반주주의 의결권을 부당하게 제한한 것이다.

(5) 개정 법이 부칙에서 개정 전 조항에 따른 정관이 무효가 된다는 점을 선언하지 아니하였다고 하더라도, 상법 제542조의 12를 강행규정으로 보는 이상 이에 반하는 정관은 개정 법의 시행과 동시에 무효가 된다고 보아야 한다(개정 법 시행 전에 선임된 감사의 지위 등 이미 발생한 법률관계가 소급적으로 무효가 되는지는 별개의 문제이다). 또한, 앞서 본 감사 선임시 의결권제한규정의 취지 등에 비추어 상법 제542조의 12가 헌법상 평등원칙을 침해할 정도로 1대주주와 2대주주를 합리적 근거 없이 차별한다고 보기는 어렵고, 위 규정이 1대주주와 2대주주 간의 감사 선임 결정권 문제에 국한되는 것도 아니다.

(6) 이상과 같은 이유에서 이 사건 정관조항은 강행법규에 위배되고 주주의 의결권을 부당하게 제한하는 무효의 조항이므로, 피고가 이 사건 정관조항에 의하여 원고 및 그 특수관계인 등의 주식수를 모두 합하여 302,389주로 의결권을 제한한 것은 위법하여 이 사건 결의는 결의방법에 법령에 위반한 하자가 있는 경우에 해당한다. 그렇다면, 이 사건 결의는 취소되어야 할 것이므로, 원고의 이 사건 청구는 이유 있어 이를 인용하기로 하여 주문과 같이 판결한다.

### 라. 서울중앙지방법원 2005가단105918,2005가단105925(병합) 판결

■ 기초사실: 원고 P 등은 피고 D은행에 근무하다가 퇴사하였다. D은행은 1998년 금융감독원으로부터 국제결제은행(BIS) 기준 자기자본 비율이 8% 미만이라는 이유로 경영개선명령을 받고 증자계획을 추진하면서, 1,000억 원의 증가를 목표로 하되 그 중 150억 원에 대하여는 임 · 직원을 참여시켜 유상증자를 하기로 하여 당시 주식의 실제거래가격은 주당 700원대이었음에도 불구하고 모든 임 · 직원은 액면가인 주당 5,000원에 주식을 매입하도록 하였다. 임 · 직원들의 손실금 보장 요구에 따라 은행장과 은행노동조합 대표자는 '퇴직 시 출자 손실액이 발생할 경우에는 이를 전액 보전한다"는 내용의 자본금증자 참여직원에 대한 퇴직금지급 합의서를 작성하였고, 이후 이사회에서 '자본증자 참여직원에 대한 퇴직금 특례지급기준' 제정을 의결하였다. 그 후 금융감독위원회는 D은행을 부실금융기관으로 선정하여 공적자금 출자를 요청하는 한편, 은행의 기존 주식 전부를 무상소각(완전감자)하는 자본금 감소명령을 내렸고, 다만 정부는 위 조치로 인한 파장을 염려하여 소액주주들에 대하여는 이로 인한 손실을 보전하기 위하여 사실상의 유상소각에 해당하는 주식매수청구권을 인정하였다. 이에 따라 원고들은 보유하고 있던 주식 전부에 대하여 주식매수청구권을 행사하였고, 은행은 위 주식에 대하여 주식매수청구가격 주당 166원을 적용하여 매수한 후 모두 무상 소각하였다. 원고들은 먼저, D은행은 원고들에게, ① 퇴직금 특례지급기준에서 정한 바에 따라 원고들이 은행의 유상증자에 출자하였다가 입은 손실금 상당액을 퇴직금으로 추가 지급하여야 하고, ② 그렇지 않더라도 손실보전 합의에 따라 위 출자손실금 상당의 약정금을 지급할 의무가 있다고 주장한다. 피고는 이에 대하여, 퇴직금 특례지급기준 및 손실보전 합의는 회사가 일부의 주주에 대하여만 손실보장약정 및 수익보장 약정을 한 것으로서 상법상 주주평등의 원칙에 위배되어 무효라고 주장한다.

■ 판결요지:

① 주주평등의 원칙은 주식회사법의 기본원칙이고 강행법규적 성질을 가진다고 할 것이고, 상법에서 인정하는 예외의 경우 이외에는 정관의 규정, 주주총회나 이사회의 결의 또는 대표이사의 업무집행이 주주평등의 원칙

에 위반하는 때에는 회사의 선의·악의를 불문하고 무효라고 볼 것이다. 그렇다면, 은행장과 노동조합 위원장에 의하여 체결된 손실보전 합의와 은행의 상임이사회 결의에 의하여 제정된 퇴직금 특례지급기준은 이 사건 유상증자에 참여하여 주주의 지위를 갖게 될 은행의 직원들에게 퇴직시 그 출자 손실금을 전액 보전해 주는 것을 내용으로 하고 있어서, 회사가 주주에 대하여 투하자본의 회수를 절대적으로 보장하는 셈이 되고, 다른 주주들에게 인정되지 않는 우월한 권리를 이 사건 자본금 증자에 참여한 은행의 직원들에게만 부여하는 것이어서 주주평등의 원칙에 위반되는 것이다. 이에 대하여 원고들은, 퇴직금 특례지급기준은 주주와의 관계를 규율하는 것이 아니라 회사의 발전에 공헌한 직원들을 상대로 특별퇴직금을 지급하기로 하는 취업규칙에 불과한 것으로서 주주평등의 원칙과 무관하고, 손실보전 합의는 은행장과 근로자들의 대표 사이에서 체결된 것으로서 근로자들이 주주의 지위에서 위 합의의 일방 당사자가 된 것이라고는 볼 수 없다고 주장한다. 그러나 은행 직원들이 유상증자에 따른 주식청약을 한 직후 손실보전 합의가 체결되었고, 이에 따라 그 다음날 주금납입이 완료되었으며, 이 사건 퇴직금 특례지급기준은 손실보전 합의를 뒷받침하기 위하여 상임이사회 의결로 제정되었는바, 이러한 경위에 비추어 본다면 손실보전 합의 당시 및 퇴직금 특례지급기준 제정 당시 유상증자에 참여하여 주식을 인수한 직원들은 법률적으로 근로자로서의 지위 및 주식 청약자 또는 주주로서의 지위를 겸하고 있었다고 볼 것인바, 손실보전 합의 및 퇴직금 특례지급기준이 주식 청약자 또는 주주로서의 지위로부터 발생하는 손실, 즉 퇴직이라는 일정 시점 무렵의 주식 가격과 액면가 사이의 차액 상당의 손실에 대한 보상을 주된 목적으로 하고 있는 이상, 비록 손실보전 합의 및 퇴직금 특례지급기준이 사용자와 근로자의 관계를 규율하는 단체협약 또는 취업규칙의 성격을 겸유하고 있다고 하더라도 주주평등의 원칙의 규율 대상에서 벗어날 수는 없는 것이므로, 원고의 위 주장은 이유 없다.

② 나아가 살피건대, 주식회사가 자기의 계산으로 자기의 주식을 취득하는 것은 회사의 자본적 기초를 위태롭게 하여 회사와 주주 및 채권자의 이익을 해하고 주주평등의 원칙을 해하며 대표이사 등에 의한 불공정한 회

사지배를 초래하는 등의 여러 가지 폐해를 생기게 할 우려가 있으므로 상법은 일반 예방적인 목적에서 이를 일률적으로 금지하는 것을 원칙으로 하면서, 예외적으로 자기주식의 취득이 허용되는 경우를 유형적으로 분류하여 명시하고 있으므로 상법 제341조, 제341조의2, 제342조의2 또는 증권거래법 등에서 명시적으로 자기주식의 취득을 허용하는 경우, 또는 회사가 자기주식을 무상으로 취득하는 경우 또는 타인의 계산으로 자기주식을 취득하는 경우 등과 같이 회사의 자본적 기초를 위태롭게 하거나 주주 등의 이익을 해한다고 할 수 없는 것이 유형적으로 명백한 경우에는 자기주식의 취득이 예외적으로 허용되지만, 그 밖의 경우에 있어서는, 설령 회사 또는 주주나 회사채권자 등에게 생길지도 모르는 중대한 손해를 회피하기 위하여 부득이한 사정이 있다고 하더라도 자기주식의 취득은 허용되지 아니하는 것이고 위와 같은 금지규정에 위반하여 회사가 자기주식을 취득하는 것은 당연히 무효인 것이며, 또한 상법 제625조 제2호는 "누구의 명의로 하거나를 불문하고 회사의 계산으로 부정하게 그 주식을 취득하는 행위"를 처벌대상으로 규정하고 있는바, 이러한 규정에 비추어 본다면 비록 회사 아닌 제3자의 명의로 회사의 주식을 취득하더라도 그 주식취득을 위한 자금이 회사의 출연에 의한 것이고 그 주식취득에 따른 손익이 회사에 귀속되는 경우라면, 위의 예외사유에 해당하지 않는 한 그러한 주식의 취득은 회사의 계산으로 이루어져 회사의 자본적 기초를 위태롭게 할 우려가 있는 것으로서 상법 제341조가 금지하는 자기주식의 취득에 해당한다고 할 것이다. 이 사건에서 은행은, 형식적으로 은행의 임·직원들에게 주금을 납입시키고 주식을 인수하게 하여 외형적으로는 은행의 자본금 150억 원이 증가하였지만, 주금을 납입한 은행의 직원들이 퇴직 시에는 그 출자손실금을 전액 보전하여 주는 내용으로 이 사건 손실보전 합의를 체결하고 퇴직금 특례지급기준을 제정함으로써 그 주식취득에 따른 손익은 결국 은행에게 귀속되게 되었는바, 이는 결국 은행이 자기의 계산으로 자기가 발행하는 신주를 인수한 것과 같은 결과를 초래하는 것이고, 외형적으로 증가된 자본액에 상당하는 재산만큼 현실적으로 보유할 수 없게 되어 그 자본적 기초를 위태롭게 할 우려가 있는 것이므로, 손실보전 합의 및 퇴직금 특례지급기준은 자기주식 취득 금지 원칙에도 위반하는 것이다. 그러므로, 이 사건 손실보전 합의 및 퇴직금 특례지급기준은 주주평등의 원칙 및 자기주식 취득 금지 원칙에 위반하여 모두 무효라고 보아야 할 것이므로, 그 유효성을 전제로 하고 있는 원고들의 퇴직금 또는 약정금 청구에 관한 주장은 더 나아가 살펴볼 필요 없이 이유 없다.

③ 부당이득 반환청구에 대한 판단: 원고들은, 중간정산 퇴직금의 출자약정은 상법 제341조가 금지하는 자기주식 취득에 해당하여 무효이고, 따라서 은행은 법률상 원인 없이 출자한 중간정산 퇴직금 상당의 이득을 얻고 원고들에게 동액 상당의 손해를 가하였으므로, 피고는 원고들에게 부당이득인 원고들이 출자한 중간정산 퇴직금 상당의 돈을 반환해야 한다고 주장한다. 살피건대, 원고들이 주장하는 바와 같이 은행이 주식을 인수한 직원들에게 출자손실금을 전액 보전하여 주기로 함으로써 자기가 발행하는 신주를 임·직원의 명의만으로 빌려 인수한 것과 같은 결과를 초래하여 그 자본적 기초를 위태롭게 할 우려가 발생하게 되었다고 할 것이지만, 그로 인하여 효력을 잃게 되는 것은, 즉 자기주식 취득 금지 원칙에 위반하여 무효로 되는 것은 손실보전 합의 및 퇴직금 특례지급기준이며, 유상증자를 위하여 은행이 직원들에게 퇴직금 중간정산을 한 행위 또는 직원들의 주식인수행위 자체가 무효로 되는 것은 아니라 할 것이다. 즉, 은행 직원들의 유상증자 참여를 둘러싼 일련의 법률행위 중에서도 주주평등의 원칙 및 자기주식취득 금지 원칙이라는 강행법규에 위반하는 법률행위만이 무효로 되는 것이고, 사실상 그와 같은 무효의 법률행위를 전제로 하여 이루어진 법률행위라 하더라도 직접적으로 강행법규에 위반하지 아니하는 한 무효로 돌릴 수는 없는 것이다. (만일 은행 직원들의 주식인수행위가 손실보전 합의 및 퇴직금 특례지급기준의 유효성을 전제로 한 행위이므로 무효로 된다고 본다면, 은행의 직원들에 대한 퇴직금 중간정산 역시 직원들의 주식인수행위를 전제로 하는 것이므로 무효라고 보아야 하고, 그렇게 되면 은행이 납입 받은 주식인수대금이 부당이득으로서 직원들에게 반환되어야 할 뿐 아니라, 직원들이 은행으로부터 퇴직금 중간정산금으로 받은 돈도 법률상 원인 없는 부당이득이 되어 피고에게 반환되어야 하는 결과로 이어질 수 있다) 그러므로, 원고들의 유상증자에

따른 주식인수행위를 무효라고 볼 수 없는 이상, 주식 인수에 따라 원고들이 은행에게 주식인수대금을 납입한 것이 법률상 원인 없이 이루어진 것이라고는 볼 수 없어, 원고의 부당이득 주장 역시 이유 없다.[54]

④ 불법행위로 인한 손해배상 청구에 대한 판단: 은행은 원고들을 포함한 은행의 직원들에게 당시 주식의 실제거래가격이 700원대임에도 불구하고, 액면가인 주당 5,000원에 주식을 매입하도록 요구하였고, 직급별로 출자금액을 할당하는 한편, 주식 매입을 쉽게 할 수 있도록 퇴직금 중간정산제를 실시하기까지 하였고… 은행장이 유상증자에 참여시 발생하는 출자금 손실 보전을 약속하는 등으로 은행의 직원들에게 유상증자에 참여하여 주식을 인수하도록 적극적으로 유도하였고, 이로 인하여 은행의 임·직원 1,575명 중 1,512명이 퇴직금 중간정산을 하여 그 중간정산 퇴직금으로 위 유상증자에 참여하게 하였는바, 은행이 그 자본적 기초를 위태롭게 할 우려가 있음에도 단기간에 자기자본비율을 증대시키기 위하여, 주주평등의 원칙 및 자기주식 취득 금지 원칙에 위반할 뿐 아니라 당시 거래 가격이 700원대에 불과하던 주식을 액면가인 5,000원까지 보장하여 주기로 하는 비합리적인 내용으로 된 손실보전 합의 및 퇴직금 특례지급기준을 동원하면서까지 원고들을 유상증자에 참여하도록 유인한 행위는 위법한 것이라 하지 않을 수 없어 불법행위를 구성한다고 볼 것이고, 은행의 이러한 불법행위로 인하여 원고들은 주식을 인수함에 따른 손실금 상당의 손해를 입게 되었다고 할 것이다. 따라서 피고는, 원고들에게 이

---

54) **참고판결** 대법원 2006다38161,38178 판결: 민법 제137조는 임의규정으로서 의사자치의 원칙이 지배하는 영역에서 적용된다고 할 것이므로, 법률행위의 일부가 강행법규인 효력규정에 위반되어 무효가 되는 경우 그 부분의 무효가 나머지 부분의 유효·무효에 영향을 미치는가의 여부를 판단함에 있어서는 개별 법령이 일부무효의 효력에 관한 규정을 두고 있는 경우에는 그에 따라야 하고, 그러한 규정이 없다면 원칙적으로 민법 제137조가 적용될 것이나 당해 효력규정 및 그 효력규정을 둔 법의 입법 취지를 고려하여 볼 때 나머지 부분을 무효로 한다면 당해 효력규정 및 그 법의 취지에 명백히 반하는 결과가 초래되는 경우에는 나머지 부분까지 무효가 된다고 할 수는 없다고 할 것이다 (대법원 2004. 6. 11. 선고 2003다1601 판결 등 참조). 따라서 이 사건에서 원고들의 신주인수의 동기가 된 이 사건 손실보전약정이 주주평등의 원칙에 위반되어 무효라는 이유로 이 사건 신주인수까지 무효로 보아 원고들로 하여금 그 주식인수대금을 부당이득으로서 반환받을 수 있도록 한다면 이는 사실상 다른 주주들과는 달리 원고들에게만 투하자본의 회수를 보장하는 결과가 되어 오히려 강행규정인 주주평등의 원칙에 반하는 결과를 초래하게 될 것이므로, 이 사건 신주인수계약까지 무효라고 보아서는 아니 될 것이다(대법원 2005. 6. 10. 선고 2002다63671 판결 참조).

로 인한 손해를 배상할 책임이 있다.… 은행의 직원들도 은행이 금융감독원으로부터 경영개선명령을 받아 자기자본비율을 증대시키기 위한 과정에서 유상증자를 추진하고 있음을 알고 은행의 경영정상화를 이루고자 유상증자에 참여하였음에도 불구하고, 다른 주주 및 채권자들의 이익을 해치고, 은행의 자본적 기초를 위태롭게 할 수 있는 출자손실금 보전을 강력히 요구함으로써, 은행장으로부터 그 출자손실금 보전을 약속하는 이 사건 손실보전 합의를 이끌어 내었는바, 이러한 직원들의 무리한 출자손실금 보전 요구도 이 사건 손해배상책임의 발생의 한 원인이 되었다고 봄이 상당하므로, 공평 내지 신의칙의 견지에서 피고의 손해배상액을 산정함에 있어 이러한 점을 참작하여 피고가 배상할 금액을 위 손해액의 80%로 감경함이 적정하다고 볼 것이다.

## 4. 포이즌필과 주주평등의 원칙

### 가. poison pill의 의의

(1) 개념: hostile M&A에 대비하여, 일정한 비율 이상의 주식을 취득한 자가 생길 때 기존의 주주에게 신주를 발행해 줌으로써 적대적 매수자가 취득한 주식의 가치를 희석시키는 경영권 방어 수단

(2) poison pill의 전형적 예

- 이사회의 결의로, 일정한 조건이 충족되면(예: 회사주식을 일정한 비율 이상 취득한 자가 생길 경우 등) 신주를 받을 수 있도록 하는 신주인수권증권(Warrant; Equity Linked Warrant: Equity Linked Securities)을 기존의 주주들에게 발행한다.
- 통상 양도를 제한하며, 강제상환조항을 둔다.

(3) 기능

- 경영권을 보호하기 위한 제도이나, 기업지배권 시장의 비효율을 초래할 우려가 크다

(4) Warrant 제도의 도입 추진 ('독립신주인수권증권'): 2011.7. 자본시장법 개정안 입법예고

## 나. 주주에 대한 poison pill의 발행과 인수회사에 대한 차별 문제

(1) 문제점: 신주인수권[신주예약권]은 새로이 주주가 된 적대적매수자를 제외한 기존의 주주에게만 부여한다는 점에서 주주평등의 원칙 위반 여부가 문제된다.

(2) 미국의 사례

■ Unocal Corp. v. Mesa Petroleum Co., 493 A. 2d 946 (Del. 1985)

- 기초사실: Unocal 이사회는 자신의 주식에 대한 Mesa의 공개매수청약(a front-end loaded two-tiered hostile bid for Unocal in which the front end was $54 in cash, and the back end of the deal was $54 in junk bonds)에 대해, Mesa가 6,400만주를 취득하는 것을 조건으로 Mesa가 보유한 주식을 제외한 자기회사의 모든 주식에 대해 보다 고가의 공개매수청약(a self-tender at $72)을 한다고 대응하였다.
- 판결요지: Delaware 대법원은 종전에는 M&A에 대한 방어조치를 취하는 이사들에게 business judgement rule을 적용하여 왔으나, 이 판결에서는 회사에 대한 인수합병 공격이 회사정책에 대한 위협이 되고 방어조치가 이러한 위협에 상응하는 합리적인 조치인 경우에만 방어할 수 있다고 하였다("Unocal test")

■ Revlon, Inc. v. MacAndrews & Forbes Holdings, Inc., 506 A.2d 173 (Del. 1986)

- 기초사실: Revlon사가 1주당 $42-45의 매수 제의를 회사가 해체될 것을 우려하여 거부하면서, 적대적 인수합병을 방지하는 방어조치의 하나로 적대적 공개매수자를 제외한 기존 주주들에게 회사채를 발행하는 변형된 포이즌필(a Note Purchase Rights Plan)을 채택하였다. 주당 $47.50의 공개매수가 행해졌고, Revlon 이사회는 회사주식을 $100 상당의 전환우선주 및 후순위회사채로 교환해 주겠다고 발표하여 1,000만주를 확보하였다. 그러나 수주 뒤 재차 주당 $50-53의 공개매수 청약이 행하여지자 Revlon 이사회는 주당 $56의 leveraged buyout을 발표하였고, 각각 $56.25와 $57.25로 매수가격이 높아지면서 Revlon 이사회는 재무적지지자를 붙들고 놓고자 누군가 회사주식의 40% 이상

을 취득하는 자가 생기면 회사의 핵심 영업부문을 양도해주겠다고 약속하였다.

- 판결요지: 회사 양도가 불가피해지는 경우, target corporation 이사들의 충실의무(fiduciary obligation)는 오로지 하나의 의무, 즉 가장 고가의 가격을 확보하여 주주가치를 최대화해야 하는 의무로 제한된다. 이사회의 역할은 "회사라는 요새의 방어자에서 주주에게 가장 높은 가격을 확보해주는 회사의 경매자"로 전환된다. 따라서 이사회의 행태에 종래의 business judgment rule을 적용할 수는 없으며, 그것이 이러한 구체적인 의무에 합당하였는지 여부를 사법적으로 판단하게 된다.

(3) 일본의 사례

■ [주주총회 특별결의로 미국식 포이즌필을 발행한 일본 사례] 불독소스 사건 (일본 최고재판소 2007. 8. 7. 결정) (기초사실: 미국계 펀드 Steel Partners Japan이 일본의 불독소스 주식회사의 주식 10.52%를 매집한 후 공개매수를 시도하면서 회사의 질문서에 대해 회사를 경영할 계획이 없으며 지배권 획득 이후의 사업계획도 갖고 있지 않다고 회답하였다. 불독소스는 이사회를 열고 공개매수 제의에 거절할 것을 결의하였고, 주주들에게 주당 3주의 신주를 1엔씩에 받을 수 있는 예약권을 무상으로 부여하되 Steel Partners 배정분은 당초의 공개매수가격을 기준으로 금전보상한다고 공표하였다. 회사의 주주총회에서 88.3%의 찬성으로 이사회 안이 가결되자, Steel Partners가 신주예약권의 무상배정을 금지하는 가처분을 구하였다): ① 특정 주주의 경영지배권 취득으로 회사의 존립과 발전이 저해될 우려가 있는 등 기업가치가 손상되고 주주의 공동의 이익을 해하는 경우에는, 이를 방지하기 위하여 당해 주주를 차별적으로 취급하더라도 그 차별적 취급이 형평의 이념에 반하여 상당성을 결하지 않는 한 주주평등의 원칙에 반하지 않는다. ② 기업가치와 주주 공동의 이익이 훼손되는지 여부는 최종적으로는 회사의 이익의 귀속주체인 주주 자신에 의해 판단된다(주주총회의 판단은 그 절차나 그 판단의 전제가 되는 사실의 허위 여부 등 판단의 정당성을 잃게 하는 중대한 하자가 없는 한 존중되어야 한다).

## 5. OECD Principles of Corporate Governance(2004)와 주주의 평등대우

### Ⅲ. The Equitable Treatment of Shareholders

**The corporate governance framework should ensure the equitable treatment of all shareholders, including minority and foreign shareholders. All shareholders should have the opportunity to obtain effective redress for violation of their rights.**

**A.** All shareholders of the same series of a class should be treated equally.

1. Within any series of a class, all shares should carry the same rights. All investors should be able to obtain information about the rights attached to all series and classes of shares before they purchase. Any changes in voting rights should be subject to approval by those classes of shares which are negatively affected.
2. Minority shareholders should be protected from abusive actions by, or in the interest of, controlling shareholders acting either directly or indirectly, and should have effective means of redress.
3. Votes should be cast by custodians or nominees in a manner agreed upon with the beneficial owner of the shares.
4. Impediments to cross border voting should be eliminated.
5. Processes and procedures for general shareholder meetings should allow for equitable treatment of all shareholders. Company procedures should not make it unduly difficult or expensive to cast votes.

**B.** Insider trading and abusive self-dealing should be prohibited.

**C.** Members of the board and key executives should be required to disclose to the board whether they, directly, indirectly or on behalf of third parties, have a material interest in any transaction or matter directly affecting the corporation.

# 제3절 주주의 권리와 의무

## 1. 주주의 권리

### 가. 공익권과 자익권

■ 회사나 주주의 공동 이익을 위하여 회사의 운영에 참가하는 권리 ↔ 회사

로부터 주주 개인의 경제적 이익을 확보하기 위한 권리

- 주식 양도와 공익권의 취득: 공익권은 자익권과 함께 양도되는 것이어서 주식 양수인이 승계취득한다고 볼 수도 있지만, 자익권만이 양도의 대상이 되며 공익권은 주주가 됨으로써 행사할 수 있게 되는 단체법상의 권리라고 이해할 수도 있다.

## 나. 주주의 고유권(固有權)

### (1) 고유권의 개념

- 개별 주주의 동의가 없다면, 정관의 규정이나 주주총회 다수결로도 박탈할 수 없는 권한
- 예: 의결권, 이익배당청구권 등 (cf. 구체적 신주인수권)
- 회사법 규정은 대부분 강행규정적인 성격을 가지므로 고유권 관념이 큰 의미를 갖지는 못한다는 견해도 있다.[55]

### (2) 관련 판례

- [이익배당청구권의 고유권성과 한계] 서울고법 75나1555 제2민사부판결(1976년) (기초사실: D주식회사는 1974.2.28. 정기주주총회에서 10,000주 이상을 소유하는 주주를 제외한 소주주에게만 주당 액면금 1,000원의 20%의 이익배당을 하기로 결의하여 원고인 광주시(P)에게는 이익배당을 하지 않았다. P는 주주평등의 원칙에 위배되는 무효인 결의임에도 D가 고의 또는 과실로 P에게 이익배당을 하지 아니함으로써 받지 못한 이익배당금 188,556원의 손해배상을 구하였다.): 주주의 이익배당청구권은 주주의 고유권으로 이를 함부로 박탈하거나 제한할 수 없는 것이므로 주주평등의 원칙에 반하는 이익배당결의는 무효라 할 것이다. 그러나 이익배당의 결정은 주주총회의 권한에 전속하기 때문에 주주총회결의에 의하여 비로소 그 내용이 구체적으로 확정되는 것이고, 이익배당이 확정되기 전에는 주주의 이익배당청구권은 일종의 기대권을 내용으로 하는 추상적 권리에 지나지 않는다고 할 것이므로 당연무효인 위 결의이외에 10,000주 이상의 주주를 포함한 모든 주주에 대한 별도의 배당결의가 없음을 P가 자인하는

55) 이철송, 306면.

이 사건에 있어서 P의 권리는 추상적 권리에 지나지 않고, 현행상법상 법원이 주주총회에 가름하여 이사회에서 제출한 이익금 처분안을 수정하여 주주의 구체적 이익배당을 확정지울 길이 없고, 주주가 이익배당에 관한 주주총회의 결의를 강요할 수도 없는 것이므로 결국 P에게는 확정적인 이익배당 청구권이 없고, 또 적법한 이익배당에 관한 주주총회의 결의가 없다하여 상법상의 채무불이행 또는 불법행위도 될 수 없다할 것이고 보면, P에게 이익배당청구권이 있음을 전제로 한 위 청구 역시 이유없다 할 것이다.

■ [신주인수권은 주주명부상 주주에게 귀속한다] 대법원 94다25735 판결 (기초사실: 원고 P가 1983.2.28. D주식회사 대표이사 A로부터 그 소유주식 전부를 증여받았지만 명의개서절차를 마치지 않고 있던 중 D회사가 1987년 신주를 발행하면서 주주명부상 주주로 등재되어 있는 A에게 신주를 배정하였고, A가 그 신주를 인수하여 대금을 납입함으로써 이를 취득함): 상법 제416조에 의하여 주식회사가 주주총회나 이사회의 결의로 신주를 발행할 경우에 발생하는 구체적 신주인수권은 주주의 고유권에 속하는 것이 아니고 위 상법의 규정에 의하여 주주총회나 이사회의 결의에 의하여 발생하는 구체적 권리에 불과하므로 그 신주인수권은 주주권의 이전에 수반되어 이전되지 아니한다 할 것인바, 회사가 신주를 발행하면서 그 권리의 귀속자를 주주총회나 이사회의 결의에 의한 일정시점에 있어서의 주주명부에 기재된 주주로 한정할 경우 그 신주인수권은 위 일정시점에 있어서의 실질상의 주주인가의 여부와 관계없이 회사에 대하여 법적으로 대항할 수 있는 주주, 즉 주주명부에 기재된 주주에게 귀속된다 할 것이므로 주주명부상의 주주가 신주인수대금을 납입하였다면 위 명부상의 주주가 신주를 취득한다고 보아야 한다. 원심이 같은 취지에서 이 사건 신주를 A가 적법하게 취득한 것으로 판단한 조치는 옳다고 여겨지고, 거기에 상고이유의 주장과 같은 신주인수권에 관한 법리를 오해한 위법을 저질렀다고 볼 수 없다.

## 참고 실기주(失期株)의 귀속

**(1) 실기주의 개념**

① (좁은 의미) 신주발행에 있어 양수인이 주주명부에 명의개서를 하지 않아 양도인에게 배정된 신주

② (넓은 의미) 이익배당이나 신주발행과 관련하여 기준일까지 명의개서를 하지 않은 주식

**(2) 실기주의 귀속**

- 신주는 주주명부에 주주로 남아있는 양도인에게 귀속된다(위 판례).
- 그러나, 당사자 사이에서는 주주권이 이미 양수인에게 이전되었으므로, 구 주주에게 배정된 신주(실기주)는 내부적으로 양수인에게 귀속되어야 한다(통설).

**(3) 실기주의 처리**

① 부당이득설: 원물 반환의 문제

② 사무관리설: 양도인은 양수인에게 신주 반환의무를 지며, 양수인은 양도인이 지출한 필요비/유익비의 상환의무를 진다.

③ 준사무관리설: 양도인에게 '타인을 위하여'라는 관리의사 요건(민§ 734)이 없다는 점에서 사무관리에 준하는 것으로 본다(다수설).

다. OECD Principles of Corporate Governance(2004)와 주주의 기본적 권리

- 정보권, 의결권, 이사 선임/해임권, 배당청구권, 주식양도권 등

### Ⅱ. The Rights of Shareholders and Key Ownership Functions

**The corporate governance framework should protect and facilitate the exercise of shareholders'' rights.**

**A.** Basic shareholder rights should include the right to: 1) secure methods of ownership registration; 2) convey or transfer shares; 3) obtain relevant and material information on the corporation on a timely and regular basis; 4) participate and vote in general shareholder meetings; 5) elect and remove members of the board; and 6) share in the profits of the corporation.

**B.** Shareholders should have the right to participate in, and to be sufficiently informed on, decisions concerning fundamental corporate changes such as: 1) amendments to the statutes, or articles of incorporation or similar governing documents of the company; 2) the authorisation of additional shares; and 3) extraordinary transactions, including the transfer of all or substantially all assets, that in effect result in the sale of the company.

**C.** Shareholders should have the opportunity to participate effectively and vote in general shareholder meetings and should be informed of the rules, including voting procedures, that govern general shareholder meetings:

1. Shareholders should be furnished with sufficient and timely information concerning the date, location and agenda of general meetings, as well as full and timely information regarding the issues to be decided at the meeting.
2. Shareholders should have the opportunity to ask questions to the board, including questions relating to the annual external audit, to place items on the agenda of general meetings, and to propose resolutions, subject to reasonable limitations.
3. Effective shareholder participation in key corporate governance decisions, such as the nomination and election of board members, should be facilitated. Shareholders should be able to make their views known on the remuneration policy for board members and key executives. The equity component of compensation schemes for board members and employees should be subject to shareholder approval.
4. Shareholders should be able to vote in person or in absentia, and equal effect should be given to votes whether cast in person or in absentia.

**D.** Capital structures and arrangements that enable certain shareholders to obtain a degree of control disproportionate to their equity ownership should be disclosed.

**E.** Markets for corporate control should be allowed to function in an efficient and transparent manner.

1. The rules and procedures governing the acquisition of corporate control in the capital markets, and extraordinary transactions such as mergers, and sales of substantial portions of corporate assets, should be clearly articulated and disclosed so that investors understand their rights and recourse. Transactions should occur at transparent prices and under fair conditions that protect the rights of all shareholders according to their class.
2. Anti-take-over devices should not be used to shield management and the board from accountability.

**F.** The exercise of ownership rights by all shareholders, including institutional investors, should be facilitated.

1. Institutional investors acting in a fiduciary capacity should disclose their overall corporate governance and voting policies with respect to their investments, including the procedures that they have in place for deciding on the use of their voting rights.
2. Institutional investors acting in a fiduciary capacity should disclose how they

manage material conflicts of interest that may affect the exercise of key ownership rights regarding their investments.

**G.** Shareholders, including institutional shareholders, should be allowed to consult with each other on issues concerning their basic shareholder rights as defined in the Principles, subject to exceptions to prevent abuse.

### 라. 少數株主權 (cf. 단독주주권)

(1) 개념

- 일정한 비율 이상의 주식소유가 권리행사의 요건이 되는 주주의 권리

(2) 일반 규정

- 1% 소수주주권: 대표소송(§403), 위법행위유지청구권(§402)[56]
- 3% 소수주주권: 회계장부열람권(§466), 이사/감사/청산인 해임청구권(§385, 415, 539), 주주제안권(§363의2), 집중투표청구권(§382의2), 업무재산상태검사청구권(§467), 총회소집청구권(§366)
- 10% 소수주주권: 해산판결청구권(§520)

(3) 상장회사(유가증권시장, 코스닥시장)에 대한 특례 (§542의6, 7)

(가) 持株비율 + 보유기간(6개월 전부터 계속보유)

- 0.01%: 대표소송 (※미국/일본은 단독주주권)
- 0.05%: 위법행위유지청구권
- 0.1%: 회계장부열람권
- 0.5%: 이사/감사/청산인 해임청구권
- 1% (의결권 없는 주식 제외): 주주제안권, 집중투표청구권(보유기간 불요, 자본금 2조원 이상)
- 1.5%: 총회소집청구권, 업무재산상태검사청구권

(나) 지주비율 요건 등의 추가감축

- 정관에 의한 지주비율/보유기간 감축 허용 (강화 불가)
- 자본금 1천억원 이상인 상장회사는 1/2 (0.01% 및 1.5% 소수주주권 제외)
- 금융기관 지주비율요건 추가감축: 은행법 §17, 금융지주회사법 §42, 보

56) 신주발행유지청구권은 단독주주권이다(§424).

험업법 §19

(다) 일반 규정과의 관계

- [보유기간 요건] 대법원 2003다41715 판결: 주권상장법인 내지 협회등록 법인의 주주는 6월의 보유기간요건을 갖추지 못한 경우라 할지라도 상법 제366조의 요건을 갖추고 있으면 그에 기하여 주주총회소집청구권을 행사할 수 있다고 봄이 상당하다.
- [제소 후의 지주비율 요건 흠결] 서울고법 2010나70751 판결: 상법 제403조 제1항에 규정된 소수주주권(대표소송)의 행사요건(발행주식 총수의 100분의 1 이상)을 완화한 것에 불과할 뿐 상법 제403조 제2항 내지 제7항의 적용을 배제하는 취지라고 보기는 어려우므로, 대표소송을 제기하는 주권상장법인의 소수주주들이 제소 시에 그들의 보유주식수 합계가 6월 전부터 계속하여 발행주식 총수의 1만분의 1 이상이기만 하면 제소 후 보유주식수가 그 이하로 감소한 경우에도 제소의 효력에 영향이 없는 것으로 보아야 한다.

## 2. 주주의 의무

### 가. 출자의무: 주식인수가액 한도의 책임(§331)

(1) 유한책임

- 주주유한책임원칙은 주주의 의사에 반하여 주식의 인수가액을 초과하는 새로운 부담을 시킬 수 없다는 취지에 불과하고 주주들의 동의 아래 회사 채무를 주주들이 분담하는 것까지 금하는 취지는 아니라 할 것(대법원 89다카890)

(2) 추가적인 책임이 발생하는 경우

- 발기인이 된 주주의 인수/납입 담보책임(§321)
- 불공정한 가액의 신주를 인수한 자의 차액납입의무(§424의2), 위법배당금 반환(§462Ⅲ), 이익공여금지에 따른 이익반환의무(§467의2)
- 과점주주(50% 초과 주주)의 주식보유비율에 따른 제2차납세의무 (국세기본법 §39)
- 회생절차에서 부채총액이 자산총액을 초과하는 회사는 1/2 이상의 자본을

감소시켜야 하고, 이 경우 회사의 이사 등에게 중대한 책임이 있는 행위가 회생절차개시의 원인이 되었다면 그 행위에 상당한 영향력을 행사한 주주 등이 가진 주식은 2/3 이상 감소시켜야 한다(채무자회생 및 파산에 관한 법률 §205Ⅳ).

- 상호저축은행의 경영에 영향력을 행사하여 부실을 초래한 상호저축은행 과점주주: 예금채무 등에 대한 연대책임 (상호저축은행법 §37의3)

## 나. 지배주주의 충실의무 문제

(1) 의의

- 지배주주는 자신의 사원권을 행사할 때 다른 주주들의 이익을 적절히 고려해야 할 의무를 진다고 할 것인지의 문제
- 독일 Grimes 사건(BGH WM 1995, 882): 구조조정계획에 반대하여 회사를 파산에 이르게 한 대주주의 충실의무 위반을 인정한 사례
- 현행법상 업무집행지시자의 책임(§401의2) 등으로 해결할 것

(2) 미국의 The Oppression Doctrine (폐쇄회사의 소수주주 보호 법리)

- squeeze-out [freeze-out] techniques: 지배주주가 이익배당 유보, 소수파 측의 해고/해임, 다수파 측에 대한 과도한 보수 등의 방법으로 소수파 주주를 압박하면서 보유 주식을 헐값에 매도하고 떠나도록 유도하는 행태
- 州에 따라 회사의 해산 청구, 주식매수(buyout)/배당 명령, 임시이사 선임 등을 허용함
- Donahue v. Rodd Electrotype Co., 328 N.E 2d 505 (Mass. 1975) (기초사실: 대주주가 보유주식을 회사에 매도하여 회사의 자산을 유출시키자, 보유주식을 처분할 수 없는 소수파 주주가 충실의무 위반을 주장하여 그 가액을 반환할 것을 청구함): 주주가 소수이며 주식거래가 거의 이루어지지 않는 폐쇄회사에서는, 모든 주주에게 조합의 조합원 상호간에 인정되는 정도의 엄격한 충실의무(the utmost good faith and loyalty)가 인정된다.

# 제4절 타인의 명의에 의한 주식인수

**제332조 (가설인, 타인의 명의에 의한 인수인의 책임)** ① 가설인의 명의로 주식을 인수하거나 타인의 승락없이 그 명의로 주식을 인수한 자는 주식인수인으로서의 책임이 있다.
② 타인의 승락을 얻어 그 명의로 주식을 인수한 자는 그 타인과 연대하여 납입할 책임이 있다.

## 1. 개설

### 가. 타인명의 주식인수의 법률관계

- 주금의 납입 책임: §332
- 타인의 승낙을 얻어 타인 명의로 주식을 인수한 경우에 주주권은 명의대여인과 명의차용인 중 누구에게 귀속하는가?

### 나. 관련 제도

- 납입책임면탈죄(§634): 납입의 책임을 면하기 위하여 타인 또는 가설인의 명의로 주식 또는 출자를 인수한 자는 1년 이하의 징역 또는 300만원 이하의 벌금
- 상속세 및 증여세법 §45의2(명의신탁재산의 증여 의제): 타인명의로 주주명부에 기재된 주식 등의 증여의제

## 2. 주주의 확정

### 가. 학설: 실질설과 형식설

(1) 실질설 (명의차용인이 주주)

- 사실상의 행위자인 실질주주가 권리자가 되어, 실체적 진실에 부합한다.
- 명의와 진실의 분리에서 발생하는 거래안전의 침해 문제는 명의대여자로부터 주식을 취득한 제3자를 명의신탁 법리에 의해 보호함으로써 해결할 수 있다.

(2) 형식설 (명의대여인이 주주)

- 주주를 객관적 기준에 따라 명확히 파악할 수 있고, 따라서 집단적 법률관

계(의결권, 이익배당, 신주인수권)를 획일적으로 처리하여 회사의 법률관계를 안정적으로 처리할 수 있다.

- 회사가 실질주주를 조사할 수 없음에도 불구하고 실질설에 따른다면 명의를 차용한 실질주주가 명의주주의 이름으로 행해진 모든 법률관계의 효력을 부정하게 될 수도 있으므로 금반언의 법리를 적용할 필요성이 크다. 또한 주식인수의 명확성을 기하기 위하여 주식청약서 주의(서면주의)를 채택하고 있는 취지에도 부합하지 못하게 된다.

## 나. 판례 (실질설)

- [노태우 대통령의 '회사반환소송'] 대법원 2010다22552 판결(2011) (기초사실: 노태우(P)가 비자금으로 설립한 냉장창고업 회사인 甲주식회사의 재산을 조카가 처분한 것과 관련하여 회사에 대한 손해배상책임을 추궁하는 대표소송을 제기하였다. 주주명부에는 친동생 A와 조카 B 등이 주주로 등재되어 있다.): 〈원심〉 P가 1989. 11. 6. 그 친동생 A에게 냉장창고업 등을 목적으로 하는 甲주식회사의 설립과 토지 매입에 사용하도록 50억 원을 교부하였고, 1990년 A에게 30억 원을 교부하면서 P의 아들 노재헌의 주택용지를 구입하고 남은 금원을 회사에 투자하라고 하였으며, 창고 건설 등을 위하여 A에게 1992년 30억 원과 50억 원을 각 교부하였다고 주장하였다. 이에 대하여, 원심은, P에 대한 뇌물 사건에서 P와 A가 진술한 내용이 이 사건 금원 수수의 실상에 가장 근접한 증거라며 그 증거들에 의하여 P의 위 주장을 배척하고, P가 A에게 1988년 1월경 70억 원, 1991년 8월경 50억 원을 교부한 사실을 인정한 다음, P는 대통령 취임 전과 재직 중에 받은 돈의 대부분을 경호실장에게 관리를 맡겼고, P가 경호실장 외에 돈을 교부한 것은 1990년경 사돈에게 230억 원을 맡긴 것과 A에게 이 사건 금원을 맡긴 것밖에 없었는데, P가 70억 원을 교부한 후 이자를 받는 것도 아니면서 다시 거액인 50억 원을 교부한 것이나 A가 당시 사돈과 달리 소비임치를 위해 120억 원을 교부받을 만한 이유나 필요가 없었던 사정 등에 비추어 이 사건 금원은 특정한 용도를 위해 교부된 것으로 보이는 점, P의 처의 관련 사건에서의 증언과 위 뇌물 사건에서의 A의 일부 진술 및 '원고가 앞으로 후대들이 언덕을 비빌 수 있는 기업체를 하나 만들라고 말

하였다'는 A의 원심에서의 증언 등에 비추어 P의 위임하에 기업체를 만들라는 것이 P의 진정한 의사로 보이고, 이 사건 금원이 그에 따라 설립된 甲회사의 운영 등에 사용된 점, 소외 6이 P나 A 어느 일방의 지시를 받지 않고 甲회사의 설립과 운영을 전적으로 담당해 온 점 등의 사정을 종합하면, P와 A 사이에는 그들 공동소유의 회사를 설립하기로 하되, 제3자를 통하여 회사를 설립, 운영하기로 하는 합의가 성립되었다고 봄이 상당하다고 판단한 후, 위 합의에 따라 甲회사가 설립되고, 그 주식인수대금은 모두 이 사건 금원에서 지급되었으므로 甲회사 주식의 실질주주는 P와 A인데, 그 지분비율은 균등한 것으로 추정되므로 P는 甲회사 주식 50%의 실질적인 주주라고 인정하여, P가 甲회사의 실질주주가 아니어서 이 사건 주주대표소송을 제기할 당사자적격이 없다는 이유로 이 사건 소를 각하한 제1심판결을 취소하고, 사건을 제1심법원에 환송하는 판결을 선고하였다.
〈대법원〉 ① 주주명부에 기재된 명의상의 주주는 회사에 대한 관계에 있어서 자신의 실질적 권리를 증명하지 않아도 주주의 권리를 행사할 수 있는 자격수여적 효력을 인정받을 뿐이지 주주명부의 기재에 의하여 창설적 효력을 인정받는 것은 아니므로, 주식을 인수함에 있어 타인의 승낙을 얻어 그 명의로 출자하여 주식대금을 납입한 경우에는 실제로 주식을 인수하여 그 대금을 납입한 명의차용인만이 실질상의 주식인수인으로서 주주가 된다고 할 것이고 단순한 명의대여인은 주주가 될 수 없으며, 이는 회사를 설립하면서 타인의 명의를 차용하여 주식을 인수한 경우에도 마찬가지라고 할 것이다. 상법 제403조 제1항은 '발행주식의 총수의 100분의 1 이상에 해당하는 주식을 가진 주주'가 주주대표소송을 제기할 수 있다고 규정하고 있을 뿐, 주주의 자격에 관하여 별도의 요건을 규정하고 있지 않으므로, 주주대표소송을 제기할 수 있는 주주에 해당하는지 여부는 위 법리에 따라 판단하여야 할 것이다. ② 이 사건 금원 교부 당시의 P와 A의 의사는 노모와 자녀들의 장래를 위하여 A가 이 사건 금원을 어떤 형태로든지 그 가치를 유지, 보전하고 있다가 P의 요구가 있으면 이를 반환하라는 것으로 해석될 수 있을 뿐, 원심과 같이 P가 A에게 이 사건 금원으로 회사의 설립, 운영을 위임하되 P와 A가 회사의 지분을 공유하기로 하는 위임에 유사한 계약이 체결된 것으로 해석하여 P가 甲회사 주식 50%의 실질주주라고 인정하기에는 여러 정황상 무리가 있다고 판단된다. 원심판결에는 법률행위의 해석이나 계약의 성립, 관련 사건의 확정판결에서 인정된 사실의 증명력에 관한 법리 등을 오해하여 판결 결과에 영향을 미친 위법이 있다. (파기환송)

- [명의차용에 관한 합의의 존부] 대법원 2007다70599,70605 판결 (기초사실: 甲 주식회사의 주주 A가 사망하여 상속인 P, D가 그 주식을 상속하였다. 이후 甲회사가 신주를 발행하였고, D 명의로 배정되고 인수된 주식에 대해 P가 대금 전액을 납입하였다. P의 D에 대한 주식명의개서협력청구): ① 주식을 인수함에 있어서 타인의 승낙을 얻어 그 명의로 출자하여 주식대금을 납입한 경우에는 실제로 주식을 인수하여 그 대금을 납입한 명의차용인만이 실질상의 주식인수인으로서 명의대여인으로부터 명의개서 등 절차를 밟은 여부와는 관계없이 주주가 된다 할 것이고 단순한 명의대여인은 주주가 될 수 없다. ② 위와 같은 법리에 비추어 볼 때, 만일 이 사건 유상증자 주식에 관하여 실제로는 P가 그 주식인수대금을 납입하고 이를 인수하기로 하되 다만 주식 인수자 명의만은 D 명의를 차용하기로 한다는 취지의 당사자들 사이의 명시적 또는 묵시적인 합의가 성립하였거나 그에 관한 D의 명시적 또는 포괄적인 승낙이 존재한다면 이 사건 유상증자 주식의 실질적인 소유자는 D가 아니라 P라고 보아야 할 것이다. 그럼에도 불구하고 원심은, 이 사건 유상증자 주식에 관하여 그 주식인수대금을 모두 P가 납입하였다고 인정하면서도, 위와 같은 합의나 승낙의 존부나 P의 위 주식인수대금 납입 경위 등에 관하여는 아무런 심리를 하지 아니한 채 만연히 이 사건 유상증자 주식의 실질적인 소유자는 D임을 전제로 하여 위와 같이 판단을 하였는바, 여기에는 주주 명의의 차용과 주식인수대금의 납입에 관한 법리오해나 심리미진으로 인하여 판결 결과에 영향을 미친 위법이 있다고 할 것이다.
- [명의상 주주의 의결권행사금지 가처분과 결의요건] 대법원 97다50619 판결 (1998) (기초사실: Y 주식회사는 발행주식의 3만주의 53%를 A가, 47%를 B가 보유하고 있고 A 또는 A의 아들 X가 대표이사를 맡아왔다. 한편 C 주식회사는 B가 단독주주이자 대표이사지만, 실제 경영은 X가 위임받고 있었다. Y회사는 2만주의 신주를 발행하였고, C회사가 전부 인수하되 그

대금은 X가 조달한 자금으로 납입하였다. 이후 주주들 간에 분쟁이 발생하자 X는 C 명의의 주식 중 53%를 D 앞으로 명의개서하였다. 이에 B는 D가 보유한 주식에 관한 의결권행사금지가처분결정을 받고 법원의 허가를 얻어 임시주주총회를 개최하였고, A가 불참한 가운데 D의 주식을 C회사 보유주식으로 계산하여 34,100주를 가진 주주가 출석하여 결의요건을 충족한 것으로 하고 X를 이사직에서 해임하는 결의를 하였다. X는 주주총회결의취소의 소를 제기하였다.): ① 실제로 주식을 인수하여 그 대금을 납입한 명의차용인만이 실질상의 주식인수인으로 주주가 된다고 할 것이고, 단순한 명의대여자에 불과한 자는 주주로 볼 수 없다. ② 주식 자체는 유효하게 발행되었지만 주식의 이전 등 관계로 당사자 간에 주식의 귀속에 관하여 분쟁이 발생하여 진실의 주주라고 주장하는 자가 명의상의 주주를 상대로 의결권의 행사를 금지하는 가처분의 결정을 받았을 경우에, 그 명의상의 주주는 주주총회에서 의결권을 행사할 수 없으나, 그가 가진 주식 수는 주주총회의 결의요건 규정 소정의 정족수 계산의 기초가 되는 '발행주식의 총수'에는 산입되는 것으로 해석함이 상당하다.

■ [명의차용인의 부제소 약정과 명의대여자의 원고적격 여부] 대법원 84다카319 판결 (기초사실: 甲 주식회사의 주주 P1은 이사와 대표이사를 선임한 주주총회와 이사회 결의의 부존재확인의 소를 제기하였지만, 대표이사로 선임된 A에게 자신의 보유주식 전부를 5,000만 원에 양도하고 소송을 취하하며 향후 甲 회사에 대하여 어떠한 권리주장이나 청구도 하지 아니하기로 하는 내용의 약정을 맺고 이에 따라 위 소송을 취하하였다. 그러나 P1은 P2와 함께 다시 같은 이유로 주주총회결의부존재확인의 소를 제기하였다. P2는 甲 회사 설립시 주식을 인수하였지만, 실제로는 P1에게 명의를 대여하였고 그 인수대금은 P1이 납입하였다.): ① 원심판결은, 위 약정은 P1이 甲 회사에 대하여 향후 앞서 취하한 바와 같은 내용의 청구는 다시는 하지 아니하기로 한 부제소약정이라 할 것이므로 그 약정에 반하여 제기된 같은 P1의 이 사건 소는 권리보호이익이 없는 부적법한 것이라고 판단하고 있는바, 거기에 소론과 같은 채증법칙위배나 위 부제소약정의 범위를 오해한 위법이 있다 할 수 없다. ② 기록에 의하면, 원고 P1이 주주권 중 공익권은 임의로 처분할 수 없는 것이므로 공익권의 포기라고 볼 수 있는 위

부제소약정은 무효라고 주장하였지만, 주주권은 자유롭게 처분할 수 있는 것이고 그중 공익권이라 하여 그 처분이 제한되는 것은 아니라 할 것이니 결국 원심이 이 점에 대한 판단을 하지 아니하였다해도 판결결과에 아무런 영향이 없다 할 것이어서 논지는 이유없음에 귀착된다. ④ P1은 원고 P2의 승락을 얻어 피고회사 주식 200주를 P2 명의로 인수하고 직접 그 주식대금을 모두 납입한 사실을 인정한 다음 실제로 주식을 인수하여 그 대금을 납입한 명의차용인인 P1만이 실질상의 주식인수인으로 주주가 된다고 할 것이고, 단순한 명의대여자에 불과한 P2는 甲 회사의 주주로 볼 수 없다고 할 것이니 P2는 이 사건 주주총회 및 이사회결의의 부존재확인을 구할 정당한 지위에 있지 않다고 판단하였는바, 원심의 판단은 정당하고 논지는 이유없다.

- [명의주주에 대한 주주총회 소집통지의 생략] 대법원 76다1448 판결: ① 주식을 인수함에 있어서 타인의 승락을 얻어 그 명의로 출자하여 주식인수가액을 납입한 경우에는 실제로 주식을 인수하여 그 가액을 납입한 명의차용자만이 실질상의 주식인수인으로서 명의대여자로부터 명의개서등의 절차를 밟은 여부와는 관계없이 주주가 된다 할 것이요, 단순한 명의대여자는 주주가 될 수 없다 함이 당원 판례의 견해인바 원심이 적법이 확정한 사실에 의하면 피고 회사의 설립당시나 증자시에 각 주식을 인수하고 그 인수가액을 납입한 사람은 소외 A 뿐이고 그 외에 원고나 소외 1-7 등은 모두 자금을 출자한 일 없이 다만 위 A를 위하여 그들의 명의를 대여한 자에 불과하고 실지로는 위 A만이 피고 회사의 전주식을 인수하여 그 인수가액을 납입한 것이라 하니, 피고 회사의 주주는 위 A라 할 것이고 그를 위하여 단순히 명의를 대여한 원고와 위 소외인들 7명은 피고 회사의 주주가 아니라 할 것이므로, ② 피고 회사가 본건 임시주주총회를 개최함에 있어 그 주주가 아닌 원고 및 위 소외인들에게 주주총회 소집통지를 하지 않았다하여 그 소집절차나 방법이 법령이나 정관의 규정에 위반된 하자가 있다 할 수 없다는 취의로 판시한 원판결판단은 수긍이 되고 거기에 소론 법리오해의 위법 있음을 인정할 수 없다.

## 3. 관련 문제

### 가. 주주명부의 효력(자격수여적 효력[57]), 면책적 효력[58]))과의 관계

■ [형식주주의 의결권 행사가 위법하게 되는 경우] 대법원 96다45818 판결 (기초사실: D 주식회사는 발행주식 200,000주 중 실질적으로 P가 100,000주를, A가 100,000주를 각 소유하여 P와 A만이 실질주주이고, 주주명부상에 기재된 나머지 주주 17인은 세무상의 편의를 위하여 P와 A의 합의 아래 그들의 명의를 차용하여 형식상 기재해 놓은 형식주주에 불과하였다. A는 D 회사의 대표이사로서 이 사건 주주총회를 소집함에 있어 위 형식주주들에게 소집통지를 하여 그들 중 일부를 참여시키고 일부로부터는 의결권을 위임받아 P의 참여 없이 이사 등 임원을 선임하고 증자하는 결의를 하였다. P의 D 회사에 대한 주주총회결의 취소의 소): 주식회사가 주주명부상의 주주에게 주주총회의 소집을 통지하고 그 주주로 하여금 의결권을 행사하게 하면, 그 주주가 단순히 명의만을 대여한 이른바 형식주주에 불과하여도 그 의결권 행사는 적법하지만, 주식회사가 주주명부상의 주주가 형식주주에 불과하다는 것을 알았거나 중대한 과실로 알지 못하였고 또한 이를 용이하게 증명하여 의결권 행사를 거절할 수 있었음에도 의결권 행사를 용인하거나 의결권을 행사하게 한 경우에는 그 의결권 행사는 위법하게 된다.

### 나. 가장납입과의 관계

■ [실질주주의 가장납입과 체당금반환의무의 귀속] 대법원 2002다29138 판결 (기초사실: 甲 주식회사는 설립 당시 A가 현재의 이사인 D 등의 명의를 빌어

---

57) 주주명부의 자격수여적 효력이란 주주명부에 주주로 기재된 자가 적법한 주주로 추정되는 효력을 말한다. 상법에 직접적인 규정은 없지만, 주권의 점유자는 적법한 소지인으로 추정되고(§336Ⅱ) 기명주식 이전의 대항요건(§337Ⅰ)인 명의개서에 주권의 제시가 필요하다는 점에서 주주명부 기재에 주주의 자격을 추정하는 효력이 발생한다고 본다.

58) 주주명부의 면책적 효력이란 자격수여적 효력의 반사적 효과로서, 이익배당이나 신주인수권부여 등 주주권의 귀속에 있어 회사가 주주명부상의 주주에게 권리를 부여하면 진정한 주주가 아니더라도 면책되는 효력을 말한다. 다만, 무권리자임을 알았거나 중대한 과실로 알지 못하고, 또한 용이하게 그 무권리를 증명할 수 있었다면 면책되지 못한다. 상법 제353조(주주명부의 효력)에 의하면, 주주에 대한 회사의 통지 또는 최고는 주주명부에 기재한 주소 또는 그 자로부터 회사에 통지한 주소로 하면 된다.

주식을 인수한 뒤 발행주식 전부의 주금을 가장납입하였다. 이러한 사실을 알지 못하고 甲회사에 자금을 대여한 P는 이를 회수하기 위하여 甲회사의 D에 대한 주금납입청구채권을 전부받아 D에게 전부금 채권을 청구하였다.): ① 주식회사를 설립하면서 일시적인 차입금으로 주금납입의 외형을 갖추고 회사 설립절차를 마친 다음 바로 그 납입금을 인출하여 차입금을 변제하는 이른바 가장납입의 경우에도 주금납입의 효력을 부인할 수는 없다고 할 것이어서 주식인수인이나 주주의 주금납입의무도 종결되었다고 보아야 할 것이고, 한편 주식을 인수함에 있어 타인의 승낙을 얻어 그 명의로 출자하여 주식대금을 납입한 경우에는 실제로 주식을 인수하여 그 대금을 납입한 명의차용인만이 실질상의 주식인수인으로서 주주가 된다고 할 것이고 단순한 명의대여인은 주주가 될 수 없다고 할 것이다. 따라서 주식회사의 자본충실의 요청상 주금을 납입하기 전에 명의대여자 및 명의차용자 모두에게 주금납입의 연대책임을 부과하는 규정인 상법 제332조 제2항은 이미 주금납입의 효력이 발생한 주금의 가장납입의 경우에는 적용되지 않는다고 할 것이고, 또한 주금의 가장납입이 일시 차입금을 가지고 주주들의 주금을 체당납입한 것과 같이 볼 수 있어 주금납입이 종료된 후에도 주주는 회사에 대하여 체당납입한 주금을 상환할 의무가 있다고 하여도 이러한 주금상환채무는 실질상 주주인 명의차용자가 부담하는 것일 뿐 단지 명의대여자로서 주식회사의 주주가 될 수 없는 자가 부담하는 채무라고는 할 수 없을 것이다. ② [이사의 제3자에 대한 책임] 원심은 'D가 甲 회사의 이사로서 P 등 투자자에게 甲 회사가 실제로는 주금의 가장납입으로 자본금이 전혀 없음에도 자본금 10억 원을 가지고 있는 회사라고 선전하는 등 P를 기망하여 P로 하여금 투자하게 하였을 뿐만 아니라 D는 이사로서 대표이사인 A 등의 사기행위 등을 저지함으로써 甲회사가 P와 같은 투자자에게 피해를 입히지 않도록 해야 할 의무가 있음에도 그 의무를 저버리거나 적어도 방조하여 P가 투자금 상당을 회수하지 못하게 하는 손해를 입게 하였으므로, 상법 제401조나 민법 제750조에 따라 P에게 그 손해를 배상할 책임이 있다'는 P의 주장에 대하여… 이를 인정할 증거가 없으며, 한편 주식회사의 업무집행을 담당하지 아니한 평이사는 대표이사를 비롯한 업무담당이사의 업무집행을 감시하는 것이 그 임무라고 할 것이므로 평이사가 다른 이사의 업무집행이 위법함을 알았거나 또는 위법하다고 의심할 만한 사유가 있었음에도 불구하고 그 시정을 위한 조치를 취하지 아니하고 이를 방치한 때에는 이사의 감시의무를 위반한 것이라고 할 수 있을 것이나, 이 사건에서 평이사인 D가 대표이사인 A의 투자자들에 대한 사기행위 등의 부정한 업무집행을 알았거나 알 수 있었음에도 이를 방치하였음을 인정할 만한 아무런 증거가 없다고 판단하여 이를 배척하였다. 기록에 비추어 관계 증거들을 살펴보면, 원심의 위와 같은 인정 및 판단은 위법이 있다 할 수 없다. ③ [이사의 회사에 대한 책임] 원심은 'D가 甲 회사의 이사로서 자신과 같은 주식인수인들로 하여금 인수한 주식의 주금을 납입하도록 함으로써 甲회사의 자본충실을 기하여야 할 임무가 있음에도 이를 해태하여 甲 회사에게 손해를 입혔으므로 甲회사에게 그 손해를 배상할 책임이 있다'고 주장하면서 P가 甲회사를 대위하여 그 손해배상을 구함에 대하여, 업무담당이사가 아닌 평이사에 불과한 D에게 주금납입독촉의무가 있다고 할 수 없을 뿐만 아니라 D가 대표이사인 A의 주금가장납입으로 인하여 소외 회사의 자본금이 사실상 없어졌음을 알면서도 공동대표이사의 업무집행에 대한 감시의무를 위반하여 이를 방치하였음을 인정할 만한 증거도 없다고 판단하여 이를 배척하였다. 기록에 비추어 관계 증거들을 살펴보면, 원심의 위와 같은 인정 및 판단은 위법이 있다 할 수 없다.

### 다. 사실인정의 문제: 주식양수 대금의 대여 vs. 명의신탁

■ [명의신탁이 아닌 주금의 대여라고 본 사례] 대법원 88다카15505 판결 (기초사실: 子會社가 母會社로부터 금전을 대여받아 다른 자회사의 주식을 취득하였다.): 매수명의인이 당해 권리를 취득함에 있어 그 대가를 지급하였다면 특별한 사정이 없는 한 당해 권리는 그 매수인의 소유로 귀속되는 것이지 명의신탁을 받은 것은 아니라고 보아야 할 것이므로, 모기업인 A 회사가 소유하고 있는 자회사의 주식을 위장분산시켜 둘 목적으로 자회사인 B, C 회사에 각각 돈을 대여하고 자회사들로 하여금 다른 자회사의 주식을 A 회사로부터 매수하도록 하였더라도 사실은 A 회사가 돈을 대여해 주지 않으면서 대여한 것처럼 가장하거나 후에 자회사들이 이를 변제하지 않고

서도 변제한 것처럼 가장하기로 한 것이거나 그 밖에 특별한 사정이 없는 한 자회사들이 매수한 주식이 명의신탁된 것이라고 할 수는 없다. 그렇지 아니하면 A 회사는 B, C 회사에 대한 관계에서 이 사건 주식의 소유권도 보유하고 그 주식의 매수자금에 관한 대여금 채권도 가지는 결과에 이르게 되어 불합리하다고 할 것이며, 그러므로 형식상 돈을 대여하여 그 돈을 가지고 주식을 매수하였다는 원심의 설시는 이 사건에서 명의신탁 관계를 인정할 특별한 사정의 설명으로서는 부족한 것이라고 할 것이다.

※ **참고판결** 대법원 2007다51505 판결: 주주명부에 주주로 등재되어 있는 이는 주주로서 주주총회에서 의결권을 행사할 자격이 있다고 추정되므로, 특별한 사정이 없는 한 주주명부상의 주주는 회사에 대한 관계에서 그 주식에 관한 의결권을 적법하게 행사할 수 있다. 따라서 한편 주주명부상의 주주임에도 불구하고 회사에 대한 관계에서 그 주식에 관한 의결권을 적법하게 행사할 수 없다고 인정하기 위하여는, 주주명부상의 주주가 아닌 제3자가 주식인수대금을 납입하였다는 사정만으로는 부족하고, 그 제3자와 주주명부상의 주주 사이의 내부관계, 주식 인수와 주주명부 등재에 관한 경위 및 목적, 주주명부 등재 후 주주로서의 권리행사 내용 등에 비추어, 주주명부상의 주주는 순전히 당해 주식의 인수과정에서 명의만을 대여해 준 것일 뿐 회사에 대한 관계에서 주주명부상의 주주로서 의결권 등 주주로서의 권리를 행사할 권한이 주어지지 아니한 형식상의 주주에 지나지 않는다는 점이 증명되어야 한다.

## 제5절 주주권의 변동과 소멸

### 1. 개설

- 주식 수의 변동에 따른 주주권의 변동: 주식의 분할과 병합
- 주주권의 소멸: 주주권은 자본금의 구성요소인 주식에 부여되는 것이므로, 주주권은 주식의 소각 등 법정사유에 의해서만 소멸한다. 주주가 주주권 포기

의 의사표시를 하여도 주주권이 절대적으로 소멸하는 것은 아니며(주식포기각서는 통상 주식 처분권의 위임일 것), 물적회사의 특성상 제명제도가 인정되지 않는다.

## 2. 주주권의 포기, 제명제도의 부인

■ [일정기간 주주권을 포기하고 위임한 주주의 주주권 행사를 인정한 사례] 대법원 2002다54691 판결(2002) (기초사실: D 주식회사는 실질적인 주주가 A 한 사람인 이른바 1인회사로서 지나친 채무 부담으로 사실상 도산 상태에 이르자, 1998. 8. 3. 당시 대표이사였던 원고 P1과 A 등의 사용자측은 노동조합과 합의하여, A가 향후 7년간 주주권 및 경영권을 포기하고 주식의 매매와 양도 등을 하지 아니하며 P1에게 주주로서의 의결권 행사권한을 위임하기로 하였다. A는 1999. 11. 2. 임시주주총회를 열어 자신과 원고 P1, P2, P3를 이사로, 원고 P4를 감사로 선임하는 결의를 하였고, 그날 원고 P1, P2, P3와 함께 이사회를 열어 P1을 대표이사로 선임하였다. 그런데 P1이 2000. 5. 10. 대표이사직 사임서를 제출하자, 원고들이 2000. 5. 22. 이사회를 개최하여 P1의 사임을 유보하고 P3를 대표이사로 추가 선임하였다. 그런데 A는 2000. 6. 21. 임시주주총회에서 P1, P3를 대표이사인 이사에서, P2를 이사에서, P4를 감사에서 해임하고 새로운 이사, 감사를 선임하였다는 내용의 의사록을 작성한 다음 2000. 6. 22. 이 의사록 등을 첨부하여 피고의 법인변경등기를 마쳤다. 또 A는 2001. 3. 2. 임시주주총회에서 이사, 감사를 해임하고 새로이 선임하였다는 내용의 의사록을 작성하고, 그날 개최된 이사회에서 대표이사를 선임하였다는 내용의 이사회 의사록을 작성한 다음 2001. 3. 12. 이 의사록 등을 첨부하여 피고의 법인변경등기를 마쳤다. P1 등 원고들의 주주총회 및 이사회결의 부존재확인 청구): ① 원심은, 피고 D주식회사의 2000. 6. 21. 및 2001. 3. 2.의 임시주주총회는 적법한 소집절차를 거치지 아니하였고 실제로 회의가 열리지도 아니하였다고 하더라도 피고의 1인주주인 A에 의하여 결의가 있었던 것으로 주주총회 의사록이 작성되었으므로 원칙적으로 그 결의가 존재하지 아니한다고 다툴 수는 없으나, A는 1998. 8. 3. 주주로서의 의결권을 P1으로 하여금 대리행사하여 피고를 실질적으로 경영할 수 있도록 하는

의결권대리행사약정을 한 이상 주주로서의 의결권을 행사할 수 없고, 이 약정이 해지되었다는 피고 D회사의 주장을 받아들일 수도 없으므로, 위 각 임시주주총회 결의는 부존재하고, 또 2001. 3. 2. 이사회의 결의도 존재하지 아니하는 임시주주총회 결의에 따라 선임된 이사들로 구성된 이사회의 결의로서 부존재한다고 판단하였다. ② 주주권은 주식의 양도나 소각 등 법률에 정하여진 사유에 의하여서만 상실되고 단순히 당사자 사이의 특약이나 주주권 포기의 의사표시만으로 상실되지 아니하며 다른 특별한 사정이 없는 한 그 행사가 제한되지도 아니한다. 이 사건에서 A가 1998. 8. 3. 향후 7년간 주주권 및 경영권을 포기하고 주식의 매매와 양도 등을 하지 아니하며 원고 P1에게 정관에 따라 주주로서의 의결권 행사권한을 위임하기로 약정하였고, 이에 따라 P1이 A의 주주로서의 의결권을 대리행사할 수 있게 되었지만, 이러한 사정만으로는 A가 주주로서의 의결권을 직접 행사할 수 없게 되었다고 볼 수 없다. 그럼에도 불구하고, 원심이 A가 주주로서의 의결권을 행사할 수 없음을 전제로 2000. 6. 21. 및 2001. 3. 2.의 임시주주총회 결의가 모두 존재하지 아니한다고 판단한 것은, 주주로서의 의결권 대리행사와 주주권 포기 등에 관한 법리를 오해하여 판결에 영향을 미친 잘못을 저지른 것이고, 이를 지적하는 상고이유는 이유가 있다.

- [주식포기의 의사표시와 주권의 반환] 대법원 90마672 결정(1991) (주주총회소집허가 결정): 주주권은 주식의 소각 또는 주금체납에 의한 실권절차 등 법정사유에 의하여서만 상실되는 것이고 주주가 사실상 주권을 포기하고 주권을 멸각하거나 회사에 주식포기의 의사표시를 하고 반환하더라도 위와 같은 행위만으로는 주식이 소멸되거나 주주의 지위를 상실하지 아니한다고 할 것인바, 원심이 같은 취지에서 피신청인회사가 아파트분양권과 상환하여 신청인들의 주권을 회수하고 그 주권에 이중횡선을 긋고 회수라고 기재한 행위만으로는 신청인들의 주주로서의 지위에 변동이 없다고 판단하였음은 정당하다.
- [언론통폐합과 MBC 주식, 방송문화진흥회] 대법원 93다6409 판결(1993) (기초사실: 원고 P주식회사는 소외 주식회사 문화방송이 발행한 주식 150,000주를 소유하고 있었는데 P의 대표이사이던 소외 A가 1980.6.말경 당시 선포된 비상계엄에 따라 언론에 관한 업무를 담당하고 있던 피고 대한민국 산하 국군보안사령부의 정보처장이었던 소외 권정달로부터 P 소유의 위 주식 모두를

언론통폐합조치의 수행을 위하여 피고 대한민국에게 증여할 것을 요구받고 처음에는 이를 거부하였으나 국군보안사령부의 계속적인 요구를 받고 만약 위 주식의 증여를 거부하면 위 A나 그러한 거부결정에 참여한 사람들의 신변 또는 P회사 등에 다른 손해가 가하여질지 모르겠다는 염려를 하게 되어 결국 같은 해 12.8. 이 사건 주식을 피고 대한민국에게 교부하여 증여하게 되었고, 피고 대한민국은 이를 국유재산법 소정의 기부채납의 형식으로 증여받은 다음 1981.12.7. 이를 소외 한국방송공사에게 양도하였으며 한국방송공사는 1988.12.31. 이를 피고 방송문화진흥회에 양도하였다. P는 1990. 11. 자신의 피고 대한민국에 대한 이 사건 주식의 증여는 민법 제103조 소정의 선량한 풍속 기타 사회질서에 위반되는 법률행위 또는 같은 법 제104조 소정의 불공정한 법률행위에 해당하거나, 당시 원고의 대표이사였던 A가 의사결정의 자유를 완전히 잃은 상태에서 한 법률행위에 해당하여 무효이고, 그렇지 않다 하더라도 강박에 의하여 이루어진 의사표시이므로 이 사건 소장 송달로서 이를 취소하였으며, 따라서 이 사건 주식은 원고의 소유라고 주장하며 주주임을 확인해달라는 소를 제기하였다.): ① 이 사건 증여계약의 체결과정에 피고 대한민국 산하 공무원의 강박이라는 불법이 개재되었다고 하더라도 그 이유만으로 이 사건 증여계약이 반사회질서의 법률행위로서 민법 제103조에 따라서 무효라고는 할 수 없고(당원 1992.11.27. 선고 92다7719 판결; 1993.3.23. 선고 92다52238 판결; 1993.7.16. 선고 92다41528,41535 판결 등 참조), 민법 제104조가 규정하는 현저히 공정을 잃은 법률행위라 함은 자기의 급부에 비하여 현저하게 균형을 잃은 반대급부를 하게 하여 부당한 재산적 이익을 얻는 행위를 의미하는 것이므로 이 사건 증여계약과 같이 아무런 대가관계 없이 당사자 일방이 상대방에게 일방적인 급부를 하는 법률행위는 그 공정성 여부를 논의할 수 있는 성질의 법률행위가 아니라고 할 것이다 (당원 1993. 3.23. 선고 92다52238 판결; 위 92다41528,41535 판결 등 참조). ② 그리고 강박에 의한 법률행위가 무효로 되기 위하여는 강박의 정도가 극심하여 의사표시자의 의사결정의 자유가 완전히 박탈된 상태에서 이루어져야 하는데, 원고가 계엄업무를 담당하고 있던 국군보안사령부의 정보처장이던 권정달의 강박행위로 인하여 이 사건 증여계약을 체결하게 되었다 하더라도 원심이 인정한 사실관계하에서라면 원고가 이 사건 주식을 피고 대한민국에게 증여한 것은 의사표시의 취소사유는 될 수 있을지언정 그 의사결정의 자유가 완전히 박탈되는 정도에까지 이르른 것으로는 보이지 아니한다고 할 것이므로, 이것만으로 위 증여계약이 무효라고 볼 수는 없고, 원고로서는 적어도 위 증여계약 체결 당시 실시 중이던 비상계엄이 해제된 1981.1.21. 이후에는 강박으로 인한 외포상태에서 벗어나서 위 증여의 의사표시를 추인 또는 취소할 수 있었다고 보아야 할 것이고(당원 1993. 2. 23. 선고 92다14632 판결; 위 92다41528,41535 판결 등 참조), 따라서 원고가 피고 대한민국에 대한 1990.11. 24.자 이 사건 소장의 송달로써 위 증여의 의사표시를 취소하였다고 하더라도 이는 취소권에 대한 민법 제146조 소정의 3년의 제척기간이 경과한 후에 이루어진 것으로서 효력이 없다고 볼 수밖에 없다.[59][60] 그러므로 이 사건 증여계약이 무효이거나 취소되었음을 전제로 하여 피고 대한민국에 대하여는 원고가 이 사건 주식의 주주임의 확인을 구하고, 피고 방송문화진흥회에 대하여는 그 인도를 구하는 원고의 주위적 청구는 결국 이유 없다.

※ [제5공의 부정축재자 재산환수와 강박취소에 관한 제척기간 및 그 기산점] 대법원 2002다56031 판결(2002): ① 원고가 불법연행되어 구금상태로 조사를 받던 1980. 6.경은 그 조사를 수행하던 합수부의 단장이던 전두환이 이끄는 신군부세력이 강압적인 방법으로 국헌을 문란케 하고 국민의 기본권을 제약하는 가운데 정권찬탈계획을 실행해 나가고 있었던 시점이었으므로 원고를 포함한 일반 국민들 역시 강한 사회적 공포심을 가지고 있었음을 어렵지 않게 추단할 수 있을 뿐 아니라, 원고가 이 사건 각 부동산을 피고 대한민국에게 증여하도록 하기 위한 목적을 달성하기 위하여 작성되었던 위 모든 관계 서류들의 내용이 일방적으로 합수부 직원들에 의하여 작성된 사정은 엿볼 수 있으나, 이러한 사유만으로는 이 사건 각 부동산에 대한 원고의 증여의 의사표시가 그에게 가해진 강박으로 인하여 의사결정을 스스로 할 수 있는 여지를 완전히 박탈당한 상태에서 이루어진 것으로서 위의 각 작성서류는 그 법률행위의 외형만을 갖추기 위하여 만들어진

---

59) 민법 제146조 (취소권의 소멸) 취소권은 추인할 수 있는 날로부터 3년내에 법률행위를 한 날로부터 10년내에 행사하여야 한다.

60) [참고] 제5공(전두환: 1980-1988) - 제6공(노태우: 1988-1993) - 문민정부(김영삼: 1993-1998) - 국민의 정부 - 참여 정부 - 이명박 정부

것에 불과하다고 보기는 어렵고 달리 이를 인정할 만한 증거가 없다는 이유로 원고의 위 증여의 의사표시가 무효라는 원고의 주장을 배척하였다. 원심판결을 위 법리 및 기록과 대조하여 살펴보면, 원심의 위와 같은 사실인정과 판단은 수긍이 가고, 거기에 주장과 같은 심리미진, 의사표시의 무효 및 입증의 부담에 관한 법리오해, 민법 제103조 등 법령위반의 위법이 없다. ② [강박취소에 관한 제척기간 및 그 기산점에 대하여] 원심, 원고의 위와 같은 증여의 의사표시는 피고 대한민국 측의 강박에 의하여 이루어진 것으로서 원고는 이를 취소할 수 있다 할 것이라고 전제한 다음, 다만 원고가 주장하는 1999. 5. 27.자 위 증여의사표시의 취소 통지는 원고가 이 사건 각 부동산에 관하여 증여의 의사표시를 한 때인 1980. 6. 17.로부터 10년이 경과한 후 이루어졌음이 역수상 분명하여 그 효력이 없다 할 것이고, 달리 원고가 위 제척기간 내에 피고 대한민국에 대하여 위 증여의 의사표시를 취소한다는 통지를 하였음을 인정할 만한 증거가 없다는 이유로 원고의 위 취소권은 제척기간의 경과로 소멸하였다고 판단하였다. 이어 원심은, 피고 대한민국이 원고로부터 적법하게 대리권을 수여받지 아니한 이원무 변호사를 원고의 소송대리인으로 하여 피고 대한민국 명의로 소유권이전등기를 경료하는 내용의 제소전 화해조서를 작성케 함으로써 위법한 방법으로 기판력을 취득하였다 할 것인데, 국민의 재산권을 보장하여야 할 국가가 위와 같이 강박에 의하여 국민의 재산권을 탈취함에 그치지 아니하고 더 나아가 위법한 방법으로 기판력까지 취득한 경우에 그 기판력의 존속 중에도 민법 제146조 후단 소정의 취소기간이 진행한다고 해석하여 원상회복을 봉쇄하는 것은 원고에게 원시적으로 불가능한 권리행사를 강요하는 것과 같아 헌법 제23조의 재산권보장 규정에 반할 뿐만 아니라 신의성실의 원칙에 비추어도 허용될 수 없다 할 것이어서 이 사건의 경우에는 민법 제146조 후단 소정의, 법률행위를 한 날로부터 10년의 제척기간도 위 화해조서를 취소하는 준재심사건의 판결이 확정된 1999. 2. 9.부터 진행된다고 보아야 하거나 또는 대법원이 전두환, 노태우 전 대통령들의 정부가 군사반란에 기인한 것이라고 판시한 1997. 4. 17. 또는 군사정부가 종료된 1993. 2. 25.부터 진행되는 것으로 해석하여야 한다는 원고의 주장에 대하여 원고가 위 증여행위시부터 민법 제146조 후단 소정의 10년의 제척기간이 경과하기 전인 1981. 1. 21. 위 비상계엄이 해제되어 헌정질서가 회복됨으로써 강박 상태에서 벗어났다 할 것임에도 불구하고 그 제척기간 경과 전까지 위 증여의 의사표시의 취소를 하지 아니한 것은 물론 그 증여의 의사표시의 취소에 해당하지는 아니할지라도 그 취소에 대한 법률상 장애가 되는 위 제소전 화해조서에 따른 기판력을 배제하기 위하여 준재심청구를 하는 등의 최소한의 권리행사를 하지도 아니한 이상, 앞에서 본 증여의 경위 및 화해조서의 작성경위에 관한 사정만으로 신의성실의 원칙을 적용하거나 법률이 정하는 바에 따른 재산권 보장을 규정한 헌법 제23조의 규정에 의하여 위 법조항 소정의 제척기간이 그 법조항의 문언과 달리 원고가 주장하는 시점부터 비로소 진행한다고 볼 수는 없다는 이유로 원고의 위 주장을 배척하였다. 원심판결을 민법 제146조 후단 소정의 제척기간에 관한 규정 및 그에 관한 법리에 비추어 볼 때, 원심의 위와 같은 판단은 수긍할 수 있고, 거기에 주장과 같은 법령위반, 법리오해 등의 위법이 없다.

■ [주주의 제명은 허용되지 않는다] 대법원 2005다60147 판결(2007) (주식회사인 감정평가법인의 주주 겸 소속 감정평가사에 대한 회사의 제명처분에 대한 무효확인 청구): ① 상법은 제218조 제6호, 제220조, 제269조에서 인적 회사인 합명회사, 합자회사에 대하여 사원의 퇴사사유의 하나로서 '제명'을 규정하면서 제명의 사유가 있는 때에는 다른 사원 과반수의 결의에 의하여 그 사원의 제명의 선고를 법원에 청구할 수 있도록 규정하고 있음에 비하여, 주식회사의 경우에는 주주의 제명에 관한 근거 규정과 절차 규정을 두고 있지 아니한바, 이는 상법이 인적 결합이 아닌 자본의 결합을 본질로 하는 물적 회사로서의 주식회사의 특성을 특별히 고려한 입법이라고 해석되므로, 회사의 주주의 구성이 소수에 의하여 제한적으로 이루어져 있다거나 주주 상호간의 신뢰관계를 기초로 하고 있다는 등의 사정이 있다 하더라도, 그러한 사정만으로 인적 회사인 합명회사, 합자회사의 사원 제명에 관한 규정을 물적 회사인 주식회사에 유추적용하여 주주의 제명을 허용할 수 없다. ② 주주 간의 분쟁 등 일정한 사유가 발생할 경우 어느 주주를 제명시키되 회사가 그 주주에게 출자금 등을 환급해 주기로 하는 내용의 규정을 회사의 정관이나 내부규정에 두는 것은 그것이 회사 또는 주주 등

에게 생길지 모르는 중대한 손해를 회피하기 위한 것이라 하더라도 법정 사유 이외에는 자기주식의 취득을 금지하는 상법 제341조의 규정에 위반되므로, 결국 주주를 제명하고 회사가 그 주주에게 출자금 등을 환급하도록 하는 내용을 규정한 정관이나 내부규정은 물적 회사로서의 주식회사의 본질에 반하고 자기주식의 취득을 금지하는 상법의 규정에도 위반되어 무효이다. (③ 주식회사인 감정평가법인의 주주 겸 소속 감정평가사에 대한 회사의 제명처분에는 주주 제명의 의사표시뿐 아니라 소속 감정평가사의 지위에서 해고한다는 의사표시도 포함되어 있으므로 그와 같은 회사의 의사표시가 주주 제명처분의 무효 여부와 무관하게 가분적으로 유효하게 존재할 수 있는지 여부 등을 심리·판단하여야 한다고 한 사례) ※ 개정상법: 자기주식 취득의 제한적 허용

## 3. 주식수의 변동 – 주식의 분할과 병합

### 가. 주식의 분할

**제329조의2 (주식의 분할)** ① 회사는 제434조(정관변경의 특별결의)의 규정에 의한 주주총회의 결의로 주식을 분할할 수 있다.

② 제1항의 경우에 분할 후의 액면주식 1주의 금액은 제329조제3항에 따른 금액(100원) 미만으로 하지 못한다.

③ 제440조 내지 제444조의 규정(주식병합의 절차)은 제1항의 규정에 의한 주식분할의 경우에 이를 준용한다.

(1) 의의

- 자본금을 유지한 채 발행주식 총수를 증가시키는 것으로, 고가 주식의 유통성을 증진하거나 합병의 준비단계에서 합병비율을 조정하는 방법으로 활용된다.

(2) 효과

- 1주의 금액이 감소되고 발행주식 총수는 증가하지만, 자본금이나 실질적인 재산의 변동은 없다.
- 분할 전의 구주와 분할된 신주는 동일성을 갖는다: 질권의 물상대위(§339)

## 나. 주식의 병합

### (1) 개설

■ 복수의 주식을 합하여 보다 적은 수의 주식으로 하는 것으로, 자본금 감소의 방법으로 규정되고 있다. 자본금에 결손이 발생한 경우 명목상의 자본금을 실제의 순자산과 일치되도록 감소시키면 주당 순자산가치가 액면금액 이상으로 회복할 수 있게 된다. 이로써 주가를 정상적으로 유지할 수 있게 되고, 액면미달발행의 제한에서 벗어나 신주발행을 통한 자금조달도 용이해진다.

### (2) 주식병합의 절차 (§§440-444)

■ 주식병합의 절차는 합병/분할의 경우에도 준용된다(§§530Ⅲ, 530의11).

**제440조 (주식병합의 절차)** 주식을 병합할 경우에는 회사는 1월이상의 기간을 정하여 그 뜻과 그 기간내에 주권을 회사에 제출할 것을 공고하고 주주명부에 기재된 주주와 질권자에 대하여는 각별로 그 통지를 하여야 한다.

**제441조 (동전)** 주식의 병합은 전조의 기간이 만료한 때에 그 효력이 생긴다. 그러나 제232조(합병의 채권자보호절차)의 규정에 의한 절차가 종료하지 아니한 때에는 그 종료한 때에 효력이 생긴다.

**제442조 (신주권의 교부)**

① 주식을 병합하는 경우에 구주권을 회사에 제출할 수 없는 자가 있는 때에는 회사는 그 자의 청구에 의하여 3월이상의 기간을 정하고 이해관계인에 대하여 그 주권에 대한 이의가 있으면 그 기간내에 제출할 뜻을 공고하고 그 기간이 경과한 후에 신주권을 청구자에게 교부할 수 있다.

② 전항의 공고의 비용은 청구자의 부담으로 한다.

**제443조 (단주의 처리)**

① 병합에 적당하지 아니한 수의 주식이 있는 때에는 그 병합에 적당하지 아니한 부분에 대하여 발행한 신주를 경매하여 각주수에 따라 그 대금을 종전의 주주에게 지급하여야 한다. 그러나 거래소의 시세있는 주식은 거래소를 통하여 매각하고, 거래소의 시세없는 주식은 법원의 허가를 받아 경매외의 방법으로 매각할 수 있다.

② 제442조의 규정은 제1항의 경우에 준용한다.

**제444조 (동전)** 전조의 규정은 무기명식의 주권으로서 제440조의 규정에 의한 제출이 없는 것에 준용한다.

### (3) 자본금 감소의 무효 주장의 제한: 감자무효의 소 (§445)

**제445조 (감자무효의 소)** 자본금 감소의 무효는 주주 · 이사 · 감사 · 청산인 · 파산관재인 또는 자본금의 감소를 승인하지 아니한 채권자만이 자본금 감소로 인한 변경등기가 된 날부터 6개월 내에 소(訴)만으로 주장할 수 있다.

**제446조 [준용규정]** 제186조 내지 제189조(전속관할, 소제기의 공고, 병합심리, 재량기각) · 제190조 본문(판결의 대세적 효력) · 제191조(패소원고의 책임) · 제192조(등기) 및 제377조(제소주주의 담보제공의무)의 규정은 제445조의 소에 관하여 이를 준용한다.

(4) 관련 판례

■ [자본금 감소가 없는 주식병합과 감자무효 소의 유추적용[61]] 대법원 2008다15520 판결(2009) (기초사실: D주식회사의 법인등기부에는1989. 6. 9. 1주당 액면 1,000원의 총 73,500주의 구 주식을 1주당 액면 10,000원의 총 7,350주의 신 주식으로 병합하는 내용의 주식병합을 하고 1989. 6. 12. 등기를 마친 것으로 기재되어 있다. 주주명부에 기재된 주식보유 현황은 주식병합 전후에 걸쳐 그 내용이 다르다. D회사 대주주의 사망 후 유족간의 분쟁이 발생하여, 구 주식에 기초한 주주지위의 확인을 구하는 소가 제기되었다): [주식병합 무효확인청구 부분] ① 1984년 상법개정에 따라 1주의 금액을 5천원 이상으로 하기 위하여 거치는 주식병합은 자본의 감소를 위한 주식병합과는 달리 자본의 감소가 수반되지 아니하지만, 주식병합에 의하여 구 주식의 실효와 신 주식의 발행이 수반되는 점에서는 자본감소를 위한 주식병합의 경우와 차이가 없다. 그런데 위와 같은 주식병합 절차에 의하여 실효되는 구 주식과 발행되는 신 주식의 효력을 어느 누구든지 그 시기나 방법 등에서 아무런 제한을 받지 않고 다툴 수 있게 한다면, 주식회사의 물적 기초와 주주 및 제3자의 이해관계에 중대한 영향을 미치는 주식을 둘러싼 법률관계를 신속하고 획일적으로 확정할 수 없게 되고, 이에 따라 주식회사의 내부적인 안정은 물론 대외적인 거래의 안전도 해할 우려가 있다. 따라서 이러한 경우에는 그 성질에 반하지 않는 한도 내에서 상법 제445조의 규정을 유추 적용하여, 주식병합으로 인한 변경등기가 있는 날로부터 6월 내에 주식병합 무효의 소로써만 주식병합의 무효를 주장할 수 있게 함이 상당하다. ② 상법 제445조에서 규정하는 '소'라 함은 형성의 소를 의미하는 것으로서, 일반 민사상 무효확인의 소로써 주식병합의 무효확인을 구하거나 다른 법률관계에 관한 소송에서 선결문제로서 주식병합의 무

61) 자기주식 소각과 상환주식의 상환에도 유추적용할 수 있으며, 주식분할이나 액면/무액면 주식의 전환의 경우에는 신주발행무효의 소(§429)를 유추적용해야 한다는 견해로는, 이철송, 433-434면.

효를 주장하는 것은 원칙적으로 허용되지 아니한다. ③ 그러나 주식병합의 실체가 없음에도 주식병합의 등기가 되어 있는 외관이 존재하는 경우 등과 같이 주식병합의 절차적·실체적 하자가 극히 중대하여 주식병합이 존재하지 아니한다고 볼 수 있는 경우에는, 주식병합 무효의 소와는 달리 출소기간의 제한에 구애됨이 없이 그 외관 등을 제거하기 위하여 주식병합 부존재확인의 소를 제기하거나 다른 법률관계에 관한 소송에서 선결문제로서 주식병합의 부존재를 주장할 수 있다. 다만, 회사가 아닌 제3자와 사이에 주식병합 부존재를 선결문제로 하는 구 주식에 기한 주주지위에 관하여 다툼이 있는 경우 그 제3자를 상대로 직접 구 주식에 기한 주주지위확인을 구할 수 있음에도 제3자를 상대로 주식병합 부존재확인의 소를 제기하는 것은 특별한 사정이 없는 한 분쟁을 근본적으로 해결하는 가장 유효·적절한 수단이라고 할 수 없으므로 이러한 소는 확인의 이익이 없다. ④ 이 사건 주식병합의 등기일인 1989. 6. 12.로부터 6월 내에 주식병합 무효의 소가 제기되어 이 사건 주식병합을 무효로 한다는 취지의 판결이 선고·확정되었음을 인정할 만한 자료가 없는 이 사건에서, 원고들이 이 사건 주식병합이 무효라고 주장하며 피고를 상대로 그 무효확인을 구하는 소 부분은 주식병합의 등기일로부터 6월 내에 형성의 소로써만 주식병합의 무효를 주장할 수 있게 한 상법 제445조에 반하므로 부적법하다. 그리고 위 주식병합 무효확인청구의 소 부분이 주식병합 부존재확인을 구하는 취지라고 선해한다 하더라도, 원고들과 피고 사이에는 이 사건 주식병합의 부존재를 선결문제로 하는 구 주식에 기한 주주지위에 관하여 다툼이 있고 이 경우 원고들로서는 피고를 상대로 직접 구 주식에 기한 주주지위확인을 구할 수 있으므로, 피고를 상대로 주식병합 부존재확인을 구하는 것은 특별한 사정이 없는 한 분쟁을 근본적으로 해결하는 가장 유효·적절한 수단이라고 할 수 없으므로, 이 역시 확인의 이익이 없어 부적법하다. [구 주식에 기한 주주지위확인청구 부분] ① 주식병합에 일정한 기간을 두어 공고와 통지의 절차를 거치도록 한 취지는, 신 주권을 수령할 자를 파악하고 실효되는 구 주권의 유통을 저지하기 위하여 회사가 미리 구 주권을 회수하여 두려는 데 있다. 회사가 위와 같은 공고 등의 절차를 거치지 아니한 경우에는 특별한 사정이 없는 한 주식병합의 무효사유가 존재한다고 할 것이지만, 회사가 주식병합에 관한 주주총회의 결의 등을 거쳐 주식병합 등기까지 마치되 그와 같은 공고만을 누락한 것에 불과한 경우에는 그러한 사정만으로 주식병합의 절차적·실체적 하자가 극히 중대하여 주식병합이 부존재한다고 볼 수는 없다. 따라서 주식병합에 관하여 공고 누락의 하자만을 이유로 주식병합의 무효를 주장하기 위해서는 상법 제445조에 따라 주식병합의 등기일로부터 6월 내에 주식병합 무효의 소를 제기하지 않으면 아니된다. ② 원고들이 상법 제445조에 따라 적법한 출소기간 내에 주식병합 무효의 소를 제기하지 아니한 채, 구 주식에 기한 주주지위 확인청구의 선결문제로서 이 사건 주식병합의 무효를 주장하는 것은 원칙적으로 허용되지 아니하고, 다만 이 사건 주식병합이 부존재한다고 볼 수 있는 경우에 한하여 이를 선결문제로 주장할 수 있다고 할 것이다. 그런데 이 사건 주식병합과 관련하여 상법 제440조의 공고가 누락되었다는 사정만으로는 주식병합이 부존재한다고 볼 수 없으므로, 달리 원고들이 주식병합의 부존재 사유를 증명하지 못하는 한, 원고들의 주위적 청구 중 구 주식에 기한 주주지위확인청구 부분은 이미 실효된 구 주식에 기한 과거의 법률관계의 확인을 구하는 것에 귀착되어 확인의 이익을 인정할 수 없다.

- [1인회사의 주식병합과 공고/통지 절차의 흠결] 대법원 2004다40306 판결(2005): 주식병합에 있어서 일정한 기간을 두어 공고와 통지의 절차를 거치도록 한 취지는 신 주권을 수령할 자를 파악하고 실효되는 구 주권의 유통을 저지하기 위하여 회사가 미리 구 주권을 회수하여 두려는 데 있다 할 것인바, 사실상 1인 회사에 있어서 주식병합에 관한 주주총회의 결의를 거친 경우에는 회사가 반드시 위와 같은 공고 등의 절차를 통하여 신 주권을 수령할 자를 파악하거나 구 주권을 회수하여야 할 필요성이 있다고 보기는 어려우므로, 주식병합에 관한 주주총회의 결의에 따라 그 변경등기가 경료되었다면 위와 같은 공고 등의 절차를 거치지 않았다고 하더라도 그 변경등기 무렵에 주식병합의 효력이 발생한다고 봄이 상당하다.
- [신구 주식의 동일성] 대법원 2004다51887 판결(2005) (기초사실: 혼인외의 출생자 엘리자베스가 父 사망 후 인지청구의 소를 제기하여 승소가 확정되었다. 망 부는 생전에 자녀 등에게 회사의 주식 등을 증여하였고, 원고

는 이들을 피고로 하여 유류분 부족분의 반환을 청구하였다. 상속 개시 후 회사의 주식은 10주가 3주로, 다시 10주가 2주로 각 병합되어 상속개시 당시 주식 1주의 가치는 현재 주식 0.06주에 해당한다.): ① 우리 민법은 유류분제도를 인정하여 제1112조부터 제1118조까지 이에 관하여 규정하면서도 유류분의 반환방법에 관하여 별도의 규정을 두지 않고 있는바, 다만 제1115조 제1항이 '부족한 한도에서 그 재산의 반환을 청구할 수 있다'고 규정한 점 등에 비추어 반환의무자는 통상적으로 증여 또는 유증대상 재산 그 자체를 반환하면 될 것이나 위 원물반환이 불가능한 경우에는 그 가액 상당액을 반환할 수밖에 없을 것이다. ② 회사가 2차례 주식병합을 실시한 이후에도 총 발행주식은 200만 주를 상회하였다면 대체물인 회사의 보통주를 제3자로부터 취득하여 반환할 수 없다는 등의 특별한 사정이 없는 한 소정의 수량을 취득하여 이를 원고에게 양도함으로써 원물반환의무를 이행할 수 있는 것이고 따라서 위 피고가 망 소외인으로부터 증여받은 주권 그 자체를 보유하고 있지 않다는 사실만으로 원고에 대한 주식반환의무가 불가능하다고 할 수는 없다. ③ 주식병합의 효력이 발생하면 회사는 신주권을 발행하고(상법 제442조 제1항), 주주는 병합된 만큼 감소된 수의 신주권을 교부받게 되는바, 이에 따라 교환된 주권은 병합 전의 주식을 여전히 표창하면서 그와 동일성을 유지하는 것이므로, 피고들로서는 상속개시 당시의 제1 주식회사 주식 1주당 가격으로 나누어 산출한 주식 수에서 병합에 의하여 감소된 만큼의 주식을 원고에게 반환하면 된다고 할 것이다.

## 4. 주식의 소각

**제343조(주식의 소각)** ① 주식은 자본금 감소에 관한 규정에 따라서만 소각(消却)할 수 있다. 다만, 이사회의 결의에 의하여 회사가 보유하는 자기주식을 소각하는 경우에는 그러하지 아니하다.

### 가. 의의

(1) 개념: 회사의 존속 중에 일부의 주식을 절대적으로 소멸시키는 회사의 행위

(2) 유형

- 자본금 감소에 의한 소각(§343), 이익에 의한 소각(상환주식의 상환, 자기주식의 소각)
- 임의소각과 강제소각, 유상소각과 무상소각

### 나. 자기주식의 소각

- 개정상법은 배당가능이익에 의한 자기주식 취득을 허용하면서 이사회 결의에 의한 자기주식 소각을 허용하였다.
- 종전의 이익소각(정관규정에 의한 이익소각과 정기주주총회 결의에 의한 이익소각) 제도는 폐지.

### 다. 소각의 효력

(1) 자본금감소 여하

(가) 액면주식의 소각: 자본금 감소가 발생하므로 채권자 보호절차가 필요하다.

(나) 무액면주식의 소각: 무액면주식은 발행시에 발행가액의 전부 또는 일부가 자본금에 계상된 후에는 주식 수와 자본금의 관계가 단절되므로, 무액면주식이 소각된다고 하여 자본금이 감소되는 것이 아니다. 따라서 채권자 보호절차가 불필요하게 된다.

(다) 자기주식의 소각: 종래의 이익소각 제도와는 달리 자본금이 감소된다.

(라) 상장회사의 이익소각 특례(자본시장법 §165의3): 상장회사의 이익소각 제도는 폐지되지 않고 존속하므로, 이에 따른 주식소각의 경우에는 자본금이 감소되지 않는다.

(2) 수권주식과의 관계: 상환주식 부분 참조.

(3) 효력발생 시기 (§§343, 441, 232)

- 주권제출기간 만료시 (자본감소의 채권자보호절차 종료시)

### 라. 소득세법(§17)/법인세법(§ 16)의 배당의제

- 주식의 소각이나 자본의 감소로 인하여 주주가 취득하는 금전 기타 재산의 가액이 주주가 당해 주식을 취득하기 위하여 소요된 금액을 초과하는 금액

## 5. 소수주식 강제매수 제도의 도입

**제360조의24 (지배주주의 매도청구권)**

① 회사의 발행주식총수의 100분의 95 이상을 자기의 계산으로 보유하고 있는 주주(이하 이 관에서 “지배주주”라 한다)는 회사의 경영상 목적을 달성하기 위하여 필요한 경우에는 회사의 다른 주주(이하 이 관에서 “소수주주”라 한다)에게 그 보유하는 주식의 매도를 청구할 수 있다.

② 제1항의 보유주식의 수를 산정할 때에는 모회사와 자회사가 보유한 주식을 합산한다. 이 경우 회사가 아닌 주주가 발행주식총수의 100분의 50을 초과하는 주식을 가진 회사가 보유하는 주식도 그 주주가 보유하는 주식과 합산한다.

③ 제1항의 매도청구를 할 때에는 미리 주주총회의 승인을 받아야 한다.

④ 제3항의 주주총회의 소집을 통지할 때에는 다음 각 호에 관한 사항을 적어야 하고, 매도를 청구하는 지배주주는 주주총회에서 그 내용을 설명하여야 한다.

1. 지배주주의 회사 주식의 보유 현황
2. 매도청구의 목적
3. 매매가액의 산정 근거와 적정성에 관한 공인된 감정인의 평가
4. 매매가액의 지급보증

⑤ 지배주주는 매도청구의 날 1개월 전까지 다음 각 호의 사실을 공고하고, 주주명부에 적힌 주주와 질권자에게 따로 그 통지를 하여야 한다.

1. 소수주주는 매매가액의 수령과 동시에 주권을 지배주주에게 교부하여야 한다는 뜻
2. 교부하지 아니할 경우 매매가액을 수령하거나 지배주주가 매매가액을 공탁(供託)한 날에 주권은 무효가 된다는 뜻

⑥ 제1항의 매도청구를 받은 소수주주는 매도청구를 받은 날부터 2개월 내에 지배주주에게 그 주식을 매도하여야 한다.

⑦ 제6항의 경우 그 매매가액은 매도청구를 받은 소수주주와 매도를 청구한 지배주주 간의 협의로 결정한다.

⑧ 제1항의 매도청구를 받은 날부터 30일 내에 제7항의 매매가액에 대한 협의가 이루어지지 아니한 경우에는 매도청구를 받은 소수주주 또는 매도청구를 한 지배주주는 법원에 매매가액의 결정을 청구할 수 있다.

⑨ 법원이 제8항에 따라 주식의 매매가액을 결정하는 경우에는 회사의 재산상태와 그 밖의 사정을 고려하여 공정한 가액으로 산정하여야 한다.

**제360조의25 (소수주주의 매수청구권)**

① 지배주주가 있는 회사의 소수주주는 언제든지 지배주주에게 그 보유주식의 매수를 청구할 수 있다.

② 제1항의 매수청구를 받은 지배주주는 매수를 청구한 날을 기준으로 2개월 내에 매수를 청구한 주주로부터 그 주식을 매수하여야 한다.

③ 제2항의 경우 그 매매가액은 매수를 청구한 주주와 매수청구를 받은 지배주주 간의 협의로 결정한다.

④ 제2항의 매수청구를 받은 날부터 30일 내에 제3항의 매매가액에 대한 협의가 이루어지지 아니한 경우에는 매수청구를 받은 지배주주 또는 매수청구를 한 소수주주는 법원에 대하여 매

매가액의 결정을 청구할 수 있다.

⑤ 법원이 제4항에 따라 주식의 매매가액을 결정하는 경우에는 회사의 재산상태와 그 밖의 사정을 고려하여 공정한 가액으로 산정하여야 한다.

**第360조의26 (주식의 이전 등)**

① 제360조의24와 제360조의25에 따라 주식을 취득하는 지배주주가 매매가액을 소수주주에게 지급한 때에 주식이 이전된 것으로 본다.

② 제1항의 매매가액을 지급할 소수주주를 알 수 없거나 소수주주가 수령을 거부할 경우에는 지배주주는 그 가액을 공탁할 수 있다. 이 경우 주식은 공탁한 날에 지배주주에게 이전된 것으로 본다.

### 가. 개설

- 개정상법은 지배주주가 소액주주의 주식을 전부 취득할 수 있는 제도를 도입하였다.
- 취지: 지배주주가 회사유지 비용(주주총회 운영 등)을 절감할 수 있도록 하면서, 소액주주들에게는 출자회수 방안을 보장한다.
- 지배주주 기준: 95% 이상 주식의 실질적 보유(자기계산에 의한 보유)

### 나. 지배주주의 매도청구권

(1) 절차: 주주총회의 승인 → 매매관련 공고/통지(1월 이상) → 매도 청구 → 2개월 내 소수주주의 매도 (매매가액 수령하고 주권을 지배주주에게 교부, 교부하지 않는 경우 매매가액 수령/공탁시 주권은 무효가 됨)

(2) 매매가액의 결정

- 주주총회에서 매매가액의 산정근거/적정성에 관한 공인된 감정인의 평가를 제시함
- 지배주주/소수주주의 협의 → 매도청구 후 30일 경과시 법원에 청구

### 다. 소수주주의 매수청구권

- 지배주주에 대한 소수주주의 임의적인 보유주식 매수 청구

### 라. 주식의 이전 시기

- 지배주주가 매매가액을 소수주주에게 지급한 때
- 소수주주를 알 수 없거나 소수주주가 수령을 거부할 경우 지배주주가 그 가액을 공탁한 날

# 제14장 주권과 주주명부

## 제1절 주권(株券; share certificate)

### 1. 의의

#### 가. 개념

- 주식(주주권, 사원권)을 표창하는 유가증권

  cf. 주식예탁증권(DR; Depositary Receipts): "증권예탁증권"이란… 증권을 예탁받은 자가 그 증권이 발행된 국가 외의 국가에서 발행한 것으로서 그 예탁받은 증권에 관련된 권리가 표시된 것을 말한다(자본시장과 금융투자업에 관한 법률 §4).

#### 나. 기능

- 주주권의 공시수단: 주권 점유자는 적법한 소지인으로 추정되므로(§336 Ⅱ), 주권은 주주권을 공시하는 수단이 된다.
- 주주권의 유통성 강화: 무형의 권리인 주식을 유가증권에 표창하여 양도의 편의를 도모한다.
- 다만 주권의 상실에 따른 권리상실의 위험을 방지하는 주권불소지 제도와 주권의 현실적 교부에 따르는 불편함을 해소하는 증권예탁결제 제도가 활용되고 있으며, 2011년 개정상법은 실물 주권을 대체하는 주식의 전자등록 제도를 도입하였다.

#### 다. 주권의 성질

- 비 설권(設權)증권: 이미 발생한 주식(주주권)을 주권에 표창하는 것이며, 주권을 작성하였다고 하여 주주권이 창설되는 것은 아니다.

- 要因증권: 주권의 효력은 실질적인 권리관계의 존부, 유효/무효/취소에 의해 영향을 받는다.
- 非文言증권: 주주와 회사와의 법률관계는 주권에 기재된 문언에 의해 정해지는 것이 아니며, 실질적인 권리관계에 따른다.
- 提示증권: 주주가 권리를 행사하려면 주권을 제시하여야 한다. 기명주식의 경우에는 주주명부의 명의개서에 주권의 제시가 필요하다.
- 要式증권: 증권의 형식(기재사항)이 법정되어 있다(§356). 다만 주권의 요인성으로 인하여 본질적이 아닌 기재사항은 기재하지 않아도 주권의 효력에 영향을 미치지 않는다.

## 2. 주권의 발행

### 가. 회사의 주권발행의무

- 회사는 성립후 또는 신주의 납입기일후 지체없이 주권을 발행하여야 하며(§355 Ⅰ), 주주는 주권발행교부청구권을 행사할 수 있다.
- 주권의 발행 제한: 권리주(주식인수인의 지위)의 유가증권화를 방지하기 위하여 주권은 회사의 성립후 또는 신주의 납입기일후가 아니면 발행하지 못하도록 하며(§355 Ⅱ, Ⅲ), 이에 위반하여 발행한 주권은 무효로 한다.

### 나. 주권의 기재사항 (§356)

**제356조 (주권의 기재사항)** 주권에는 다음의 사항과 번호를 기재하고 대표이사가 기명날인 또는 서명하여야 한다.
1. 회사의 상호
2. 회사의 성립년월일
3. 회사가 발행할 주식의 총수
4. 액면주식을 발행하는 경우 1주의 금액
5. 회사의 성립후 발행된 주식에 관하여는 그 발행년월일
6. 종류주식이 있는 경우에는 그 주식의 종류와 내용

6의2. 주식의 양도에 관하여 이사회의 승인을 얻도록 정한 때에는 그 규정

- [주주 성명 등이 기재되지 않은 기명주권, 정관의 병합주권 발행단위와 달리 발행된 주권의 유효성] 대법원 94다24039 판결(1996) (기초사실: 원고 P는 피고 주식회사 D의 대표이사로 있을 당시 주주명과 발행연월일이 공란으로 된 보통

주식 20주권, 200주권, 2,000주권, 20,000주권의 4종류의 주권 용지를 인쇄하도록 하여 주주명과 발행연월일란을 비워둔 채 그가 소지하고 있던 대표이사 직인을 위 주권 용지에 찍은 후 번호를 특정하여 주주명부상의 주주 명의에 따라 분류하여 주권대장에 분산 기재하게 하고 주권대장 원본과 함께 1,000,000주에 대한 주권 용지 84장을 원고가 소지하고 있다. 당시의 D회사 정관에는 D가 발행할 주권은 전부 기명식으로 하고 1주권, 10주권, 100주권 3종류만을 발행할 수 있도록 규정되어 있었고, 그 당시 주권 발행에 관한 주주총회나 이사회의 결의가 없었으며, 당시 대표이사인 P를 제외하고는 피고의 임원들이나 직원들 중 아무도 주권이 발행되고 있다는 점을 알지 못하고 있었다. P의 D에 대한 주주명의개서 청구): ① 원심은… P가 소지하고 있는 주권 용지 84장은 비록 당시 D 회사의 대표이사인 P의 직인이 날인되어 있다 할지라도 아무런 내부적 절차 없이 그의 독단으로 주권 용지에 그 직인을 날인하였고, 기명식으로 발행되어야 할 주권의 기재사항인 주주 명의와 발행연월일이 누락되어 있을 뿐만 아니라, 그 종류도 당시 정관이 규정하고 있는 바와 같이 1주권, 10주권, 100주권 3종류만으로 발행되어야 함에도 불구하고, 이와는 달리 20주권, 200주권, 2,000주권, 20,000주권의 4종류로 발행되었음에 비추어 볼 때 도저히 D가 적법한 절차에 의하여 발행한 주권이라고는 보기 어렵고, 따라서 P는 D가 발행한 주권의 50%를 소지하고 있는 주주라고는 볼 수 없다고 판단하였다. ② 그러나 특별한 사정이 없는 한 주권의 발행은 대표이사의 권한이라고 할 것이고, 피고가 제출한 피고의 정관의 규정상으로도 주권의 발행에 주주총회나 이사회의 의결을 거치도록 되어 있다고 볼 근거도 없으며, 기명주권의 경우에 주주의 이름이 기재되어 있지 아니하였다거나 또한 주식의 발행연월일의 기재가 누락되어 있다고 하더라도 이는 주식의 본질에 관한 사항이 아니므로 주권의 무효 사유가 된다고 할 수 없다. 또한 원심판결이 증거로 채택한 피고의 정관은 원고가 위 주권을 발행할 당시의 정관이 아닐 뿐만 아니라 가사 원고가 정관에 규정된 병합 주권의 종류와 다른 주권을 발행하였다고 하더라도 피고가 이미 발행한 주식을 표창하는 주권을 발행한 것이라면 단순히 정관의 임의적 기재사항에 불과한 병합 주권의 종류에 관한 규정에 위배되었다는 사유만으로 이미 발행된 주권이 무효라고 할 수는 없다. 그럼에도 불구하고 원심이 원고가 소지하고 있는 그 판시 주권이 피고 발행의 적법한 주권이라고 보기 어렵다는 이유로 원고는 피고 발행 주권의 50%를 소지하고 있는 주주라고 볼 수 없다고 판단하였음은 주권발행 절차와 주권의 효력에 관한 법리를 오해하여 심리를 다하지 아니함으로써 판결 결과에 영향을 미친 위법이 있다고 할 것이다.

## 3. 주권의 효력발생시기

### 가. 학설

- 交付時說(다수설): 주권은 회사가 이를 작성하여 권리자인 주주에게 교부한 때 주권으로서 효력을 갖게 된다.
- 회사의 의사에 기하지 않고 주권이 유통된 경우에 그 취득자를 보호하기 위한 이론으로, 作成時說(회사가 주권을 작성한 때라는 견해), 發行時說(회사의 의사에 의해 누군가에게 주권이 교부된 때라는 절충적인 견해)이 있다.

### 나. 판례: 교부시설

- 대법원 99다67529 판결(2000) (기초사실: D1 주식회사의 주주 D2가 회사의 주권발행이 없는 상태에서 그 보유주식을 P에게 증여하였고, P는 이를 장인 A에게 명의신탁하여 주주명부에 A가 주주로 등재되었다. 이후 D2와 P 사이가 악화되었고, D1 회사는 D2가 증여계약을 해제하였고 문제 주식이 이미 제3자에게 양도되었다는 이유로 P의 주주권 행사를 거부하였다. P의 D1, D2에 대한 주주권 확인의 소): ① 원심은… 이 사건 주식은 P가 D2로부터 양도받아 A에게 명의신탁한 것으로서 그 실제 주주는 P라고 판단하는 한편, 피고들의 항변에 대한 판단으로는, 1) D2가 이 사건 주식을 P에게 양도하였다고 하더라도 이는 서면에 의하지 아니한 증여계약에 따른 것으로서, D2가 민법 제555조에 따라 이 사건 주식 증여계약을 해제하였다는 주장에 대하여는, 이 사건 주식의 양도 당시는 D1 회사의 성립일로부터 6월이 경과한 후이고, 주권이 발행되기 전이어서, 주권 교부나 명의개서 여부와 상관없이 D1의 이 사건 주식의 양도 의사표시만으로 P에게 양도되어 증여의 이행이 완료되었다고 할 것이니 그 이후에 이루어진 위

해제는 민법 제558조에 의하여 결국 효력이 없다고 하여 배척하고, 2) 다음으로, 수증자인 P가 증여자인 피고 D2에게 가해행위를 하였으므로 D2가 원심에서 제출한 준비서면의 송달로써 이 사건 주식 증여계약을 취소하였다는 주장에 대하여는, 위 주장은 민법 제556조 규정의 해제권을 주장하는 취지로 보아야 할 것인데, 위 해제권은 같은 조 제2항에 따라 그 제척기간이 그 원인 있음을 안 날로부터 6개월이므로, 가사 피고들 주장의 가해행위가 인정된다고 하더라도 D2의 해제 주장은 그 제척기간이 훨씬 지난 뒤의 것으로서 이유 없다고 하여 배척하였다.[62] 기록에 비추어 살펴보면, 원심의 위와 같은 사실인정 및 판단은 정당하고 거기에 상고이유에서 주장하는 바와 같은 법리오해 또는 채증법칙 위배의 잘못이 있다고 할 수 없다. 그리고 피고들이 가해행위를 원인으로 한 증여계약의 해제를 위 준비서면의 송달 이전에도 1995년 이래 수차례 해왔다는 주장은 상고심에 이르러 비로소 제기된 주장으로서 적법한 상고이유가 아니다. ② 주권발행 전의 주식양도라 하더라도 회사 성립 후 6월이 경과한 후에 이루어진 때에는 회사에 대하여 효력이 있으므로 그 주식양수인은 주주명부상의 명의개서 여부와 관계없이 회사의 주주가 되고, 그 후 그 주식양도 사실을 통지받은 바 있는 회사가 그 주식에 관하여 주주가 아닌 제3자에게 주주명부상의 명의개서절차를 마치고 나아가 그에게 기명식 주권을 발행하였다 하더라도, 그로써 그 제3자가 주주가 되고 주식양수인이 주주권을 상실한다고

---

62) 제555조 (서면에 의하지 아니한 증여와 해제) 증여의 의사가 서면으로 표시되지 아니한 경우에는 각 당사자는 이를 해제할 수 있다.

제556조 (수증자의 행위와 증여의 해제)

① 수증자가 증여자에 대하여 다음 각호의 사유가 있는 때에는 증여자는 그 증여를 해제할 수 있다.

1. 증여자 또는 그 배우자나 직계혈족에 대한 범죄행위가 있는 때
2. 증여자에 대하여 부양의무 있는 경우에 이를 이행하지 아니하는 때

② 전항의 해제권은 해제원인 있음을 안 날로부터 6월을 경과하거나 증여자가 수증자에 대하여 용서의 의사를 표시한 때에는 소멸한다.

제557조 (증여자의 재산상태 변경과 증여의 해제) 증여계약 후에 증여자의 재산상태가 현저히 변경되고 그 이행으로 인하여 생계에 중대한 영향을 미칠 경우에는 증여자는 증여를 해제할 수 있다.

제558조 (해제와 이행완료부분) 전3조의 규정에 의한 계약의 해제는 이미 이행한 부분에 대하여는 영향을 미치지 아니한다.

는 볼 수 없으며(대법원 1996. 8. 20. 선고 94다39598 판결 참조), 상법 제355조의 주권발행은 동법 제356조 소정의 형식을 구비한 문서를 작성하여 이를 주주에게 교부하는 것을 말하고 위 문서가 주주에게 교부된 때에 비로소 주권으로서의 효력을 발생하는 것이므로 회사가 주주권을 표창하는 문서를 작성하여 이를 주주가 아닌 제3자에게 교부하여 주었다 할지라도 위 문서는 아직 회사의 주권으로서의 효력을 가지지 못한다(대법원 1987. 5. 26. 선고 86다카982,983 판결 참조). 원심이 인용한 제1심판결은 피고 D2가 이 사건 주식을 그 후 제3자에게 양도하여 그 명의개서절차를 마치고 주권도 작성 · 교부하였으므로 P가 이 사건 주식의 실제 주주라고 하더라도 주주권을 귀속시킬 수 없는 이행불능의 상태가 되었다는 피고들의 주장에 대하여 이 사건 주식의 실제 주주가 P인 이상, 무권리자인 D2에 의하여 이 사건 주식이 양도되어 명의개서되는 등 사정이 피고들 주장과 같다고 하더라도 이 사건 주식을 양수한 그 제3자가 이 사건 주식의 주주가 될 수는 없는 것이어서 P에게 이 사건 주식의 주주권을 귀속시키는 것이 불가능한 상태가 되었다고 할 수 없다고 판단하여 피고들의 위 주장을 배척하였는바, 원심의 이와 같은 판단은 위에서 본 법리에 따른 것으로서 정당하고, 거기에 상고이유에서 주장하는 바와 같은 법리오해의 위법이 있다고 할 수 없다.

### 참고 어음이론 (어음의 효력발생시기에 관한 이론)

**(1) 어음이론의 주요 학설**

① 교부계약설

- 어음채무는 어음의 수수가 따르는 당사자 간의 계약에 의해 발생한다.
- 어음증권의 상대방에의 도달(교부), 상대방의 수령능력, 승낙의 의사표시 등이 필요하다.

② 창조설

- 어음채무는 어음을 작성한 때 발생한다.
- 2단계설(수정창조설): 단독행위인 어음 작성에 의하여 어음행위는 성립하며, 어음작성으로 발생한 권리를 이전하는 어음의 교부에 의해 책임이 성립한다.

③ 발행설

- 어음의 작성하여 스스로의 의사에 의해 그 점유를 이전할 때 어음행위가 성립한다. 교부설과는 달리, 어음채무 발생에 상대방이 진정한 권리자인지는 문제되지 않는다.

④ 권리외관설

- 어음행위가 있었던 것처럼 외관을 작출한 귀책사유에 기하여 어음채무가 발생한다.
- 외관법리에 의해 거래의 안전을 보호하려는 이론이며, 어음행위의 성립시기를 설명하지는 못한다.

⑤ 기타

- 계약설(or 발행설) + 권리외관설
- 계약설 + 교부 없는 외관작출에 대한 불법행위책임설
- 상대방 있는 단독행위설: 의사표시의 효력발생시기의 문제(민§ 111)

**(2) 관련 판례**

- 대법원 99다34307 판결(1999) (기초사실: D는 물품대금의 지급에 사용할 목적으로 약속어음에 금액은 백지로 하여 발행인으로서 서명날인하여 두었다가 분실하였다. P는 그 후 백지가 보충되어 완성된 이 약속어음을 소외 A로부터 할인취득하였다. P의 약속어음금 청구): 어음을 유통시킬 의사로 어음상에 발행인으로 기명날인하여 외관을 갖춘 어음을 작성한 자는 그 어음이 도난 · 분실 등으로 인하여 그의 의사에 의하지 아니하고 유통되었다고 하더라도, 배서가 연속되어 있는 그 어음을 외관을 신뢰하고 취득한 소지인에 대하여는 그 소지인이 악의 내지 중과실에 의하여 그 어음을 취득하였음을 주장 · 입증하지 아니하는 한 발행인으로서의 어음상의 채무를 부담한다.

## 4. 주권불소지제도 (§358의2)

**제358조의2 [주권의 불소지]** ① 주주는 정관에 다른 정함이 있는 경우를 제외하고는 그 기명주식에 대하여 주권의 소지를 하지 아니하겠다는 뜻을 회사에 신고할 수 있다.
② 제1항의 신고가 있는 때에는 회사는 지체없이 주권을 발행하지 아니한다는 뜻을 주주명부와 그 복본에 기재하고, 그 사실을 주주에게 통지하여야 한다. 이 경우 회사는 그 주권을 발행할 수 없다.
③ 제1항의 경우 이미 발행된 주권이 있는 때에는 이를 회사에 제출하여야 하며, 회사는 제출된 주권을 무효로 하거나 명의개서대리인에게 임치하여야 한다.
④ 제1항 내지 제3항의 규정에 불구하고 주주는 언제든지 회사에 대하여 주권의 발행 또는 반환을 청구할 수 있다.

### 가. 개설

- 제도적 취지: 기명주식의 경우에 주권 불발행의 뜻을 주주명부에 기재하여 주권 보관의 불편함을 해소하고 상실한 주권이 선의취득되어 주주권을 상실할 위험을 배제한다.
- 상장증권 불소지율 현황(2012.6.)[63]: 예탁결제원 보관 726억 주 중 589억

주(약 81%)

- 나머지 137억 주(주권 306만 매)만 실물보관 중임
- 주식 발행량 933억 주, 예탁비율 78%

나. 주권발행 전의 불소지신고(§358의2Ⅱ)

■ 주주명부에 주권불발행의 기재를 한 후에 발행된 주권은 주주에게 통지하기 전이라고 하더라도 무효라고 할 것이다.

다. 주권발행 후의 불소지신고(§358의2Ⅲ): 주권의 제출 → 주권의 무효처리 또는 임치

(1) 주권의 무효 처리

■ 무효처리의 의미: 제출된 주권을 폐기한 후 주주명부에 주권 불발행의 뜻을 기재해야 한다고 해석할 수 있다. 단순히 폐기해야 한다는 의미로 본다면, 제출된 주권이 폐기되지 않고 유통되어 선의취득이 성립하면 주주의 권리가 상실될 우려가 있기 때문이다.

■ 무효의 시기: 불소지신고로 주권이 회사에 제출된 후 주권불발행의 취지가 주주명부에 기재된 때라는 견해가 유력하다.

(2) 명의개서대리인에의 임치

■ 임치된 주권은 유효한 주권이므로 그 주권이 유통되어 선의취득되면 주주권을 상실하게 된다는 점에서, 주권 보관의 위험이 주주로부터 회사로 전가될 뿐이며 불소지 제도의 취지를 살릴 수 없다고 지적된다.[64]

## 5. 주권의 실효: 주권의 효력 상실

가. 주권 자체가 실효되는 경우

■ 신구 주권의 교환: 오손된 주권의 교체

■ 주권불소지 신고로 주권이 회사에 제출되어 주권불발행의 취지가 주주명부에 기재된 경우

63) 한국예탁결제원, 증권예탁(82호) 통계 참조.

64) 2005년 일본회사법에서는 이러한 방법의 불소지 제도가 폐지되었다.

- 주권의 멸실/상실에 따른 제권판결이 선고된 경우

### 나. 주권에 표창된 주주권이 소멸하는 경우: 주식의 실효

- 상환주식의 상환, 전환주식의 전환
- 주식의 소각(§343): 자기주식 소각, 자본금 감소에 의한 소각
- 회사의 소멸

### 다. 주식의 실효 시기

- 주식의 실효 시기는 주식소각의 원인이 된 절차(예: 상환주식의 상환, 전환주식의 전환권 행사, 주식의 소각과 자본금 감소의 절차)의 효력발생시기와 일치한다.
- [주식병합과 주식의 실효 시기] 대법원 2004다40306 판결(2005) (기초사실: 1956년 설립된 乙 주식회사는 액면금액 1,000원인 보통주식 5만주의 실질적인 1인회사로, 1987년 주식 5주를 1주로 병합하고 주금액을 5,000원으로 인상하면서 보통주식 4만 주를 새로이 발행하였다. 실질주주 A는 1996년 장남 B1에게 모든 주식을 양도하되 B1은 차남 B2 등에게 5억 원, 딸 B3 등에게 2억 원을 7년 이내에 지급하도록 하는 증여계약을 체결하였다. B1은 1999년까지 약정한 모든 금액을 B2, B3 등에게 지급하고, 주주명부에는 A가 15,000주, 乙 회사가 10,000주, B1이 25,000주를 소유한 것으로 기재하였다. 부자지간인 A와 B1간에 분쟁이 발생하자, A는 B1에 대한 주식 양도가 주권의 교부 없이 이루어져 무효임을 주장하며 1999년 12월 乙회사의 모든 주식을 甲 주식회사에 증여하고 주식병합 전의 구 주권을 교부하였고(신 주권은 2000년에 발행되었음), 2000.3.11. 임시주주총회와 이사회에서 차남인 B2를 이사와 대표이사로 각 선임한 것으로 의사록을 작성한 후 변경등기를 마쳤다. 이 사실을 알게 된 장남 B1은 2000.4.1. 임시주주총회에서 각 이사를 해임하고 자신이 이사와 대표이사로 선임된 것으로 하여 변경등기를 마쳤다. 이에 甲 주식회사는 乙 주식회사를 상대로 주주권 확인과 명의개서절차의 이행을 청구하고 임시주주총회 결의의 취소 등을 구하는 소송을 제기하였다.): ① (주식병합의 효력발생 시기) 주식병합에 있어서 상법 §§440, 441가 일정한 기간을 두어 공고와 통지의

절차를 거치도록 한 취지는 신 주권을 수령할 자를 파악하고 실효되는 구 주권의 유통을 저지하기 위하여 회사가 미리 구 주권을 회수하여 두려는 데 있다 할 것인바, 사실상 1인 회사에 있어서 주식병합에 관한 주주총회의 결의를 거친 경우에는 회사가 반드시 위와 같은 공고 등의 절차를 통하여 신 주권을 수령할 자를 파악하거나 구 주권을 회수하여야 할 필요성이 있다고 보기는 어려우므로, 주식병합에 관한 주주총회의 결의에 따라 그 변경등기가 경료되었다면 위와 같은 공고 등의 절차를 거치지 않았다고 하더라도 그 변경등기 무렵에 주식병합의 효력이 발생한다고 봄이 상당하다. ② (주권발행 전의 주식양도) B1의 주식 양수에 관한 판단이 위법하다는 주장에 대하여: 원심은, A가 그가 실질적으로 소유하던 乙 회사의 운영권을 장남인 B1에게 물려주고 다른 자녀들에게는 B1으로 하여금 일정액의 금원을 지급하도록 하는 방식으로 乙 회사 자산을 그 자녀들에게 분배하여 주기로 하여 B1과 사이에 A가 소유하고 있던 乙 회사의 이 사건 주식에 관한 양도계약을 체결하였고, 그 후 B1은 위 합의에 의한 양도대금을 모두 분할 지급한 사실을 인정한 다음, A는 위 양도약정에 의하여 그 소유의 이 사건 주식 전부를 장남인 B1에게 증여하되 그 증여와 관련하여 B1으로 하여금 다른 형제들에게 일정액의 금원을 지급하도록 하는 채무를 부담하게 하였고, 위 증여 당시는 이 사건 구 주식의 병합 및 신주의 납입기일 후 6개월이 경과한 때로서 이 사건 주식에 관하여 주권이 발행되어 있지 않았으므로 위 증여의 약정만으로 이 사건 주식의 B1에 대한 양도는 유효하게 이루어졌다고 판단하였는바, 기록에 비추어 살펴보면, 원심의 위와 같은 사실인정과 판단은 정당하고, 거기에 주장과 같은 채증법칙 위배로 인한 사실오인 등의 위법이 없다. ③ (원심) A가 甲회사와 이 사건 주식에 대한 증여계약을 체결한 1999년 12월 전에 이미 이 사건 주식의 소유권은 B1에게 적법하게 이전되었으므로 A의 甲회사에 대한 위 각 증여계약의 이행은 불가능하게 되었고 (乙회사의 주주명부상 A가 이 사건 주식 중 15,000주를 소유하고 있는 것으로 되어 있으나, 이는 이 사건 주식을 실제 소유하는 B1에 의하여 명의신탁된 것이다), 달리 甲회사가 이 사건 주식의 소유권을 취득하였다는 점을 인정할 아무런 증거가 없으므로, 甲회사가 A로부터 이 사건 주식을 증여받아 그 소유권을 취득하였음을 전제로 하는 위 주장은 더 나아가 살펴 볼 필요 없이 이유 없다. ④ (원고 적격, 무효 확인의 이익) 甲회사는 乙회사의 2000년 4월의 임시주주총회는 당시 이사들이 이사회의 결의로 소집을 결정한 일도 없고, 대표이사가 소집하거나 乙 회사의 주주에게 소집통지를 한 일도 없는 등 소집절차를 일체 거치지 아니하였으므로, 이는 총회의 소집절차 또는 결의방법에 총회의 결의가 존재한다고 볼 수 없을 정도의 중대한 하자가 있는 경우에 해당하여 위 주주총회에서 이사들을 해임하고 새로이 선임한 결의는 존재하지 아니하고, 또 이러한 주주총회의 결의에 의하여 선임된 이사는 이사의 자격이 없으므로 위 주주총회에서 선임된 이사들이 B1을 대표이사로 선임한 이사회결의도 무효라는 이유로, 피고에 대하여 위 주주총회결의의 부존재확인 및 위 이사회결의의 무효확인을 구하고 있다. 그러나, 甲회사가 乙회사의 발행 주식을 소유한 주주인 점이 인정되지 아니함은 앞서 본 바와 같고, 달리 위 주주총회결의 또는 위 이사회결의가 甲회사의 법적 지위 내지 권리관계에 영향을 미친다는 등 위 각 결의의 부존재 또는 무효의 확인을 구할 법률상의 이익이 존재함을 인정할 아무런 자료도 없으므로, 위 주주총회결의부존재 및 이사회결의무효의 확인 청구 부분은 소의 이익이 없어 부적법하다고 할 것이다.

- [주식의 임의소각과 효력발생시기] 대법원 2005다24981 판결(2008) (기초사실: 대우개발(D)은 재무구조개선약정에 따라 대우자동차주식회사(P)가 보유한 주식 190만 주에 관하여 1주당 7,500원에 유상감자할 계획을 세우고 P의 동의를 받아 2000.10.26. 임시주주총회에서 감자결의한 후 채권자 이의기간을 2000.11.27.까지로 공고하였고, 이의를 제출한 채권자는 없었다. 한편, P는 2000.11.9. 최종부도처리되어 2000.11.10. 정리절차가 개시되었다. D는 2000.12.28. P에 대한 약속어음 원리금 채권을 자동채권으로 하고 주식소각대금채권을 수동채권으로 하는 상계 의사를 표시하였다. P는 2005.1.6. 보유주식을 피고에게 공탁하고 감자대금을 청구하였다.): ① (주식소각대금채권의 발생시기) 주식의 강제소각의 경우와 달리, 회사가 특정 주식의 소각에 관하여 주주의 동의를 얻고 그 주식을 자기주식으로서 취득하여 소각하는 이른바 주식의 임의소각에 있어서는… 주주가 주식소각대금채권을 취득하는 시점은… 적어도 임의소각에 관한 주주의 동의가 있

고 상법 소정의 자본감소의 절차가 마쳐진 때에는 주식소각대금채권이 발생하고, 다만 그때까지 주주로부터 회사에 주권이 교부되지 않은 경우에는 회사는 주주의 주식소각대금청구에 대하여 주권의 교부를 동시이행항변사유로 주장할 수 있을 뿐이라고 봄이 상당하다. D의 이 사건 주식소각은 D가 소각대상 주식의 주주인 P의 동의를 얻어 P로부터 그가 보유하는 이 사건 주식을 자기주식으로 취득하여 소각하는 방법에 의하기로 한 것이므로 임의소각에 해당한다 할 것인바, P가 주식소각대금채권을 취득한 것은 임의소각에 관한 주주의 동의와 상법 소정의 자본감소 절차의 완료 요건이 갖추어진 회사채권자 이의기간 만료일 다음날인 2000.11.28.이라고 할 것이다. ② (어음채권을 자동채권으로 한 상계의 효력발생요건) 원심은.. P의 이 사건 주식소각대금채권과 D의 약속어음금 원리금채권은 상계적상 발생일인 2000. 11. 28. 대등액에서 소멸하였다고 판단하였다. 그러나 위와 같은 원심의 판단은 다음과 같은 이유로 수긍할 수 없다. 소송 외에서 어음채권을 자동채권으로 하여 상계의 의사표시를 하는 경우에는 어음채무자의 승낙이 있다는 등의 사정이 없는 이상 어음의 교부가 필요불가결하고 어음의 교부가 없으면 상계의 효력이 생기지 아니하는 것이며, 이때 어음의 교부는 상계의 효력발생요건이라 할 것이므로 상계의 의사표시를 하는 자가 이를 주장 · 입증하여야 한다. 기록에 의하면 피고는 상계의 의사표시만 통지하였을 뿐 따로 어음을 교부하지는 아니하였음을 알 수 있는바, 그렇다면 이에 관하여 어음채무자인 대우자동차의 승낙이 있었다는 등의 사정이 없는 이상 피고의 위 상계는 효력이 없다고 할 수밖에 없다. 그럼에도 불구하고, 원심은 그 판시와 같이 상계의 의사표시만으로 피고의 위 상계의 효력이 생겼다고 판단하였으니, 원심판결에는 어음채권을 자동채권으로 하는 상계의 효력발생요건에 관한 법리를 오해한 위법이 있고, 이러한 위법은 판결에 영향을 미쳤음이 분명하다.[65)]

---

65) 이 판결은 임의소각의 경우에 "회사가 그 주식을 취득하고 상법 소정의 자본감소의 절차뿐만 아니라 상법 제342조가 정한 주식실효 절차까지 마친 때에 소각의 효력이 생기는 것이다. 그런데 임의소각의 경우 그 소각의 효력이 위와 같이 상법 제342조의 주식실효 절차가 마쳐진 때에 발생한다 하더라도, 주주가 주식소각대금채권을 취득하는 시점은 임의소각의 효력발생시점과 동일한 것은 아니며, 적어도 임의소각에 관한 주주의 동의가 있고 상법 소정의 자본감소의 절차가 마쳐진 때에는 주식소각대금채권이 발생"한다고 판시하였다. 그러나 종전에도 '주식실효절차'가 무엇인지 불명확하였으며, 2011년 개정상법에서는 제342조의 해당 문구가

## 6. 주권의 상실과 재발행

**제360조 (주권의 제권판결, 재발행)** ① 주권은 공시최고의 절차에 의하여 이를 무효로 할 수 있다.
② 주권을 상실한 자는 제권판결을 얻지 아니하면 회사에 대하여 주권의 재발행을 청구하지 못하다.

### 가. 주권의 상실과 제권판결

- 주권의 상실: 소지인의 점유이탈 or 물리적 멸실(말소/훼손으로 인한 주권의 동일성 상실)
- 공시최고절차: 민소§§492, 475-497

### 나. 제권판결의 효력

**민사소송법 제496조 (제권판결의 선고)** 제권판결에서는 증권 또는 증서의 무효를 선고하여야 한다.
**제497조 (제권판결의 효력)** 제권판결이 내려진 때에는 신청인은 증권 또는 증서에 따라 의무를 지는 사람에게 증권 또는 증서에 따른 권리를 주장할 수 있다.

- 제권판결로 주권이 무효가 되며(소극적 효력: 민소§496), 제권판결 취득자는 주권을 소지한 것과 같은 지위(cf. 권리자의 지위)를 회복한다(적극적 효력: 민소§497)
- [제권판결 없는 주권의 재발행청구는 불가] 대법원 81다141 판결(1981) (기초사실: P가 D회사의 주식을 취득하여 주권을 D회사에 임치하였는데, D회사가 이를 A에게 양도하였다. P의 D에 대한 주권인도청구): ① D회사가 P의 주권을 보관하던 중 이를 A에게 양도하여 A가 이를 선의취득함으로써 P는 D회사의 책임 있는 사유로 인하여 위 주식 즉 주주권을 상실하게 되었다. ② 주권이 상실된 경우에는 공시최고의 절차에 의하여 이를 무효로 할 수 있고 이 절차에 의하여 제권판결을 얻지 아니하는 이상 회사에 대하여 주권의 재발행을 청구하지 못하는 것이므로 가사 P 주장의 주권을 분실한 것이 P가 아니고 D회사라 하더라도 위 주권에 대한 제권판결이 없는 이상 D회사에게 주권의 재발행을 청구할 수는 없다고 봄이 상당하다.

---

삭제되었다. 따라서 판례의 해당부분을 삭제하고 편집하였다.

■ [제권판결의 편취와 사기죄] 대법원 2006도8488 판결(2007) (기초사실: 甲 주식회사 대표이사 A는 자신이 보유한 乙회사의 주식을 P에게 양도하였고, P는 이를 甲회사의 명의로 보유하면서 주권을 보관하고 있었다. A는 甲회사가 이 주권을 분실하였다고 허위로 공시최고신청을 하여 제권판결이 선고되었다. 또한 A는 甲회사의 자본금을 늘리기 위해 신주를 발행하면서 35% 주주인 Q에게 통지를 하지 않고 모든 신주를 R에게 배정하여 Q의 신주인수권을 침해한 채로 변경등기를 마쳤다. 사기 · 공정증서원본불실기재 · 불실기재공정증서원본행사의 죄): ① 주권을 교부한 자가 이를 분실하였다고 허위로 공시최고신청을 하여 제권판결을 선고받아 확정되었다면, 그 제권판결의 적극적 효력에 의해 그 자는 그 주권을 소지하지 않고도 주권을 소지한 자로서의 권리를 행사할 수 있는 지위를 취득하였다고 할 것이므로, 이로써 사기죄에 있어서의 재산상 이익을 취득한 것으로 보기에 충분하고, 이는 제권판결이 그 신청인에게 주권상의 권리를 행사할 수 있는 형식적 자격을 인정하는 데 그치며 그를 실질적 권리자로 확정하는 것이 아니라고 하여 달리 볼 것은 아니다. ② 형법 제228조 제1항의 공정증서원본불실기재죄는 특별한 신빙성이 인정되는 공문서에 대한 공공의 신용을 보장함을 보호법익으로 하는 범죄로서 공무원에 대하여 진실에 반하는 허위신고를 하여 공정증서원본 또는 이와 동일한 전자기록 등 특수매체기록에 실체관계에 부합하지 아니하는 불실의 사실을 기재 또는 등록하게 함으로써 성립하는 것이므로, 공정증서원본 등에 기재된 사항이 존재하지 아니하거나 외관상 존재한다고 하더라도 무효에 해당하는 하자가 있다면 그 기재는 불실기재에 해당한다고 할 것이다. 그러나 주식회사의 신주발행의 경우 신주발행에 법률상 무효사유가 존재한다고 하더라도 그 무효는 신주발행무효의 소에 의해서만 주장할 수 있는 것이고, 신주발행무효의 판결이 확정되더라도 그 판결은 장래에 대하여만 효력이 있는 것이므로, 그 신주발행이 판결로써 무효로 확정되기 이전에 그 신주발행사실을 담당 공무원에게 신고하여 공정증서인 법인등기부에 기재하게 하였다고 하여 그 행위가 공무원에 대하여 허위신고를 한 것이라거나, 그 기재가 불실기재에 해당하는 것이라고 할 수는 없다.

### 다. 제권판결과 선의취득의 관계

(1) 쟁점

■ 제권판결 이전에[66] 주권을 선의취득한 자가 권리신고를 하지 않아 제권판결이 선고된 경우에 제권판결 취득자와 선의취득자 중 누가 권리자가 되는가?

(2) 학설

■ 선의취득자 우선설(다수설) ↔ 제권판결취득자 우선설

(3) 판례: 사실상 제권판결취득자가 우선하게 된다.

■ [증권소지인은 증권에 의한 권리를 행사하지 못한다] 대법원 94다18614 판결(1994) (기초사실: P는 D가 1992.9.30. 발행한 약속어음을 A로부터 배서양도받아 소지하고 있다가 그 지급기일인 1993.1.5. 이를 지급제시하였으나 지급거절되었고, 한편, D는 공시최고 및 제권판결신청을 하여 1993.6.5. 제권판결이 선고되었다.): 약속어음에 관한 제권판결의 효력은 그 판결 이후에 있어서 당해 어음을 무효로 하고 공시최고 신청인에게 어음을 소지함과 동일한 지위를 회복시키는 것에 그치는 것이고, 공시최고 신청인이 실질상의 권리자임을 확정하는 것은 아니나, 취득자가 소지하고 있는 약속어음은 제권판결의 소극적 효과로서 약속어음으로서의 효력이 상실되는 것이므로 약속어음의 소지인은 무효로 된 어음을 유효한 어음이라고 주장하여 어음금을 청구할 수 없는 것이고, 이러한 이치는 공시최고의 신청인이 발행인인 경우와 발행인이 아닌 소지인(어음상의 권리자)인 경우에 따라 구별되어 해석되어야 할 만한 아무런 합리적인 근거가 없다. 따라서, 이와 같은 견해에 터잡아 원고의 이 사건 약속어음청구를 배척한 원심의 조처는 정당하고, 거기에 어음의 선의취득과 제권판결의 법리를 오해한 위법이 있다고 할 수 없고, 원고가 공시최고 전에 선의취득하였다고 하여 달리 볼 것이 아니다.

---

66) 제권판결이 선고된 이후에는 제권판결의 소극적 효력으로 인하여 주권이 무효가 되므로 주권의 선의취득이 불가능하다.

## 라. 선의취득자의 보호방법

(1) 제권판결에 대한 불복소송 (민소§§490, 491)

- 열거된 사유의 제한성(거짓 또는 부정한 방법으로 제권판결을 받은 때 등), 제소기간의 제한(제권판결을 안 날[불복사유를 안 날]로부터 1월, 제권판결 선고일로부터 3년) 등으로 충분한 구제책이 되기에는 부족하다.
- [증권의 소지인을 알고도 공시최고신청을 한 경우] 대법원 2004다4645 판결(2004) (기초사실: D는 약속어음을 편취당하였지만 어음을 분실한 것으로 하여 제권판결을 받았다. 어음소지인 P의 D에 대한 제권판결에 대한 불복의 소): ① 이 사건 어음은 편취당한 것으로 피고 또는 그 위임을 받은 소지인의 의사에 기초하여 교부된 것으로서 도난·분실되거나 없어진 증권에 해당되지 아니하여 공시최고절차의 대상이 되지 아니하고, 또한 피고는 이 사건 어음을 분실하였다는 이유로 공시최고신청을 하고 그 신청 후에 원고로부터 이 사건 어음에 관하여 어음금청구소송을 제기당하여 이 사건 어음의 소지인을 알게 되었음에도 불구하고 마치 그 소재를 모르는 것처럼 공시최고기일에 출석하여 신청의 원인과 제권판결을 구하는 취지를 진술하여 공시최고법원을 기망하고, 이에 속은 공시최고법원으로부터 이 사건 제권판결을 받았으므로 이는 민사소송법 제490조 제2항 제7호에 규정된 '거짓 또는 부정한 방법으로 제권판결을 받은 때'에 해당된다고 본 원심의 판단은 정당하다. ② 원심은, 민사소송법 제490조 제2항 제7호(거짓 또는 부정한 방법으로 제권판결을 받은 때)의 사유를 들어 제권판결불복의 소를 제기하는 경우에는 같은 법 제491조 제3항 단서의 규정에 따라 이러한 사유가 있음을 안 날부터 1월 이내에 소를 제기할 수 있는데, 원고가 이 사건 제권판결의 존재를 알았다는 사실만으로 원고가 이러한 사유가 있다는 사실까지 알았다고 볼 수 없고, 여기에 피고가 내세우는 사정(원고가 2000. 9.경 이 사건 어음이 도난어음이라는 사실을 알게 되었다는 점 등)을 종합하여 보더라도, '피고가 거짓 또는 부정한 방법으로 이 사건 제권판결을 받았다는 사정'을 원고가 이 사건 소제기 1월 이전에 알았다고 볼 수 없다고 판단하였는바, 기록에 비추어 살펴보면 원심의 사실인정과 판단은 정당한 것으로 수긍이 가고, 거기에 주장과 같은 심리미진 및 채증법칙 위배로 인한 사실오인 등의 위법이 없다.

(2) 불법행위로 인한 손해배상청구

■ 대법원 88다카7962 판결(1989) (기초사실: D가 토지사기단에 의하여 기망당하여 무권리자인 A로부터 부동산을 매수하고 그 대금으로 甲은행이 발행한 자기앞수표를 교부하였다. P는 B로부터 이 수표를 교부받고 은행에 지급제시하였지만, D가 수표를 사취당하였다는 사취계를 제출하여 두었기 때문에 은행이 지급을 거절하였고, P는 甲은행을 상대로 이득상환청구의 소를 제기하였다. D는 원고의 소제기에 앞서서 이 수표를 분실하였다는 사유로 공시최고신청을 하여 둔 상태였는데 위와 같이 소가 제기되자 甲은행을 위하여 보조참가를 하고 P의 주장을 다투기에 이르렀다. 제1심법원은 P가 수표상 권리를 그대로 보유하고 있어 이득상환청구권이 성립되지 않는다는 이유로 P의 청구를 기각하였고, P는 제2심에서 이득상환청구를 수표금 청구로 교환적 변경을 하였던 바 그 사이 공시최고 절차에서 제권판결이 선고되고 그 제권판결이 증거로 제출되었다. 제2심은 제권판결의 효력에 따라 위 수표는 무효가 되고 P는 그 수표상의 권리를 상실하였다는 이유로 P의 항소를 기각하였고 이 사건은 원고 패소로 확정되었다. 공시최고신청에 있어서 D는 수표를 사취당한 것인데도 이를 분실하였다는 사유를 내세웠고, D가 위 소송에서 보조참가인으로서 참가하여 P가 위 수표를 소지하고 있는 사실을 알면서도 P가 악의취득자라는 항변만을 하였을 뿐 D가 공시최고신청을 한 사실은 알리지 아니한 채 공시최고절차를 진행한 결과, P는 그 사실을 전혀 알지 못하여 그 권리신고를 하지 못하였으며 이 사건 제권판결이 위 소송에서 증거로 제출됨에 따라 비로소 공시최고신청 및 제권판결이 선고된 사실을 알게 되었다.): D는 위 수표를 자기의 의사에 기하여 편취당하였으므로 수표의 무효선고를 청구하는 공시최고신청을 할 수 없음에도 불구하고 이를 분실하였다는 허위의 주장사실을 내세워 법원에 공시최고의 신청을 하고 나아가 원고가 수표의 소지인이라는 것을 알면서도 그 소재를 모르는 것처럼 공시최고기일에 출석하여 그 신청의 원인과 제권판결을 구하는 취지를 진술하여 공시최고법원을 기망하고 이에 속은 공시법원으로부터 선고와 동시에 형식적 확정력이 생기는 이 사건 제권판결을 얻었으며 그로 말미암아 제권판결의 소극적 효과로서 원고가 소지하고 있는 수표는 무효가 되어 원고는 그 수표상의 권리

를 행사할 수 없게 되었고 적법한 수표소지인임을 전제로 한 이득상환청구권도 발생하지 않게 된 손해를 입게 되었다고 할 것이다. 따라서 피고는 원고에게 불법행위로 인한 손해를 배상할 책임이 있다. ② 수표의 소지인이 그 수표금의 지급을 받지 못한 경우에는 특단의 사정이 없는 한 수표금 상당의 손해를 입은 것이고, 수표를 취득하게 된 원인관계에 있어서 제3자에게 기존채권이 있더라도 그것이 변제되지 않는 한 수표소지인이 입게 되는 손해에는 아무런 영향을 미치지 않는다.

(3) 선의취득자 보호방법에 관한 기타의 논의

- 선의취득자는 어음에 의한 권리행사는 하지 못하지만 자신의 실질적 권리를 증명하여 권리행사를 할 수 있도록 허용하자는 견해
- 제권판결취득자가 권리자가 아닌 이상 선의취득자에게 부당이득반환청구를 허용하자는 견해
- 선의취득자에게 제권판결 정본의 인도청구권을 인정하여 정본에 의한 권리행사를 허용하는 방법: 독일

## 7. 참고 유가증권의 선의취득: 주권에 대한 수표법 선의취득 규정의 준용(§359)

가. 의의: 권리자의 외관을 신뢰한 취득자를 보호하여 유가증권의 유통성을 확보함

나. 동산의 선의취득(민§249)과의 차이점

(1) 경과실 보호

(2) 평온/공연 요건의 부재 (당연한 요건이라는 견해도 있다)

(3) 성립요건의 차이

- "어떤 사유로든 수표의 점유를 잃은 자가 있는 경우에"의 해석 문제(cf. 민§249: "양도인이 정당한 소유자가 아닌 때에도")
- 양도인의 무권리 이외의 경우에도 선의취득이 인정되는가?

(4) 도품/유실물의 특례 배제 (민§250,251)

## 다. 선의취득의 제도적 취지

(1) 연혁적 논의: 게르만법의 선의취득 제도

- "손이 손을 지켜라 (Hand wahre Hand)" "자기가 믿음을 준 곳에서 신뢰를 찾아야 한다."

  cf. 로마법: '어느 누구도 자기가 가진 권리보다 더 큰 권리를 타인에게 줄 수 없다.'

- 어음법/수표법의 "반환할 의무가 없다"는 문구는 '소유권'보다 '반환청구권'을 중심으로 선의취득을 구성한 게르만법에서 기원하는 것이다.

(2) 동산의 선의취득 제도의 근거에 관한 민법상의 논의

- 점유에 대한 신뢰 보호(다수설): 동산 물권의 공시방법인 점유에 대한 신뢰 보호에 근거한다.
- 소유권의 사회적 구속성: 양수인의 당연한 권리로 이해하기보다는, 진정한 권리자와 양수인의 이익을 비교 교량하는 탄력적인 해석이 필요하다.

(3) 주권의 선의취득

- 주권의 점유에 공신력을 인정하여 거래의 안전을 도모한다.
- 양도행위의 하자, 양도인의 무능력의 경우까지 선의취득을 확대하려면 또 다른 논거가 필요하게 되며, 진정한 권리자 보호와 선의의 취득자 보호 간의 이익을 사회적 요구에 맞추어 탄력적으로 비교 형량하는 제도로 이해하는 민법상의 논의를 수용할 수도 있을 것이다.
- 다만, 주권이 어음수표에 비해 유가증권으로서의 성격이 약하다는 점에서 (요인증권성 등), 선의취득의 범위를 넓힐 필요성이 크지 않다고 할 수도 있을 것이다.

## 라. 선의취득의 요건

(1) 양도인의 무권리 및 권리의 외관(주권의 점유 등)

(2) 거래행위에 의한 취득

(3) 소극적 요건: 악의/중과실이 없을 것

## 마. 양도인의 무권리 이외에 양도행위의 하자를 치유할 수 있는가

(1) 학설

① 부정설: 권리 외관의 신뢰를 보호하는 선의취득 제도의 영역에서 벗어난다.

② 긍정설: 선의취득 제도의 근거를 보다 넓게 해석하여 성립요건을 완화하는 견해

- 연혁의 차이: 어음수표의 선의취득은 국제적 협정에 따른 제도이므로, 동산의 선의취득과 반드시 동일하지 않다.
- 문언의 차이: "어떤 사유로든 (종전: 사유의 여하를 불문하고)" 등 성립요건에 관한 문언상의 차이가 있다.
- 소유권의 사회적 구속성(거래의 안전과 소유권의 보호간의 비교 형량)에 따라 필요하면 선의취득 법리의 확장도 가능하다.

(2) 유형별 검토

① 양도인의 무처분권 (무권대리, 파산관재인/유언집행자/상속재산관리인)

- 긍정설: 증권에 기재된 처분권자로서 형식적 자격의 표시를 신뢰하였다면 보호받아야 한다.
- 부정설: 표현대리에 의한 이익형량이 가능하다 (긍정설은 대리/위조에 관한 법리를 무시하는 것이다).
- 대법원 94다55217 판결(1995) (기초사실: D회사가 발행한 약속어음의 수취인인 甲회사의 총무부장이 대표이사 인감을 부정사용하여 P에게 어음할인을 하였다. P의 어음금청구에 대하여 D는 甲회사의 배서가 위조라는 이유로 지급을 거절하였다. P는 어음 취득시 甲회사에 전화하여 총무부장의 신분을 확인하였고 D회사에 사고여부를 조회했었다.): 원심이 P의 선의취득 항변에 대하여, 어음의 선의취득으로 인하여 치유되는 하자의 범위 즉, 양도인의 범위는 양도인이 무권리자인 경우뿐만 아니라 이 사건과 같이 대리권의 흠결이나 하자 등의 경우도 포함된다는 입장에서, P가 위 각 어음의 배서가 위조되었다는 정을 알고 악의로 위 각 어음을 취득하였다고 단정할 수 없고 또한 P가 어음할인의 방법으로 이를 취득함에 있어 양도인의 실질적인 무권리성을 의심하게 할 만한

뚜렷한 사정도 엿볼 수 없는 이 사건에 있어서 P가 이 사건 각 어음을 선의취득하였다고 판단하였는바, 원심의 위와 같은 사실 인정과 판단은 옳게 수긍이 가고, 거기에 소론과 같은 채증법칙 위배로 인한 사실오인과 어음의 선의취득에 있어서 양도인의 범위 및 중과실에 관한 법리오해의 위법이 있다고 할 수 없으므로, 논지들은 모두 이유가 없다.[67)]

② 의사표시의 하자

- 민법 §§107-110: 민법이 선의의 제3자 보호를 통해 이미 선의자를 보호하고 있으므로 선의취득을 따로 인정할 필요가 없다고 할 수 있다.
  cf. 교부계약의 흠결: 소지인의 악의/중과실을 증명하여야 한다 (대법원 99다34307 판결 참조)

③ 양도인이 무능력자인 경우

- 거래안전을 보호할 필요성이 있으며 무능력자가 권리를 잃게 되지만 책임까지 지게 되는 것은 아니라는 점에서 긍정하는 견해도 있지만, 무능력자 제도는 이미 이익형량에 기초하여 거래안전을 희생하는 제도로 수용한 것이라는 점에서 부정할 것(다수설).

### 바. 기타

(1) 양도인의 인적 동일성

- 타인으로 가장하였더라도 무기명증권의 경우에는 점유자가 권리자로 추정된다. 다만, 양도인의 무권리성이 의심되는 사정이 존재한 경우는 악의/중과실이 문제된다.
- 지시증권의 경우 형식적 자격이 있는 자(증권에 기재된 권리자)가 아니라 그를 가장한 자로부터 취득하면 선의취득이 부정되어야 한다는 견해도 있다.

(2) 무상 취득

- 부정설: 권리자와 취득자의 이익을 비교형량할 때 취득자를 보호할 필요성이 약하다.[68)]

---

67) 판결에 대한 비판으로, 이는 위조의 사례이므로 표현대리의 법리를 적용하는 것이 옳다는 견해로는, 이철송, 어음수표법 제12판, 349면 참조.

68) 독일은 무상취득자의 부당이득반환의무를 인정한다. 미국에서는 선의취득이 부정된다(UCC

(3) 점유 개정

- 간이인도(민§188Ⅱ: 양수인의 기 점유와 의사표시만에 의한 효력): 양도인의 점유가 완전히 배제되므로 선의취득의 적용이 인정된다.
- 점유개정(민§189: 계약에 의한 양도인의 점유 계속과 인도 간주): 외견상 점유의 변동이 없으므로 선의취득을 부정한다 (다수설, 판례).
- 반환청구권의 양도(민§190): 외부에서 인식하기 어렵다는 점에서 논란이 되지만, 채권양도의 대항요건으로 공시되므로 선의취득을 인정한다 (다수설, 판례).

## 8. 주식[사채] 등의 전자등록제도

**제356조의2 (주식의 전자등록)** ① 회사는 주권을 발행하는 대신 정관으로 정하는 바에 따라 전자등록기관(유가증권 등의 전자등록 업무를 취급하는 것으로 지정된 기관을 말한다. 이하 같다)의 전자등록부에 주식을 등록할 수 있다.

② 전자등록부에 등록된 주식의 양도나 입질(入質)은 전자등록부에 등록하여야 효력이 발생한다.

③ 전자등록부에 주식을 등록한 자는 그 등록된 주식에 대한 권리를 적법하게 보유한 것으로 추정하며, 이러한 전자등록부를 선의(善意)로, 그리고 중대한 과실 없이 신뢰하고 제2항의 등록에 따라 권리를 취득한 자는 그 권리를 적법하게 취득한다.

④ 전자등록의 절차 · 방법 및 효과, 전자등록기관의 지정 · 감독 등 주식의 전자등록 등에 관하여 필요한 사항은 대통령령으로 정한다.

**제478조 (채권의 발행)** ③ 회사는 제1항의 채권(債券)을 발행하는 대신 정관으로 정하는 바에 따라 전자등록기관의 전자등록부에 채권(債權)을 등록할 수 있다. 이 경우 제356조의2제2항부터 제4항까지의 규정을 준용한다.

**제65조 (유가증권과 준용규정)** ① 금전의 지급청구권, 물건 또는 유가증권의 인도청구권이나 사원의 지위를 표시하는 유가증권에 대하여는 다른 법률에 특별한 규정이 없으면 민법 제508조부터 제525조까지의 규정(지시채권, 무기명채권)을 적용하는 외에 어음법 제12조제1항 및 제2항(배서)을 준용한다.

② 제1항의 유가증권은 제356조의2제1항의 전자등록기관의 전자등록부에 등록하여 발행할 수 있다. 이 경우 제356조의2제2항부터 제4항까지의 규정을 준용한다.

### 가. 개설

- 2011년 개정상법은 株券/債券을 발행하는 대신에 株式/社債를 전자등록기관의 전자등록부에 등록하여 거래할 수 있는 제도로 주식[사채]의 전자

§3-302).

등록 제도를 도입하였다.[69]

## 나. 주요 내용

(1) 전자등록에 의한 주권의 불발행

- 정관으로 전자등록 제도를 채택하여 실물 주권[채권]의 발행을 대체할 수 있다.

(2) 양도/입질의 효력발생요건

- 주식 양도/입질의 경우 전자등록부에의 등록이 효력발생요건이 된다.

(3) 권리추정과 선의취득

- 전자등록부에 등록한 자는 권리추정을 받으며, 전자등록부를 신뢰하고 선의/무중과실로 권리를 취득한 자에게는 선의취득이 인정된다.

## 다. 전자등록 주식의 성질론

(1) 개설: 유가증권의 無券化(價値權化) 현상

- 유가증권이 재산권의 유통성을 높이는 제도로 출현하였지만, 제도가 발달함에 따라 증권의 교부 자체가 불편하게 되어 증권대체결제제도가 도입되었고(증권의 실물 거래를 전산화된 장부 거래로 대체), 이제 증권 자체를 전자화하는 방향으로 진전되고 있다.

(2) 전자화된 증권의 법적 성질

(가) 전자증권 방식의 경우

- 전자어음이나 전자선하증권은 실물증서를 전자증서화한 것에 불과하므로 유가증권성으로서의 성질에 변함이 없다고 할 수 있다.

(나) 전자등록 방식의 경우

① 전자적 권리표창 이론: 주식정보 저장매체인 주주명부를 전자적 장부로 대체한 것에 불과하다고 본다면 전자등록된 주식도 유가증권성을 유지한다고 볼 수 있다.

---

69) 종래에도 공사채등록법에 따라 등록한 사채는 채권을 발행하지 않는다(동법§5 Ⅰ). 한국예탁결제원 통계에 따르면, 2012년 6월말 현재 등록채 비율은 99.93%이다. 한국예탁결제원, 증권예탁(82호) 통계 참조.

② 유가증권 부정설

- 서면증권성 소멸: 전자'문서' 방식이 아닌 전자'등록' 방식을 채택함으로써 전자'주권'이 존재하지 않는다. cf. 전자어음, 전자선하증권
- 전자등록에 의한 권리 변동: 종전의 대체결제 제도에서는 장부상의 기재를 매개수단으로 하는 점유의제/교부의제 규정을 두었지만, 주식의 전자등록 제도는 전자등록부에의 등록을 새로운 공시방법으로 하여 점유 여부와는 무관한 직접적 효력을 인정하고 있다.

## 제2절 주주명부

### 1. 총설

#### 가. 의의

(1) 개념: 상법에 따라 주주와 주식, 주권에 관한 사항을 기재한 장부(§352)
cf. 상업장부: 영업상의 재산 및 손익 상황을 기재한 장부(§29)

**제352조 (주주명부의 기재사항)** ① 기명주식을 발행한 때에는 주주명부에 다음의 사항을 기재하여야 한다.
1. 주주의 성명과 주소
2. 각 주주가 가진 주식의 종류와 그 수
2의2. 각 주주가 가진 주식의 주권을 발행한 때에는 그 주권의 번호
3. 각주식의 취득년월일

② 무기명식의 주권을 발행한 때에는 주주명부에 그 종류, 수, 번호와 발행년월일을 기재하여야 한다.
③ 제1항 및 제2항의 경우에 전환주식을 발행한 때에는 제347조에 게기한 사항도 주주명부에 기재하여야 한다.

**제352조의2 (전자주주명부)** ① 회사는 정관으로 정하는 바에 따라 전자문서로 주주명부(이하 "전자주주명부"라 한다)를 작성할 수 있다.
② 전자주주명부에는 제352조제1항의 기재사항 외에 전자우편주소를 적어야 한다.
③ 전자주주명부의 비치 · 공시 및 열람의 방법에 관하여 필요한 사항은 대통령령으로 정한다.

(2) 기능: 주주권의 형식적 자격 근거가 되어 집단적 법률관계를 획일적으로 처리할 수 있도록 한다.

(3) 실질주주명부 (자본시장법 §316)

- 증권예탁제도에 따라 명의개서 없이 주식을 취득한 주주가 주주권을 행사할 수 있도록 하기 위하여, 예탁결제원을 통해 통보받은 실질적 주주를 기준으로 회사가 작성하는 주주명부로서, 실질주주명부에의 기재는 주주명부에의 기재와 같은 효력을 가진다.

(4) 전자주주명부 (§352의2, 상법 시행령 §4의2)

- 정관에 따라 전자문서로 작성한 주주명부로, 주주의 전자우편주소도 추가하여 기재한다.

### 나. 주주명부의 비치/공시 (§396)

**제396조 (정관등의 비치, 공시의무)** ① 이사는 회사의 정관, 주주총회의 의사록을 본점과 지점에, 주주명부, 사채원부를 본점에 비치하여야 한다. 이 경우 명의개서대리인을 둔 때에는 주주명부나 사채원부 또는 그 복본을 명의개서대리인의 영업소에 비치할 수 있다.
② 주주와 회사채권자는 영업시간내에 언제든지 제1항의 서류의 열람 또는 등사를 청구할 수 있다.

- [주주명부 열람등사청구의 거절] 대법원 2010.7.22. 선고 2008다37193 판결 (2010) (세이브존의 이랜드 분할합병무효의 소): 주주 또는 회사채권자가 상법 제396조 제2항에 의하여 주주명부 등의 열람등사청구를 한 경우 회사는 그 청구에 정당한 목적이 없는 등의 특별한 사정이 없는 한 이를 거절할 수 없고, 이 경우 정당한 목적이 없다는 점에 관한 증명책임은 회사가 부담한다. 원심판결 이유를 위 법리와 기록에 비추어 살펴보면, 원심이 원고 세이브존이 피고들을 괴롭히고 업무를 방해할 목적으로 주주명부 열람등사청구를 하였음을 인정할 증거가 없으므로 피고들이 이를 거절할 수 없다고 판단한 것은 정당하고 거기에 상고이유로 주장하는 바와 같은 주주명부 열람등사청구에 관한 법리오해 및 채증법칙 위반의 위법이 있다고 할 수 없다.

## 2. 주주명부의 효력

### 가. 대항력

**제337조 (기명주식의 이전의 대항요건)** ① 기명주식의 이전은 취득자의 성명과 주소를 주주명부에 기재하지 아니하면 회사에 대항하지 못한다.

- 의의: 기명주식의 경우 주주권은 양도의 합의와 주권의 교부로 이전되지만 양수인이 회사에 대해 주주권을 행사하려면 주주명부에 주주로 기재되어야 한다.[70] 따라서 주주명부의 기재가 회사에 대한 대항력을 갖게 한다.
- 명의개서는 기명주식 양도의 회사에 대한 대항요건이 된다.

### 나. 자격수여적 효력 (권리추정력)

(1) 개념

- 주주명부에 주주로 등재되어 있는 자는 회사의 주주로 추정된다. 따라서 이를 번복하기 위해서는 그 주주권을 부인하는 측에 증명책임이 있다.

(2) 법적 근거

- 직접적 규정은 없지만, 주권의 점유자는 적법한 소지인으로 추정되고(§336 Ⅱ) 기명주식 이전의 대항요건(§337 Ⅰ)인 명의개서에 주권의 제시가 필요하다는 점에서 주주명부 기재에 주주의 자격을 추정하는 효력이 발생한다고 본다.

(3) 판례

- [주주명부의 추정력과 증명책임] 대법원 2007다27755 판결(2007) (기초사실: D 주식회사는 연예인 매니지먼트 사업 등을 영위하기 위하여 자본금 1,000만 원(1주당 1,000원인 보통주 10,000주 발행)으로 설립되었다. 대표이사 A가 40%, 이사인 P와 감사 B가 각 30%의 주주로 주주명부에 등재되었으며, 전체 주식인수대금 1,000만 원은 A가 차용금으로 납입하고 회사 설립 후 회사 계좌에서 이체 받아 변제하였다. A가 P에게 소집통지를 하지 않은 채 주주총회를 개최하자 P는 회사를 상대로 주주총회결의부존재확인의 소를 제기하였고, 회사는 신주인수대금은 A가 납입하였으며 P

70) 무기명주식의 경우에는 주권을 제시하여 주주권을 행사할 수 있다.

는 명의수탁자에 불과하다고 주장하였다. 청구취지 보강?): ① 원심은, 주주명부에 주주로 등재되어 있는 자는 일응 그 회사의 주주로 추정되지만 타인의 승낙을 얻어 그 명의로 출자하여 주식대금을 납입한 경우에는 실제로 주식을 인수하여 그 대금을 납입한 명의차용인만이 실질상의 주식인수인으로서 주주가 된다고 전제한 다음, D회사의 대표이사인 A가 회사 설립과정에서 P와 B 명의로 출자하여 신주인수대금을 납입한 이상 그것이 가장납입에 해당한다 하더라도 주금납입의 효력은 부인할 수 없으므로 이 사건 주식의 인수와 그 대금을 납입한 명의차용인인 A가 실질상 주식인수인으로서 주주가 된다고 판단하고, 나아가 D회사의 설립이 P와 A 사이에 지속적 동업사업의 추진을 위한 것이고 그 동업계약에서 P가 D회사 주식의 일부를 분배받기로 약정되었거나 D회사의 주식을 조합재산으로 출연하기로 약정하였다는 취지의 P 주장에 관해서는 P의 입증이 부족하다는 이유로 배척한 후, D회사의 1인 주주인 A가 이 사건 주식의 명의수탁자에 불과한 P에게 소집통지를 하지 않았더라도 이 사건 주주총회결의는 소집절차에 흠이 있다고는 할 수 없다는 이유로, 주주명부상 등재된 주주에 대한 소집통지의 흠결을 이유로 이 사건 주주총회결의 취소를 구하는 P의 청구를 기각하였다. ② 그러나 원심의 위와 같은 판단은 다음과 같은 이유로 수긍할 수 없다. 주주명부에 주주로 등재되어 있는 자는 일응 그 회사의 주주로 추정되며 이를 번복하기 위해서는 그 주주권을 부인하는 측에 입증책임이 있으므로, 주주명부의 주주 명의가 신탁된 것이고 그 명의차용인으로서 실질상의 주주가 따로 있음을 주장하려면 그러한 명의신탁관계를 주장하는 측에서 명의차용사실을 입증하여야 한다. 그런데 원심의 판시와 같이 주주명부상의 주주가 아닌 제3자가 실제로 신주인수대금의 납입행위를 하였다고 하더라도 그와 같은 행위의 기초된 원인관계로서는 원심이 판시한 명의신탁관계를 비롯하여 자본금 납입을 일방의 출자의무로 하는 동업관계나 신주인수대금의 단순한 차용관계 등 여러 형태의 법률관계를 상정할 수 있으므로 제3자의 의한 주식인수절차의 원인관계 내지 실질관계를 규명함이 없이 단순히 제3자가 신주인수대금의 납입행위를 하였다는 사정만으로는 그 제3자를 주주 명의의 명의신탁관계에 기초한 실질상의 주주라고 단정할 수 없다. 따라서 이 사건 주식에 관하여 주주명부의 기재와 달리 A를 실질상의 주주로 인정하기 위해서는 P의 주주권을 다투는 D회사측에서 제3자인 A에 의하여 신주인수대금의 납입행위가 이루어졌다는 사정 외에 그와 같은 납입행위가 P가 주장하는 동업관계가 아니라 P와 A 사이의 명의신탁약정에 의한 것임을 입증하여야 할 것인데, 그럼에도 불구하고 원심이 A가 신수인수대금의 납입행위(원심의 판시에 따르더라도 전체대금이 1,000만 원에 불과하고 그것도 가장납입의 형태로 납입되었다.)를 한 사정만을 들어 그를 명의차용인으로서 이 사건 주식의 실질상의 주주라고 단정하고 동업관계에 기초하여 위와 같은 명의신탁약정을 다투는 P의 주장에 관해서는 P측의 입증이 부족하다는 이유로 이를 배척한 것은, 주주명부상의 주주권을 부인하는 측에 있는 입증책임을 그 상대방에게 전도한 위법이 있다 할 것이고, 이러한 위법은 판결에 영향을 미쳤음이 분명하다. (파기환송)

### 다. 면책적 효력

- 의의: 회사가 의결권 행사나 이익배당, 신주인수권 등과 관련하여 주주명부의 기재에 따라 주주권의 행사를 허용하면 사기나 중과실이 없는 한 책임을 면한다. 이러한 면책적 효력은 주주명부의 자격수여적 효력에 따르는 반사적 효과로 이해된다.
- 면책적 효력은 주주의 확정뿐만 아니라 주소 등의 사실적 기재에도 효력이 미친다. 주주/질권자에 대한 통지/최고는 주주명부에 기재한 주소 또는 그 자로부터 회사에 통지한 주소로 하면 된다(§353).
- [면책적 효력과 사기/중과실] 대법원 96다45818 판결(1998) (기초사실: D 주식회사는 발행주식 20만 주 중 실질적으로 P와 A가 각 10만 주를 소유하여 P와 A만이 실질주주이고, 주주명부상에 기재된 나머지 주주 17인은 세무상의 편의를 위하여 P와 A의 합의 아래 그들의 명의를 차용하여 형식상 기재해 놓은 형식주주에 불과하였다. A는 D회사의 대표이사로서 이 사건 주주총회를 소집함에 있어 위 형식주주들에게 소집통지를 하여 그들 중 일부를 참여시키고 일부로부터는 의결권을 위임받아 P의 참여 없이 이사 등의 임원 선임과 증자의 결의를 하였다. P의 D 회사에 대한 주주총회결의 취소의 소): ① 주식회사가 주주명부상의 주주에게 주주총회의 소집을

통지하고 그 주주로 하여금 의결권을 행사하게 하면, 그 주주가 단순히 명의만을 대여한 이른바 형식주주에 불과하여도 그 의결권 행사는 적법하지만, 주식회사가 주주명부상의 주주가 형식주주에 불과하다는 것을 알았거나 중대한 과실로 알지 못하였고 또한 이를 용이하게 증명하여 의결권 행사를 거절할 수 있었음에도 의결권 행사를 용인하거나 의결권을 행사하게 한 경우에는 그 의결권 행사는 위법하게 된다. ② 원심이 인정한 사실과 그 밖에 이 사건 변론에 나타난 자료에 의하면, P와 A는 D회사가 발행한 총 주식을 50%씩 나누어 소유하기로 합의하여 각 약정서를 작성한 사실, P는 D회사 주식의 50% 소유자임을 주장하며 주식명의개서청구의 소를 제기하여 승소판결을 선고받았던 사실, D회사는 설립된 이후 P와 A 사이에 분쟁이 발생하기까지 형식주주들에게 소집통지를 하여 주주총회를 개최한 일이 없고, P와 A가 그때그때 합의한 내용으로 주주총회결의서를 작성하여 주주총회 개최에 갈음하였던 사실, D회사의 대표이사인 A가 형식주주들과 개최하려던 임시주주총회가 50%의 실질주주임을 주장한 P의 가처분신청이 받아들여져 유회되었던 사실, 형식주주들이 이 사건 주주총회에서 의결권을 주장한 일이 없고, 오히려 A가 그들로 하여금 의결권을 행사하게 한 것일 뿐인 사실 등이 있음을 알 수 있는바, 이를 종합하면 D회사로서는 이 사건 주주총회의 소집통지시나 결의시에 주주명부상에 기재된 형식주주들에 대하여 그들이 진정한 주주가 아님을 쉽게 증명할 수 있었다고 보여진다.

## 3. 주주명부 폐쇄와 기준일

**제354조 (주주명부의 폐쇄, 기준일)** ① 회사는 의결권을 행사하거나 배당을 받을 자 기타 주주 또는 질권자로서 권리를 행사할 자를 정하기 위하여 일정한 기간을 정하여 주주명부의 기재변경을 정지하거나 일정한 날에 주주명부에 기재된 주주 또는 질권자를 그 권리를 행사할 주주 또는 질권자로 볼 수 있다.

② 제1항의 기간은 3월을 초과하지 못한다.

③ 제1항의 날은 주주 또는 질권자로서 권리를 행사할 날에 앞선 3월내의 날로 정하여야 한다.

④ 회사가 제1항의 기간 또는 날을 정한 때에는 그 기간 또는 날의 2주간전에 이를 공고하여야 한다. 그러나 정관으로 그 기간 또는 날을 지정한 때에는 그러하지 아니하다.

## 가. 의의

- 기준일: 주주권[질권]을 행사할 주주[질권자]를 확정하기 위한 기준이 되는 일자
- 주주명부의 폐쇄: 주주[질권자]의 권리를 변동시키는 주주명부 기재의 일정한 기간 동안의 정지
- 양자의 병행: 이익배당을 받을 주주를 기준일로서 특정하고, 이를 주주총회에서 의결권을 행사할 자와 일치시키기 위해 권리를 변동시키는 기재를 정지한다.

## 나. 효력

### (1) 폐쇄기간 중의 명의개서

- 폐쇄기간 중 권리관계를 변동시키는 기재는 하지 못한다. 다만, 전환주식/전환사채의 전환권 행사나 신주인수권부사채의 신주인수권 행사는 허용하되 의결권 행사만을 제한하고 있다(§§350Ⅱ, 516Ⅱ, 516의10).
- 회사가 폐쇄기간 중의 명의개서를 허용할 수 있는가: 주주명부 폐쇄는 사무처리의 편의를 위한 제도이므로 가능하다는 견해도 있지만, 주주 확정이라는 제도의 목적에 반하고 주주평등의 원칙에 반한다는 점에서 명의개서를 허용하더라도 그 효력은 폐쇄기간이 종료된 때 발생한다고 보는 견해가 다수설이다.

### (2) 위법한 폐쇄/기준일의 효력

- 폐쇄기간, 공고기간, 공고사항, 내부절차 등에 존재하는 흠이 주주 이익에 대한 중대한 침해가 된다면 주주권을 행사할 자를 확정하는 효력이 부정되어 주주총회결의의 하자 등으로 연결될 수 있다.

# 제15장 주식의 양도

## 제1절 주식의 양도성

### 1. 주식양도 자유의 원칙과 제한

**제335조 (주식의 양도성)** ① 주식은 타인에게 양도할 수 있다. 다만, 회사는 정관으로 정하는 바에 따라 그 발행하는 주식의 양도에 관하여 이사회의 승인을 받도록 할 수 있다.
② 제1항 단서의 규정에 위반하여 이사회의 승인을 얻지 아니한 주식의 양도는 회사에 대하여 효력이 없다.

#### 가. 주식의 양도성 보장

- 주식 양도의 개념: 주식의 양도는 법률행위에 의한 주주권의 이전을 뜻한다. 주주가 갖는 여러 가지 권리(자익권과 공익권)가 포괄적으로 이전된다(통설).
- 양도성의 보장: 인적회사와는 달리 사원의 퇴사제도가 인정되지 않는 주식회사에서는, 주주가 출자를 회수하는 유일한 방법이 주식 양도라는 점에서 주식의 양도성은 원칙적으로 주주의 권리로서 보장되어야 한다.

#### 나. 주식양도의 제한

- 주식양도는 회사의 인적구성에 변동을 초래한다. 따라서 특히 소규모 주식회사와 같이 사원간의 인적 신뢰관계가 요구되는 경우에는 주식의 자유양도성을 제한할 필요가 있다. 이러한 경우에는 주주의 출자회수 방안을 보장할 필요성과 사원간의 인적 신뢰관계를 유지할 필요성이 상충된다.
- 상법은 주식양도에 이사회 승인을 요구하는 규정을 정관에 둘 수 있도록 하여 자율적인 양도제한을 허용한다.

### 다. 주주간 계약에 의한 주식양도의 제한

(1) 합의에 의한 양도제한의 목적: 투자자 간에 회사의 경영권을 보장하는 방법으로 활용한다(예: 합작투자).

(2) 합의의 효력

- 양도 제한의 합의를 제3자에게 주장할 수 없으므로 당사자간의 채권적 효력만 인정된다. 따라서 합의에 위반한 주식 양도라도 유효하며, 당사자 사이에서 손해배상이나 위약금을 구할 수 있을 뿐이다. 그러나, 양도를 사실상 불가능하게 하거나 현저하게 곤란하게 하는 것으로서 실질적으로 양도를 금지하는 것과 마찬가지가 되는, 주주의 투하자본회수의 가능성을 전면적으로 부정하는 양도제한의 합의는 무효이다.
- [투자회수 가능성을 봉쇄하는 합의는 무효] 대법원 99다48429 판결(2000) (기초사실: 신세기통신을 설립하면서 포철/코오롱의 합작비율을 유지할 목적으로 5년간 주식양도를 금하고 5년 이후에는 양도하려는 주식에 대한 포철/코오롱의 비례적 선매권을 인정하기로 주주 전원이 동의하였으나 이에 위반하여 주식이 양도되었고, 회사는 이를 이유로 양수인의 명의개서청구를 거부하였다. 양수인의 명의개서절차 이행 청구): ① 상법 제335조 제1항은 주식은 타인에게 이를 양도할 수 있고, 다만 주식의 양도는 정관이 정하는 바에 따라 이사회의 승인을 얻도록 할 수 있다고 규정하고 있다. 그러나 그러한 상법 제335조 제1항 단서는 주식의 양도를 전제로 하고, 다만 이를 제한하는 방법으로서 이사회의 승인을 요하도록 정관에 정할 수 있다는 취지이지 주식의 양도 그 자체를 금지할 수 있음을 정할 수 있다는 뜻은 아니기 때문에, 정관의 규정으로 주식의 양도를 제한하는 경우에도 주식양도를 전면적으로 금지하는 규정을 둘 수는 없다고 할 것이다. ② 이 사건 약정은, 그 내용 자체에 의하더라도 그 양도에 이사회의 승인을 얻도록 하는 등 그 양도를 제한하는 것이 아니라, 설립 후 5년간 일체 주식의 양도를 금지하는 내용으로, 이와 같은 내용은 위에서 본 바와 같이 정관으로 규정하였다고 하더라도 이는 주주의 투하자본회수의 가능성을 전면적으로 부정하는 것으로서 무효라고 할 것이다. 그러므로 그와 같이 정관으로 규정하여도 무효가 되는 내용을 나아가 회사나 주주들 사이에서, 혹은 주주

들 사이에서 약정하였다고 하더라도 이 또한 무효라고 할 것이다. 그리고 이 사건 약정 가운데 주주 전원의 동의가 있으면 양도할 수 있다는 내용이 있으나, 이 역시 상법 제335조 제1항 단서 소정의 양도제한 요건을 가중하는 것으로서 상법 규정의 취지에 반할 뿐 아니라, 사실상 양도를 불가능하게 하거나 현저하게 양도를 곤란하게 하는 것으로서 실질적으로 양도를 금지한 것과 달리 볼 것은 아니다. 그러므로 이 사건 양도제한약정은 무효라고 할 것이고, 피고는 그와 같은 무효인 양도제한약정을 들어 이 사건 명의개서청구를 거부할 수는 없는 것이다.

## 2. 주식 양도와 세제

### 가. 증권거래세

- 주권 양도가액의 0.5% (증권거래세법 §§7, 8)
- 주권상장법인의 주권 0.15%, 코스닥시장상장법인의 주권 0.3% (시행령 §5)

### 나. 양도소득세

- 개인의 경우 주권상장법인의 주식 거래는 비과세. 단, 3%(코스닥시장상장법인과 벤처기업은 5%) 이상 또는 100억원(코스닥시장상장법인과 벤처기업은 50억원) 이상 보유하는 대주주인 경우 및 장외거래는 과세소득이 된다(소득세법 §94, 시행령 §157).
- 법인의 경우 주식양도로 생기는 수입은 과세소득이 된다(법인세법 §3).
- 부동산이 자산의 50% 초과하는 법인의 50% 초과 주주가 법인 주식의 50% 이상을 양도하는 경우(소득세법 §94, 시행령 §158): 경제적 의미에서 부동산의 양도에 해당한다.

### 다. 취득세

- 법인의 주식 또는 지분을 취득함으로써 과점주주(50% 초과)가 된 때에는 그 과점주주는 당해 법인의 부동산, 차량, 기계장비 · 입목 · 항공기 · 선박 · 광업권 · 어업권 · 골프회원권 · 승마회원권 · 콘도미니엄회원권 또는 종합체육시설이용회원권을 취득한 것으로 본다. 다만, 법인설립시에 발행하는 주식 또는 지분을 취득함으로써 과점주주가 된 경우에는 그러하지 아

니하다(지방세법 §7).

## 제2절 주식의 양도 방법

### 1. 개설

**제336조 (주식의 양도방법)**

① 주식의 양도에 있어서는 주권을 교부하여야 한다.

② 주권의 점유자는 이를 적법한 소지인으로 추정한다.

**제337조 (기명주식의 이전의 대항요건)**

① 기명주식의 이전은 취득자의 성명과 주소를 주주명부에 기재하지 아니하면 회사에 대항하지 못한다.

② 회사는 정관이 정하는 바에 의하여 명의개서대리인을 둘 수 있다. 이 경우 명의개서대리인이 취득자의 성명과 주소를 주주명부의 복본에 기재한 때에는 제1항의 명의개서가 있는 것으로 본다.

가. 주식양도의 성립요건: 양도의 합의 + 주권의 교부

(1) 기명주권의 배서 제도 폐지

- 종전에는 기명주권을 양도할 때 주권에 배서하여 교부하여야 했지만, 1984년 개정상법에서 기명주권 배서제도가 폐지되었다.
- 따라서 지시증권이었던 기명주권이 사실상 무기명증권화되었다고 할 수 있다.

(2) 주권의 교부 없는 주식 양도

(가) 주권 발행 전의 주식 양도: 양도의 합의만으로 이전된다. (후술).

(나) 증권예탁결제제도와 계좌간 대체에 의한 주식 거래 (자본시장법 §§311)

- 투자자계좌부/예탁자계좌부의 기재: 증권의 점유 간주
- 계좌간 대체의 기재: 증권의 교부 간주

(다) 2011년 개정상법의 주식의 전자등록 제도 (§356의2)

- 전자등록된 주식은 주권을 발행하지 않으므로, 전자등록부의 등록이 양도의 효력요건이 된다.

나. 기명주식 양도의 회사에 대한 대항요건: 명의개서 (§ 337 I)

## 2. 주권의 교부

### 가. 주권 점유의 이전

(1) 주권 교부의 방법

- '교부'의 개념: 주권의 점유를 이전하는 引渡
- 현실인도, 간이인도(민§188), 점유개정(민§189), 반환청구권의 양도(민§190)

(2) 주권 점유의 의의

(가) 주주권의 공시방법

- 주식양도는 주권의 교부로 이루어지므로 주권의 점유는 주주권의 공시방법이 된다.

(나) 자격수여적 효력

- 주권의 점유자는 적법한 소지인으로 추정된다 (주권 점유의 권리추정력; §336 II).
- 따라서 ① 주권의 점유자는 권리자임을 따로 증명할 필요 없이 권리를 행사할 수 있으며(주권을 제시하여 주주명부의 명의개서를 청구할 수 있다), ② 회사는 주권의 점유자(기명주식의 경우는 주주명부에 주주로 기재된 자, 무기명주식의 경우는 주권을 공탁한 자)에 대해 권리행사를 허용하면 책임을 면하고(면책적 효력), ③ 주권의 점유자로부터 주권을 양수한 자는 선의취득에 의해 보호받을 수 있다(§359, 수표법§21).

### 나. 주권 점유자의 회사에 대한 권리행사

- 주권의 점유자는 권리자로 추정되므로, 주권을 제시하여 권리를 행사할 수 있다.
- 무기명주주가 권리행사를 하려면 주권을 회사에 공탁하여야 한다(§358).
- 기명주주는 주권을 제시하여 성명과 주소를 주주명부에 기재하여야(명의개서) 권리행사를 할 수 있다(주식양도의 대항요건: §337 I). 주주명부의 명의개서를 요구하는 것은, 언제든지 유통될 수 있는 주식의 보유자를 획일적으로 확정하는 기준을 확보하여 회사와 다수 주주간의 법률관계를 집

단적/안정적으로 처리하기 위한 것이다.

### 다. 양도계약의 해제 또는 명의신탁의 해지와 주권의 반환 문제

- 주권을 반환하지 않아도 주주 지위가 상실/회복된다.
- [양도계약 해제와 주주 지위의 상실] 대법원 93다44906 판결(1994) (기초사실: 주권을 점유하고 있는 P가 회사 대표이사 등의 직무집행정지가처분을 신청하자 P의 주식양수계약이 합의해제되었다고 주장한 사례): 주식양도양수계약이 적법하게 해제되었다면 신청외 의료법인 베데스다 기독병원 설립위원회는 신청외 주식회사 현대유통의 주주로서의 지위를 상실하였다고 할 것이므로, 같은 회사의 주권을 점유하고 있다고 하더라도, 주주로서의 권리를 행사할 수 있는 것은 아니다.
- [양도계약을 해지한 주주의 의결권 행사와 명의개서의 필요성] 대법원 2000다69927 판결 (기초사실: D주식회사의 주주 A가 P와 공동운영약정을 체결하고 보유주식 일부를 양도하여 주주명부에 A, P 및 P의 처인 B가 주주로 등재되었다. 이후 A는 P의 투자의무 불이행을 이유로 양도계약 해지를 통지하고 단독으로 주주총회를 대표이사인 P를 해임하였다. P의 D에 대한 주주총회 부존재확인의 소): 주식회사의 임시주주총회가 법령 및 정관상 요구되는 이사회의 결의 및 소집절차 없이 이루어졌다 하더라도, 주주명부상의 주주 전원이 참석하여 총회를 개최하는 데 동의하고 아무런 이의 없이 만장일치로 결의가 이루어졌다면 그 결의는 특별한 사정이 없는 한 유효하다고 할 것이다. 그리고 기명주식이 양도된 후 주식회사의 주주명부상 양수인 명의로 명의개서가 이미 이루어졌다면, 그 후 그 주식양도약정이 해제되거나 취소되었다 하더라도 주주명부상의 주주 명의를 원래의 양도인 명의로 복구하지 않는 한 양도인은 주식회사에 대한 관계에 있어서는 주주총회에서 의결권을 행사하기 위하여 주주로서 대항할 수 없다고 할 것이다. 기록에 의하면, A는 이 사건 공동운영 약정에 따라 원고 P에게 피고 D회사 주식을 양도하여 피고 회사의 발행주식은 P, A가 각 1,750주, P의 처인 B가 1,500주를 소유하게 되었고, 이는 D회사의 주주명부에도 등재되었는데, 그 이후 A는 P에 대하여 약정 해제 혹은 취소의 의사표시를 발송한 후, 피고 회사의 주주명부상 주주 명의를 복구하거나 혹은 피고 회사에 대하

여 그 명의의 복구를 요청함이 없이 곧바로 종전 주주이던 지병덕과 함께 위 임시주주총회를 개최한 사실을 알 수 있는바, 사정이 이와 같다면 최소한 피고 회사에 대한 관계에 있어서는 주주명부상의 주주 전원이 참석하여 총회를 개최하는 데 동의하였다고 볼 수 없어, 위 1996. 11. 21.자 임시주주총회의 소집절차에 관한 앞서의 하자가 치유되어 그것이 유효하게 된다고 볼 수는 없다고 할 것이다.

■ [명의신탁계약의 해지와 명의개서 청구] 대법원 92다16386 판결(1992) (기초사실: P가 D에게 주식을 명의신탁하였다가 해지하면서 D를 상대로 명의신탁계약 해지로 인한 주주명의 변경청구의 소를 제기하였다): ① 주식 명의신탁계약 해지를 청구원인으로 주주명부상의 명의인에게 명의개서절차의 이행을 구하는 경우, 주주는 회사에 대하여 단독으로 명의개서를 청구할 수 있다고 할 것이고 달리 위 주식의 양도인인 피고들이 명의개서절차를 이행할 의무는 없으므로, 권리의무관계가 존재하지 아니한 자에 대한 청구로서 부적법하다. ② 주주명의를 신탁한 사람이 수탁자에 대하여 명의신탁계약을 해지하면 바로 주주의 권리가 명의신탁자에게 복귀하는 것이지, 주식의 양도를 위하여 새로 법률행위를 하여야 하는 것도 아니다. 따라서 소론과 같이 원고들이 주권발행 전의 주식에 관한 주주명의를 피고들에게 신탁하였다가 회사성립 후 또는 신주의 납입기일 후 6월이 경과한 다음에 명의신탁계약을 해지하였다고 하더라도, 원고들이 그와 같은 사실을 증명하여 회사를 상대로 주주명부상의 명의개서를 청구하지 아니하고 수탁자인 피고들을 상대로 명의개서절차의 이행을 소구하는 것은, 소의 이익이 있다고 할 수 없을 것이다.

## 3. 기명주식 양도의 대항요건: 명의개서(名義改書)

### 가. 명의개서의 의의

■ 개념: 주주 변동에 따른 주주명부상 주주 기재(성명, 주소)의 변경

■ 명의개서 제도는 기명주식에 관하여 주주 여부를 획일적으로 확정하는 기술적 제도이다. 기명주식 양도의 회사에 대한 대항요건이며, 주식의 포괄승계, 주식양도계약 해제나 명의신탁 해지의 경우에도 대항요건이 된다.

### 나. 명의개서 절차

(1) 주식양수인의 단독 청구

■ 권리의 증명: 주권을 제시하면 적법한 소지인으로 추정된다(§336Ⅱ). 주권을 제시할 수 없는 경우에는 다른 방법으로 그 권리를 증명하여야 한다(예: 주권발행 전의 주식 양수 사실이나 주식의 포괄승계 사실의 증명, 제권판결문의 제시 등).

■ [양수인의 단독 청구] 대법원 94다47728 판결: ① 주권발행 전에 한 주식의 양도도 회사성립 후 또는 신주의 납입기일 후 6월이 경과한 때에는 회사에 대하여 효력이 있는 것으로서, 이 경우 주식의 양도는 지명채권의 양도에 관한 일반원칙에 따라 당사자의 의사표시만으로 효력이 발생하는 것이고, 상법 제337조 제1항에 규정된 주주명부상의 명의개서는 주식을 취득한 자가 회사에 대한 관계에서 주주의 권리를 행사하기 위한 대항요건에 지나지 않고, 회사 이외의 제3자에 대한 관계에서의 대항요건은 아니므로, 회사성립 후 또는 신주의 납입기일 후 6월이 경과하도록 회사가 주권을 발행하지 아니한 경우 그 주식을 취득한 자는 특별한 사정이 없는 한 상대방의 협력을 받을 필요 없이 단독으로 자신이 주식을 취득한 사실을 증명함으로써 회사에 대하여 그 명의개서를 청구할 수 있는 것이고, ② 명의개서의 청구에 소정 서류의 제출을 요한다고 하는 정관의 규정이 있다 하더라도, 이는 주식의 취득이 적법하게 이루어진 것임을 회사로 하여금 간이명료하게 알 수 있게 하는 방법을 정한 것에 불과하여 주식을 취득한 자가 그 취득사실을 증명한 이상 회사는 위와 같은 서류가 갖추어지지 아니하였다는 이유로 명의개서를 거부할 수는 없다.

■ [양도인은 명의개서청구권이 없다] 대법원 2009다89665 판결(2010) (기초사실: A가 2007. 7. 4. B에게 D회사 주식을 양도하여 명의개서를 마친 다음 다시 12월 경 P에게 이중양도를 하고 2008. 2. 18. D회사에 내용증명 우편으로 주식 양도사실을 통지하였다. A는 B에 대한 주식양도에 대하여는 D에게 확정일자 있는 양도통지를 하지 않았고, D회사도 명의개서를 하면서 확정일자 있는 승낙을 한 바 없다. P는 확정일자 있는 양도통지에 의한 주식양도는 확정일자부 통지가 없는 A에 대한 주식양도보다 우선함에도 불구하고 D회사가 명의개서를 부당하게 거절함으로써 자신의 지분율이 51%

임에도 불구하고 이사를 선임하는 주주총회에 출석하여 의결권을 행사할 수 없었다고 주장하며 주주총회결의 취소의 소를 제기하였다.): 〈원심〉 ① [주주명부상 명의개서되지 않은 기명주식 양수인의 지위] 주식 양수인이 주주의 권리를 행사하려면 주주명부상 명의개서가 필요하다. 주주는 언제든지 회사와 관계없이 재산권 행사를 위해 자유롭게 주식을 양도할 수 있고, 이러한 주식의 양도는 계속적·반복적으로 행해지므로 이익배당 대상이 되거나 주주를 통한 회사의 집합적 의사를 결정하기 위한 전제로 의결권을 행사할 주주를 획일적으로 확정할 필요가 있기 때문이다. 따라서 P로서는 주식 양수사실을 증명하여 D회사에게 그 명의개서를 청구할 수 있다. 다만, 명의개서 전에는 D가 P를 주주로 인정하는 등의 특별한 사정이 없는 한 P는 주주로서의 권리를 행사할 수 없고, 실질 주주임에도 의결권 행사가 배제되었다는 점을 가지고 D에게 대항할 수도 없다. ② D회사가 P의 명의개서 청구를 부당히 거절하였는지에 대하여 살피건대, A는 2008. 2. 18. D에게 P에 대한 주식양도 사실을 통지하면서 양도 주식에 관한 주주명부상 주주 명의를 P 명의로 변경해 줄 것을 요청한 사정은 인정된다. 그러나 주식 양수인은 양수한 주식을 제3자에게 다시 양도할 수 있어 명의개서 청구 여부를 자유롭게 결정할 수 있고, 주식 양수인이 명의개서를 청구하려면 주식 양수사실을 증명하여야 하는 점 등을 고려하면, 주식 양도인이 회사에 양도통지를 하는 기회에 주식 양수인에게 명의개서를 해줄 것을 요청하였다는 사정만으로 이를 주식 양수인의 명의개서 청구로 볼 수 없다. 또한 주식 양수인인 P가 D에게 명의개서를 청구하였음을 인정할 증거도 없으므로 D가 P의 명의개서 청구를 부당하게 거절하였다고 할 수도 없다. ③ [주식의 이중양도에 따른 주식 양수인들 사이의 우열] 주권발행 전 주식의 이중양도가 문제되는 경우 이중 양수인들 사이의 우열은 이중 양수인 중 일방에 대하여 이미 명의개서가 되었는지에 상관없이 확정일자 있는 양도통지가 회사에 도달한 일시 또는 확정일자 있는 승낙 일시의 선후에 의하여 결정하는 것이 원칙이다. 다만, 확정일자 있는 양도통지나 승낙을 먼저 갖춘 주식 양수인이 실질 주주로 결정될지라도 앞서 본 주주명부 제도의 취지에 비추어 보면, 그 주식 양수인이 회사에 대하여 의결권 등 주주로서 권리를 행사하기 위해서는 주주명부상 명의개서를 하여야 한다. 따라서 P가 B와의 사이에서 자신들의 주식 양수가 우선함을 주장하여 D에게 명의개서를 청구하는 것은 별론으로 하더라도 명의개서 전에는 D에 대하여 자신들이 주주로서 의결권을 행사하여야 한다고 대항할 수 없다. 〈대법원〉 명의개서청구권은 기명주식을 취득한 자가 회사에 대하여 주주권에 기하여 그 기명주식에 관한 자신의 성명, 주소 등을 주주명부에 기재하여 줄 것을 청구하는 권리로서 기명주식을 취득한 자만이 그 기명주식에 관한 명의개서청구권을 행사할 수 있다. 또한 기명주식의 취득자는 원칙적으로 취득한 기명주식에 관하여 명의개서를 할 것인지 아니면 명의개서 없이 이를 타인에게 처분할 것인지 등에 관하여 자유로이 결정할 권리가 있으므로, 주식 양도인은 다른 특별한 사정이 없는 한 회사에 대하여 주식 양수인 명의로 명의개서를 하여 달라고 청구할 권리가 없다. A가 D 회사의 성립 후 6월이 경과하도록 주권이 발행되지 아니한 이 사건 기명주식을 P에게 양도한 후 D회사에게 그 양도사실을 확정일자 있는 내용증명우편으로 통지하면서 P 명의로의 명의개서를 청구한 사실이 있다 하더라도, 이는 명의개서청구권이 없는 주식 양도인의 명의개서청구에 불과하므로 D회사가 그 명의개서를 거절한 것을 가리켜 부당하다고 할 수 없다. 같은 취지의 원심의 판단은 정당하고, 거기에 상고이유에서 주장하는 것처럼 주식 양도에 있어서 명의개서청구권자에 관한 법리를 오해한 위법이 있다고 할 수 없다.

- [양수사실의 통지만으로는 명의개서청구가 되지 못한다] 대법원 94다25735 판결(1995) (기초사실: P가 1983년 D회사의 대표이사 A로부터 주식을 증여받은 후 D회사에게 A 소유의 주식을 양수하였다는 내용의 통지를 하였지만 명의개서절차를 마치지 않았다. D는 1987년 3회에 걸쳐 신주를 발행하면서 주주명부상 주주로 등재되어 있는 A에게 신주를 배정하여 A가 그 신주를 인수하여 그 대금을 납입하였다. 신주에 대한 P의 명의개서 청구): ① 기명주식을 취득한 자가 회사에 대하여 주주로서의 자격을 인정받기 위하여는 주주명부에 그 취득자의 성명과 주소를 기재하여야 하고, 취득자가 그 명의개서를 청구할 때에는 특별한 사정이 없는 한 회사에게 그 취득한 주권을 제시하여야 한다. P가 A로부터 이 사건 주식을 증여받은 뒤 D에게 위 양수한 내용만 통지하였다면 위 통지한 사실만 가지고는 D에게 명의개

서를 요구한 것으로 보기는 어렵다. ② 주식회사가 주주총회나 이사회의 결의로 신주를 발행할 경우에 발생하는 구체적 신주인수권은 주주의 고유권에 속하는 것이 아니고 위 상법의 규정에 의하여 주주총회나 이사회의 결의에 의하여 발생하는 구체적 권리에 불과하므로 그 신주인수권은 주주권의 이전에 수반되어 이전되지 아니한다 할 것인바, 회사가 신주를 발행하면서 그 권리의 귀속자를 주주총회나 이사회의 결의에 의한 일정시점에 있어서의 주주명부에 기재된 주주로 한정할 경우 그 신주인수권은 위 일정시점에 있어서의 실질상의 주주인가의 여부와 관계없이 회사에 대하여 법적으로 대항할 수 있는 주주, 즉 주주명부에 기재된 주주에게 귀속된다 할 것이므로 주주명부상의 주주가 신주인수대금을 납입하였다면 위 명부상의 주주가 신주를 취득한다고 보아야 한다. 원심이 같은 취지에서 이 사건 신주를 A가 적법하게 취득한 것으로 판단한 조치는 옳다고 여겨지고, 거기에 상고이유의 주장과 같은 신주인수권에 관한 법리를 오해한 위법을 저질렀다고 볼 수 없다.

(2) 회사의 조치

- 사기/중과실 면책: 주권의 점유자는 적법한 소지인으로 추정되므로 회사가 명의개서를 거절하려면 반대사실을 증명하여야 한다. 회사가 이를 증명하지도 못하면서 명의개서 청구에 응하지 않으면 부당한 거절이 된다. 따라서 회사가 주권을 제시하는 무권리자에게 명의개서를 하였더라도, 주주가 아니라는 사실을 알았거나 중과실로 알지 못하였고 나아가 그 사실을 용이하게 증명하여 명의개서를 거절할 수 있었음에도 불구하고 명의개서를 해 준 경우가 아니라면, 즉 사기/중과실이 없다면, 회사는 책임을 면한다.
- [주주의 상호변경과 권리추정을 받는 자] 대법원 73다1320 판결 (기초사실: A 주식회사를 흡수합병한 D 주식회사가, "A사의 주주인 P의 상호가 Q로 변경되었다"고 주장하며 주권을 반환한 Q에게 명의개서를 하고 신주권을 교부해주었다. 그러나 P회사와 Q회사는 별개의 회사로 상호변경등기를 한 사실이 없다. P가 D의 불법행위를 주장함.): ① P(부산수산)가 상호변경에 의하여 Q(대한수산)로 되었다고 주장하는 Q는 그가 주권을 소지한다고 하여 그 주식에 대한 진정한 권리자로 추정받는 추정력은 깨진 것이므로

달리 위 주식을 Q가 적법하게 취득하였음이 인정되지 아니하는 한 P가 위 주권을 소지하지 아니한 사실만으로 P가 그 주주권을 상실한 것으로 단정할 수 없다고 할 것이다. ② 이 사건 주식의 발행회사인 D(한전)로서는 Q로부터 위와 같은 상호변경계출을 받았으면 과연 그 변경절차가 적법하게 된 것인가를 법인등기부등본등 이를 증명할 수 있는 자료에 의하여 조사한 후가 아니면 이 사건 주식에 대한 명의개서를 하여 주어서는 아니될 의무가 있다고 할 것인 바, 기록에 의하면 Q회사가 D에게 제출한 상호 및 대표이사 변경계 만으로써는 이를 인정할 자료가 되지 못함에도 불구하고 D가 주주명부에 본건 주식의 소유명의를 P로부터 Q 명의로 정정하였음은 위에 말한 조사의무를 해태한 중대한 과실이 있다고 하여야 할 것이다.

### 다. 명의개서대리인 제도

**제337조 (기명주식의 이전의 대항요건)** ② 회사는 정관이 정하는 바에 의하여 명의개서대리인을 둘 수 있다. 이 경우 명의개서대리인이 취득자의 성명과 주소를 주주명부의 복본에 기재한 때에는 제1항의 명의개서가 있는 것으로 본다.

**제396조 (정관등의 비치, 공시의무)** ① 이사는 회사의 정관, 주주총회의 의사록을 본점과 지점에, 주주명부, 사채원부를 본점에 비치하여야 한다. 이 경우 명의개서대리인을 둔 때에는 주주명부나 사채원부 또는 그 복본을 명의개서대리인의 영업소에 비치할 수 있다.

(1) 의의

- 개념: 회사의 명의개서 등의 사무를 대행하는 자
- 업무: 명의개서의 대행, 배당/이자/상환금 지급 대행, 주권/채권 발행업무 대행 등

(2) 자본시장법의 규제 (§§365-)

- 명칭: '명의개서대행회사'
- 명의개서대행회사의 등록 등 자격 규제: 예탁결제원, 하나은행, 국민은행

### 라. 명의개서 미필주주의 지위

(1) 회사가 주주임을 인정할 수 있는가?

- 긍정설(다수설[71], 판례): ① 실체적 권리관계에 부합한다. ② 명의개서는

회사의 사무처리 편의를 위한 제도에 불과하므로 회사 스스로 포기할 수 있다.

- 부정설[72]: ① 회사가 특정인의 주주권 행사를 허용할 것인지 여부를 임의로 정할 수 있다고 한다면 주주평등원칙에 위배된다. ② 명의개서 제도는 단체적 법률관계를 획일적으로 처리하기 위한 제도이다.
- [주식양수인이 명의개서를 하지 않았더라도 회사가 주주로 인정하여 왔다면 신주인수권은 양수인에게 귀속한다] 대법원 89다카14714 판결(1989) (기초사실: P는 D 주식회사의 주식 12,000주를 보유한 주주이다. D회사가 운영난에 봉착한 1975년에 대표이사 A는 회사를 인수하겠다는 B에게 회사의 주식을 양도하였고, B와 P의 투자비율은 B, P의 합의하도록 하였다. P는 자신의 모든 주식을 B에게 양도하였고, 명의개서는 1983년에 이루어졌다. 명의개서 전에 회사가 신주를 발행하였는데 P가 신주의 주주임을 주장하였다.): ① 제337조의 "기명주식의 이전은 취득자의 성명과 주소를 주주명부에 기재하지 아니하면 회사에 대항하지 못한다"는 규정은 주주권 이전의 효력요건을 정한 것이 아니고 회사에 대한 관계에서 누가 주주로 인정되느냐 하는 주주의 자격을 정한 것으로서 기명주식의 취득자가 주주명부상의 주주명의를 개서하지 아니하면 스스로는 회사에 대하여 주주권을 주장할 수 없다는 의미이고, 명의개서를 하지 아니한 실질상의 주주를 회사측에서 주주로 인정하는 것은 무방하다고 해석하여야 할 것이다. ② P의 주식을 취득한 B가 1983년까지 주주명부상의 주주명의를 개서하지 아니하였다 하더라도 피고 D회사가 그 주식취득자인 B를 위 주식취득당시부터 주주로 인정하여 왔음이 기록상 명백한 이상 D회사에 대한 관계에서 이 사건 주식 12,000주의 주주는 B이지 P는 아니라고 할 것이다. 원심이 위와 같은 취지에서 이 사건 주식의 주주를 B로 보고, 신주인수권도 B에게 귀속하는 것으로 보고 있는 바, 원심의 위와 같은 판단은 정당하다.

(2) 명의개서의 부당거부와 주주권의 행사

- 부당거부에 대한 구제책: 회사가 명의개서를 거부하거나 지체하는 경우 명

71) 정찬형, 386면; 최준선, 270면.

72) 이철송, 350-352면.

의개서 이행청구(민법§389Ⅰ), 명의개서에 갈음하는 판결(민§389Ⅱ, 민집§263Ⅰ), 임시주주의 지위를 구하는 가처분(민집§300) 제도 등을 활용할 수 있으며, 손해배상책임을 추궁할 수 있다. 이사 등이 정당한 사유 없이 주권의 명의개서를 하지 아니한 때는 과태료에 처한다(§635Ⅰvii).

- [명의개서의 부당거절과 명의개서 없는 주주의 권리행사 허용] 대법원 92다40952 판결(1993) (기초사실: D 주식회사의 대주주로서 실질적 경영자이던 A가 P에게 발행주식의 68%를 양도한 후 P에게 소집통지를 하지 않은 채 나머지 일부 주주들만으로 주주총회를 개최하였다. P의 주주총회결의 무효확인의 소): 원심이 확정한 사실과 기록에 의하면, A로부터 주식을 양도받은 P가 명의개서를 청구하였는데도 위 주식양도에 입회하여 그 양도를 승락하였고 더구나 그 후 P의 주주로서의 지위를 인정한 바 있는 D회사의 대표이사가 정당한 사유없이 그 명의개서를 거절하였던 것임을 알 수 있는 바, 이와 같이 D회사가 정당한 사유없이 명의개서를 거절한 것이라면 그 명위개서가 없음을 이유로 그 양도의 효력과 주식양수인의 주주로서의 지위를 부인할 수는 없다고 할 것이다.
- [주주권의 분쟁과 명의개서의 거절] 대법원 96다32768,32775,32782 판결 (주주총회결의 부존재 확인): ① 주식을 양도담보로 취득한 자가 회사에 대하여 의결권을 주장할 수 있기 위하여는 주주명부에 주주로서 명의개서를 하여야 하므로, 명의개서를 하지 아니한 원고에 대하여 주주총회소집통지를 하지 아니하였다고 하여 주주총회결의에 절차상의 하자가 있다고 할 수 없다. ② 또 원고가 피고 회사에 대하여 명의개서를 요구하였는데 피고 회사가 이에 불응하였다고 하더라도, 원고에 대한 주식양도의 효력이 다투어져 주주권확인소송 및 명의개서절차이행청구의 소가 제기되어 있었고, 또 원고가 피고 회사에 대하여 명의개서를 청구할 수 있는 주식은 전체 주식의 43%에 불과하다면, 피고 회사가 원고의 명의개서 요구에 불응하고 주주명부에 등재되어 있는 자에 대하여만 소집통지를 하여 주주총회를 개최하였다고 하더라도, 그러한 소집절차상의 하자가 주주총회결의의 무효사유나 부존재사유가 된다고 볼 수 없다.

(3) 미필기간중의 이익(이익배당금, 합병교부금, 청산금, 신주 등)의 귀속

(가) 이익의 귀속

■ 회사는 주주명부상의 주주를 주주로 다루어 그에게 이익을 배정하면 사기나 중과실이 없는 한 책임을 면한다(주주명부의 면책적 효력). 그러나 주식의 양도인과 양수인 사이의 개인법적 관계에서는 주식이 이미 양수인에게 이전되었으므로 그 이익은 양수인에게 귀속되어야 한다(통설).

(나) 실기주

■ 개념: ① (좁은 의미) 신주 발행에 있어 신주의 배정 기준일까지 명의개서를 하지 않아 양도인인 구 주주에게 배정된 신주, ② (넓은 의미) 이익배당이나 신주발행과 관련하여 일정한 기일 내에 명의개서를 아니하여 권리행사를 할 수 없게 된 주식

■ 실기주의 귀속: 신주는 주주명부에 주주로 남아있는 양도인에게 귀속하지만(판례), 당사자 사이에서는 주주권이 이미 양수인에게 이전되었으므로 구 주주에게 배정된 신주(실기주)는 내부적으로 양수인에게 귀속되어야 한다 (통설).

(다) 법률관계의 처리

① 부당이득설: 신주 자체가 아니라 부당이득(신주의 발행가액과 시가의 차이)을 반환하게 된다.[73)]

② 사무관리설: 양도인은 양수인에게 신주 반환의무를 지며, 양수인은 양도인이 지출한 필요비/유익비의 상환의무를 진다.

③ 준사무관리설: 양도인에게 '타인을 위하여'라는 관리의사 요건(민§734)이 없다는 점에서 사무관리에 준하는 것으로 본다(다수설).

---

73) 부당이득자가 취득한 이익 자체 또는 그 가액을 반환해야 한다는 견해도 있지만, 다수설과 판례는 차액이 반환해야 할 이익이라고 한다; 지원림, 민법강의, 1641-1642면.

# 제16장 주식양도의 제한

## 제1절 정관에 의한 주식양도의 제한

### 1. 총설

**제335조 [주식의 양도성]** ① 주식은 타인에게 양도할 수 있다. 다만, 회사는 정관으로 정하는 바에 따라 그 발행하는 주식의 양도에 관하여 이사회의 승인을 받도록 할 수 있다.
② 제1항 단서의 규정에 위반하여 이사회의 승인을 얻지 아니한 주식의 양도는 회사에 대하여 효력이 없다.

- 주식의 양도성을 제한할 필요성: 주식양도는 주주가 출자를 회수하는 유일한 방법이라는 점에서 주식의 양도성은 주주에게 권리로서 보장되어야 한다. 그러나 주식양도는 회사의 인적구성에 변동을 초래하므로 사원간의 인적 신뢰관계가 요구되는 경우에는 주식의 자유양도성을 제한할 필요가 있다. 따라서, 주주의 출자회수 방안을 보장할 필요성과 사원간의 인적 신뢰관계를 유지할 필요성이 상충된다.
- 1995년 개정상법은 주식양도 자유의 원칙을 제한하여 주식양도에 이사회의 승인을 얻도록 할 수 있는 제도를 도입하면서 정관 규정에 의해 그 채택 여부를 자율적으로 정하도록 하였다(§335 Ⅰ, Ⅱ).[74]
- 이사회의 승인 절차: 양도승인청구 → 양도 승인 또는 승인거부(1월 이내) → 승인 거부시 매수인지정청구 또는 주식매수청구(20일 내) → ① 양도상대방의 지정(2주간 내) 및 지정매수인의 매도청구(10일 내), or ② 회사의 주식매수(2월 이내)

74) 2011년 개정상법은 주식양도에 관한 종류주식 제도의 도입을 유보하였다.

## 2. 양도를 제한하기 위한 요건

### 가. 정관의 근거규정

- 양도제한의 근거규정을 정관변경으로 신설하는 것은 기존 주주들에게는 예상하지 못한 권리 제한이 될 수 있지만, 가능하다고 본다(통설).
  - ※ 일본: 제한규정을 신설하는 정관변경에 반대하는 주주들에게 매수청구권을 인정한다.

### 나. 이사회 승인을 얻도록 정한 정관 규정의 공시

(1) 등기사항(§317)

- 주식의 양도에 관하여 이사회의 승인을 얻도록 정한 때에는 그 규정을 등기하여야 한다.
- 등기하지 않은 경우: 상업등기의 효력 규정(§§37, 39) 적용

(2) 주식청약서 및 주권의 기재사항이며(§§302,356), 전환사채/신주인수권부사채의 사채청약서/채권/사채원부, 신주인수권증권에 기재하여야 한다(§§514, 516의4).

- 신주발행시 주식청약서, 신주인수권증서: 유추적용할 것
- 기재하지 않은 경우: 주식청약서 요건 흠결을 이유로 하는 주식인수의 무효와 무효주장의 제한(§§320,427)

### 다. 양도를 제한하는 방법: 이사회의 승인

(1) 승인권을 위임할 수 있는가

- 이사회가 실질적인 승인 기준을 정한다면 대표이사에게 위임할 수 있다고 할 것이다.

(2) 양도 제한의 합리성

(가) 양도제한의 보편성

- 특정 주주의 양도 또는 특정인에 대한 양도만을 제한하는 것은 평등원칙에 반한다.
- 고려할 요소: 양도제한제도의 취지(주주간의 인적 신뢰관계 유지), 주주평등의 원칙, 투하자본 회수방안의 보장 등을 고려할 수 있다.

(나) 양도제한사유의 특정 문제

- 주주(or 종업원) 이외의 자에 대한 양도만 승인받도록 정하는 예
- 외국인에 대한 양도, 일정수량 이상의 양도만을 제한하는 것은 가능할까?
  - ※ 2011개정상법은 양도제한부 종류주식 제도의 도입을 유보하였다. 그러나 주식의 종류에 따라, 예컨대 보통주에 대해 승인을 받도록 제한할 수는 있을 것이다.

### 라. 적용 범위

(1) 제한 대상 주식

- 무기명주식: 점유자가 권리자로 추정되므로 양도를 제한하지 못한다(다수설).
- 상장주식: 주식양도의 제한이 없을 것이 유가증권시장의 상장요건이다(유가증권시장상장규정 §32 I).

(2) 양도

- 매매/증여의 경우에 적용한다.
- 포괄승계의 경우에도 유추적용할 것인지: 적용되지 않는다고 본다(다수설).
- 담보제공(입질/양도담보)이나 압류의 경우에는 제한받지 않지만, 권리를 실행할 때 이사회 승인절차가 적용된다고 할 수 있다.

(3) 기타

- 주권의 선의취득과의 관계: 선의취득자가 주주가 되기 위해서는 승인을 받아야 한다.
- 1인회사의 경우: 양도제한의 목적이 소규모 주식회사의 인적신뢰관계의 유지에 있다면 이사회의 승인이 불필요하다고 할 수 있다.

## 3. 승인 없는 양도행위의 효력

- 상대적 무효: 회사에 대해서는 무효(§335 II)이지만, 당사자 사이에서는 유효하다(§335의7: 양수인에 의한 승인청구 허용).

■ 대법원 2007다14193 판결(2008): (주식회사 한국케이블티브이 남부산방송의 주주인 D가 주식 양도에 이사회 승인을 얻도록 한 정관 규정에 위반하여 주식을 양도하였다. 이 주식 양도는 D가 다른 주주인 P와 체결한 주식양도의 일부 제한 약정에도 위반하는 것이었다. P의 D에 대한 위약금청구): ① 주식의 양도를 제한하는 방법으로서 이사회의 승인을 요하도록 정관에 정할 수 있다는 상법 제335조 제1항 단서의 취지에 비추어 볼 때, 주주들 사이에서 주식의 양도를 일부 제한하는 내용의 약정을 한 경우, 그 약정은 주주의 투하자본회수의 가능성을 전면적으로 부정하는 것이 아니고, 공서양속에 반하지 않는다면 당사자 사이에서는 원칙적으로 유효하다고 할 것이다. ② 주식의 양도는 이사회의 승인을 얻도록 규정되어 있는 회사의 정관에도 불구하고 이사회의 승인을 얻지 아니하고 주식을 양도한 경우에 그 주식의 양도는 회사에 대하여 효력이 없을 뿐, 주주 사이의 주식양도계약 자체가 무효라고 할 수는 없다. ③ 민법 제398조 제2항에 의하면, 손해배상의 예정액이 부당히 과다한 경우에는 법원이 이를 적당히 감액할 수 있다고 규정하고 있는바, 여기서 '부당히 과다한 경우'라고 함은 채권자와 채무자의 각 지위, 계약의 목적 및 내용, 손해배상액을 예정한 동기, 채무액에 대한 예정액의 비율, 예상 손해액의 크기, 그 당시의 거래관행 등 모든 사정을 참작하여 일반 사회관념에 비추어 그 예정액의 지급이 경제적 약자의 지위에 있는 채무자에게 부당한 압박을 가하여 공정성을 잃는 결과를 초래한다고 인정되는 경우를 뜻하는 것으로 보아야 하고, 한편 위 규정의 적용에 따라 손해배상의 예정액이 부당하게 과다한지의 여부 내지 그에 대한 적당한 감액의 범위를 판단하는 데 있어서는, 법원이 구체적으로 그 판단을 하는 때 즉, 사실심의 변론종결 당시를 기준으로 하여 그 사이에 발생한 위와 같은 모든 사정을 종합적으로 고려하여야 할 것이다. 원심은, 여러 사정을 종합하여 이 사건 손해배상 예정액은 지나치게 과다하다는 이유로 이를 예정액의 10% 상당액으로 감액하였는바, 기록에 의하여 살펴보면 원심의 위와 같은 조치는 정당한 것으로 수긍이 가고, 거기에 상고이유에서 지적하는 바와 같이 감액사유를 잘못 인정한 위법이 있다고 할 수 없다.

## 4. 양도의 승인 절차

### 가. 승인청구자

- 양도인, 양수인[75] (§§335의2 Ⅰ, 335의7)
- 양도의 전후에 따라 청구자가 달라진다. 즉 양도하기 전에는 양도인만이, 양도 이후에는 양수인만이 승인청구자가 된다는 견해가 일반적이다.

### 나. 이사회의 승인: 1월 이내 승인 여부의 서면 통지 (§335의2 Ⅱ)

(1) 승인 여부의 통지의무

- 1월의 기간 내에 적법한 거부 통지가 없다면 승인한 것으로 간주(§335의2 Ⅲ)

(2) 대표이사의 승인 통지와 이사회 결의의 부존재, 결의의 하자

(가) 참고 판례: 상대방이 알았거나 알 수 있었을 경우에 무효[76]

- [흠이 있는 이사회 결의에 기초한 대표이사 행위의 효력] 대법원 2005다3649 판결(2005) (기초사실: 주식회사 쌍방울(D)로부터 공장용지를 160억 원에 매수하는 계약을 체결한 P가 소유권이전등기를 청구하였다. D는 이 매매계약은 이사회 결의를 거치지 않은 것으로 무효라고 주장하였다.): ① 상법 제393조 제1항은 주식회사의 중요한 자산의 처분 및 양도는 이사회의 결의로 한다고 규정하고 있는바, 여기서 말하는 중요한 자산의 처분에 해당하는가 아닌가는 당해 재산의 가액, 총자산에서 차지하는 비율, 회사의 규모, 회사의 영업 또는 재산의 상황, 경영상태, 자산의 보유목적, 회사의 일상적 업무와의 관련성, 당해 회사에서의 종래의 취급 등에 비추어 대표이사의 결정에 맡기는 것이 상당한지 여부에 따라 판단하여야 할 것이고, 중요한 자산의 처분에 해당하는 경우에는 이사회가 그에 관하여 직접 결의하지 아니한 채 대표이사에게 그 처분에 관한 사

---

75) 양수인으로부터 재차 주식을 양도받은 제2의 양수인도 승인청구를 할 수 있다; 이철송, 364면.

76) 이에 대해서는 이사회 결의가 요구되는 근거에 따라 구분해야 한다는 비판적 견해가 있다. 즉, 이사회 결의가 법률상 요구되는 경우에는 판례와 같이 해석해야 하지만, 정관 규정이나 이사회 지침 등으로 이사회 결의가 필요한 경우에는 대표권의 내부적 제한으로 보아(§§389 Ⅲ, 209 Ⅱ) 선의의 제삼자에게는 무효를 주장하지 못한다고 본다(경과실이 보호된다는 차이); 이철송, 367면.

항을 일임할 수 없는 것이므로, 이사회규정상 이사회 부의사항으로 정해져 있지 아니하더라도 반드시 이사회의 결의를 거쳐야 한다 고 할 것이다. 원심은, 이 사건 매매계약이 피고의 중요한 자산의 처분에 해당하는지 여부에 관하여 직접 심리 · 판단함이 없이, 이 사건 매매계약이 피고의 이사회규정에서 정하고 있는 이사회의 결의사항에 해당하지 아니함을 이유로 곧바로 이 사건 매매계약이 이사회의 결의사항에 해당하지 아니한다고 판단하였으니, 원심판결에는 상법 제393조 제1항 소정의 중요한 자산의 처분에 관한 법리를 오해한 위법이 있다고 할 것이다. ② 주식회사의 대표이사가 이사회의 결의를 거쳐야 할 대외적 거래행위에 관하여 이를 거치지 아니한 경우라도, 이와 같은 이사회 결의사항은 회사의 내부적 의사결정에 불과하다 할 것이므로, 그 거래 상대방이 그와 같은 이사회결의가 없었음을 알았거나 알 수 있었을 경우가 아니라면 그 거래행위는 유효하다 할 것이고, 이 경우 거래의 상대방이 이사회의 결의가 없었음을 알았거나 알 수 있었음은 이를 주장하는 회사측이 주장 · 입증하여야 한다. (P가 알았거나 알 수 있었다고 인정하기에 부족하다). ③ 주식회사의 대표이사가 그 대표권의 범위 내에서 한 행위는 설사 대표이사가 회사의 영리목적과 관계없이 자기 또는 제3자의 이익을 도모할 목적으로 그 권한을 남용한 것이라 할지라도 일단 회사의 행위로서 유효하고, 다만 그 행위의 상대방이 대표이사의 진의를 알았거나 알 수 있었을 때에는 회사에 대하여 무효가 되는 것이다. (대표이사가 회사의 영리 목적과 관계없이 자기 또는 제3자의 이익을 도모할 목적으로 그 권한을 남용하여 이 사건 매매계약을 체결하였다고 하더라도, P가 이 사건 매매계약의 협상 및 체결 과정에서 이 사건 매매계약이 대표권 남용행위에 해당한다는 점을 알았거나 알 수 있었다고 인정할 증거가 없다).

(나) 선의/악의, 과실 유무의 판단을 양도인/양수인 누구를 기준으로 할 것인가

- 양도인이 악의이고 양수인이 선의라면 양수인을 보호하기 위해 승인의 효과가 있다고 해야 한다.
- 양도인이 선의이고 양수인이 악의라면 양수인에 대해서는 승인의 효력

이 없고 양수인은 회사에 대해 양수의 승인을 청구해야 한다고 해석한다(다수설).

### 다. 승인 거부와 양도상대방지정청구 또는 매수청구: 20일 내(§335의2 Ⅳ)

(1) 양도상대방의 지정청구: 2주간 내에 서면 통지(§335의3)

(가) 기간 내의 통지가 없으면(도달주의), 양도를 승인한 것으로 간주한다.

(나) 지정매수인의 선매권 및 매도가액의 결정 (§§335의4, 5)

- 10일 내에 주주에 대해 매도를 청구할 수 있다. 매도청구권은 형성권이다.
- 기간 내에 매도의 청구를 하지 않으면, 양도를 승인한 것으로 간주한다.

(다) 회사의 상대방 지정에 따르는 문제점: 지분율 변화에 따른 주주권침해의 우려가 있다.

- 신주인수권에 비겨 기존 주주에게 안분비례해야 할 것인가? 단순히 이사의 주의의무 위반 문제에 그치는가?

(2) 회사에 대한 매수청구(§335의6)

(가) 자본충실의 침해, 자기주식의 취득

- 입법의 오류: 경영사정이 악화되는 경우에 지배주주가 채권자에 앞서 투자금을 회수하는 방법으로 악용될 우려가 높다. 회사가 매수청구에 응하면 채권자를 보호하는 절차도 없이 주주에게 출자를 환급해주는 셈이 된다.
- 이사의 주의의무: 자본충실을 위해 이사에게 높은 수준의 주의의무가 요구된다. 가능하다면 자기주식 취득을 피해야 할 것이므로, 회사가 채무초과 상태라면 처음부터 양도를 승인하여야 할 것이다.[77]

(나) 2월 이내의 주식 매수 (§§335의6, 374의2)

- 주주의 매수청구권은 형성권으로, 매수청구로 매매계약이 성립한다(다수설). 매수가격을 정하는 과정이 남아있으므로 회사에게 매수의무가 생길 뿐이라는 견해도 있다.

---

77) 이철송, 370면 참조.

(3) 청구기간 도과의 효과

■ 20일내의 청구기간이 도과된 경우 재승인 청구 허용 문제: 견해의 대립

■ 양도인/양수인의 차이

※ 일본: 회사가 승인을 거절하려면 매수인을 지정하여 통지하도록 함 (§140 Ⅰ)

# 제2절 권리주(權利株) 양도의 제한

## 1. 의의 (§§319, 425)

**第319조 [권리주의 양도]** 주식의 인수로 인한 권리의 양도는 회사에 대하여 효력이 없다. (※ 신주발행에 준용: 제425조)

■ '권리주'의 개념: 주식의 인수로 인한 권리(주식인수인의 지위)

■ 양도 제한의 취지: 회사 설립시 또는 신주 발행시 투기행위를 억제하고 절차의 혼란을 방지한다.

## 2. 권리주 양도의 효력

### 가. 당사자 간의 채권적 효력

■ 당사자 간에서는 유효하다고 본다. 따라서 양도가 가능해지는 시점이 되면 양도인에 대한 이행청구 등이 가능하다.

### 나. 회사에 대한 무효

■ 회사가 효력을 인정할 수 있는가: 부정하는 것이 다수설이며 판례의 태도이지만, 거래의 실정에 비추어 허용하자는 견해도 유력하다.

■ [회사도 권리주 양도를 승인하지 못한다] 대법원 65다2069 판결(1965): 주권발행전의 주식의 양도나 신주발행에 의한 주식을 인수하였으므로 인한 권리의 양도가 회사에 대하여 효력이 없는 것(회사가 그 양도를 승인하는 경우에도 그 효력이 부정된다)이라 하여 회사와 주주 또는 신주인수인과의 사

이에서 회사가 장차 발행할 주권의 교부에 관하여 미리 발행하는 주권보관증과 같은 특정의 증서(그 성질이 면책증권이었는가 자격증권이었는가를 따질 필요없다)를 소지하는 사람의 청구에 따라 그 증서와 상환으로서만 이를 교부하기로 하는 특약의 효력까지를 부정할 수는 없을 것이며 그러한 특약이 있은 경우에는 그 주권의 교부청구권자인 주주 또는 신주인수인이나 그들의 청구권을 압류한 채권자라 할지라도 그 증서와의 상환 없이는 회사에 대하여 주권의 교부를 청구할 수 없을 것이고 회사로서는 이러한 청구인들에 대한 주권의 교부를 그 증서의 적법한 소지인에게 대항할 수 없을 것이다.

## 제3절 주권발행 전 주식양도의 제한

### 1. 개설

**제335조 (주식의 양도성)** ③ 주권발행전에 한 주식의 양도는 회사에 대하여 효력이 없다. 그러나 회사성립후 또는 신주의 납입기일후 6월이 경과한 때에는 그러하지 아니하다.

#### 가. 제한의 필요성

- 권리주 양도 제한의 필요성, 즉 투기와 설립절차[신주발행절차]의 혼란를 방지할 필요성이 여전히 지속된다.
- 그러나 주식의 양도성 제한이 지속된다는 점에서 주주의 이익이 침해될 우려가 커진다.
- 주권을 교부할 수 없으므로, 양도증서를 작성하고 주금납입영수증 또는 청약증거금영수증과 명의개서용 백지위임장을 교부하는 방법으로 양도가 이루어진다.

#### 나. 양도제한 기간의 한정: 회사성립 후 또는 신주의 납입기일 후 6월

- 6월 경과 전의 양도: 권리주 양도와 같이 다루어진다. 회사에 대하여는 무효이며, 당사자 사이에서는 채권적 효력을 갖는다.

- 6월의 경과: 양도가 허용되어, 주권의 교부 없이 지명채권 양도방법으로 양도할 수 있다.

다. 상장주식의 예외

- 주권 발행 전에 증권시장에서의 매매거래를 투자자계좌부 또는 예탁자계좌부상 계좌 간 대체의 방법으로 결제하는 경우에는 회사에 대하여 효력이 있다(자본시장법 §311Ⅳ).

## 2. 주권 없는 주식의 양도방법

가. 지명채권 양도방법

- 양도방법: 지명채권 양도에 준함(판례, 통설)

> **민법 제450조 (지명채권양도의 대항요건)** ① 지명채권의 양도는 양도인이 채무자에게 통지하거나 채무자가 승낙하지 아니하면 채무자 기타 제삼자에게 대항하지 못한다.
> ② 전항의 통지나 승낙은 확정일자 있는 증서에 의하지 아니하면 채무자 이외의 제삼자에게 대항하지 못한다.

- 대법원 87누481 판결: 주권이 발행되지 않았다고 하여도 회사 성립 후 6월이 경과한 경우에는 회사에 대하여 주식양도의 효력을 주장할 수 있고, 주권발행전의 주식의 양도는 지명채권양도의 일반원칙에 따라 당사자 사이의 의사표시만으로 성립하는 것이므로, 주권이 발행된 경우의 기명주식양도의 절차를 밟지 않았다고 하여 주식양도의 효력이 없다고는 할 수 없다.

나. 주식양도계약의 해제

- [주권발행 전 주식양도계약의 해제와 이행의 착수 시기] 대법원 2007다72274, 72281 판결(2008) (기초사실: P는 A 주식회사의 주식을 1.7억 원에 D에게 양도하는 매매계약을 체결하고 계약금 5,000만 원을 받았지만, 잔금은 약정기일까지 받지 못하였다. D는 A회사의 기술력과 재정상태에 관한 사기/착오를 이유로 계약을 취소하고 계약금의 반환을 청구하였지만 증거부족 등의 이유로 기각되었다. P는 반소로서 잔대금지급을 청구하였고, D는 1심의 패소판결 후에 민법 제565조 제1항[78] 해약금 규정에 기하여 위 계

78) 민법 제565조 (해약금) ① 매매의 당사자일방이 계약당시에 금전 기타 물건을 계약금, 보증금

약금을 포기하고 이 사건 매매계약을 해제한다는 의사표시를 하였다고 주장하였다.): 〈원심〉 ① 이행에 착수한다는 것은 객관적으로 외부에서 인식할 수 있는 정도로 채무의 이행행위의 일부를 하거나 또는 이행을 하기 위하여 필요한 전제행위를 하는 경우를 말하는 것으로서 단순히 이행의 준비를 하는 것만으로는 부족하나 반드시 계약내용에 들어맞는 이행의 제공의 정도에까지 이르러야 하는 것은 아니지만, 매도인이 매수인에 대하여 매매계약의 이행을 최고하고, 매매잔대금의 지급을 구하는 소송을 제기한 것만으로는 이행에 착수하였다고 볼 수 없다. 한편, 주권발행 전 주식의 양도는 당사자의 의사표시만으로 효력이 발생하고, 주권발행 전 주식을 양수한 사람은 특별한 사정이 없는 한 양도인의 협력을 받을 필요 없이 단독으로 자신이 주식을 양수한 사실을 증명함으로써 회사에 대하여 그 명의개서를 청구할 수 있지만, 회사 이외의 제3자에 대하여 양도사실을 대항하기 위하여는 지명채권의 양도에 준하여 확정일자 있는 증서에 의한 양도통지 또는 승낙을 갖추어야 한다는 점을 고려할 때, 양도인은 회사에 그와 같은 양도통지를 함으로써 양수인으로 하여금 제3자에 대한 대항요건을 갖출 수 있도록 해 줄 의무를 부담하는바, 주권발행 전 주식의 매매에 있어서는 매수인은 스스로 이행에 착수하거나, 매도인이 회사에 대하여 주식의 양도사실을 통지하거나 통지하기 위하여 필요한 전제행위를 하기 전까지는 계약금을 포기하고 매매계약을 해제할 수 있다고 보아야 한다. 원심은, 반소로써 매매잔대금의 지급을 구하였다는 사유만으로는 이 사건 매매계약의 당사자 일방이 이행에 착수하였다고 볼 수 없으므로, 위 법조에 기한 원고의 해제권의 행사에 따라 이 사건 매매계약은 적법하게 해제되었다고 하여 피고의 반소청구를 기각하였다. 원심의 위와 같은 판단은 앞서 본 법리에 따른 것으로 옳고, 거기에 상고이유의 주장과 같은 법리오해 등의 위법이 있다고 할 수 없다. ② D 스스로 이 사건 매매계약에 기한 주주로서의 권리를 실질적으로 행사하는 등 이행에 착수한 이상 D는 계약금을 포기하더라도 이 사건 매매계약을 해제할 수 없다는 취지의

등의 명목으로 상대방에게 교부한 때에는 당사자간에 다른 약정이 없는 한 당사자의 일방이 이행에 착수할 때까지 교부자는 이를 포기하고 수령자는 그 배액을 상환하여 매매계약을 해제할 수 있다.

상고이유의 주장은 상고심에 이르러 처음 하는 것으로서 적법한 상고이유가 되지 못한다.

## 3. 6월 경과 전 양도의 효력

### 가. 당사자 간의 채권적 효력

- 권리주 양도의 경우와 같다.

### 나. 회사에 대한 무효

(1) 회사가 효력을 인정할 수 있는가

- 부정하는 것이 다수설이며 판례의 태도이지만, 거래의 실정에 비추어 허용하자는 견해도 유력하다.
- [회사가 양수인에게 발행한 주권의 무효] 대법원 86다카982,86다카983 판결 (1987) (기초사실: 甲 주식회사의 주주 P는 보유주식을 주권발행 전에 A에게 양도하였고, A는 곧바로 이 주식을 D에게 양도하였으며. 이후 甲회사는 D에게 주권을 발행해주었다. 그러나 A는 잔대금을 지급하지 못하였고, 계약을 해지한 P가 D에 대해 주권인도를 청구하였다.): ① 계약당사자의 일방이 계약을 해제하여도 제3자의 권리를 침해할 수 없음은 물론이나 (민법 §548 Ⅰ: 당사자일방이 계약을 해제한 때에는 각 당사자는 그 상대방에 대하여 원상회복의 의무가 있다. 그러나 제삼자의 권리를 해하지 못한다.), 그 제3자는 계약목적물에 관하여 권리를 취득한 자로서 계약당사자에게 권리취득에 관한 대항요건을 구비한 자를 지칭하는 것이므로, 주권발행전의 주식을 양수한 자로부터 이를 다시 양수받은 자는 위 주식양도계약 해제 전에 위 주식에 대하여 발행된 주권을 적법히 취득하지 못하는 이상 위 제3자에게 포함되지 아니하는 것이고, ② 주권은 주주에게 교부된 때에 비로소 주권으로서의 효력을 발생하고 회사가 주주권을 표창하는 문서를 작성하여 이를 주주가 아닌 제3자에게 교부하여 주었다 할지라도 위 문서는 아직 회사의 주권으로서의 효력을 가지지 못하며, 주권발행전에 한 주식의 양도는 회사에 대하여 효력이 없으므로 주권발행전에 한 주식의 양도는 회사가 이를 승인하여 주주명부에 그 변경을 기재하거나 후일 회사에 의하여 주권이 발행되었다 할지라도 회사에 대한 관계에 있어서는

그 효력이 없다. 甲회사는 주권을 작성한 다음 이들을 주주인 P에게 교부하지 아니하고 위 甲회사에 대하여 주주로 볼 수 없는 D에게 교부하였으므로, 특단의 사정이 없는 이는 甲회사의 주권이라고 할 수 없고, 따라서 D가 이들을 소지하고 있다하여 이는 공허한 문서에 불과하고 A로부터 양수받은 주식에 대한 주권을 취득한 것이라고 볼 수 없는 것이니 D는 P의 계약해제에 의하여도 그 권리를 침해당하지 아니하는 제3자에 해당하지 아니하고 P는 계약해제에 의해 D에게 甲회사의 주주임을 주장할 수 있다 할 것이다. ③ 한편, D가 보유하고 있는 주권이 P 앞으로 발행된 주권임을 전제로 하여 D에게 그 인도를 구하는 부분은 그 이유 없다.

(2) 무효의 치유

- 다수설, 판례: 6월 경과 전의 주식양도도 그 이후 6월이 경과하고 그 때까지 회사가 주권을 발행하지 않았다면, 그 흠이 치유된다.
- [주권발행 전 주식양도인에게 과점주주의 제2차납세의무를 추궁하는 과세처분의 취소] 대법원 2000두1850 판결(2002) (기초사실: 甲 주식회사는 자본금 1억 원, 총 발행주식 10,000주로 1995.10.17. 설립되었고, P는 당시 대표이사로 4,800주의 주식을, P의 처가 3,500주의 주식을 각 소유하였다. P는 1996. 3. 경 甲회사가 경영상·기술상 위기에 처하자 회사의 감사이던 A에게 경영참여를 요청하고 자신과 처의 소유 주식 5,100주를 무상으로 양도하였고, 주주명부상으로도 A 5,100주, P 3,000주, B 1,900주로 명의개서가 이루어졌다. 그러나 甲회사는 경영실적이 적어 1997. 1. 경부터는 사실상 영업활동을 중단하였고, P와 A 사이에도 분쟁이 발생하여 P는 경리장부를 A에게 인계하고 회사의 업무에 관여하지 않았다. 甲회사는 A 명의로 1997.3.31. 1996년도 법인세 과세표준 및 세액을 신고하였는데, 제출한 주식변동상황명세서에는 위와 같은 주식양도에 따른 주주명부상의 변동상황이 기재되지 않았다. 송파세무서장은 甲회사의 부가가치세를 P에게 부과하였고, P는 그 부과처분취소를 구하였다.): ① 원심은, 이 사건 각 국세의 납세의무 성립일 이전에 이미 A에게 P와 그 배우자가 소유하고 있던 주식 5,100주(51%)를 실질적으로 양도하고, 甲회사의 주주명부상으로도 이에 따른 명의개서가 이루어져 P는 이 사건 각 국세의 납세의무 성립 당시 제2

차 납세의무를 지는 과점주주에 해당하지 않는다고 판단하였다. 기록에 비추어 살펴보면, 원심의 위와 같은 사실인정과 판단은 정당하다. ② 주권발행 전의 주식의 양도는 지명채권의 양도에 관한 일반원칙에 따라 당사자의 의사표시만으로 효력이 발생하는 것이고, 한편 주권발행 전에 한 주식의 양도가 회사성립 후 또는 신주의 납입기일 후 6월이 경과하기 전에 이루어졌다고 하더라도 그 이후 6월이 경과하고 그 때까지 회사가 주권을 발행하지 않았다면, 그 하자는 치유되어 회사에 대하여도 유효한 주식양도가 된다고 봄이 상당하다고 할 것이다. 원심이 같은 취지에서 소외 회사가 1995.10.17. 성립된 후 6월이 경과하여 현재까지 주권을 발행하지 않은 이상 소외 회사의 성립일로부터 6월이 경과하기 전인 1996.3.8. P와 A 사이의 의사표시만으로 이루어진 이 사건 주식양도도 甲회사에 대하여 유효하다고 판단한 것은 위 법리에 따른 것으로 정당하고, 거기에 상고이유에서 주장하는 바와 같은 주권발행 전의 주식양도에 관한 법리오해의 위법이 있다고 할 수 없다.

- [주권 없는 주식 양도와 주식병합 후 신주권의 불발행] 대법원 2011다62076,62083 판결 (기초사실: D 주식회사의 대주주 A가 사망하자 그 상속재산을 1985. 1. 10. 협의분할하면서, 그 처인 P에게 아들 B가 상속재산인 회사주식을 양도하기로 하였고, 그 주권은 1987. 8 경 교부하였다. 그러나 D회사는 1987. 1. 11. 주식을 병합하였으므로, B가 교부한 주권은 구 주권이었다. P가 D회사에 주권발행교부를 청구하였고, 원심은 P가 유효한 주권을 교부받지 못하여 주식의 소유권을 취득하지 못하였다고 판시하였다.): 주식병합이 있어 구주권이 실효되었음에도 주식병합 후 6월이 경과할 때까지 회사가 신주권을 발행하지 않은 경우에는 주권의 교부가 없더라도 당사자의 의사표시만으로 주식양도의 효력이 생긴다고 볼 것이다. 그리고 이는 당사자 사이의 주식양도에 관한 의사표시가 주권의 발행 후 주식병합이 있기 전에 있었다고 하더라도 마찬가지로서, 주식병합으로 실효되기 전의 구주권의 교부가 없는 상태에서 주식병합이 이루어지고 그로부터 6월이 경과할 때까지 회사가 신주권을 발행하지 않았다면 주식병합 후 6월이 경과한 때에 주식병합 전의 당사자 사이의 의사표시만으로 주식양도의 효력이 생긴다고 보아야 할 것이다.

## 4. 6월 경과 후의 양도

### 가. 양도 방법

- 지명채권 양도방법으로 이전된다고 설명하는 것이 일반적이다(통설, 판례). 다만, 판례는 양수인은 특별한 사정이 없는 한 양도인의 협력을 받을 필요 없이 단독으로 자신이 주식을 양수한 사실을 증명함으로써 회사에 대하여 명의개서 청구 등 주주권을 행사할 수 있다고 본다.
- [지명채권 양도의 일반원칙 적용] 대법원 94다36421 판결(1995) (기초사실: P가 주권을 발행하지 않은 D1 주식회사의 주식을 회사성립 후 6월 이후에 A로부터 양도받으면서 D회사 대표이사의 확정일자 있는 증서에 의한 승낙을 받았다. A는 D2에게 이중양도를 하였고, D회사는 D2를 주주명부에 주주로 기재하였다. P의 D1, D2에 대한 주주권확인청구): ① 주권발행전에 한 주식의 양도는 회사성립 후 또는 신주의 납입기일 후 6월이 경과한 때에는 회사에 대하여 효력이 있는 것으로서, 이 경우 주식의 양도는 지명채권의 양도에 관한 일반원칙에 따라 당사자의 의사표시만으로 효력이 발생하는 것이고, 상법 제337조 제1항에 규정된 주주명부상의 명의개서는 주식의 양수인이 회사에 대한 관계에서 주주의 권리를 행사하기 위한 대항요건에 지나지 아니하므로, 주권발행전 주식을 양수한 사람은 특별한 사정이 없는 한 양도인의 협력을 받을 필요없이 단독으로 자신이 주식을 양수한 사실을 증명함으로써 회사에 대하여 그 명의개서를 청구할 수 있다 할 것이다. ② 주권발행전의 주식의 양도는 지명채권양도의 일반원칙에 따른다 함은 앞서 본 바와 같고, 신주인수권증서가 발행되지 아니한 신주인수권의 양도 또한 주권발행전의 주식양도에 준하여 지명채권양도의 일반원칙에 따른다고 보아야 하므로, 주권발행전의 주식양도나 신주인수권증서가 발행되지 아니한 신주인수권양도의 제3자에 대한 대항요건으로는 지명채권의 양도와 마찬가지로 확정일자 있는 증서에 의한 양도통지 또는 회사의 승낙이라고 보는 것이 상당하고, 주주명부상의 명의개서는 주식 또는 신주인수권의 양수인들 상호간의 대항요건이 아니라 적법한 양수인이 회사에 대한 관계에서 주주의 권리를 행사하기 위한 대항요건에 지나지 아니한다고 볼 것이다.

### 나. 회사에 대한 대항요건

- 지명채권 양도의 대항요건으로서, 양도인의 통지 또는 회사의 승낙
- 주주권의 행사와 명의개서: 주식의 소유관계에 관한 대항요건과는 달리, 회사에 대해 주주권을 행사하기 위한 대항요건으로서는 주주명부의 명의개서가 필요하다.

### 다. 제3자에 대한 대항요건: 이중 양수인 간의 우열의 표준

(1) 대항요건: 확정일자 있는 증서에 의한 통지/승락(민법 §450Ⅱ)

① 양수인들 모두 대항력을 갖추지 못한 경우: 채무자에 대한 통지나 승낙을 먼저 갖춘 자가 우선한다. 다만 채무이행 전에 후순위자가 대항력을 갖추게 되면, 그 일자 이후에는 대항력을 취득한다.

② 모두 대항력을 갖춘 경우: 확정일자의 선후가 아니라, 채무자에게 확정일자 있는 통지가 도달한 일시 또는 확정일자 있는 승낙의 일시의 선후에 따라 우열이 정해진다.

③ 양수인 중 한 쪽만 대항력을 갖춘 경우: 요간을 갖춘 양수인이 우선한다.

(2) 확정일자 있는 증서: 민법 부칙 제3조

> **제3조 (공증력있는 문서와 그 작성)** ① 공증인 또는 법원서기의 확정일자인있는 사문서는 그 작성일자에 대한 공증력이 있다.
> ②③ (생략)
> ④ 공정증서에 기입한 일자 또는 공무소에서 사문서에 어느 사항을 증명하고 기입한 일자는 확정일자로 한다.

(3) 관련 판례

- [확정일자 있는 증서] 대법원 87다카2429 판결: 민법 제450조 소정의 확정일자란 증서에 대하여 그 작성한 일자에 관한 완전한 증거가 될 수 있는 것으로 법률상 인정되는 일자를 말하며 당사자가 나중에 변경하는 것이 불가능한 확정된 일자를 가리키고 확정일자 있는 증서란 위와 같은 일자가 있는 증서로서 민법 부칙 제3조 소정의 증서를 말한다.
- [자격수여적 효력과 주권 없는 주식양도의 제3자에 대한 대항력] 대법원 2005다45537 판결 (기초사실: D 주식회사의 보통주식 35,000주를 소유한 A는 D회사가 주권을 발행하기 이전에 P에게 13,500주를 양도하고 D회사가 이

주식의 보관증을 P에게 교부해 주었다. 이후에도 A는 자신의 보유주식을 B, C에게 각각 10,000주씩 양도하고 명의개서를 이행해 주었으며, 그밖에도 E 등 다수인에게 주식을 양도하여 D회사에 명의개서를 요구한 양수인들의 주식 수만도 66,600주에 이르렀다. 또한 A는 D회사의 대표이사로서 이러한 사실을 잘 알고 있는 F에게 10,000주를 양도하고 명의개서를 마쳤다. P의 D회사에 대한 주주명부 명의개서 이행청구): ① 주권발행 전 주식의 양도는 당사자의 의사표시만으로 효력이 발생하는 것이고, 주권발행 전 주식을 양수한 사람은 특별한 사정이 없는 한 양도인의 협력을 받을 필요 없이 단독으로 자신이 주식을 양수한 사실을 증명함으로써 회사에 대하여 그 명의개서를 청구할 수 있는 것이지만, 회사 이외의 제3자에 대하여 양도 사실을 대항하기 위하여는 지명채권의 양도에 준하여 확정일자 있는 증서에 의한 양도통지 또는 승낙을 갖추어야 한다는 점을 고려할 때, 양도인은 회사에 그와 같은 양도통지를 함으로써 양수인으로 하여금 제3자에 대한 대항요건을 갖출 수 있도록 해 줄 의무를 부담한다 할 것이다. 따라서 양도인이 그러한 채권양도의 통지를 하기 전에 다른 제3자에게 이중으로 양도하여 회사에게 확정일자 있는 양도통지를 하는 등 대항요건을 갖추어 줌으로써 양수인이 그 제3자에게 대항할 수 없게 되었고, 이러한 양도인의 배임행위에 제3자가 적극 가담한 경우라면, 제3자에 대한 양도행위는 사회질서에 반하는 법률행위로서 무효라고 봄이 상당하다 ② 주권발행 전 주식의 이중양도가 문제되는 경우, 그 이중양수인 중 일부에 대하여 이미 명의개서가 경료되었는지 여부를 불문하고 누가 우선순위자로서 권리취득자인지를 가려야 할 것이고, 이 때 이중양수인 상호간의 우열은 지명채권 이중양도의 경우에 준하여 확정일자 있는 양도통지가 회사에 도달한 일시 또는 확정일자 있는 승낙의 일시의 선후에 의하여 결정함이 원칙이다. ③ 양도통지가 확정일자 없는 증서에 의하여 이루어짐으로써 제3자에 대한 대항력을 갖추지 못하였더라도 확정일자 없는 증서에 의한 양도통지나 승낙 후에 그 증서에 확정일자를 얻은 경우에는 그 일자 이후에는 제3자에 대한 대항력을 취득하는 것인바, 확정일자 제도의 취지에 비추어 볼 때 원본이 아닌 사본에 확정일자를 갖추었다 하더라도 대항력의 판단에 있어서는 아무런 차이가 없다고 봄이 상당하다. 따라서 원고가 피고에게 내용증명우편으로 보낸 주식보관증(기록에 의하면 확정일부인에 의한 간인까지 마쳐져 있음을 알아볼 수 있다.)이 원본이 아닌 사본이라는 이유만으로 확정일자 있는 증서가 되지 못한다고 본 원심의 판단에도 확정일자 있는 증서에 관한 법리를 오해한 위법이 있음을 아울러 지적해 둔다.

■ [대항력 취득의 효력은 소급하지 않는다] 대법원 2009다88631 판결 (기초사실: D주식회사의 주주 A는 보유주식 1,900주를 B에게 양도하여 2002.10. 주주명부 명의개서를 마쳤다. 그러나 A는 그 중 1,500주를 C에게 이중양도하였고, D회사는 C에게 명의개서를 하였지만, B와 C는 확정일자 있는 통지 등 대항요건을 갖추지 않고 있었다. 2007.12. D회사는 임시주주총회에서 영업양도의 특별결의(§374)를 하여 영업양도계약을 체결하였고, 분쟁이 발생하자 2008.9. A는 C에 대한 주식양도 사실을 내용증명 우편으로 회사에 통지하였다. 원고 P의 D회사에 대한 영업양도양수계약 무효확인의 소): ① 주권발행 전 주식이 양도된 경우 그 주식을 발행한 회사가 확정일자 있는 증서에 의하지 아니한 주식의 양도 통지나 승낙의 요건을 갖춘 주식양수인(이하 '제1 주식양수인'이라 한다)에게 명의개서를 마쳐 준 경우, 그 주식을 이중으로 양수한 주식양수인(이하 '제2 주식양수인'이라 한다)이 그 후 회사에 대하여 양도 통지나 승낙의 요건을 갖추었다 하더라도, 그 통지 또는 승낙 역시 확정일자 있는 증서에 의하지 아니한 것이라면 제2 주식양수인으로서는 그 주식 양수로써 제1 주식양수인에 대한 관계에서 우선적 지위에 있음을 주장할 수 없으므로, 회사에 대하여 제1 주식양수인 명의로 이미 적법하게 마쳐진 명의개서를 말소하고, 제2 주식양수인 명의로 명의개서를 하여 줄 것을 청구할 권리가 없다고 할 것이다. 따라서 이러한 경우 회사가 제2 주식양수인의 청구를 받아들여 그 명의로 명의개서를 마쳐 주었다 하더라도 이러한 명의개서는 위법하므로 회사에 대한 관계에서 주주의 권리를 행사할 수 있는 자는 여전히 제1 주식양수인이라고 봄이 타당하다. ② 원심이 적법하게 확정한 사실관계에 의하면, C로서는 주식양도사실을 내용증명우편으로 D회사에 통지하기 전까지는 그 주식양수로써 B보다 우선적 지위에 있음을 주장하지 못하는 것이어서 회사에 대하여 B 명의로 이미 적법하게 마쳐진 명의개서를 말소하고, 자신 앞으로 명의개서를 하여 줄 것을 청구할 권리가 없다고 할 것이다. 따라서 비록

D회사가 C의 청구를 받아들여 위 통지 전에 그 명의로 명의개서를 마쳐 주었다 하더라도 이러한 명의개서는 위법하므로 D회사에 대한 관계에서 주주의 권리를 행사할 수 있는 자는 여전히 제1 주식양수인인 B라고 봄이 타당하다. ③ 주식의 양도통지가 확정일자 없는 증서에 의하여 이루어짐으로써 제3자에 대한 대항력을 갖추지 못하였더라도 확정일자 없는 증서에 의한 양도통지나 승낙 후에 그 증서에 확정일자를 얻은 경우에는 그 일자 이후에는 제3자에 대한 대항력을 취득하는 것이나, 그 대항력 취득의 효력이 당초 주식 양도통지일로 소급하여 발생하는 것은 아니라 할 것이다. A는 이 사건 임시주주총회 결의 이후에 D회사에 C에 대한 주식양도사실을 내용증명우편으로 통지하였으므로, C는 이 사건 임시주주총회 결의 이후에야 위 주식 1,500주의 양수와 관련하여 제3자에 대한 대항력을 취득하였을 뿐이고, 그 대항력 취득의 효력이 이 사건 임시주주총회 결의 이전의 C의 주식 양도통지일로 소급하여 이 사건 임시주주총회 결의의 절차상의 하자가 치유된다고 볼 수도 없다. ④ 원심이 D회사가 그 발행 주식의 과반수 소유자인 B 등에게 위 임시주주총회의 소집을 통지하거나 B 등이 위 임시주주총회에서 의결권을 행사한 바가 없는 이상 이 사건 영업양도계약은 주주총회 특별결의 없이 체결되었다고 봄이 상당하므로 무효라고 판단한 것은 정당하다.

# 제4절 자기주식(自己株式) 취득의 제한

## 1. 자기주식 취득에 대한 규제

### 가. 자기주식 보유에 따르는 위험성

■ 회사가 자기주식을 취득할 수 있다면, 회사의 주가 안정을 도모할 수 있고 경영권 방어수단으로 활용할 수 있다.[79)]

---

79) 2012년 6월말 현재, 유가증권시장 상장법인의 자사주 보유금액은 KOSPI 시가총액의 6.4%, 자사주 보유회사 시가총액의 7.5% 수준이다. 상반기 중 자사주 취득 총 53건 중 49건이 주가 안정을 목적으로 하였다. 자사주 보유금액 상위사로는, 삼성전자(24조원)-현대중공업(3.8조

■ 그러나, 자기주식을 유상으로 취득하면 사실상 출자를 환급하는 것이 되어 자본충실을 해치며, 의결권 분포의 왜곡을 가져올 수 있고, 회사 내부자가 자기주식을 투기거래에 악용할 우려가 있다.

■ 미국: 주가관리 및 이익분배방법으로 비교적 관대하게 허용한다(RMBCA §6.31).

**§6.31 Corporation's Acquisition of Its Own Shares**

**(a) A corporation may acquire its own shares, and shares so acqui- red constitute authorized but unissued shares.**

**(b) If the articles of incorporation prohibits the reissue of the acquired shares, the number of authorized shares is reduced by the number of shares acquired.**

## 나. 2011년 개정상법: 배당가능이익에 의한 자기주식 취득의 허용

■ 개정상법은 상장법인에 한하여 재무관리수단으로 허용하였던 배당가능이익에 의한 자기주식 취득의 특례를 주식회사 일반에 적용되도록 보편화하였다. 주식회사는 주주총회[이사회]의 결정으로, 잉여금에 의한, 거래소에서 시세 있는 자기주식을 취득하거나 각 주주에 대하여 균등한 조건으로 자기주식을 취득할 수 있다. 정기총회의 특별결의를 거쳐 배당가능이익으로 주식을 매수하여 소각하는 이익소각제도는 폐지하였다.

■ 주권상장법인에 대한 특례 규정의 유지: 주권상장법인은 주주총회나 이사회의 결의 없이도 배당가능이익으로 자기주식을 취득할 수 있다(자본시장법 §165의2). 이사회 결의에 의한 이익소각도 허용된다(자본시장법 §165의3).

■ 상호주에 대해서는 종전의 규제를 그대로 유지하고 있다.

원)-POSCO(3.6조원)-현대자동차(3.2조원)-SK텔레콤(1.4조원) 순으로, 자사주 보유비중은 각각 11.5%, 19.4%, 11.4%, 4.9%, 13.7%였다. 자사주 보유비중 상위사로는, 일성신약-조광피혁-신영증권 순이며, 각각 47.89%, 45.80%, 44.51%였다; 상장회사협의회, 상장 8월호(2012), 34-35면 참조.

## 2. 자기주식 취득 규제의 적용 범위

### 가. 회사의 계산에 의한 취득

- 회사에 의한 주식취득자금의 지원: 주식인수의 손익이 회사에 귀속된다면 자기주식의 취득에 해당한다.[80]
- [우회대출을 통한 자기주식 취득] 대법원 2006다33609 판결(2007) (기초사실: 대한종금(A)이 B에게 자금을 대출하고, 이 자금을 C가 건네받은 후 A사의 증자에 참여하여 신주인수대금으로 납입하고, B의 대출금채무에 대한 담보로 신주를 제공하였다. A사의 영업정지시에는 담보주식을 A사에 귀속시키고 B의 대출금채무를 소멸시키기로 약정하였다. A사의 파산관재인의 A사의 이사에 대한 손해배상청구): ① 회사가 제3자의 명의로 회사의 주식을 취득하더라도, 그 주식 취득을 위한 자금이 회사의 출연에 의한 것이고 그 주식 취득에 따른 손익이 회사에 귀속되는 경우라면, 상법 기타의 법률에서 규정하는 예외사유에 해당하지 않는 한, 그러한 주식의 취득은 회사의 계산으로 이루어져 회사의 자본적 기초를 위태롭게 할 우려가 있는 것으로서 자기주식의 취득에 해당한다. ② 이사가 임무를 수행함에 있어서 선량한 관리자의 주의의무를 위반하여 임무위반으로 인한 손해배상책임이 문제되는 경우에도, 통상의 합리적인 금융기관의 임원이 그 당시의 상황에서 적합한 절차에 따라 회사의 최대이익을 위하여 신의성실에 따라 직무를 수행하였고 그 의사결정과정 및 내용이 현저하게 불합리하지 않다면, 그 임원의 행위는 경영판단의 허용되는 재량범위 내에 있다고 할 것이나, 위와 같이 이사가 법령에 위반한 행위에 대하여는 원칙적으로 경영판단의 원칙이 적용되지 않는다고 할 것이다. ③ 이사의 법령 · 정관 위반행위 혹은 임무위반행위로 인한 상법 제399조 소정의 손해배상책임과 감사의 임무위반행위로 인한 상법 제414조 소정의 손해배상책임은 그 위반행위와 상당인과관계 있는 손해에 한하여 인정될 뿐이므로, 비록 이사나 감사가 그 직무수행과정에서 법령 · 정관 위반행위 혹은 임무위반행위를 하였다고

---

80) 손익귀속에 관한 증명이 사실상 어렵다는 점에서 회사의 출연행위가 있다면 손익귀속 여부를 묻지 않고 자기주식 취득으로 보아야 한다는 견해도 있다. 독일 주식법은 회사가 자금지원을 하는 경우 무효로 하며(§71a), 영국 회사법도 공개회사의 자금지원에 의한 자기주식 취득을 금지한다(§678).

하더라도, 그 결과로서 발생한 손해와의 사이에 상당인과관계가 인정되지 아니하는 경우에는 이사나 감사의 손해배상책임이 성립하지 아니한다고 할 것이다. 대한종금과 해표푸드서비스 사이에 체결된 위 약정은 대출약정을 포함한 그 전부가 무효이고, 그 계약에 따라 원고들이 대한종금의 대여금으로 신주대금을 납입한 것 역시 무효라고 할 것이므로, 해표푸드서비스에 대한 위 대출금 중 대한종금의 주금으로 납입된 250억 원 부분에 대하여는 특별한 사정이 없는 한 대한종금에 실제 손해가 발생하였다고 보기 어렵다고 할지라도, 위와 같이 자기주식취득금지 규정에 위반하여 무효인 자기주식취득을 위하여 지출하는 데 들인 비용 3억 원은 위 임무위반으로 인하여 대한종금에 발생한 손해라고 볼 수 있다고 할 것이다.

- [회사가 출연한 자금에 의한 주식취득이 자기주식 취득이 되기 위한 요건] 대법원 2009다23610 판결(2011) (기초사실: 이사/감사를 선임한 페이퍼코리아(D) 주식회사의 주주총회에서 의결권이 없는 甲회사가 25%의 의결권을 행사하였다는 이유로, 5% 주주(P)가 주주총회결의 취소의 소를 제기하였다. P의 주장은, 甲회사의 주식은 실질적으로는 D회사가 보유한 자기주식이므로 의결권을 행사할 수 없다는 것이다. 甲회사는 D회사의 대표이사인 A가 설립하고 지배하는 자본금 5,000만 원의 회사로서, D회사가 신문용지를 생산하는데 필요한 원료의 구매를 대행하면서 D회사 건물의 일부를 칸막이로 구분하여 사무실로 사용하였고, D회사의 영업망이나 영업방식을 그대로 이용하면서 경리업무도 D가 대행하였다. 甲회사의 주식취득자금 200억 원은 D회사의 구매대행수수료 선급금 40억 원과 D회사의 연대보증에 의한 乙은행의 대출금 130억 원 등으로 조달되었다. A는 이러한 금융지원으로 D회사에 손해를 끼쳤다는 이유로 배임죄의 유죄가 확정되었다. 甲회사가 D회사의 주식 25%를 취득하였지만, 실제로는 A가 D회사의 경영권을 확보하기 위해 최대주주인 B의 보유 주식을 취득한 것이었다. P의 주장에 대해 피고 D회사는 자신과 甲회사는 별개의 회사라고 주장하였고, 설사 자기주식이라고 하더라도 청구를 재량기각할 것을 주장하였다. 금융지원관계는 이미 모두 해소되었고, 25% 주식이 없더라도 의결정족수가 충족되며, 결의취소는 회사와 주주에 이익이 되지 않고 거래안전을 해친다는 것이다.): ① 회사가 직접 자기 주식을 취득하지 아니하고 제3자의 명의로

회사의 주식을 취득하였을 때 그것이 위 조항에서 금지하는 자기주식의 취득에 해당한다고 보기 위해서는, 그 주식취득을 위한 자금이 회사의 출연에 의한 것이고 그 주식취득에 따른 손익이 회사에 귀속되는 경우이어야 한다. ② 원심은, 회사의 경영자 등이 회사의 지배권을 취득하거나 유지·강화할 목적으로 회사로부터 금융상 지원을 받아 주식을 취득하는 것도 위와 같은 요건을 갖춘 경우에는 자기주식취득에 관한 탈법행위의 일종으로서 금지된다고 봄이 상당하다고 한 다음, 그 판시와 같은 사실관계에 나타나는 여러 사정들, 특히 D회사의 대표이사인 A가 최대 주주인 B의 경영위임에 따라 D회사를 경영하다가 甲회사를 설립한 후, B로부터 甲회사 명의로 이 사건 주식을 인수하여 甲회사를 통하여 D회사를 지배하게 되었는데, 이것은 A가 甲회사에게 D회사의 중요한 영업부문을 사실상 무단히 이전하고 D회사의 재산을 빼돌리는 방법으로 D회사의 희생하에 이루어진 것이므로, 이 사건 주식취득은 그 자금이 D회사의 출연에 의한 것이고 그 주식취득에 따른 손익이 D회사에게 귀속되는 경우에 해당하여 피고의 자본적 기초를 위태롭게 한다는 점 등을 근거로, 甲회사의 이 사건 주식취득은 외관상으로는 甲회사의 명의로 그 부담과 책임하에 이루어진 것처럼 보이지만 실질적으로는 D회사의 계산이나 전폭적인 금융상 지원하에 이루어진 것으로서 상법 제341조가 금지하는 자기주식의 취득에 해당한다고 판단하였다. ③ 그러나 D회사가 甲회사에게 선급금을 지급하고, 甲회사가 이 사건 주식 인수대금으로 사용할 자금을 대출받을 때 그 대출원리금 채무를 연대보증하는 방법으로 甲회사로 하여금 이 사건 주식 인수대금을 마련할 수 있도록 각종 금융지원을 한 것을 비롯하여 원심 판시와 같이 D회사의 대표이사인 A가 D회사의 중요한 영업부문과 재산을 甲회사에게 부당하게 이전하는 방법을 통하여 甲회사로 하여금 주식취득을 위한 자금을 마련하게 하고 이를 재원으로 이 사건 주식을 취득하게 함으로써 결국 甲회사를 이용하여 D회사를 지배하게 되었다 하더라도, 이러한 사정들만으로는 甲회사가 이 사건 주식 인수대금을 마련한 것이 D회사의 출연에 의한 것이라는 점만을 인정할 수 있을 뿐, 더 나아가 A가 설립한 甲회사의 이 사건 주식취득에 따른 손익이 D회사에게 귀속되는 관계에 있다는 점을 인정하기는 어렵고, 달리 기록을 살펴보아도 법률상 별개의 회사들인 D회사와 甲회사 사이에 甲회사의 이 사건 주식취득에 따른 손익을 D회사에게 귀속시키기로 하는 명시적 또는 묵시적 약정이 있었다는 등 甲회사의 이 사건 주식취득에 따른 손익이 D회사에게 귀속되는 것으로 볼만한 사정을 찾아볼 수 없다. (파기환송)

### 나. 신주인수권의 취득 등

- 신주인수권증서(§420의2), 신주인수권증권(§516의5)의 취득은 자기주식의 취득이 된다(다수설).
- 신주인수권부사채나 전환사채의 취득은 가능하지만, 신주인수권이나 전환권을 행사하는 것은 자기주식의 취득이 된다.

### 다. 담보 취득: 질취의 제한 (§341의3)

**제341조의3(자기주식의 질취)** 회사는 발행주식총수의 20분의 1을 초과하여 자기의 주식을 질권의 목적으로 받지 못한다. 다만, 제341조의2제1호 및 제2호(합병, 영업양수, 권리실행)의 경우에는 그 한도를 초과하여 질권의 목적으로 할 수 있다.

### 라. 자회사의 모회사 주식취득: 상호주 규제

## 3. 자기주식 취득의 허용

### 가. 배당가능이익에 의한 자기주식 취득

**제341조(자기주식의 취득)** ① 회사는 다음의 방법에 따라 자기의 명의와 계산으로 자기의 주식을 취득할 수 있다. 다만, 그 취득가액의 총액은 직전 결산기의 대차대조표상의 순자산액에서 제462조제1항 각 호의 금액을 뺀 금액을 초과하지 못한다.

1. 거래소에서 시세(時勢)가 있는 주식의 경우에는 거래소에서 취득하는 방법
2. 제345조제1항의 주식의 상환에 관한 종류주식의 경우 외에 각 주주가 가진 주식 수에 따라 균등한 조건으로 취득하는 것으로서 대통령령으로 정하는 방법

② 제1항에 따라 자기주식을 취득하려는 회사는 미리 주주총회의 결의로 다음 각 호의 사항을 결정하여야 한다. 다만, 이사회의 결의로 이익배당을 할 수 있다고 정관으로 정하고 있는 경우에는 이사회의 결의로써 주주총회의 결의를 갈음할 수 있다.

1. 취득할 수 있는 주식의 종류 및 수
2. 취득가액의 총액의 한도
3. 1년을 초과하지 아니하는 범위에서 자기주식을 취득할 수 있는 기간

③ 회사는 해당 영업연도의 결산기에 대차대조표상의 순자산액이 제462조제1항 각 호의 금액(자본금, 준비금 등)의 합계액에 미치지 못할 우려가 있는 경우에는 제1항에 따른 주식의 취득을 하여서는 아니 된다.

④ 해당 영업연도의 결산기에 대차대조표상의 순자산액이 제462조제1항 각 호의 금액의 합계액에 미치지 못함에도 불구하고 회사가 제1항에 따라 주식을 취득한 경우 이사는 회사에 대하여 연대하여 그 미치지 못한 금액을 배상할 책임이 있다. 다만, 이사가 제3항의 우려가 없다고 판단하는 때에 주의를 게을리하지 아니하였음을 증명한 경우에는 그러하지 아니하다.

**상법 시행령 제9조 (자기주식 취득 방법의 종류 등)**

① 법 제341조제1항제2호에서 "대통령령으로 정하는 방법"이란 다음 각 호의 어느 하나에 해당하는 방법을 말한다.

1. 회사가 모든 주주에게 자기주식 취득의 통지 또는 공고를 하여 주식을 취득하는 방법
2. 「자본시장과 금융투자업에 관한 법률」 제133조부터 제146조까지의 규정에 따른 공개매수의 방법

② 자기주식을 취득한 회사는 지체 없이 취득 내용을 적은 자기주식 취득내역서를 본점에 6개월간 갖추어 두어야 한다. 이 경우 주주와 회사채권자는 영업시간 내에 언제든지 자기주식 취득내역서를 열람할 수 있으며, 회사가 정한 비용을 지급하고 그 서류의 등본이나 사본의 교부를 청구할 수 있다.

**제10조 (자기주식 취득의 방법)** 회사가 제9조제1호에 따라 자기주식을 취득하는 경우에는 다음 각 호의 기준에 따라야 한다.

1. 법 제341조제2항에 따른 결정을 한 회사가 자기주식을 취득하려는 경우에는 이사회의 결의로써 다음 각 목의 사항을 정할 것. 이 경우 주식 취득의 조건은 이사회가 결의할 때마다 균등하게 정하여야 한다.
   가. 자기주식 취득의 목적
   나. 취득할 주식의 종류 및 수
   다. 주식 1주를 취득하는 대가로 교부할 금전이나 그 밖의 재산(해당 회사의 주식은 제외한다. 이하 이 조에서 "금전 등"이라 한다)의 내용 및 그 산정 방법
   라. 주식 취득의 대가로 교부할 금전 등의 총액
   마. 20일 이상 60일 내의 범위에서 주식양도를 신청할 수 있는 기간(이하 이 조에서 "양도신청기간"이라 한다)
   바. 양도신청기간이 끝나는 날부터 1개월의 범위에서 양도의 대가로 금전등을 교부하는 시기와 그 밖에 주식 취득의 조건
2. 회사는 양도신청기간이 시작하는 날의 2주 전까지 각 주주에게 회사의 재무 현황, 자기주식 보유 현황 및 제1호 각 목의 사항을 서면으로 또는 각 주주의 동의를 받아 전자문서로 통지할 것. 다만, 회사가 무기명식의 주권을 발행한 경우에는 양도신청기간이 시작하는 날의 3주 전에 공고하여야 한다.
3. 회사에 주식을 양도하려는 주주는 양도신청기간이 끝나는 날까지 양도하려는 주식의 종류와 수를 적은 서면으로 주식양도를 신청할 것
4. 주주가 제3호에 따라 회사에 대하여 주식 양도를 신청한 경우 회사와 그 주주 사이의 주식 취득을 위한 계약 성립의 시기는 양도신청기간이 끝나는 날로 정하고, 주주가 신청한 주식의 총수가 제1호 나목의 취득할 주식의 총수를 초과하는 경우 계약 성립의 범위는 취득할 주식의 총수를 신청한 주식의 총수로 나눈 수에 제3호에 따라 주주가 신청한 주식의 수를 곱한 수(이 경우 끝수는 버린다)로 정할 것

(1) 의의

■ 회사의 명의와 계산에 의한 취득

■ 배당가능이익에 의한 자기주식 취득은 성질상 이익배당과 다르지 않다는 점에서 자기주식 취득을 허용하며, 단지 취득과정에서 주주평등원칙에 어긋나지 않도록 취득방법을 규제한다.

(2) 취득 재원: 배당가능이익

■ 배당가능이익의 산정: 주주총회 승인을 받은 직전 결산기의 대차대조표를 기준으로 한다.

■ 해당 영업연도에 손실이 발생할 우려가 있으면 취득이 금지된다.

■ 자기주식을 취득하였지만 결산기에 손실이 발생한 경우: 이사들은 회사에 손실 금액을 배상할 연대책임을 진다(§341Ⅳ).[81] 이사가 책임을 면하려면, 손실발생 우려에 관한 판단에 과실이 없음을 증명하여야 한다.

(3) 절차

■ 이익배당과 마찬가지로, 원칙적으로 주주총회의 결의로 한다. 다만, 이익배당을 이사회의 결의로 하도록 정관에서 정한 경우에는 이사회의 결의로써 주주총회의 결의를 갈음할 수 있다.[82]

■ 취득의 실행: 구체적인 취득행위도 이사회의 결의로 한다(상법시행령 §10).

(4) 취득의 방법

■ 주주평등원칙에 반하지 않도록 엄격하게 규제함: 상장회사는 거래소에서 매수하거나 자본시장법의 공개매수 방법으로 취득해야 하며, 비상장회사는 모든 주주에게 매도의 기회를 공평하게 부여하는 방법으로[83] 취득해야 한다.

---

81) 결손금 전부에 대한 배상책임을 지울 이유가 없다는 점에서 책임 범위를 자기주식의 취득가액으로 한정하여야 할 것이다; 이철송, 391면.

82) 주권상장법인은 주주총회나 이사회의 결의 없이도 배당가능이익으로 자기주식을 취득할 수 있다(자본시장법 §165의2).

83) 종류주식에 따른 차별은 가능하다고 볼 것이다; 송옥렬, 개정상법상 자기주식취득과 주식소각, BFL, 제51호(2012), 119면.

### 나. 특정 목적에 의한 자기주식의 취득 (§341의2)

**제341조의2(특정목적에 의한 자기주식의 취득)** 회사는 다음 각 호의 어느 하나에 해당하는 경우에는 제341조에도 불구하고 자기의 주식을 취득할 수 있다.

1. 회사의 합병 또는 다른 회사의 영업전부의 양수로 인한 경우
2. 회사의 권리를 실행함에 있어 그 목적을 달성하기 위하여 필요한 경우
3. 단주(端株)의 처리를 위하여 필요한 경우
4. 주주가 주식매수청구권을 행사한 경우

■ [자기주식 취득을 허용하는 요건사실로서 채무자 무자력의 증명책임] 대법원 76다1292 판결(1977) (기초사실: D 주식회사의 주식을 보유한 A가 D회사에 대한 채무를 담보하기 위하여 보유주식에 질권을 설정하였다. 이후 A는 D회사에 대한 주권반환청구권을 양도하는 방식으로 그 주식을 P에게 양도하였다. D회사는 질권을 실행하여 주식을 취득하였지만, P가 D회사의 주식취득이 무효임을 주장하며 주주명의변경 무효확인의 소를 제기하였다.): ① 상법 제341조에서 주식회사가 자기의 주식을 취득하는 경우로서 회사의 권리를 실행함에 있어서 그 목적을 달성하기 위하여 필요한 때라 함은 회사가 그의 권리를 실행하기 위하여 강제집행 담보권의 실행 등에 당하여 채무자에 회사의 주식이외에 재산이 없는 때에 한하여 회사가 자기주식을 경락 또는 대물변제 등으로 취득할 수 있다고 해석되며 따라서 채무자의 무자력은 회사의 자기 주식취득이 허용되기 위한 요건사실로서 자기주식취득을 주장하는 회사에게 그 무자력의 입증책임이 있다고 할 것인바 이러한 취지에서 원심판결이 D회사가 본건 주식을 유효하게 취득하기 위하여는 채무자인 A나 그 상속인이 본건 주식 이외에 어떠한 재산도 없는 경우에 최종적으로 동인의 주식을 취득하여야 되는데 채무자에게 본건 주식 이외에 재산이 없다는 입증이 없다하여 D회사의 본건 자기 주식취득이 무효라고 한 판단은 정당하다. ② 주권의 교부는 현실의 인도 이외에 간이의 인도, 점유개정, 반환청구권의 양도에 의하여서도 가능하다 할 것이니 P에의 주식양도가 적법하게 이루어졌다고 단정한 원심의 판단은 정당하다.

### 다. 기타 자기주식 취득이 허용되는 경우

(1) 상환주식을 상환하는 경우 (§341 I ii)

(2) 자본금 감소 규정에 따라 주식을 소각하는 경우 (§343)

(3) 주권상장법인의 자기주식 취득의 특례

- 주주총회나 이사회의 결의 없이도, 배당가능이익으로, 증권시장에서 또는 공개매수를 통해, 자기주식을 취득할 수 있다(자본시장법 §165의2).
- 이사회 결의에 의한 이익소각도 허용된다(자본시장법 §165의3).

(4) 벤처기업의 주식교환 (벤처기업육성에 관한 특별조치법 §15)

- 벤처기업은 전략적 제휴를 위해 주주총회의 승인을 얻어 자기주식을 다른 주식회사의 주요주주(10%주주) 또는 주식회사인 다른 벤처기업의 주식과 교환할 수 있다. 이러한 주식교환에 필요한 자기주식의 취득은 배당가능이익의 한도 이내에서 허용된다.

(5) 해석상의 예외

- 무상취득, 위탁매매업자가 위탁자의 계산으로 취득하는 경우, 신탁업자가 자기주식의 신탁을 인수하는 경우 등
- [자기주식의 무상취득 허용] 대법원 96다12726 판결(1996): 회사는 원칙적으로 자기의 계산으로 자기의 주식을 취득하지 못하는 것이지만, 회사가 무상으로 자기주식을 취득하는 때와 같이 회사의 자본적 기초를 위태롭게 하거나 회사 채권자와 주주의 이익을 해한다고 할 수가 없는 경우에는 예외적으로 자기주식의 취득을 허용할 수 있다.

## 4. 위반행위의 효력

### 가. 자기주식 취득을 금지하였던 종전의 논의

(1) 무효설: 다수설,[84] 판례

- 자기주식 취득행위뿐만 아니라, 자기주식 취득을 위한 채권적 합의도 강행법규 위반으로 무효라고 한다(대법원 2001다44109 판결 참조).

---

84) 정찬형, 730면; 송옥렬, 840면.

(2) 유효설[85]: 거래안전을 위해 유효로 하되, 이사에 대한 손해배상책임으로 회사를 보호한다.

(3) 상대적 무효설: 회사는 선의의 제삼자에게 무효를 주장하지 못한다.

- 선의의 제삼자: ① 회사를 보호하는 규정이므로 양도인은 무효를 주장하지 못하고, 거래안전을 위해 회사/주주/채권자는 선의의 양도인에게는 무효를 주장하지 못한다는 견해[86] ② 양수인(회사)이 타인명의로 취득하는 경우의 선의의 양도인이라는 견해[87] ② 선의의 전득자, 압류채권자라는 견해[88]

### 나. 개정상법상 위반행위의 유형 구분

(1) 위반행위 유형의 다양성: ① 타인의 명의에 의한 자기주식의 취득, ② 법정의 취득방법에 의하지 않은 자기주식의 취득,[89] ③ 자기주식 취득에 관한 주주총회[이사회]의 결의가 없었거나 결의에 흠이 있는 경우,[90] ④ 주주총회[이사회]의 결의에 위반한 자기주식의 취득, ⑤ 배당가능이익을 초과한 자기주식의 취득[91] 등

(2) 위반행위의 효력에 관한 기본적 시각

- 개정상법이 배당가능이익에 의한 자기주식 취득을 원칙적으로 허용한다는 점에서 자기주식 취득을 엄격히 규제하여 무효로 하였던 종전의 판례 태

---

85) 서헌제, 안성포, 자기주식취득의 허용에 따른 법적 쟁점, 상사법연구, 제30권 제2호(2011), 82면.

86) 권기범, 466면.

87) 강위두/임재호, 321면.

88) 이철송, 392-394면.

89) 거래상대방도 위반을 알았을 것이므로 무효로 하더라도 거래안전을 해치지 않는다는 견해로는, 임재연, 445면.

90) 주주총회 결의가 없거나 결의에 흠이 있는 경우는 무효이고, 이사회 결의의 흠은 상대방이 선의, 무과실이면 유효하다고 보는 견해로, 임재연, 455면.

91) 주권상장법인은 이익배당을 할 수 있는 한도 등의 감소로 제2항 후단에 따른 범위를 초과하여 자기주식을 취득하게 된 경우에는 그날부터 대통령령으로 정하는 기간 이내에 그 초과분을 처분하여야 한다(자본시장법 §165의2Ⅴ). 상법에는 관련 규정이 없고 이사의 손해배상책임만을 정하지만(§341Ⅳ), 자기주식 취득한도는 직전 결산기의 배당가능이익을 전제로 하는 것이므로 취득한도를 초과한 자기주식 취득은 무효라는 견해로는, 임재연, 456면 (다만, 사후적인 한도초과분의 자기주식 취득은 유효하다고 본다; 임재연, 자본시장법, 610-611면).

도를 유지하기는 어려울 수도 있다.

■ 배당가능이익의 범위 안에서 취득한 경우에는 거래안전을 보호하는 해석론을 고려할 필요가 있을 것이다.

다. 기타의 효력

■ 자기주식취득금지위반죄(§625; 5년 이하의 징역 또는 1천500만원 이하의 벌금): 누구의 명의로 하거나를 불문하고 회사의 계산으로 부정하게 그 주식 또는 지분을 취득하거나 질권의 목적으로 이를 받은 때

■ 자본시장법상 금융위원회의 감독(§165의18): 위반 사실의 공고 및 정정 명령, 주주총회에 대한 임원의 해임 권고, 일정 기간 증권의 발행 제한

## 5. 회사가 보유한 자기주식의 지위

가. 의결권의 배제: §369 II

나. 기타의 권리

(1) 공익권: 행사하지 못한다(통설).

(2) 자익권

(가) 이익배당/잔여재산분배: 부인(통설)[92)]

(나) 신주인수권의 인정 여부

■ 회사가 보유한 자기주식의 가치를 보존하도록 할 필요성이 있으므로 긍정해야 한다는 견해 ↔ 주주에게 비례적으로 귀속되는 셈이므로 인정할 필요가 없다는 견해(다수설)

■ 무상증자의 경우에는 긍정해야 한다는 견해[93)]

■ 법무부는 인정되지 않는다는 유권해석을 하였다(1990).

다. 자기주식의 활용

(1) 회사채무에 대한 담보로 제공

92) 일체의 자익권이 인정되지 않는다는 전면적 휴지설(休止說)이 통설이다.

93) 최준선, 241면. 독일 주식법은 자기주식에 대해 일체의 권리를 부인하지만, 예외적으로 준비금의 자본전입에 따른 무상주는 배정할 수 있도록 한다(§§71b, 215).

(2) 현물배당(§462의4): 주식배당은 새로 발행하는 주식으로만 할 수 있지만(§462의2 I), 개정상법에서 신설한 현물배당을 자기주식으로 하는 것은 가능하다고 본다.[94)]

## 6. 자기주식의 처분 (§342)

**제342조 (자기주식의 처분)** 회사가 보유하는 자기의 주식을 처분하는 경우에 다음 각 호의 사항으로서 정관에 규정이 없는 것은 이사회가 결정한다.

1. 처분할 주식의 종류와 수
2. 처분할 주식의 처분가액과 납입기일
3. 주식을 처분할 상대방 및 처분방법

### 가. 처분 방법 등의 이사회 결의

- 처분의 공정성 문제: 자기주식을 처분하는 방법에 따라서는 주식분포에 변화를 가져와 주주들의 회사 지배권에 변동을 초래할 수 있으며, 편법적인 경영권 승계 수단으로 악용될 수 있다.
- 자기주식 처분에 신주발행절차를 준용하도록 하는 입법예고안은 재계의 반발로 삭제되었다.[95)]

### 나. 주주의 이익과 회사의 지배권에 중대한 영향을 미치는 자기주식 처분의 효력

- [신주발행무효의 소(§342) 유추적용의 가능성] 서울서부지법 2005가합8262 판결 (기초사실: 대림통상(D1)은 대표이사 D2 측이 34% 주식을, P측이 30% 주식을 보유하고 있었다. 분쟁이 발생하자 D2는 회사가 보유한 자기주식 7%와 투신사에 신탁하였던 자기주식 11%를 자신의 처와 딸 등에게 매도하였고, 결과적으로 보유주식 비율이 34:30에서 47:24로 크게 변화하였다. P의 D1, D2 등에 대한 자기주식 장외거래 무효확인의 소): ① [신주발행과 자기주식처분의 유사성] 비록 우리 상법 및 증권거래법이 자기주식 처분에 대하여 신주발행에 관한 규정을 준용하고 있지 아니하고, 자기주식 처분은 이미 발행되어 있는 주식을 처분하는 것으로서 회사의 총 자산에는 아무

94) 이철송, 955면.

95) 독일은 주주평등원칙에 따라 자기주식을 처분하도록 하고(주식법 §71 I), 일본은 신주발행절차와 동일한 절차를 거치도록 하며(회사법 §199), 영국은 신주인수권을 준용한다(회사법 §560 II).

런 변동이 없고, 기존 주주의 지분 비율도 변동되지 아니하여 형식적으로는 신주발행과 그 효과를 일부 달리하지만, 자기주식의 처분이 자본의 증가를 가져오는 것은 아니라 하더라도 회사가 보유중이던 자기주식일 때에는 상법 제341조에 의하여 이 주식은 의결권을 행사할 수 없으나 이 주식이 회사가 아닌 제3자에게 양도될 경우 이를 양도받은 제3자는 회사에 대하여 의결권을 행사할 수 있게 되어 회사의 의사결정기구인 주주총회에서 의결권을 행사할 수 있는 주식수가 증가한다는 점에서 기존 주주들에게는 회사가 신주를 발행하는 것과 유사한 효과를 가져온다. 또한, 자기주식인 경우에는 회사가 자기주식에 대하여 배당금을 수령하더라도 이는 결국 회사의 재산이 배당금 수령으로 다시 그만큼 증가하게 되어 기존의 주주들이 그 주식 보유 비율에 따라 추후 그 증가된 재산에 대하여 배당금을 추가로 수령할 수 있는 기회가 생기나 자기주식이 제3자에게 처분되면 새로운 배당금 수령권자가 생기는 점, 유상증자가 이루어질 경우 자기주식을 제외한 나머지 주식에 대해서만 그 지분비율별로 신주발행이 이루어지는데 자기주식이 제3자에게 처분되면 자기주식에 대한 신주발행이 이루어져 기존의 주주는 그만큼 배정받는 신주의 비율이 낮아지는 점 등으로 회사가 그 보유의 자기주식을 처분하는 행위는 그 처분으로 인하여 궁극적으로 보유주식의 비율에 따라 주주로서의 회사에 대한 권리나 지위가 변동하는 등 주주의 지위에 중대한 영향을 초래하게 되는데, 특히 자기주식을 일방적으로 특정 주주들에게만 매각할 경우에는 매각으로 인해 초래되는 기존주주의 지분 비율의 감소로 인해 신주발행의 경우와 동일한 결과를 가져옴으로써 신주발행에서와 마찬가지로 통제를 가할 필요성이 있고, 자기주식의 처분이 신주발행에 관한 여러 가지 규제를 잠탈하는 수단으로 악용되는 것을 방지할 필요성도 있다. ② [전환사채 발행의 경우에도 신주발행무효의 소 유추적용] 전환사채 발행의 경우에도 주식회사의 물적 기초와 기존 주주들의 이해관계에 영향을 미친다는 점에서 사실상 신주를 발행하는 것과 유사하여 신주발행무효의 소에 관한 상법 제429조를 유추적용하여, 그 무효원인으로서 법령이나 정관의 중대한 위반 또는 현저한 불공정이 있어 그것이 주식회사의 본질이나 회사법의 기본원칙에 반하거나 기존 주주들의 이익과 회사의 경영권 내지 지배권에 중대한 영향을 미치는 경우로서 전환사채와 관련된 거래의 안전, 주주 기타 이해관계인의 이익 등을 고려하더라도 도저히 묵과할 수 없는 정도라고 평가되는 경우에 한하여 전환사채의 발행 또는 그 전환권의 행사에 의한 주식의 발행을 무효로 할 수 있다(대법원 2004. 6. 25. 선고 2000다37326 판결 참조). 위와 같은 이유로, 자기주식 처분의 경우에도 다른 주주들에게는 자기주식을 매수할 기회를 주지 않은 채 특정주주에게의 일방적인 매도가 기존주주들의 이익과 회사의 경영권 내지 지배권에 중대한 영향을 미치는 경우로서 주식처분과 관련된 거래의 안전, 주주 기타 이해관계인의 이익 등을 고려하더라도 도저히 묵과할 수 없는 정도라고 평가되는 경우에는, 이러한 자기주식의 처분행위는 무효라고 하겠다. ③ [이 사건의 경우] 인정 사실에 의하면, D회사는 자기주식을 매각할 특별한 사정이 보이지 않는 시점에서 회사 발행주식총수의 15%에 해당하는 자기주식을 장외매도를 통하여 최대주주인 D2와 그의 특수관계인들에게 일방적으로 매도하여 불과 한 달 보름 사이에 일시에 처분함으로써 P는 자기주식을 매수할 기회도 갖지 못한 상태에서 D2측의 보유지분은 34.11%에서 47.49%로 급격히 상승하고 의결권이 제한되어 있던 자기주식의 매각으로 인해 P의 주주총회에서의 의사결정의 권한이 현저하게 약화되었으며, 그로부터 한달 뒤에 있었던 유상증자시에 D2는 자기주식의 취득 비율만큼 신주를 더 배정받을 수 있었음에 비하여 P는 신주발행의 배정비율이 줄어들게 되어 P의 신주인수권이 제한되는 결과가 됨으로써, 결국 D2측의 자기주식 취득으로 말미암아 P측의 지분비율은 29.98%에서 23.6%로 감소한 반면, D2측은 34.11%에서 47.49%로 늘어나게 되어, P측과 D2측의 지분 비율은 당초 5% 미만의 차이에서 23% 이상의 차이로 벌어지게 되었는 바, 이로써 P측은 주주총회에서 소유지분만큼의 의결권을 정당하게 행사하지 못하게 되는 결과가 발생하여 P측의 권리를 중대하게 침해하는 상황이 되었으므로 이 사건의 경우에는 다른 대주주인 P측의 이익과 회사의 경영권 내지 지배권에 중대한 영향을 미치는 경우에 해당하며, 이 사건 주식매매계약의 체결 경위나 그로 인한 거래의 안전, 다른 주주나 이해관계인의 이익 등을 고려하더라도 도저히 묵과할 수 없는 정도라고 판단되므로 결국 이 사건 주식매매계약은 무효라고 할 것이다.[96]

# 제5절 주식의 상호소유 제한

## 1. 개설

### 가. 상호주(相互株)의 의의

- 상호주의 개념: 다른 회사가 자기 회사의 주식을 보유하는 것과 관련하여 그 다른 회사의 주식을 보유하는 주식의 상호소유(cross-ownership) 내지 상호출자의 경우에, 서로가 보유하는 상대방 회사의 주식을 상호주라 한다.
- 상호주의 유형: 교환형(A⇄B), 순환형(A→B→C→A), 행렬형(matrix형: A→B&C, B→A&C, C→A&B)

### 나. 상호주의 기능 및 폐해

- 기업은 상호출자를 통하여 증자자금 조달의 편의를 도모하고, 경영권을 안정시키며, 기업결합의 효과를 거둘 수 있다.
- 그러나 상호주는 우회적인 방법에 의한 자기주식의 취득에 해당한다. 따라서 자본의 공동화(空洞化)를 초래하고 지배권을 왜곡시킬 우려가 있다.[97]

### 다. 상법의 상호주 규제

(1) 규제의 방식

① 자회사의 모회사 주식 취득 금지

② 비모자회사간 상호주의 의결권 제한

---

96) 신주발행 법리를 유추적용할 수 없으므로 주주의 신주인수권 침해가 없다는 반대 취지의 결정으로는, 수원지법 성남지원 2007카합30 결정; 서울북부지방법원 2007카합1082 결정.

97) 공정거래위원회가 2013년 5월 발표한 62개 상호출자제한기업집단의 내부지분율은 동일인 5.17%, 친족 1.04%, 계열회사 24.15%, 기타 1.29%로 합계 31.65%이다. 이들의 계열사 1,768개 중에 상장사는 255개, 비상장사는 1,513개이다. 2012년의 경우 63개 상호출자제한기업집단의 기관투자자지분율은 20.02%, 외국인지분율은 16.57%이었다 (공정거래위원회 정책소식 자료, 2013. 5. 30. 및 2012. 7. 2.; 개별기업 자료는 대규모기업집단 정보공개시스템인 OPNI(http://groupopni.ftc.go.kr)에서 찾을 수 있다. 공정거래위원회가 마지막으로 발표한 2008. 10.의 소유지배괴리도(의결지분율-소유지분율)는 32%였으며, 의결권승수(의결지분율/소유지분율)는 계산방식에 따라 7.37(직접지분율 방식: 총수 일가가 직접 보유한 지분 기준)과 5.77(간접지분율 방식: 계열사를 통한 간접지분도 포함)이었다(2009. 10. 29. 경제투데이; http://www.eto.co.kr/news/outview.asp?Code=20091029083056397&ts=224357).

③ 10% 주식취득 사실의 통지의무

(2) 제한적 규제범위

- 교환형 상호주만 규제되며, 순환형과 행렬형 상호주에 대한 일반적인 규제는 없다.
- 기업 간의 상호출자 중 주식회사 간의 상호주 보유만 규제한다. 유한회사에 대한 상호출자 규제는 없다.

### 라. 기타의 규제

(1) 독점규제법상의 상호출자 금지(§9)

- 상호출자제한기업집단(자산총액 5조원 이상)에 속하는 회사는 자기의 주식을 취득/소유한 계열회사의 주식을 취득하거나 소유하지 못한다.[98]
- 재벌 규제와 출자총액 제한제도의 재도입 움직임: 종전 출자총액제한기업집단(자산총액 10조원 이상)에 속하는 회사의 다른 국내회사에 대한 출자한도액은 순자산의 40%까지로 제한했었다. 기업의 퇴출과 인수합병을 어렵게 한다는 이유로 현 정부에서 폐지되었다(2009.3.25.).

(2) 보험회사 등의 자금지원 관련 금지행위(보험업법§110, 자본시장법§345)

- 보험회사 또는 상호출자제한기업집단에 속하는 종합금융회사가 자기주식 취득 제한 등의 규제를 회피하기 위하여 다른 금융회사와 서로 교차하여 주식을 취득하는 행위

## 2. 자회사(子會社)에 의한 모회사(母會社) 주식의 취득 금지

**제342조의2 (자회사에 의한 모회사주식의 취득)** ① 다른 회사의 발행주식의 총수의 100분의 50을 초과하는 주식을 가진 회사(이하 "모회사"라 한다)의 주식은 다음의 경우를 제외하고는 그 다른 회사(이하 "자회사"라 한다)가 이를 취득할 수 없다.
1. 주식의 포괄적 교환, 주식의 포괄적 이전, 회사의 합병 또는 다른 회사의 영업전부의 양수로 인한 때
2. 회사의 권리를 실행함에 있어 그 목적을 달성하기 위하여 필요한 때

② 제1항 각호의 경우 자회사는 그 주식을 취득한 날로부터 6월 이내에 모회사의 주식을 처분하

98) 2014. 2. 1. 현재 61개 상호출자/채무보증 제한 기업집단에 속하는 1,694개 회사가 여기에 해당한다.

여야 한다.[99]

③ 다른 회사의 발행주식의 총수의 100분의 50을 초과하는 주식을 모회사 및 자회사 또는 자회사가 가지고 있는 경우 그 다른 회사는 이 법의 적용에 있어 그 모회사의 자회사로 본다.

### 가. 모자회사의 기준

(1) 기준: 주식의 보유 비율을 기준으로 한다(발행주식 총수의 50%).

(2) 의결권 없는 주식은 보유비율 산정에서 제외할 것인가

■ 회사지배와 무관하므로 제외하는 것이 옳다는 견해도 있다.[100]

(3) 손회사(孫會社) 이상으로 확대할 것인가

■ §342의2Ⅲ의 규정을 확장해석하자는 견해도 있지만, 순환형이 아닌 행렬형 상호주의 형태를 취함으로써 얼마든지 규제에서 벗어날 수 있으므로 실효성이 의문시된다. 상호주 규제의 기술적 어려움을 감안한다면, 간명한 기준을 적용하여 법적안정성을 도모하는 것이 차라리 합리적이다(다수설).

### 나. 모자회사간 상호주 규제의 특수문제

(1) 모회사 주식의 質取: 자기주식의 질취 제한규정(§341의 3)을 적용하여 1/20로 제한된다는 견해가 있다.

(2) 모회사의 전환사채/신주인수권부사채는 취득할 수 있는가: 취득할 수는 있지만 전환권이나 신주인수권의 행사는 허용되지 않는다는 견해가 있다.

(3) 모자회사 관계가 사후적으로 성립한 경우: 자회사가 주식을 취득한 이후에 모회사가 자회사 주식을 취득함으로써 모자관계가 성립한 경우에는, 6월 이내의 모회사 주식을 처분해야 한다고 해석한다(§342의 2 유추적용).

(4) 모자회사 관계의 성립을 알지 못하고 상호간에 50% 이상씩 취득하게 된 경우: ① 상호 모두 50% 미만으로 처분하여야 한다는 견해(모자관계 해소),[101] ② 어느 한 쪽이 보유주식을 전부 처분하는 것도 가능하다는 견해

---

99) 회사가 자기주식을 취득하면 상당한 시기에 처분하도록 하는 규정은 2011년 개정상법에서 삭제되었다(구법 §342). 그렇지만, 자기주식의 처분 의무를 삭제하면서 모회사 주식의 처분 의무를 남겨 둔 것은 균형이 맞지 않는다고 지적된다. 이철송, 405면 참조.

100) 이철송, 403면.

101) 이철송, 404면.

(모자관계 유지), ③ 모자회사 관계가 성립한 시점 이후의 자회사의 모회사 주식취득은 무효라는 견해

다. 위반의 효과

(1) 취득행위의 사법적 효력

(가) 무효: 종래 자기주식 취득금지에 위반하는 주식취득은 무효라고 보았다(다수설, 판례).

(나) 기타의 견해: 거래의 안전을 보호하기 위한 이견으로서, 자기주식 취득의 경우처럼 유효설, 상대적 무효설 등이 있다.

(2) 자회사가 보유한 모회사 주식의 지위

(가) 의결권의 정지: §369Ⅱ

(나) 여타의 권리: 회사가 보유하는 자기주식의 경우처럼, 모회사 주식은 모든 권리가 정지된다는 설명도 있다. 그러나, 모회사와 자회사는 별개의 회사이므로, 자회사 주주의 이익을 보호하기 위해서는 모회사에 대한 자회사의 권리행사를 인정해야 할 것이다.

(3) 이사 등의 책임

- 손해배상책임(§§399, 401)
- 주식의 취득제한 등에 위반한 죄(§625의2)

## 3. 非母子會社 간의 상호주 규제 (§369Ⅲ)

**제369조 [의결권]** ①② (생략)
③ 회사, 모회사 및 자회사 또는 자회사가 다른 회사의 발행주식의 총수의 10분의 1을 초과하는 주식을 가지고 있는 경우 그 다른 회사가 가지고 있는 회사 또는 모회사의 주식은 의결권이 없다.

가. 의결권의 배제

(1) 규제의 기준: 발행주식 총수의 10% 초과 (cf. 독일/일본 25%)

- 모자관계에 있는 회사들이 보유하는 주식은 합산한다. 의결권 있는 주식을 기준으로 해야 한다는 견해도 있다.
- [기준일이 아닌 의결권 행사 당시의 비율, 명의개서 불문] 대법원 2006다31269 판

결(2009) (기초사실: A회사는 그 주식의 64%를 D회사의 대표이사인 甲이 보유하고 있는 D회사의 실질적인 자회사로서, D회사 주식의 43.4%를 보유하고 있었다. B회사는 그 주식의 92%를 D회사가 보유하고 있는 D회사의 자회사이다. D회사는 2005.3.18. 정기주주총회를 개최하였고, 그를 위한 기준일은 2004.12.31.이었다. 2005.1.26. B회사가 A회사 주식의 27%를 취득하였고, 2005.3.11. 이 주권발행 전의 주식양도를 A회사의 대표이사가 승낙하였다. D회사의 정기주주총회에서 A회사는 의결권을 행사하였다. D회사의 1%, 5% 주주인 P1, P2가 D회사를 상대로 주주총회결의 취소의 소를 제기하였다.): 〈원심〉 ① D는 정관에서 본점소재지를 '서울특별시'로 규정하고 있으므로, 피고의 주주총회 소집지의 최소 행정구역은 '서울특별시'이고(본점 소재지는 노원구였음), 서울특별시의 인접한 지인 고양시에서 개최된 이 사건 주주총회에는 소집지 위반의 하자가 없다.[102] ② D가 P1, P2의 주주명부 열람 및 등사 청구를 여러 차례 거부하였지만, 그로 인하여 원고들이 다른 주주들에게 의결권 위임을 권유할 기회가 박탈당하였다는 사정만으로는 이 사건 주주총회의 소집절차나 결의방법에 법령 또는 정관에 위배되는 하자가 있다고 보기 어렵다. 〈대법원〉 ③ 상법 제369조 제3항이 모자회사 관계가 없는 회사 사이의 주식의 상호 소유를 규제하는 주된 목적은 상호주를 통해 출자 없는 자가 의결권 행사를 함으로써 주주총회결의와 회사의 지배구조가 왜곡되는 것을 방지하기 위한 것이다. 한편, 상법 제354조가 규정하는 기준일 제도는 일정한 날을 정하여 그 날에 주주명부에 기재되어 있는 주주를 계쟁 회사의 주주로서의 권리를 행사할 자로 확정하기 위한 것일 뿐, 다른 회사의 주주를 확정하는 기준으로 삼을 수는 없으므로, 기준일에는 상법 제369조 제3항이 정한 요건에 해당하지 않더라도, 실제로 의결권이 행사되는 주주총회일에 위 요건을 충족하는 경우에는 상법 제369조 제3항이 정하는 상호 소유 주식에 해당하여 의결권이 없다. 이때 회사, 모회사 및 자회사 또는 자회사가 다른 회사 발행주식 총수의 10분의 1을 초과하는 주식을 가지고 있는지 여부는, 앞서 본 '주식 상호 소유 제한의 목적'을 고려할 때, 실제로 소유하고 있는 주식수를 기준

102) 상법 제364조 (소집지) 총회는 정관에 다른 정함이 없으면 본점소재지 또는 이에 인접한 지에 소집하여야 한다.

으로 판단하여야 할 것이며 그에 관하여 주주명부상의 명의개서를 하였는지 여부와는 관계가 없다. ④ 주권발행 전 주식의 양도는 당사자의 의사표시만으로 효력이 발생하므로, B회사는 2005. 1. 26.경 A회사의 총 발행주식 27%에 해당하는 주식을 양수함으로써 이를 소유하게 되었다고 할 것인데, 위와 같이 D회사의 자회사인 B회사가 A회사 발행주식 총수의 10분의 1을 초과하여 소유하게 된 이상, A회사가 이 사건 주주총회에서 의결권을 행사할 예정이었던 D회사의 주식 43.4%는 상법 제369조 제3항에 따라 의결권이 없다고 할 것이다. 원심판결이 이 사건 주주총회의 각 결의는 의결권이 없는 상호주에 대하여 의결권을 인정한 위법한 결의로서 그 결의방법이 법령에 위반되어 취소되어야 한다고 판단한 것은 정당하다. ⑤ 상법 제379조는 주주총회결의 취소의 소가 제기된 경우에 법원이 재량에 의하여 그 청구를 기각할 수 있다고 규정하고 있는데, 이는 결의절차에 하자가 있는 경우 그 결의를 취소하여도 회사 또는 주주에게 이익이 되지 않거나 이미 결의가 집행되었기 때문에 결의를 취소하여도 아무런 효과가 없음에도 불구하고 이를 취소함으로써, 회사에 손해를 끼치거나 일반거래의 안전을 해치는 것을 막고 결의취소의 소의 남용을 방지하려는 취지이며, 또한 위와 같은 사정이 인정되는 경우에는 당사자의 주장이 없더라도 법원이 직권으로 재량에 의하여 취소청구를 기각할 수도 있다고 할 것이다. 그러나 원심이 인정한 이 사건 주주총회의 결의내용, 피고 회사의 현황, 앞서 본 결의방법의 하자, 기타 기록에 나타나는 여러 가지 사정만으로는 재량에 의한 기각을 인정함에 충분하지 않다고 할 것이다.

(2) 규제의 범위

(가) 피참가회사에게 자회사가 있는 경우, 자회사가 보유한 참가회사의 주식은 의결권이 배제되는가: 제도의 취지에 비추어볼 때 긍정하여야 한다는 견해가 있다.

(나) 명의개서가 되기 전의 주식을 비율 산정에 포함시킬 것인가: 긍정(위 판결)

(다) 쌍방의 10% 초과 보유: 양자 모두 의결권을 행사하지 못한다.

## 나. 10% 초과 취득의 통지의무 (§342의3)

**제342조의3 (다른 회사의 주식취득)** 회사가 다른 회사의 발행주식총수의 10분의 1을 초과하여 취득한 때에는 그 다른 회사에 대하여 지체없이 이를 통지하여야 한다.

(1) 제도적 취지

- 경영권 경쟁의 공정성 확보
- [의결권의 위임에는 적용되지 않는다] 대법원 2001다12973 판결(2001) (기초사실: 1999.3. 대원제지(D)의 1999년 주주총회와 관련하여, P가 38%의 의결권을, P의 모가 4%의 의결권을 보유하고 있었고, 투자조합측의 시그마창업투자주식회사가 30%의 의결권 행사를 위임받았다. 주주총회에서 투자조합측이 제안한 이사/감사 선임안을 철회하자는 안이 49:51로 부결되었고, 의장인 대표이사 P가 주주총회의 연기를 선언하고 퇴장하였다. 나머지 주주들은 속회하여 임시의장을 선출한 후 이사/감사를 선임하였다. P의 D회사에 대한 주주총회결의 부존재확인의 소): ① 상법 제342조의3에는 "회사가 다른 회사의 발행주식 총수의 10분의 1을 초과하여 취득한 때에는 그 다른 회사에 대하여 지체 없이 이를 통지하여야 한다."라고 규정되어 있는바, 이는 회사가 다른 회사의 발행주식 총수의 10분의 1 이상을 취득하여 의결권을 행사하는 경우 경영권의 안정을 위협받게 된 그 다른 회사는 역으로 상대방 회사의 발행주식의 10분의 1 이상을 취득함으로써 이른바 상호보유주식의 의결권 제한 규정(상법 제369조 제3항)에 따라 서로 상대 회사에 대하여 의결권을 행사할 수 없도록 방어조치를 취하여 다른 회사의 지배가능성을 배제하고 경영권의 안정을 도모하도록 하기 위한 것으로서, 특정 주주총회에 한정하여 각 주주들로부터 개별안건에 대한 의견을 표시하게 하여 의결권을 위임받아 의결권을 대리행사하는 경우에는 회사가 다른 회사의 발행주식 총수의 10분의 1을 초과하여 의결권을 대리행사할 권한을 취득하였다고 하여도 위 규정이 유추적용되지 않는다. ② 주주총회에서 의안에 대한 심사를 마치지 아니한 채 법률상으로나 사실상으로 의사를 진행할 수 있는 상태에서 주주들의 의사에 반하여 의장이 자진하여 퇴장한 경우 주주총회가 폐회되었다거나 종결되었다고 할 수는 없으며, 이 경우 의장은 적절한 의사운영을 하여 의사일정의 전부를 종료케 하는

등의 직책을 포기하고 그의 권한 및 권리행사를 하지 아니하였다고 볼 것이므로, 퇴장 당시 회의장에 남아 있던 주주들이 임시의장을 선출하여 진행한 주주총회의 결의도 적법하다고 할 것이다.

(2) 통지의무 위반의 효과

- 취득행위는 유효하나, 의결권을 행사하지 못한다고 해석한다(다수설).

※ 주권상장법인 주식의 대량보유 규제(자본시장법 §§147-151): 주권상장법인 주식을 대량보유(5% 이상)하는 경우 금융위원회 등에 보고하여야 하며, 위반시에는 의결권의 행사가 제한된다.

## 제6절 특별법상의 주식거래 제한

### 1. 자본시장과 금융투자업에 관한 법률의 제한

가. 내부자거래(insider trading) 규제 (자본시장법 §§174-175)

- 임직원/주요주주(10%), 준내부자, tippee 등의 미공개정보이용행위에 대한 손해배상책임
- 내부자의 단기매매(short swing) 차익 반환의무(§172)

나. 기타

(1) 공공적 법인 주식의 대량소유 제한 (§167)

- 공공적 법인: 국가기간산업 등 국민경제상 중요한 산업을 영위하는 법인으로서 대통령령으로 정하는 상장법인(§152Ⅲ).
- 소유 한도: ① 상장 당시 10% 이상 소유주주의 당시 소유비율, 여타의 자는 3% 내에서 정하는 정관상의 비율, ② 금융위원회가 승인한 비율

(2) 외국인의 주식 취득의 제한 (§168)

- 공공적 법인의 주식취득 제한: 개인의 취득한도는 정관에서 정한 한도, 외국인 전체의 취득한도는 40%

※ 외국인투자촉진법상의 제한: 지식경제부장관에 대한 신고의무(§§5-8). 일

반적인 외국인의 주식취득 한도 제한은 자본시장 자유화에 따라 1998년 폐지되었다.

(3) 우리사주조합원의 처분 제한 (§165의7)

(4) 금융투자업자 임직원의 매매거래 방법/절차 등의 제한 (§63)

(5) 공개매수의 제한 (§133)

- 공개매수의 개념(§133 I): 불특정 다수인에 대하여 주식 등의 매수의 청약을 하거나 매도의 청약을 권유하고 증권시장 밖에서 그 주식 등을 매수하는 것

## 2. 독점규제 및 공정거래에 관한 법률의 제한

### 가. 기업결합의 제한(§7)

- 경쟁을 실질적으로 제한하는 다른 회사 주식의 취득 금지

### 나. 지주회사 등의 행위제한(§8의2)

(1) 지주회사의 주식소유 제한

- 지주회사(주식 소유를 통하여 다른 회사를 지배하는 것을 주된 사업으로 하는 회사)는 계열회사(동일인이 지배하는 기업집단에 속하는 회사)가 아닌 회사의 주식을 5% 이상 소유하거나 자회사(계열회사 또는 지주회사가 최대주주인 회사) 외의 계열회사 주식을 소유하지 못한다. (※ 지주회사는 자회사 주식을 40% 이상 소유하여야 한다. 자회사가 상장법인인 경우에는 20% 이상.)
- 일반지주회사의 자회사는 손자회사가 아닌 계열회사의 주식을 소유하지 못한다.
- 일반지주회사의 손자회사는 계열회사의 주식을 소유하지 못한다(100% 소유하는 증손회사는 허용하며, 증손회사의 계열회사 주식 소유는 금지된다).

(2) 금산 분리

- 금융지주회사는 일반 회사의 주식을 소유하지 못한다.

- 일반지주회사는 금융업(금융업, 보험업)을 영위하는 회사의 주식을 소유하지 못한다.

※ 기타의 규제: ① 은행법의 비금융주력자의 소유한도 제한(9%, 지방은행 15%) 및 다른 회사에 대한 출자 제한 ② 금융지주회사법의 소유 제한 등

### 다. 상호출자의 금지(§9)

- 상호출자제한기업집단(자산총액 5조원 이상)에 속하는 회사는 자기의 주식을 취득 또는 소유하고 있는 계열회사의 주식을 취득 또는 소유하여서는 아니된다.

### 라. 기업결합의 신고(§12)

- 기업결합신고대상회사(자산총액 2,000억원 이상)가 다른회사(자산총액 200억원 이상)의 주식을 20%(상장법인인 경우는 15%) 이상 취득하는 경우 공정거래위원회에 신고해야 한다.

## 3. 기타

- 은행법: ① 은행주의 동일인 소유한도 제한(10%, 지방은행 15%), ② 은행의 대주주 발행주식의 취득 제한
- 방송법: 방송사업자 주식 등의 소유 제한
- 신문 등의 진흥에 관한 법률: 대기업의 일반일간신문 소유제한(50% 초과소유 금지)
- 전기통신사업법: ① 기간통신사업자 주식의 외국정부/외국인의 소유 제한(49% 초과소유 금지), ② 기간통신사업자 주식 취득의 공익성 심사

# 제17장 주식의 담보

## 제1절 주식 담보의 설정

- 주식담보의 방법: 상법이 정하는 질권, 관습법상의 양도담보
- 주식은 담보설정 방법이 간편하고, 특히 상장주식은 환가가 용이하므로, 담보수단으로서 가치가 높다.

## 제2절 주식의 입질

**제338조 (기명주식의 입질)**
① 기명주식을 질권의 목적으로 하는 때에는 주권을 질권자에게 교부하여야 한다.
② 질권자는 계속하여 주권을 점유하지 아니하면 그 질권으로써 제삼자에게 대항하지 못한다.

**제339조 (질권의 물상대위)** 주식의 소각, 병합, 분할 또는 전환이 있는 때에는 이로 인하여 종전의 주주가 받을 금전이나 주식에 대하여도 종전의 주식을 목적으로 한 질권을 행사할 수 있다.

**제340조 (기명주식의 등록질)**
① 기명주식을 질권(質權)의 목적으로 한 경우에 회사가 질권설정자의 청구에 따라 그 성명과 주소를 주주명부에 덧붙여 쓰고 그 성명을 주권(株券)에 적은 경우에는 질권자는 회사로부터 이익배당, 잔여재산의 분배 또는 제339조에 따른 금전의 지급을 받아 다른 채권자에 우선하여 자기채권의 변제에 충당할 수 있다.
② 민법 제353조제3항의 규정은 전항의 경우에 준용한다.
③ 제1항의 질권자는 회사에 대하여 전조의 주식에 대한 주권의 교부를 청구할 수 있다.

## 1. 개설

### 가. 주식 입질의 법적 성격

- 주식에 대한 권리질권(민§§345-)의 설정

### 나. 상법의 특칙

- 명의개서 등 권리 공시방법의 특수성을 질권의 설정방법에 반영한 등록질 제도
- 주식의 특성을 반영하는 물상대위 규정

## 2. 질권의 설정 방법

### 가. 기명주식의 입질

(1) 略式質(§338)

- 질권설정의 합의와 주권의 교부로 성립하며, 주권의 점유가 대항요건이 된다.
- [주권발행 전의 질권 설정] 대법원 99그1 결정: ① 주권발행 전의 주식에 대한 양도도 인정되고, 주권발행 전 주식의 담보제공을 금하는 법률규정도 없으므로, 주권발행 전 주식에 대한 질권설정도 가능하다. ② 상법 제338조 제1항은 기명주식을 질권의 목적으로 하는 때에는 주권을 교부하여야 한다고 규정하고 있으나 이는 주권이 발행된 기명주식의 경우에 해당하는 규정이라고 해석함이 상당하므로, 주권발행 전의 주식 입질에 관하여는 상법 제338조 제1항의 규정이 아니라 권리질권 설정의 일반원칙인 민법 제346조로 돌아가 그 권리의 양도방법에 의하여 질권을 설정할 수 있다고 보아야 한다.
- [반환청구권의 양도에 의한 주권의 점유이전] 대법원 2012다34764 판결: 기명주식의 약식질에 관한 상법 제338조는 기명주식을 질권의 목적으로 하는 때에는 주권을 질권자에게 교부하여야 하고(제1항), 질권자는 계속하여 주권을 점유하지 아니하면 그 질권으로써 제3자에게 대항하지 못한다고(제2항) 규정하고 있다. 여기에서 주식의 질권설정에 필요한 요건인 주권의 점유를 이전하는 방법으로는 현실 인도(교부) 외에 간이인도나 반환청구권

양도도 허용되고, 주권을 제3자에게 보관시킨 경우 주권을 간접점유하고 있는 질권설정자가 반환청구권 양도에 의하여 주권의 점유를 이전하려면 질권자에게 자신의 점유매개자인 제3자에 대한 반환청구권을 양도하여야 하고, 이 경우 대항요건으로서 제3자의 승낙 또는 질권설정자의 제3자에 대한 통지를 갖추어야 한다. 그리고 이러한 법리는 제3자가 다시 타인에게 주권을 보관시킴으로써 점유매개관계가 중첩적으로 이루어진 경우에도 마찬가지로 적용되므로, 최상위 간접점유자인 질권설정자는 질권자에게 자신의 점유매개자인 제3자에 대한 반환청구권을 양도하고 대항요건으로서 제3자의 승낙 또는 제3자에 대한 통지를 갖추면 충분하며, 직접점유자인 타인의 승낙이나 그에 대한 질권설정자 또는 제3자의 통지까지 갖출 필요는 없다.

(2) 登錄質(§340): 질권의 설정 사실을 주주명부(질권자의 성명과 주소)와 주권(질권자의 성명)에 기재한다.[103] 질권자는 주주명부의 자격수여적 효력에 따라 주권 제시 등의 권리 증명 없이도 회사에 대하여 질권자로서의 권리를 행사할 수 있다. 그러나 제3자에 대한 대항요건은 여전히 주권의 점유이다.

### 나. 무기명주식의 입질

- 주권의 교부 (민§351; 무기명채권에 대한 질권의 설정방법)

### 다. 예탁결제원 예탁 주식: 계좌부 기재에 의한 질권 설정

- 자본시장법 §311Ⅱ: 투자자계좌부 또는 예탁자계좌부에 증권 등의 양도를 목적으로 계좌 간 대체의 기재를 하거나 질권설정을 목적으로 질물(質物)인 뜻과 질권자를 기재한 경우에는 증권 등의 교부가 있었던 것으로 본다.

103) 주권에의 기재는 등록질의 요건은 아니라고 본다(통설). 주권에 질권자의 성명을 기재하지 않으면, 질권자가 주권의 점유를 잃어 제3자가 선의취득을 하게 될 때 질권을 상실할 수 있다.

## 3. 질권의 효력: 물상대위(§민법342[104])의 특칙

### 가. 물상대위의 범위

(1) 일반적 효력

- 상법 §339: 주식의 소각/병합/분할/전환으로 인하여 받을 금전이나 주식
- 신주발행 무효에 따른 납입금의 반환(§432Ⅲ), 무상주(§461Ⅶ), 합병시의 교부금/신주§530Ⅳ)
- 회사정리절차에서 주주가 받을 금전/채권/주식

(2) 등록질의 효력의 확장: 이익배당/잔여재산분배(§340), 주식배당(§462의2Ⅵ)

※ 주식병합, 무상주 발행, 주식배당의 경우 회사는 질권자에게 통지하여야 한다(§§440, 461Ⅴ, 462의2Ⅴ).

(3) 규정이 없는 사항

(가) 약식질의 효력이 이익배당청구권에 미치는가?

- 원본과 과실 법리를 적용하여 물상대위를 인정하여야 한다(긍정설).
- 당사자의 의사해석상 이익배당청구권에 질권을 행사하지 않는다고 보아야 하고, 주주명부 기재가 없어 공시되지 않은 권리에 우선변제권을 인정하면 채권자평등 원칙을 해친다는 점에서, 부정설도 유력하다.
- 주식배당청구권: 주식배당의 법적 성격을 주식분할로 보면 당연히 물상대위의 목적이 되겠지만, 이익배당으로 보면 위 논의에 따른다.

(나) 잔여재산분배청구권: 전형적인 주식의 대표물/변형물이므로, 약식질에서도 물상대위가 인정된다.

(다) 신주인수권: 부정할 것

- 담보가치를 유지하려면 저가발행되는 신주에 대한 물상대위를 인정하여야 한다는 견해도 있지만, 주주는 신주를 인수할 의무가 없고 인수하는 경우에도 추가납입이 필요하다는 점에서 신주인수권을 주식가치의 대표물로 하여 물상대위를 허용할 수는 없다.

---

104) 민법 제342조(물상대위) 질권은 질물의 멸실, 훼손 또는 공용징수로 인하여 질권설정자가 받을 금전 기타 물건에 대하여도 이를 행사할 수 있다. 이 경우에는 그 지급 또는 인도전에 압류하여야 한다.

### 나. 물상대위권의 행사 절차: 압류(민법 §§342,355)가 필요한가?

(1) 등록질: 압류 불필요

(2) 약식질

- 압류는 재산의 혼입을 막기 위한 것이므로, 주권과 교환하여 행사하는 권리(예: 주식의 소각/병합시의 금전이나 주권 등)는 주주명부를 기초로 행사되는 권리(예: 무상주 등)와는 달리 압류가 불필요하다(다수설).

### 다. 무기명주식 입질의 효력

- 주주명부에 기재되지 않는다는 점에서 기명주식 약식질의 효력을 갖는다는 견해도 있지만, 주주권을 행사하려면 주권을 제시하여야 하므로 등록질의 효력을 갖는다고 할 것이다.
- 의결권 등 공익권의 행사: 질권은 재산적 권리에만 효력을 미치므로 질권자는 질권설정자의 권리행사에 협조할 의무가 있다고 본다.

## 4. 自己株式의 質取 제한

**제341조의3 (자기주식의 질취)** 회사는 발행주식총수의 20분의 1을 초과하여 자기의 주식을 질권의 목적으로 받지 못한다. 다만, 제341조의2제1호 및 제2호의 경우(합병/영업양수로 인한 취득, 권리실행에 필요한 경우)에는 그 한도를 초과하여 질권의 목적으로 할 수 있다.

### 가. 제한의 취지

- 자기주식의 취득 제한을 회피하는 수단으로 질권을 활용하지 못하도록 규제한다.
- 회사의 경영이 악화되면 주가 하락으로 자기주식의 담보가치가 감소하게 되어 2중의 손해를 입을 수 있다.

### 나. 적용 범위

(1) 모회사 주식의 질취도 제한되는가: 자기주식의 질취와 마찬가지로 규제해야 한다는 견해도 있지만, 명문의 제한 규정이 없다는 점에서 제한하기 곤란하다.

(2) 양도담보에 의한 취득: 정산형 담보권인 경우는 질권과 같이 다루어야 한다(다수설).

### 다. 제한 위반의 효과

- 자기주식을 취득하는 탈법수단으로 이용될 수 있으므로 자기주식 법리에 따라 처리해야 한다는 견해(무효설, 상대적 무효설)가 있다.
- 그러나, 자기주식 취득의 경우와는 달리 질취는 수량만 제한될 뿐 원칙적으로 허용되며, 담보를 허용하는 편이 회사에 유리하다는 점에서, 한도를 초과한 질취도 유효하며 회사에 손해가 발생하면 이사의 손해배상책임을 추궁할 수 있다고 할 것이다(유효설).

# 제3절 주식의 양도담보

## 1. 개설

### 가. 양도담보의 성립과 유형

- 양도담보의 성립: 양도담보의 합의와 주권의 교부로 성립한다.
- 약식 양도담보와 등록 양도담보: 주주명부의 명의개서 여부에 따라 구분된다.
- [주권 없이 이루어진 주식의 양도담보] 대법원 93다61338 판결(1995) (기초사실: D 주식회사 대표이사 A는 채무담보조로 주식을 B에게 양도하면서 채무를 이행하면 주식을 돌려받기로 하였다. A는 자신이 발행한 어음이 부도위기에 처하자 잠적하였고, P가 D에 대한 자재공급 대금을 공동대표이사인 B에게 요구하자 B는 보유주식(총발행주식의 70%)을 P에게 양도하였다. D회사는 A의 B에 대한 주권 없는 주식 양도는 효력이 없음을 주장하여 P의 주주 자격을 부인하려고 하였다. P는 새로운 이사를 선임한 D회사 주주총회 결의의 무효확인의 소를 제기하였다.): ① A와 B 사이에 체결된 약정은 채권담보의 목적으로 이루어진 주식양도계약이라고 봄이 상당하고, 위 약정 당시에는 D회사의 성립후 이미 6개월이 경과하였음에도 불

구하고 주권이 발행되지 않은 상태에 있었던 만큼, 위 약정은 바로 주식의 양도담보로서의 효력을 갖는다 할 것이며, 이를 B가 위 주식으로 담보된 채권 이외에 주식대금을 추가로 지급할 것을 조건으로 하여서만 주식양도의 효력이 발생하는 것으로 약정한 채권담보 계약이라거나 아니면 단순히 주식매매의 예약에 불과하다고 볼 수는 없는 것이다. ② 주식의 양도담보가 이루어진 경우 양도담보권자인 B가 대외적으로 주식의 소유권자라 할 것이므로, 양도담보 설정자인 A로서는 그 후 B로부터 담보 주식을 매수한 P에 대하여는 특별한 사정이 없는 한 그 소유권을 주장할 수 없는 법리라 할 것이고, 설사 소론과 같이 위 양도담보가 정산형으로서 정산문제가 남아 있다 하더라도 이는 담보 주식을 매수한 자에게 대항할 수 있는 성질의 것이 아니다.

### 나. 약식양도담보와 약식질의 구분

- 외관의 동일성: 약식양도담보와 약식질은 주권의 교부로 이루어진다는 점에서 외관이 동일하므로, 담보 목적으로 주권을 교부하는 경우 당사자의 의사가 명확하지 않다면 어느 쪽으로 해석할 것인지 문제된다.
- 학설: 법적 근거가 있는 질권으로 보자는 견해가 있지만, 채권자에게 유리한 약식 양도담보로 추정해야 한다는 견해가 다수설이다.
- [채권담보 목적의 주식양도는 정산형 양도담보] 대법원 99다14433 판결 (1999) (기초사실: 주권발행 전의 D 주식회사가 차용금채무에 대한 담보로 자기회사 기명주식의 51%를 P1회사에 양도하되 변제하지 못하는 경우 주식은 P1회사에 귀속하며 임의로 처분하여 대여금에 충당하기로 하는 차용계약을 체결하고 주식을 양도하였다. 분쟁이 발생하고 변제기가 도과하자 P1은 주식을 자신에게 귀속시킨 후 P2에게 양도하였다. P2의 D에 대한 명의개서 청구): ① 채권의 담보 목적으로 재산권을 채권자에게 이전한 경우에 그것이 어떤 형태의 담보계약인지는 개개의 사건마다 구체적으로 당사자의 의사에 의하여 확정하여야 할 문제이나, 다른 특약이 인정되지 아니하는 경우에는 당사자 사이에 정산절차를 요하는 약한 의미의 양도담보로 추정되는바, 위에서 본 바와 같이, 이 사건 주식의 양도는 이 사건 차용금채무를 담보할 목적으로 이루어졌고, 이 사건 차용계약에는 변제기가 도과

한 경우에 담보물의 처분이나 그 귀속에 관한 약정만 있을 뿐 그 정산 여부에 관하여는 아무런 약정이 없으므로, 이 사건 주식에 관한 양도담보 역시 정산절차를 요하는 약한 의미의 양도담보로 추정함이 상당하다.

## 2. 양도담보의 효력

### 가. 정산형 양도담보

- 양도담보는 민법상 정산형만 허용된다. 다만, 상행위로 인한 채권을 담보하는 질권의 경우에 유질계약을 허용하는 상법의 규정(§59)은 양도담보에도 유추적용된다는 견해가 있다.
- 위 대법원 99다14433 판결: ② 이 사건 주식에 관한 담보권이 귀속청산의 방법으로 실행되어 이 사건 주식이 채권자인 P1회사에 확정적으로 이전되기 위해서는, P1회사가 담보 목적으로 양수한 이 사건 주식을 적정한 가격으로 평가한 후 그 가액으로 피담보채권의 원리금에 충당하고 그 잔액을 반환하거나, 평가액이 피담보채권액에 미달하는 경우에는 D회사에 그와 같은 내용의 통지를 하는 등 정산절차를 마쳐야만 하고, 그와 같은 정산절차를 마치지 않은 상태에서는 아직 그 피담보채권이 소멸되었다고 볼 수 없는바, 기록상 P1이 그 정산절차를 마쳤다는 사실에 관한 아무런 주장, 입증이 없다. 그렇다면 비록 P1이 양도담보권자로서 D회사에 대하여 이 사건 주식에 관한 명의개서를 구할 권원이 있다 할지라도, 그 피담보채무인 차용금채무가 변제된 사실이 인정되는 경우에는 P1회사는 이 사건 주식에 관한 권리를 상실하게 되므로, 단지 그 변제기 내에 변제되지 않았다고 하여 이 사건 주식이 P1회사에 확정적으로 이전되었다고 볼 수는 없다.

### 나. 신탁형 양도

- 주식의 양도담보가 이루어진 경우 양도담보권자가 대외적으로 주식의 소유권자라 할 것이므로, 양도담보 설정자로서는 양도담보권자로부터 담보주식을 매수한 자에 대하여는 특별한 사정이 없는 한 그 소유권을 주장할 수 없다(위 대법원 93다61338 판결).

## 다. 주주권의 귀속: 양도담보권자

- [양도담보권자의 주주권 행사] 대법원 92다84 판결 (1992) (기초사실: 甲 가스회사의 주식을 P가 주식회사 유공에 환매특약부 매매로 양도하였고, 환매기간이 지난 후 유공이 甲회사 주주총회에서 의결권을 행사하자 P가 환매특약부 매매계약이 독점규제법에 위반되는 불공정한 법률행위로서 무효라고 주장하며 주주총회 결의의 부존재확인의 소를 제기하였다.): ① (무효주장의 배척), ② 환매특약부매매가 채권담보의 경제적 기능을 갖는 것은 사실이나, 그렇다고 하더라도 채권자(매수인)가 단순히 담보권만을 취득하는 것이 아니고 목적물의 소유권까지를 일단 취득하고 단지 채무자(매도인)가 환매기간 내에 환매할 수 있는 권리를 유보하는 부담을 갖는 데에 그치는 것이므로, 주식을 환매조건부로 취득하여 주주명부상의 명의개서까지 마친 매수인으로서는 주주로서의 의결권 기타의 공익권도 행사할 수 있고, 설사 주식의 양도가 양도담보의 의미로 이루어지고 양수인이 양도담보권자에 불과하더라도, 회사에 대한 관계에 있어서는 양도담보권자가 주주의 자격을 갖는 것이어서 의결권 기타의 공익권도 양도인에 대한 관계에서는 담보권자인 양수인에 귀속한다 할 것이다.
- [의결권 행사를 양도인에게 유보하였다고 본 사례] 대법원 90다8862 판결(1992) (기초사실: A가 D 주식회사 주식을 B로부터 양수하는 계약을 체결하면서 P가 양수대금을 대여하고 중도금과 잔금의 지급을 연대보증하였다. A는 담보 목적으로 B의 주식을 P에게 이전하고 명의개서도 마쳤지만, P와 A, D회가 간의 약정으로 P가 담보 목적으로 취득하는 주식에 관하여 잔금지급기일까지는 담보목적 이외의 권리 행사를 하지 않기로 약정하였다. D회사 주주총회에서 B가 의결권을 행사하였고, P는 D회사에 대해 주주총회 결의 부존재확인의 소를 제기하였다.): A가 주식인수대금을 지급하지 않아 P가 그 대금을 대신 변제하기까지는 P가 담보목적으로 취득하기로 한 위 주식에 관하여 의결권을 비롯한 소위 공익권을 종전주주인 위 A와 B에게 유보하기로 하는 약정이 되어 있었다고 인정함이 상당하고 따라서 P는 이 사건 주주총회나 이사회의 결의가 있은 시점에는 의결권을 행사할 수 있는 D회사의 주주로서의 지위에 있지 아니하였다고 판단하고 있는바, 기록에 의하여 살펴보면 원심의 이 부분 사실인정과 판단은 정당하다.

# 제18장 신주발행

## 제1절 신주발행의 의의

### 1. 통상의 신주발행

- 회사의 자금조달을 목적으로 하는 유상의 신주 발행
- 주식회사가 자기자본을 조달하는 수단이 되어, 순자산과 자본금이 증가한다.

### 2. 특수한 신주발행: 특수한 필요에 의한 신주발행

- 준비금의 자본금 전입에 의한 신주발행: 무상증자 (§461)
  ※ 포괄증자: 유상증자와 무상증자를 결합하여 함께 실시하는 증자방법이다. 유상증자에 참여하지 않으면 무상주를 받을 수 없게 되므로 주주에게 추가출자를 강요할 우려가 있다는 점이 지적되며, 상법상 허용되지 않는다는 견해도 있다.
- 주식배당 (§462의2)
- 전환주식의 전환 (§§346- )
- 전환사채의 전환(§§513- ), 신주인수권부사채의 신주인수권 행사(§516의2)
- 합병, 주식의 포괄적 교환(§360의2)에 따른 신주발행
- 주식의 병합/분할에 따른 신주발행

# 제2절 신주발행의 절차

## 1. 授權株式의 확보

### 가. 수권주식의 의의

■ 신주발행은 주주의 지위에 큰 영향을 미치지만, 상법은 주식회사의 기동성 있는 자금조달을 위해 이사회의 결의만으로 신주를 발행할 수 있도록 한다. 다만 이사회의 신주발행 권한은 미리 정해진 발행예정주식의 총수의 범위 안에서만 허용된다. 여기에서 이사회에 발행권한이 주어져 있는 주식을 수권주식이라고 한다.

### 나. 수권주식의 공시

■ 회사가 발행할 주식의 총수 및 설립시 발행하는 주식의 총수는 정관의 절대적 기재사항이며(§289), 수권주식의 총수와 발행주식의 총수는 등기사항이다(§317).

※ 2011년 개정상법은 설립시 발행예정주식 총수의 1/4 이상을 발행하도록 하는 규제를 폐지하였다.

### 다. 정관변경에 의한 수권주식의 확보

■ 수권주식의 총수를 넘는 신주를 발행하려면 이사회의 결의만으로는 부족하며, 먼저 정관을 변경하여 발행주식 총수를 증가시켜야 한다.

## 2. 株式發行事項의 결정 (§416)

### 가. 발행사항의 결정: 수권자본제도에 따라 원칙적으로 이사회가 결정한다.

■ 신주의 종류와 수, 발행가액, 신주인수권의 양도성 등

### 나. 신주의 발행가액

(1) 額面未達發行 (§417)

■ 회사 성립일로부터 2년을 경과한 후에 주주총회의 특별결의와 법원의 인가를 얻어서 주식을 액면미달의 가액으로 발행할 수 있다.

- 주권상장법인의 액면미달발행의 특례: 법원의 인가 없이 주주총회의 특별결의로 가능 (자본시장법 §165의8)

(2) 時價發行 (액면초과발행)

- 주권상장법인의 일반공모증자시의 발행가격 산정기준 규제 (자본시장법 §165의6)

## 3. 후속 절차

### 가. 신주배정 기준일의 지정, 공고: 2주간 전 (§418Ⅲ)

### 나. 신주인수권자에 대한 최고(신주의 청약 및 실권의 최고): 2주간 전 (§419)

- 제3자 배정의 경우 주주에 대한 통지/공고(§418Ⅳ): 신주발행유지청구의 기회를 주기 위하여 2011년 개정상법에 신설함.

### 다. 신주인수권증서의 발행

- 신주인수권의 양도를 허용하는 경우, 청약일의 2주간 전에 발행한다(§420의2).
- 전자등록에 의한 대체(§420의4): 회사는 신주인수권증서를 발행하는 대신 정관으로 정하는 바에 따라 전자등록기관의 전자등록부에 신주인수권을 등록할 수 있다.

### 라. 신주의 인수: 청약과 배정

(1) 법적 성질: 주식청약인의 청약과 회사의 배정으로 성립하는 입사계약

(2) 서면주의: 주식청약서(§420)/신주인수권증서(§420의5)에 의한 청약

(3) 인수행위의 하자

- 비진의표시의 무효 규정 배제 (§§425, 302Ⅲ)
- 주식청약서/신주인수권증서의 흠결, 사기/강박/착오로 인한 무효/취소 주장 제한(§427): 신주의 발행으로 인한 변경등기를 한 날로부터 1년을 경과한 후에는 주식청약서 또는 신주인수권증서의 요건의 흠결을 이유로 하여 그 인수의 무효를 주장하거나 사기, 강박 또는 착오를 이유로 하여

그 인수를 취소하지 못한다. 그 주식에 대하여 주주의 권리를 행사한 때에도 같다.[105)]

### 마. 납입

- 회사의 동의에 의한 상계 허용(2011년 개정상법 §421): 회사의 동의가 있으면, 인수가액 납입채무와 회사에 대한 채권을 상계할 수 있다.
- 실권절차 없음(§423Ⅱ): 신주의 인수인이 납입기일에 납입 또는 현물출자의 이행을 하지 아니한 때에는 그 권리를 잃으며, 회사는 손해배상을 청구할 수 있다.
- 신주발행의 효력발생 시기: 납입기일의 다음 날로부터 주주의 권리의무가 있다(§423).
- 권리주 양도제한 등 설립시의 관련규정 준용(§425)

### 바. 현물출자의 검사(§422)

- 회사설립시의 경우와 같다. 단, 변제기가 돌아온 회사에 대한 금전채권을 출자의 목적으로 출자전환하는 경우로서(debt equity swap) 그 가액이 회사장부에 적혀 있는 가액을 초과하지 아니하는 경우에도 현물출자의 검사에서 제외된다.
- 대법원 79다509 판결(1980): 주식회사의 현물출자에 있어서 이사는 법원에 검사인의 선임을 청구하여 일정한 사항을 조사하도록 하고 법원은 그 보고서를 심사하도록 되어 있으나 이와 같은 절차를 거치지 아니한 신주발행 및 변경등기가 당연무효가 된다고 볼 수 없다.

### 사. 실권주 및 단주의 처리

(1) 단주(端株): 특별한 규정이 없지만, 처분하여 단주의 주주에게 지급하면 된다.[106)]

---

105) 회사설립시 주식인수의 무효주장, 취소의 제한(§320): ① 회사성립후에는 주식을 인수한 자는 주식청약서의 요건의 흠결을 이유로 하여 그 인수의 무효를 주장하거나 사기, 강박 또는 착오를 이유로 하여 그 인수를 취소하지 못한다. ② 창립총회에 출석하여 그 권리를 행사한 자는 회사의 성립전에도 전항과 같다.

106) 자본금감소와 관련한 단주의 처리 방법은 다음과 같다: 병합에 적당하지 아니한 수의 주식이 있는 때에는 그 병합에 적당하지 아니한 부분에 대하여 발행한 신주를 경매하여 각 주수에

(2) 실권주

- 개념: 주주 또는 신주인수권증서의 소지인이 청약일까지 청약하지 않았거나 청약을 했지만 납입기일까지 납입[현물출자를 이행]하지 않아 권리를 상실한 주식
- 실권주의 과세(상속세및증여세법 §39 I): 실권주의 발생이나 배정에 의한 이익은 증여재산가액으로 한다.
- 실권주의 처리: 이사회 결의로 처리방법을 정하며, 제3자 배정도 허용된다(통설).

※ [실권주의 제3자 배정과 발행가액] 대법원 2009.5.29. 선고 2007도4949 전원합의체 판결(에버랜드 전환사채 사건): ① [다수의견] 상법상 전환사채를 주주배정방식에 의하여 발행하는 경우에도 주주가 그 인수권을 잃은 때에는 회사는 이사회의 결의에 의하여 그 인수가 없는 부분에 대하여 자유로이 이를 제3자에게 처분할 수 있는 것인데, 단일한 기회에 발행되는 전환사채의 발행조건은 동일하여야 하므로, 주주배정으로 전환사채를 발행하는 경우에 주주가 인수하지 아니하여 실권된 부분에 관하여 이를 주주가 인수한 부분과 별도로 취급하여 전환가액 등 발행조건을 변경하여 발행할 여지가 없다. 주주배정의 방법으로 주주에게 전환사채인수권을 부여하였지만 주주들이 인수청약하지 아니하여 실권된 부분을 제3자에게 발행하더라도 주주의 경우와 같은 조건으로 발행할 수밖에 없고, 이러한 법리는 주주들이 전환사채의 인수청약을 하지 아니함으로써 발생하는 실권의 규모에 따라 달라지는 것은 아니다. ② [반대의견] 상법에 특별한 규정은 없지만, 일반적으로 동일한 기회에 발행되는 전환사채의 발행조건은 균등하여야 한다고 해석된다. 그러나 주주에게 배정하여 인수된 전환사채와 실권되어 제3자에게 배정되는 전환사채를 '동일한 기회에 발행되는 전환사채'로 보아야 할 논리필연적인 이유나 근거는 없다. 실권된 부분의 제3자 배정에 관하여는 다시 이사회 결의를 거쳐야 하는 것이므로, 당초의 발행결의와는 동일한 기회가 아니라고 볼 수 있다. 그 실권된 전환사채에 대하여는 발행

---

따라 그 대금을 종전의 주주에게 지급하여야 한다. 그러나 거래소의 시세있는 주식은 거래소를 통하여 매각하고, 거래소의 시세없는 주식은 법원의 허가를 받아 경매외의 방법으로 매각할 수 있다(§443 I).

을 중단하였다가 추후에 새로이 제3자 배정방식으로 발행할 수도 있는 것이므로, 이 경우와 달리 볼 것은 아니다.

### 아. 변경 등기

### 자. 상장법인의 특례(자본시장과 금융투자업에 관한 법률)

(1) 모집 또는 매출의 신고(§118): 증권신고서 제출 및 투자설명서의 작성

(2) 주식의 발행 및 배정 등에 관한 특례(§165조의6): 공모주, 실권주 규제, 신주인수권증서의 발행

(3) 우리사주조합원에 대한 주식의 배정 등에 관한 특례(§165조의7): 20/100 배정

(4) 액면미달발행의 특례(§165조의8): 주주총회 결의만에 의한 액면미달발행 허용

(5) 주주에 대한 통지 또는 공고의 특례(§165조의9): 신주의 제3자 배정과 주주에 대한 통지 조항의 적용 배제

# 제3절 신주인수권 (preemptive right)

**제418조 (신주인수권의 내용 및 배정일의 지정·공고)** ① 주주는 그가 가진 주식 수에 따라서 신주의 배정을 받을 권리가 있다.
② 회사는 제1항의 규정에 불구하고 정관에 정하는 바에 따라 주주 외의 자에게 신주를 배정할 수 있다. 다만, 이 경우에는 신기술의 도입, 재무구조의 개선 등 회사의 경영상 목적을 달성하기 위하여 필요한 경우에 한한다.
③④ (생략)

## 1. 주주의 新株引受權

### 가. 신주인수권의 의의

- 신주인수권의 개념: 신주를 우선적으로 인수할 수 있는 권리(§418 Ⅰ)

- 추상적/구체적 신주인수권: 회사가 신주를 발행할 경우에 신주를 인수할 수 있는 권리(추상적 신주인수권)는 이사회의 신주발행 결의가 있으면 구체적인 권리가 된다(구체적 신주인수권). 일단 발생한 구체적 신주인수권은 주식으로부터 독립된 권리가 되어 주주권의 이전에 수반되지 않는다.

### 나. 주주의 신주인수권의 보장

- 신주발행은 주식의 경제적 가치 및 회사지배권에 변동을 초래하므로 신주를 주주에게 배정하여 주주의 손해를 방지할 필요가 있다. 그렇지만 회사의 자금 조달을 편리하게 하려면 제3자에 대한 배정도 필요하며, 신기술을 도입하기 위해 제3자에게 신주를 배정해야 할 필요도 있다. 따라서 상법은 원칙적으로 주주의 신주인수권을 인정하면서, 정관의 규정으로 제3자에게 신주를 배정할 수 있도록 허용하되 경영상의 목적(신기술 도입, 재무구조 개선 등)을 달성하기 위하여 필요한 경우로 제한하고 있다.
- 주주는 그가 가진 주식 수에 따라서 신주의 배정을 받을 권리가 있다(§418 Ⅰ). 다만, 종류주식은 주식의 종류에 따라 신주 인수에 관하여 특수하게 정할 수 있다(§344Ⅲ).

### 다. 현물출자와 주주의 신주인수권

(1) 현물출자분에 대한 신주인수권의 배제

- 신주발행사항으로 이사회가 현물출자를 정할 수 있으므로(§416 iv), 그 범위 안에서는 주주의 신주인수권이 배제된다(다수설).
- [저가의 현물출자분에 대한 증여세 부과처분 취소] 대법원 88누889 판결(1989)(기초사실: 甲 주식회사 대표이사 P가 개인소유 기업을 1.7억원으로 평가하여 甲회사에 현물출자하고 17만주를 발행받음. D 세무서장은 신주발행 후 1주당 가치를 3,252원으로 평가하여 액면가 1,000원을 제외한 2,252원(×17만주)을 증여받은 것으로 인정하여 증여세 등을 부과함. P의 증여세 부과처분 취소청구): ① 주주의 신주인수권은 주주가 종래 가지고 있던 주식의 수에 비례하여 우선적으로 인수의 배정을 받을 수 있는 권리로서 주주의 자격에 기하여 법률상 당연히 주주에게 인정되는 것이긴 하나, 다만 현물출자자에 대하여 발행하는 신주에 대하여는 일반주주의 신주인수권은

미치지 않는다고 보는 것이 타당하다. ② 원심이 甲회사의 이사회에서 P로부터 현물출자를 받아 이에 대하여 P에게 위 회사의 보통주식 17만 주를 배정하기로 결의한 이상 P를 제외한 위 회사의 구 주주들에게는 위 현물출자에 의하여 발행되는 신주에 대한 신주인수권이 없다고 판단하고, 위 구 주주들에게 신주인수권이 있음을 전제로 한 D의 이 사건 각 증여세 부과처분을 위법하다 하여 취소를 명한 것은 정당하다.

(2) 현물출자에 정관의 규정 또는 주주총회의 특별결의가 필요하다는 견해

- 이사회의 결의만으로 주주의 신주인수권을 침해하지 못하도록 하려면, 주주의 신주인수권에 변동을 가져오는 현물출자는 정관의 규정 또는 주주총회의 특별결의를 요구하여야 한다.[107]

## 2. 제3자의 新株引受權

### 가. 제3자에 대한 신주인수권의 부여

(1) 정관에 따른 허용 (§418Ⅱ)

- 제3자 배정은 정관에 정함이 있을 때에만 가능하며, 허용사유도 경영상의 목적(신기술 도입, 재무구조 개선 등) 달성에 필요한 경우로 제한된다.
- 주주총회 특별결의에 의한 제3자 배정: 정관변경의 결의요건과 같으므로 허용된다고 할 것이다(다수설).[108]

(2) 기타

(가) 신주발행형 주식매수선택권(stock option): 정관으로 임직원에게 주식매수선택권을 부여하는 경우에, 자기주식 양도형과 함께 신주발행형도 허용한다(§340의2).

(나) 주권상장법인의 일반공모증자 허용(자본시장법 §165의6): 주권상장법인은 정관으로 정하는 바에 따라 이사회 결의로써 일반공모증자 방식으로 신주를 발행할 수 있다.

---

107) 김건식Ⅱ, 398면; 이철송, 864-865면. 현물출자에 의한 신주발행의 경우에도 신주의 제3자 배정에 필요한 요건을 갖추어야 한다는 하급심 판결로는, 서울남부지법 2010가합3538 판결 참조.

108) 독일에서는 제3자배정에 주주총회의 특별결의가 필요하다.

(다) 종업원지주제도(ESOP; Employee Stock Ownership Plan): 유가증권 시장 상장법인의 우리사주조합원에게 20% 범위 내의 우선배정을 받을 권리를 부여한다(자본시장법 §165의7, 근로자복지기본법 §32).

## 나. 정관 규정의 유형

### (1) 규정 형태

① 이사회에 위임하는 규정: 신주를 배정받을 제3자를 이사회가 정하도록 하는 규정[109)]

② 부여받을 자의 범주와 부여할 주식의 최대한도를 정하는 규정

③ 부여받을 자와 부여할 주식의 종류와 수를 구체적으로 특정한 규정

### (2) 규정의 구체성 문제

- 제3자 배정 규정은 주주의 신주인수권을 제한하는 것이므로, 신주인수권의 부여 대상, 주식의 종류와 수를 정관으로 확정할 필요가 있다.
- 다만, 제3자의 범위나 배정주식 수의 상한을 정하여 이사회가 배정 여부를 결정하도록 하는 것은 가능하다고 할 것이다.

## 다. 정관 규정에 의한 제3자의 신주인수권의 성질

- 쟁점: 제3자의 신주인수권을 정관으로 특정한 경우에, 그 규정이 제3자의 신주인수권을 창설하는 규정인지, 아니면 이사회가 제3자에게 신주인수권을 부여할 수 있도록 하는 수권규정인지 문제된다.
- 계약상의 권리(다수설): 정관의 효력은 회사 및 주주가 아닌 외부의 제3자에게 미치지 못한다. 따라서 제3자의 신주인수권은 정관의 규정에 따라 신주인수권을 부여하는 계약을 따로 체결하여야 발생하는 계약상의 권리이다.[110)]

---

109) 제3자 배정 규정은 주주의 신주인수권을 제한하는 것이므로, 신주인수권의 부여 대상, 주식의 종류와 수를 정관으로 확정할 필요가 있다. 주주총회의 보통결의나 이사회의 결의에 맡기는 것은 백지위임이 되어 예측가능성과 제3자배정의 합리성을 보장할 수 없으므로 무효라는 견해로는, 이철송, 861면. 그러나 제3자의 범위를 정하거나(예: 임원, 종업원, 외국합작투자자, 공모 등), 배정주식 수의 상한(예: 신주의 10% 이내)을 정하는 방식은 가능하다고 본다.

110) 정관의 효력범위와 관련하여, 회사 내부자인 발기인/이사 등에게 신주인수권을 부여하는 정관규정(§§290, 388: 발기인의 특별이익, 이사의 보수)은 직접 효력이 있다고 해석해야 하고, 따라서 이러한 경우에는 정관 규정만으로 신주인수권이 발생한다는 견해도 있다; 이철송,

■ 정관에 규정된 제3자의 신주인수권을 무시한 신주발행의 효력: 제3자의 신주인수권을 단체법상의 권리가 아닌 계약상의 권리로 보면 이를 무시한 신주발행도 유효하며, 회사의 채무불이행 책임만 남을 뿐이다(채권적 효력).111)

## 라. 제3자 배정의 합리성

(1) 배정 목적의 합리성: 경영상 목적

■ "신기술의 도입, 재무구조의 개선 등 회사의 경영상 목적을 달성하기 위해 필요한 경우에 한한다"(§418 II): 제3자 배정은 객관성과 합리성, 목적과 수단의 비례성을 가져야 한다는 규정으로 해석할 수 있다. 경영상 목적과는 무관하게 경영진의 경영권을 방어하기 위한 제3자 배정은 무효이다.

■ [경영권 방어목적의 제3자 배정은 주주권 침해] 대법원 2008다50776 판결(2009) (기초사실: 25% 주주인 P가 이사/감사 선임안을 제출하고 회계장부열람 및 등사 가처분 결정을 얻는 등 D 주식회사와 분쟁이 발생하자, D회사는 30% 증자를 하면서 주주의 신주인수권을 배제하고 전부 A에게 배정하여 A가 23%의 최대주주가 되고 P의 지분율은 18.65%로 감소하였다. P는 D회사가 자기에게 우호적인 이사 등을 해임하려하자 A의 신주에 대한 의결권행사금지가처분 결정을 얻어 이를 저지하였고, 신주발행 무효확인의 소를 제기하였다.): ① 신주발행 당시 D회사에는 경영권 분쟁이 있었고, 위 신주발행은 상법 제418조 제2항과 D회사의 정관이 정한 재무구조 개선이나 신기술도입을 위하여 이루어진 것이 아니라 현 경영진의 경영권을 방어할 목적으로 이루어진 것이라고 보인다. ② 상법 제418조는 종래 주주의 신주인수권을 정관에 의하여 폭넓게 제한할 수 있도록 하다가 2001. 7. 24. 법률 개정을 통하여 제1항을 "주주는 그가 가진 주식 수에 따라서 신주의 배정을 받을 권리가 있다."라고, 제2항을 "회사는 제1항의 규정에 불구하고 정관에 정하는 바에 따라 주주 외의 자에게 신주를 배정할 수 있다. 다만, 이 경우에는 신기술의 도입, 재무구조의 개선 등 회사의 경영상 목적

---

872-873면.

111) 신주발행무효의 소의 원고적격은 이사/감사에 한정되어(§429), 제3자는 제외되어 있다. 따라서 제3자의 신주인수권 침해는 신주발행의 무효원인이 아니라는 견해도 있다.

을 달성하기 위하여 필요한 경우에 한한다."라고 각 개정하였는바, 이는 주식회사가 신주를 발행하면서 주주 아닌 제3자에게 신주를 배정할 경우 기존 주주에게 보유 주식의 가치 하락이나 회사에 대한 지배권 상실 등 불이익을 끼칠 우려가 있다는 점을 감안하여, 신주를 발행할 경우 원칙적으로 기존 주주에게 이를 배정하고 제3자에 대한 신주배정은 정관이 정한 바에 따라서만 가능하도록 하면서, 그 사유도 신기술의 도입이나 재무구조 개선 등 기업 경영의 필요상 부득이한 예외적인 경우로 제한함으로써 기존 주주의 신주인수권에 대한 보호를 강화하고자 하는 데 그 취지가 있다 할 것이므로, 주식회사가 신주를 발행함에 있어 신기술의 도입, 재무구조의 개선 등 회사의 경영상 목적을 달성하기 위하여 필요한 범위 안에서 정관이 정한 사유가 없는데도 회사의 경영권 분쟁이 현실화된 상황에서 경영진의 경영권이나 지배권 방어라는 목적을 달성하기 위하여 제3자에게 신주를 배정하는 것은 상법 제418조 제2항을 위반하여 주주의 신주인수권을 침해하는 것이라고 할 것이다. ③ (신주발행의 무효)

(2) 발행가액의 공정성

■ [저가의 신주발행과 회사의 손해] 대법원 2009.5.29. 선고 2007도4949 전원합의체 판결(에버랜드 전환사채 사건): [발행가액과 회사의 손해 여부] ① [다수의견] 회사가 주주 배정의 방법, 즉 주주가 가진 주식 수에 따라 신주, 전환사채나 신주인수권부사채(이하 '신주 등'이라 한다)의 배정을 하는 방법으로 신주 등을 발행하는 경우에는 발행가액 등을 반드시 시가에 의하여야 하는 것은 아니다. 따라서, 회사의 이사로서는 주주 배정의 방법으로 신주를 발행하는 경우 원칙적으로 액면가를 하회하여서는 아니 된다는 제약 외에는 주주 전체의 이익, 회사의 자금조달의 필요성, 급박성 등을 감안하여 경영판단에 따라 자유로이 그 발행조건을 정할 수 있다고 보아야 하므로, 시가보다 낮게 발행가액 등을 정함으로써 주주들로부터 가능한 최대한의 자금을 유치하지 못하였다고 하여 배임죄의 구성요건인 임무위배, 즉 회사의 재산보호의무를 위반하였다고 볼 것은 아니다. 그러나 주주배정의 방법이 아니라 제3자에게 인수권을 부여하는 제3자 배정방법의 경우, 제3자는 신주 등을 인수함으로써 회사의 지분을 새로 취득하게 되므로 그

제3자와 회사와의 관계를 주주의 경우와 동일하게 볼 수는 없다. 제3자에게 시가보다 현저하게 낮은 가액으로 신주 등을 발행하는 경우에는 시가를 적정하게 반영하여 발행조건을 정하거나 또는 주식의 실질가액을 고려한 적정한 가격에 의하여 발행하는 경우와 비교하여 그 차이에 상당한 만큼 회사의 자산을 증가시키지 못하게 되는 결과가 발생하는데, 이 경우에는 회사법상 공정한 발행가액과 실제 발행가액과의 차액에 발행주식수를 곱하여 산출된 액수만큼 회사가 손해를 입은 것으로 보아야 한다. 이와 같이 현저하게 불공정한 가액으로 제3자 배정방식에 의하여 신주 등을 발행하는 행위는 이사의 임무위배행위에 해당하는 것으로서 그로 인하여 회사에 공정한 발행가액과의 차액에 상당하는 자금을 취득하지 못하게 되는 손해를 입힌 이상 이사에 대하여 배임죄의 죄책을 물을 수 있다. 다만, 회사가 제3자 배정의 방법으로 신주 등을 발행하는 경우에는 회사의 재무구조, 영업전망과 그에 대한 시장의 평가, 주식의 실질가액, 금융시장의 상황, 신주의 인수가능성 등 여러 사정을 종합적으로 고려하여, 이사가 그 임무에 위배하여 신주의 발행가액 등을 공정한 가액보다 현저히 낮추어 발행한 경우에 해당하는지를 살펴 이사의 업무상배임죄의 성립 여부를 판단하여야 한다. ② [대법관 양승태의 별개의견] 회사에 자금이 필요한 때에는 이사는 가능한 방법을 동원하여 그 자금을 형성할 의무가 있다 할 것이나, 이사는 회사에 필요한 만큼의 자금을 형성하면 될 뿐 그 이상 가능한 한 많은 자금을 형성하여야 할 의무를 지는 것은 아니고, 또 회사에 어느 정도 규모의 자금이 필요한지, 어떠한 방법으로 이를 형성할 것인지는 원칙적으로 이사의 경영판단에 속하는 사항이다. 그런데 신주발행에 의한 자금형성의 과정에서 신주를 저가 발행하여 제3자에게 배정하게 되면 기존 주주의 지분율이 떨어지고 주식가치의 희석화로 말미암아 구 주식의 가치도 하락하게 되어 기존 주주의 회사에 대한 지배력이 그만큼 약화되므로 기존 주주에게 손해가 발생하나, 신주발행을 통하여 회사에 필요한 자금을 형성하였다면 회사에 대한 관계에서는 임무를 위배하였다고 할 수 없고, 신주발행으로 인해 종전 주식의 가격이 하락한다 하여 회사에 손해가 있다고 볼 수도 없으며, 주주의 이익과 회사의 이익을 분리하여 평가하는 배임죄의 원칙상 이를 회사에 대한 임무위배로 볼 수 없어, 배임죄가 성립한다고 볼 수 없다. [주주 배정과 제3자 배정의 구분] ③ [다수의견] 신주 등의 발행에서 주주 배정방식과 제3자 배정방식을 구별하는 기준은 회사가 신주 등을 발행하는 때에 주주들에게 그들의 지분비율에 따라 신주 등을 우선적으로 인수할 기회를 부여하였는지 여부에 따라 객관적으로 결정되어야 할 성질의 것이지, 신주 등의 인수권을 부여받은 주주들이 실제로 인수권을 행사함으로써 신주 등을 배정받았는지 여부에 좌우되는 것은 아니다. 회사가 기존 주주들에게 지분비율대로 신주 등을 인수할 기회를 부여하였는데도 주주들이 그 인수를 포기함에 따라 발생한 실권주 등을 제3자에게 배정한 결과 회사 지분비율에 변화가 생기고, 이 경우 신주 등의 발행가액이 시가보다 현저하게 낮아 그 인수권을 행사하지 아니한 주주들이 보유한 주식의 가치가 희석되어 기존 주주들의 부(부)가 새로이 주주가 된 사람들에게 이전되는 효과가 발생하더라도, 그로 인한 불이익은 기존 주주들 자신의 선택에 의한 것일 뿐이다. 또한, 회사의 입장에서 보더라도 기존 주주들이 신주 등을 인수하여 이를 제3자에게 양도한 경우와 이사회가 기존 주주들이 인수하지 아니한 신주 등을 제3자에게 배정한 경우를 비교하여 보면 회사에 유입되는 자금의 규모에 아무런 차이가 없을 것이므로, 이사가 회사에 대한 관계에서 어떠한 임무에 위배하여 손해를 끼쳤다고 볼 수는 없다. ④ [대법관 김영란, 박시환, 이홍훈, 김능환, 전수안의 반대의견] 신주 등의 발행이 주주 배정방식인지 여부는, 발행되는 모든 신주 등을 모든 주주가 그 가진 주식 수에 따라서 배정받아 이를 인수할 기회가 부여되었는지 여부에 따라 결정되어야 하고, 주주에게 배정된 신주 등을 주주가 인수하지 아니함으로써 생기는 실권주의 처리에 관하여는 상법에 특별한 규정이 없으므로 이사는 그 부분에 해당하는 신주 등의 발행을 중단하거나 동일한 발행가액으로 제3자에게 배정할 수 있다. 그러나 주주 배정방식으로 발행되는 것을 전제로 하여 신주 등의 발행가액을 시가보다 현저히 저가로 발행한 경우에, 그 신주 등의 상당 부분이 주주에 의하여 인수되지 아니하고 실권되는 것과 같은 특별한 사정이 있는 때에는, 그와 달리 보아야 한다. 주주 배정방식인지 제3자 배정방식인지에 따라 회사의 이해관계 및 이사의 임무 내용이 달라지는 것이므로, 회사에 대한 관계에서 위임의 본지에 따른 선관의무상 제3자 배정방식의 신주 등 발행에 있어 시가발행의무를 지는 이사로서는, 위와 같이 대량으로 발생한 실권주에 대하여 발행을 중단하고 추후에 그 부분에 관하여 새로이 제3자 배정방식에 의한 발행을 모색할 의무가 있고, 그렇게 하지 아니하고 그 실권주를 제3자에게 배정하여 발행을 계속할 경우에는 그 실권주를 처음부터 제3자 배정방식으로 발행하였을 경우와 마찬가지로 취급하여 발행가액을 시가로 변경할 의무가 있다고 봄이 상당하다. 이와 같이 대량으로 발생한 실권주를 제3자에게 배정하는 것은, 비록 그것이 주주 배정방식으로 발행한 결과라고 하더라도, 그 실질에 있어 당초부터 제3자 배정방식으로 발행하는 것과 다를 바 없고, 이를 구별할 이유도 없기 때문이다. 그러므로 신주 등을 주주 배정방식으로 발행하였다고 하더라도, 상당 부분이 실권되었음에도, 이사가 그 실권된 부분에 관한 신주 등의 발행을 중단하지도 아니하고 그 발행가액 등의 발행조건을 제3자 배정방식으로 발행하는 경우와 마찬가지로 취급하여 시가로 변경하지도 아니한 채 발행을 계속하여 그 실권주 해당부분을 제3자에게 배정하고 인수되도록 하였다면, 이는 이사가 회사에 대한 관계에서 선관의무를 다하지 아니한 것에 해당하고, 그로 인하여 회사에 자금이 덜 유입되는 손해가 발행하였다면 업무상배임죄가 성립한다.

**자본시장과 금융투자업에 관한 법률: 주권상장법인에 대한 특례규정 개정(2013. 5. 28.)**

제165조의6(주식의 발행 및 배정 등에 관한 특례) ② 주권상장법인은 신주를 배정하는 경우 그 기일까지 신주인수의 청약을 하지 아니하거나 그 가액을 납입하지 아니한 주식에 대하여 발행을 철회하여야 한다. 다만, 금융위원회가 정하여 고시하는 방법에 따라 산정한 가격 이상으로 신주를 발행하는 경우로서 다음 각 호의 어느 하나에 해당하는 경우에는 그러하지 아니하다.

1. 실권주가 발생하는 경우 대통령령으로 정하는 특수한 관계에 있지 아니한 투자매매업자가 인수인으로서 그 실권주 전부를 취득하는 것을 내용으로 하는 계약을 해당 주권상장법인과 체결하는 경우
2. 제1항제1호의 경우 신주인수의 청약 당시에 해당 주권상장법인과 주주 간의 별도의 합의에 따라 실권주가 발생하는 때에는 신주인수의 청약에 따라 배정받을 주식수를 초과하는 내용의 청약(이하 이 호에서 "초과청약"이라 한다)을 하여 그 초과청약을 한 주주에게 우선적으로 그 실권주를 배정하기로 하는 경우. 이 경우 신주인수의 청약에 따라 배정받을 주식수에 대통령령으로 정하는 비율을 곱한 주식수를 초과할 수 없다.
3. 그 밖에 주권상장법인의 자금조달의 효율성, 주주 등의 이익 보호, 공정한 시장질서 유지의 필요성을 종합적으로 고려하여 대통령령으로 정하는 경우

## 3. 신주인수권의 양도

### 가. 신주인수권의 양도성

(1) 추상적 신주인수권의 양도성

- 주주의 추상적 신주인수권: 주주권의 내용으로서, 주주의 지위와 분리하여 양도하지 못한다.
- 제3자의 추상적 신주인수권: 계약에 의한 채권적 권리로서 양도할 수 있다는 견해도 있지만[112], 회사와의 특별한 관계에 기초하여 정관으로 정한다는 점에서 양도성이 없다고 본다(다수설).

(2) 구체적 신주인수권의 양도성

- 구체적 신주인수권은 독립된 채권적 권리이므로 양도성을 갖는다. 특히 주주의 경우에는 신주발행으로 추가출자를 강요당하는 셈이므로(신주의 인수를 포기하면 주식의 등가성을 유지할 수 없다), 신주인수권의 양도를 허용하여 주식인수의 경제적 부담을 덜고 가치 하락으로 인한 손실을 막을 수 있는 기회를 제공할 필요가 있다.[113]
- 상법은 이사회가 결정하는 신주발행사항 중에 "주주가 가지는 신주인수권을 양도할 수 있는 것에 관한 사항" 및 "주주의 청구가 있는 때에만 신주인수권증서를 발행한다는 것과 그 청구기간"을 포함시키고 있다(§§416 v, vi). 따라서 주주의 신주인수권 양도를 이사회가 금지할 수 있는지, 제3자의 신주인수권은 양도할 수 없는지가 문제된다.

### 나. 이사회가 양도를 인정하는 경우

(1) 양도성 부여의 임의성: 주주가 가지는 신주인수권을 양도할 수 있는 것에 관한 사항은 신주 발행사항으로 정관에 규정이 없으면 이사회의 결정한다(§416 v).

(2) 양도방법: 양도의 합의 + 신주인수권증서의 교부(§420의3), 또는 신주인수권 전자등록부의 등록 (§420의4)

112) 정찬형, 687면; 최준선, 558면

113) 이 점에서 신주인수권의 양도와 권리주 양도는 성격을 달리한다고 할 수 있다.

(3) 제3자의 신주인수권의 양도성을 인정할 수 있는가: §416 v), vi)의 해석상 제3자의 신주인수권은 양도할 수 없다는 견해 ↔ 양도제한이 주로 신주발행사무의 편의를 위한 것이라면 회사가 양도를 인정하는 것까지 금지할 필요는 없다는 견해

다. 이사회가 양도성 여부를 정하지 않는 경우

- 당사자 간의 채권적 양도(판례, 다수설): 이사회가 양도를 허용하지 않는 이상 양도하지 못한다고 본다. 따라서 이러한 경우의 신주인수권 양도는 회사에 대해 효력이 없으며, 당사자 간의 채권적 양도에 그친다.[114]
- [회사가 승낙한 신주인수권의 양도] 대법원 94다36421 판결(1995) (기초사실: D1 주식회사가 신주를 발행하자 P가 A로부터 그 주식과 신주인수권을 양수하였고 D1회사의 대표이사가 양도를 승낙하였다. 이후 회사는 주주명부에 D2를 주주로 기재하였다. P의 D1, D2에 대한 주주권확인의 소): ① 상법 제416조 제5호에 의하면, 회사의 정관 또는 이사회의 결의로 주주가 가지는 신주인수권을 양도할 수 있는 것에 관한 사항을 결정하도록 되어 있는바, 신주인수권의 양도성을 제한할 필요성은 주로 회사측의 신주발행사무의 편의를 위한 것에서 비롯된 것으로 볼 수 있고, 또 상법이 주권발행 전 주식의 양도는 회사에 대하여 효력이 없다고 엄격하게 규정한 것과는 달리 신주인수권의 양도에 대하여는 정관이나 이사회의 결의를 통하여 자유롭게 결정할 수 있도록 한 점에 비추어 보면, 회사가 정관이나 이사회의 결의로 신주인수권의 양도에 관한 사항을 결정하지 아니하였다 하여 신주인수권의 양도가 전혀 허용되지 아니하는 것은 아니고, 회사가 그와 같은 양도를 승락한 경우에는 회사에 대하여도 그 효력이 있다고 할 것이다. ② 주권발행전의 주식의 양도는 지명채권양도의 일반원칙에 따른다 함은 앞서 본 바와 같고, 신주인수권증서가 발행되지 아니한 신주인수권의 양도 또한 주권발행전의 주식양도에 준하여 지명채권양도의 일반원칙에 따른다고 보아야 하므로, 주권발행전의 주식양도나 신주인수권증서가 발행되지 아니한 신주인수권양도의 제3자에 대한 대항요건으로는 지명채권의 양도

114) 양도가 허용되며, 지명채권 양도의 방법과 효력으로 양도할 수 있다는 견해로는; 이철송, 874-875면.

와 마찬가지로 확정일자 있는 증서에 의한 양도통지 또는 회사의 승낙이라고 보는 것이 상당하고, 주주명부상의 명의개서는 주식 또는 신주인수권의 양수인들 상호간의 대항요건이 아니라 적법한 양수인이 회사에 대한 관계에서 주주의 권리를 행사하기 위한 대항요건에 지나지 아니한다고 볼 것이다.

### 라. 신주인수권증서 (stock subscription warrant)

(1) 의의

- 주주의 신주인수권을 표창한 유가증권
- 제3자에게도 신주인수권 증서를 발행할 수 있는가: 제3자의 신주인수권의 양도성 문제

(2) 발행

- 주주가 가지는 신주인수권의 양도를 허용하는 경우에 발행하며, 주주의 청구가 있는 때에만 발행하는 것으로 정할 수도 있다(§§420의2, 416 v,vi).

(3) 기재사항: 주식청약서의 일부 기재사항 등(§§420의2, 420)

(4) 신주인수권증서의 효력

- 신주인수권의 양도방법: 양도의 합의 + 신주인수권증서의 교부(또는 신주인수권 전자등록부의 등록)
- 신주의 청약방법: 신주인수권증서를 발행한 경우에는 신주인수권증서에 의하여 주식의 청약을 한다. 신주인수권증서를 상실한 자는 주식청약서에 의하여 주식의 청약을 할 수 있다. 그러나 그 청약은 신주인수권증서에 의한 청약이 있는 때에는 그 효력을 잃는다(§420의5).
- 주권의 권리추정력, 수표법의 선의취득 규정 준용 (§§420의3 Ⅱ, 336 Ⅱ, 수 §21)

# 제4절 신주발행의 흠

## 1. 이사 등의 책임

### 가. 자본충실책임

- 인수담보책임: 신주발행으로 인한 변경등기가 있은 후에 인수하지 아니한 주식이 있거나 주식인수의 청약이 취소된 때에는 이사가 이를 공동으로 인수한 것으로 본다(§428 Ⅰ).
- 납입담보책임의 부재: 납입기일에 납입되지 않으면, 설립시의 주식발행에서와는 달리 실권절차 없이 인수인의 권리가 상실되며, 이사의 납입담보책임이 발생하지 않는다.

### 나. 이사의 손해배상책임 (§§428 Ⅱ, 399, 401)

- 이사의 일반 손해배상책임

### 다. 通謀引受人의 책임

**제424조의2 (불공정한 가액으로 주식을 인수한 자의 책임)** ① 이사와 통모하여 현저하게 불공정한 발행가액으로 주식을 인수한 자는 회사에 대하여 공정한 발행가액과의 차액에 상당한 금액을 지급할 의무가 있다.
② 제403조 내지 제406조의 규정(대표소송)은 제1항의 지급을 청구하는 소에 관하여 이를 준용한다.
③ 제1항 및 제2항의 규정은 이사의 회사 또는 주주에 대한 손해배상의 책임에 영향을 미치지 아니한다.

- 차액지급책임: 이사와 통모하여 현저하게 불공정한 발행가액으로 주식을 인수한 자는 회사에 대하여 공정한 발행가액과의 차액에 상당한 금액을 지급할 의무가 있다(§424의2).
- 책임의 성격: 인수인의 출자의무에 기초한 미출자분에 대한 출자책임이라는 견해, 유한책임의 예외로서 추가출자의무라는 견해, 불법행위로 인한 손해배상책임이라는 견해 등.
- 적용 범위: 주주배정 방식의 신주발행에는 적용되지 않는다.
- 이사의 손해배상책임과의 관계: 부진정연대책임이라고 보지만(다수설), 통

모인수인의 책임이 이사의 회사 또는 주주에 대한 손해배상의 책임에 영향을 미치지 않는다는 점에서(§424의2Ⅲ) 독립적인 책임이라는 견해도 있다(독립책임설).

## 2. 新株發行留止請求權

**제424조 (유지청구권)** 회사가 법령 또는 정관에 위반하거나 현저하게 불공정한 방법에 의하여 주식을 발행함으로써 주주가 불이익을 받을 염려가 있는 경우에는 그 주주는 회사에 대하여 그 발행을 유지할 것을 청구할 수 있다.

### 가. 의의

- 위법하거나 불공정한 신주발행에서 개별 주주의 이익을 보호하기 위한 구제수단이다.
- 자익권이며 단독주주권이라는 점에서, 공익권이며 소수주주권인 이사에 대한 위법행위유지청구권(§402[115])과 다르다.

### 나. 요건

(1) 신주발행의 법령 또는 정관 위반, 현저한 불공정

- 실질적 흠: 주주의 신주인수권이나 배정비율(§418Ⅰ)의 위반
- 형식적 흠: 기간 불준수(배정기준일 2주간 전의 신주발행 공고, 청약일 2주간 전의 통지/공고 및 신주인수권증서 발행: §§418Ⅲ, 419Ⅲ, 420의2Ⅰ), 인수권자에 대한 최고 해태(§419)
- 현저한 불공정한 경우의 예: 발행가액을 시가보다 훨씬 높게 하여 대량의 실권주를 유도하는 경우

(2) 주주의 불이익 염려

- 주주에게 직접적인 불이익이 발생할 염려가 있어야 한다. 회사 전체의 손해가 발생하여 주주에게 간접적인 손해가 생길 염려가 있는 이사의 행위

---

115) 제402조(유지청구권) 이사가 법령 또는 정관에 위반한 행위를 하여 이로 인하여 회사에 회복할 수 없는 손해가 생길 염려가 있는 경우에는 감사 또는 발행주식의 총수의 100분의 1 이상에 해당하는 주식을 가진 주주는 회사를 위하여 이사에 대하여 그 행위를 유지할 것을 청구할 수 있다.

는 위법행위유지청구권(§402)의 대상이 된다.

(3) 유지청구의 당사자

- 불이익을 받을 염려가 있는 주주가 회사를 상대방으로 한다.

다. 유지청구의 효과

(1) 의사표시에 의한 유지청구: 회사가 신주발행을 중단할 의무가 생기는 것은 아니므로, 회사는 신주발행을 계속할 수 있다. 다만, 이사의 주의의무 위반 여부를 판단하는데 영향을 미칠 수 있을 뿐이다.

(2) 소로써 청구하는 경우

- 신주발행유지를 명한 판결이 확정되면 이에 위반한 신주발행은 무효이다.
- 신주발행금지가처분 위반: 유지청구를 본안으로 하는 가처분을 얻은 경우에 가처분을 무시한 사실만으로는 무효사유가 될 수 없다.[116) ] 가처분은 개인적인 소송에서 소명에 의해 발령되고 당사자 간에만 상대적 효력을 갖는 것에 불과하기 때문이다. 다만, 본안소송인 신주발행유지의 소에서 원고가 승소하면 신주발행은 무효가 된다.

## 3. 新株發行無效의 訴

**제429조 (신주발행무효의 소)** 신주발행의 무효는 주주 · 이사 또는 감사에 한하여 신주를 발행한 날로부터 6월내에 소만으로 이를 주장할 수 있다.

가. 의의 (§429)

- 회사의 단체적 법률관계를 획일적으로 처리하기 위하여 무효의 주장방법과 효력을 제한한다.
- 특징: 제소권자(주주, 이사/감사), 주장방법(소), 제소기간의 제한(6월 내), 재량기각 허용, 판결의 대세적 효력, 소급효 제한(형성의 소)

---

116) 신주발행 무효사유가 된다는 설명도 많지만, 판례는 다른 태도를 취한다. 후술하는 신주발행 무효의 소 부분 참조.

## 나. 무효 원인

(1) 무효사유의 제한적 해석

- 하자의 경중, 이익형량: 무효사유를 특정하지 않아 무효원인 일반이 적용될 수 있지만, 법률관계의 안정을 위해 무효원인은 ① 주식회사의 본질에 반하는 중대한 위법행위에 한정되며, ② 회사와 신/구 주주, 신주의 거래당사자 등 이해당사자의 이익을 比較較量하여야 한다.

(2) 무효 사유의 예

(가) 절차적 흠

① 통지/공고의 누락 (신주인수권 등의 통지/공고): 주주의 사전적 대응수단인 신주발행유지청구권을 보장하기 위한 절차이므로, 유지사유가 없다고 인정되지 않는다면 무효사유로 보아야 한다.[117)]

② 이사회/주주총회 결의의 흠

- 대외적 대표권한을 갖는 이사가 발행한 이상 유효하다(다수설, 판례).[118)]
- 신주발행에 관한 이사회/주주총회 결의의 하자는 신주발행 이후에는 독립적으로 다투지 못하고, 신주발행무효의 소에 흡수된다.
- [이사회 결의의 흠은 무효사유가 아니다] 대법원 2005다77060,77077 판결(2007) (기초사실: D 주식회사가 신주발행을 결정한 이사회를 소집하면서 감사 및 이사인 원고들에게 소집통지를 하지 않았다. 원고들의 이사회결의 무효확인의 소 등): ① 주식회사의 신주발행은 주식회사의 업무집행에 준하는 것으로서 대표이사가 그 권한에 기하여 신주를 발행한 이상 신주발행은 유효하고, 설령 신주발행에 관한 이사회의 결의가 없거나 이사회의 결의에 하자가 있더라도 이사회의 결의는 회사의 내부적 의사결정에 불과하므로 신주발행의 효력에는 영향이 없다. ② 원고 1은 위 신주발행이 주식평등의 원칙에 위배되는 등 그 흠이 중대하고 명백하여 무효라고 주장하나 위 주장은 상고심에 이르러 제기한 새로운 주

117) 이철송, 880면; 노혁준, 신주발행의 무효사유에 관한 연구, 법무부, 선진상사법률연구 통권 제60호, 2012. 10., 48-50면. 일본의 판례이다(최고재판소, 1997. 1. 28. 判例時報 1592호 134면; 1998. 7. 17. 判例時報 1653호 143면).

118) 일본의 판례도 같다(최고재판소, 1961. 3. 31. 민집 15권 3호 645면). 신주발행의 의사결정 자체가 없으므로 무효라는 견해로는, 이철송, 888면 참조.

장으로서 신주발행무효의 소의 출소기간이 경과한 후에 위와 같이 새로운 무효사유를 추가하여 주장하는 것은 허용되지 않는다.

③ 유지명령 또는 가처분 위반

- 신주발행유지를 명한 판결에 위반한 경우: 무효사유가 된다.
- 신주발행금지가처분 위반: 개인적인 소송에서 소명에 의해 발령되고 당사자 간에만 상대적 효력을 갖는 것에 불과한 가처분만으로 무효사유가 되기는 어렵다.[119)]
- [지분율의 현저한 변동이 수반된 사례] 대법원 2008다65860 판결(2010) (기초사실: D 주식회사의 이사 A는 신주발행을 결의한 이사회에 하자있는 주주총회 결의로 선임된 이사 C, D가 참석하였다는 등의 이유로 신주발행금지 가처분을 받았다. 그러나 대표이사 B는 신주발행을 진행하였고, 결국 B측의 지분율은 58%에서 74%로, A측은 42%에서 26%로 변동되었다. C, D를 이사로 선임한 주주총회의 결의에 관하여는 취소판결이 확정되었다. D회사에 대한 신주발행무효의 소): C, D가 이사로 참여한 D회사의 이사회에서 신주발행을 결의하였으나, C, D를 이사로 선출한 D회사의 주주총회 결의가 위법한 것인 이상 위 이사회결의는 신주발행사항을 이사회결의로 정하도록 한 법령과 정관에 위반한 것으로 볼 수 있을 뿐만 아니라, 위 주주총회 결의의 위법사유에 주된 책임이 있는 당시 대표이사 B가 소외 C, D를 동원하여 위 이사회결의를 하였다는 점에서 그 위반을 중대한 것으로 볼 수 있고, 위 이사회결의에 위와 같은 하자가 존재한다는 이유로 신주발행을 금지하는 가처분이 발령되고 모든 주주들에게 그 사실이 통지되었음에도 B가 신주발행을 진행하는 바람에 B와 그 우호주주들만이 신주를 인수하게 되어 현저하게 불공정한

---

119) 상사가처분을 위반한 회사의 행위에 대하여 그 위반행위 자체로 흠이 있다고 보기는 어렵다고 한 판결로는, 대법원 2009다3920 판결(이사를 선임하는 임시주주총회에서 의결권행사금지가처분에 위반하여 의결권을 행사하였지만 본안소송에서 원고가 패소한 사례에서, "가처분결정 또는 가처분사건에서 이와 동일한 효력이 있는 강제조정 결정에 위반하는 행위가 무효로 되는 것은 형식적으로 그 가처분을 위반하였기 때문이 아니라 가처분에 의하여 보전되는 피보전권리를 침해하기 때문인데, 이 사건 가처분의 본안소송에서 가처분의 피보전권리가 없음이 확정됨으로써 그 가처분이 실질적으로 무효임이 밝혀진 이상 이 사건 주식에 의한 의결권 행사는 결국 가처분의 피보전권리를 침해한 것이 아니어서 유효하고, 따라서 이 사건 주주총회 결의에 가결정족수 미달의 하자가 있다고 할 수 없다."고 판시하였다.)

신주발행이 되었으며, 그로 인하여 경영권 다툼을 벌이던 B측이 D회사의 지배권을 확고히 할 수 있도록 그 지분율이 크게 증가하는 결과가 초래되었다. 그 밖에 이 신주발행을 무효로 하더라도 거래의 안전에 중대한 영향을 미칠 것으로 보이지도 않는바, 위와 같은 사정들을 종합하여 보면 결국 이 신주발행은 무효로 보아야 할 것이다.

(나) 실체적 흠

① 지배권을 변동시키는 신주인수권의 침해

- 각종 기간의 불준수, 통지 해태에 의한 신주인수권 침해, 신주배정 비율 위반 등으로 신주인수권을 침해하였더라도 경제적 이익의 침해에 그치면 손해배상의 문제로 국한된다. 그러나 회사지배권에 변동이 발생하였다면 무효사유가 된다.
- [경영권 방어를 위한 제3자 배정의 무효] 대법원 2008다50776 판결(2009) (기초사실: 25% 주주인 P가 이사/감사 선임안을 제출하고 회계장부열람 및 등사 가처분 결정을 얻는 등 D 회사와 분쟁이 발생하자, D 회사는 30% 증자를 하면서 주주의 신주인수권을 배제하고 전부 A에게 배정하여 A가 23%의 최대주주가 되고 P의 지분율은 18.65%로 감소됨, 회사가 자기에게 우호적인 이사 등을 해임하려하자 P는 의결권행사금지가처분 결정을 얻어 이를 저지하였고, 신주발행 무효확인을 구함): ①② (앞의 제3자의 신주인수권 부분의 판례 참고) ③ 신주 발행을 사후에 무효로 하는 경우, 거래의 안전과 법적 안정성을 해할 우려가 큰 점을 고려할 때 신주발행무효의 소에서 그 무효원인은 가급적 엄격하게 해석하여야 할 것이나, 신주 발행에 법령이나 정관의 위반이 있고 그것이 주식회사의 본질 또는 회사법의 기본원칙에 반하거나 기존 주주들의 이익과 회사의 경영권 내지 지배권에 중대한 영향을 미치는 경우로서 주식의 관련된 거래의 안전, 주주 기타 이해관계인의 이익 등을 고려하더라도 도저히 묵과할 수 없는 정도라고 평가되는 경우에는 그 신주의 발행을 무효라고 보지 않을 수 없다 (이 사건 신주발행은 상법 제418조 제2항과 피고 회사의 정관이 정하고 있는 사유가 아니라 현 경영진의 경영권을 방어하기 위하여 제3자 배정방식으로 이루어진 것으로서 위 상법 조항과 피고 회사의 정관을 위반하여 원고 등 기존 주주의 신주인수권을 침

해한 것이라고 할 것이고, 그로 인하여 피고 회사의 지배구조에 앞서 본 바와 같은 심대한 변화가 초래되어 원고의 피고 회사에 대한 종래의 지배권이 현저하게 약화되는 중대한 영향을 받게 되었으니 이러한 신주발행은 도저히 허용될 수 없어 무효라고 하지 않을 수 없다).

② 자본충실의 침해

- 회사의 자금에 의한 신주발행: 자기주식 취득이 되어 무효가 될 것
- 액면미달발행, 현물출자의 과대평가: 부족액의 크기에 따라 판단할 것

### 다. 신주발행무효의 당사자, 제소기간, 절차

(1) 당사자: 주주, 이사, 감사

(2) 제소기간: 신주 발행일(=효력발생일)로부터 6월 내

- [양수인의 소송승계와 명의개서] 대법원 2000다42786 판결(2003): ① 신주발행무효의 소 계속중 그 원고 적격의 근거가 되는 주식이 양도된 경우에 그 양수인은 제소기간 등의 요건이 충족된다면 새로운 주주의 지위에서 신소를 제기할 수 있을 뿐만 아니라, 양도인이 이미 제기한 기존의 위 소송을 적법하게 승계할 수도 있다고 할 것이다. 승계참가가 인정되는 경우에는 그 참가시기에 불구하고 소가 제기된 당초에 소급하여 법률상의 기간준수의 효력이 발생하는 것이므로, 신주발행무효의 소에 승계참가하는 경우에 그 제소기간의 준수 여부는 승계참가시가 아닌 원래의 소 제기시를 기준으로 판단하여야 한다. ② 그리고 주식의 양수인이 이미 제기된 신주발행무효의 소에 승계참가하는 것을 피고 회사에 대항하기 위하여는 주주명부에 주주로서 명의개서를 하여야 하는바, 주식 양수인이 명의개서절차를 거치지 않은 채 승계참가를 신청하여 피고 회사에 대항할 수 없는 상태로 소송절차가 진행되었다고 할지라도, 승계참가가 허용되는 사실심 변론종결 이전에 주주명부에 명의개서를 마친 후 소송관계를 표명하고 증거조사의 결과에 대하여 변론을 함으로써 그 이전에 행하여진 승계참가상의 소송절차를 그대로 유지하고 있다면 명의개서 이전의 소송행위를 추인한 것으로 봄이 상당하여 그 이전에 행하여진 소송절차상의 하자는 모두 치유되었다고 보아야 한다.

※ [출소기간과 무효사유의 주장시기 제한] 대법원 2000다37326 판결(2004) (원고

장하성의 피고 삼성전자에 대한 전환사채발행 무효의 소): ① 상법 제429조는 신주발행의 무효는 주주·이사 또는 감사에 한하여 신주를 발행한 날로부터 6월 내에 소만으로 이를 주장할 수 있다고 규정하고 있는바, 이는 신주발행에 수반되는 복잡한 법률관계를 조기에 확정하고자 하는 것이므로, 새로운 무효사유를 출소시간의 경과 후에도 주장할 수 있도록 하면 법률관계가 불안정하게 되어 위 규정의 취지가 몰각된다는 점에 비추어 위 규정은 무효사유의 주장시기도 제한하고 있는 것이라고 해석함이 상당하고, 한편 상법 제429조의 유추적용에 의하여 전환사채발행무효의 소가 인정됨은 앞서 본 바와 같으므로, 전환사채발행무효의 소에 있어서도 전환사채를 발행한 날로부터 6월의 출소기간이 경과한 후에는 새로운 무효사유를 추가하여 주장할 수 없다고 보아야 할 것이다. ② 기록에 의하면, 원고는 1997. 3. 24. 발행된 이 사건 전환사채에 관하여 같은 해 6. 24. 이 사건 소를 제기한 후 1998. 4. 16.자 항소이유서에서 비로소 이 사건 전환사채의 발행을 위한 이사회 결의에 흠이 있다는 주장을 새로 추가하였음이 분명한바, 이처럼 전환사채발행무효의 소의 출소기간이 경과한 후에 새로운 무효사유를 추가하여 주장하는 것은 허용되지 않는다고 할 것이다.

(3) 소의 절차: §430

- 설립무효/취소의 소에 관한 규정의 준용: 전속관할, 소제기의 공고, 소의 병합심리, 청구기각, 패소원고의 책임 규정을 준용한다.
- 제소주주의 담보제공의무: 주주총회결의취소의 소의 규정(§377)을 준용한다.

### 라. 신주발행무효판결의 효력

(1) 대세적 효력: §§430, 190 제1문

(2) 신주의 효력상실과 소급효 제한(§431): 신주발행무효의 판결이 확정된 때에는 신주는 장래에 대하여 그 효력을 잃는다.

(3) 주금액의 반환과 질권자의 물상대위(§432)

- 신주발행무효의 판결이 확정된 때에는 회사는 신주의 주주에 대하여 그 납

입한 금액을 반환하여야 한다. 반환할 금액이 판결확정시의 회사의 재산상태에 비추어 현저하게 부당한 때에는 법원은 회사 또는 전항의 주주의 청구에 의하여 그 금액의 증감을 명할 수 있다.

## 4. 신주발행의 不存在

### 가. 의의

- 신주발행의 외관만 존재하고 실체가 전혀 없는 경우, 민사소송법의 확인의 소가 허용된다.
- 신주발행무효의 소의 제소권자/주장방법/제소기간 제한, 대세적 효력, 소급효 제한 등의 적용을 배제할 수 있다.

### 나. 부존재 사유

- 예: 주식의 인수, 납입 등 신주발행 절차가 없었던 경우, 권한 없는 자들에 의한 신주 발행
- 대법원 87다카2316 판결(1989): 주주들에게 통지하거나 주주들의 참석없이 주주 아닌 자들이 모여서 개최한 임시주주총회에서 발행예정주식총수에 관한 정관변경결의와 이사선임결의를 하고, 그와 같이 선임된 이사들이 모인 이사회에서 대표이사 선임 및 신주발행결의를 하였다면 그 이사회는 부존재한 주주총회에서 선임된 이사들로 구성된 부존재한 이사회에 지나지 않고 그 이사들에 의하여 선임된 대표이사도 역시 부존재한 이사회에서 선임된 자이어서 그 이사회의 결의에 의한 신주발행은 의결권한이 없는 자들에 의한 부존재한 결의와 회사를 대표할 권한이 없는 자에 의하여 이루어진 것으로서 그 발행에 있어 절차적, 실체적 하자가 극히 중대하여 신주발행이 존재하지 않는다고 볼 수밖에 없으므로 회사의 주주는 위 신주발행에 관한 이사회결의에 대하여 상법 제429조 소정의 신주발행무효의 소의 제기기간에 구애되거나 신주발행무효의 소에 의하지 않고 부존재확인의 소를 제기할 수 있다.

# 제19장 자본금의 감소

## 제1절 개설

### 1. 자본금 감소의 유형

■ 실질적인 자본금 감소(유상감자): 순자산이 감소되는 자본금감소를 말한다. 합병 준비 등의 목적으로 과잉자본을 축소하는 방법이 되며, 주주가 출자금을 회수하는 방법으로도 활용된다.

■ 명목적인 자본금 감소(무상감자): 자본금에 결손이 발생한 경우 자본금을 순자산 규모에 맞추어 조정하는 방법으로, 결손보전을 위한 자본금감소이다(예: 채무자회생법 §205).

**채무자 회생 및 파산에 관한 법률 제205조 (주식회사 또는 유한회사의 자본감소)**

① 주식회사인 채무자의 자본을 감소하는 때에는 회생계획에 다음 각호의 사항을 정하여야 한다.

1. 감소할 자본의 액
2. 자본감소의 방법

② 제1항의 규정에 의한 자본감소는 채무자의 자산 및 부채와 채무자의 수익능력을 참작하여 정하여야 한다.

③ 회생절차개시 당시 주식회사인 채무자의 부채총액이 자산총액을 초과하는 때에는 회생계획에 발행주식의 2분의 1이상을 소각하거나 2주 이상을 1주로 병합하는 방법으로 자본을 감소할 것을 정하여야 한다.

④ 주식회사인 채무자의 이사나 지배인의 중대한 책임이 있는 행위로 인하여 회생절차개시의 원인이 발생한 때에는 회생계획에 그 행위에 상당한 영향력을 행사한 주주 및 그 친족 그 밖에 대통령령이 정하는 범위의 특수관계에 있는 주주가 가진 주식의 3분의 2이상을 소각하거나 3주 이상을 1주로 병합하는 방법으로 자본을 감소할 것을 정하여야 한다.

⑤ 제4항의 규정에 의한 자본감소 후 제206조의 규정에 의하여 신주를 발행하는 때에는 제4항의 규정에 의한 주주는 신주를 인수할 수 없다. 다만, 제4항의 규정에 의한 주주

에 대하여 「상법」 제340조의2(주식매수선택권)의 규정에 의한 주식매수 선택권을 부여할 수 있다.

⑥ 제1항 내지 제4항 및 제5항 본문의 규정은 유한회사의 경우에 준용한다.

### 2. 자본금감소의 방법

가. 株金額의 인하

나. 주식수의 감소

(1) 주식 병합: 복수의 주식을 합하여 그보다 적은 수의 주식으로 하는 방법

(2) 주식 소각: 발행주식의 일부를 소멸시키는 방법

다. 무액면주식을 발행한 경우: 주금액의 인하나 주식의 병합/소각이 불필요하며, 자본금 감소의 의사결정으로 이루어진다.

## 제2절 자본금감소의 절차

### 1. 주주총회의 자본금감소 결의

- 특별결의요건에 의한다(§438Ⅰ). 다만 2011년 개정상법에 도입된 결손의 보전(補塡)을 위한 자본금감소인 경우에는 보통결의로 한다(§438Ⅱ).
- 특별결의에 의한 경우에는 정관변경사항이 있더라도(예: 1주의 금액 인하) 별도의 정관변경 결의 없이 자본감소 결의만으로 충분하지만, 보통결의요건에 의하는 경우에는 정관변경이 필요하다.

### 2. 채권자 보호 절차 (§§439, 232)

가. 의의

- 자본금감소는 주주가 채권자보다 우선하여 출자의 환급을 받는 셈이므로 채권자 보호절차가 필요하다. 다만, 결손보전을 위한 자본금감소(무상감자)의 경우에는 순자산의 유출이 없으므로 채권자 보호절차가 불필요하다

(§439 Ⅱ).

- 합병시의 채권자의 이의 절차 규정을 준용한다(§439).

### 나. 절차 (§§439, 232)

- 회사채권자에 대하여, 결의가 있은 날부터 2주내에, 1월 이상의 이의제기 기간을 정하여, 이의를 제출할 것을 공고하고 알고 있는 채권자에 대하여는 따로따로 최고한다.[120)]
- 이의를 제출한 채권자에 대해서는 변제하거나, 상당한 담보를 제공하거나, 또는 이를 목적으로 하여 상당한 재산을 신탁회사에 신탁하여야 한다.
- 사채권자가 이의를 제기하려면 사채권자집회의 결의가 있어야 한다. 이 경우에는 법원은 이해관계인의 청구에 의하여 사채권자를 위하여 이의제기 기간을 연장할 수 있다.

## 3. 주식의 병합, 소각, 또는 주금액 인하 절차

- 주식병합 절차: §§440-444
- 주식소각 절차: 주식병합절차 준용(§343)
- 주금액의 인하: 주권의 제출, 신주권의 교부(or 권면액 정정)가 필요하므로, 관련되는 주식병합절차가 준용된다고 본다.

## 4. 자본금감소의 효력 발생

- 효력발생시기: 주권제출기간이 만료한 때. 다만 채권자보호절차가 종료하지 아니한 때에는 그 종료한 때에 효력이 생긴다(§441).
- 변경등기: 본점소재지에서는 2주간 내, 지점소재지에서는 3주간 내에 변경사

---

120) 대법원 2011.09.29. 선고 2011다38516 판결: 분할 또는 분할합병으로 인하여 회사의 책임재산에 변동이 생기게 되는 채권자를 보호하기 위하여 상법이 채권자의 이의제출권을 인정하고 그 실효성을 확보하기 위하여 알고 있는 채권자에게 개별적으로 최고하도록 한 입법 취지를 고려하면, 개별 최고가 필요한 '회사가 알고 있는 채권자'란 채권자가 누구이고 채권이 어떠한 내용의 청구권인지가 대체로 회사에게 알려져 있는 채권자를 말하는 것이고, 회사에 알려져 있는지 여부는 개개의 경우에 제반 사정을 종합적으로 고려하여 판단하여야 할 것인데, 회사의 장부 기타 근거에 의하여 성명과 주소가 회사에 알려져 있는 자는 물론이고 회사 대표이사 개인이 알고 있는 채권자도 이에 포함된다고 봄이 타당하다.

항(감소된 자본금의 액, 1주의 금액 또는 발행주식 총수)을 등기하여야 한다.

- 감자차익금은 자본거래에서 발생한 잉여금이므로 자본준비금으로 적립한다(§459 Ⅰ).

# 제3절 자본금감소의 무효

**제445조 [감자무효의 소]** 자본금 감소의 무효는 주주 · 이사 · 감사 · 청산인 · 파산관재인 또는 자본금의 감소를 승인하지 아니한 채권자만이 자본금 감소로 인한 변경등기가 된 날부터 6개월 내에 소(訴)만으로 주장할 수 있다.

**제446조 [준용규정]** 제186조 내지 제189조(전속관할, 소제기의 공고, 소의 병합심리, 재량기각) · 제190조 본문(대세적 효력) · 제191조(패소원고의 책임) · 제192조(등기) 및 제377조(제소주주의 담보제공의무)의 규정은 제445조의 소에 관하여 이를 준용한다.

## 1. 개설

- 법률관계의 획일적 확정을 위하여 감자무효의 주장방법(訴), 제소기간, 원고적격 등을 제한하고, 판결의 대세적 효력과 소급효를 인정한다.
- 무효사유는 규정되어 있지 않으므로 무효의 일반원칙에 따라 법령/정관 위반이나 현저한 불공정 등이 무효사유가 되지만, 재량기각이 인정된다.

## 2. 감자무효의 소의 특징

### 가. 무효의 주장방법: 감자무효의 소로만 주장할 수 있다.

- 주주총회의 자본감소 결의에 취소 또는 무효의 하자가 있다고 하더라도 그 하자가 극히 중대하여 자본감소가 존재하지 아니하는 정도에 이르는 등의 특별한 사정이 없는 한 자본감소의 효력이 발생한 후에는 자본감소 무효의 소에 의해서만 다툴 수 있다 (대법원 2009다83599 판결).
- 자본금감소의 효력이 발생하기 전에는 감자무효의 소를 제기할 수 없으며, 주주총회결의의 효력 등을 다투는 것은 가능할 것이다.

## 나. 당사자 적격

- 원고: 주주, 이사/감사 (청산인, 파산관재인), 자본금감소를 승인하지 않은 채권자
- 피고: 회사

## 다. 제소기간의 제한: 변경등기일로부터 6월 내

- 자본감소에 수반되는 복잡한 법률관계를 조기에 확정하고자 하는 것이므로 새로운 무효사유를 출소기간의 경과 후에도 주장할 수 있도록 하면 법률관계가 불안정하게 되어 제소기간을 제한하는 취지가 몰각된다는 점에 비추어 제소기간 제한 규정은 무효사유의 주장시기도 제한하고 있는 것이라고 해석함이 상당하고 자본감소로 인한 변경등기가 있는 날로부터 6월의 출소기간이 경과한 후에는 새로운 무효사유를 추가하여 주장할 수 없다(대법원 2007다12012 판결).

## 라. 절차 등

- 전속관할, 소제기의 공고, 소의 병합심리, 제소주주의 담보제공의무, 재량기각에 관한 규정들을 준용한다.
- [재량기각과 하자의 보완] 대법원 2003다29616 판결(2004): ① 법원이 감자무효의 소를 재량 기각하기 위해서는 원칙적으로 그 소제기 전이나 그 심리 중에 원인이 된 하자가 보완되어야 한다고 할 수 있을 것이지만, 이 사건의 하자와 같이 추후 보완될 수 없는 성질의 것으로서 자본감소 결의의 효력에는 아무런 영향을 미치지 않는 것인 경우 등에는 그 하자가 보완되지 아니하였다 하더라도 회사의 현황 등 제반 사정을 참작하여 자본감소를 무효로 하는 것이 부적당하다고 인정한 때에는 법원은 그 청구를 기각할 수 있다고 하여야 할 것이다. ② 원심이 피고 회사가 신분증의 사본 등이 첨부되지 아니한 위임장(단 팩스로 출력된 위임장 제외)에 대하여 그 접수를 거부한 하자는 이 사건 결의의 결과에 아무런 영향을 미치지 않았다고 본 것은 정당하고, 또한 피고 회사는 이 사건 자본감소 후 이를 기초로 하여 채권은행 등에 대하여 부채의 출자전환 형식으로 신주발행을 하였고 수차례에 걸쳐 제3자에게 영업을 양도하였음을 엿볼 수 있어, 이 사건 자

본감소를 무효로 할 경우 부채의 출자전환 형식으로 발행된 신주를 인수한 채권은행 등의 이익이나 거래의 안전을 해할 염려가 있는 등 이 사건 자본감소를 무효로 하는 것이 부적당하다고 볼 사정이 있음을 알 수 있다. 그렇다면 원심의 이유 설시에는 다소 미흡한 점이 있으나 원고들의 이 사건 청구를 기각한 결론에 있어서는 정당하고 거기에 주장과 같은 법리오해 등의 위법이 없다.

### 마. 판결의 효과

(1) 대세적 효력

(2) 소급효 부여 (1995년 개정)

- 신주발행 무효판결의 소급효 제한과 균형이 맞지 않고, 소각된 주식의 부활, 병합된 주식의 분할, 환급액의 반환, 무효인 신주권의 유통 등에 따른 혼란이 발생한다.
- 소급효를 부여한 1995년 개정을 입법 오류로 보고, 소급효가 제한된다고 해석하자는 견해도 있다.[121)]

121) 이철송, 918-919면.

# 제20장 회사의 회계

## 제1절 개설

### 1. 주식회사 회계의 의의

- 개념: 회사가 자신의 재산상태와 손익을 평가하고 이익/손실을 처리하는 일련의 과정
- 2011년 개정상법: 개정 전 상법의 "회사의 계산"을 "회사의 회계"로 바꾸었고, 상법의 회계 관련 규정을 회계기준에 일치시키는 방법으로, 자산평가방법 등 구체적인 회계 관련 규정들을 삭제하면서 "일반적으로 공정하고 타당한 회계관행(GAAP: Generally Accepted Accounting Principles)에 따른다"는 회계의 원칙 규정(§446의2[122])을 신설하였다.

### 2. 일반적으로 공정하고 타당한 회계관행(GAAP): 기업의 회계기준

#### 가. 상인의 상업장부 작성의무(§§29-33)와 GAAP

- 상업장부의 개념: 영업상의 재산 및 손익의 상황을 명백히 하기 위하여 상인이 상법상의 의무로서 작성하는 장부
- 상업장부의 종류: 회계장부,[123] 대차대조표
- 작성원칙(§29Ⅱ): 일반적으로 공정・타당한 회계관행(GAAP)

---

122) §29Ⅱ에서 상업장부의 작성원칙으로 이미 명시되고 있어 불필요한 중복 규정이라는 지적도 있다; 이철송, 925면.

123) 회계장부에는 거래와 기타 영업상의 재산에 영향이 있는 사항을 기재한다(§30Ⅰ). 회계장부는 대차대조표와는 달리 재무제표에 속하지 않는다.

## 나. 회계처리의 기준

(1) 회계처리기준의 제정(주식회사의 외부감사에 관한 법률[124]) §13)

- 금융위원회는 증권선물위원회의 심의를 거쳐 회사의 회계처리기준을 정한다.
- 금융위원회는 회계처리기준에 관한 업무를 한국회계기준원에 위탁한다.

(2) 회계처리기준의 구분

① 한국채택 국제회계기준(IFRS: International Financial Reporting Standards): 국제회계기준위원회의 국제회계기준을 채택하여 정한 회계처리기준

② 일반기업회계기준: 주식회사의 외부감사에 관한 법률에 정한 회계처리 기준

(3) 회계처리기준의 적용

- 한국채택 국제회계기준: 주권상장법인, 해당 사업연도 또는 다음 사업연도 중에 주권상장법인이 되려는 주식회사, 금융지주회사, 은행, 보험회사, 신용카드업자, 자본시장법의 투자매매업자/투자중개업자/집합투자업자/신탁업자/종합금융회사
- 일반기업회계기준: 그 밖의 기업

## 다. 세무회계와 기업회계의 차이

- 법인세법 §43: 기업회계기준 또는 관행에 따른 소득금액 계산

124) 동법에 따라 외부감사의 대상이 되는 주식회사는 주권상장법인, 자산총액이 100억원 이상인 주식회사, 자산총액이 70억원 이상이면서 부채총액이 70억원 이상이거나 종업원수가 300명 이상 회사이다(동 시행령 §2). 주권상장법인이나 자산총액 1,000억원 이상인 주식회사는 내부회계관리제도(내부회계관리규정과 그 관리운영조직)에 의해 회계정보를 작성하여야 한다(법 §2의2).

# 제2절 기업 가치의 평가

## 1. 기업 가치의 평가방법

### 가. 상장주식의 평가: 시장가격

### 나. 비상장주식

(1) 자산가치법과 수익가치법, 비교가치법

- 자산가치(청산가치): 기업이 보유하고 있는 순자산의 가치
- 수익가치: 미래에 실현할 수 있는 수익을 중시한 가치
- 상대가치(비교가치): 유사한 업종을 영위하는 기업과의 상대가치

(2) 평가 관련 법규

- 상속세 및 증여세법: 순손익가치와 순자산가치를 3:2로 가중평균(부동산과다보유법인은 2:3으로 가중평균)하되, 순손익가치는 최근 3년간의 순손익액의 가중평균을 기초로 한다(§63 I, 시행령 §§54-56).
- 자본시장법: 자산가치와 수익가치를 1:1.5로 가중산술평균한 가액과 상대가치가액을 다시 산술평균(상대가치가 없는 경우 자산가치와 수익가치를 가중평균) (§176의5 I, II)

## 2. 관련 판례

- 대법원 2004마1022 결정

1. 회사의 합병 또는 영업양도 등에 반대하는 주주가 회사에 대하여 비상장주식의 매수를 청구하는 경우, 그 주식에 관하여 객관적 교환가치가 적정하게 반영된 정상적인 거래의 실례가 있으면 그 거래가격을 시가로 보아 주식의 매수가액을 정하여야 할 것이나, 그러한 거래사례가 없으면 비상장주식의 평가에 관하여 보편적으로 인정되는 시장가치방식, 순자산가치방식, 수익가치방식 등 여러 가지 평가방법을 활용하되, 비상장주식의 평가방법을 규정한 관련 법규들은 그 제정 목적에 따라 서로 상이한 기준을 적용하고 있으므로, 어느 한 가지 평가방법(예컨대, 증권거래법 시행령 제84조의7 제1항 제2호의 평가방법이나 상속세 및 증여세법 시행령

제54조의 평가방법)이 항상 적용되어야 한다고 단정할 수는 없고, 당해 회사의 상황이나 업종의 특성 등을 종합적으로 고려하여 공정한 가액을 산정하여야 할 것이다(대법원 2005. 4. 29. 선고 2005도856 판결, 2005. 10. 28. 선고 2003다69638 판결 등 참조). 한편, 회사의 발행주식을 회사의 경영권과 함께 양도하는 경우 그 거래가격은 주식만을 양도하는 경우의 객관적 교환가치를 반영하는 일반적인 시가로 볼 수는 없다(대법원 1989. 7. 25. 선고 88누9565 판결 참조). 원심이 인용하고 있는 제1심결정 이유에 의하면, 원심은 그 결정에서 채용하고 있는 증거들을 종합하여 한국케이블티비드림씨티방송 주식회사(이하 '드림씨티'라 한다)가 2001. 1. 31. 주식회사 한국케이블티브이은평방송(이하 '은평방송'이라 한다)의 주주인 주식회사 서울문화사, 한국단자공업 주식회사, 최정희, 심상기, 이주혁, 주식회사 일요신문사로부터 은평방송 발행 주식의 69.85%가 되는 349,250주를 1주당 평균 28,633원에 매수함으로써 은평방송의 최대주주가 된 사실을 인정한 후, 위 거래가액에는 일반적인 시장가격 외에 경영권의 양도 대가가 포함되어 있다고 보아 위 거래가액을 은평방송 주식의 객관적인 교환가치를 반영하는 일반적인 시가로 인정하지 않고, 주식의 시가, 순자산가치, 수익가치를 고려하여 은평방송 주식의 매수가액을 산정하면서, 위 거래가액에서 경영권의 양도 대가에 상당한 금액을 배제하기 위하여 상속세 및 증여세법 제63조 제3항을 유추적용하여 산정한 가격인 22,025원을 주식의 공정한 가액을 산정하기 위한 하나의 요소로 고려하고 있을 뿐이다. 원심에서 위 22,025원을 은평방송 주식의 정당한 교환가치를 반영하는 시가로 인정한다고 표현한 것은 적절하지 않으나, 이를 주식의 매수가액을 산정하는 하나의 요소로서만 고려하고 있는 것은 결론적으로 정당하고, 거기에 비상장주식에 대한 주식매수가액 결정기준으로서 거래시가에 관한 법리오해 등의 위법이 없다. 신청인들과 사건본인의 이 부분 재항고이유는 받아들일 수 없다.

2. 비상장법인의 순자산가액에는 당해 법인이 가지는 영업권도 당연히 포함된다(대법원 2004. 7. 22. 선고 2002두9322,9339 판결 참조). 원심이 인정한 사실과 기록에 의하면, 은평방송은 서울 은평구에서 종합유선방송사업을 영위할 수 있었고, 은평정보통신 주식회사와 은평방송의 합병 당시 은평방송의 영업권 및 경영권 양도 대가 상당액이 9,681,810,688원으로 평가되었으므로, 위와 같은 영업권도 포함하여 순자산가치를 계산함이 상당하다고 할 것이다. 그럼에도 불구하고, 원심이 은평방송의 영업권을 전혀 고려하지 않은 채 은평방송의 1주당 순자산가치를

1,386원으로 판단한 것은 순자산가치에 관한 법리를 오해하여 결정에 영향을 미친 위법을 저지른 것이라고 할 것이다. 신청인들의 재항고이유 중 이 점을 지적하는 부분은 이유 있다.

3. 유선방송사업의 경우 초기에 방송장비 및 방송망 설치 등의 대규모 시설투자가 필요한 반면, 그 이후에는 인건비 등의 비용 이외에는 추가비용이 크게 필요하지 않고, 일정 수 이상의 가입자가 확보되면 월 사용료 상당의 수입이 안정적으로 확보된다는 특색이 있기 때문에, 가입자의 수, 전송망의 용량, 지역 내 독점 여부 등을 기초로 한 미래의 수익률이 기업가치 내지 주식가치를 평가하는 데 중요한 고려요소라고 할 것이다(대법원 2005. 4. 29. 선고 2005도856 판결 참조). 기록에 의하면, 은평방송의 가입자수가 1998년 15,843명, 1999년 29,254명, 2000년 42,080명으로 점차 증가하고 있었으므로, 그 기준시점 당시 은평방송이 서울 은평구에서 독점적으로 종합유선방송사업을 영위할 수 있었는지 여부, 종합유선방송업의 현황 및 전망, 거시경제전망, 회사의 내부 경영상황, 사업계획 또는 경영계획 등을 종합적으로 고려하여 주식의 수익가치를 산정하는 것이 주식의 객관적인 가치를 반영할 수 있는 보다 적절한 방법이라고 할 것이다. 그럼에도 불구하고, 원심에서 은평방송이 합병 당시 3년간 적자가 누적된 상태에서 자본잠식에 이를 정도로 그 경영상태가 좋지 않았고, 과거 영업실적이나 현재 상태에 비추어 특별히 미래의 수익가치가 현재의 수익가치를 현저히 초과하여 현재의 수익가치로는 기업의 수익가치를 제대로 반영할 수 없다고 볼 만한 사정이 존재하지 않는다는 이유만으로 상속세 및 증여세법 시행령 제54조 제1항, 제56조 제1항 규정에 따라 과거 3년간 1주당 순손익액만을 기초로 하여 은평방송의 1주당 수익가치를 0원으로 산정한 것은 미래의 추정이익에 의한 수익가치 산정에 관한 법리를 오해하여 결정에 영향을 미친 위법을 저지른 것이라 할 것이다. 신청인들의 재항고이유 중 이 점을 지적하는 부분은 이유 있다.

4. 시장가치, 순자산가치, 수익가치 등 여러 가지 평가요소를 종합적으로 고려하여 비상장주식의 매수가액을 산정하고자 할 경우, 당해 회사의 상황이나 업종의 특성, 위와 같은 평가요소가 주식의 객관적인 가치를 적절하게 반영할 수 있는 것인지, 그 방법에 의한 가치산정에 다른 잘못은 없는지 여부에 따라 평가요소를 반영하는 비율을 각각 다르게 하여야 한다. 앞서 본 바와 같이 드림씨티가 2001. 1. 31. 은평방송의 주식 69.85%가 되는 349,250주를 매수한 거래가액 28,633원에

경영권의 양도 대가가 포함되어 있다고는 하나, 위와 같은 거래는 합병에 관한 이사회 결의가 있기 전 2개월도 안 되는 시점에 이루어진 것으로, 위 거래가액에서 경영권의 양도 대가에 상당하는 액수를 공제한 액수는 주식에 대한 여러 가지 평가요소가 적절한지 여부를 판단하는 결정적인 기준이 된다고 할 것이다. 그런데 원심이 은평방송 주식의 순자산가치를 1,386원으로, 수익가치를 0원으로 산정하게 된 데에는 앞서 본 바와 같은 잘못이 있을 뿐만 아니라, 위 거래가액에서 경영권의 양도 대가에 상당한 액수를 공제하여 산정된 시장가치 22,025원과 차이가 심하여 위 순자산가치와 수익가치를 이사건 주식의 매수가액을 산정하는 평가요소로 고려하기에는 적절치 않다고 할 것이다. 기록에 의하면, 2001. 3. 10.경 한국케이블티브이 관악방송의 주식 52,672주(총발행주식의 4.39%)가 1주당 약 37,970원, 합계 20억 원에 매도되었고, 서초종합유선방송의 주식 97,443주(총발행주식의 4.39%)가 1주당 약 55,417원, 합계 54억 원에 매도된 것으로 보인다. 따라서 위와 같은 업체가 은평방송과 동일한 업종을 영위하는지 여부, 당해 법인의 자산규모, 가입자 수 등을 비교하여, 위 거래가액에서 경영권의 양도 대가를 공제하여 산정한 은평방송의 1주당 시장가치 22,025원이 적절한지 여부를 판단하고, 위와 같이 산정한 시장가치가 적절하지 않다고 볼 수 있는 특별한 사정이 없고, 달리 은평방송의 순자산가치와 수익가치의 적정한 평가금액을 산출하기 어려운 경우에는 그와 같이 적절하게 평가된 시장가치를 은평방송 주식의 공정한 가액으로 인정하여 매수가액을 결정할 수도 있을 것이다. 그럼에도 불구하고, 원심이 위와 같이 산정한 시장가치, 순자산가치, 수익가치라는 세 가지 요소들 중 특별히 어느 요소를 가중하여 평균을 구할 근거를 발견할 수 없다는 이유로 위 세 가지 가격을 단순히 산술평균하여 은평방송 주식의 매수가액을 7,803원으로 산정한 것은 비상장주식의 매수가액 결정 시 평가요소의 반영비율에 관한 법리를 오해하여 결정에 영향을 미친 위법을 저지른 것이라고 할 것이다. 신청인들의 재항고이유 중 이 점을 지적하는 부분은 이유 있다. (파기환송)

■ 대법원 2005도4640 판결

1. 이 사건 옵션계약 부분에 대하여

가. 원심판단의 요지: 원심은, 그 채택 증거를 종합하여, 1999. 9. 17.경 및 1999. 11. 3.경 에스케이증권 주식회사(이하, 'SK증권'이라 한다)와 JP Morgan

Chase Bank N. Y.(당시 명칭은 Morgan Guaranty Trust Company Of New York, 이하 'JP모건'이라 한다)가 손해배상소송에 관한 화해계약을 체결하면서, JP모건이 SK증권으로부터 수령하는 배상금 중 일부로 SK증권의 유상증여에 참여하기로 약정하였는데, 피고인들은 화해계약의 당사자인 SK증권이 아닌 에스케이글로벌 주식회사(이하 'SK글로벌'이라 한다)가 지배하고 있던 해외 현지법인인 SK Global Asia-Pacific Pte, Ltd.(이하 '싱가폴 법인'이라 한다) 및 SK Global America, Inc.(이하 '미국 법인'이라 하고, 싱가폴 법인과 미국 법인을 합하여 '해외 법인들'이라 한다)을 옵션계약의 당사자로 동원하여, 해외 법인들과 JP모건 사이에 1999. 10. 14.자 및 1999. 11. 30.자 옵션계약(이하, '이 사건 옵션계약'이라 한다)을 체결한 사실, SK그룹 구조조정추진본부(이하 '구조본'이라 한다)가 주도한 위 옵션계약에 의하면 JP모건이 유상증자로 취득한 SK증권 주식을 정해진 시기에 일정한 가격으로 매도할 수 있는 풋옵션(Put Option)과, 해외 법인들이 만기 범위 내에서 언제든지 일정한 가격에 SK증권 주식을 매수할 수 있는 콜옵션(Call Option)이 포함되어 있었던 사실, SK증권의 주가는 옵션계약 체결일인 1999. 10. 14. 현재 6,400원, 1999. 11. 30. 현재 7,000원으로 각 옵션 행사가격을 다소 상회하고 있었으나, 그 후 2000. 1.에 접어들면서 주당 2,000원대로 급락한 후 그 수준의 가격에서 큰 변동이 없었던 사실, 한편 SK증권은 JP모건의 요구에 따라 이 사건 옵션계약 체결 무렵인 1999. 10. 13.과 1999. 11. 26. 두 차례에 걸쳐 JP모건의 자회사로부터 합계 8,500만 달러의 CLN(신용연계채권)을 매입하여 JP모건에게 이 사건 옵션계약 중 싱가폴 법인과 관련된 부분의 이행 담보로 제공하면서 싱가폴 법인이 이 사건 옵션계약을 이행하지 않을 경우 담보로 제공된 CLN의 원리금이 JP모건에 귀속되도록 하는 조건을 부기하였으나, SK증권이 CLN을 매입하려면 외국환관리규정에 의하여 한국은행 총재의 허가를 받아야 하고, 이행보증 조건이 부가되어 있는 경우에는 분기보고서 및 재무제표의 주석에 그 취지의 기재를 하여야 함에도 이러한 조치를 취하지 않았던 사실, 그 후 2001. 10.경에 이르러 이 사건 옵션계약 중 미국 법인 부분에 대하여 만기가 도래했는데도 SK증권의 실제 주가가 옵션행사가격을 하회하여 손실이 예상되자, 미국 법인은 구조본의 요구로 만기를 1년 연장하는 조건으로 그 소유의 1,820만 달러 상당 예금을 JP모건을 위하여 담보로 제공한 사실, 2002. 10.경 JP모건의 풋옵션 만기가 임박하였으나 국내 증권거래법 및 관련 규정상 해외 법인들이 JP모건으로부터 SK증권의 주식을 직접 취득할 수 없어 구조본이 강구한 방안에 따라 해외 법인들이 콜옵션을 행사하여 2002. 10. 15. JP모건에게 주당 4.9 달러로 산정한 원래 약정금을 지급하고 SK그룹의 다른 계열사인 주식회사 워커힐(이하, '워커힐'이라 한다)과 에스케이캐피탈 주식회사(이하 'SK캐피탈'이라 한다)로 하여금 JP모건으로부터 SK증권 주식을 당시 증권거래소 장내 가격인 주당 1,535원씩 총 369억여 원에 매수하도록 하여 그 대금을 다시 JP모건으로부터 돌려받았고, 그 차액인 88,425,650달러는 해외 법인들이 SK글로벌 본사의 지급보증하에 금융기관에서 대출받은 자금으로 JP모건에 대하여 부담하는 방법으로 이 사건 옵션계약에 관련된 거래를 종결한 사실, SK증권은 2002. 10. 21. JP모건으로부터 CLN 상환대금으로 98,135,912달러를 지급받아 채무변제 등으로 전부 사용해 버렸고, 구조본과 SK증권 및 해외 법인들은 옵션계약 이행 후 2002. 10.경 옵션계약에 대한 구조본의 내부문건이 언론에 의하여 공개되기 전까지 이 사건 옵션계약 체결 및 그 이행사실을 비밀로 하였으며, 그 후 해외 법인들은 2002. 12. 12.에야 SK증권에 대하여 손실보전요청을 하여 2003. 1. 7. 당사자 사이에 합계 88,425,651.37달러를 지급하기로 하는 내용의 합의가 이루어진 사실 등을 인정한 다음, 당시 SK그룹 산하 60여 개 회사들의 경영 전반을 총괄한 피고인 최태원, 구조본부장을 역임하였고 피고인 최태원과 계열회사들의 중요한 사항에 관하여 협의하여 의사결정에 관여한 원심 공동피고인 2, 구조본부장이었던 원심 공동피고인 4, SK글로벌의 대표이사였던 원심 공동피고인 5, SK증권의 상무로 근무한 피고인 7 등이 공모하여, JP모건에 대한 손해배상 책임과 무관한 SK글로벌의 해외 법인인 피해자 싱가폴 법인에게 74,660,582달러(941억여 원), 미국 법인에게 13,765,068달러(173억여 원), 합계 88,425,650달러(1,114억여 원 상당)의 재산상 손해를 가하고, SK증권으로 하여금 합계 88,425,650달러(1,114억여 원)의 재산상 이익을 취하게 하였다는 이 부분 공소사실을 유죄로 인정하였다.

나. 피고인 7의 상고이유에 대하여: 이 사건 옵션계약에 의하면, JP모건의 풋옵션 행사로 인하여 해외 법인들이 직면하게 되는 위험은 극단적으로는 SK증권의 도산까지 염두에 두어야 하므로 풋옵션 행사가격 전액이 될 수 있으나, 동일한 기초자산인 SK증권 주식에 관하여 해외 법인이 보유한 콜옵션으로 말미암아 SK증권 주식 가격의 상승으로 얻을 수 있는 이익 실현 가능성으로 그 균형이 유지되고 있다고 볼 수도 있고, 옵션계약의 조건과 체결 당시의 SK증권 주식의 시장가에 비추어 보면 적어도 체결 당시에는 JP모건측의 풋옵션의 가치보다 해외 법인들의 콜

옵션의 가치가 더 높았다고 볼 여지가 있다. 한편, SK증권 주식의 시장가가 옵션 행사가격을 상회하는 경우에는 콜옵션 자체를 매도하는 등의 방법으로 이익을 실현할 수도 있을 것이고, 그 반대의 경우에도 추가 하락이 예상되거나 허용 가능한 위험의 한계를 벗어난 경우에는 적극적으로 콜옵션을 행사함으로써 위험관리가 가능한 측면도 있으니, 옵션계약 체결 그 자체만으로 본인인 해외 법인들에게 재산상 위험이 초래되었다고까지 단정하기는 어렵다. 그러나 당시의 사정, 즉 JP모건측이 SK그룹의 해외 법인을 옵션계약의 당사자로 원하였고 SK그룹 내에 그 정도의 규모를 갖춘 곳이 이 사건 두 해외 법인 정도였기 때문에 해외 법인들이 그들의 업무 영역과 전혀 무관한 이 사건 옵션계약에 임하게 된 사정과, 무엇보다 해외 법인들의 자산규모나 은닉된 부실 등 재정상태에 비추어 이 사건 옵션계약으로 초래될 위험의 규모가 지나치게 클 뿐만 아니라, 해외 법인들은 물론 SK증권 역시 옵션행사 결과로 SK주식 매수 당사자가 되는 데에는 법령상·자금상의 제약이 따르는 점, 이 사건 옵션계약을 비공개 이면약정으로 하고 담보로 제공한 위 CLN의 취득목적을 공시하지 아니한 결과 SK그룹, 특히 SK증권의 신용도의 추락과 공시의무 위반 등으로 인한 불이익을 감수하지 않고서는 SK증권이 SK주식을 취득하거나 CLN의 상환 대금을 가지고 옵션행사 대금으로 충당하기 어려웠던 점 등의 원심이 인정한 여러 사정에 의하면, SK증권 주식의 가격이 하락하여 허용 가능한 위험의 범위를 넘어서더라도 해외 법인들이 콜옵션을 적극적으로 행사함으로써 위험의 확대를 방지하기 어렵고, 풋옵션 만기일까지 주가가 회복되지 않는 경우 옵션계약상 의무를 다른 해외 법인에게 이전하는 것도 어려워, 일단은 이 사건 해외 법인들이 그들의 자금으로 옵션행사 결과로 취득하는 SK증권 주식대금을 지출할 수밖에 없을 것이며, CLN으로 계약의 이행에 갈음하는 것도 제한이 있을 수밖에 없으므로(실제로도 앞서 본 바와 같이 SK증권의 주가가 크게 하락하자 일부 옵션계약을 연장하였고 풋옵션의 만기가 임박하여 콜옵션을 행사하였으나 워커힐과 SK캐피탈을 동원하여 3각 거래로 마무리함으로써 해외 법인은 주식을 취득하지도 못하였고, 옵션계약 이행 담보조로 JP모건에 제공한 CLN의 상환대금 역시 해외 법인 손실전보에 사용된 것이 아니라 SK증권이 채무변제 등으로 사용해 버렸다), 사후적인 손실보전의 약정이나 콜옵션의 부여, CLN의 존재 등 피고인이 주장하는 바와 같은 해외 법인들의 손실방지장치는 현실적으로 해외 법인들에게 발생한 구체적인 재산상 위험을 제거하기에 충분하다고 보기 어렵다. 이 사건 옵션계약 당시 존재한 위와 같은 여러 사정을 감안하면, 해외 법인들이 사실상 옵션계약의 효력으로부터 벗어날 수 없는 상태에서 이 사건 옵션계약을 체결함으로써 실해 발생의 위험이 초래된 때에 배임죄의 기수에 이르렀다고 본 원심의 판단은 수긍이 되고, 이 사건 옵션행사가격과 실제 주가와의 차액 상당 손해를 원래 옵션계약에 내재되어 있던 실해 발생의 위험이 현실적으로 발현된 것으로 보아 위 차액 상당액을 재산상 손해로 본 원심의 판단 또한 이를 수긍할 수가 있다. 반면, SK증권은 이 사건 옵션계약의 당사자로 JP모건과의 분쟁에 아무런 관련이 없는 해외 법인들을 동원함으로써 화해계약으로 JP모건에게 지급한 금원 중 일부를 SK증권의 유상증자에 참여하게 하였고, CLN의 원리금을 전액 지급받으면서 JP모건의 투자금 상당액을 상환하지 않게 되는 이익을 얻었으며, 이는 해외 법인들이 입은 손해와 표리관계에 있어서 SK증권은 해외 법인들로 하여금 이 사건 옵션계약을 체결하게 함으로써 위 손해에 상응한 이익을 얻었다고 할 것이므로, 결국 위 차액 상당에 관하여 죄책을 인정한 원심의 판단은 충분히 수긍할 수 있다. 나아가, 업무상배임죄가 성립하기 위해서는 타인의 사무를 처리하는 자가 그 임무에 위배하는 행위로써 재산상 이익을 취득하거나 제3자로 하여금 이를 취득하게 하여 본인에게 손해를 가함으로써 성립하고, 이 경우 그 '임무에 위배하는 행위'라 함은 사무의 내용, 성질 등 구체적 상황에 비추어 법률의 규정, 계약의 내용 혹은 신의칙상 당연히 할 것으로 기대되는 행위를 하지 않거나 당연히 하지 않아야 할 것으로 기대되는 행위를 함으로써 본인과의 신임관계를 저버리는 일체의 행위를 포함한다(대법원 2002. 7. 22. 선고 2002도1696 판결 등 참조). 나아가 업무상배임죄가 성립하려면 주관적 요건으로서 임무위배의 인식과 그로 인하여 자기 또는 제3자가 이익을 취득하고 본인에게 손해를 가한다는 인식, 즉 배임의 고의가 있어야 하나, 이러한 인식은 미필적 인식으로도 충분하므로, 이익을 취득하는 제3자가 같은 계열회사이고, 계열그룹 전체의 회생을 위한다는 목적에서 이루어진 행위로서 그 행위의 결과가 일부 본인을 위한 측면이 있다 하더라도 본인의 이익을 위한다는 의사는 부수적일 뿐이고 이득 또는 가해의 의사가 주된 것임이 판명되면 배임죄의 고의를 부정할 수 없다(대법원 2004. 6. 24. 선고 2004도520 판결 참조). 위와 같은 법리와 앞서 본 여러 사정들에 비추어 보면, 원심이 그 판시한 사정들을 들어 피고인의 임무위배행위 및 배임의 범의를 인정한 것은 정당한 것으로 수긍이 가고, 거기에 상고이유의 주장과 같은 위법이 없다.

다. 검사의 상고이유에 대하여: 앞서 본 바와 같이 이 사건 옵션계약 체결시에 기수에 이르렀다고 본 원심의 판단은 정당하고, 해외 법인들이 CLN을 통하거나 그 밖의 방법을 통하여 이 사건 옵션계약을 이행하지 않을 마땅한 방법이 없었던 이상, 그 후의 계약 이행과정에만 관여한 피고인 2, 3, 6이 범죄의 구성요건적 실행행위에 가담하였다고 볼 수 없다고 보아 위 피고인들에 대하여 무죄로 판단한 원심의 조치는 정당하고, 거기에 상고이유 주장과 같은 위법이 없다.

2. 이 사건 주식교환 부분에 대하여

가. 원심의 인정 사실 및 판단: 출자총액제한규정에 따라 2002. 4. 1.부터 최태원이 대주주로 있는 에스케이씨앤씨 주식회사(이하 'SK씨앤씨'라고 한다)가 보유하던 에스케이 주식회사(이하 'SK'라고 한다) 주식 10.83% 중 9.5% 가량에 대하여 의결권을 행사하지 못하게 되자, 피고인 최태원의 SK그룹 계열사들에 대한 지배를 유지하기 위하여 피고인 최태원, 피고인 2, 4, 5가 공모하여, 공정한 주식가격의 평가 및 매각조건 결정 과정을 생략하고 이사회의 결의도 거치지 아니한 채, 2002. 3. 25. SK씨앤씨가 보유한 상장주식인 SK주식 6,463,911주(총 주식의 5.09%)와 최태원이 보유한 비상장주식인 주식회사 워커힐(이하, '워커힐'이라 한다) 주식 3,256,298주(총 주식의 40.7%)를 교환(이하, '이 사건 주식교환'이라 한다)함으로써 두 회사 주식을 모두 주당 순자산가치로 평가하였을 때의 차액인 721억 원의 손해를 SK씨앤씨에 가하고 피고인 최태원에게 동액 상당의 이익을 취득하게 하였다는 이 사건 특정경제범죄 가중처벌 등에 관한 법률 위반(배임) 공소사실에 대하여, 원심은, 교환된 SK주식의 적정 가치를 워커힐과 마찬가지로 주당 순자산가치로 평가하여 손해의 규모를 산정하여야 함을 전제로 한 위 특정경제범죄 가중처벌 등에 관한 법률 위반(배임)의 점에 대하여는 범죄사실에 관한 증명이 없다는 이유로 무죄로 판단하는 한편, 장부가격에 근거하여 순자산가치를 주당 31,150원으로 산정한 후 상속세 및 증여세법의 예에 따라 30%를 할증함으로써 주당 40,495원으로 계산하여 교환된 이 사건 워커힐 주식은 그 판시와 같은 이유로 과대평가되었고, 교환거래 직전의 증권거래소 종가인 17,000원에 20%를 할증함으로써 주당 20,400원으로 계산하여 교환된 SK주식의 평가는 과다하지 않다고 인정한 다음, 위 피고인들이 두 주식의 적정 교환 평가액과의 차액 상당의 손해 및 SK주식과 워커힐 주식 사이의 현금유동성 차이에서 생기는 손해를 SK씨앤씨에 가하는 한편 거래 상대방인 피고인 최태원에게 그에 상응하는 이익을 취득하게 하였다고 보아 업무상배임죄가 성립한다고 판단하였다.

나. 검사의 상고이유에 대하여: 원심이 적법하게 인정한 사실에다가, 이 사건 주식교환 다음날인 3. 26. SK씨앤씨는 나머지 일부 SK주식 280만 주 가량을 주식시장에서 기관투자자들에게 매각하였고, 그 가격은 이 사건 교환 평가액인 20,400원에 못미치는 17,000원 정도에 불과하였던 점(원심 증인 공소외인의 진술이 기재된 공판기록 2935면 참조. 20%의 프리미엄을 가산하지 않으면 이 사건 교환시 평가액과 비슷한 가격이다) 등의 기록에 나타난 여러 사정을 합하여 보면, SK주식의 적정가치를 주당 순자산가치로 평가하여야 한다는 검사의 주장을 배척하고 피고인 최태원, 피고인 2, 4, 5에 대한 이 부분 특정경제범죄 가중처벌 등에 관한 법률 위반(배임)의 점을 무죄로 판단한 원심의 조치는 정당하고, 거기에 상고이유의 주장과 같은 위법이 없다.

다. 피고인 4, 5의 상고이유에 대하여

(1) 회사의 이사가 그 회사의 이사, 주주 등 특수관계자와 사이에 교환의 방법으로 그 회사가 보유중인 다른 회사 발행의 주식을 양도하고 그 특수관계자로부터 제3의 회사 발행의 주식을 취득하는 경우에 있어서, 그 거래의 목적, 계약체결의 경위 및 내용, 거래대금의 규모 및 회사의 재무상태 등 사정에 비추어 그것이 회사의 입장에서 볼 때 경영상의 필요에 의한 정상적인 거래로서 허용될 수 있는 한계를 넘어 주로 교환거래를 하려는 특수관계자의 개인적인 이익을 위한 것에 불과하다면, 그와 같은 거래는 임무위배행위에 해당한다고 보아야 할 것이다. 원심은, 이 사건 주식교환의 목적이 피고인 최태원으로 하여금 현금의 부담 없이 SK주식을 취득하게 하는 데에 있었고, 피고인 최태원의 SK그룹 산하 직속조직인 구조본이 교환계약의 내용을 실질적으로 결정하였으며, SK씨앤씨는 이사회조차 정식으로 개최하지 않고 이사회 의사록만 작성하였던 점, SK씨앤씨가 이 사건 주식교환을 하여야 할 경영상의 필요나 그로 인하여 얻게 되는 이익이 별로 없었던 점, 교환과정에서 SK씨앤씨의 회사이익을 고려하는 절차를 제대로 거치지 아니한 점 등의 그 판시와 같은 인정 사실들에 비추어 이 사건 주식교환 거래가 임무위배행위에 해당하고 피고인들의 배임의 범의도 인정된다고 판단하였는바, 기록에 비추어 살펴보면 원심의 인정과 판단은 정당한 것으로 수긍할 수 있고 거기에 상고이유의 주장과 같은 위법이 없다.

(2) 워커힐 주식 및 SK주식의 평가에 관하여 보건대, 워커힐 주식의 가치를 장부상 순자산가치로 평가한 것이 과대평가되었다고 단정하기는 어려우나, 교환

당시 SK주식의 평가기준이 된 교환 전날 증권거래소 종가는 SK의 순자산가치의 절반에도 미치지 못하는 점, 교환된 SK주식은 총 주식의 5.09%로 SK계열 기업의 지주회사인 SK의 지배구조에 상당한 영향을 미칠 수 있는 규모여서 그에 대한 지배를 유지하고자 하는 피고인 최태원에게는 그 취득이 절실하였던 반면, 피고인 최태원 및 그와 특수관계에 있는 주주들을 제외한 SK씨앤씨의 나머지 주주들의 입장에서는 회사가 보유하던 SK주식을 시급하게 처분할 이유나 경제적 이익이 전혀 없으며, SK씨앤씨로서는 영위하던 업종과 무관하며 처분도 용이하지 아니할 뿐 아니라 출자총액제한 때문에 의결권을 행사할 수도 없는 워커힐 주식의 40.7%를 취득할 경영상의 필요성이 있다고 보기 어려운 점 등 원심이 인정한 거래 당시의 여러 사정에 비추어 볼 때, 30%의 경영권 프리미엄을 가산한 것은 과대평가되었다고 보기에 충분하며, 한편 상속세 및 증여세법 시행령 제54조 소정의 비상장주식의 평가방법은 보충적 평가방법에 불과하므로 그에 의하여 산정한 평가액이 곧바로 주식의 가액에 해당한다고 볼 수 없으므로(대법원 2001. 9. 28. 선고 2001도3191 판결, 대법원 2005. 4. 29. 선고 2005도856 판결 등 참조), 피고인들이 워커힐의 주식에 대하여 30%를 할증한 것이 상속세 및 증여세법의 예에 따른 것이라 하더라도 이 사건 주식교환으로 인하여 SK씨앤씨에게 재산상 손해가 발생한 것으로 볼 수가 있다. 원심의 이유 설시에 적절치 아니한 점이 있기는 하나, 피고인들을 업무상배임죄의 유죄로 인정한 원심의 조치는 수긍할 수 있고, 거기에 상고이유의 주장과 같은 위법이 없다.

(3) 주식의 실거래가격이 시가에 근접하거나 적정한 가격으로 볼 수 있는 범위 내에 속하여 실거래가격과의 차액 상당의 손해가 명백치 아니한 경우라고 하더라도, 그 거래의 주된 목적이 비상장주식을 매도하려는 매도인의 자금조달에 있고 회사가 그 규모 및 재정상태에 비추어 과도한 대출을 일으켜 그 목적 달성에 이용된 것에 불과하다고 보이는 등의 특별한 사정이 있다면, 그와 같이 비상장주식을 현금화함으로써 매도인에게 유동성을 증가시키는 재산상의 이익을 취득하게 하고 반대로 회사에 그에 상응하는 재산상의 손해로서 그 가액을 산정할 수 없는 손해를 가한 것으로 볼 수가 있지만(대법원 2005. 4. 29. 선고 2005도856 판결 등 참조), 기업의 경영과 자금운영에 구체적 위험을 초래한 바가 없음에도 단지 현금 유동성의 상실만을 이유로 배임죄의 성립요건인 재산상 위험이 발생하였다고 인정하는 것은 신중을 기하여야 한다. 이 사건에서, SK씨앤씨가 상장주식을 비상장주

식으로 교환한 것인 만큼 처분의 용이성 면에서는 분명 차이가 있겠으나, SK씨앤씨가 SK주식을 장기보유 목적으로 취득·보유하여 온 이상, 이를 워커힐 주식으로 대체하였다고 하여 현금유동성 면에서도 의미있는 차이가 나는지 의문일 뿐 아니라, 이 사건 주식교환 자체로 SK씨앤씨에게 유동성위기나 영업 차질이 초래되었다고 볼 객관적인 자료가 없는 이 사건에서, SK씨앤씨의 재무구조, 유동성, 안정성에 관한 심리·판단 없이, 이 사건 교환으로 현금유동성 상실로 인한 재산상 위험이 발생하였다고 단정한 원심의 조치는 적절하다고 할 수 없으나, 앞서 본 바와 같이 SK씨앤씨에게 손해가 발생한 것으로 본 원심의 판단이 정당한 이상, 원심의 위와 같은 잘못은 판결 결과에 영향을 미친 바 없다.

(4) 그리고 배임죄의 주체로서 '타인의 사무를 처리하는 자'란 타인과의 대내관계에 있어서 신의성실의 원칙에 비추어 그 사무를 처리할 신임관계가 존재한다고 인정되는 사람을 말하고, 반드시 제3자에 대한 대외관계에서 그 사무에 관한 대리권이 있어야 하는 것은 아니며, 업무상배임죄에 있어서의 업무의 근거는 법령, 계약, 관습의 어느 것이든 묻지 않고, 사실상의 그것도 포함되는바(대법원 2007. 10. 11. 선고 2007도6012 판결 등 참조), 앞서 본 구조본의 기능과 권한, 업무내용, 피고인 5의 구조본에서의 지위와 구조본을 통한 SK 계열기업의 의사결정에 대한 사실상의 영향력, 그리고 위와 같은 요인에 의하여 피고인 5가 SK씨앤씨 등 계열회사의 의사결정에 미친 장악력 등에 비추어 보면, 당시 구조본 재무팀장이었던 피고인 5에 대한 업무상배임죄를 유죄로 인정한 원심의 조치는 정당한 것으로 수긍할 수 있고, 거기에 상고이유로 주장하는 바와 같은 위법이 없다.

(5) 결국, 이 사건 주식교환 부분에 관한 피고인 4, 5의 상고이유 주장은 모두 이유 없어 받아들이지 아니한다.

3. 이 사건 주식매매 부분에 관한 피고인 3, 5의 상고이유에 대하여

가. 원심은, 이 사건 주식교환으로 발생한 피고인 최태원의 양도소득세를 납부할 자금을 마련하기 위하여 피고인 최태원, 피고인 2, 3, 5, 6과 원심 공동피고인 5 등이 공모하여, 2002. 3. 29.경 피고인 최태원 소유의 워커힐 주식 60만 주를 위 주식교환 부분에서 본 것과 같이 주당 40,495원으로 평가한 다음, 당시 투자 및 영업상의 손실로 인하여 재무상태가 극히 좋지 않은 SK글로벌로 하여금 24,297,000,000원에 매수하게 함으로써, 피고인 최태원으로 하여금 매도금액 상당의 현금유동성 취득으로 인한 이익과 함께 실제 시장가치보다 고평가된 가액에 그

주식을 매도하여 그 차액에 상당하는 가액 미상의 재산상 이익을 얻게 하고, SK글로벌에게 매수금액 상당의 현금유동성 포기로 인한 손해와 함께 적정한 거래가격보다 고평가된 가액에 그 주식을 매수하여 그 차액에 상당하는 재산상 손해를 가하였다는 이 부분 공소사실을 유죄로 인정하였다.

나. 살피건대, SK글로벌의 입장에서는 워커힐 주식을 매입할 아무런 동기나 필요성이 없었고, SK글로벌이 매수한 워커힐 주식 60만 주는 총 주식의 7.5%에 불과하여 SK글로벌이 경영권을 행사하기도 어려운 점 등 원심이 인정한 사실관계에 비추어 보면, 이 사건 주식매매 당시 산정한 워커힐의 주가, 즉 주당 순자산가치에 30%를 가산한 금액이 과대평가되었다고 보아, 적정 거래가격과의 차액에 상당하는 손해가 발생하였으며 피고인 최태원에게는 그에 상응하는 이익이 발생하였다고 본 원심의 판단은 이를 수긍할 수 있고, 거기에 비상장주식의 평가나 주식거래로 인한 배임죄의 성립에 관한 법리오해 등 상고이유의 주장과 같은 위법이 없다.

다. 그리고 SK글로벌은 분식회계 문제로 자금위기가 계속되고 있어 현금유동성 확보가 필요하여 매입대금 243억 원 상당을 비상장주식에 투입하기 어려운 상황이었던 점(실제로 그 후 워크아웃 절차가 개시되었으며 유동성 위기를 겪었을 때에 이 사건 주식매매로 취득한 워커힐 주식을 처분하거나 담보로 제공하는 방법으로 활용할 수 없었다) 등 원심이 인정한 여러 사정을 참작하면, 비록 거래가액이 SK글로벌의 장부상 현금이나 당좌자산의 규모에 비하여 과도하게 큰 규모는 아니라 할지라도, SK글로벌의 경영과 자금 운영에 구체적이고도 현저한 위험을 초래한 것으로 볼 여지가 충분하므로, 같은 취지에서 위 매매로 인하여 SK글로벌에게 매수금액 상당의 현금유동성 포기로 인한 손해가, 피고인 최태원에게는 그에 상응하는 현금유동성 상당의 이익이 발생하였다고 본 원심의 판단 또한 수긍할 수 있고, 거기에 상고이유로 주장하는 바와 같은 채증법칙 위반 등의 위법이 없다.

라. 나아가 앞서 제2항 다. (4)에서 본 법리와 인정 사실에 의할 때, 피고인 5에 대한 업무상배임죄를 유죄로 인정한 원심의 조치는 정당한 것으로 수긍할 수 있고, 거기에 상고이유의 주장과 같은 위법이 없다.

마. 결국, 이 사건 주식매매 부분에 관한 피고인 4, 5의 상고이유 주장은 모두 이유 없어 받아들이지 아니한다. (상고기각)

# 제3절 재무제표

## 1. 재무제표의 의의와 종류

### 가. 재무제표(F/S; financial statements)의 의의

■ 회사의 재무상황과 영업실적을 이해관계자에게 알리기 위해 결산기별로 작성하는 회계서류

### 나. 종류

(1) 상법이 정하는 재무제표 (§447)

■ 대차대조표(balance sheet), 손익계산서(I/S; income statement), 기타 회사의 재무상태와 경영성과를 표시하는 것으로서 대통령령으로 정하는 서류[125], 부속명세서

■ 연결재무제표(consolidated financial statements: 외부감사대상 주식회사 중 지배회사가 작성하는, 지배종속관계에 있는 회사들의 연결정보를 제공하는 재무제표

※ 영업보고서(§447의2): 영업 성과, 대처할 과제, 주요 대주주/채권자 등에 관한 사항 등 영업에 관한 중요한 사항(시행령 §17)을 기재한 보고서로서, 재무제표에 속하지 않는다.

(2) 외감법이 정하는 재무제표 (외감법 §1의2)

■ 재무제표: 재무상태표(F/P; statement of financial position), 손익계산서[포괄손익계산서(C/I; statement of comprehensive income)], 자본변동표

---

125) 상법 시행령 제16조(주식회사 재무제표의 범위 등)

① 법 제447조제1항제3호에서 "대통령령으로 정하는 서류"란 다음 각 호의 어느 하나에 해당하는 서류를 말한다. 다만, 「주식회사의 외부감사에 관한 법률」 제2조에 따른 외부감사 대상 회사의 경우에는 다음 각 호의 모든 서류, 현금흐름표 및 주석(註釋)을 말한다.

1. 자본변동표
2. 이익잉여금 처분계산서 또는 결손금 처리계산서

② 법 제447조제2항에서 "대통령령으로 정하는 회사"란 「주식회사의 외부감사에 관한 법률」 제2조에 따른 외부감사의 대상이 되는 회사 중 같은 법 제1조의2제2호에 규정된 지배회사를 말한다.

(statement of changes in equity), 현금흐름표(statement of cash flow), 주석

- 연결재무제표: 연결재무상태표, 연결손익계산서[연결포괄손익계산서], 연결자본변동표, 연결현금흐름표, 주석
- 결합재무제표의 폐지: 자산총액 5조원 이상의 기업집단이 작성하는 결합재무제표는 폐지되었다.

## 2. 재무제표의 승인

### 가. 재무제표의 작성, 승인, 공시 절차

- 재무제표와 영업보고서 작성(§§447, 447의2) → 정기총회 6주간 전 감사(감사위원회)에게 제출(§447의3) → 감사는 4주간 내에 감사보고서 작성, 이사에게 제출(§447의4) [주권상장법인은 주주총회 1주 전까지 제출(§542의12)] → 정기총회 1주간 전부터 5년간 재무제표와 영업보고서/감사보고서 비치/공시(§448) → 재무제표와 영업보고서의 정기총회 제출과 정기총회의 재무제표 승인[이사회의 승인](§449) → 대차대조표의 지체없는 공고(§449 Ⅲ)
- 이사회에 의한 재무제표 승인 제도 도입(2011년 개정상법): 정관의 규정과 외부감사인의 '적정' 의견 및 감사(위원) 전원의 동의를 요건으로 하여, 이사회의 결의로 재무제표를 승인할 수 있도록 하는 재무제표 등의 승인에 대한 특칙을 두었다. 이 경우 이사는 각 서류의 내용을 주주총회에 보고하여야 한다(§449의2). 재무제표를 이사회가 승인하는 경우에는 이익배당을 이사회의 결의로 한다(§462 Ⅱ).

  ※ 사업보고서 등의 금융위원회 제출(자본시장법§159) 및 공시(금융감독원 전자공시시스템: http://dart.fss.or.kr)

### 나. 재무제표 승인의 효과

(1) 직접적 효과

- 당해 결산기의 회계가 확정되어 손익의 처분이 결정된다.
- 주주의 구체적 이익배당청구권이 발생한다.

### (2) 이사/감사의 책임 해제

**제450조 (이사, 감사의 책임해제)** 정기총회에서 전조 제1항의 승인을 한 후 2년내에 다른 결의가 없으면 회사는 이사와 감사의 책임을 해제한 것으로 본다. 그러나 이사 또는 감사의 부정행위에 대하여는 그러하지 아니하다.

#### (가) 의의

- 이사/감사의 회사에 대한 책임은 총주주의 동의로 면제할 수 있지만 (§§400, 415), 이사/감사를 과중한 책임으로부터 보호하기 위해, 정기총회에서 알 수 있었던 책임사유에 대해서는 2년의 제척기간을 두어 그 책임을 추궁할 수 있는 기간을 단축한다.
- 제3자에 대한 책임에 대하여는 적용되지 않는다.

#### (나) 책임 해제의 범위

- 재무제표에서 책임사유를 알 수 있는 사항
- [동일인 대출 한도를 초과의 대출] 대법원 2001다76854 판결: 상호신용금고의 대표이사로 재직할 당시 동일인에 대한 대출 한도를 초과하여 돈을 대출하면서 충분한 담보를 확보하지 아니하는 등 그 임무를 해태하여 소외 상호신용금고로 하여금 대출금을 회수하지 못하게 하는 손해를 입게 하였으므로, 소외 상호신용금고에게 회수하지 못한 대출금 중 동일인 대출 한도를 초과한 금액에 해당하는 손해를 배상할 책임이 있고, 또 상법 제450조에 따른 이사의 책임해제는 재무제표 등에 기재되어 정기총회에서 승인을 얻은 사항에 한정되는데, 소외인이 충분한 담보를 확보하지 아니하고 동일인 대출 한도를 초과하여 대출한 것은 재무제표 등을 통하여 알 수 있는 사항이 아니므로, 소외 상호신용금고의 정기총회에서 재무제표 등을 승인한 후 2년 내에 다른 결의가 없었다고 하여 소외인의 손해배상책임이 해제되었다고 볼 수 없다.
- [분식회계를 정리한 재무제표의 승인과 책임 해제 부인] 대법원 2007다60080 판결(2007): 상법 제450조에 따른 이사, 감사의 책임 해제는 재무제표 등에 그 책임사유가 기재되어 정기총회에서 승인을 얻은 경우에 한정되는 것이다. 원심은, "동아건설의 1995 내지 1997 회계연도에 대한 각 재무제표는 각 다음 회계연도의 정기주주총회에서 승인되었고, 또한 1997 회계연도까지 행한 분식 내용을 모두 기재한 1998 회계연도 재무제표가

1999. 2. 주주총회에서 승인되었으며, 그로부터 2년 내에 위 승인을 뒤집는 다른 결의가 없었으므로, 피고 2, 3 등의 책임은 상법 제450조에 의하여 해제되었다"는 위 피고들의 주장에 대하여, 동아건설의 1995 내지 1997 회계연도에 대한 재무제표에 분식결산하였다는 기재가 있거나 위 재무제표의 기재 자체에 의하여 분식결산 사실을 알 수 있는 것은 아니고, 나아가 비록 1998 회계연도 재무제표에 1997 회계연도까지 행한 분식 내용이 모두 반영되었다 하더라도 위 재무제표에 위 피고들의 책임사유가 기재되어 있었다는 점을 인정할 증거가 없다는 이유로, 위 주장을 배척하였다.… 원심의 이러한 조치는 옳은 것으로 수긍이 가고, 거기에 상법 제450조에 관한 법리오해 등의 위법이 있다고 할 수 없다.

(다) 2년 내의 다른 결의

- 이사/감사의 책임을 전제로 하는 결의: 재무제표의 승인 철회 결의, 책임해제의 부인결의, 책임추궁 결의 등
- [책임추궁 결의와 특별이해관계인의 의결권[126]] 대법원 2007다40000 판결(2007): 주주총회가 재무제표를 승인한 후 2년 내에 이사와 감사의 책임을 추궁하는 결의를 하는 경우 당해 이사와 감사인 주주는 회사로부터 책임을 추궁당하는 위치에 서게 되어 주주의 입장을 떠나 개인적으로 이해관계를 가지는 경우로서 그 결의에 관한 특별이해관계인에 해당함은 원심이 쓴 대로이지만, 주주의 의결권은 주주의 고유하고 기본적인 권리이므로 특별이해관계인이라는 이유로 이를 제한하기 위하여는 그 결의에 관하여 특별한 이해관계가 있음이 객관적으로 명확하여야 하는데, 원심에 의하더라도 이 사건 안건이 "제13기 결산서 책임추궁 결의에 관한 건"이라는 제목에 비추어 2003. 4. 1.부터 2004. 3. 31.까지의 기간 동안의 재무제표에 대한 경영진에 대한 책임을 추궁하기 위한 것으로 추측된다는 것일 뿐, 구체적으로 위 기간 동안에 이사나 감사로 재임한 자들 전원의 책임을 추궁하려고 하는 것인지, 그 중 일부 이사나

126) 총회의 결의에 관하여 특별한 이해관계가 있는 자는 의결권을 행사하지 못한다(§368Ⅳ). "특별한 이해관계"의 의미에 관하여는, ① 법률상 이해관계설(결의에 의해 권리의무의 득실이 생기는 경우), ② 특별이해관계설(모든 주주가 아닌 특정 주주의 이해에 관계되는 경우)도 있지만, ③ 다수설/판례는 개인법설(주주의 지위를 떠나 개인적인 이해관계를 갖는 경우)의 태도를 취한다.

감사만의 책임을 추궁하려고 하는 것인지, 나아가 어떠한 책임을 추궁하려고 하는 것인지 알 수 없고, 기록상 이를 알 수 있는 자료도 보이지 않는바, 그렇다면 원심이 들고 있는 사정만으로는 위 소외 1 등이 이 사건 결의에 관한 특별이해관계인에 해당한다고 단정할 수 없다. 따라서 원심으로서는 이 사건 안건이 이사나 감사 누구에 대하여 어떠한 책임을 추궁하기 위한 것인지를 심리한 다음, 그에 따라 주주 중 누가 이 사건 결의에 관하여 특별한 이해관계가 있는 자에 해당하는지를 판단하였어야 함에도… 피고 회사의 이사, 감사 전원이 이 사건 결의에 관하여 특별한 이해관계가 있는 자에 해당한다고 속단하고 말았으니, 원심판결에는 필요한 심리를 다 하지 아니하거나, 상법 제368조 제4항 소정의 특별한 이해관계가 있는 자에 관한 법리를 오해하여 판결 결과에 영향을 미친 위법이 있고, 이를 지적하는 취지의 상고이유의 주장은 이유 있다.

(라) 적용 제외: 부정행위

- 부정행위의 개념: 악의가 아닌 중과실의 임무해태도 포함하는가[127)]
- [이사회 승인을 얻은 불공정한 자기거래] 서울고법 75나2885 제5민사부판결(1977): (기초사실: P 주식회사의 대표이사 D가 이사회 승인을 얻어 자신의 토지를 현저한 고가로 회사에 양도하였다. P회사의 D에 대한 손해배상청구) ① 이사건 매매계약은 이른바 이사와 회사간의 거래로서 적법한 이사회의 승인을 얻었던 것이므로[§398] 유효한 매매계약이라고는 하겠으나, 한편 피고는 원고회사의 대표이사의 지위에서 원고 회사를 대표하여 위 매매계약을 체결함에 있어서 회사와의 관계에서 위임 또는 준위임계약에 따라 요구되는 선량한 관리자로서의 임무를 해태하여 원고 회사에 손해를 입혔다고 할 것이므로 다른 특단의 사정이 없는 한 위 매매계약의 이행으로 인하여 원고 회사가 입은 손해를 배상하여야 할 책임을 면할 수 없다. ② 상법 제450조 소정의… 이사의 부정행위라 함은 반드시 악의의 가해행위뿐만 아니라 앞서 본 이사건의 경우처럼 불법행위 이외에 이사의 권한내의 행위라 할지라도 당해 사정하에서 이

127) "고의에 의한 직무위반행위"로 보는 견해로는, 이철송, 940-941면. "고의/중과실에 기한 가해행위와 이에 준하는 행위"로 설명한 견해로는, 임재연, 684면.

를 행함이 정당시 될 수 없는 모든 경우를 포함한다고 봄이 상당하므로 부정행위에 해당하는 이 사건의 경우에는 위 책임채제에 관한 규정이 적용될 수 없을 뿐 아니라…

※ [참고] 대법원 77다295 판결(1977) (자신의 토지를 부당한 고가로 회사에 매도한 후 퇴직한 이사의 책임해제 부인): 설사 소송이 목적이 되는 권리관계가 이사의 재직중에 일어난 사유로 말미암는다 하더라도 회사가 그 사람을 이사의 자격으로 제소하는 것이 아니면 다시 말해서 이사가 이미 이사의 자리를 떠나서 이사 아닌 경우에 회사가 그 사람을 상대로 제소하는 경우에는 상법 제450조를 적용할 수 없다 하리니 원판결이 피고가 원고의 이사로 있을 때 저지른 일을 피고가 이사를 사임한 후에 제소한 이 사건에서 동조를 고려치 않고 판단한 조치는 옳고 논지는 이유없다.

■ [뇌물제공행위] 수원지법 98가합22553 판결(2001): 피고 이건희는, 1988.부터 1992.까지 삼성전자의 정기총회에서 재무제표의 승인을 한 후 2년 내에 다른 결의가 없었으므로 상법 제450조의 규정에 의하여 피고 이건희의 회사에 대한 책임은 해제되었다는 취지의 주장을 한다. 살피건대, 상법 제450조의 규정에 의한 책임해제는 재무제표에 기재되었거나 그 기재에 의하여 알 수 있는 사항에 한하여 인정될 수 있는 것인바, 피고 이건희가 삼성전자로부터 조성된 75억 원을 [노태우 대통령에게] 뇌물로 공여한 사항이 재무제표에 기재되어 제출되었고, 이에 대한 총회의 승인결의가 있었다는 점에 대한 주장 · 입증이 없고, 가사 위 뇌물공여행위에 대하여 총회의 승인결의가 있었다 하더라도 피고 이건희의 위 뇌물공여행위는 부정행위에 해당하여 이사의 책임이 해제될 수 없다 할 것이다.

(마) 제척기간

■ [대표소송의 제기와 제척기간] 대구지법 99가합13533 판결(2000): 피고는, 위 손해금의 처리 등을 포함하는 1997년도 결손금처리계산서 등의 재무제표가 1998. 3. 25. 개최된 제3기 정기주주총회에서 승인되었고, 그로부터 2년이 경과하도록 주주총회에서 다른 결의를 한 사실이 없으므로, 피고의 책임은 상법 제450조의 규정에 의하여 면제되었다고 항변한

다. 살피건대… 피고의 주장과 같은 주주총회결의가 있었던 사실은 인정되나, 이사의 책임해제에 관한 상법 제450조의 입법 취지와 주주대표소송에 관한 같은 법 제403조의 입법 취지를 종합적으로 고려하면 주주총회가 재무제표를 승인한 후 2년 이내에 이사의 책임을 추궁하는 주주대표소송이 제기되어 그 소송이 계속중인 경우에는 위 2년의 기간이 도과하였다 하더라도 이사의 책임해제에 관한 위 규정의 적용은 배제된다고 해석함이 타당하고, 만일 그렇게 해석하지 아니한다면 소수주주의 보호를 위한 주주대표소송에 관한 위 규정은 사실상 적용될 여지가 없어 사문화되고 말 것…

## 제4절 준비금

### 1. 개설

#### 가. 준비금의 유형

**제458조(이익준비금)** 회사는 그 자본금의 2분의 1이 될 때까지 매 결산기 이익배당액의 10분의 1 이상을 이익준비금으로 적립하여야 한다. 다만, 주식배당의 경우에는 그러하지 아니하다.[128)]

**제459조(자본준비금)** ① 회사는 자본거래에서 발생한 잉여금을 대통령령으로 정하는 바에 따라 자본준비금으로 적립하여야 한다.

(1) 법정준비금: 이익준비금(§458)과 자본준비금(§459)

(2) 임의준비금: 정관의 규정이나 주주총회의 결의에 의해 적립하는 준비금으로, 그 목적에 특별한 제한은 없다. 배당가능이익으로 적립하기 때문에, 재원의 성격상 법정준비금의 경우와는 달리 이사회 결의에 의한 자본금 전입은 허용되지 않는다고 본다(다수설).

(3) 비밀준비금: 대차대조표상의 순재산보다 많은 순재산이 회사에 유보되어

128) 주식배당은 배당가능이익을 회사 내에 유보하기 때문에 제외한다. 따라서 금전배당액과 현물배당액을 기준으로 한다.

있는 경우의 그 초과액을 뜻하며, 기업회계의 진실성/공개성 원칙에 반하지만 기업회계의 보수주의나 일반의 관행을 감안하면 합리적인 범위 안에서는 적법하다고 본다(통설).

나. 법정준비금의 기능

- 이익의 배당을 제한하여(§462), 자본충실을 도모한다.
- 법정준비금의 사용: 자본금의 결손 전보(§460)[129], 자본금 전입(§461)

다. 2011년 개정상법

(1) 준비금 운용의 경직성 완화: 자본금의 150%를 초과하는 법정준비금을 주주총회 결의로 감액할 수 있도록 하였다(§461의2).

(2) 법정준비금의 승계 허용: 합병/분할/분할합병의 경우 소멸/분할 회사의 법정준비금은 합병·분할·분할합병 후 존속되거나 새로 설립되는 회사가 승계할 수 있다(§459Ⅱ).

(3) 자본준비금의 구체적 항목 삭제: 시행령에 위임하였다(§459Ⅰ).

## 2. 준비금의 자본금 전입

**제461조 (준비금의 자본금 전입)** ① 회사는 이사회의 결의에 의하여 준비금의 전부 또는 일부를 자본금에 전입할 수 있다. 그러나 정관으로 주주총회에서 결정하기로 정한 경우에는 그러하지 아니하다.

② 제1항의 경우에는 주주에 대하여 그가 가진 주식의 수에 따라 주식을 발행하여야 한다. 이 경우 1주에 미달하는 단수에 대하여는 제443조(단주의 처리) 제1항의 규정을 준용한다.

③ 제1항의 이사회의 결의가 있은 때에는 회사는 일정한 날을 정하여 그 날에 주주명부에 기재된 주주가 제2항의 신주의 주주가 된다는 뜻을 그 날의 2주간 전에 공고하여야 한다. 그러나 그 날이 제354조(주주명부의 폐쇄, 기준일) 제1항의 기간 중인 때에는 그 기간의 초일의 2주간 전에 이를 공고하여야 한다.

④ 제1항 단서의 경우에 주주는 주주총회의 결의가 있은 때로부터 제2항의 신주의 주주가 된다.

⑤ 제3항 또는 제4항의 규정에 의하여 신주의 주주가 된 때에는 이사는 지체없이 신주를 받은 주주와 주주명부에 기재된 질권자에 대하여 그 주주가 받은 주식의 종류와 수를 통지하고, 무기명식의 주권을 발행한 경우에는 제1항의 결의의 내용을 공고하여야 한다.

---

129) 자본금의 결손은 이익준비금으로 먼저 충당하고 나서 자본준비금으로 충당하도록 하는 결손보전의 순서는 개정상법에서 폐지되었다.

⑥ 제350조(전환의 효력발생) 제3항 후단의 규정은 제1항의 경우에 이를 준용한다.
⑦ 제339조(질권의 물상대위)의 규정은 제2항의 규정에 의하여 주식의 발행이 있는 경우에 이를 준용한다.

가. 의의 (§461)

- 개념: 준비금을 감소시키고 감소된 금액을 자본금 계정으로 산정하여 준비금을 자본금화하는 것을 말한다. 원칙적으로 이사회[정관으로 주주총회]의 결의로 한다.
- 무상증자: 순자산은 증가하지 않지만 자본금이 증가한다. 따라서 액면주식을 발행한 회사라면 무상으로 신주를 발행하게 되어 발행주식 총수가 증가한다.
- 순자산은 동일한 가운데 발행주식 수만 증가하므로 주식의 실질가치가 하락한다. 따라서 무상증자는 주식분할과 같은 성질을 갖는다고 할 수 있다.

나. 효과

(1) 신주의 발행

- 신주의 효력발생 시기: 배정기준일 [주주총회의 결의로 하는 경우에는 주주총회 결의시]
- 무액면주식을 발행한 회사의 경우에는 신주를 반드시 발행할 필요가 없다고 본다.

(2) 위법한 자본금 전입

- 위법한 자본금 전입은 무효라고 본다(이사회 결의의 하자, 준비금의 부존재, 수권주식 초과 등)
- 그러나 신주가 발행되었다면, 그 이후에는 거래안전을 위해 신주발행무효의 소(§429)로 다투어야 할 것이다.

## 3. 법정준비금의 감소

**제461조의2(준비금의 감소)** 회사는 적립된 자본준비금 및 이익준비금의 총액이 자본금의 1.5배를 초과하는 경우에 주주총회의 결의에 따라 그 초과한 금액 범위에서 자본준비금과 이익준비금을 감액할 수 있다.

■ 개념: 주주총회의 보통결의로 자본금의 1.5배를 넘는 자본준비금과 이익준비금을 감액함

■ 2011년 개정상법에 신설: 과다하게 적립된 준비금을 미처분의 잉여금으로 환원시켜 운용할 수 있도록 한다(배당가능이익의 증가).

## 제5절 이익배당

### 1. 개설

#### 가. 이익배당(dividend)의 의의

■ 주주의 고유권: 이익을 주주에게 분배하는 것은 회사의 영리성의 징표이다.

■ 주주의 추상적 이익배당청구권을 기초로, 재무제표의 승인에 의해 구체적인 배당금 청구권이 발생한다.

■ [배당 결의가 없는 한 이익배당청구권이 없다] 대법원 81다343 판결(1983): 피고회사의 이사 보수에 관하여는 사원총회의 결의가 있어야 하고 이익배당에 관하여는… [피고 유한회사의] 사원총회의 계산서류 승인에 의한 배당금의 확정과 배당에 관한 결의가 있어야 하는데, 이 사건에서 이사의 보수지급 및 이익배당에 필요한 위와 같은 절차가 이행되었다고 인정할 수 있는 증거도 없으므로 원고의 이 사건 보수금 및 이익배당금 청구는 이유 없다.

#### 나. 형

(1) 시기에 따른 구분: 정기배당(정기주주총회에서 재무제표의 승인에 따른 이익배당)과 중간배당(사업연도 중간에 직전 결산기의 미처분이익을 재원으로 하는 이익배당)

(2) 배당재산에 따른 구분: 현금배당, 주식배당, 현물배당

#### 다. 2011년 개정상법

■ 이사회에 의한 재무제표 승인 제도를 도입하면서, 이사회가 재무제표를 승인하는 경우에는 이사회 결의로 이익배당을 정하도록 하였다.[130]

■ 금전 외의 재산에 의한 현물배당 제도를 도입하였다.

## 2. 정기배당

**제462조(이익의 배당)** ① 회사는 대차대조표의 순자산액으로부터 다음의 금액을 공제한 액을 한도로 하여 이익배당을 할 수 있다.
1. 자본금의 액
2. 그 결산기까지 적립된 자본준비금과 이익준비금의 합계액
3. 그 결산기에 적립하여야 할 이익준비금의 액
4. 대통령령으로 정하는 미실현이익

② 이익배당은 주주총회의 결의로 정한다. 다만, 제449조의2제1항에 따라 재무제표를 이사회가 승인하는 경우에는 이사회의 결의로 정한다.
③ 제1항을 위반하여 이익을 배당한 경우에 회사채권자는 배당한 이익을 회사에 반환할 것을 청구할 수 있다.
④ 제3항의 청구에 관한 소에 대하여는 제186조(전속관할)를 준용한다.

### 가. 배당가능이익의 제한 (§462)

■ 대차대조표의 순자산액(총자산-부채)으로부터 배당할 수 없는 다음 부분을 공제한 액을 한도로 한다: ① 자본금의 액, ② 그 결산기까지 적립된 자본준비금과 이익준비금의 합계액, ③ 그 결산기에 적립하여야 할 이익준비금의 액, ④ 대통령령으로 정하는 미실현이익[131)]

### 나. 영업연도 중간에 발행한 신주에 대한 日割배당 허용 문제

■ §350Ⅲ후단(전환주식 전환의 효력발생)[132)] 조항의 준용: 신주발행, 준비금의 자본금 전입, 주식배당, 전환사채의 전환, 신주인수권부사채의 신주인수권 행사에 의한 신주에 대한 배당에 준용하며, 중간배당에도 준용한다.

■ 정관의 규정이 없으면 어떻게 배당할 것인가: 일할배당 의무설/임의설 or

---

130) 주식배당은 주주총회의 결의로 한다(§462의2Ⅰ).

131) 상법 시행령 제19조(미실현이익의 범위) 법 제462조제1항제4호에서 "대통령령으로 정하는 미실현이익"이란 법 제446조의2의 회계 원칙에 따른 자산 및 부채에 대한 평가로 인하여 증가한 대차대조표상의 순자산액으로서, 미실현손실과 상계(相計)하지 아니한 금액을 말한다.

132) 전환에 의하여 발행된 주식의 이익배당에 관하여는 주주가 전환을 청구한 때 또는 제346조제3항제2호의 기간이 끝난 때가 속하는 영업연도 말에 전환된 것으로 본다. 이 경우 신주에 대한 이익배당에 관하여는 정관으로 정하는 바에 따라 그 청구를 한 때 또는 제346조제3항제2호의 기간이 끝난 때가 속하는 영업연도의 직전 영업연도 말에 전환된 것으로 할 수 있다.

균등배당설

■ 상장회사 표준정관은 균등배당 조항을 두고 있다.

다. 기타

(1) 이익배당의 기준: 이익배당은 각 주주가 가진 주식의 수에 따라 한다(§464).

(2) 배당금 지급시기와 시효: 배당금 지급시기를 정하지 않은 경우에는 배당 결의일로부터 1 개월 내에 지급하여야 한다. 배당금의 지급청구권은 5년간 이를 행사하지 아니하면 소멸시효가 완성한다(§464의2).

(3) 재무제표 승인과 이익배당의 결의

■ 외감법 적용대상이 아닌 회사에 대해서는 자본변동표와 이익잉여금 처분계산서[결손금 처리계산서]를 선택적인 재무제표로 규정하고 있으므로(시행령 §16Ⅰ), 자본변동표를 선택하는 회사의 경우에는 재무제표 승인과는 별도의 주주총회[이사회]의 이익배당 결의가 필요하게 된다(§462Ⅱ).

## 3. 중간배당 (§462의3)

**제462조의3 (중간배당)** ① 년 1회의 결산기를 정한 회사는 영업년도 중 1회에 한하여 이사회의 결의로 일정한 날을 정하여[133] 그날의 주주에 대하여 이익을 배당(이하 이 조에서 "중간배당"이라 한다)할 수 있음을 정관으로 정할 수 있다.

② 중간배당은 직전 결산기의 대차대조표상의 순자산액에서 다음 각호의 금액을 공제한 액을 한도로 한다.

1. 직전 결산기의 자본금의 액
2. 직전 결산기까지 적립된 자본준비금과 이익준비금의 합계액
3. 직전 결산기의 정기총회에서 이익으로 배당하거나 또는 지급하기로 정한 금액
4. 중간배당에 따라 당해 결산기에 적립하여야 할 이익준비금

③ 회사는 당해 결산기의 대차대조표상의 순자산액이 제462조제1항 각호의 금액의 합계액에 미치지 못할 우려가 있는 때에는 중간배당을 하여서는 아니된다.

④ 당해 결산기 대차대조표상의 순자산액이 제462조제1항 각호의 금액의 합계액에 미치지 못함에도 불구하고 중간배당을 한 경우 이사는 회사에 대하여 연대하여 그 차액(배당액이 그 차액보다 적을 경우에는 배당액)을 배상할 책임이 있다. 다만, 이사가 제3항의 우려가 없다고 판단함에 있어 주의를 게을리하지 아니하였음을 증명한 때에는 그러하지 아니하다.

---

133) 배당기준일의 중요성에 비추어 법문에도 불구하고 정관으로 정해야 한다는 견해로는, 이철송, 958면.

> ⑤ 제340조제1항, 제344조제1항, 제350조제3항(제423조제1항, 제516조제2항 및 제516조의 10에서 준용하는 경우를 포함한다. 이하 이 항에서 같다), 제354조제1항, 제458조, 제464조 및 제625조제3호의 규정에 적용에 관하여는 중간배당을 제462조제1항의 규정에 의한 이익의 배당으로, 제350조제3항의 규정의 적용에 관하여는 제1항의 일정한 날을 영업년도 말로 본다.
> ⑥ 제399조제2항 · 제3항 및 제400조의 규정은 제4항의 이사의 책임에 관하여, 제462조제3항 및 제4항은 제3항의 규정에 위반하여 중간배당을 한 경우에 이를 준용한다.

### 가. 중간배당의 필요성

- 이익이 확정되기 전에 이익배당을 할 수는 없는 것이지만, 회사의 자금관리상의 필요와 주주의 편익을 위해, 정관에 규정을 두고 이사회의 결의로 연 1회의 중간배당을 할 수 있도록 허용한다.
- 주권상장법인의 분기배당제도(자본시장법 §165의12): 분기별(3,6,9월) 배당 허용

### 나. 배당의 한도 (§462의3 II)

- 직전 결산기의 순자산 중 자본금, 법정준비금, 직전 결산기의 배당금, 중간배당에 따라 적립할 이익준비금을 공제한 금액
- 미실현이익도 공제해야 한다고 본다.

### 다. 중간배당의 성격

- 전기이익 후급설(다수설)[134]: 배당재원이 직전 결산기의 배당가능이익 중 배당하고 남은 금액이라는 점에서 직전 결산기 이익배당의 後給이라는 견해
- 당기이익 선급설: §462의3 II 규정은 한도액을 정하는 기준일 뿐이며 당해 결산기의 배당가능이익이 없으면 배당하지 못하도록 한다는 점에서(§462의3 III) 당해 결산기의 이익배당의 선급이라는 견해[135]

---

134) 이철송, 959면; 임재연, 709면.

135) 당해 결산기에 결손이 발생하면 채권자가 배당금의 반환을 청구할 수 있다는 규정(§§462의3 VI, 462 III, IV)에 따라 중간배당금을 위법배당금으로 해석하면, 중간배당은 당기이익의 선급이라고 이해하게 된다. 그러나, 이 준용규정을 입법착오로 보고 결손 발생시가 아닌 배당한도액 위반시에 준용하는 규정으로 읽어야 한다는 견해로는, 이철송, 961-962면.

### 라. 중간배당의 제한과 이사의 책임

- 당해 결산기에 결손이 발생할 우려가 있는 때
- 결손 발생시 이사의 차액[배당액]의 배상책임[136)]

## 4. 주식배당 (stock dividend)

**제462조의2 (주식배당)** ① 회사는 주주총회의 결의에 의하여 이익의 배당을 새로이 발행하는 주식으로써 할 수 있다. 그러나 주식에 의한 배당은 이익배당총액의 2분의 1에 상당하는 금액을 초과하지 못한다.

② 제1항의 배당은 주식의 권면액으로 하며, 회사가 종류주식을 발행한 때에는 각각 그와 같은 종류의 주식으로 할 수 있다.

③ 주식으로 배당할 이익의 금액중 주식의 권면액에 미달하는 단수가 있는 때에는 그 부분에 대하여는 제443조제1항의 규정을 준용한다.

④ 주식으로 배당을 받은 주주는 제1항의 결의가 있는 주주총회가 종결한 때부터 신주의 주주가 된다. 이 경우 제350조(전환의 효력발생) 제3항 후단의 규정을 준용한다.

⑤ 이사는 제1항의 결의가 있는 때에는 지체없이 배당을 받을 주주와 주주명부에 기재된 질권자에게 그 주주가 받을 주식의 종류와 수를 통지하고, 무기명식의 주권을 발행한 때에는 제1항의 결의의 내용을 공고하여야 한다.

⑥ 제340조제1항(등록질)의 질권자의 권리는 제1항의 규정에 의한 주주가 받을 주식에 미친다. 이 경우 제340조제3항의 규정을 준용한다.

### 가. 의의

- 개념: 주주총회 결의로 신주로써 하는 이익의 배당(§462의2)
- 현금배당에 따른 자금압박을 해소할 수 있지만, 주가가 낮은 경우에는 현금배당에 비해 주주에게 불리할 수 있다. 상법은 주식배당을 허용하되 그 한도를 제한한다.

### 나. 주식배당의 성질

(1) 학설: 이익배당설(다수설) ↔ 주식분할설(이익배당에 갈음하는 주식의 분할, 배당가능이익의 자본금 전입설)

(2) 차이점

- ① 종류주식에 대해 다른 종류의 주식으로 배당할 수 있는지, ② 약식질의

136) cf. 배당가능이익에 의한 자기주식취득의 경우의 차액 책임(§341Ⅳ)

효력이 주식배당에 미치는지, ③ 회사가 보유한 자기주식에 대한 주식배당이 허용되는지, ④ 배당소득으로 과세할 것인지 등이 달라질 수 있다.

- ①, ④는 §462의2Ⅱ, 소득세법 §17Ⅱ(의제배당으로 과세)에 의해 입법적으로 해결되어 있다.[137)]

### 다. 주식배당의 요건

(1) 배당가능이익의 존재

(2) 배당의 제한: 이익배당 총액의 1/2 이하(§462의2)

- 상장법인: 시가 ≧ 액면액이면, 이익배당 전액까지 허용된다(자본시장법 §165의13).
- 주주를 보호하는 제한이므로 주주 전원이 동의하면 총액을 주식으로 배당할 수 있다고 본다.

(3) 미발행 수권주식의 존재

### 라. 기타

- 신주의 주주가 되는 시기: 주식배당을 결의한 주주총회의 종료시

## 5. 현물배당

**제462조의4(현물배당)** ① 회사는 정관으로 금전 외의 재산으로 배당을 할 수 있음을 정할 수 있다.
② 제1항에 따라 배당을 결정한 회사는 다음 사항을 정할 수 있다.
1. 주주가 배당되는 금전 외의 재산 대신 금전의 지급을 회사에 청구할 수 있도록 한 경우에는 그 금액 및 청구할 수 있는 기간
2. 일정 수 미만의 주식을 보유한 주주에게 금전 외의 재산 대신 금전을 지급하기로 한 경우에는 그 일정 수 및 금액

137) §462의2Ⅱ의 해석과 관련하여, 단일한 종류의 주식이나 기존 주식과 동종의 주식으로 선택적으로 할 수 있다고 보지만(이철송, 971면; 정찬형, 798면; 권기범, 936면 등), 같은 종류의 주식으로만 할 수 있다는 견해(정동윤)도 있다.

## 6. 위법배당의 효과

### 가. 개설

- 위법배당의 개념: 법령이나 정관에 위반한 이익배당
- 이사/감사의 책임: 손해배상책임(§§399, 401, 414), 해임청구의 사유(§385 Ⅱ), 회사재산을 위태롭게 하는 죄(§625ⅲ), 주권상장법인에 대한 금융위원회의 임원 해임권고 등의 조치권(자본시장법 §165의18)
- [분식회계를 통한 위법배당] 대법원 2006다19603 판결 (기초사실: 해태제과 주식회사는 1997. 11. 1. 부도가 나 2001년 회사정리절차개시결정을 받았다. 해태그룹회장 D1은 1994. 8. 30. - 1996. 9. 16. 대표이사로 근무하였고, D4는 비슷한 시기에 대표이사로 근무하였다. D3는 재경담당 비등기이사로 근무하다 재무제표가 승인된 1995. 8. 28.자 정기주주총회에서 이사로 선임되었다. D1은 해태제과의 자본잠식 상태를 숨긴 채 부채비율을 양호하게 하여 금융기관으로부터 용이하게 자금을 대출받고 기업의 대외신인도를 높이기 위하여 대표이사 D4에게 당기순이익이 발생한 것처럼 분식결산을 하도록 지시하였고, D4는 재경담당 비등기이사에게 분식결산을 지시하였다. 그 결과 당기순손실이 1,488억 5,500만 원이었는데도, 가공자산을 만들어 자산을 과대 계상하고 금융기관으로부터의 장기차입금, 지급어음채무금 등을 대차대조표상 누락시켜 부채를 과소계상하며 판매비와 관리비 등의 비용을 과소계상하고 전기오류수정손실을 반영하지 않는 등의 방법으로 분식결산을 하여, 자산 9,928억 800만 원, 부채 8,237억 8,200만 원, 자기자본 1,690억 2,500만 원, 당기순이익 78억 1,100만 원으로 된 허위의 재무제표가 작성되었다. 1995. 8. 28. 주주총회에서 이러한 재무제표가 승인되었고, 해태제과는 법인세 53.3억 원을 납부하고 27.29억 원의 이익배당을 실시하였다. 정리회사 하이콘테크 주식회사(상호변경 전: 해태제과 주식회사) 관리인의 D1 등에 대한 손해배상청구): ① 기업회계기준에 의할 경우 회사의 당해 사업연도에 당기순손실이 발생하고 배당가능한 이익이 없는데도, 당기순이익이 발생하고 배당가능한 이익이 있는 것처럼 재무제표가 분식되어 이를 기초로 주주에 대한 이익배당금의 지급과 법인세의 납부가 이루어진 경우에는, 특별한 사정이 없는 한 회사는 그 분식회계

로 말미암아 지출하지 않아도 될 주주에 대한 이익배당금과 법인세 납부액 상당을 지출하게 되는 손해를 입게 되었다고 봄이 상당하고, 상법상 재무제표를 승인받기 위해서 이사회결의 및 주주총회결의 등의 절차를 거쳐야 한다는 사정만으로는 재무제표의 분식회계 행위와 회사가 입은 위와 같은 손해 사이에 인과관계가 단절된다고 할 수 없다. ② 회사와 회사의 대주주 겸 대표이사는 서로 별개의 법인격을 갖고 있을 뿐만 아니라, 회사의 대주주 겸 대표이사의 지시가 위법한 경우 회사의 임직원이 반드시 그 지시를 따라야 할 법률상 의무가 있다고 볼 수 없으므로, 회사의 임직원이 대주주 겸 대표이사의 지시에 따라 위법한 분식회계 등에 고의 · 과실로 가담하는 행위를 함으로써 회사에 손해를 입힌 경우 회사의 그 임직원에 대한 손해배상청구가 신의칙에 반하는 것이라고 할 수 없고, 이는 위와 같은 위법한 분식회계로 인하여 회사의 신용등급이 상향 평가되어 회사가 영업활동이나 금융거래의 과정에서 유형 · 무형의 경제적 이익을 얻은 사정이 있다고 하여 달리 볼 것은 아니다. ③ 이사나 감사가 법령 또는 정관에 위반한 행위를 하거나 그 임무를 해태함으로써 회사에 대하여 손해를 배상할 책임이 있는 경우에 그 손해배상의 범위를 정함에 있어서는, 당해 사업의 내용과 성격, 당해 이사나 감사의 임무위반의 경위 및 임무위반행위의 태양, 회사의 손해 발생 및 확대에 관여한 객관적인 사정이나 그 정도, 평소 이사나 감사의 회사에 대한 공헌도, 임무위반행위로 인한 당해 이사나 감사의 이득 유무, 회사의 조직체계의 흠결 유무나 위험관리체제의 구축 여부 등 제반 사정을 참작하여 손해분담의 공평이라는 손해배상제도의 이념에 비추어 그 손해배상액을 제한할 수 있고, 나아가 책임감경사유에 관한 사실인정이나 그 비율을 정하는 것은 그것이 형평의 원칙에 비추어 현저히 불합리하다고 인정되지 않는 한 사실심의 전권사항에 속한다.

### 나. 배당가능이익 제한 위반: 위법한 배당금의 반환

(1) 배당가능이익의 산정방법: §§462 Ⅰ, 462의3 Ⅱ

(2) 회사채권자의 반환청구(§§462 Ⅲ, 462의3 Ⅵ)

■ 회사채권자: 배당 결의 이후의 채권자도 포함된다(통설).

(3) 회사의 반환청구: 부당이득 반환청구

- 주주총회의 이익배당 결의와의 관계: 주주총회 결의의 효력을 먼저 다투어야 하는가: 주주총회결의 무효확인의 소(§380)의 법적성질을 확인소송으로 보면 곧바로 반환청구가 가능하지만, 형성소송으로 본다면 訴가 아닌 선결문제나 항변으로 주장할 수 없어 무효확인의 소와 반환 청구의 이중의 절차를 거쳐야 한다.[138][139]

다. 위법한 주식배당

(1) 배당가능이익이 없는 경우

(가) 신주의 효력

- 납입이 없거나 액면미달발행이 되어 무효라는 견해: 신주발행무효의 소로 다툴 수 있다(다수설).
- 회사의 자산이 유출되지 않았으므로 채권자에게 불이익이 없어 유효라는 견해

(나) 신주가 유효하다면, 주식 대가의 납입청구권이 인정되는가

- 배당된 신주의 납입의무를 강요하여 주주유한책임 원칙에 반한다는 견해
- 일종의 배당이므로 반환청구할 수 있다는 견해

(다) 이사/감사의 손해배상책임

- 법령위반행위로 인하여 회사/제3자에 대한 손해배상책임이 발생한다는 견해
- 회사에 손해가 없다는 견해
- 자본충실책임: 변경등기 후의 자본충실책임을 인정할 것인지(자본금 증

---

138) 〈참고〉 주주총회결의 무효확인의 소(§380)의 성질론의 논거(부존재확인의 소도 동일)는 다음과 같다.

- 확인소송설(다수설): 제소권자/제소기간 제한이 없다는 점(cf. 결의취소의 소 §376), 무익한 이중적 절차를 밟을 필요가 없다는 점.
- 형성소송설: 판결이 대세적 효력을 가진다는 점, 단체적 법률관계를 획일적으로 확정해야 한다는 점.

139) 이와는 달리, 이익 없는 배당행위 자체가 위법하므로 위법배당은 배당결의와 무관하게 무효이고, 따라서 결의와 무관하게 반환을 청구할 수 있다는 견해도 있다; 이철송, 974면. 부당이득반환의 법리를 적용하지만, 주주가 선의라 하더라도 전액을 반환하여야 한다고 설명한다.

가가 무효가 된다면 책임이 없다는 견해).

(2) 신주발행의 위법

- 주주총회결의의 흠, 수권주식 한도 초과 등: 신주발행무효의 소로 다툴 수 있다.

라. 위법한 중간배당: 초과배당에 관한 차액배상책임

**제462조의3 (중간배당)** ①② (생략)

③ 회사는 당해 결산기의 대차대조표상의 순자산액이 제462조제1항 각호의 금액의 합계액에 미치지 못할 우려가 있는 때에는 중간배당을 하여서는 아니된다.

④ 당해 결산기 대차대조표상의 순자산액이 제462조제1항 각호의 금액의 합계액에 미치지 못함에도 불구하고 중간배당을 한 경우 이사는 회사에 대하여 연대하여 그 차액(배당액이 그 차액보다 적을 경우에는 배당액)을 배상할 책임이 있다. 다만, 이사가 제3항의 우려가 없다고 판단함에 있어 주의를 게을리하지 아니하였음을 증명한 때에는 그러하지 아니하다.

⑤ (생략)

⑥ 제399조제2항 · 제3항 및 제400조의 규정은 제4항의 이사의 책임에 관하여, 제462조제3항 및 제4항은 제3항의 규정에 위반하여[140] 중간배당을 한 경우에 이를 준용한다.

마. 기타의 위법

- 배당결의에 존재하는 절차적 흠, 주주평등원칙 위반 등: 배당가능이익의 범위 안에서 배당이 이루어졌다면 채권자의 반환청구를 인정할 필요가 없으며, 회사는 결의 자체의 효력을 소로써 다툰 후 부당이득반환청구권을 행사하게 될 것이다.

# 제6절 재무제표 등의 공시와 주주, 채권자의 권리

## 1. 공시 제도

가. 정관 등의 비치, 공시의무 (§396)

(1) 정관, 주주총회의사록: 본점과 지점

140) "제2항의 규정에 위반하여"로 읽어야 한다는 견해로는, 이철송, 961면.

(2) 주주명부, 사채원부: 본점 (또는 명의개서대리인의 영업소: 원본 또는 복본)

(3) 주주/채권자의 열람 또는 등사 청구권

■ [경쟁회사의 부당한 열람등사청구에 대한 거부] 대법원 2003마1575 결정(2004): ① 상법 제391조의3 제3항, 제466조 제1항에서 규정하고 있는 주주의 이사회의 의사록 또는 회계의 장부와 서류 등에 대한 열람 · 등사청구가 있는 경우, 회사는 그 청구가 부당함을 증명하여 이를 거부할 수 있는바, 주주의 열람 · 등사권 행사가 부당한 것인지 여부는 그 행사에 이르게 된 경위, 행사의 목적, 악의성 유무 등 제반 사정을 종합적으로 고려하여 판단하여야 할 것이고, 특히 주주의 이와 같은 열람 · 등사권의 행사가 회사업무의 운영 또는 주주 공동의 이익을 해치거나 주주가 회사의 경쟁자로서 그 취득한 정보를 경업에 이용할 우려가 있거나, 또는 회사에 지나치게 불리한 시기를 택하여 행사하는 경우 등에는 정당한 목적을 결하여 부당한 것이라고 보아야 할 것이다 (재항고인과 상대방은 모두 부산 · 경남 지역에 영업기반을 두고 오랜 기간 경쟁관계를 유지해 오고 있는 점… 공개적으로 상대방의 경영권 인수를 표방하면서 50% 이상의 주식 취득을 위한 주식 공개매수에 착수함과 아울러 이미 재항고인의 주식 취득 이전에 드러난 상대방 전 대표이사의 부정행위, 미수금 채권관계, 상장폐지건 등을 내세워 이 사건과 같은 회계장부 열람청구 외에도 임원 해임 요구, 손해배상청구 등을 통하여 상대방의 경영진을 압박하는 한편, 상대방의 주주 및 채권자들을 상대로 한 설득작업을 통하여 상대방의 경영권 인수를 시도하고 있는 점 등 두 회사의 관계, 재항고인이 상대방의 주식을 취득한 시기 및 경위, 주식 취득 이후에 취한 재항고인의 행동, 상대방의 현재 상황 등 제반 사정을 고려할 때, 재항고인이 주주로서 부실경영에 책임이 있다는 상대방의 현 경영진에 대한 해임청구 내지는 손해배상청구의 대표소송을 위한 사실관계 확인 등 상대방의 경영감독을 위하여 이 사건 서류들에 대한 열람 · 등사를 구하는 것이 아니라, 주주라는 지위를 내세워 상대방을 압박함으로써 궁극적으로는 자신의 목적인 경영권 인수(적대적 M&A)를 용이하게 하기 위하여 위 서류들에 대한 열람 · 등사권을 행사하는 것이라고 보아야 할 것이고, 나아가 두 회사가 경업관계에 있기 때문에 이 사건

열람·등사 청구를 통하여 얻은 상대방의 영업상 비밀이 재항고인의 구체적인 의도와는 무관하게 경업에 악용될 우려가 있다고 보지 않을 수 없으므로, 결국 재항고인의 이 사건 열람·등사 청구는 정당한 목적을 결한 것)

- 그룹회장이 실명으로 주식을 보유하는지 확인하기 위한 삼성생명 주주명부의 열람청구: 정치적 목적이라는 이유로 기각한 예: 서울중앙지법 2008카합721 결정
- 이사에 대한 대표소송을 제기하기 위한 주주명부 열람 청구: 이미 필요한 주식을 확보하였다는 이유로 기각한 예: 서울중앙지법 2008카합641 결정

### 나. 이사회 의사록의 작성의무 (§391의3)

**제391조의3 (이사회의 의사록)** ① 이사회의 의사에 관하여는 의사록을 작성하여야 한다.
② 의사록에는 의사의 안건, 경과요령, 그 결과, 반대하는 자와 그 반대이유를 기재하고 출석한 이사 및 감사가 기명날인 또는 서명하여야 한다.
③ 주주는 영업시간내에 이사회의사록의 열람 또는 등사를 청구할 수 있다.
④ 회사는 제3항의 청구에 대하여 이유를 붙여 이를 거절할 수 있다. 이 경우 주주는 법원의 허가를 얻어 이사회의사록을 열람 또는 등사할 수 있다.

### 다. 재무제표 등의 공시, 공고 (§§448, 449)

- 재무제표, 영업보고서의 비치: 본점에 5년, 지점에 3년(등본)
- 주주/채권자의 열람권, 등본/초본의 교부청구권
- 주권상장법인: 외부감사인의 감사보고서, 사업보고서, 반기보고서/분기보고서 공시 (자본시장법 §§159, 160)
- 대차대조표의 공고 (§449Ⅲ)

### 라. 기타

(1) 주권상장법인의 주요사항보고서 제출의무

- 금융위원회/거래소의 공시 (자본시장법 §§161, 163)

(2) 공시의무 위반

- 이사의 책임 (§§399, 401)
- 자본시장법: 상장법인의 부실공시로 인한 손해배상책임(§§125-127, 162), 형벌(§444)

## 2. 재무 관련 少數株主權

### 가. 주주의 회계장부열람권 (§466)

**제466조 (주주의 회계장부열람권)** ① 발행주식의 총수의 100분의 3[141] 이상에 해당하는 주식을 가진 주주는 이유를 붙인 서면으로 회계의 장부와 서류의 열람 또는 등사를 청구할 수 있다.
② 회사는 제1항의 주주의 청구가 부당함을 증명하지 아니하면 이를 거부하지 못한다.

(1) 이유를 붙인 서면에 의한 회계의 장부/서류의 열람/등사 청구권

- [열람/등사 이유의 구체적 기재] 서울지법 97가합68790 판결(1998): 상법 제466조 제1항에 의하여… 주주에게 인정되는 회계장부 및 서류의 열람 및 등사청구권은 주주의 회사경영 상태에 대한 알 권리 및 감독·시정할 권리와 한편 열람 및 등사청구를 인정할 경우에 발생할 수 있는 부작용, 즉 이를 무제한적으로 허용할 경우 회사의 영업에 지장을 주거나, 회사의 영업상 비밀이 외부로 유출될 염려가 있고, 이로 인하여 얻은 회계정보를 부당하게 이용할 가능성 등을 비교형량하여 그 결과 주주의 권리를 보호하여야 할 필요성이 더 크다고 인정되는 경우에만 인정되어야 하고, 회계장부의 열람 및 등사를 청구하는 서면에 기재되는 열람 및 등사의 이유는 위와 같은 비교형량을 위하여, 또한 회사가 열람·등사의 청구에 응할 의무의 존부의 판단을 위하여 구체적으로 기재될 것을 요한다고 할 것인바, 주주가 회계의 장부와 서류를 열람 및 등사하려는 이유가 막연히 회사의 경영상태가 궁금하므로 이를 파악하기 위해서라든지, 대표이사가 자의적이고 방만하게 회사를 경영하고 있으므로 회사의 경영상태에 대한 감시의 필요가 있다는 등의 추상적인 이유만을 제시한 경우에는 주주의 권리를 보호하여야 할 필요성이 더 크다고 보기가 어려우므로 열람 및 등사청구가 인정되지 아니한다고 봄이 상당하지만, 예컨대 회사가 업무를 집행함에 있어서 부정한 행위를 하였다고 의심할 만한 구체적인 사유가 발생하였다거나, 회사의 업무집행이 법령이나 정관에 위배된 중대한 사실이 발생하였다거나, 나아가 회사의 경영상태를 악화시킬 만한 구체적인 사유가 있는 경우 또는 주주가 회사의 경영상태에 대한 파악 또는 감독·시정의

141) 상장회사의 경우는 0.1%의 소수주주권이다(§542의6Ⅳ).

필요가 있다고 볼 만한 구체적인 사유가 있는 경우 등과 같은 경우에는 주주의 권리를 보호하여야 할 필요성이 더 크다고 보여지므로 열람 및 등사청구가 인정된다.

(2) 회사의 거부권

■ 회사는 주주의 청구가 부당함을 증명하지 아니하면 이를 거부하지 못한다(§466 Ⅱ).

(3) 자회사 회계장부의 열람등사청구

■ [자회사 회계 장부/서류의 열람/등사] 대법원 99다58051 판결(2001): 상법 제466조 제1항에서 정하고 있는 소수주주의 열람·등사청구의 대상이 되는 '회계의 장부 및 서류'에는 소수주주가 열람·등사를 구하는 이유와 실질적으로 관련이 있는 회계장부와 그 근거자료가 되는 회계서류를 가리키는 것으로서, 그것이 회계서류인 경우에는 그 작성명의인이 반드시 열람·등사제공의무를 부담하는 회사로 국한되어야 하거나, 원본에 국한되는 것은 아니며, 열람·등사제공의무를 부담하는 회사의 출자 또는 투자로 성립한 자회사의 회계장부라 할지라도 그것이 모자관계에 있는 모회사에 보관되어 있고, 또한 모회사의 회계상황을 파악하기 위한 근거자료로서 실질적으로 필요한 경우에는 모회사의 회계서류로서 모회사 소수주주의 열람·등사청구의 대상이 될 수 있다.

(4) 열람/등사 청구권을 피보존권리로 하는 가처분

■ [가처분의 허용] 대법원 99다137 판결(1999): 상법 제466조 제1항 소정의 소수주주의 회계장부열람등사청구권을 피보전권리로 하여 당해 장부 등의 열람·등사를 명하는 가처분이 실질적으로 본안소송의 목적을 달성하여 버리는 면이 있다고 할지라도, 나중에 본안소송에서 패소가 확정되면 손해배상청구권이 인정되는 등으로 법률적으로는 여전히 잠정적인 면을 가지고 있기 때문에 임시적인 조치로서 이러한 회계장부열람등사청구권을 피보전권리로 하는 가처분도 허용된다[142]고 볼 것이고, 이러한 가처분을 허

142) 본안소송이 확정되고 집행되기 전에 피보전권리가 실현된 것과 같은 결과를 주는 가처분을 만족적 가처분이라고 한다. 특히, 직무집행정지가처분과 같은 형성적 가처분과 구분하여, 회계장부열람등사청구와 같은 이행소송을 본안으로 하는 만족적 가처분을 이행적 가처분 또는

용함에 있어서는 피신청인인 회사에 대하여 직접 열람·등사를 허용하라는 명령을 내리는 방법뿐만 아니라, 열람·등사의 대상 장부 등에 관하여 훼손, 폐기, 은닉, 개찬이 행하여질 위험이 있는 때에는 이를 방지하기 위하여 그 장부 등을 집행관에게 이전 보관시키는 가처분을 허용할 수도 있다.

나. 검사인선임 청구권(§467): 3% 소수주주권

- 대법원 85마214 결정(1985): 상법 제467조 제1항이 규정하고 있는 검사인 선임 청구사유인 "업무집행에 관한 부정행위 또는 법령이나 정관에 위반한 중대한 사실"에 대하여는 그 내용을 구체적으로 명확히 적시하여야 하고 단순히 결산보고서의 내용이 실지 재산상태와 일치하는지 여부에 의심이 간다는 정도의 막연한 것으로 그 사유를 삼을 수는 없다 (회사가 사임한 이사에 대한 퇴임등기를 태만히 하고 후임자를 보선하지 않고 있다 하여도 그것만으로는 "중대한 사실"에 해당한다고 할 수 없으며, 회사가 재항고인에 대한 대여금 또는 외상매입대금을 변제하지 않고 있다거나 위 대여금을 회사장부에 기장하지 않았다는 사정만으로는 업무집행에 관하여 부정행위가 있다고 단정할 수 없는 것)

## 제7절 이익공여의 금지

**제467조의2 (이익공여의 금지)** ① 회사는 누구에게든지 주주의 권리행사와 관련하여 재산상의 이익을 공여할 수 없다.

② 회사가 특정의 주주에 대하여 무상으로 재산상의 이익을 공여한 경우에는 주주의 권리행사와 관련하여 이를 공여한 것으로 추정한다. 회사가 특정의 주주에 대하여 유상으로 재산상의 이익을 공여한 경우에 있어서 회사가 얻은 이익이 공여한 이익에 비하여 현저하게 적은 때에도 또한 같다.

③ 회사가 제1항의 규정에 위반하여 재산상의 이익을 공여한 때에는 그 이익을 공여받은 자는 이를 회사에 반환하여야 한다. 이 경우 회사에 대하여 대가를 지급한 것이 있는 때에는 그 반환을 받을 수 있다.

④ 제403조 내지 제406조의 규정(대표소송)은 제3항의 이익의 반환을 청구하는 소에 대하여 이를 준용한다.

---

단행적 가처분이라고 한다.

## 1. 의의

- 주주권(의결권, 제소권 등) 행사와 관련되는 회사의 이익공여 금지
- 총회꾼의 규제: ① 의장의 총회 질서유지권(§366의2), ② 권리행사방해등에 의한 증수뢰죄(§631), ③ 이익공여의 금지

## 2. 위반의 효과: 이익의 반환의무

- 반환의무의 성질: 부당이득 법리의 특칙 (불법원인급여, 비채변제 법리의 적용을 배제한다.)
- 대표소송 허용

# 제8절 사용인의 우선변제권

**제468조 (사용인의 우선변제권)** 신원보증금의 반환을 받을 채권 기타 회사와 사용인간의 고용관계로 인한 채권이 있는 자는 회사의 총재산에 대하여 우선변제를 받을 권리가 있다. 그러나 질권·저당권이나 「동산·채권 등의 담보에 관한 법률」에 따른 담보권에 우선하지 못한다.

- 근로자를 보호하기 위하여 고용관계로 인한 근로자 채권의 우선변제권을 인정함.
- 근로자퇴직급여보장법의 퇴직금 특례

**근로자퇴직급여보장법 제12조 (퇴직급여등의 우선변제)**

① 사용자에게 지급의무가 있는 퇴직금, 제15조에 따른 확정급여형퇴직연금제도의 급여, 제20조제3항에 따른 확정기여형퇴직연금제도의 부담금 중 미납입 부담금 및 미납입 부담금에 대한 지연이자, 제25조제2항제4호에 따른 개인형퇴직연금제도의 부담금 중 미납입 부담금 및 미납입 부담금에 대한 지연이자(이하 "퇴직급여등"이라한다)는 사용자의 총재산에 대하여 질권 또는 저당권에 의하여 담보된 채권을 제외하고는 조세·공과금 및 다른 채권에 우선하여 변제되어야 한다. 다만, 질권 또는 저당권에 우선하는 조세·공과금에 대하여는 그러하지 아니하다.

② 제1항에도 불구하고 최종 3년간의 퇴직급여등은 사용자의 총재산에 대하여 질권 또는 저당권에 의하여 담보된 채권, 조세·공과금 및 다른 채권에 우선하여 변제되어야 한다.

③ 퇴직급여등 중 퇴직금, 제15조에 따른 확정급여형퇴직연금제도의 급여는 계속근로기간 1년에 대하여 30일분의 평균임금으로 계산한 금액으로 한다.

④ 퇴직급여등 중 제20조제1항에 따른 확정기여형퇴직연금제도의 부담금 및 제25조제2항제2호에 따른 개인형퇴직연금제도의 부담금은 가입자의 연간 임금총액의 12분의 1에 해당하는 금액으로 계산한 금액으로 한다.

# 제21장 사 채

## 제1절 사채 일반

### 1. 社債(bond)의 의의

#### 가. 의의

(1) 개념

- 주식회사가 대규모의 자금을 조달하기 위하여 채권(債券)을 발행하여 부담하는 채무
- 債券(社債券)에 표창하여 유통된다.

※ 유한회사의 사채발행 금지[143]: 유한회사와 주식회사가 합병하는 경우 합병을 하는 회사의 일방이 사채의 상환을 완료하지 아니한 주식회사인 때에는 합병 후 존속하는 회사 또는 합병으로 인하여 설립되는 회사는 유한회사로 하지 못하며(§600 Ⅰ), 사채의 상환을 완료하지 아니한 주식회사는 유한회사/유한책임회사로 조직변경하지 못한다(§§604 Ⅰ, 287의44).

(2) 사채계약의 성질: ① 소비대차설, ② 채권매매설, ③ 소비대차와 유사한 비전형계약설, ④ 매출발행은 채권매매, 여타의 경우는 소비대차와 유사한 비전형계약설

143) 사채발행을 금지하는 규정은 상법에 없지만, §§600 Ⅰ, 604 Ⅰ, 287의44의 해석상 유한회사와 유한책임회사는 사채를 발행하지 못한다고 볼 수 있다. 합명회사와 합자회사가 사채를 발행한 예는 없다.

(3) 증시자금조달현황 (유가증권신고서 제출기준, 단위: 억원, %)

| 구 분 | 2011년 | 비중 | 2012년 | 비중 | 2013년 | 비중 |
|---|---|---|---|---|---|---|
| 조달총액 | 1,145,593 | 100 | 1,065,581 | 100 | 1,007,309 | 100 |
| 주 식 | 129,018 | 11.3 | 23,637 | 2.2 | 52,020 | 5.2 |
| (공 모) | 24,386 | 2.1 | 4,664 | 0.4 | 10,964 | 1.1 |
| (유상증자) | 104,632 | 9.1 | 18,973 | 1.8 | 41,056 | 4.1 |
| 회사채 | 1,016,577 | 88.7 | 1,018,307 | 95.6 | 903,269 | 89.7 |

※ 주식 수치는 유가증권시장과 코스닥증권시장 합계
(자료: 한국은행 경제통계시스템 ECOS 자료를 편집하였음)

## 나. 주식과의 비교

(1) 유사점: 주식과 함께 대규모 자금의 조달수단으로서 증권화되어 있고, 권리자들의 법률관계를 집단적으로 처리하고 있다(사채권자집회 등).

(2) 차이점: 타인자본으로서 상환해야 할 채무이다. 회사의 경영성과와는 상관없이 확정된 이자를 지급해야 하며, 회사의 해산시에는 주주에 우선한 변제를 받을 권리가 인정된다.

(3) 양자의 접근현상

- 주식투자에만 관심을 두는 주주(투기주주)는 회사의 경영에 관여하지 않으며, 회사의 이익배당률이 사채의 이율처럼 평준화되는 경향도 있다.
- 주식의 사채화: 무의결권주식, 상환주식, 우선주식(일정한 배당률의 보장)
- 사채의 주식화: 전환사채, 신주인수권부사채, 이익참가부사채

## 다. 사채의 종류

(1) 일반사채와 특수사채

- 특수사채: 사채권자에게 특수한 권리가 부여된 사채(전환사채, 신주인수권부사채, 이익참가부사채, 교환사채 등)

(2) 기명사채와 무기명사채

- 취득자 성명의 사채원부와 채권에의 기재 여부(§§479, 480)

(3) 담보부사채와 무담보사채

- 사채를 위한 물상담보의 설정 여부

(4) 현물사채와 등록사채

- 債券을 발행하는지, 공사채등록법에 따라 債券을 발행하지 않고 등록하는지
- 등록사채: 등록기관의 공사채등록부에 기재하며, 등록한 무기명식 공사채의 이전, 담보권의 설정, 신탁의 경우 등록이 발행자/제3자에 대한 대항요건이 된다(§§9, 6).
- 한국예탁결제원 보관현황(2012.9. 현재): 사채의 발행량 1,420조원(시가총액 1,440조원)의 94.4% 보관, 실물보관량 0.9조원 + 등록채권량 1,340조원(등록채비율 99.93%)

※ 사채의 전자등록 제도 도입(2011년 개정상법)

> **제478조 (채권의 발행)** ③ 회사는 제1항의 채권(債券)을 발행하는 대신 정관으로 정하는 바에 따라 전자등록기관의 전자등록부에 채권(債權)을 등록할 수 있다. 이 경우 제356조의2(주식의 전자등록) 제2항부터 제4항까지의 규정을 준용한다.

## 2. 社債의 發行

### 가. 사채의 발행 방법

(1) 총액인수(§475): 증권회사 등의 특정인이 계약으로 사채 총액을 일괄 인수하는 방법

- 사채청약서의 작성이 불필요하다.
- 인수자는 債券을 매출하여 차액을 취득할 수 있지만, 인수자에게 거액이 필요하고 위험부담이 크다.

(2) 공모(公募): 일반공중으로부터 사채권자를 모집하는 방법

(가) 직접공모(§474)

(나) 위탁모집(§476Ⅱ): 모집을 타인(수탁회사)에게 위탁하는 방식[144)]

(다) 인수모집(§474Ⅱ xiv, §475 2문)

---

144) 수탁회사는 자기의 명의로 위탁회사를 위하여 사채를 모집한다(§476Ⅱ). 따라서 수탁회사는 자기 명의로써 타인의 계산으로 매매 아닌 행위를 영업으로 하는 준위탁매매인이다(§113).

■ 위탁모집을 하되 인수되지 않은 잔액을 수탁회사가 인수하기로 하는 방식이다. 수탁회사의 인수에는 사채청약서 작성이 불필요하다.

■ 발행회사가 선호하는 방식으로, 직접공모와 위탁모집 방식을 취하면 사채총액 모집에 실패할 가능성이 있기 때문이다. 수탁회사는 미리 다른 금융기관들과 함께 인수단을 구성하여 총액인수의 효과를 거두게 된다.

(3) 債券 매출: 債券을 미리 작성하여 일정한 기간 동안 매출하는 방법으로, 특별법에서 허용하고 있다(예: 한국산업은행법 §25의 산업금융채권).

## 나. 사채의 발행 절차

(1) 사채발행의 결의

■ 사채발행은 이사회의 결의로 한다(§469 I).

■ 대표이사에 대한 위임 허용(2011년 개정상법): 정관으로 정하는 바에 따라 이사회는 대표이사에게 사채의 금액 및 종류를 정하여 1년을 초과하지 아니하는 기간 내에 사채를 발행할 것을 위임할 수 있다(§469Ⅳ).

(2) 자본시장법의 규제: 증권신고서와 투자신고서 제출, 외부감사, 공시

(3) 인수

■ 사채청약서 주의: 사채청약서에 의한 청약(§474 I)

(4) 납입

■ 사채의 모집이 완료한 때에는 이사[수탁회사]는 지체없이 인수인에 대하여 각사채의 전액 또는 제1회의 납입을 시켜야 한다(§476).

(5) 특수사채인 경우의 등기: 전환사채/신주인수권부사채의 등기(§§514의2, 516의8), 이익참가부사채의 등기(시행령§21) 등

## 다. 사채발행 제한규정의 폐지(2011년 개정상법)

■ 규제 조항(§§470-473)의 폐지: ① 발행한도 제한(순자산액의 4배), ② 재모집의 제한(구 사채 납입완료 전의 재모집 금지), ③ 사채금액의 제한(1만원 이상의 균일액 또는 최저액으로 정제 가능한 금액), ④ 권면액 초과 상환 규제(할증 상환시 각 사채에 대한 동률의 초과상환)

※ 개정상법의 기타 내용[145]: ① 자본시장법에 의해 주권상장법인이 발행할 수 있었던 이익참가부사채와 교환사채를 주식회사 일반에 확대하고 파생결합사채의 근거규정을 신설하여 사채 종류를 다양화하고, ② 사채관리회사를 신설하여 수탁회사 권한 중 사채관리 기능을 분리하여 담당하도록 함.

## 3. 社債의 유통

가. 사채의 유가증권화: 상환기간 이전에 사채를 쉽게 양도하여 자금을 회수할 수 있도록 사채를 유가증권화하고, 사채권자에 관한 사항을 명확히 하는 사채원부 제도를 갖춤.

(1) 債券(社債券)

- 개념: 사채권자의 권리를 표창하는 유가증권
- 공사채등록법: 등록한 공사채에 대하여는 채권을 발행하지 않는다(공사채등록법 §5 I).
- 등록에 의한 대체: 2011년 개정상법은 株券/債券을 발행하는 대신에 주식/사채를 전자등록기관의 전자등록부에 등록하여 거래할 수 있는 제도로 주식/사채의 전자등록 제도를 도입하였다.

(2) 사채원부(§488)

- 개념: 사채의 내용, 債券의 번호, 기명사채[146]의 사채권자에 관한 사항을 기재한 장부
- 공사채등록법의 사채등록부: 등록사채는 등록기관의 사채등록부에 기재하며, 등록한 무기명식 공사채의 이전, 담보권의 설정, 신탁의 경우 등록이 발행자/제3자에 대한 대항요건이 된다(공사채등록법§§9, 6).

---

145) 2012.6.25. 정부가 국회에 제출했던 자본시장법 개정안에는 다음과 같은 신종증권이 포함되어 있었다. ① 조건부자본증권 등: 일정한 사유가 발생하면 주식으로 전환되거나 그 사채의 상환과 이자지급 의무가 감면된다는 조건이 붙은 사채, 그 밖에 대통령령으로 정하는 사채, ② 신주인수선택권증권: 일정한 기간 내에 미리 정한 가액으로 신주발행(신주발행형) 또는 보유하는 자기주식의 양도(자기주식양도형)를 청구할 수 있는 권리를 표창하는 유가증권.

146) 기명사채는 현재 발행되지 않고 있다.

### 나. 양도 방법

(1) 무기명사채: 양도의 합의 + 債券의 교부(민§523)

(2) 기명사채: 법률상 배서에 의한 이전 등을 정하는 규정이 없어 법률상 당연한 지시증권으로 규정되고 있지 않으므로 당사자의 의사에 의한 지시증권이 될 수 있을 뿐이다. 발행된 예가 거의 없다.

- 지시식이 아닌 경우: 지명채권 양도방법에 의하며, 채권을 교부해야 한다.
- 지시식으로 발행한 경우: 양도의 합의 + 배서, 교부(민§508)
- 기명사채 양도의 대항요건(§479): 사채원부의 기재(성명, 주소) 및 債券의 기재(성명)

### 다. 질권의 설정

(1) 무기명사채: 債券의 교부(민§351), 대항요건은 債券의 점유

(2) 기명사채: 권리질권의 설정은 권리의 양도방법에 의한다(민§346).

## 4. 社債의 원리금 상환

### 가. 이자의 지급

- 무이자 사채: 발행 당시에 이자 상당액을 할인하여 발행한다.
- 이자부 사채: 선급/후급, 확정/연동 금리 (3개월 후급의 확정금리부 사채가 보통이다.)

### 나. 利券(coupon)

- 의의: 기간별(보통 3개월) 이자청구권을 표창하는 무기명식 유가증권으로, 債券과는 독립된 유가증권이다.
- 사채의 조기상환과 利券의 흠결: 이권 있는 무기명식의 사채를 상환하는 경우에 이권이 흠결된 때에는 그 이권에 상당한 금액을 상환액으로부터 공제한다(§486 Ⅰ).

### 다. 社債의 상환

(1) 상환 금액

- 통상 사채금액(사채의 액면가액)을 상환한다.

■ 이자를 붙이는 방법으로 사채금액을 넘는 상환금액을 정할 수 있으며, 각 사채마다 동액일 필요는 없다(2011년 개정상법의 §473 삭제).

(2) 상환 방법

(가) 상환의 시기: 일시상환, 분할상환

■ [기한이익의 상실147)] 대법원 2005다15550 판결: 사채계약의 내용에 기한의 이익 상실에 관한 규정이 없더라도 사채모집위탁계약 및 인수계약에서 발행회사의 기한의 이익 상실을 사채의 발행조건의 하나로 규정하면서, 사채조건이 발행회사와 수탁회사 또는 주간사회사의 권리의무에 한정되는 것이 아니라 사채권자의 권리의무에도 미친다는 점을 명시한 경우, 위 사채모집위탁계약 및 인수계약상 기한의 이익 상실규정을 제3자인 사채권자를 위한 규정으로 보아 수익자인 사채권자는 수익의 의사표시에 의하여 위 기한의 이익 상실규정을 원용할 수 있다.

(나) 매입 소각: 자기사채의 취득이 제한되지 않으므로 사채를 매입하여 소각할 수 있다.

(다) 사채관리회사에 대한 변제(§484): 사채는 소멸하고, 사채권자는 사채관리회사에 사채 상환액 및 이자 지급을 청구할 수 있다.

(2) 불공정한 변제 등의 취소의 소: §§511, 512

**제511조 (사채관리회사에 의한 취소의 소)** ① 회사가 어느 사채권자에게 한 변제, 화해, 그 밖의 행위가 현저하게 불공정한 때에는 사채관리회사는 소(訴)만으로 그 행위의 취소를 청구할 수 있다.
② 제1항의 소는 사채관리회사가 취소의 원인인 사실을 안 때부터 6개월, 행위가 있은 때부터 1년 내에 제기하여야 한다.
③ 제186조(전속관할)와 민법 제406조제1항 단서 및 제407조의 규정은148) 제1항의 소

---

147) 발행회사가 사채의 상환이나 이자의 지급을 게을리하는 경우 사채권자집회의 결의로 사채총액에 관하여 기한의 이익을 박탈할 수 있는 규정(§505)은 2011년 개정상법에서 폐지되었다.

148) 민법 제406조 (채권자취소권) ① 채무자가 채권자를 해함을 알고 재산권을 목적으로 한 법률행위를 한 때에는 채권자는 그 취소 및 원상회복을 법원에 청구할 수 있다. 그러나 그 행위로 인하여 이익을 받은 자나 전득한 자가 그 행위 또는 전득당시에 채권자를 해함을 알지 못한 경우에는 그러하지 아니하다. ②전항의 소는 채권자가 취소원인을 안 날로부터 1년, 법률행위 있은 날로부터 5년 내에 제기하여야 한다.
제407조 (채권자취소의 효력) 전조의 규정에 의한 취소와 원상회복은 모든 채권자의 이익을 위하여 그 효력이 있다.

에 준용한다.

**제512조 (대표자 등에 의한 취소의 소)** 사채권자집회의 결의가 있는 때에는 대표자 또는 집행자도 전조 제1항의 소를 제기할 수 있다. 그러나 행위가 있은 때로부터 1년내에 한한다.

- 제도의 취지: 변제자력이 부족한 회사가 특정 사채권자를 우대하여 다른 사채권자의 이익을 해치지 못하도록 한다.

(3) 소멸시효(§487)

- 사채상환청구권/수탁회사에 대한 상환액지급청구권: 10년 (사채의 公衆性을 고려한 상사시효의 예외)
- 이자/이권공제액 청구권: 5년
- [지연손해금의 시효] 대법원 2010다28031 판결: 금전채무에 대한 변제기 이후의 지연손해금은 금전채무의 이행을 지체함으로 인한 손해의 배상으로 지급되는 것이므로, 그 소멸시효기간은 원본채권의 그것과 같다. 한편, 상법 제487조 제1항에 "사채의 상환청구권은 10년간 행사하지 아니하면 소멸시효가 완성한다.", 같은 조 제3항에 "사채의 이자와 전조 제2항의 청구권은 5년간 행사하지 아니하면 소멸시효가 완성한다."고 규정하고 있고, 이미 발생한 이자에 관하여 채무자가 이행을 지체한 경우에는 그 이자에 대한 지연손해금을 청구할 수 있으므로, 사채의 상환청구권에 대한 지연손해금은 사채의 상환청구권과 마찬가지로 10년간 행사하지 아니하면 소멸시효가 완성하고, 사채의 이자에 대한 지연손해금은 사채의 이자와 마찬가지로 5년간 행사하지 아니하면 소멸시효가 완성한다.

## 5. 사채권자집회

### 가. 의의

- 사채권자 단체의 의사를 결정하기 위한 임시적 의결기관
- 주주총회 관련조항을 다수 준용한다(§510): 소집공고, 의결권의 대리행사, 특별이해관계인의 의결권 제한, 자기사채의 의결권 제한, 의사록 등
- 수종의 사채를 발행한 경우에는 사채의 종류별로[149] 구성한다(§509).

---

149) 2011년 상법개정 이전에는 사채권자 전원으로 사채권자집회를 구성하였다. 사채의 "종류"가 무엇인지는 명확하지 않으며, 사채권자들의 이해가 대체적으로 동질적인지의 여부에 따라

## 나. 결의 사항

(1) 일반적 권한사항

- 상법이 정하는 사항 및 사채권자의 이해관계가 있는 사항(§490)

※ 2011년 개정상법: 법원의 허가 요건을 삭제하여 사채권자집회의 권한을 확대하였다.

(2) 사채권자집회의 결의가 필요한 사항

(가) 사채권자집회에 관한 사항: ① 사채권자집회의 대표자/결의집행자의 선임/해임(§§500 501, 504), ② 사채권자집회의 연기(§§510, 372)

(나) 사채관리회사의 선임/해임 및 일정한 행위에 관한 사항: ① 사채관리회사의 사임 동의(§481), 해임 청구(§482), 사무를 승계할 사채관리회사 선정에 대한 동의(§483), ② 사채관리회사의 해당 사채 전부에 대한 지급의 유예, 채무불이행 책임의 면제 또는 화해, 해당 사채 전부에 관한 소송행위 또는 채무자회생 및 파산에 관한 절차에 속하는 행위(§484)

(다) 발행회사의 행위에 관한 사항: ①자본금감소/합병에 대한 사채권자의 이의(§§439Ⅲ, 530Ⅱ), ② 발행회사의 불공정한 행위에 대한 대표자/집행자의 취소의 소의 제기(§512)

## 다. 소집 (§491)

- 소집권자: 발행회사, 사채관리회사, 사채의 종류별로 사채 총액의 1/10 이상의 사채권자에 의한 소집청구권 및 소집권(법원 허가)

## 라. 결의

(1) 의결권 (§492)

- 각 사채권자는 그가 가지는 해당 종류의 사채 금액의 합계액(상환받은 액은 제외한다)에 따라 의결권을 가진다.
- 서면 또는 전자적 방법에 의한 의결권 행사가 허용된다(§§495, 368의4).

(2) 결의요건 등 (§495)

(가) 정관변경의 특별결의요건 준용: 출석한 의결권의 2/3 이상과 총사채의

---

구분하면 충분하다고 보는 견해가 있다; 이철송, 1009면.

결권의 1/3 이상의 찬성

(나) 출석한 사채권자의 의결권의 과반수로 하는 결의: ① 사채관리회사의 사임 동의, 해임 청구, 사무를 승계할 사채관리회사 선정에 대한 동의, ② 발행회사 대표자의 출석청구

(다) 결의의 위임 허용(§500)

- 사채권자집회는 해당 종류의 사채 총액(상환받은 금액은 제외)의 500분의 1 이상을 가진 사채권자 중에서 1명 또는 여러 명의 대표자를 선임하여 그 결의할 사항의 결정을 위임할 수 있다. 대표자가 수인인 때에는 과반수로 결정한다.

(3) 결의의 효력발생

(가) 효력발생의 조건: 법원의 인가(§498 Ⅰ)

- 사채권자집회의 소집자는 결의한 날로부터 1주간 내에 결의의 인가를 법원에 청구하여야 한다(§496), 사채권자집회의 결의는 법원의 인가를 받음으로써 그 효력이 생긴다. 다만, 그 종류의 사채권자 전원이 동의한 결의는 법원의 인가가 필요하지 않다(§498 Ⅰ).
- 인가 청구(§496): 결의일로부터 1주간 내
- 불인가 사유(§497): ① 절차의 위법, 부당, ② 불공정한 결의, 사채권자의 일반의 이익에 반하는 결의

(나) 일반적 효력(§498 Ⅱ): 결의는 그 종류의 사채를 가진 모든 사채권자에게 그 효력이 있다.

(4) 결의의 집행

- 사채권자집회의 결의는 사채관리회사가 집행하고, 사채관리회사가 없는 때에는 대표자가 집행한다. 사채권자집회의 결의로써 따로 집행자를 정할 수 있다(§501).

### 마. 비용/보수의 부담 (§508)

- 사채권자집회에 관한 비용은 발행회사가 부담한다.

## 6. 사채관리회사

### 가. 개설

(1) 사채관리회사의 의의

■ 사채권자를 위하여 사채에 관한 채권을 변제받거나 채권의 실현을 보전하기 위하여 필요한 재판상 또는 재판 외의 모든 행위를 할 수 있는 회사 (§484)

※ 2011년 개정상법: 종전에는 발행회사로부터 사채모집의 위탁을 받은 受託會社가 동시에 사채권자를 위한 법률상의 권한과 의무도 부담하였다. 개정상법은 이해충돌을 방지하기 위하여 발행회사가 사채관리회사를 따로 지정하여 수탁회사 권한 중 사채관리 기능을 분리하여 사채관리회사에 위탁할 수 있도록 하였다.

(2) 사채관리회사의 자격 (§480의3, 시행령 §26)

■ 은행, 신탁회사, 증권회사 등

■ 결격사유: 사채의 인수인, 발행회사의 특수이해관계자

(3) 사채관리회사의 지정/위탁, 해임 및 사임

(가) 사채관리회사의 지정/위탁(§480의2)

■ 사채 발행회사는 사채관리회사를 정하여 변제의 수령, 채권의 보전, 그 밖에 사채의 관리를 위탁할 수 있다.

(나) 사임과 해임

■ 사임: 발행회사와 사채권자집회의 동의를 받아 사임할 수 있다. 부득이한 경우에는 법원의 허가를 받아 사임할 수 있다(§481).

■ 해임: 사채관리회사가 적임이 아니거나 그 밖에 정당한 사유가 있을 때에는 법원은 사채를 발행하는 회사 또는 사채권자집회의 청구에 의하여 사채관리회사를 해임할 수 있다(§482).

■ 사채관리회사의 사무승계자: 사채관리회사의 사임 또는 해임으로 인하여 사채관리회사가 없게 된 경우 사채 발행회사는 그 사무를 승계할 사채관리회사를 정하고 사채권자집회를 소집하여 동의를 받아야 한다. 부득이한 사유가 있는 때에는 이해관계인은 사무승계자의 선임을 법원에 청구할 수 있다(§483).

### 나. 사채관리회사의 권한 및 의무

(1) 사채 상환을 위한 권한/의무 (§484)

- 사채권자의 법정대리인: 사채권자를 위하여 사채에 관한 채권을 변제받거나 채권의 실현을 보전하기 위하여 필요한 재판상 또는 재판 외의 모든 행위를 할 수 있다.
- 발행회사의 사채관리회사에 대한 변제: 사채권자에 대한 상환액 지급의무 (§484 Ⅱ, Ⅲ)

(2) 사채권자집회 소집권, 결의의 집행권 등

- 사채권자집회 소집권, 출석권/의견제출권(§§491, 493)
- 사채권자집회 결의의 집행권(§501)

(3) 사채 발행회사에 대한 권리

(가) 발행회사의 업무/재산상태 조사권(§484 Ⅶ)

- 사채 관리에 필요한 경우 법원의 허가를 받아 사채를 발행한 회사의 업무와 재산상태를 조사할 수 있다.

(나) 사채 발행회사의 불공정행위에 대한 취소의 소 (§511)

(4) 기타

- 사채관리회사 등의 보수와 비용(§507): 사채관리회사, 대표자 또는 집행자에게 줄 보수와 그 사무 처리에 필요한 비용은 사채를 발행한 회사와의 계약에 약정된 경우 외에는 법원의 허가를 받아 사채를 발행한 회사로 하여금 부담하게 할 수 있다. 사채관리회사, 대표자 또는 집행자는 사채에 관한 채권을 변제받은 금액에서 사채권자보다 우선하여 제1항의 보수와 비용을 변제받을 수 있다.
- 공동 사채관리회사(§485): 사채관리회사가 둘 이상 있을 때에는 그 권한에 속하는 행위는 공동으로 하여야 한다. 공동 사채관리회사가 발행회사로부터 변제를 받은 때에는 사채권자에 대하여 연대하여 변제액을 지급할 의무가 있다.

(5) 사채관리회사의 주의의무(§484의2)

- 선관주의의무: 사채권자에 대하여 선량한 관리자의 주의로 사채를 관리하

여야 한다(일종의 법정책임. cf. 발행회사에 대한 선관주의의무: 발행회사에 의해 지정된 수임인).

- 공평성실의무: 사채관리회사는 사채권자를 위하여 공평하고 성실하게 사채를 관리하여야 한다.
- 손해배상책임: 사채관리회사가 주의의무에 위반하거나 사채권자집회결의를 위반한 행위를 한 때에는 사채권자에 대하여 연대하여 손해를 배상할 책임이 있다.

## 제2절 특수사채

### 1. 轉換社債

#### 가. 의의 (convertible bond)

- 개념: 발행회사의 주식으로 전환할 수 있는 전환권이 부여된 사채
- 실질적으로 신주발행과 같은 성격을 가지므로, 주주의 신주인수권 보호가 필요하다.

#### 나. 전환사채의 인수권

(1) 주주의 전환사채 인수권 (§513Ⅲ의 반대해석)

- 보유주식 수에 따른 인수권(§513의2Ⅰ)
- 전환사채 최저액 미달 단수에 대한 인수권 배제(§513의2Ⅰ): 고액 사채(보통 100만원)인 경우 문제가 된다는 견해가 있다.
- §418Ⅲ(2주간 전의 배정일의 지정/공고) 준용: §513의2Ⅱ ('§418Ⅲ'을 '§418Ⅱ'로 한 입법의 오류)
- 전환사채의 인수권을 가진 주주에 대한 최고(§513의3)

(2) 제삼자의 전환사채 인수권 (§513Ⅲ)

(가) 제삼자 발행의 요건

① 정관의 규정 or 주주총회의 특별결의: 전환사채의 액, 전환의 조건, 전

환으로 인하여 발행할 주식의 내용과 전환을 청구할 수 있는 기간에 관하여 정관에 규정이 없으면 주주총회의 특별결의로 정하여야 한다.

② 제삼자 발행의 합리성과 비례성: 경영상의 목적(신기술 도입, 재무구조 개선 등)을 달성하기 위하여 필요한 경우

(나) 정관규정/주주총회결의의 구체성 (타 기관에 대한 위임의 한계)

■ 대법원 2000다37326 판결(2004) (원고 장하성의 피고 삼성전자에 대한 전환사채발행 무효의 소): ① 전환의 조건 등이 정관에 이미 규정되어 있어 주주총회의 특별결의를 다시 거칠 필요가 없다고 하기 위해서는 전환의 조건 등이 정관에 상당한 정도로 특정되어 있을 것이 요구된다고 하겠으나, 주식회사가 필요한 자금수요에 대응한 다양한 자금조달의 방법 중에서 주주 외의 자에게 전환사채를 발행하는 방법을 선택하여 자금을 조달함에 있어서는 전환가액 등 전환의 조건을 그때그때의 필요자금의 규모와 긴급성, 발행회사의 주가, 이자율과 시장상황 등 구체적인 경제사정에 즉응하여 신축적으로 결정할 수 있도록 하는 것이 바람직하다 할 것이고, 따라서 주주총회의 특별결의에 의해서만 변경이 가능한 정관에 전환의 조건 등을 미리 획일적으로 확정하여 규정하도록 요구할 것은 아니며, 정관에 일응의 기준을 정해 놓은 다음 이에 기하여 실제로 발행할 전환사채의 구체적인 전환의 조건 등은 그 발행시마다 정관에 벗어나지 않는 범위에서 이사회에서 결정하도록 위임하는 방법을 취하는 것도 허용된다. ② 정관이 전환사채의 발행에 관하여 "전환가액은 주식의 액면금액 또는 그 이상의 가액으로 사채발행시 이사회가 정한다."라고 규정하고 있는 경우, 이는… 전환의 조건 중의 하나인 전환가액에 관하여는 주식의 액면금액 이상이라는 일응의 기준을 정하되 구체적인 전환가액은 전환사채의 발행시마다 이사회에서 결정하도록 위임하고 있는 것이라고 할 것인데, 전환가액 등 전환의 조건의 결정방법과 관련하여 고려되어야 할 특수성을 감안할 때, 이러한 정관의 규정은 같은 법 제513조 제3항이 요구하는 최소한도의 요건을 충족하고 있는 것이라고 봄이 상당하고, 그 기준 또는 위임방식이 지나치게 추상적이거나 포괄적이어서 무효라고 볼 수는 없다.

■ 서울고법 2007나66271 판결(2008) (기초사실: D 주식회사는 대표이사

인 A측과 P측은 합의에 따라 60:40의 지분율을 유지하였다. 양측의 분쟁이 발생하여 이사회 결의가 이루어지지 않자 A는 자신의 처를 통해 법원으로부터 임시주주총회소집허가결정을 받고 주주총회를 소집하였고, 법원의 결정을 알지 못한 P측은 소집절차의 흠을 주장하며 주주총회에 불참하였다. 임시주주총회는 이사와 감사를 새로 선임하였고, 이들로 구성된 이사회의 결의를 거쳐 전환사채가 발행되고 주식으로 전환되어 A측의 지분율은 정관변경이 가능한 67.7%가 되었다. D회사는 이후 정관변경, 자본금감소, 유상증자를 실행하였고, 그 결과 P측의 지분율은 40%에서 4%로 감소하였다. P의 D회사에 대한 주주총회결의취소청구 등): ① D회사의 정관 제17조는 "회사는 사채의 액면총액이 ○원을 초과하지 않는 범위 내에서 다음 각 호의 이사회의 결의로 주주 이외의 자에게 전환사채를 발행할 수 있다. 1. 전환사채를 일반공모의 방법으로 발행하는 경우, 2. 경영상 필요로 외국인투자촉진법에 의한 외국인투자를 위하여 전환사채를 발행하는 경우"(제1항), "전환으로 인하여 발행하는 주식은 ○○주식으로 하고, 전환가액은 주식의 액면금액 또는 그 이상의 가액으로 사채발행시 이사회가 정한다"(제2항), "전환으로 인하여 발행하는 주식의 종류는 사채의 액면총액 중 ○원은 보통주식으로, ○원은 우선주식으로 하고, 전환가액은 주식의 액면금액 또는 그 이상의 가액으로 사채발행시 이사회가 정한다"(제3항, 정관상 제2항으로 잘못 기재되어 있다), "전환을 청구할 수 있는 기간은 당해 사채의 발행일 후 ○월(또는 일)이 경과하는 날로부터 그 상환기일의 직전일까지로 한다. 그러나 위 기간 내에서 이사회의 결의로써 전환청구기간을 조정할 수 있다"(제4항, 정관상 제3항으로 잘못 기재되어 있다)고 규정하고 있는바, D회사의 정관은 전환사채의 액, 전환의 조건, 전환으로 인하여 발행할 주식의 내용과 전환을 청구할 수 있는 기간에 관한 대부분의 사항이 공란으로 되어 있어 상법 제513조 제3항이 규정하고 있는 정관에서 전환사채를 발행하기 위한 요건을 규정하고 있다고 보기 어려우므로, 이사회 결의만에 의하여 전환사채를 발행한 것은 적법하지 않다고 할 것이다. ② 전환사채가 일단 발행되면 그 인수인의 이익을 고려할 필요가 있고, 또 전환사채나 전환권의 행사에 의하여 발행된 주식은 유가증권으로서 유통되는 것이므로 거래의 안전을 보호하여야 할 필요가 크다고 할 것인데, 전환사채발행유지청구권은 위법한 발행에 대한 사전 구제수단임에 반하여, 전환사채발행무효의 소는 사후에 이를 무효로 함으로써 거래의 안전과 법적 안정성을 해칠 위험이 큰 점을 고려할 때, 그 무효원인은 가급적 엄격하게 해석하여야 하고, 따라서 법령이나 정관의 중대한 위반 또는 현저한 불공정이 있어 그것이 주식회사의 본질이나 회사법의 기본원칙에 반하거나 기존 주주들의 이익과 회사의 경영권 내지 지배권에 중대한 영향을 미치는 경우로서 전환사채와 관련된 거래의 안전, 주주 기타 이해관계인의 이익 등을 고려하더라도 도저히 묵과할 수 없는 정도라고 평가되는 경우에 한하여 전환사채의 발행 또는 그 전환권의 행사에 의한 주식의 발행을 무효로 할 수 있을 것인바… 이와 같은 전환사채발행은 상법에 위반할 뿐만 아니라, 기존 주주인 원고의 이익과 회사의 경영권 내지 지배권에 중대한 영향을 미치는 경우로서 전환사채와 관련된 거래의 안전, 주주 기타 이해관계인의 이익 등을 고려하더라도 도저히 묵과할 수 없는 정도라고 평가되는 경우라고 인정되므로, 이 사건 전환사채발행은 무효라고 할 것이다.

다. 전환사채의 발행

(1) 발행사항의 결정: 이사회[정관의 규정이 있으면 주주총회] (§513Ⅱ)

(2) 배정일 공고: 2주간 전 (§§513Ⅲ, 418Ⅲ)

(3) 전환사채 인수권을 갖는 주주에 대한 최고 (§513의3)

(4) 인수와 납입

- 사채청약서 기재사항: §514

(5) 전환사채의 등기 (§514의2)

(6) 준용 규정 (§516)

(가) 전환주식 관련 규정: 전환으로 발행할 수권주식수의 유보, 전환으로 발행하는 주식의 발행가액, 전환의 효력발생, 전환의 등기 규정

(나) 신주발행 관련 규정: 신주발행유지청구권, 불공정한 가액으로 신주를 인수한 자의 책임 규정

(다) 기타: 질권의 물상대위 규정

## 라. 전환사채의 전환

(1) 전환의 청구 (§515)

(2) 전환의 효력 (§§516, 350)

(3) 등기 (§§514의2Ⅲ, 183)

## 마. 전환사채 발행의 무효

(1) 개설

(가) 위법/불공정한 전환사채 발행에 대한 주주의 권리

① 전환사채발행유지청구 (§§516, 424)

② 대표소송에 의한 통모인수인의 차액지급책임의 추궁 (§§516, 424의2)

③ 이사의 손해배상책임 추궁 (§§516, 424의2)

(나) 전환사채발행 자체의 무효를 다투는 방법

- 전환사채 발행의 무효에 관하여 상법은 특별한 규정을 두고 있지 않다. 민사소송법의 일반 확인의 소로 주장하도록 한다면 판결에 소급효가 부여되면서 대세적 효력은 주어지지 않아 혼란이 발생한다. 따라서 판례는 전환사채 발행을 실질적인 신주발행으로 보고, 신주발행무효의 소에 관한 규정을 유추적용하여 전환사채발행무효의 소를 인정하고 있다.

(2) 전환사채발행 무효의 소, 부존재확인의 소

- [신주발행무효의 소 규정의 유추적용, 전환사채발행 부존재확인의 소] 대법원 2003다20060 판결(2004) (기초사실: D 주식회사는 채권자 A에게 1999.5.12. 전환사채를 발행하면서 사채의 납입 채무과 채권을 상계처리하고, 5.17. 변경등기까지 마쳤다. 그런데 주주가 아닌 A에게 전환사채 인수권을 부여하는 정관의 근거 규정은 99.3.25. 주주총회의 정관변경결의로 마련된 것인데, 이 주주총회는 소집된 사실이 없음에도 불구하고 주주 전원이 참석하여 찬성한 것으로 의사록이 허위작성된 것이었다. 또한 A에게 전환사채인수권을 부여한 이사회도 실제 소집된 적이 없으며 이사회의사록은 직원들이 대표이사의 지시에 따라 작성한 것이었다.): ① 상법은 제516조 제1항에서 신주발행의 유지청구권에 관한 제424조 및 불공정한 가액으로 주식

을 인수한 자의 책임에 관한 제424조의2 등을 전환사채의 발행의 경우에 준용한다고 규정하면서도, 신주발행무효의 소에 관한 제429조의 준용 여부에 대해서는 아무런 규정을 두고 있지 않으나, 전환사채는 전환권의 행사에 의하여 장차 주식으로 전환될 수 있는 권리가 부여된 사채로서, 이러한 전환사채의 발행은 주식회사의 물적 기초와 기존 주주들의 이해관계에 영향을 미친다는 점에서 사실상 신주를 발행하는 것과 유사하므로, 전환사채 발행의 경우에도 신주발행무효의 소에 관한 상법 제429조가 유추적용된다. 한편, 상법 제429조는 신주발행의 무효는 주주·이사 또는 감사에 한하여 신주를 발행한 날로부터 6월 내에 소만으로 이를 주장할 수 있다고 규정하고 있으므로, 설령 이사회나 주주총회의 신주발행 결의에 취소 또는 무효의 하자가 있다고 하더라도 그 하자가 극히 중대하여 신주발행이 존재하지 아니하는 정도에 이르는 등의 특별한 사정이 없는 한 신주발행의 효력이 발생한 후에는 신주발행무효의 소에 의하여서만 다툴 수 있다.… 전환사채에 관하여 등기까지 마친 사실을 인정한 다음, 사정이 위와 같다면 위 전환사채 발행의 효력이 이미 발생되었다 할 것이므로, 결국 직접 전환사채발행무효의 소에 의하지 않고 그 발행 과정의 하나인 이사회결의의 부존재 또는 무효 확인을 구하는 청구의 소는 부적법하다. ② 전환사채 발행의 경우에도 신주발행무효의 소에 관한 상법 제429조가 유추적용되나, 전환사채 발행의 실체가 없음에도 전환사채 발행의 등기가 되어 있는 외관이 존재하는 경우 이를 제거하기 위한 전환사채발행부존재 확인의 소에 있어서는 상법 제429조 소정의 6월의 제소기간의 제한이 적용되지 아니한다.… A가 이 사건 전환사채를 인수하여 대금납입절차와 등기까지 완료한 사실을 알 수 있으므로, 이 사건 전환사채 발행의 실체는 존재한다고 보아야 할 것이고, 따라서 1999. 3. 25.자 주주총회결의가 부존재한다고 하여 그로써 이 사건 전환사채 발행까지 당연히 부존재하게 되는 것은 아니다. ③ D회사는 1999.5.20.에 1999.5.12.자 이사회의사록에 관한 인증을 받았는데, 그 이사회의사록은 직원들이 대표이사의 지시에 따라 작성한 것이고, 그 의사록에는 참석 이사들 및 감사가 자신의 의사에 기하여 한 날인이 되어 있다면, 비록 이사회를 특정 장소에서 개최하지 않은 채 위와 같은 이사회의사록을 작성하였다고 하더라도 이사 전원의 동의가 있으면 이사회의 소집절차 없이도 이사회 개최를 가능하도록 하고 있는 상법 제390조 제4항의 규정취지와 상사회사의 업무집행은 의사결정의 기동성을 요하는 경우가 많은 특성 등에 비추어 볼 때, 원고가 주장하는 사유만으로는 1999.5.12.자 이사회결의가 부존재한다고 까지 볼 수는 없다. ④ 전환사채발행유지청구는 회사가 법령 또는 정관에 위반하거나 현저하게 불공정한 방법에 의하여 전환사채를 발행함으로써 주주가 불이익을 받을 염려가 있는 경우에 회사에 대하여 그 발행의 유지를 청구하는 것으로서, 전환사채 발행의 효력이 생기기 전, 즉 전환사채의 납입기일까지 이를 행사하여야 할 것이다. 주위적 청구 중 이 사건 전환사채발행유지청구는 그 청구할 수 있는 시기가 도과되어 권리보호의 이익이 없다. ⑤ 전환사채는 발행 당시에는 사채이며, 사채권자가 전환권을 행사한 때 비로소 주식으로 전환되어 회사의 자본을 구성하게 되므로, 전환사채의 인수에 관해서는 상계금지에 관한 상법 제334조의 규정이 적용되지 않는다고 보아야 할 것이다. ⑥ [A의 상고이유에 대한 판단] 소집절차와 회의절차를 거치지 아니한 채 주주총회의사록을 허위로 작성하여 도저히 그 결의가 존재한다고 볼 수 없을 정도로 중대한 하자가 있는 경우에는 그 주주총회의 결의는 부존재한다고 보아야 할 것이다. D회사의 주주총회는 그 절차상의 하자가 너무 중대하여 그 주주총회에서 하였다는 정관변경결의는 그 존재를 인정할 수 없고, 위 정관변경결의의 핵심 내용이 주주 이외의 자에게 전환사채인수권을 부여하기 위한 것이어서 A에게 전환사채인수권을 주기로 하는 D회사의 이 사건 이사회결의와는 그 성질이 다른 것이라 할 것이므로, 비록 이 사건 D회사의 이사회결의나 그에 따른 전환사채 발행의 효력을 부인할 수는 없다 하더라도, 위와 같은 정관변경결의가 있었던 것 같은 외관이 실제로 존재하고 있고, 앞으로 위와 같이 부존재한 정관변경결의의 내용에 따라 주주 이외의 자에 대하여 전환사채를 발행할 위험성이 계속 존재하는 이상, 원고의 이 사건 정관변경결의부존재확인청구는 그 확인의 이익도 있다.

(2) 무효사유

■ 대법원 2000다37326 판결(2004) (원고 장하성의 피고 삼성전자에 대한

전환사채발행 무효의 소): ① 신주발행무효의 소에 관한 상법 제429조에도 무효원인이 규정되어 있지 않고, 다만 전환사채의 발행의 경우에도 준용되는 상법 제424조에 '법령이나 정관의 위반 또는 현저하게 불공정한 방법에 의한 주식의 발행'이 신주발행유지청구의 요건으로 규정되어 있으므로, 위와 같은 요건을 전환사채 발행의 무효원인으로 일응 고려할 수 있다고 하겠으나, 다른 한편 전환사채가 일단 발행되면 그 인수인의 이익을 고려할 필요가 있고 또 전환사채나 전환권의 행사에 의하여 발행된 주식은 유가증권으로서 유통되는 것이므로 거래의 안전을 보호하여야 할 필요가 크다고 할 것인데, 전환사채발행유지청구권은 위법한 발행에 대한 사전 구제수단임에 반하여, 전환사채발행무효의 소는 사후에 이를 무효로 함으로써 거래의 안전과 법적 안정성을 해칠 위험이 큰 점을 고려할 때, 그 무효원인은 가급적 엄격하게 해석하여야 하고, 따라서 법령이나 정관의 중대한 위반 또는 현저한 불공정이 있어 그것이 주식회사의 본질이나 회사법의 기본원칙에 반하거나 기존 주주들의 이익과 회사의 경영권 내지 지배권에 중대한 영향을 미치는 경우로서 전환사채와 관련된 거래의 안전, 주주 기타 이해관계인의 이익 등을 고려하더라도 도저히 묵과할 수 없는 정도라고 평가되는 경우에 한하여 전환사채의 발행 또는 그 전환권의 행사에 의한 주식의 발행을 무효로 할 수 있을 것이며, 그 무효원인을 원심이 판시하는 바와 같이 회사의 경영권 분쟁이 현재 계속중이거나 임박해 있는 등 오직 지배권의 변경을 초래하거나 이를 저지할 목적으로 전환사채를 발행하였음이 객관적으로 명백한 경우에 한정할 것은 아니다. ② 전환사채발행무효의 소에 있어서의 무효원인을 위와 같이 엄격하게 해석하여야 하는 이상 단지 전환사채의 인수인이 회사의 지배주주와 특별한 관계에 있는 자라거나 그 전환가액이 발행시점의 주가 등에 비추어 다소 낮은 가격이라는 것과 같은 사유는 일반적으로 전환사채발행유지청구의 원인이 될 수 있음은 별론으로 하고, 이미 발행된 전환사채 또는 그 전환권의 행사로 발행된 주식을 무효화할 만한 원인이 되지는 못한다 할 것이다.

## 2. 新株引受權社附社債

### 가. 의의

- 개념: 신주의 발행을 청구할 수 있는 신주인수권이 부여된 사채
- 유형: 사채권과 신주인수권의 분리 여부에 따라 결합형/분리형으로 구분할 수 있다.

### 나. 신주인수권부사채의 인수권

(1) 주주의 인수권: 원칙적으로 주주에게 인수권이 인정된다(516의2Ⅳ의 반대해석).

(2) 제삼자의 인수권: 제삼자 발행의 요건(516의2Ⅳ, Ⅴ)

① 정관의 규정 or 주주총회의 특별결의

② 제삼자 발행의 합리성과 비례성: 경영상의 목적(신기술 도입, 재무구조 개선 등)을 달성하기 위하여 필요한 경우

### 다. 신주인수권부사채의 발행

(1) 발행사항의 결정 (§516의2)

(2) 배정일 공고 (§§516의10, 513의2, 418Ⅲ)

(3) 신주인수권부사채의 인수권을 가진 주주에 대한 최고 (§516의3)

(4) 인수와 납입

- 사채청약서/債券/사채원부 기재사항: §516의4

(5) 신주인수권부사채의 등기 (§516의8)

(6) 준용 규정 (§516의10)

(가) 전환사채 관련 규정: 주주의 전환사채 인수권, 배정일 공고 규정

(나) 전환주식 관련 규정: 전환으로 발행할 수권주식수의 유보 규정

(다) 신주발행 관련 규정: 신주발행유지청구권, 불공정한 가액으로 신주를 인수한 자의 책임 규정

(라) 기타: 변경등기 규정

### 라. 신주인수권증권

(1) 발행

- 신주인수권 만을 양도할 수 있다고 정하는 경우에는 債券과 함께 신주인수권증권을 발행해야 한다 (§516의5).
- 신주인수권의 전자등록(§516의7): 회사는 신주인수권증권을 발행하는 대신 정관으로 정하는 바에 따라 전자등록기관의 전자등록부에 신주인수권을 등록할 수 있다. 주식의 전자등록에 관한 규정을 준용한다.

(2) 성질

- 신주인수권을 표창한 유가증권이다.
- 신주인수권증서는 구체화된 신주인수권을 표창하지만, 신주인수권증권은 신주발행청구권을 표창하는 것으로, 소지인이 권리를 행사하지 않으면 신주발행이 없게 된다.

### 마. 신주인수권의 양도

(1) 결합형: 債券의 교부로 사채와 함께 양도된다.

(2) 분리형(§516의6): 신주인수권증권의 교부에 의하여서만 양도된다.

(3) 전자등록된 신주인수권(§§516의7, 356의2)

- 전자등록부의 등록은 신주인수권의 양도나 입질(入質)의 효력요건이다.
- 전자등록부에 등록한 자는 권리자로 추정되며, 전자등록부를 선의로, 그리고 중대한 과실 없이 신뢰하고 등록에 따라 권리를 취득한 자는 선의취득으로 보호된다.

### 바. 신주인수권의 행사 (§516의9)

(1) 행사 방법

- 신주발행 청구서를 제출하고 발행가액의 전액을 납입해야 한다(납입금보관자의 책임 조항 준용). 발행된 신주인수권증권 첨부하고, 불발행시는 債券을 제시한다.
- 사채 발행가액에 의한 대용납입을 허용한다(§516의2 Ⅱ ⅴ).
- 결합형인 경우에는, 債券에 신주인수권의 행사 사실을 기재하고 통상의 사채로 유통된다.

(2) 발행가액의 제한 (§516의2Ⅲ): 총사채금액 ≧ 신주의 총 발행가액

■ 신주인수권 발행한도의 제한

■ 사채 발행시를 기준으로 한다고 본다(발행시설 ↔ 행사시설).

(3) 효력발생시기 (§516의10)

■ 형성권: 신주인수권을 행사한 자는 신주의 발행가액 전액을 납입한 때 주주가 된다.

### 사. 신주인수권부사채 발행의 무효

(1) 위법/불공정한 발행에 대한 주주의 권리 (§§516의11, 516, 424)

① 신주인수권부사채발행유지청구

② 대표소송에 의한 통모인수인의 차액지급책임의 추궁

③ 이사의 손해배상책임 추궁

■ [삼성SDS 신주인수권부사채의 저가발행과 회사의 손해] 대법원 2008도9436 판결(2009) (기초사실: 삼성SDS 주식회사가 1999.2. 신주인수권부사채를 발행하기로 하고 신주인수권의 행사가격을 사채 전액에 대하여 기명식 보통주식 1주당 7,150원으로 정하였다. SK증권은 발행된 권면액 합계 230억 원의 신주인수권부사채를 총액 인수한 후 사채권과 신주인수권증권을 분리하여 양도하였다. 신주인수권증권을 양수한 이재용 등은 신주인수권을 행사하여 삼성SDS의 주식 총 3,216,780주를 주당 7,150원에 취득하여 총 발행 주식 중 21.1%를 취득하게 되었고, 종래 두 남매가 가지고 있던 주식 지분 14.8%와 합하여 32.9%의 주식지분을 취득하여 제1대 주주가 되었다. 이사 등의 배임죄 여부): 대법원이 2007도4949 전원합의체 판결로 채택한 견해에 의하면, 회사가 주주 배정의 방법이 아니라 제3자에게 인수권을 부여하는 제3자 배정의 방법으로 신주 등을 발행하는 경우에는 제3자는 신주인수권을 행사하여 신주 등을 인수함으로써 회사의 지분을 새로 취득하게 되는바, 그 제3자와 회사와의 관계를 주주의 경우와 동일하게 볼 수는 없는 것이므로, 만약 회사의 이사가 시가보다 현저하게 낮은 가액으로 신주 등을 발행하는 경우에는 시가를 적정하게 반영하여 발행조건을 정하거나 또는 주식의 실질가액을 고려한 적정한 가격에 의하여 발행하는 경

우와 비교하여 그 차이에 상당한 만큼 회사의 자산을 증가시키지 못하게 되는 결과가 발생하는데, 이는 회사법상 공정한 발행가액과 실제 발행가액과의 차액에 발행주식수를 곱하여 산출된 액수만큼 회사가 손해를 입은 것으로 보아야 한다. 따라서 이와 같이 현저하게 불공정한 가액으로 제3자에게 신주 등을 발행하는 행위는 이사의 임무위배행위에 해당하는 것으로서 그로 인하여 회사에 공정한 발행가액과의 차액에 상당하는 자금을 취득하지 못하게 되는 손해를 입힌 이상 이사에 대하여 배임죄의 죄책을 물을 수 있다고 할 것이다.

(2) 신주인수권부사채의 발행 자체의 무효를 다투는 방법

- 신주발행무효의 소에 관한 규정의 유추적용

## 3. 기타

### 가. 擔保附社債

(1) 의의

- 일정한 회사재산을 담보로 하여 모집하는 사채
- 신탁업자가 수탁회사가 되어 일정한 회사재산에 물상담보권을 취득하고 이를 총사채권자를 위하여 보존하고 실행할 의무를 부담한다.

(2) 허용되는 물상담보 (담보부사채신탁법 §4)

- 동산질, 증서가 있는 채권질, 주식질, 부동산 저당 기타 법령이 인정하는 저당

  cf. 보증사채: 사채의 상환을 수탁회사 등이 보증하는 사채

### 나. 이익참가부사채

- 개념: 이익배당에 참가할 권리가 부여된 사채(§469 Ⅱ ⅰ)
- 자본시장법에 의해 주권상장법인에 인정되고 있는 신종사채(이익참가부사채, 교환사채: §165의 11)를 2011년 개정상법이 상법에 포용하였다.
- 주주의 이익배당청구권을 보호할 필요가 있으므로, 주권상장법인에만 허용하고 엄격한 절차를 요구한다.

**제469조 (사채의 발행)** ① 회사는 이사회의 결의에 의하여 사채(社債)를 발행할 수 있다.

② 제1항의 사채에는 다음 각 호의 사채를 포함한다.

1. 이익배당에 참가할 수 있는 사채
2. 주식이나 그 밖의 다른 유가증권으로 교환 또는 상환할 수 있는 사채
3. 유가증권이나 통화 또는 그 밖에 대통령령으로 정하는 자산이나 지표 등의 변동과 연계하여 미리 정하여진 방법에 따라 상환 또는 지급금액이 결정되는 사채

③ 제2항에 따라 발행하는 사채의 내용 및 발행 방법 등 발행에 필요한 구체적인 사항은 대통령령으로 정한다.

④ 제1항에도 불구하고 정관으로 정하는 바에 따라 이사회는 대표이사에게 사채의 금액 및 종류를 정하여 1년을 초과하지 아니하는 기간 내에 사채를 발행할 것을 위임할 수 있다.

**시행령 제21조 (이익참가부사채의 발행)** ① 법 제469조제2항제1호에 따라 사채권자가 그 사채발행회사의 이익배당에 참가할 수 있는 사채(이하 "이익참가부사채"라 한다)를 발행하는 경우에 다음 각 호의 사항으로서 정관에 규정이 없는 사항은 이사회가 결정한다. 다만, 정관에서 주주총회에서 이를 결정하도록 정한 경우에는 그러하지 아니하다.

1. 이익참가부사채의 총액
2. 이익배당 참가의 조건 및 내용
3. 주주에게 이익참가부사채의 인수권을 준다는 뜻과 인수권의 목적인 이익참가부사채의 금액

② 주주 외의 자에게 이익참가부사채를 발행하는 경우에 그 발행할 수 있는 이익참가부사채의 가액(價額)과 이익배당 참가의 내용에 관하여 정관에 규정이 없으면 법 제434조에 따른 주주총회의 특별결의로 정하여야 한다.

③ 제2항에 따른 결의를 할 때 이익참가부사채 발행에 관한 의안의 요령은 법 제363조에 따른 통지와 공고에 적어야 한다.

④ 이익참가부사채의 인수권을 가진 주주는 그가 가진 주식의 수에 따라 이익참가부사채의 배정을 받을 권리가 있다. 다만, 각 이익참가부사채의 금액 중 최저액에 미달하는 끝수에 대해서는 그러하지 아니하다.

⑤ 회사는 일정한 날을 정하여, 그 날에 주주명부에 기재된 주주가 이익참가부사채의 배정을 받을 권리를 가진다는 뜻을 그 날의 2주일 전에 공고하여야 한다. 다만, 그 날이 법 제354조제1항의 기간 중일 때에는 그 기간의 초일의 2주일 전에 이를 공고하여야 한다.

⑥ 주주가 이익참가부사채의 인수권을 가진 경우에는 각 주주에게 그 인수권을 가진 이익참가부사채의 액, 발행가액, 이익참가의 조건과 일정한 기일까지 이익참가부사채 인수의 청약을 하지 아니하면 그 권리를 잃는다는 뜻을 통지하여야 한다.

⑦ 회사가 무기명식의 주권을 발행하였을 때에는 제6항의 사항을 공고하여야 한다.

⑧ 제6항에 따른 통지 또는 제7항에 따른 공고는 제5항에 따른 기일의 2주일 전까지 하여야 한다.

⑨ 제6항에 따른 통지 또는 제7항에 따른 공고에도 불구하고 그 기일까지 이익참가부사채 인수의 청약을 하지 아니한 경우에는 이익참가부사채의 인수권을 가진 자는 그 권

를 잃는다.

⑩ 회사가 이익참가부사채를 발행하였을 때에는 법 제476조에 따른 납입이 완료된 날부터 2주일 내에 본점 소재지에서 다음 각 호의 사항을 등기하여야 한다.

1. 이익참가부사채의 총액
2. 각 이익참가부사채의 금액
3. 각 이익참가부사채의 납입금액
4. 이익배당에 참가할 수 있다는 뜻과 이익배당 참가의 조건 및 내용

⑪ 제10항 각 호의 사항이 변경된 때에는 본점 소재지에서는 2주일 내, 지점 소재지에서는 3주일 내에 변경등기를 하여야 한다.

⑫ 외국에서 이익참가부사채를 모집한 경우에 등기할 사항이 외국에서 생겼을 때에는 그 등기기간은 그 통지가 도달한 날부터 기산(起算)한다.

## 다. 교환사채

- 개념: 사채권자의 청구에 의하여 다른 유가증권으로 교환할 수 있는 사채 (§469 Ⅱ ii)
- 주주권을 침해할 우려가 없으므로, 제3자 발행의 경우라도 이사회의 결의로 발행한다.

**시행령 제22조 [교환사채의 발행]** ① 법 제469조제2항제2호에 따라 사채권자가 회사 소유의 주식이나 그 밖의 다른 유가증권으로 교환할 수 있는 사채(이하 "교환사채"라 한다)를 발행하는 경우에는 이사회가 다음 각 호의 사항을 결정한다.

1. 교환할 주식이나 유가증권의 종류 및 내용
2. 교환의 조건
3. 교환을 청구할 수 있는 기간

② 주주 외의 자에게 발행회사의 자기주식으로 교환할 수 있는 사채를 발행하는 경우에 사채를 발행할 상대방에 관하여 정관에 규정이 없으면 이사회가 이를 결정한다.

③ 교환사채를 발행하는 회사는 사채권자가 교환청구를 하는 때 또는 그 사채의 교환청구기간이 끝나는 때까지 교환에 필요한 주식 또는 유가증권을 한국예탁결제원에 예탁하여야 한다. 이 경우 한국예탁결제원은 그 주식 또는 유가증권을 신탁재산임을 표시하여 관리하여야 한다.

④ 사채의 교환을 청구하는 자는 청구서 2통에 사채권을 첨부하여 회사에 제출하여야 한다.

⑤ 제4항의 청구서에는 교환하려는 주식이나 유가증권의 종류 및 내용, 수와 청구 연월일을 적고 기명날인 또는 서명하여야 한다.

## 라. 상환사채

- 개념: 회사의 권리로서 사채상환가액에 갈음하여 다른 유가증권으로 지급할 수 있는 사채 (§469 Ⅱ ii)

**시행령 제23조 (상환사채의 발행)** ① 법 제469조제2항제2호에 따라 회사가 그 소유의 주식이나 그 밖의 다른 유가증권으로 상환할 수 있는 사채(이하 "상환사채"라 한다)를 발행하는 경우에는 이사회가 다음 각 호의 사항을 결정한다.

1. 상환할 주식이나 유가증권의 종류 및 내용
2. 상환의 조건
3. 회사의 선택 또는 일정한 조건의 성취나 기한의 도래에 따라 주식이나 그 밖의 다른 유가증권으로 상환한다는 뜻

② 주주 외의 자에게 발행회사의 자기주식으로 상환할 수 있는 사채를 발행하는 경우에 사채를 발행할 상대방에 관하여 정관에 규정이 없으면 이사회가 이를 결정한다.

③ 일정한 조건의 성취나 기한의 도래에 따라 상환할 수 있는 경우에는 상환사채를 발행하는 회사는 조건이 성취되는 때 또는 기한이 도래하는 때까지 상환에 필요한 주식 또는 유가증권을 한국예탁결제원에 예탁하여야 한다. 이 경우 한국예탁결제원은 그 주식 또는 유가증권을 신탁재산임을 표시하여 관리하여야 한다.

## 마. 파생결합사채

■ 개념: 유가증권이나 통화 또는 그 밖에 대통령령으로 정하는 자산이나 지표 등의 변동과 연계하여 미리 정하여진 방법에 따라 상환 또는 지급금액이 결정되는 사채 (§469 Ⅱ iii)

**시행령 제20조(사채의 발행)** 법 제469조제2항제3호에서 "대통령령으로 정하는 자산이나 지표"란 「자본시장과 금융투자업에 관한 법률」 제4조제10항에 따른 기초자산[150]의 가격 · 이자율 · 지표 · 단위 또는 이를 기초로 하는 지수를 말한다.

**시행령 제24조(파생결합사채의 발행)** 법 제469조제2항제3호에 따라 유가증권이나 통화 또는 그 밖에 제20조에 따른 자산이나 지표 등의 변동과 연계하여 미리 정하여진 방법에 따라 상환 또는 지급금액이 결정되는 사채(이하 "파생결합사채"라 한다)를 발행하는 경우에는 이사회가 다음 각 호의 사항을 결정한다.

1. 상환 또는 지급 금액을 결정하는 데 연계할 유가증권이나 통화 또는 그 밖의 자산이나 지표
2. 제1호의 자산이나 지표와 연계하여 상환 또는 지급 금액을 결정하는 방법

---

150) 이 법에서 "기초자산"이란 다음 각 호의 어느 하나에 해당하는 것을 말한다.
1. 금융투자상품
2. 통화(외국의 통화를 포함한다)
3. 일반상품(농산물 · 축산물 · 수산물 · 임산물 · 광산물 · 에너지에 속하는 물품 및 이 물품을 원료로 하여 제조하거나 가공한 물품, 그 밖에 이와 유사한 것을 말한다)
4. 신용위험(당사자 또는 제삼자의 신용등급의 변동, 파산 또는 채무재조정 등으로 인한 신용의 변동을 말한다)
5. 그 밖에 자연적 · 환경적 · 경제적 현상 등에 속하는 위험으로서 합리적이고 적정한 방법에 의하여 가격 · 이자율 · 지표 · 단위의 산출이나 평가가 가능한 것

# 판례 색인

■ **저자약력**


정병석

서울대학교 법과대학 졸업
서울대학교 대학원 법학과 졸업 (법학박사)
미국 컬럼비아대학교 및 콜로라도대학교 로스쿨 방문교수
전남대학교 법과대학장
법학교육위원회 위원
진실화해를 위한 과거사정리위원회 위원
현재 전남대학교 법학전문대학원 교수

저서 『독일법상 주식회사 감사회의 감독권에 관한 연구』(박사학위논문, 1992)
『지적재산권법의 경제구조』(공저, 2011)
『어음수표법』(저, 2012)
『보험법』(저, 2013)


# 기업유형론


**인쇄** | 2014년 2월 25일
**발행** | 2014년 2월 28일

**저자** | 정병석
**발행인** | 지병문
**발행처** | 전남대학교출판부

**등록** | 1981. 5. 21. 제53호
**주소** | 500-757 광주광역시 북구 용봉로 77
**전화** | (062) 530-0571~2 **마케팅** 530-0573
**팩스** | (062) 530-0579
**홈페이지** | http://www.cnup.co.kr
**이메일** | cnup0571@hanmail.net

값 25,000원

**ISBN 978-89-6849-097-2 (93360)**

이 도서의 국립중앙도서관 출판시도서목록(CIP)은 서지정보유통지원시스템 홈페이지(http://seoji.nl.go.kr)와
국가자료공동목록시스템(http://www.nl.go.kr/kolisnet)에서 이용하실 수 있습니다.
(CIP제어번호 : CIP2014009092)